U0944573

# COACH PERFORMANCE ENHANCEMENT

# 职业教练

主编 卢玮 陈亮

## 健康与健身教练

清华大学出版社
北京

图书在版编目（CIP）数据

职业教练：健康与健身教练 / 卢玮，陈亮主编．—北京：清华大学出版社，2021.8
ISBN 978-7-302-57893-2

Ⅰ．①职… Ⅱ．①卢… ②陈… Ⅲ．①运动保健—基本知识②健身运动—教练员—基本知识 Ⅳ．① G804.3②G831.32

中国版本图书馆 CIP 数据核字 (2021) 第 061112 号

责任编辑：宋丹青
封面设计：钟春生
责任校对：王荣静
责任印制：杨 艳

出版发行：清华大学出版社
网 址：http://www.tup.com.cn，http://www.wqbook.com
地 址：北京清华大学学研大厦 A 座　　邮 编：100084
社 总 机：010-62770175　　邮 购：010-62786544
投稿与读者服务：010-62776969，c-service@tup.tsinghua.edu.cn
质量反馈：010-62772015，zhiliang@@tup.tsinghua.edu.cn
印 装 者：小森印刷（北京）有限公司
经 销：全国新华书店
开 本：210 mm × 285 mm　　印 张：31.75　　字 数：855 字
版 次：2021 年 8 月第 1 版　　印 次：2021 年 8 月第 1 次印刷
定 价：268.00 元

产品编号：090919-01

# 编委会

**特别鸣谢（以名称拼音为序）：**

北京 ULife 悦体健身
滨州市时保雅健身有限公司
长沙惊喜健身有限公司
成都伯尼体育文化传播有限责任公司
成都乾坤唯健会健身服务有限公司
重庆力高体育培训有限公司
德西体育
福建捷仕健身投资管理有限公司
福州绿动体适能职业培训学校
广州市浩然体育有限公司
杭州天奥健身咨询有限公司
黑龙江凤凰健身
湖南木威体育产业发展有限公司
华体领越
吉林市莱恩健身服务有限公司
嘉兴健匠体育
凯斯琦健身
南京哈澌福健身服务有限公司
南京迈燃体育活动策划有限公司
南京浦动悦时体育发展有限公司
南京天逸行体育科技服务有限公司
青岛卡诺健身管理有限公司
青岛全时健身健康管理有限公司
青岛新倍力健康管理信息咨询有限公司
睿可为健康
新疆嘉佑健身
英菲尼斯健身
英腾健身
中体联合
众信行健身学院

# 丛书序

十八大以来，我国的全民健身事业迎来了重要的战略发展和机遇期。2014年10月，国务院印发了《关于加快发展体育产业 促进体育消费的若干意见》，明确地把“全民健身上升为国家战略”。在我国进入全面建成小康社会的决胜阶段，实施全民健身国家战略有着十分深远的意义。

作为行业领军企业，华体集团以习近平总书记关于体育工作的重要指示和讲话精神为指导，全面贯彻落实《“健康中国2030”规划纲要》，紧紧围绕“便民惠民”这个核心，积极推动建设覆盖面广、功能完善的全民健身公共服务体系，致力于提高全民健身公共服务均等化水平，使广大群众真真切切感受到体育运动的乐趣，促使健身活动常态化，从而满足人民群众日益增长的对健身健康生活的迫切需求和对美好生活的向往。

目前国内运动健康行业从业者职业技能和职业选择相对单一，体医融合之路尚待探索。为引导广大群众树立体育健身文化的新理念，构建科学合理的健身指导体系，提高群众科学健身的素养及能力，华体集团运动健康团队组织专家、学者，精心策划了“职业教练系列教材”，希望通过系列教材的出版，为国内运动健康行业从业人员提供多元发展可能，为加强体医融合和非医疗健康干预贡献微薄力量。

一本好的教材，不仅要精确定位教材适用对象，准确把握专业知识结构、能力结构和综合素质要求，充分体现教材应有的基础性、示范性和权威性，还要正确把握教学内容和课程体系的改革和创新方向，充分反映行业最新理念、人才培养模式及国际研究的先进理念和成果，集中展现教材体系的创新、教材内容的更新和教学方法的革新。历经三年多的认真筹备与精心打磨，《职业教练——健康与健身教练》即将付梓。当这本教材展现在读者面前时，我们充满了期待。

本书针对健身教练岗位需要，以应知应会、通用知识为重点，教材内容通俗易懂，信息量大，专业性强，可用于健身教练在岗人员和即将上岗人员的职业培训，也可作为广大健身爱好者日常健身活动的参考资料。

本书从筹备到出版，得到了众多专家学者的支持与协助，北医三院运动医学研究所印钰主任、北京体育大学赵星老师、清华大学出版社经管与人文社科分社徐学军社长、北京体育职业学院的教师团队，在此对他们的辛苦付出和大力支持表示衷心的感谢！

由于时间仓促，加之我们编写教材的经验有限，书中难免存在疏漏和不足之处，恳请广大读者批评指正。

中国体育场馆协会秘书长

2021 年 3 月

# 推荐序一

北京市国民经济和社会发展“十四五规划”和2035年远景目标纲要提出，要把保障人民健康放在优先发展的战略位置，坚持预防为主的方针，深入实施健康中国行动，完善国民健康促进政策，为人民提供全方位全生命期健康服务。为此，体育强国建设首先要增强人民体质，持续深化体教融合、体卫融合。

为此，华体集团与北京体育职业学院携手筹划出版“职业教练系列教材”颇具行业发展意义。首次推出的《职业教练——健康与健身教练》是近些年行业教材中极具特点的一册。其理论基础更加扎实，在训练方法多样化、运动防护知识比重大幅提高、运动处方定制等方面表现出众。教材中加入了许多学习工具板块，如学习目标、训练计划表格、对不同人群设计运动训练计划等内容。教材编写过程中，充分考虑了行业发展趋势，技能要求，对于改善教学方案、改进教学方法大有裨益。内容层次清晰，从知识体系搭建到实操实训，满足职业教育课程建设“够用、实用、适用”的原则，贴近岗位对体育职业技能的需求，同时也能很好满足职业教练学习进修的需要，

北京体育职业学院是北京市唯一一所体育职业院校，肩负着北京体育职业教育发展与运动员教育保障重任。学院深化校企联合办学，此次合作紧密围绕北京市体育产业发展对职业技能型人才之需求，以及我院运动训练专业建设目标，为退役运动员转型保驾护航。我院教师团队亦参与了本教材的策划工作。在日后与华体集团的教学与培训合作中，双方将继续完善教学资源开发利用、双师教学模式探索；更好地服务于教学和培训活动，培养北京市健身产业的实用性人才！

北京体育职业学院院长

2021年3月

# 推荐序二

人民健康，国家强！习近平总书记多次发表重要讲话，强调从全面建成小康社会、实现中华民族伟大复兴的战略高度重视发展体育事业。2020年9月在教育文化卫生体育领域专家代表座谈会上，习总书记表示：“要紧紧围绕满足人民群众需求，构建更高水平的全民健身公共服务体系。”

从“金牌思维”转变到如何构建更高水平的全民健身公共服务体系，离不开高素质产业人才培养。如何把国家队日常训练的先进经验合理转化为适合广大人民群众使用的锻炼方法？如何把各类服务于国家队的高水平专业人才多年的知识经验体系运用在运动防护、强身健体、专项训练、运动康复等领域，形成切实满足大众需求的体育服务体系和产品，这是非常值得我们这些深耕训练领域的工作者们下大功夫研究和探索的问题。

“职业教练系列教材”在体育领域深化改革的背景下颇有意义。体育与教育融合，深化职业教育改革，倡导终身学习，多渠道、全力量选育后备人才，培养高素养从业人员，为体育事业发展助力。这次出版的《职业教练——健康与健身教练》在理论与实践指导的基础上，践行体医融合政策，大幅提升运动损伤防护内容占比，在实际教学中有较强的实用性。通过这类进阶教材，培养优质大众体育服务人才，解决掣肘群众体育发展的人才缺口问题。

经历了2020年的严酷考验，体育健康行业逆势前行，我辈应继续为推进体育强国建设，实现健康中国的伟大目标而奋斗。愿所有行业人士日就月将，自强不息，为实现中华民族的伟大复兴而前进！

孙海平

中国国家田径队原副总教练

2021年6月

# 编者序

科学的运动是良医，运动是促进健康、减少慢性疾病、降低医疗费用的重要方法，缺乏运动会引起以肥胖为表现的诸多疾病。在“健康中国”和“体医结合”的大背景下，健身教练为民众的健康作了巨大的贡献。随着运动健身人群数量的不断增加，社会和民众也对健身教练的专业知识和技能提出了更高的要求。为了帮助民众获得理想的健身效果，教练们总是不断地寻求更加新颖有效的训练方法与手段，在这个创新层出不穷的年代，恰好满足了我们这种追新猎奇的愿望。现实与理想总有一定的差异，教练和客户在花费了大量精力去实践这些方法后，却发现结果总是差强人意。这就如同我们将世界上最美的五官组合在一起却根本无法获得一张完美的面庞一样，不加辨别的实施各种训练方法与手段，一定不会取得令人满意的结果，有时甚至会适得其反。

健身教练只有在充分评估客户多方面身体功能的基础上，系统渐进地应用各种针对性的训练手段，才是获得运动效果的最佳方法。注重处方设计的系统性与渐进性的思维模式，是教练在职业发展道路上规避风险、顺利前行的基石。

运动是目前社会公认的最经济、最方便的健康促进方法之一，而健身教练作为大众健康的推动者、实践者、教育者，以及守护者，应时刻谨记我们所肩负的社会责任，不断努力学习训练及损伤防护的知识与技能，用我们的专业，帮助客户解决各种身体问题，促进大众健康，使大家成为最健康、最有活力的人。

卢玮　陈亮

2021 年 2 月

# 本书专业名词对照表

| 英文简写 | 中文名称 | 英文名称 |
|---|---|---|
| ACL | 前交叉韧带 | Anterior Cruciate Ligament |
| AED | 自动体外除颤器 | Automated External Defibrillator |
| ATP | 三磷酸腺苷 | Adenosine Triphosphate |
| BEE | 基础能量消耗 | Basal Energy Expenditure |
| BMI | 体重指数 | Body Mass Index |
| BMR | 基础代谢率 | Basal Metabolic Rate |
| CAI | 慢性踝关节不稳 | Chronic Ankle Instability |
| CHD | 冠心病 | Coronary Atherosclerotic Heart Disease |
| COPD | 慢性阻塞性肺疾病 | Chronic Obstructive Pulmonary Disease |
| CP | 磷酸肌酸 | Creatine Phosphate |
| CPR | 心肺复苏 | Cardiopulmonary Resuscitation |
| CRAC | 收缩—放松—主动肌—收缩 | Contract-relax-agonist-contraction |
| Db | 身体密度 | Body Density |
| FAI | 功能性踝关节不稳 | Functional Ankle Instability |
| HDL | 高密度脂蛋白 | High-density Lipoprotein |
| HDL-C | 高密度脂蛋白胆固醇 | High-density Lipoprotein Cholesterol |
| HRmax | 最大心率 | maximal heart rate |
| HRR | 心率储备 | Heart Rate Reserve |
| IPT | 理想体能表现 | Ideal Performance Training |
| KOA | 膝骨性关节炎 / 膝关节骨性关节炎 | Knee Osteoarthritis |
| LCL | 外侧副韧带 | Lateral Collateral Ligament |
| LDL | 低密度脂蛋白 | Low Density Lipoprotein |
| LPHC | 腰椎—骨盆—髋部复合体 | Lumbo-Pelvic-Hip Complex |
| LSD | 持续训练法 / 长慢距离训练法 | Long，Slow Distance |
| MAI | 机械性踝关节不稳 | Mechanical Ankle Instability |
| MCL | 内侧副韧带 | Medial Collateral Ligament |
| PAL | 身体活动水平 | Physical Activity Level |
| PCL | 后交叉韧带 | Posterior Cruciate Ligament |
| PFPS | 髌股关节疼痛综合征 | Patellofemoral Pain Syndrome |
| PNF | 本体感觉神经肌肉促进术 | Proprioceptive Neuromuscular Facilitation |
| ROM | 关节活动度 | Range Of Motion |
| RPE | 主观疲劳程度 / 主观用力程度 | Rating of Perceived Exertion |
| SAQ | 速度、敏捷、快速反应 | Speed，Agility，Quickness |
| SSC | 拉长—缩短循环 | Stretch-Shortening Cycle |
| TEE | 总能量消耗 | Total Energy Expenditure |
| THR | 目标心率 | Target Heart Rate |
| VMO | 股内侧肌斜头 | Vastus Medialis Obliquus |
| $VO_2max$ | 最大摄氧量 | maximal oxygen consumption |

# 目录 CONTENTS

# 第一章 职业教练从业道德及行为规范

## 第一节 职业教练从业道德

**导读：**教练的职业道德是其在从业过程中所应遵循的最基本的道德规范和行为准则，具备良好的职业道德是确保个人职业生涯顺利发展的前提，而职业道德缺失不仅会导致职业生涯发展受阻，还可能给教练个人造成更为严重的后果（如法律的惩处）。教练应该遵循以下职业道德，以确保作为专业人员应有的高水平专业性。

### 一、专业范畴

- 注意自己的言行举止，确保所作所为能够获得别人的尊重，在任何公众场合保持自己的专业形象。
- 尊重同行及客户，不要对同行及客户的行为妄加评论。
- 不要为客户进行医学诊断和治疗。
- 对于已经存在健康问题的客户提供训练指导时必须小心谨慎，除非确认自己掌握了此类客户的训练方式且完全有把握在安全的情况下为其提供训练服务，否则不要为此类客户提供训练。
- 为客户提供训练前必须进行健康筛查并确保客户在知晓结果后进行签字确认。
- 应掌握心肺复苏（CPR）技术及自动体外除颤器（AED）的使用技术并获得相应资格认证。
- 如发现客户有任何不适或者疼痛，应建议其咨询医生。
- 未获取营养师职业资格或未经过专业营养培训的前提下，不应给客户制订营养计划。
- 未获取理疗或按摩师资质及未经过专业按摩培训的前提下，不应给客户提供理疗及按摩服务。
- 未获取心理咨询师资质，不应给客户提供心理咨询和治疗。
- 坚持学习，不断提高自己专业水平。

## 二、隐私保护范畴

- 尊重客户隐私，未获得客户同意并且持有相关书面证明，不能在任何情况下透露客户的任何信息（协助司法调查除外）。
- 保护好未成年或没有自主行事能力客户的权益，对其应持有与成人客户同等的尊重。
- 保存和销毁客户记录时应保持谨慎态度，以免无意间造成客户隐私外泄。

## 三、法律伦理范畴

- 积极学习法律知识，并遵守法律法规。
- 对自己的行为负责，采取任何行动前，应考虑由此行为所引发的后果。
- 保证准确及真实地记录客户信息，不为客户提供任何虚假信息。
- 尊重版权及著作权。

## 四、商业实践范畴

- 如个人经营运动训练场馆，购买适当的责任保险。
- 进行广告宣传时，应实事求是，不应使用虚假广告。
- 与客户签订的任何协议或者传真件，至少应保留 4 年。
- 确保进行个人宣传的内容中不含有挑逗性语言或图片。
- 避免做出任何可能引发性骚扰纠纷的行为。

# 第二节　基本服务礼仪

**导读：**教练工作隶属于服务业，作为从业者应该掌握从事服务工作所需具备的基本服务礼仪知识，以便提高服务水平并获取客户的认可，最终为个人及运动中心创造良好的服务口碑。

## 一、服务礼仪的定义

服务礼仪是人们在为他人提供服务过程中要遵循的礼节，它是一种约定俗成的行为规范，是服务活动中对人的仪容仪表和言谈举止的普遍要求。服务礼仪的核心是一种行为准则，是体现人与人之间的相互尊重。

## 二、仪容仪表

### （一）男教练

#### 1. 发型发式

- 干净整洁，不宜过长，最短标准不建议剃光头。
- 前部头发不遮住自己的眉毛，侧部头发不盖住自己的耳朵，后部头发建议不超过衬衣领子上部。

· 不建议留过长、过厚的鬓角。

2. 面部修饰

· 剃须修面，保持清洁。

· 保持口气清新。

### （二）女教练

1. 发型发式

· 时尚得体，美观大方、符合身份。

· 发卡式样庄重大方。

2. 面部修饰

· 化妆要自然，力求化妆成“有却无”。

· 化妆要美化，不能化另类妆容。

· 化妆应避开公众场合。

## 三、言谈举止

1. 眼神

教练和客户有目光的交流，注视别人目光应友善，采用平视，必要的时候仰视，目光交流时间3~5秒，其他时间看嘴巴和眼部中间的位置。

2. 语言

讲普通话，热情正确地进行称呼。

3. 笑容

通过微笑把友善、热情表现出来，不卑不亢，落落大方，不能假笑、冷笑、怪笑、媚笑、窃笑。

4. 相互介绍礼仪

教练应站立，面带微笑，手心向上，四指并拢，指向被介绍的一方。特殊情况下年长者和女士可除外，可以不起立，微笑点头示意即可。遵循“尊者居后”的原则，具体顺序如下：

· 先把地位低者介绍给地位高者。

· 先把年轻者介绍给长者。

· 先把客人介绍给主人。

· 先把男士介绍给女士。

· 先把迟到者介绍给早到者。

5. 握手礼仪

· 握手次序：女士先伸手，男士才可握手；领导或长辈先伸手，下级或晚辈才可握手。

· 握手动作：客户伸手后，教练应迅速迎上去，但避免很多人互相交叉握手。男士手掌相握，女士食指位相握，避免上下过分地摇动。

· 握手禁忌：不能用左手，与异性握手不可用双手，不能戴墨镜、帽子、手套，不要在与人握手时递给客户冷冰冰的指尖，不在握手时长篇大论，或点头哈腰过分热情。

6. 互换名片礼仪

· 递名片：双手拿出自己的名片，将名片的方向调整到最适合客户观看的位置，不必提职务、头衔，只要把名字重复一下。顺序要先职务高后职务低，由近而远，圆桌上按顺时针方向开始，再用敬语“认识您真高兴”“请多指教”等。

· 接名片：双手接过客户的名片，要简单地看一下内容，轻声念出客户的名字，不要直接把名片放起不看，也不要长时间拿在手里不停摆弄，更不要在离开时把名片漏带，应将名片放在专用的名片夹，或放在其他不易折的地方。

**7. 使用移动电话礼仪**

教练在工作中应将电话设置为静音状态，来电后不应接听，更不能中途外出接听。

**8. 电话接听礼仪**

· 接听方法：声音清晰、亲切、悦耳，使用礼貌用语“您好”，不允许接电话以“喂，喂”或者张嘴就说“你找谁呀”“你是谁呀”“有什么事儿啊”等不客气的语气接听。

· 微笑接听电话：声音可以把你的表情传递给客户，笑是可以通过声音来感觉到的。

· 清晰明朗的声音：

—— 打电话过程中不可以吸烟、吃零食、打哈欠，如果你弯着腰靠在椅子上，客户也能听出你的声音是懒散的、无精打采的。

—— 通话中不可以与别人闲聊，不要让客户感到他在教练心中无足轻重。

—— 给予任何人同等的待遇，一视同仁，不卑不亢。

· 接听错拨的电话：

—— 要保持风度，切勿发脾气，要态度。

—— 确认客户打错电话，应先自报家门，然后告知电话打错了。

—— 如果客户道了歉，不要忘了说“没关系”，不要教训或抱怨客户。

· 迅速准确接听电话：

—— 在听到电话响时，如果附近没有人，应该以最快的速度接听。

—— 电话最好在响三声之内接听，长时间让客户等候是很不礼貌的行为。

—— 如果电话是在响了五声后才接起，请别忘记先向客户道歉“不好意思，让您久等了”。

· 认真做好电话记录：

—— 电话记录牢记“5W1H 原则”：when（何时），who（何人来电），where（事件地点），（what）何事，why（为什么），how（如何做）。

—— 不要抱怨接到的任何电话，哪怕与己无关，做好记录是对他人的尊重，对工作的负责。

—— 永远不要对打来的电话回复“我不知道！”。

**9. 挂断电话的礼仪**

· 通电话时，如果自己正在开会、会客，不宜长谈，或另有电话打进来，需要中止通话时，应说明原因，告之客户“一有空，我马上打电话给您”，免得让客户认为我方厚此薄彼。

· 中止电话时应恭候客户先放下电话。一般下级要等上级先挂电话，晚辈要等长辈先挂电话，被叫等主叫先挂电话，不可只管自己讲完就挂断电话，那是一种非常没有礼貌的表现。

· 如遇上不识相的人打起电话没完没了，不宜说“你说完了没有？我还有事呢”，最好委婉、含蓄，不要让客户难堪，应讲“好吧，我不再占用您宝贵的时间了”“真不希望就此道别，不过以后希望有机会与您联络”。

**10. 电梯礼仪**

· 不要同时按上下行键。

· 不要堵在电梯口，让出通道。
· 遵循先下后上的原则。
· 先进入电梯的人，应主动按住按钮，防止电梯夹人，帮助不便按键的人按键，或者轻声请别人帮助按键。
· 按键是晚辈或下属的工作，电梯中也有上位，越靠内侧是越尊贵的位置。
· 电梯中绝对不可以抽烟。
· 尽量避免交谈，除非电梯中只有你们两个人。
· 人多时不要在电梯中甩头发，以免刮到人脸。

11. 办公场所礼仪

· 礼貌用语。
· 不大声喧哗，不扎堆聊天，不怪笑，不随便称呼别人外号，言行得体，精神要饱满，有朝气。
· 勤洗澡，勤理发，面容清洁，牙齿洁净。
· 勤洗手，勤剪指甲，指甲内无污垢。
· 工作前不吸烟、不饮酒，不食用刺激性味道的食物，避免有异味。

12. 交谈礼仪

· 保持合适交谈距离：私人距离（< 0.5m）、常规距离（0.5~1.5m）、礼仪距离（1.6~3.5m）、公共距离（> 3.5m）。
· 交谈内容禁忌：
—— 不非议国家和政府。
—— 不涉及国家秘密和行业机密。
—— 不涉及交往对象的内政。
—— 不背后议论领导、同事等。
—— 不谈格调不高的话题。
—— 不涉及私人问题（收入、年龄、婚姻、健康状况、个人经历等）。
· 宜进行交谈的话题：
—— 谈论或提问客户擅长的话题。
—— 公共话题，如哲学、历史、地理、艺术、建筑、风土人情等。
—— 轻松愉快的话题，如电影、电视、体育比赛、流行时尚、烹饪小吃、天气状况等。
· 保持良好的身体姿势：
—— 站姿：抬头，目视前方，挺胸直腰，肩平，双臂自然下垂，双脚分开比肩略窄，双手自然置于身侧。
—— 坐姿：入座时要轻，双膝自然并拢，男性可略分开，身体稍向前倾，表示尊重和谦虚。
—— 走姿：以端正的站立姿态为基础，以大关节带动小关节，排除多余的肌紧张，要走得轻巧、自如、稳健、大方。

## 第三节　职业教练日常行为规范

**导读：**作为专业人员，教练应时刻注意自己的言行举止是否会有损到个人的专业形象，因此必须了解一些维持个人专业形象的基本方法及行为准则，遵循以下行为规范将有助于教练维持及不断提高个人的专业形象及水准。

· 工作前严禁饮酒。
· 在工作区域内不得倚靠器械、吃东西。
· 注意个人卫生及形象，禁止在工作时吸烟、嚼口香糖。
· 使用文明用语，对所有客户、同事都要面带微笑，主动打招呼。
· 不得贬低同行，不得背后议论客户。
· 无特殊情况，不得更改与客户约好的上课时间。
· 应提前做好上课前的各项准备。
· 严禁在上课过程中接打电话和收发短信。
· 上课过程中与客户身体接触应适当得体，不得有任何骑跨客户身体的动作。
· 上课过程中禁止倚靠器械。

## 第四节　主要服务环节服务规范

**导读：**训练指导、体适能检测、课程执行等环节是教练日常工作的主要服务环节，在这些关键环节中表现出的服务水准将直接影响到客户的体验及教练的口碑。掌握这些环节中的服务技巧，将使客户最大程度感受到教练的专业水平，并由此树立起良好的口碑。

### 一、抗阻训练指导讲解规范

· 介绍训练目标肌肉、训练目的、动作名称、器械名称。
· 进行完整动作示范。
· 进行动作要点讲解（身体位置、身体姿态与稳定、动作轨迹、动作幅度及安全提示、动作速度、动作呼吸）。
· 讲解器械调节办法，辅助客户进行器械调节。
· 观察客户操作，纠正客户动作。
· 总结问题，提醒客户注意。

### 二、抗阻训练帮助与保护规范

· 为客户提供保护前，应充分与客户沟通，使客户明确教练意图。
· 如与客户有身体接触，需事先征得客户同意。

· 教练应确保客户举起的重量在自己保护能力范围内。
· 进行保护时教练应尽量靠近客户，同时注意自己维持良好身体姿态及稳定，不要弯腰弓背。
· 进行杠铃保护时应采用正反握方式进行保护。
· 进行哑铃保护时，保护部位应接近练习者的腕部。
· 杠铃深蹲保护时，教练应确保自己身高比被保护者高。如身高不够，可考虑使用双人保护法。

## 三、伸展训练指导讲解规范

· 介绍伸展的目的和目标肌肉。
· 伸展前需征得客户同意（仅针对被动及 PNF 伸展）。
· 讲解伸展动作要点。
· 强调静力性伸展。
· 强调伸展时间。
· 强调伸展时呼吸方式。
· 被动伸展询问客户感觉。
· PNF 伸展则需说明静力性收缩时间、放松时间、被动拉伸时间。

## 四、有氧训练指导讲解规范

· 介绍训练使用的器材、训练的目的。
· 介绍训练时躯干的技术动作。
· 介绍训练时下肢的技术动作。
· 介绍训练时上肢的技术动作。
· 介绍训练时的安全注意事项。

## 五、陌生客户指导服务规范（首次运动）

· 礼貌向客户问好，询问客户称呼，进行自我介绍。
· 向客户介绍体适能检测等注意事项。
· 建议新客户进行较为缓和的有氧运动。
· 教会客户椭圆机或磁控单车使用方式。
· 提醒客户及时检测，礼貌向客户道别。

## 六、陌生客户指导服务规范（非首次运动）

· 礼貌向客户问好，询问客户称呼，进行自我介绍。
· 询问客户是否进行了体适能检测。
· 若客户未进行体适能检测，教练需询问未检测的原因，并记录客户姓名、卡号等信息。
· 若客户已进行了体适能检测，教练则询问客户训练目标、训练持续时间及对目前训练效果的满意程度。若客户表示不满，则预约客户进行一次教练咨询服务。若客户表示满意，则告知非常愿意为他服务，如果有训练问题可以帮其解决，然后礼貌道别。
· 对未进行体适能检测的客户，建议其先进行有氧运动，并告知客户将被预约进行体适能检测，请客户做好准备。

· 教会客户椭圆机/磁控单车使用方式，如客户还有其他要求，则选1~2个无氧器材教会客户使用。
· 提醒客户准备接受检测，礼貌向客户道别。
· 将未检测的客户信息填写在工作日志上，并在每日例会上报告主管，以便重新安排体适能检测。

## 七、客户错误使用器材指导规范

· 选择客户能看到的位置，站立等待客户完成。
· 礼貌向客户问好，询问客户称呼，进行自我介绍。
· 询问客户是否知道所用器材的用途及是否有人指导过。
· 若客户表示无人指导过，教练则礼貌告知客户有一种更好的训练方式可以更有效地训练，在征得客户同意的情况下，进行器械指导流程。
· 若客户表示有人指导过，教练则确认客户是否记得清楚，客户如果表示记得无误，则告知客户还有另外一种方法也可进行训练，问其是否愿意学习，在征得客户同意的情况下，进行器械指导流程，然后在例会上提出该问题进行规范。
· 教完器材后则应根据客户的情况（首次运动或非首次运动），进入相应的指导流程。

## 八、熟悉客户指导规范

· 礼貌呼出客户称谓，进行问候。
· 询问客户当天训练状况如何，以及最近一段时间的训练成果。
· 若客户对成果表示不满，则可预约一次教练咨询课程，同客户一起查找原因，并提供运动规划。
· 遇到进行大重量训练的客户，教练应在动作间歇时主动上前询问其是否需要保护及帮助。
· 若客户表示有需要，则为其提供保护，但应以一组为限。若客户表示不需要，则告知其很愿意为他进行服务，如有需要可直接提出，然后礼貌道别。

## 九、场地巡视服务规范

· 在进行场地巡视过程中，教练应保持较为平缓的步速行进。
· 巡视过程中，教练应保持良好的姿态。
· 时刻注意场地上客户的训练情况。
· 与客户有目光接触时，教练应面带微笑与其打招呼。
· 发现客户不会使用或错误使用器械时，教练应根据相应器械教学指导规范进行教学。
· 场地巡视过程中，教练不应出现与其他教练或熟悉客户长时间攀谈、把玩手机、观看电视的情况。

## 十、运动咨询解答规范

· 用尽可能简单的语言解释引起问题的原因。
· 告知客户解决问题的办法，并用实例来证明自己观点的正确性。
· 若客户提出与训练效果相关的疑问，教练可预约客户进行一次教练咨询，帮助其更详细地找到原因及应对办法。
· 确定预约时间后，感谢客户的信任，礼貌道别。
· 若客户提出的问题自己无法解答或不确定，教练则礼貌告知客户以前没有遇到过类似的问题，暂时无法解答，但可以在查找资料后为其解答，并告知客户解答的时间。
· 按约定时间解答客户疑问，并对客户表示感谢。

## 十一、体适能预约规范

· 得到新客户资料后，教练需在两日内与客户取得联系。
· 有预留方便接听时间的客户，教练则应在客户方便接听时间进行联络。若无预留的，则应选择在下午及傍晚时段进行联络。
· 拨通电话主动向客户表明身份，并询问客户接听电话是否方便。若客户表示不方便接听，教练则询问其方便接听的时间，然后礼貌挂机，等待时间到后进行二次预约。
· 若客户表示方便接听，告知客户为确保训练更有针对性及安全性，特别为客户安排了一次体适能检测，询问客户什么时间方便进行检测。
· 当客户确定检测时间后，教练则应告知其检测前的各项注意事项。若客户表示最近无法进行检测，教练则应询问客户方便接受检测的时间，以备二次预约。
· 客户检测当天，教练应再次致电客户按时赴约进行检测，并再次将检测注意事项提醒客户。
· 若客户没有按时赴约，教练则应电话询问未能赴约的原因及确定二次预约的时间。

## 十二、体适能检测前服务规范

· 客户到来前，教练需将各项检测用品准备齐全及检查检测设备的运转是否良好，并在客户来临前10分钟到达检测场地恭候客户到来。
· 客户到来后，教练热情与客户进行招呼，介绍自己及测试的主要项目。
· 教练取出健康问卷调查表，逐项为客户解释，并让客户进行回答。
· 若客户回答全部为“否”，教练在“可以进行训练”处做标记，并请客户签字确认，然后进行检测。
· 若客户回答中有一项为“是”，教练在“需要咨询医生”处做标记，并礼貌告知客户从客户个人安全的角度出发，建议客户先咨询医生，在获得医生许可后再进行运动。

## 十三、体适能检测执行规范

· 每项检测开始前，教练向客户简短介绍检测项目的名称及作用。
· 为客户讲解检测时的要点，遇到复杂动作的检测时，教练还需配合示范进行讲解。
· 进行检测过程中，教练应依据实际情况给予客户适当反馈（提示或鼓励等）。
· 检测结束后，教练为客户展示检测结果，并告知其准备进入下一项检测。
· 若客户询问检测结果优劣，如果有确定把握的结果，教练可以直接告知客户；如果无确定把握，教练应告知客户在检测后会有报告进行统一评价。

## 十四、体适能报告解说规范

· 客户检测完成后，教练请客户稍事休息，告知客户将为其分析刚才的测试结果。
· 教练首先应清楚地告诉客户其所处的参考年龄段及评价的分级情况（优秀、良好、一般、需要努力）。
· 教练向客户解说报告每项内容对应的检测项目。
· 教练告诉客户其本人目前各项检测数据所在的范围，以及这些数据对其生活和健康方面的影响，同时若能进一步结合客户的一些主观体验，将有效提高客户参与运动的迫切性。
· 教练告知客户为了能够更好地帮助其进行个人健身规划，接下来需要一个教练咨询程序，以帮助教练更好地了解客户情况，从而使健身计划更有针对性。
· 教练询问客户意见，若客户表示无异议，则进入教练咨询流程。若客户表示时间有限，则于客户重新约定教练咨询的时间。

## 十五、教练咨询规范

· 体适能报告解说完毕后，若客户表示可以进行咨询，教练则邀请客户离开体适能检测室，进入教练咨询室（或洽谈区）。

· 教练在此环节主要对客户的其他主观信息进行问卷调查，具体可参考体适能检测篇提供的各类问卷。

· 根据客户的回答完成表格后，教练告知客户，将根据咨询的情况结合体适能检测的各项数据，为他准备一个较有针对性的健身规划，并与客户约定一个健身规划解说的时间。

· 询问客户感受，若其仍想锻炼，教练则引导客户进行一个较为缓和的有氧运动即可。若客户表示不想锻炼，教练则提醒其注意休息，并按时赴约健身规划的解说时间，最后礼貌与客户道别。

## 十六、运动计划解说规范

· 介绍客户体适能水平现状。

· 为客户介绍训练阶段及各阶段的训练目标。

· 为客户介绍每项训练的概括性的安排方法。

· 为客户介绍每项训练内容的意义，及对实现客户健身目标的意义。

· 询问客户对计划的意见。

· 征求客户课程报名意见。

## 十七、常规教练课程执行规范

· 教练课前电话联系客户，提醒客户上课时间及所需准备的各种事项。

· 教练整理好课程所需的各项器材及材料，提前 5 分钟于前台恭候客户到来。

· 如果客户爽约，教练应致电客户并问明爽约的原因，并确定下次训练时间。如果客户按时到达，教练应询问其身体状况是否适合运动，如其表示可以，则按正常顺序执行课程。

· 进行课程之前，教练应明确介绍本节课程的内容及注意事项。

· 课程进行过程中，教练应认真观察客户的反应及不断询问客户的感受。

· 课程结束后，教练应提示客户可能出现的肌肉酸痛等现象及产生原因和解决办法，让其心中有数。

· 课后第二天，教练应电话回访客户，询问其训练后反应，并与其约定第二节课时间。

## 十八、教练客户回访规范

· 私人教练应于课后第二天对客户进行电话回访工作。

· 拨通电话后，教练应首先询问客户接听电话是否方便。若客户方便，教练则说明用意并展开回访工作；若客户暂时不方便接听，教练则应与客户确定方便的时间后，礼貌道别，准备二次回访。

· 回访的主要内容应包括客户在训练过后的生理反应，特别是目标训练部位及整体感觉。若客户出现延迟性肌肉酸痛的症状，则建议其不必担心，并进行适当的按摩及温水热敷，可缓解酸痛的症状。

· 交流结束后，教练应与客户确定下次训练的时间。

· 教练应在客户生日前、生日当天及生病后及时通过电话进行问候。

· 若客户出现训练时间间隔一周以上的情况，教练应及时致电客户进行询问，并确定相应措施。

## 十九、教练体验课执行规范

· 课程执行同“常规教练课程执行流程”。

· 课程结束后，教练应请客户至教练洽谈区再次向客户展示针对其个人的运动规划，并着重与客户讨论其上课时的感受及这些感受与其目标实现之间的联系，以期能够促成客户报名课程。

· 若客户没有报名，教练课后隔天应电话回访客户，询问其训练后反应。

## 二十、教练体验课回访规范

· 若客户经过体验课后仍未报名教练课程，教练则应过渡到体验课回访流程。

· 通常在体验课后第二天对客户进行电话或场地回访，着重询问其训练感受，并向其解释原因，以及未来的运动规划。

· 体验课后一周，若客户仍未报名教练课程，教练则对其继续进行回访，着重询问客户最近一周来的训练情况及进展，若效果不理想则与其一同查找原因，并提出解决方案。

· 体验课后 14 天，若客户仍未报名教练课程，教练则对其继续进行回访，着重询问客户最近半月来的训练情况及进展，若效果不理想则与其一同查找原因，并提出解决方案。

· 体验课后 30 天，若客户仍未报名教练课程，教练则对其继续进行回访，着重询问客户最近一个月来的训练情况及进展，若效果不理想则与其一同查找原因，并提出解决方案。

· 体验课后 3 个月，若客户仍未报名教练课程，则由运动中心统一对客户二次分配，安排其他教练为客户进行二次体测。

# 第五节　职业教练的自我管理

**导读：**除在日常工作中始终秉承良好的职业道德及遵循日常工作的行为规范外，教练想要使职业生涯得到良好的发展还应做好自我管理工作，具体而言应至少做好目标管理、时间管理及客户服务标准管理等三方面的管理工作，以下则是三方面管理工作的具体执行方法。

## 一、正确设定目标开启成功之门

在设置了富有挑战性的目标后，人们会更加谨慎、认真及富有创造性地思考如何去实现目标。想要获得事业的成功，教练需要为自己设定一系列可执行的目标，并为最终实现这些目标采取行动。

### （一）目标设定的原则

#### 1. 目标需要具体化

在设定目标时需尽可能地将目标具体化，“赚 10 万元 / 年”与“尽量多赚钱”相比，前者更加具体化，也更容易转化为实际行动。

#### 2. 目标应具有挑战性

在进行目标设定时应将目标设定得具有一定挑战性，这样能够激发个人的潜能，同时一旦目标实现后对于个人的自信心提升具有更好的作用，但教练也应注意不能将目标设定得过于困难，否则将会使自己失去信心。

3. 目标应可量化

可量化的目标有助于提高测量行动实施的效果及更具实践性。

4. 设置积极性目标

设定的目标必须是自己想要去完成的目标，而不是那种自己想要消极回避的目标。

5. 设置合理的短期目标

为自己制定长期目标的同时应配合设置在最近的一周内能够实现的短期目标，以便增强个人的自信心。

6. 目标应始终与动机一致

与动机一致的目标能够最大限度地激励及鼓舞个人采取并坚持行动，但前提是教练应首先明确自己工作的动机是什么。

### （二）目标设定的具体方法

在认真回答下列问题后，教练将能清晰地了解自己的个人工作目标是什么，以及该如何去完成这些目标。

· 您今年的年收入目标是多少？

· 为实现这个目标您每月需要赚多少钱？

· 为实现每月赚到这些钱，您需要上多少节课？

· 您现在每月能上多少节课？离目标课程还有多少？

· 平均每位客户每月能上多少节课？

· 您还需要几位客户才能达到目标课程？

· 您每月的销售达成率是多少？

· 您还需要开发多少新客户才能完成您目标客户数？

· 您每月从体适能检测中能获得多少客户？

· 您还需要通过场地开发获得多少客户？

· 您每天需要拜访几位陌生客户？

## 二、良好时间管理快速获取成功

教练是一项计时收费的职业，因此管理和利用好时间是提高个人收益的重要方法之一。良好的时间管理还有助于压力水平的控制，对于提高个人的健康水平有良好的作用。

### （一）评估时间的花费状况

将一天的时间分成 15 分钟的时间段，记录每 15 分钟所做的事情，经常回顾自己的日记，并注意每天花在每项活动上的时间，然后找出对自己目标实现毫无意义或意义不大的项目，逐步压缩此类项目的时间，以此使时间利用的效率最大化。

### （二）采用要事优先原则处理事务

每日结束工作前或每天开始工作前，把即将要做的事务进行分类：第一类是既紧急又重要的事情，第二类是不紧急但是很重要的事情，第三类是看起来紧急但却并不重要的事情，第四类是既不重要又不紧急的事情。每个人每日应该优先去做第一类事情，然后花比较多的时间去做第二类事情，第三类事情则视具体情况，如手头没有重要事情则可顾及此类事情，第四类事情则应尽可能减少。

### （三）花时间做好计划

投入一定的时间，将自己要从事的各项活动安排好。每天下班前将自己明天的时间安排罗列在自己的工作笔记上，每周末将下周的主要行程安排罗列在工作笔记上，每月末则将下月的主要行程安排罗列在工作笔记上。

### （四）限制干扰

如果已经有了计划安排，那么教练需要留意自己每日的计划落实情况。如果经常无法按计划进行，应仔细分析干扰实施计划的原因，以后的计划安排中，应该为每天可能受到的干扰安排时间。另外，要采取一定的方法将干扰限制在最低的水平。

### （五）一次性完成任务

能够一次性完成的任务不要拖沓，拖沓将带来效率的下降，从而浪费时间。

### （六）适当委托别人代劳

可能的话，委托别人做一些不需要亲自做的事，并避免做其他人委托的琐事，这并不意味着你利用别人帮自己干活或你不肯帮助别人。实际上，这意味着对别人委托给你做的事情要加以选择。换句话说，当你时间不够或负担过重时，要毫不犹豫地寻求别人的帮助；当你有时间时，别人向你求援，你也不应拒绝。

## 三、优质客户服务长期维系成功

判断教练事业成功与否的标准并不是看其在一段时间内创造了多少利润，而是看他最终能够留住多少客户。短期的利润虽然能够让您的事业暂时性的辉煌，但却无法让其长期维系。相反，随着客户资源的不断增多，教练将慢慢从众多的客户资源当中获得长久及更丰厚的利润。教练留住客户最根本的方法就是为客户提供优质的客户服务，通过优质服务让客户始终感受到其获取的价值远大于其付出的成本（金钱、时间、体力等）。

### （一）提供优质客户服务的方法

服务本身是无止境的，因此关于优质服务的标准及方法也在不断地发生改变，本书所介绍的服务方法着重于教练日常工作的操作层面，通过在日常工作中实施以下服务方法，教练将能够为客户提供目前行业领先的服务体验，从而最大限度地保有客户。

#### 1. 建立客户资料库

服务就是满足顾客的需要，而优质服务通常被认为是既能满足客户的实际需求（减肥、增肌、保持健康等），又能满足客户的情感需求（受尊重、受欢迎的感觉等）。无论是要满足客户的何种需求，根本前提是知道客户的需求是什么，而了解客户需求的前提就是为客户建立详尽的档案资料。通过反复对客户资料进行分析与研究，教练将能够全面了解客户需求，从而为满足客户需求创造实现的前提。

#### 2. 客户资料整理的主要内容

教练每天应该拿出固定时间进行客户资料的维护，这项看似简单的事情对您的事业成功将大有帮助，具体而言教练应该做好以下内容的整理。（表 1–1）

#### 3. 客户资料的保管

一旦为客户建立了档案资料，教练应认真妥善保管这些资料，避免因为这些资料外泄而为客户及自己带来安全隐患。（附件 1）

表 1-1 客户资料整理表

| 类 别 | 详 细 内 容 |
|---|---|
| 基本资料 | 客户的姓名、性别、年龄、联系电话、通信地址、兴趣爱好、工作性质、生活习惯等 |
| 体测资料 | 健康问卷、膳食记录表、体适能检测记录表、姿态评估记录表、客户训练前后的照片等 |
| 训练资料 | 训练规划表、年度训练计划、月度训练计划、每课的训练记录等 |
| 交易资料 | 客户的购买协议、客户购买的课时、已消耗的课时、剩余的课时、客户最近课程的使用情况、续课的次数、转介客户的次数、持续购买课程的时间等 |

### （二）确立服务内容及标准

教练应整理并参照行业发展状况定期修订自己的服务内容及标准，以便使自己的服务水平始终维持在行业的领先水平，从而实现长久保有客户的目的。

教练课程训练服务内容及标准建议：教练课程训练服务的根本出发点是使客户在最安全的前提下获得最佳的训练体验及运动效果，由此出发制定以下服务内容及标准。所有使用该系统的教练应保证至少为客户提供以下标准的一对一训练服务内容，以使客户获得最佳运动体验。（表 1–2）

表 1–2 教练课程训练服务内容及标准

<table>
<tr><th>服务类别</th><th>服 务 内 容</th><th>服 务 标 准</th></tr>
<tr><td rowspan="6">基本服务</td><td>体适能评估<br>（主观、客观评估）</td><td>每训练阶段 1 次，如训练阶段长于 3 个月，则每 3 个月 1 次</td></tr>
<tr><td>运动计划安排</td><td>训练规划 1 份<br>年度训练规划、月度训练规划 1 份<br>每堂训练课的训练记录表（依购买课程数量）</td></tr>
<tr><td>一对一运动指导课程</td><td>60 分钟 / 堂</td></tr>
<tr><td>课程预约及回访</td><td>每堂训练课前一天与训练课后一天，电话或短信</td></tr>
<tr><td>生日祝福</td><td>客户生日前或生日当天，短信或电话、e–mail</td></tr>
<tr><td>节庆问候</td><td>各种节庆前或当天，短信或电话、e–mail</td></tr>
<tr><td rowspan="4">附加服务</td><td>健康资讯</td><td>每月 1 次，邮件或纸质版</td></tr>
<tr><td>生活习惯调查</td><td>每训练阶段 1 次，如训练阶段长于 3 个月，则每 3 个月 1 次</td></tr>
<tr><td>膳食习惯调查及膳食建议</td><td>每训练阶段 1 次，如训练阶段长于 3 个月，则每 3 个月 1 次</td></tr>
<tr><td>膳食记录分析</td><td>每堂训练课 1 次（仅针对减肥、增肌人群）</td></tr>
</table>

### （三）始终秉承服务客户的态度

服务是一项永无止境的事业，想要始终保持领先的服务水平，教练需要秉承以下态度来开展工作。

· 无论何时都表现出积极与高水平的专业态度。

· 客户提出问题时，教练需要永远保持耐心，认真对待并解决问题。

· 时刻注意自己的言行，确保任何言行都符合教练的专业身份，都不会给客户带来不适。

· 抓住和创造任何能够增进教练与客户之间专业关系的机会。

· 教练需积极接受客户的抱怨，并以最快的速度为其解决问题。

# 第六节　职业教练的发展路径

导读：了解存在的职业发展路径，有助于教练更好地规划个人的职业发展方向，并提前做好相关准备工作，从而获取更好的人生发展前景。对于教练而言，目前存在的职业发展路径大体可以归纳为两个发展方向：朝着专业化方向发展，朝着管理型方向发展。以下则是两个发展方向的具体发展路径及职业教练应做好的相关准备工作。

## 一、专业化方向

所谓专业化方向是指教练应进一步拓展及深化运动专业相关知识，从而使自己能够切入到那些对于专业化训练指导要求更高的细分领域。目前来看有两个细分领域是教练通过自己的不断努力得以切入的。一个领域是为高水平职业运动员提供专业的体能训练指导，即成为体能训练专家。这个领域对于教练所需掌握体能训练知识与技能要求较高，需要教练在竞技体能相关知识与技能的学习方面投入精力进行准备。另一个领域是为高水平运动员或有特殊运动防护需求的普通人提供运动损伤防护服务，即成为运动防护师。这个领域对教练所需掌握的运动医学及运动损伤防护的相关知识要求较高，需要教练在运动医学及运动损伤防护的学习方面投入精力进行准备。

## 二、管理型方向

除了专业化的路径之外，教练还可选择管理型方向作为自己的职业发展路径，即向着更加专业的管理型人才转型。通常这个方向的发展路径是从转型成运动中心教练部门的经理开始的，进而慢慢地转型成运动中心的综合管理者，即运动中心总经理。这个路径的终点是成为通用型职业经理人（各类企业管理均能适用）或是成为运动中心的投资人或管理合伙人。选择该发展路径的教练则需要不断地储备和拓展自己在管理方面的专业知识，从而满足职业转换对个人的素养的要求。

# 总　结

良好的职业道德是确保教练职业生涯顺利发展的前提。良好的服务礼仪能使客户在接受运动指导服务过程中最大限度地感受到尊重，并使客户能够更好地尊重教练。牢记并遵循教练的日常行为规范，将最大限度地确保教练的职业形象。注重运动指导、体适能检测、教练课程执行等环节的服务技巧，将为教练带来良好的职业口碑。正确设定目标、合理管理好时间，以及注重客户服务是教练长期维持成功的秘诀。

附件 1

# 客户档案

<table>
<tr><td colspan="7">基本资料</td></tr>
<tr><td>姓名</td><td></td><td>卡号</td><td></td><td>性别</td><td></td><td rowspan="4">（照片）</td></tr>
<tr><td>职业</td><td></td><td>出生日期</td><td></td><td>年龄</td><td></td></tr>
<tr><td rowspan="2">联系电话</td><td>手机</td><td colspan="2"></td><td>宅电</td><td></td></tr>
<tr><td colspan="2">方便接听时段</td><td colspan="3"></td></tr>
<tr><td>电子邮件</td><td colspan="6"></td></tr>
<tr><td>联系地址</td><td colspan="6"></td></tr>
<tr><td>是否续课</td><td></td><td>报名课时</td><td colspan="2"></td><td>课程期限</td><td></td></tr>
<tr><td>课程推荐人</td><td></td><td></td><td></td><td></td><td>推荐朋友</td><td></td></tr>
</table>

<table>
<tr><td colspan="2">基本资料</td></tr>
<tr><td>计划开始</td><td>计划结束</td></tr>
<tr><td>训练前照片</td><td>训练后照片</td></tr>
</table>

# 第二章　运动解剖学基础知识

## 第一节　人体解剖学术语

**导读：**理解并记住人体解剖学术语是学习人体解剖学的基础，对于教练而言掌握这些术语将有助于理解并掌握关节各种常见运动形式的定义。

### 一、人体解剖学姿势

人体的标准解剖学姿势是指身体直立，面向前方，两眼平视正前方，两足并拢，足尖向前，双上肢下垂于躯干的两侧，掌心向前。描述人体任何结构时，均应用标准解剖学姿势。

### 二、常用方位术语

上和下：靠近头部为上，靠近足部为下。

前和后：靠近腹部为前，靠近背部为后。

浅和深：靠近体表或器官表面为浅，远离体表或器官表面为深。

内侧和外侧：靠近身体正中面为内侧，远离身体正中面为外侧。

近端和远端：四肢靠近躯干的位置为近端，四肢远离躯干的位置为远端。

桡侧和尺侧：前臂的外侧为桡侧，前臂的内侧为尺侧。

腓侧和胫侧：小腿的外侧为腓侧，小腿的内侧为胫侧。（图 2-1）

### 三、人体基本面

矢状面：沿身体前后径所作的与地面垂直的切面，其中通过正中线的切面为正中面。

额状面：沿身体左右径所作的与地面垂直的切面，也称冠状面。

水平面：横断身体，与地面平行的切面，也称横切面。

## 四、人体基本轴

额状轴：横贯身体，垂直通过矢状面的轴，又叫冠状轴。

矢状轴：前后贯穿身体，垂直通过额状面的轴。

垂直轴：纵贯身体，垂直通过水平面的轴。（图 2–2）

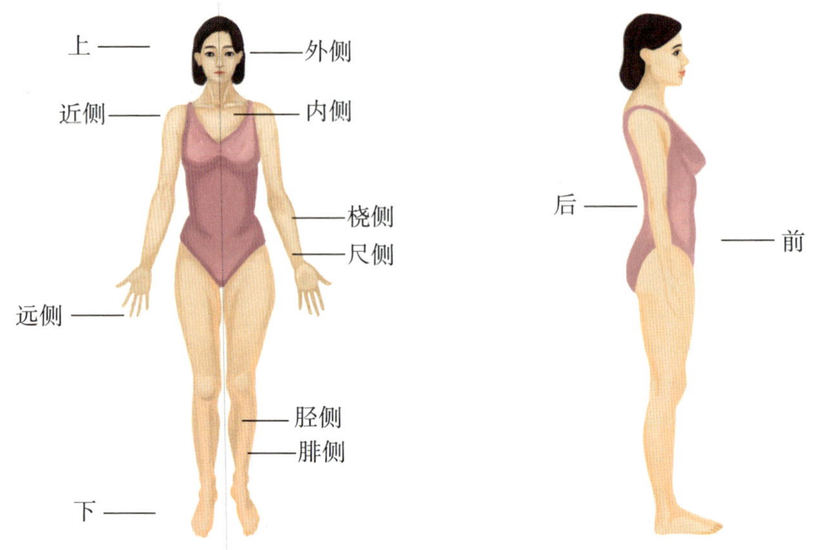


图 2–1　人体解剖常用方位术语

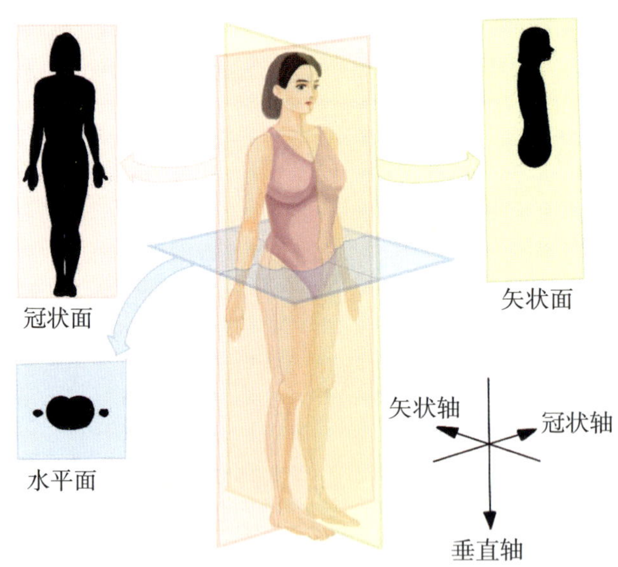


图 2–2　人体的基本面与基本轴

# 第二节 骨概述

**导读：** 教练学习骨的相关知识时，重点应放在常见骨的名称、在人体的位置及骨上的标志点等内容上，清楚地掌握这些内容将有助于加强对骨骼肌起止点及功能的理解与记忆。

## 一、骨的数量

成年人全身共有骨 206 块。

人类初生婴儿全身的骨头总数通常是 305 块左右。随着年龄的增长，有些骨头会逐渐联结、融成一体，数量逐步减少。到了儿童时期，一般人类个体的全身骨头总数将会减少到大约 217 块。成年后，除了牙齿以外，成年人的骨头数目固定为 206 块。

## 二、骨的分类

### （一）按部位分类

按骨的部位不同，可分为中轴骨和四肢骨。中轴骨包括颅骨、躯干骨（躯干骨包括椎骨、肋骨、胸骨）；四肢骨包括上肢骨（上肢骨包含上肢带骨、自由上肢骨）与下肢骨（下肢骨包含下肢带骨、自由下肢骨）。

### （二）按形态分类

按骨的形态不同，可分为长骨、短骨、扁骨和不规则骨。（图 2–3）

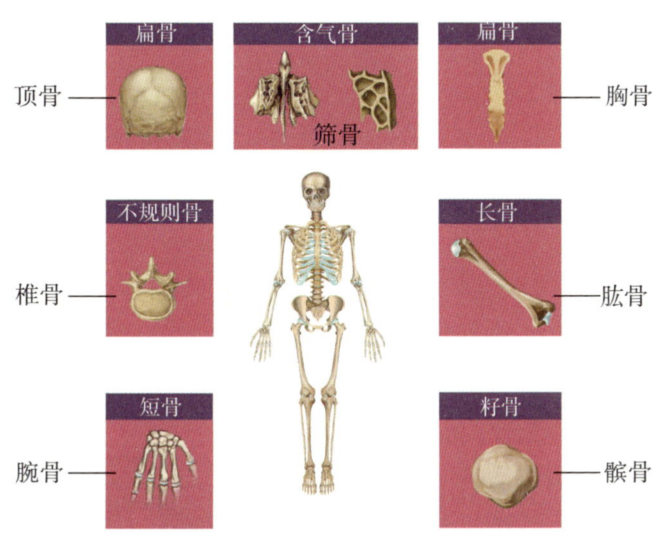


图 2–3　骨的形态

长骨：多呈管状，一般位于四肢。中部细且中空，为骨干；两端膨大，为骨骺。

短骨：立方形，多在腕部、踝部。

扁骨：宽扁呈板状，多位于人体中轴或四肢带部位。作用多为构成容纳重要器官的腔壁或者提供肌肉附着。

不规则骨：呈现极不规则的形态，典型的如椎骨。有些不规则骨内有腔洞，称含气骨，如上颌骨。

此外，还有籽骨，包于肌腱或韧带内的结节状小骨，如髌骨。

## 三、骨的构造

作为器官，骨包含骨膜、骨质、骨髓、血管及神经等构造。（图 2–4）

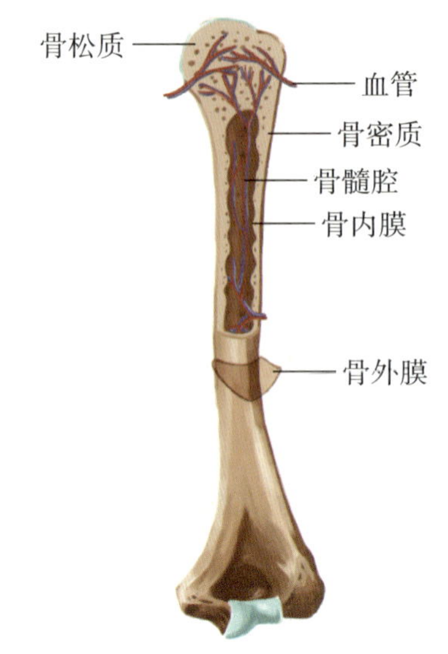


图 2–4　骨的构造

骨膜：包括骨外膜及骨内膜，负责骨的营养、生长发育及损伤修复。

骨质：包括骨松质及骨密质，构成骨的形态，抗压、抗扭曲。

骨髓：包括红骨髓及黄骨髓，其中红骨髓有造血功能。

## 四、骨的化学成分与物理性质

骨中包含有机物及无机物两类化学成分。

有机物：主要为骨胶原，使骨骼表现出具有弹性的物理特性。

无机物：主要为水和钙盐，使骨骼表现出具有硬度的物理特性。

化学成分随年龄增长的变化情况：儿童少年有机物较多，骨的硬度小，弹性大，不易骨折。老年人骨中无机物多，有机物少，弹性小而脆性大，易骨折。

## 五、常见骨介绍

### （一）上肢骨

上肢骨包括上肢带骨及自由上肢骨两部分。上肢带骨包括锁骨和肩胛骨，自由上肢骨包括上臂骨、前臂骨及手骨三部分。上臂骨称为肱骨；前臂骨包括尺骨和桡骨；手骨包括腕骨、掌骨和指骨三部分。此处仅详细介绍上肢带骨、上臂骨及前臂骨。（图 2–5）

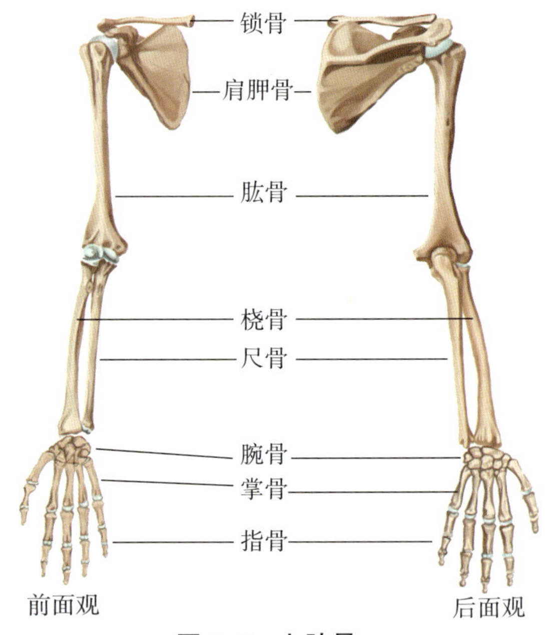


图 2–5　上肢骨

#### 1. 上肢带骨

上肢带骨包括锁骨和肩胛骨。

（1）锁骨

**位置：**胸骨与肩胛骨之间。（图 2–6）

**重要骨性标志：**胸骨端与胸骨构成胸锁关节，肩峰端与肩胛骨构成肩锁关节。

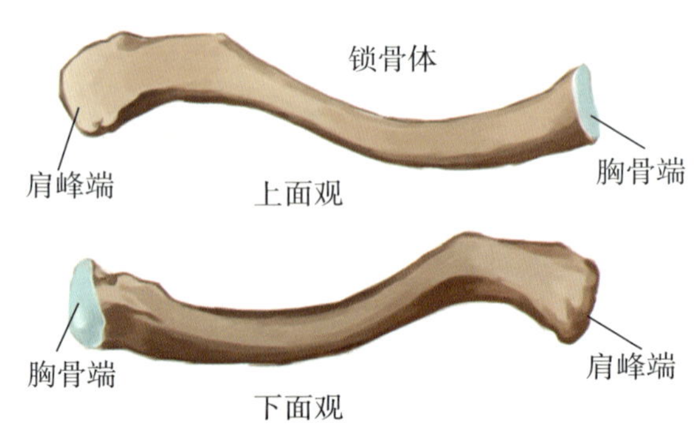


图 2–6　锁骨

**肌肉附着点**：锁骨内侧半为胸大肌起点，锁骨外侧半为三角肌前束起点。

（2）肩胛骨

**位置**：胸廓后上方外侧，上下平齐第 2 肋和第 7 肋。（图 2–7）

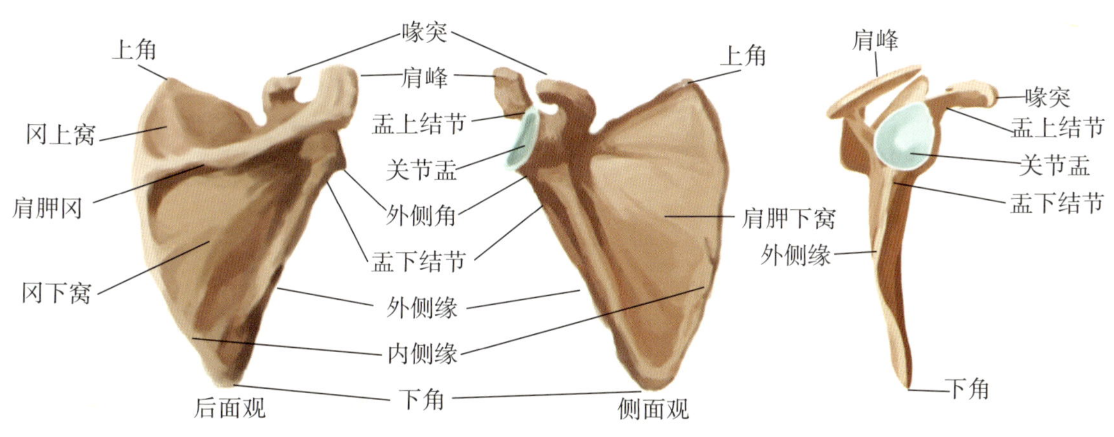


图 2–7 肩胛骨

**重要骨性标志**：

· 肩胛骨上角：对应第 2 肋骨。

· 肩胛骨下角：对应第 7 肋骨，可作为测量胸围的骨性标志点，也可用于定义肩胛骨上下回旋动作。

· 关节盂：与肱骨头构成肩关节。

· 肩胛冈、冈上窝、冈下窝：多块肌肉附着点。

· 肩峰：测量肩宽及上肢全长的骨性标志，与锁骨构成肩锁关节。

· 盂上结节、盂下结节、喙突、肩胛下窝：多块肌肉起止点。

**肌肉附着点**：

· 肩胛下窝：肩胛下肌起点。

· 喙突：肱二头肌、喙肱肌起点。

· 盂下结节：肱三头肌起点。

· 盂上结节：肱二头肌起点。

· 肩峰：三角肌中束起点、斜方肌止点。

· 肩胛冈：三角肌后束起点、斜方肌止点。

· 冈上窝：冈上肌起点。

· 冈下窝：冈下肌起点。

## 2. 自由上肢骨

（1）肱骨

**位置**：上臂。（图 2–8）

**重要骨性标志**：

· 肱骨头：与肩胛骨关节盂构成肩关节。

· 大结节、小结节、大结节嵴、小结节嵴、三角肌粗隆：多块肌肉附着点。

· 肱骨内上髁、外上髁：多块肌肉附着点。

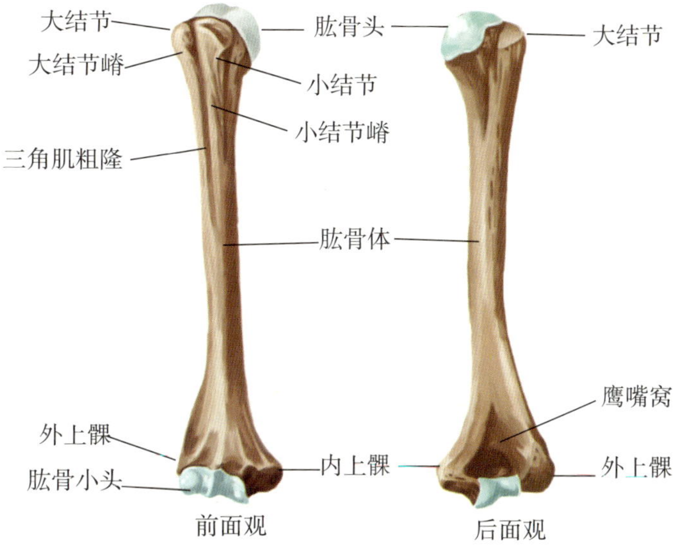


图 2–8 肱骨

- 肱骨小头：与桡骨构成肱桡关节。
- 肱骨滑车：与尺骨构成肱尺关节。
- 鹰嘴窝：前臂伸时容纳尺骨鹰嘴。
- 桡神经沟：附近附着多块肌肉。

**肌肉附着点：**

- 大结节：冈上肌、冈下肌、小圆肌止点。
- 小结节：肩胛下肌止点。
- 大结节嵴：胸大肌止点。
- 小结节嵴：背阔肌、大圆肌止点。
- 三角肌粗隆：三角肌止点。
- 桡神经沟：肱三头肌内外侧头起点。
- 外上髁：桡侧腕长伸肌等前臂肌群的起点。
- 内上髁：尺侧腕屈肌等前臂肌群的起点。

（2）尺骨

**位置：**前臂内侧。

**重要骨性标志：**

- 滑车切迹：与肱骨滑车构成肱尺关节。
- 桡切迹：与桡骨构成桡尺近侧关节。
- 鹰嘴、尺骨粗隆：肌肉附着点。
- 尺骨茎突：肘关节活动度测量骨性标志点。

**肌肉附着点：**

- 鹰嘴：肱三头肌止点。
- 尺骨粗隆：肱肌止点。

（3）桡骨（图 2–9）

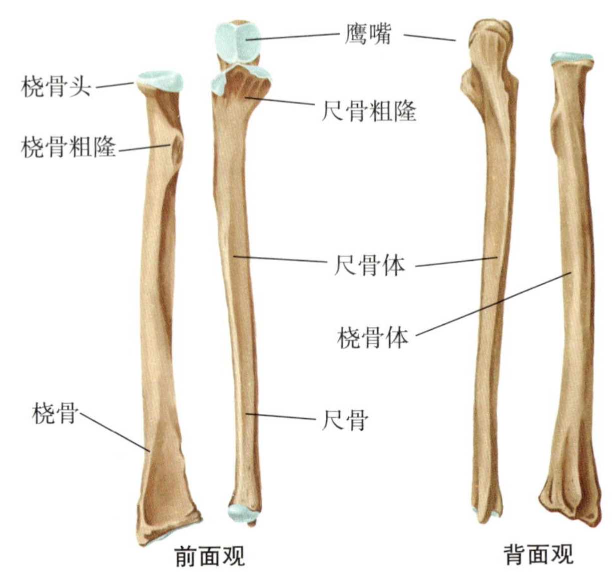


图 2–9　尺骨、桡骨

**位置：**前臂外侧。

**重要骨性标志：**

- 桡骨头：与肱骨小头构成肱桡关节。
- 桡骨粗隆：肌肉附着点。
- 桡骨茎突：常用于测量的骨性标志点。

**肌肉附着点：**

- 桡骨粗隆：肱二头肌止点。

## （二）下肢骨

下肢骨包括下肢带骨和自由下肢骨。下肢带骨即髋骨（hip bone）。自由下肢骨包括大腿骨、髌骨、小腿骨和足骨。大腿骨即股骨，小腿骨包括胫骨和腓骨，足骨包括跗骨、跖骨和趾骨。此处仅详细介绍下肢带骨及自由下肢骨中的股骨、胫骨、腓骨及跗骨。（图 2–10）

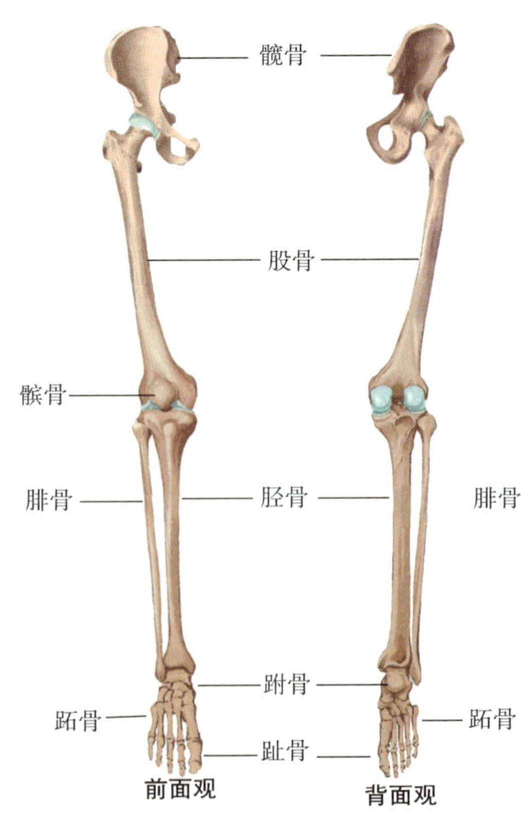


图 2–10　下肢骨

### 1. 下肢带骨：髋骨（髂骨、耻骨、坐骨）

**位置**：骨盆。（图 2–11）

**重要骨性标志：**

· 髂嵴、髂骨翼：多块肌肉附着点。
· 髂前上棘：肌肉附着点，评估骨盆位置的重要标志点。
· 髂前下棘：肌肉附着点。
· 髂后上棘：评估骨盆位置的重要标志点。
· 髋臼：与股骨头构成髋关节。
· 坐骨结节、耻骨联合、髂窝：肌肉附着点。

**肌肉附着点：**

· 髂前上棘：缝匠肌、阔筋膜张肌起点。
· 髂前下棘：股直肌起点。
· 髂嵴：腹外斜肌止点、腹内斜肌起点。
· 髂骨翼：臀大肌起点。
· 髂窝：髂肌起点。
· 坐骨结节：腘绳肌起点。
· 耻骨联合：腹直肌起点。

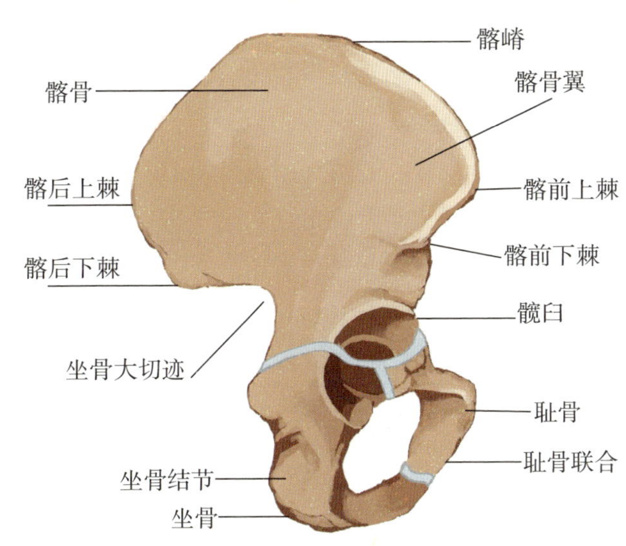


图 2–11 髂骨外侧面

### 2. 自由下肢骨

（1）股骨

**位置**：大腿。（图 2–12）

**重要骨性标志：**

· 股骨头：与髋臼构成髋关节。
· 股骨颈：老年人下肢骨折常见部位。
· 大转子、小转子、臀肌粗隆、股骨粗线：肌肉附着点。
· 内、外上髁：测量常用骨性标志点。
· 内、外侧髁：与胫骨上端构成胫股关节。

**肌肉附着点：**

· 大转子：臀中肌、臀小肌止点。
· 小转子：髂腰肌止点。
· 股骨粗线内侧唇、外侧唇：股内侧肌、股外侧肌起点。
· 内侧髁、外侧髁：腓肠肌起点。

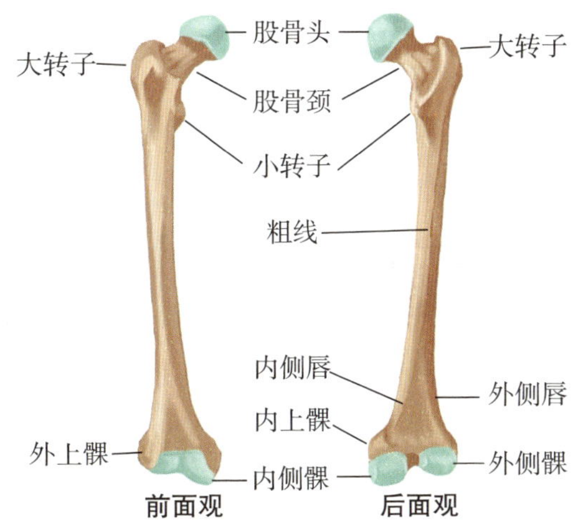


图 2–12 股骨

（2）胫骨

**位置**：小腿内侧。（图 2–13）

**重要骨性标志：**

· 胫骨内侧髁、外侧髁：与股骨形成胫股关节。

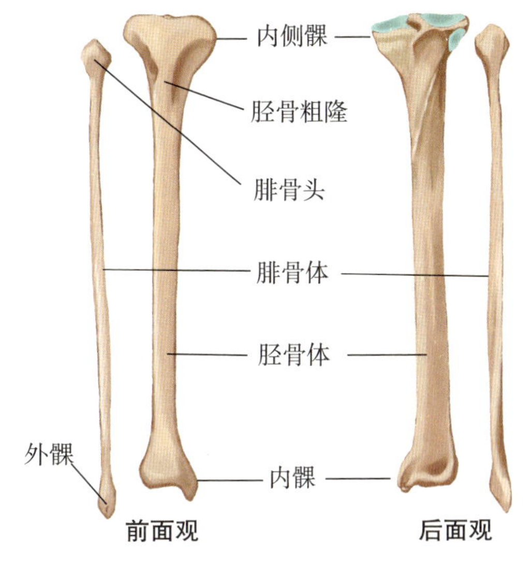


图 2–13 胫骨、腓骨

· 胫骨粗隆：肌肉附着点。
· 内踝关节面：参与踝关节构成。

**肌肉附着点：**

· 胫骨粗隆：股四头肌止点。
· 内侧髁：半膜肌止点。

（3）腓骨

**位置：**小腿外侧。

**重要骨性标志：**

· 腓骨头：肌肉附着点。
· 外踝关节面：参与踝关节构成。

**肌肉附着点：**

· 腓骨头：股二头肌止点。

（4）跗骨（距骨、跟骨等 7 块骨构成）

**位置：**足踝。（图 2–14）

**重要骨性标志：**

· 跟骨结节：肌肉附着点。
· 距骨滑车关节面：参与踝关节组成。

**肌肉附着点：**

· 跟骨结节：小腿三头肌止点。

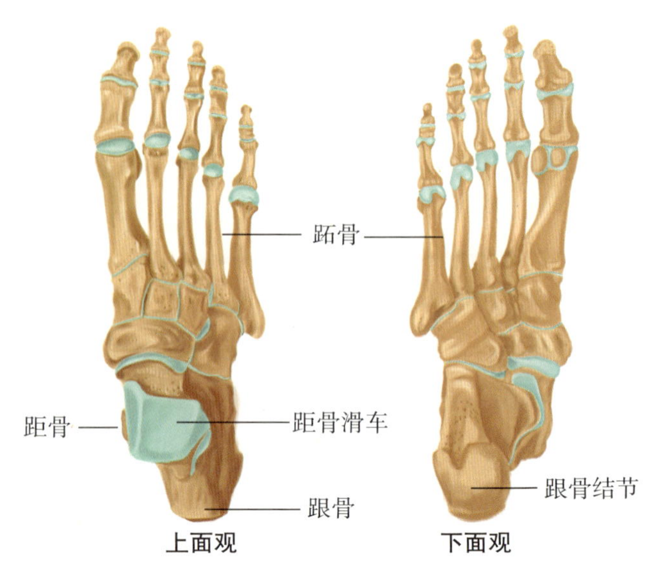


图 2–14　跗骨

## （三）躯干骨

躯干骨包括椎骨（颈椎、胸椎、腰椎、骶骨、尾骨）、肋骨及胸骨。本节仅介绍部分椎骨、肋骨及胸骨。

### 1. 颈椎（7 块）、胸椎（12 块）、腰椎（5 块）

**位置：**脊柱。（图 2–15）

**重要骨性标志：**

· 椎体：形成椎体间连结。
· 椎孔：构成椎管。
· 上、下关节突：构成关节突关节。
· 棘突、横突：构成棘突间及横突间连结。

**肌肉附着点：**

· 棘突、横突：竖脊肌、多裂肌等肌肉的起点。
· 椎体：腰大肌等肌肉起点。

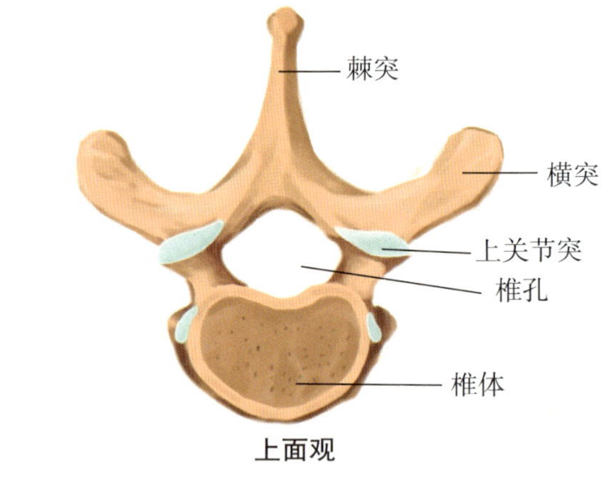


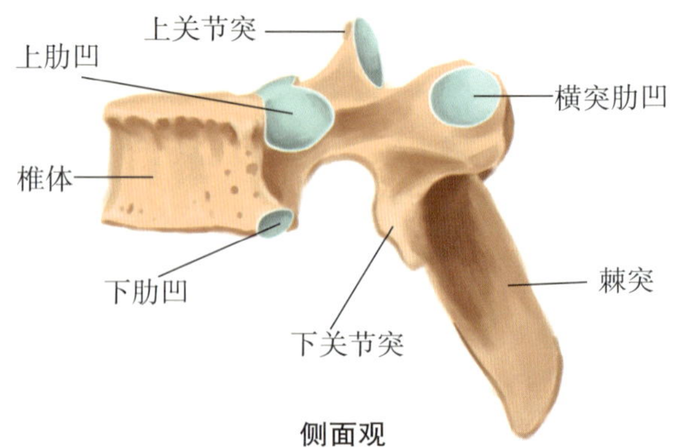


图 2–15　椎骨

### 2. 骶骨（5 块骶椎融合而成）

**位置：**骨盆背面，腰椎下方。（图 2–16）

**重要骨性标志：**

· 骶骨底：与腰椎椎体构成腰骶连结。
· 骶骨背面：肌肉附着点。

**肌肉附着点：**

· 骶骨背面：臀大肌起点、竖脊肌起点、背阔肌起点。

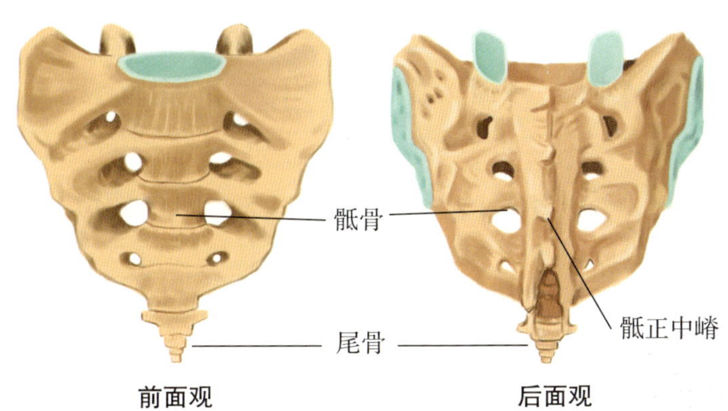


图 2–16　骶骨

## 3. 肋骨（12 对）

**位置：**胸骨两侧。（图 2–17）

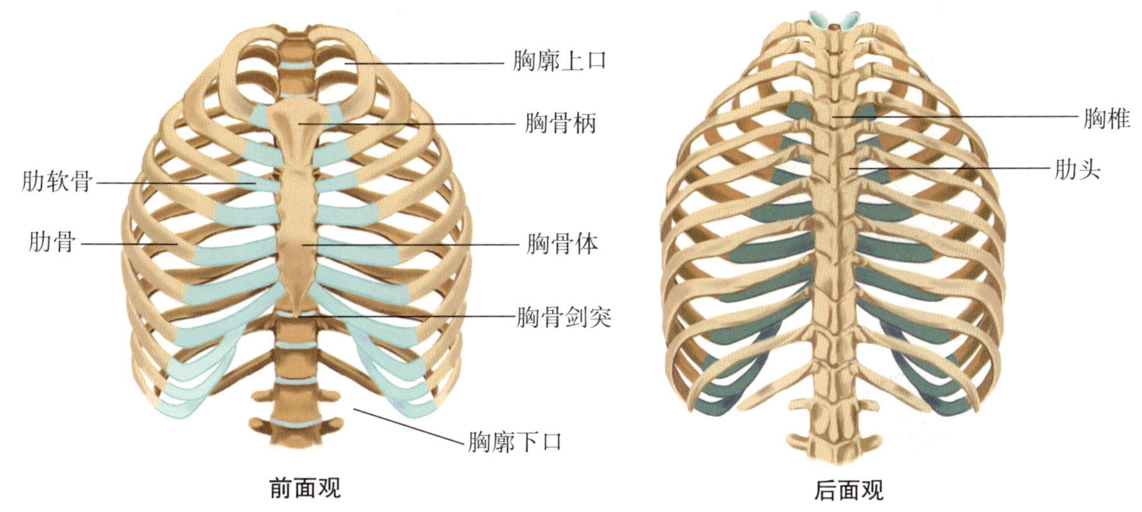


图 2–17　肋骨

**重要骨性标志：**

· 胸骨端：与胸骨相连结。

· 肋头：与椎骨相连结。

**肌肉附着点：**

· 肋体：腹直肌止点、腹外斜肌起点。

## 4. 胸骨

**位置：**胸部前方。（图 2–18）

**重要骨性标志：**

· 锁切迹：与锁骨形成胸锁关节。

· 肋切迹：与肋骨相连。

· 胸骨体、胸骨剑突：肌肉附着点。

**肌肉附着点：**

· 胸骨体：胸大肌起点。

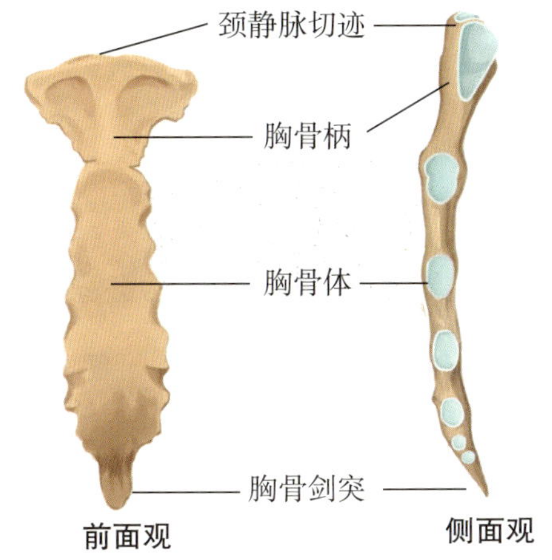


图 2–18　胸骨

· 胸骨剑突：腹直肌止点。

## 六、常见骨性标志点触摸方法

骨性标志点指在人体某些部位的骨，常在人的体表形成较明显的隆起或凹陷。对骨性标志点进行触诊，可以对重要的身体结构进行定位。下面介绍几个各部位常用的骨性标志点。

### （一）肩部

主要触摸肩胛骨上的重要骨性标志点，判断肩胛骨的位置。（图 2-19~ 图 2-24）

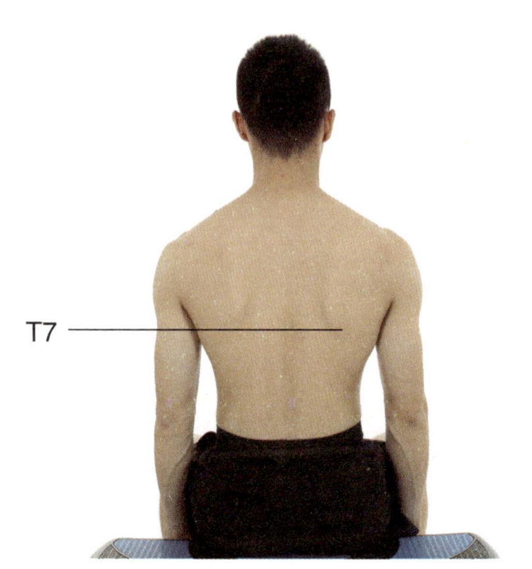


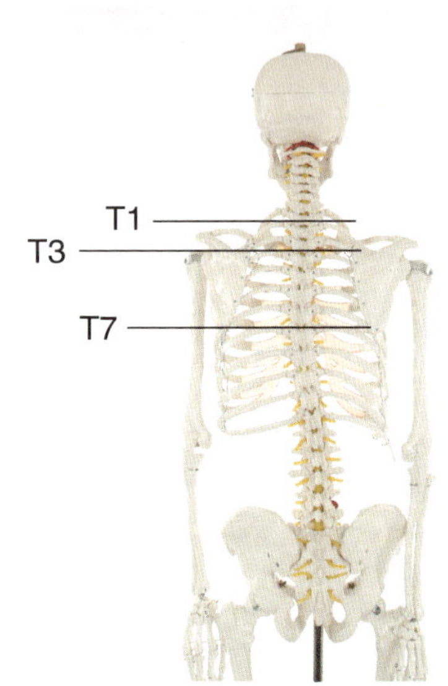


图 2-19　肩胛骨与脊柱对应关系

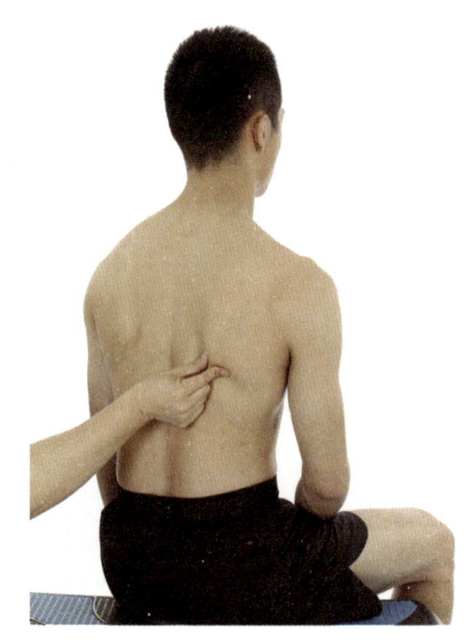

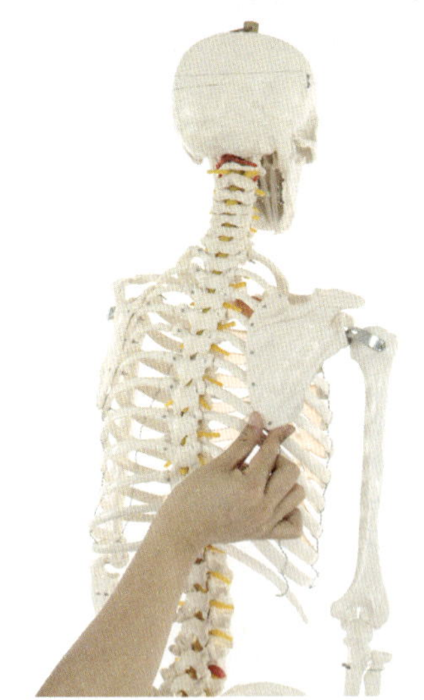

图 2-20　肩胛骨下角触摸方法

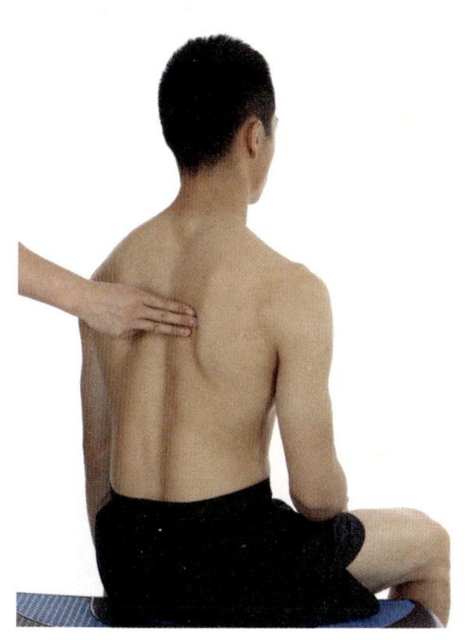
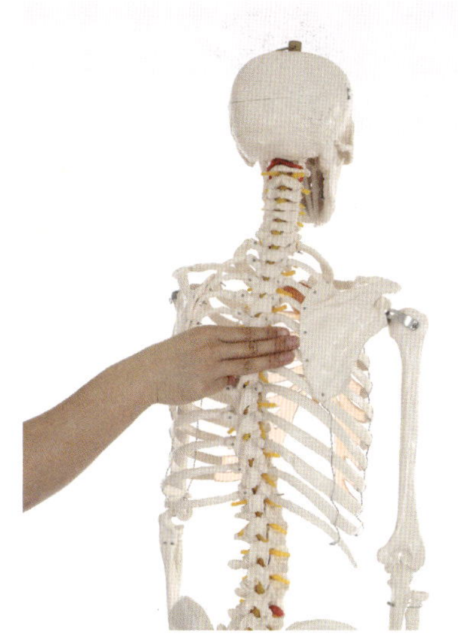

图 2-21　肩胛骨内侧缘触摸方法

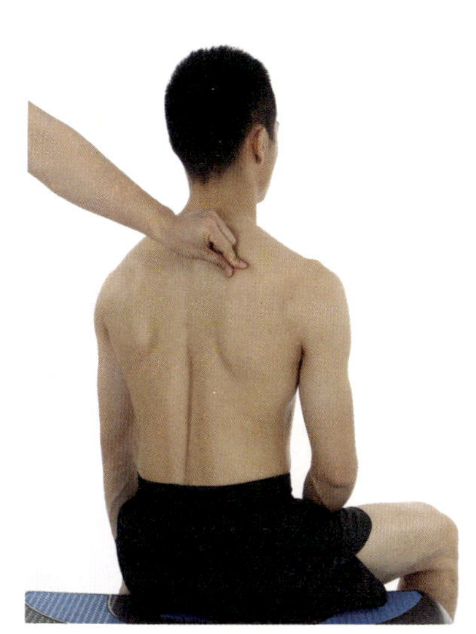
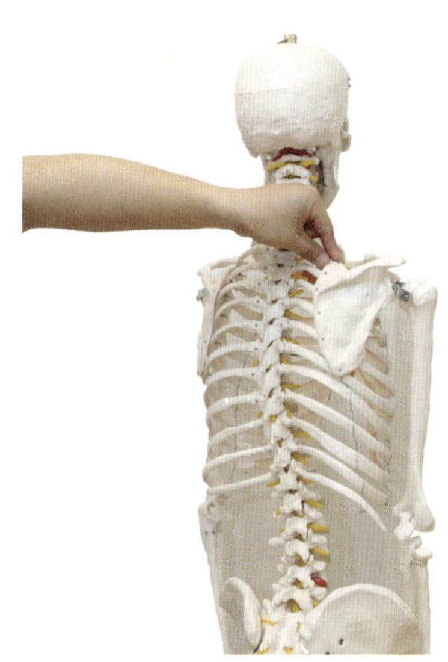

图 2-22　肩胛骨上角触摸方法

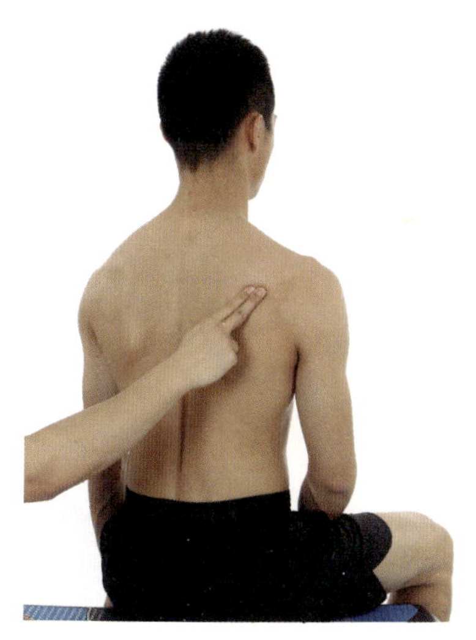
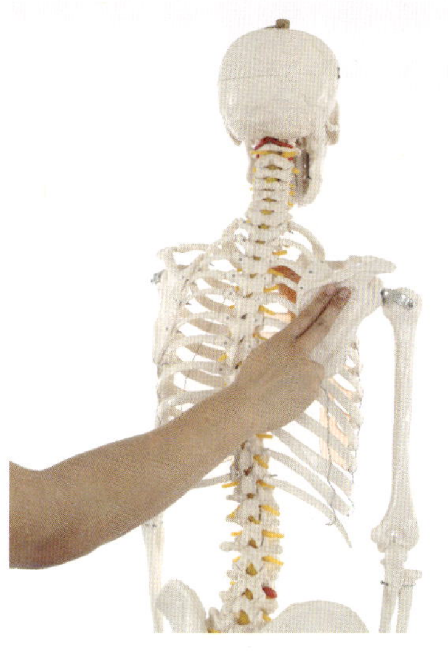

图 2-23　肩胛冈下缘触摸方法

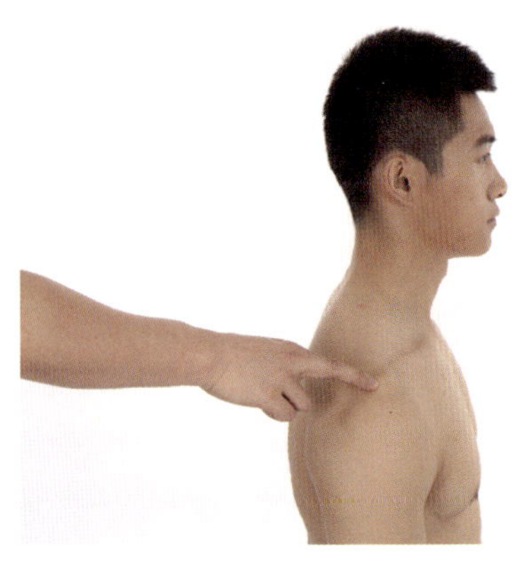
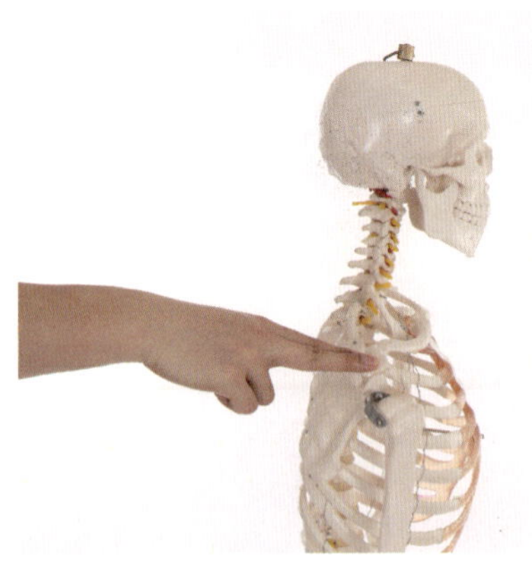

图 2-24 肩峰触摸方法

## （二）肘部

主要对肱骨内上髁和外上髁进行触摸。（图 2-25、图 2-26）

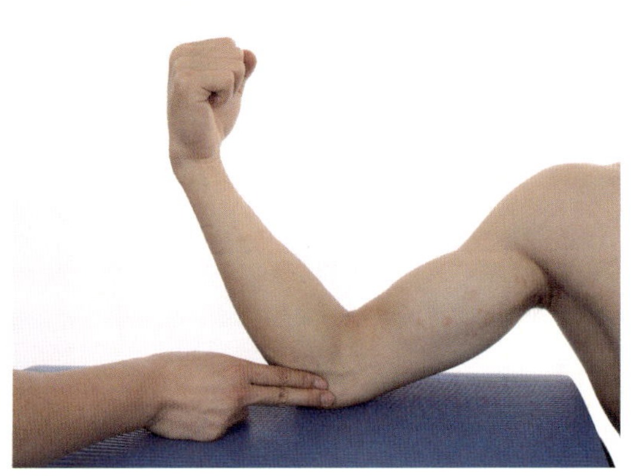
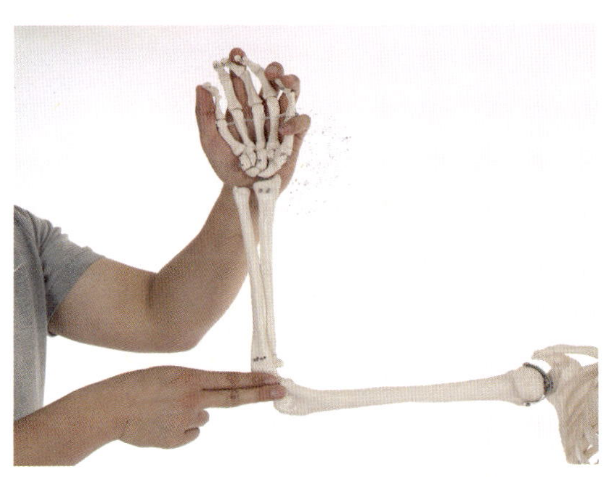

图 2-25 肱骨内上髁触摸

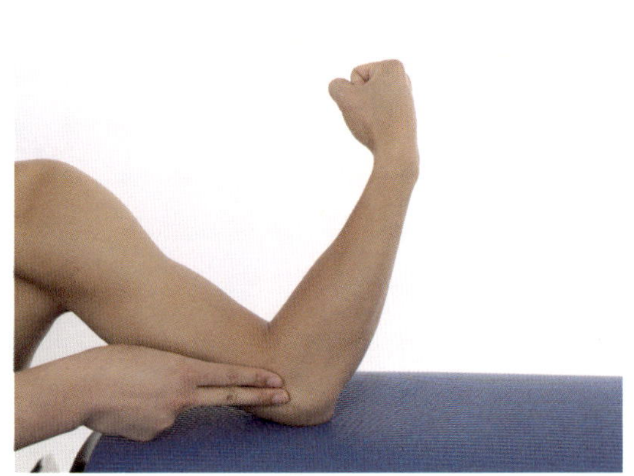
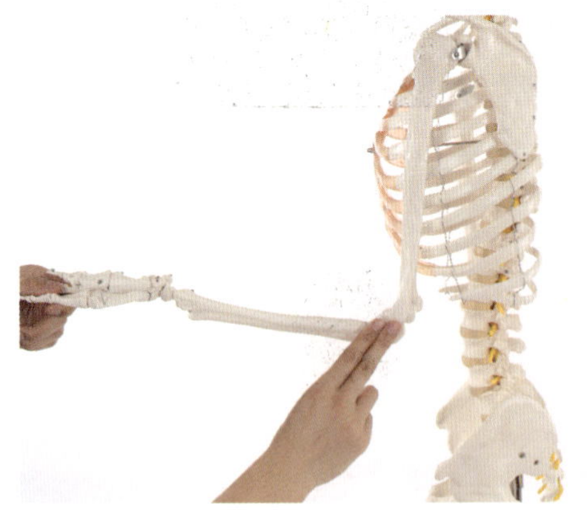

图 2-26 肱骨外上髁触摸

## （三）髋部及骨盆

主要触摸髂前上棘、髂后上棘、股骨大转子。（图 2-27~ 图 2-29）

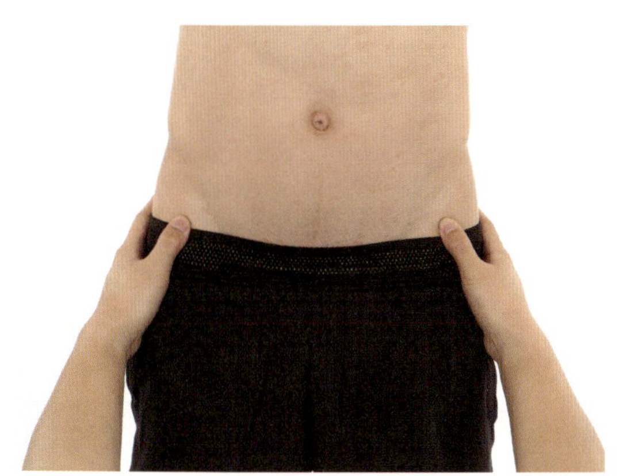
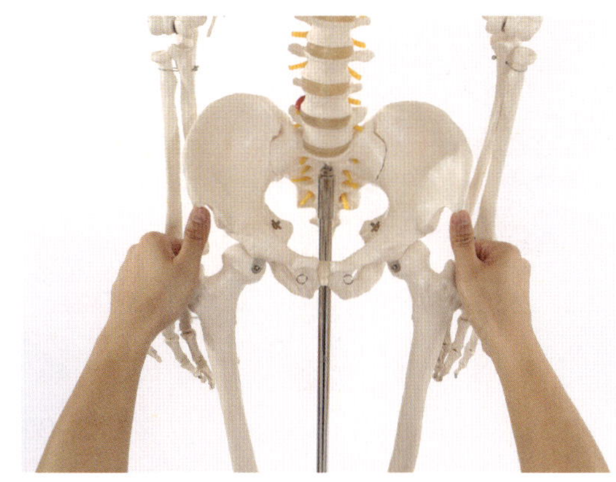

图 2-27　髂前上棘触摸

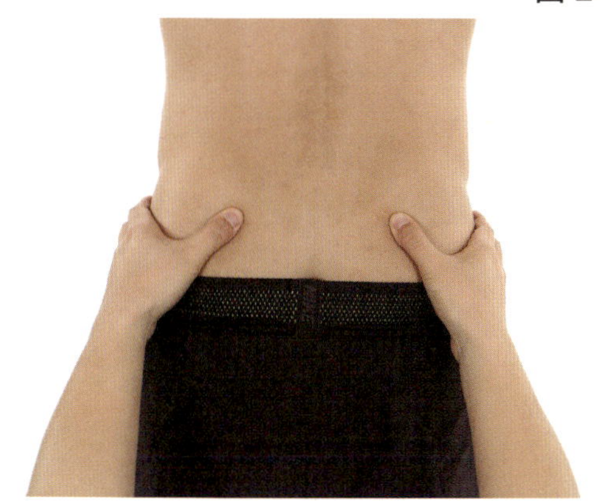
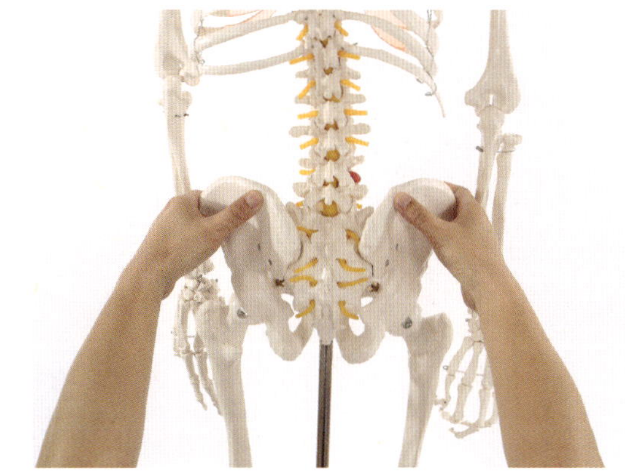

图 2-28　髂嵴触摸

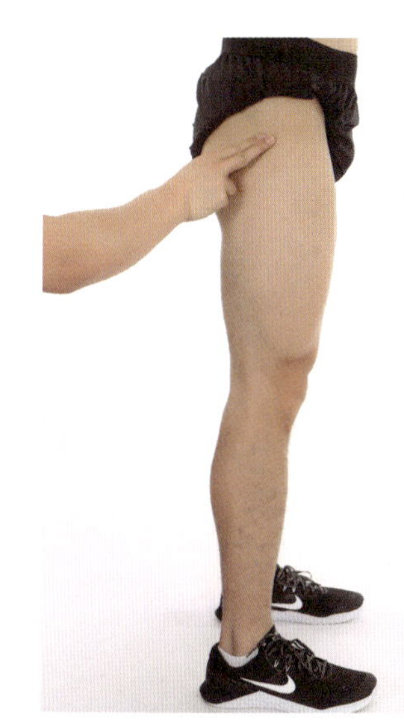
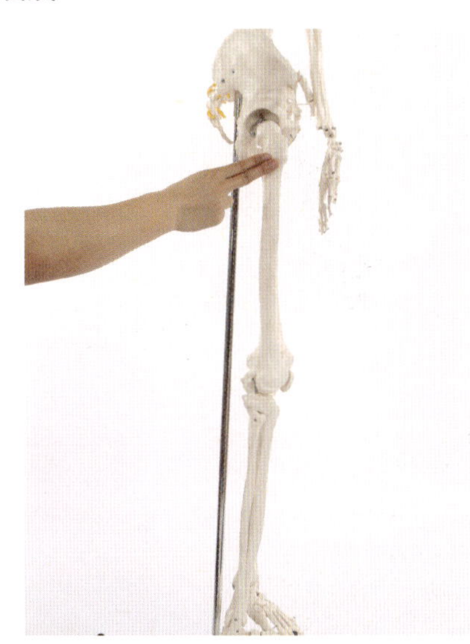

图 2-29　股骨大转子触摸

## （四）膝部

主要触摸股骨内外侧髁。（图 2-30~ 图 2-33）

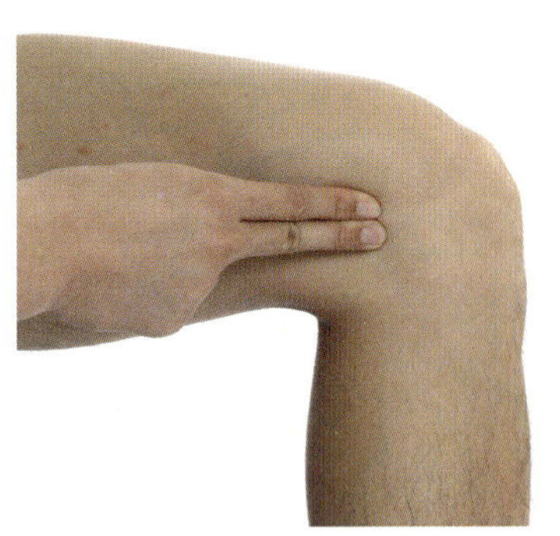
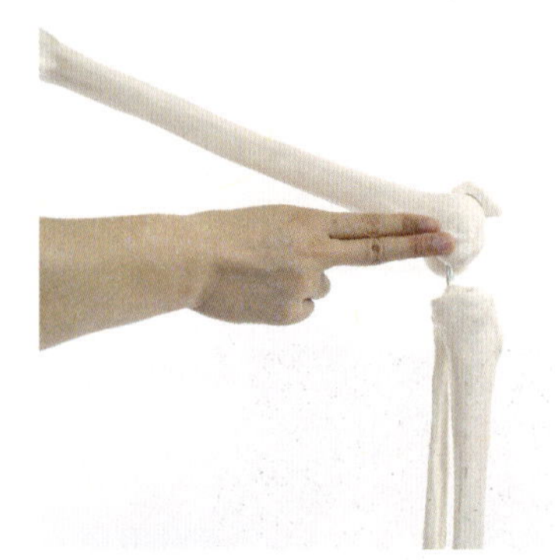

图 2-30　股骨内侧髁触摸

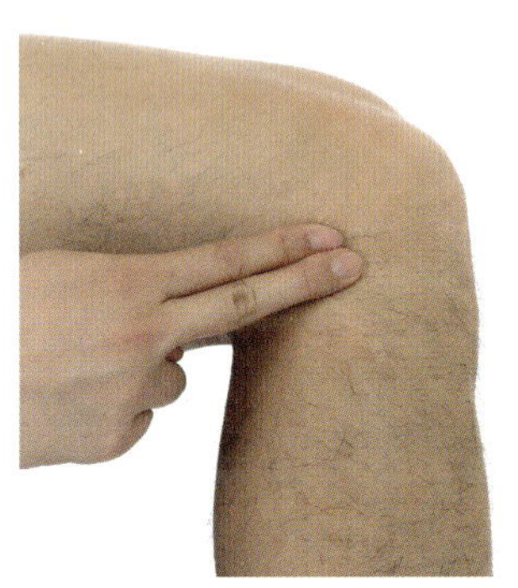
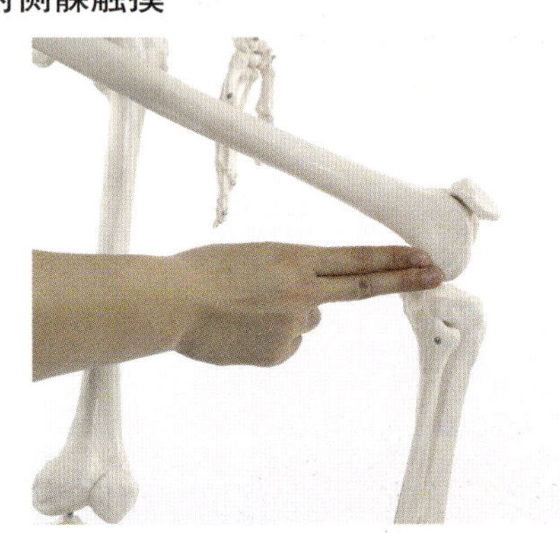

图 2-31　股骨外侧髁触摸

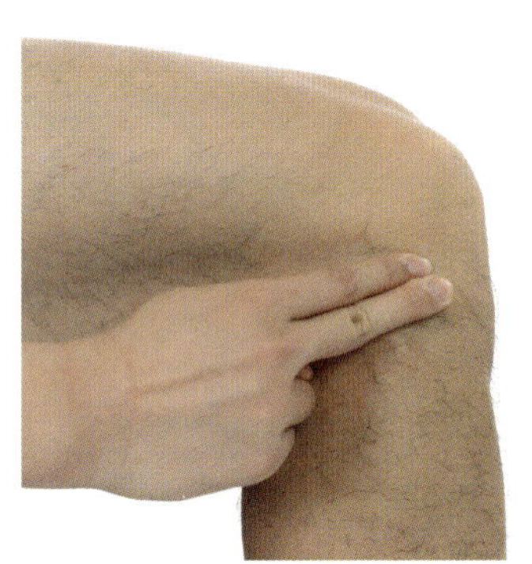
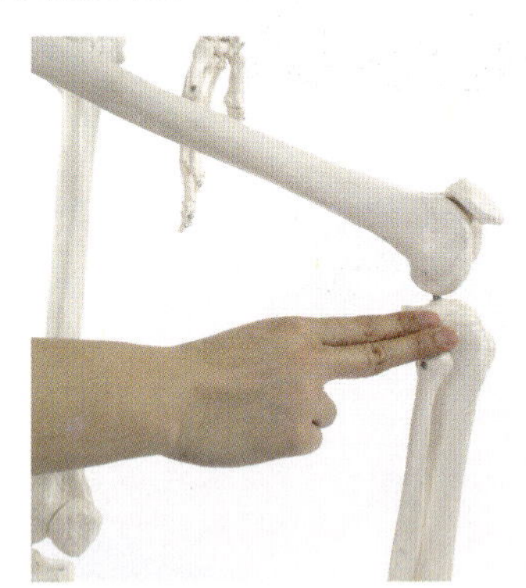

图 2-32　胫骨平台外侧面（外侧观）

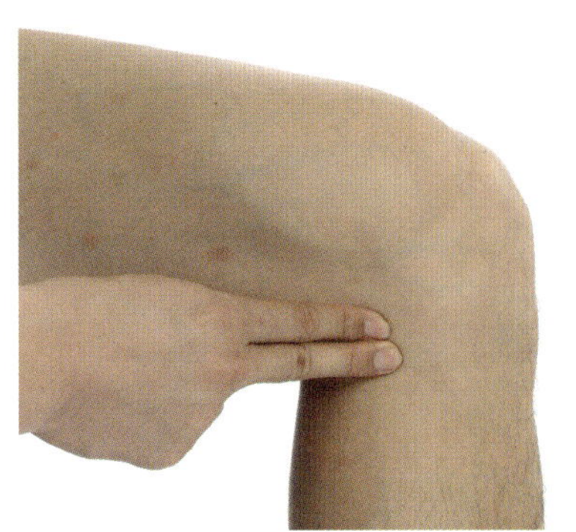
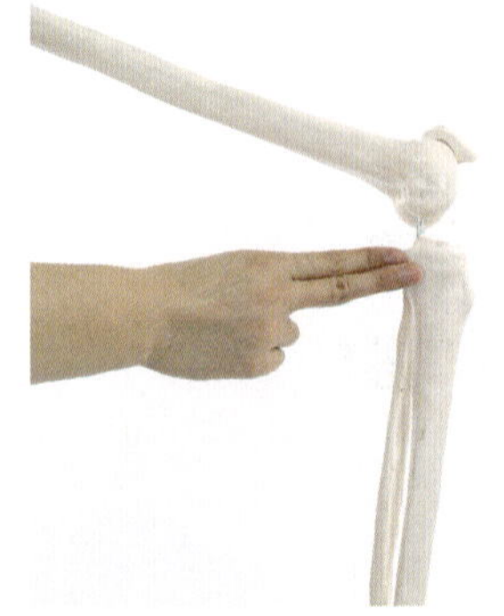

图 2-33　胫骨平台内侧面（内侧观）

### （五）足踝部

主要触摸内踝和外踝。（图 2-34、图 2-35）

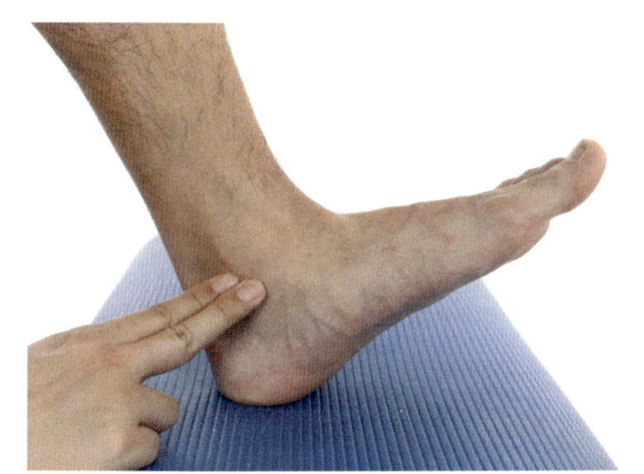
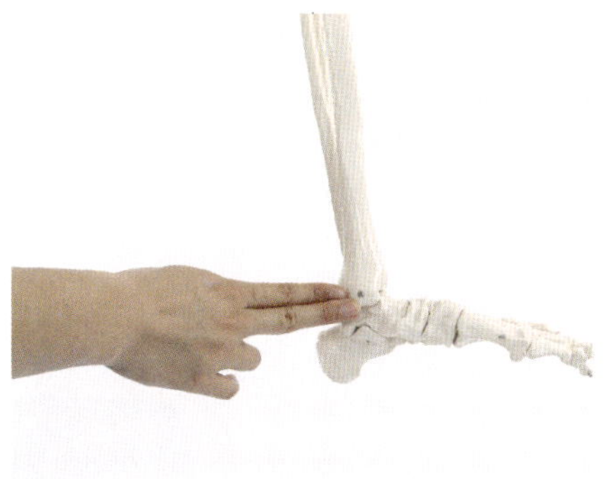

图 2-34 内踝触摸

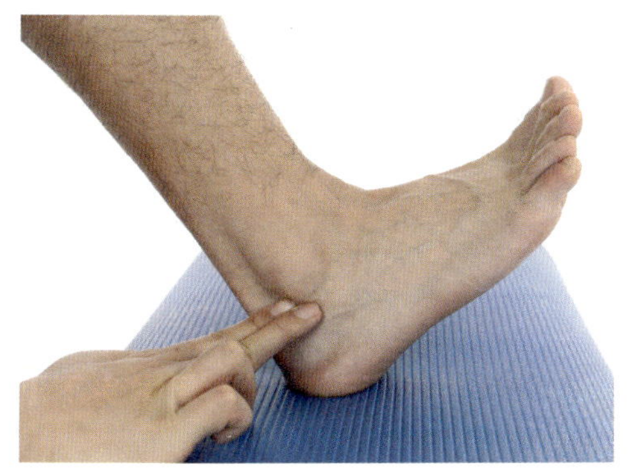
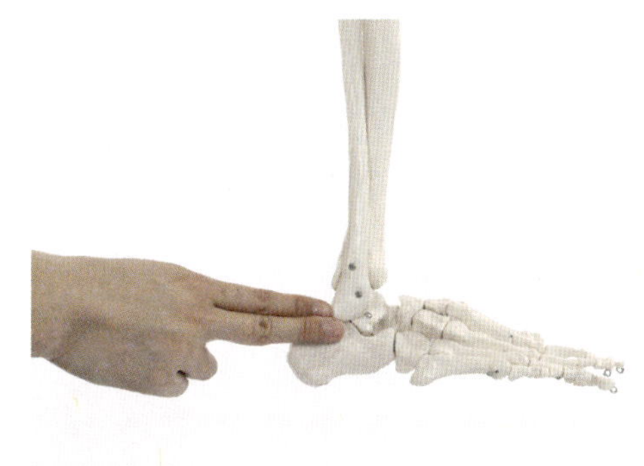

图 2-35 外踝触摸

# 第三节 关节概述

**导读：**关节学习的重点应放在常见关节的结构及其所具有的运动形式上，了解关节的结构有助于理解关节所能表现出的运动形式，而记住关节所表现出的运动形式又是下一步记忆常见骨骼肌功能的基础。

## 一、骨连结

骨与骨之间借结缔组织相连，称为骨连结。

根据连结组织的性质和活动情况，可分为无腔隙连结、有腔隙连结和过渡型连结。其中有腔隙连结活动范围大，成为肢体运动枢纽，此类连结被称作关节。此处我们仅对关节做介绍。

## 二、关节的构成

关节由主要结构和辅助结构两部分构成。

### （一）主要结构

关节的主要结构：关节面、关节囊、关节腔，也称为“关节三要素”，这是构成关节必需的三个部分，缺一不可。

### （二）关节的辅助结构

关节的辅助结构：韧带、滑膜囊、滑膜襞、关节唇和关节内软骨。

韧带：主要作用为加固关节。

滑膜囊：位于肌腱和骨之间，减小肌腱与骨的摩擦，保护肌腱。

滑膜襞：填充关节腔内空隙，稳定关节。

关节唇及关节内软骨：稳定关节，吸收震荡，增大关节活动幅度等。（图 2–36）

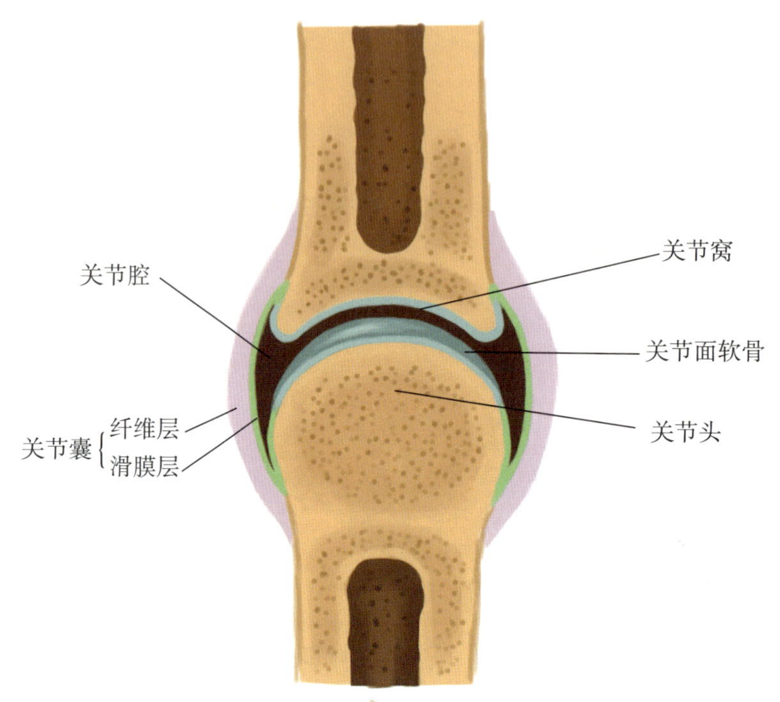


图 2–36　典型关节的构造

## 三、关节的运动

常见的关节运动形式包括屈和伸、水平屈和伸、外展和内收、回旋、环转等。

### （一）屈、伸

运动环节绕额状轴在矢状面内所进行的运动，向前运动为屈，向后运动为伸（膝关节及其以下关节相反）。（图 2–37）

### （二）水平屈、伸

上臂在肩关节或大腿在髋关节处外展 90°，绕垂直轴在水平面内运动，向前运动为水平屈，向后运动为水平伸。（图 2–38）

### （三）外展、内收

运动环节绕矢状轴在额状面内进行的运动，环节末端远离正中面为外展，靠近正中面为内收，手指则以中指为标志，远离中指为外展，靠近中指为内收。（图 2–39）

### （四）回旋

运动环节绕其本身的垂直轴在水平面内进行的运动，由前向内的旋转为内旋，由前向外的旋转为外旋，在前臂则称旋前和旋后。（图 2–40）

脊柱屈
脊柱伸
肩关节屈
肩关节伸
肘关节屈
肘关节伸
腕关节屈
腕关节伸
髋关节屈
髋关节伸
膝关节屈
膝关节伸
踝关节屈
踝关节伸

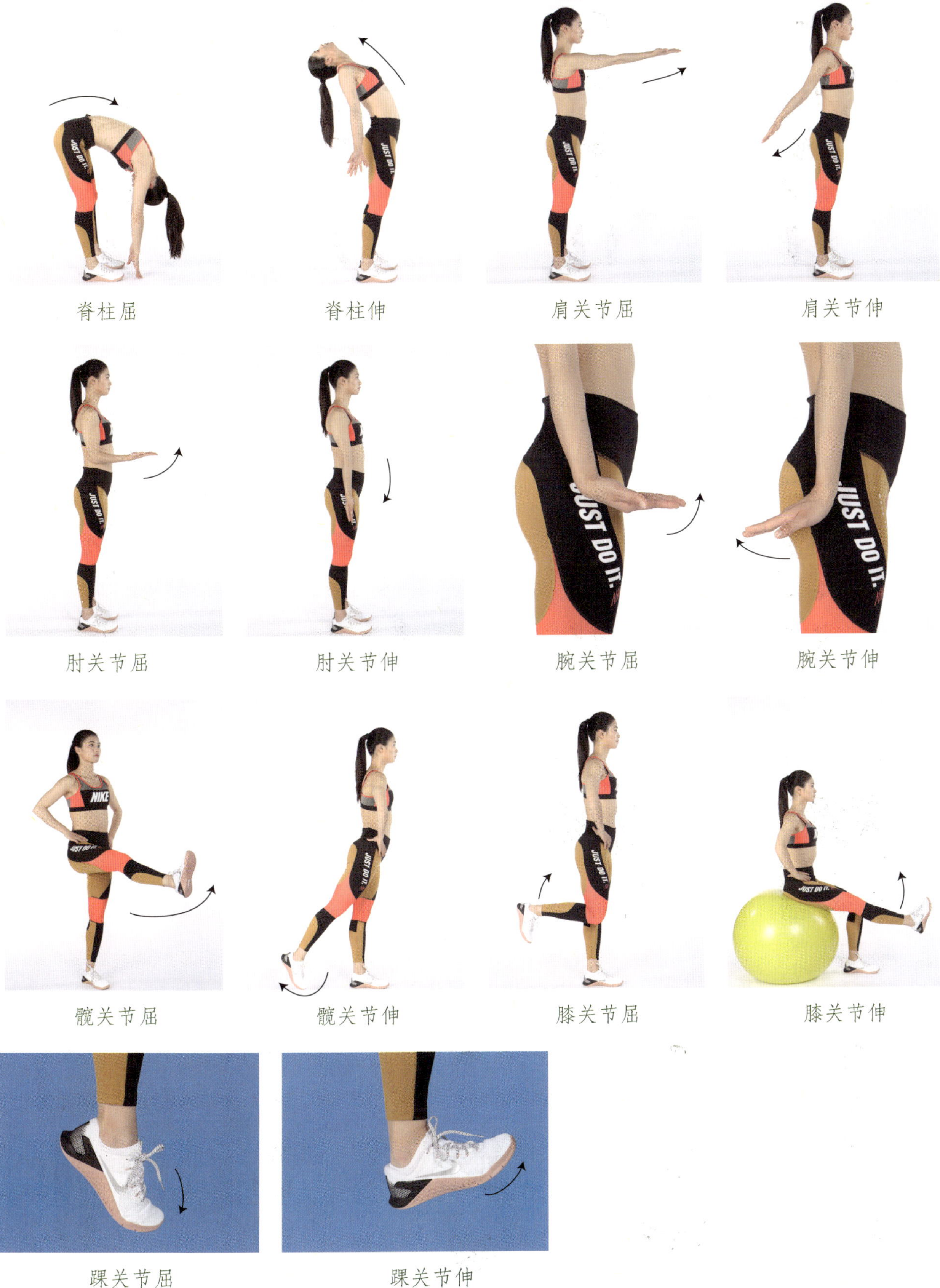

图 2-37 关节的屈与伸

肩关节水平伸

肩关节水平屈

髋关节水平伸

髋关节水平屈

图 2-38 水平屈和水平伸

肩关节外展

肩关节内收

髋关节外展

髋关节内收

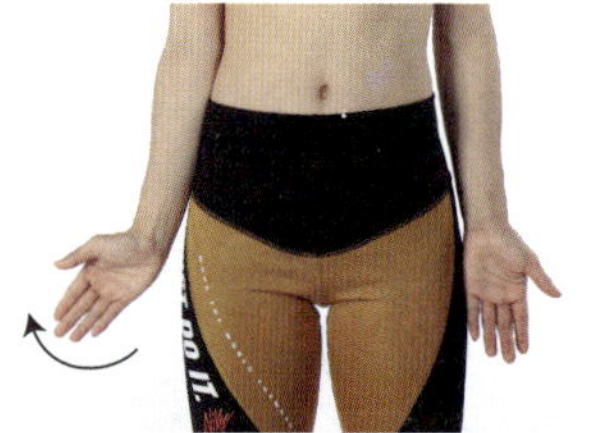

腕关节外展

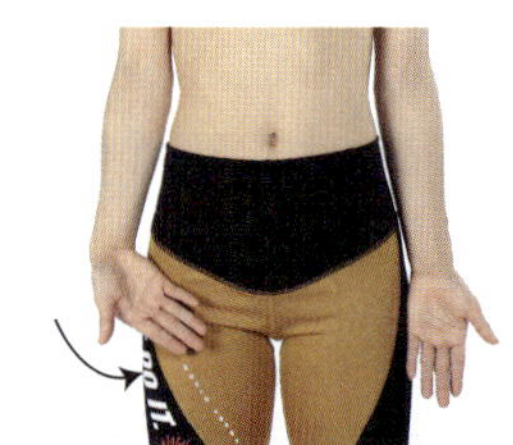

腕关节内收

图 2-39 外展与内收

躯干回旋

前臂旋后

前臂旋前

肩关节外旋

肩关节内旋

图 2-40 躯干、前臂、上臂的回旋

### （五）环转

运动环节以近侧端为支点，绕额状轴、矢状轴，以及它们之间的中间轴做连续的圆周运动，运动轨迹为圆锥体，故又称圆锥运动。（图 2–41）

脊柱环转

肩关节环转

图 2–41　环转

## 四、关节的分类

关节的分类主要有三种方法，即按关节运动轴的数目、构成关节的骨的数量、关节运动方式进行分类。本节仅对按运动轴的数目进行的分类做详细介绍。（图 2–42）

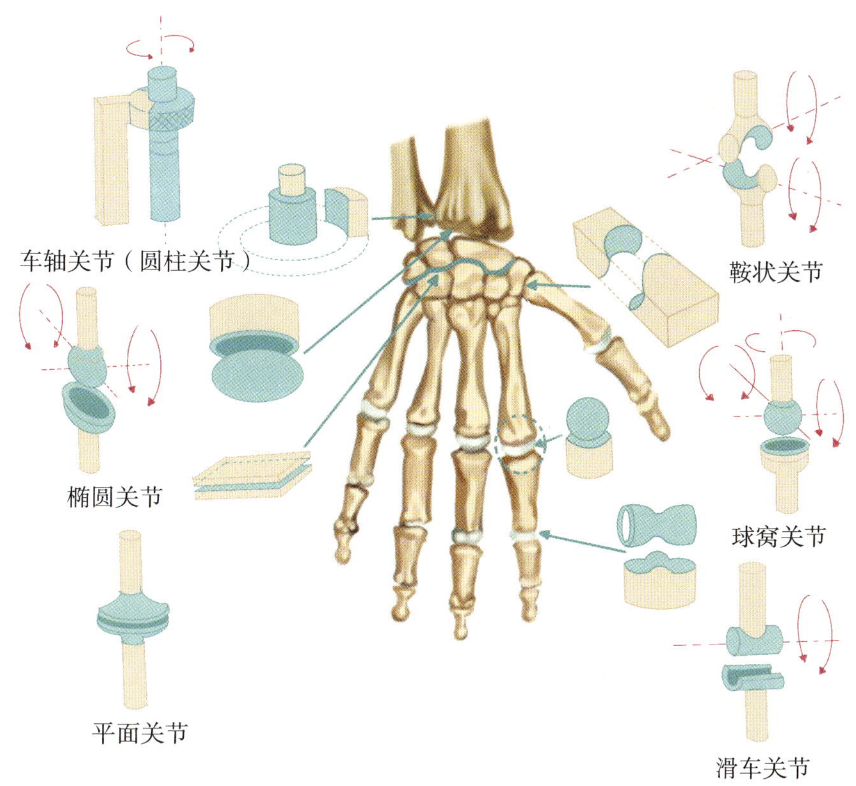


图 2–42　关节的分类（按运动轴分类）

### （一）单轴关节

单轴关节只能绕一个运动轴在一个平面内运动，包括滑车关节和车轴关节。

滑车关节（屈戌关节）：关节头呈滑车状，可进行屈伸运动，如指骨间关节等。

车轴关节（圆柱关节）：关节头呈圆柱状，可进行回旋运动，如桡尺近侧关节和桡尺远侧关节。

### （二）双轴关节

双轴关节能绕两个相互垂直的轴在两个平面上运动，包括椭圆关节和鞍状关节。

椭圆关节：关节头是椭圆体的一部分，运动环节能进行屈伸、外展内收和环转运动，如桡腕关节。

鞍状关节：相对两骨关节面呈马鞍形，这种关节可做屈伸、外展内收和环转运动，如拇指腕掌关节。

### （三）多轴关节

多轴关节能绕三个相互垂直的轴在三个平面上运动，包括球窝关节和平面关节。

球窝关节：关节头是球体一部分，关节窝呈窝状，基本运动包括屈伸、外展内收、内旋外旋及环转，如肩关节。杵臼关节也是球窝关节，只是关节窝特别深，运动幅度要小得多，如髋关节。

平面关节：关节面可看作直径很长的球体的一部分，由于关节面大小相互一致，只能做微小的回旋和滑动，故又称微动关节，如骶髂关节。

## 五、常见关节构成及其运动

### （一）上肢带关节（胸锁关节、肩锁关节）

类别：胸锁关节为球窝关节，肩锁关节为平面关节。（图 2–43）

运动（上肢带关节的运动通常以肩胛骨的运动表示）：上提、下降，前伸、后缩，上回旋、下回旋。（图 2–44）

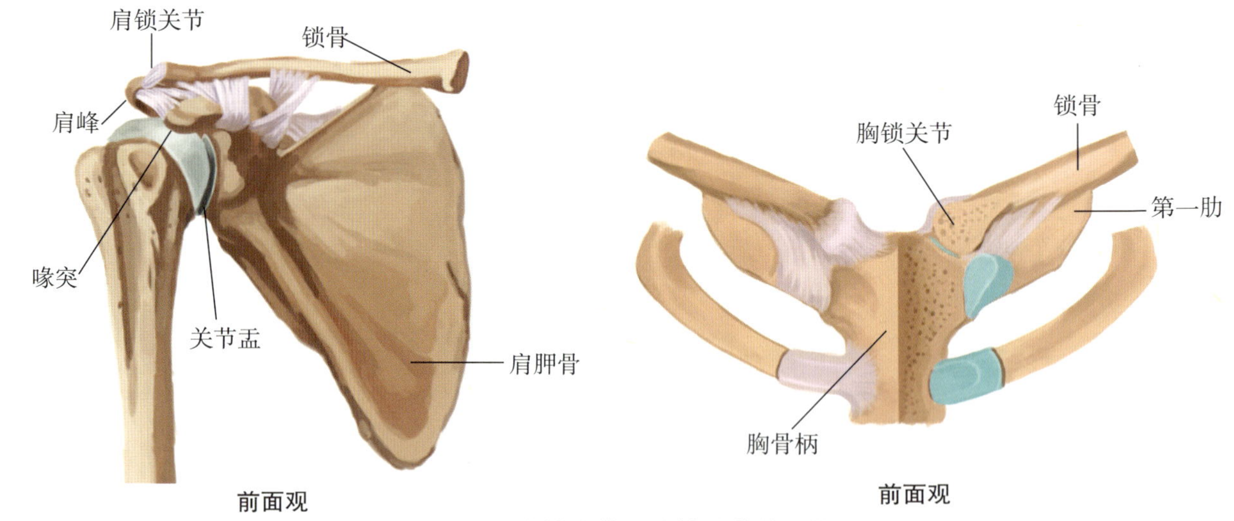


图 2–43　肩锁关节和胸锁关节的结构

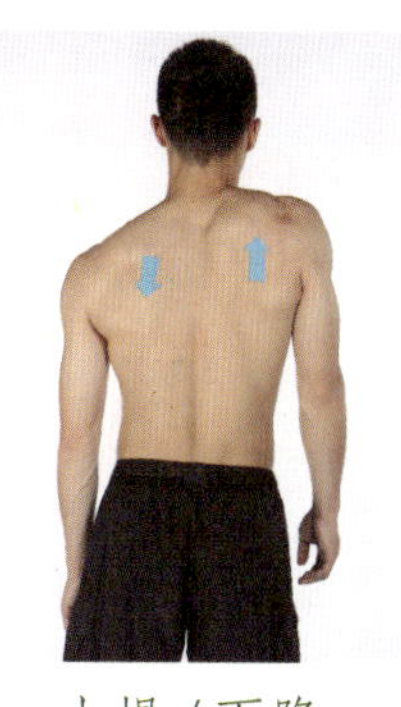

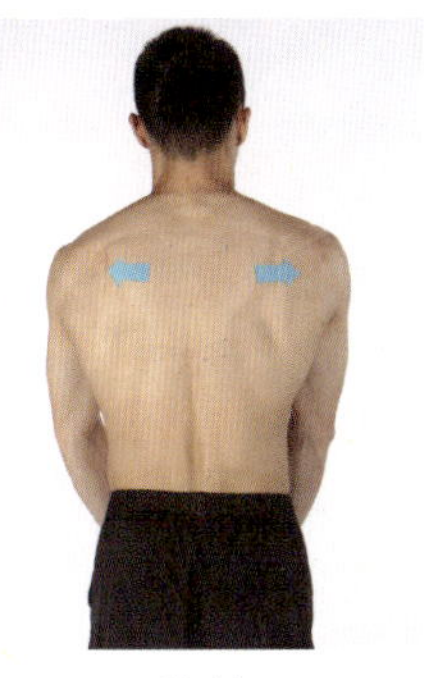

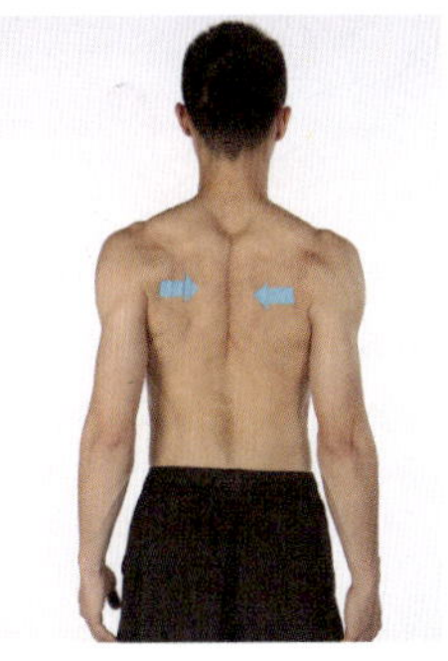

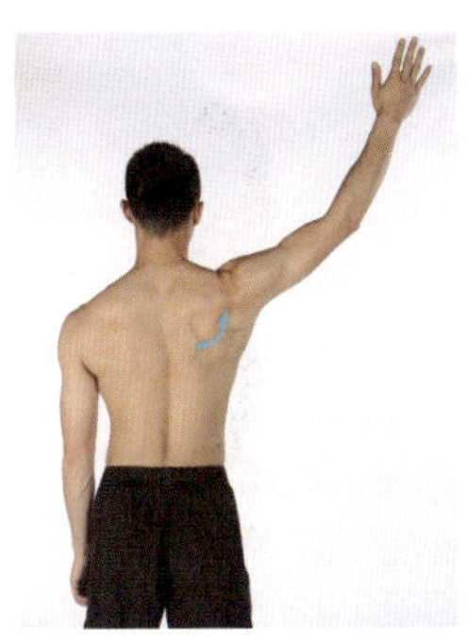

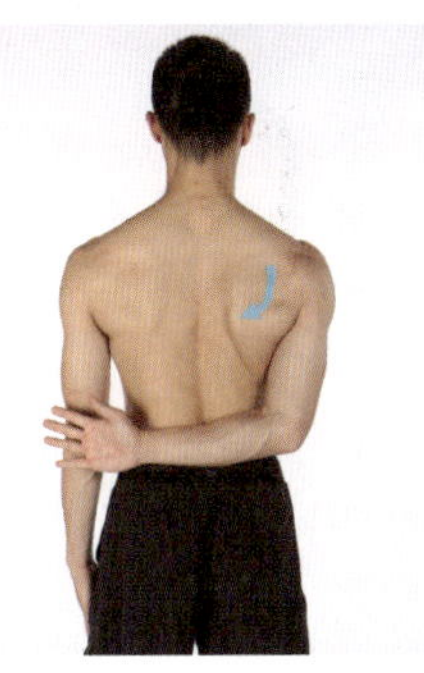


图 2-44　肩胛骨的运动

## （二）肩关节

类别：球窝关节。（图 2-45）

运动：屈、伸，外展、内收，内旋、外旋，水平屈、水平伸，环转。（图 2-46）

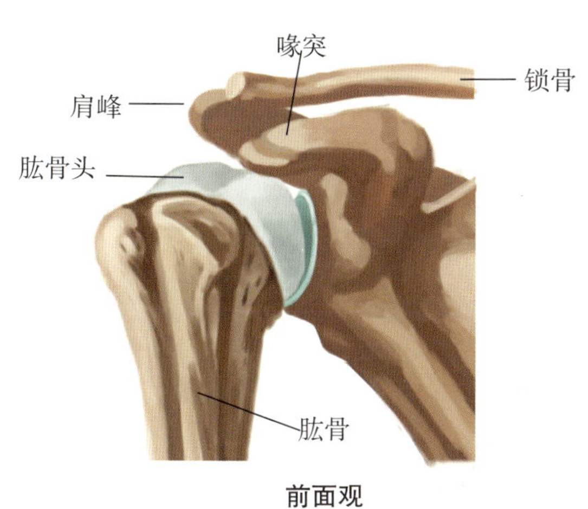

前面观

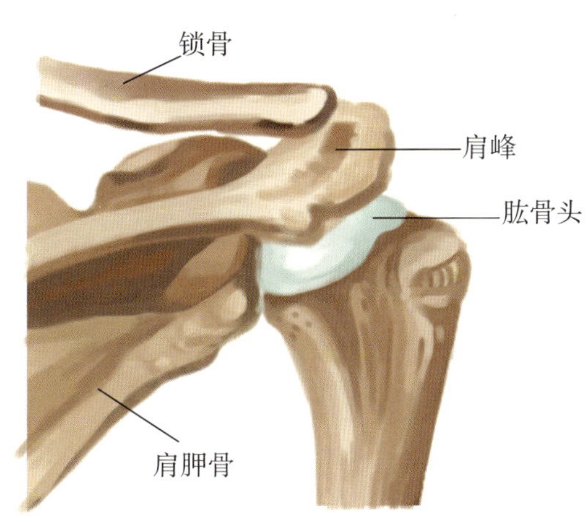

后面观

图 2-45　肩关节的结构

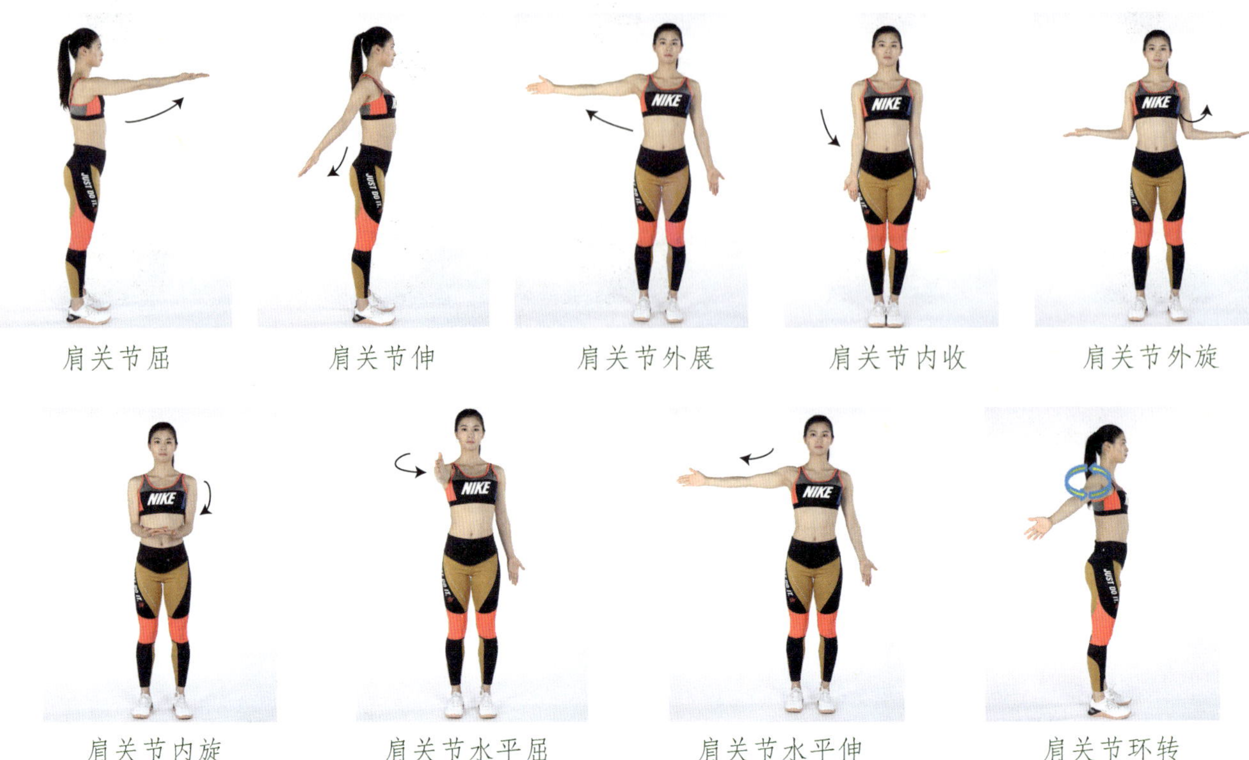


图 2-46 肩关节的运动

## （三）肘关节

类别：肱尺关节为滑车关节，肱桡关节为球窝关节，桡尺近侧关节为车轴关节。（图 2-47）

运动：前屈、后伸，前臂旋前、旋后。（图 2-48）

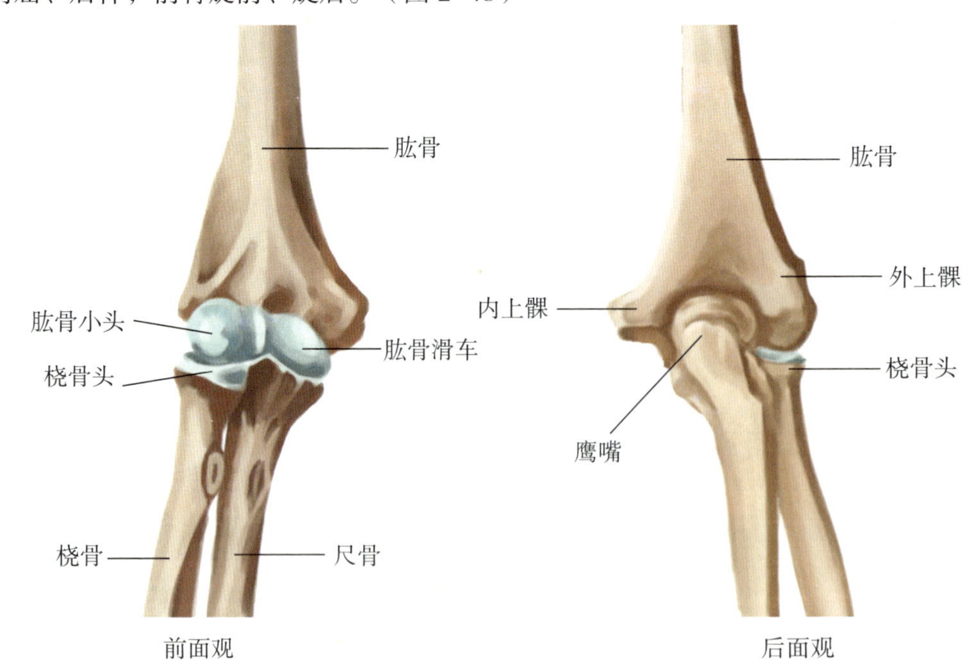


图 2-47 肘关节的结构

肘关节屈

肘关节伸

前臂旋前

前臂旋后

图 2-48 肘关节的运动

## （四）桡腕关节

类别：椭圆关节。（图 2-49）

运动：屈、伸，外展（桡偏）、内收（尺偏），环转。（图 2-50）

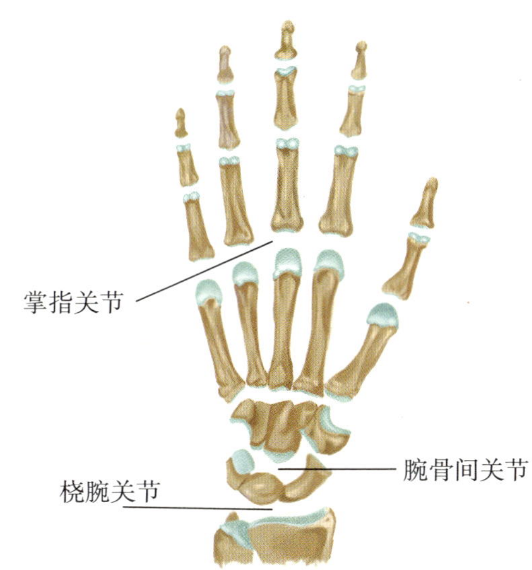



图 2-49 桡腕关节的结构

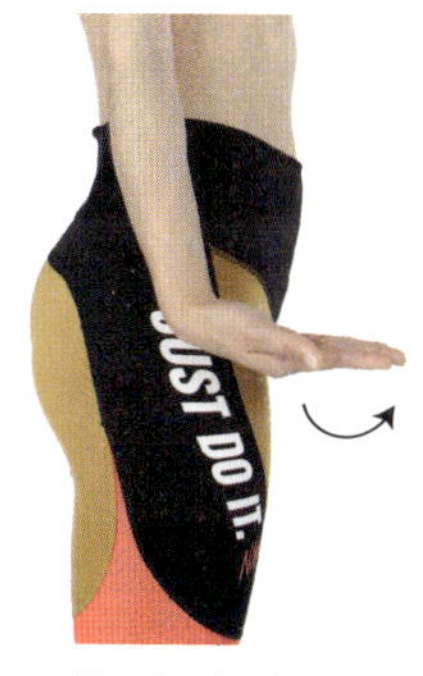



桡腕关节屈

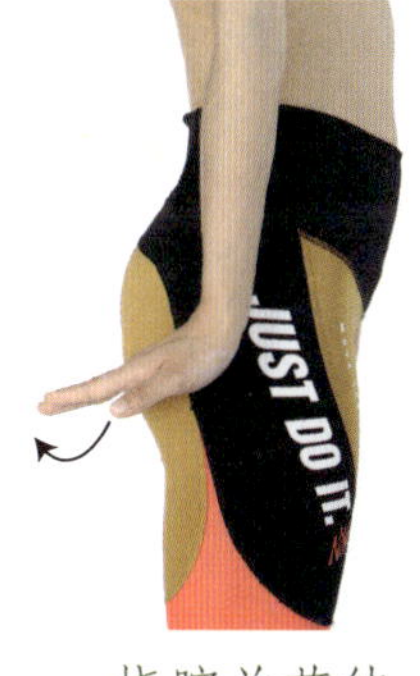



桡腕关节伸

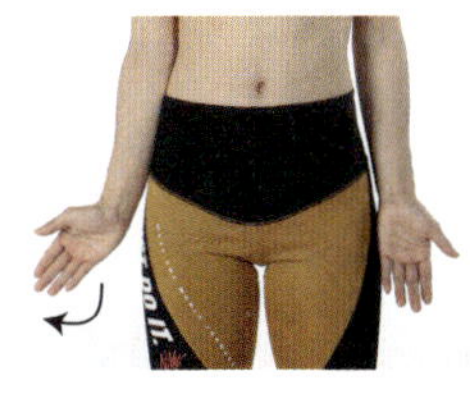

桡腕关节外展

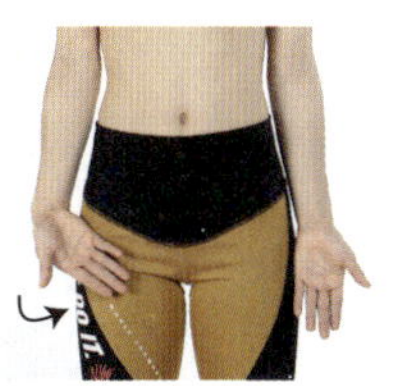

桡腕关节内收

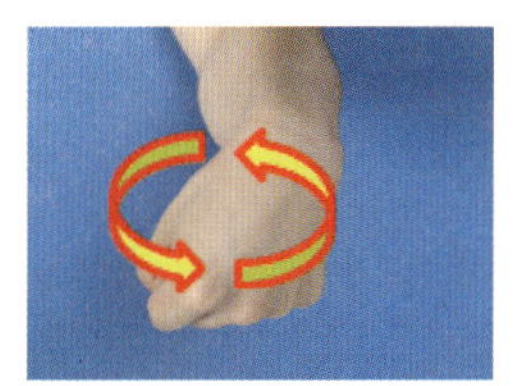

桡腕关节环转

图 2-50 桡腕关节的运动

### （五）下肢带关节

类别：骶髂关节为平面关节，耻骨联合为平面关节。（图 2–51）

运动（下肢带关节都为微动关节，因此仅讨论由其构成的骨盆的运动）：前倾、后倾、侧倾，左、右回旋，环转。（图 2–52）

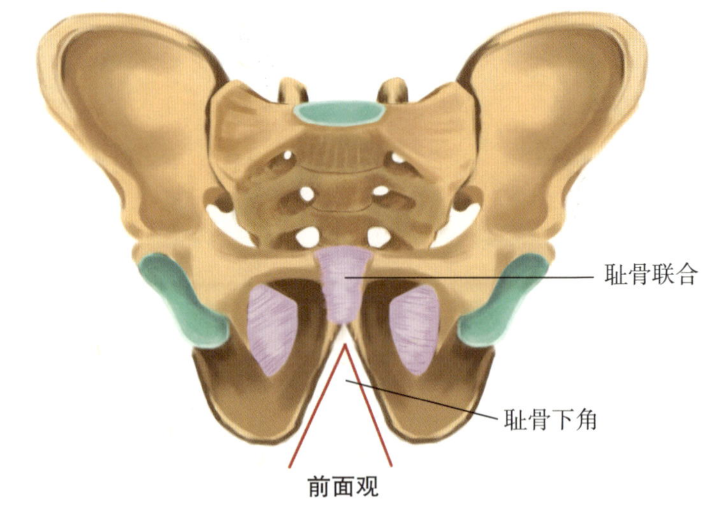


图 2–51　骨盆的结构

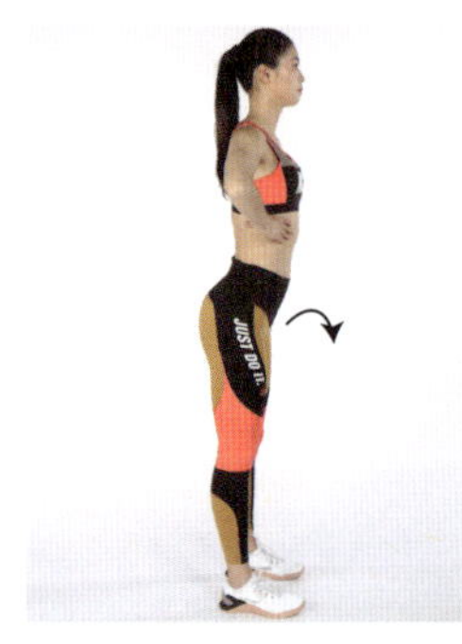

图 2–52　骨盆的运动

### （六）髋关节

类别：杵臼关节（球窝关节的一种，活动度较小）。（图 2–53）

运动：屈、伸，外展、内收，内旋、外旋，水平屈、水平伸，环转。（图 2–54）

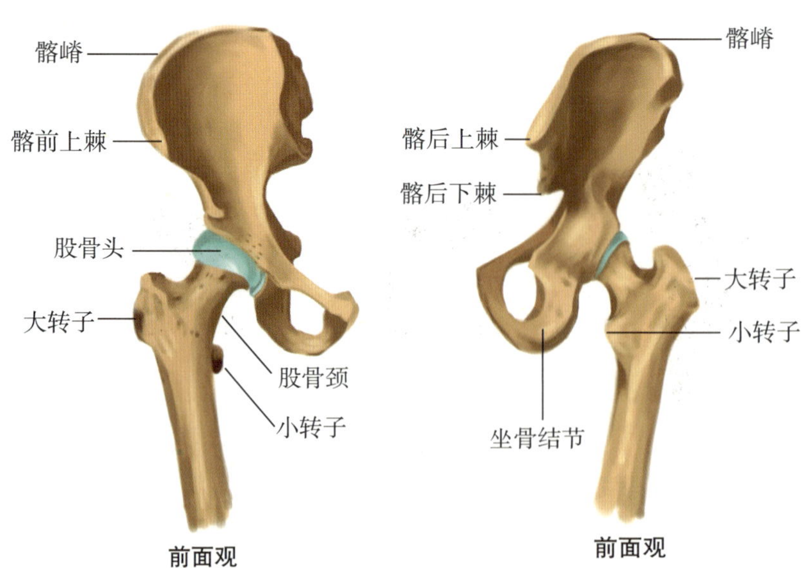


图 2–53　髋关节的结构

图 2–54　髋关节的运动

## （七）膝关节

类别：胫股关节为椭圆关节，髌股关节为滑车关节。（图 2–55）

运动：屈、伸，内旋、外旋（屈膝状态下，角度很小，通常忽略），上下滑动（髌骨）。（图 2–56）

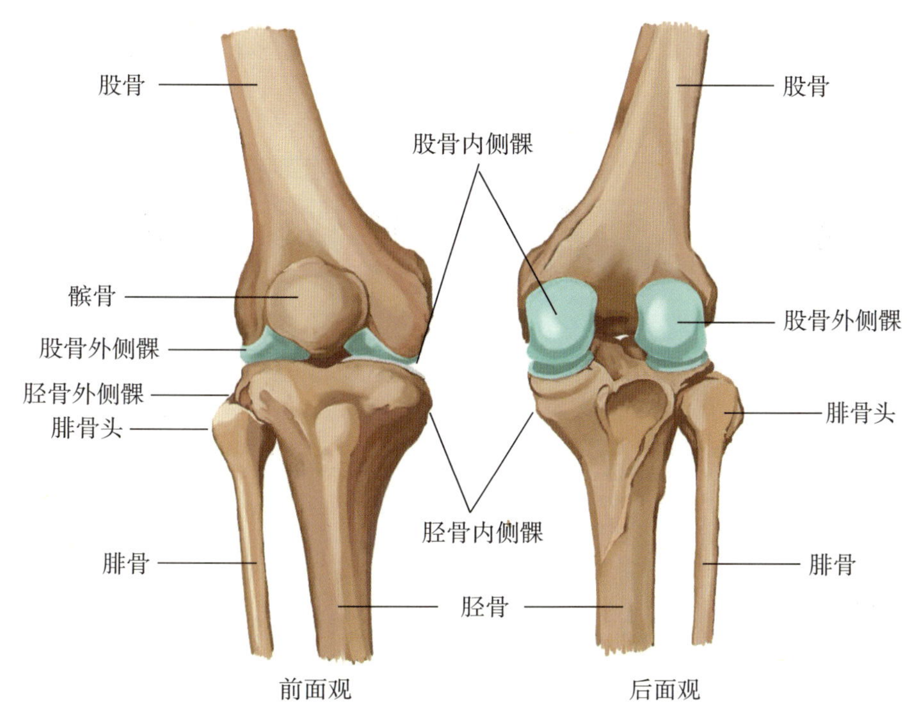


图 2–55　膝关节结构

膝关节屈

膝关节伸

膝关节内旋

膝关节外旋

图 2-56　膝关节的运动

## （八）踝关节及足部

类别：踝关节（距上关节）为滑车关节，距下关节为联合关节。（图 2-57）

运动：跖屈、背屈，内收、外展，内翻、外翻。（图 2-58）

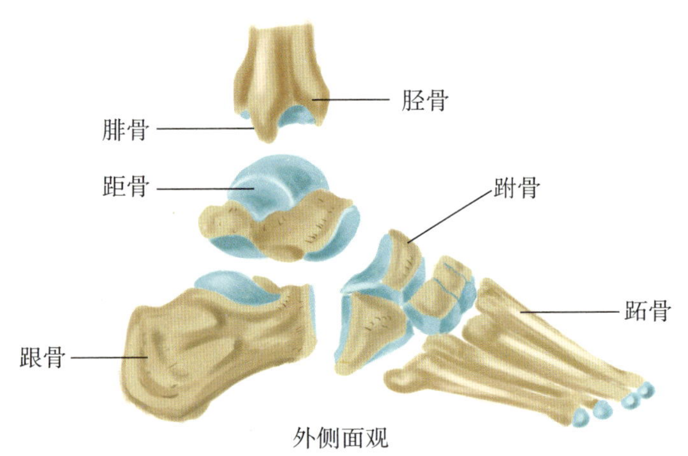


图 2-57　踝部及足部的结构（外侧面观）

跖屈

背屈

足内翻

足外翻

外展

内收

图 2-58　踝关节及足部的运动

## （九）椎骨间连结

类别：椎间关节为平面关节，其余部分为软骨或韧带连结。（图 2-59）

运动（单一椎骨间连结活动幅度较小，此处主要描述整个脊柱的活动）：屈、伸，侧屈，回旋，环转。（图 2-60）

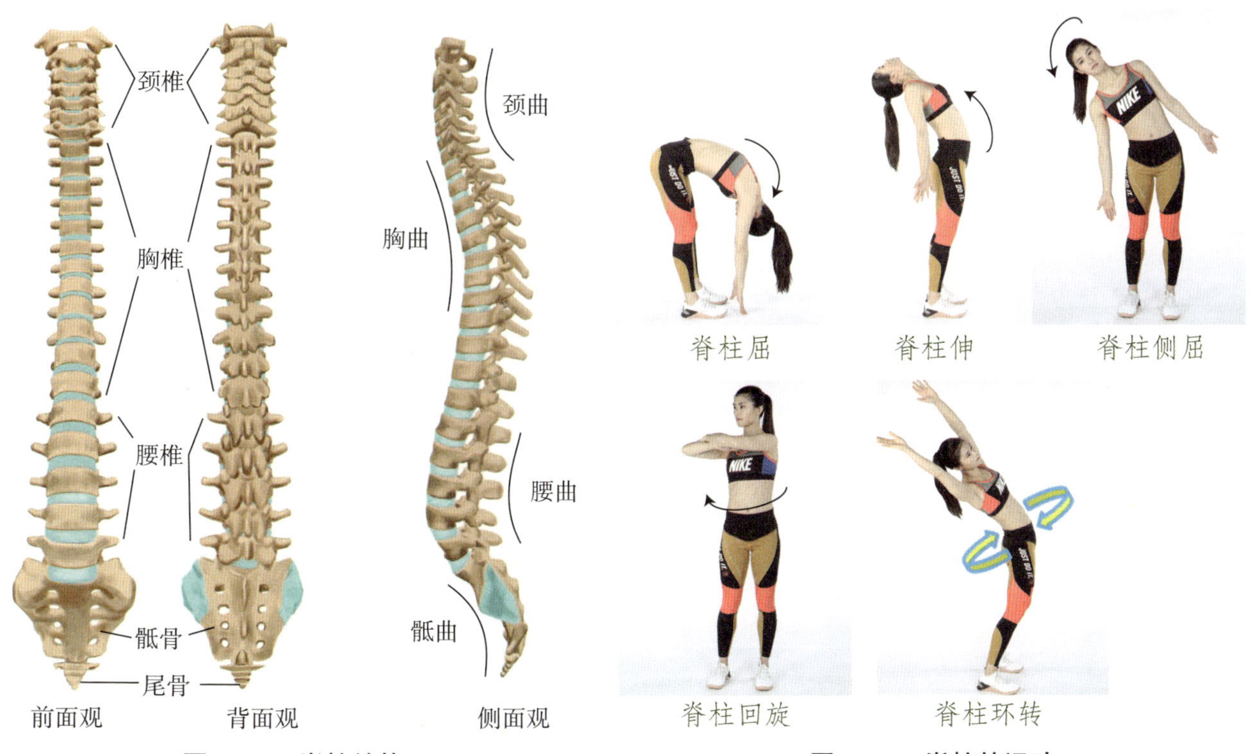


图 2-59 脊柱结构　　图 2-60 脊柱的运动

### （十）胸廓

组成：12 块胸椎，12 对肋骨，1 块胸骨。

运动（胸廓运动以呼吸时肋骨的运动来表示）：吸气时上提、外翻，呼气时下降、内翻。

# 第四节 骨骼肌概述

**导读：**学习骨骼肌的关键是掌握常见骨骼肌的功能，了解骨骼肌的功能是科学进行抗阻及伸展训练的基础，而要记住纷繁复杂的肌肉功能，则需要了解骨骼肌的位置及起止点，特别是要在脑海中形成图像，这样有助于记忆骨骼肌的功能。能够在体表找到典型骨性标志点，一方面可以协助教练更加深入了解骨骼肌起止点并理解其功能产生的原因，另一方面也为进一步从事运动损伤防护训练学习奠定坚实的基础。

## 一、肌肉分类

人体肌肉按其结构及功能特点可分为三类，分别是骨骼肌、心肌、平滑肌。

骨骼肌：附着于人体骨骼之上，受躯体神经支配，为随意肌（可由意识支配）。

心肌：位于心脏，受植物神经支配，为不随意肌（不受意识支配）。

平滑肌：多分布于内脏器官及血管，受植物神经支配，为不随意肌。

## 二、骨骼肌的分类

骨骼肌按其形状不同可分为长肌、短肌、扁肌和轮匝肌 4 类。（图 2-61）

长肌：多分布于四肢，收缩时可引起大幅度的运动。

短肌：多分布于躯干深部，能持久收缩，并发挥较大的力量。

扁肌：主要分布于胸、腹壁，有保护内脏器官的作用。

轮匝肌：分布于孔裂周围，纤维呈环状，收缩时可使孔裂缩小或关闭。

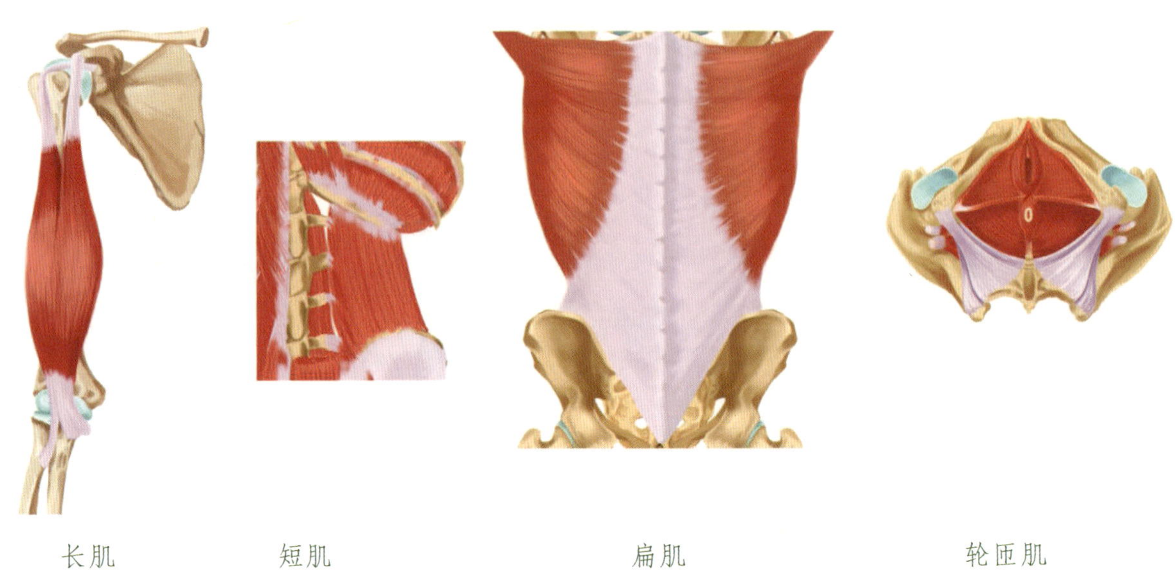


图 2-61　骨骼肌的类型

## 三、骨骼肌的结构

根据在肌肉中所起作用的不同，可以把构成肌肉的结构分成两大类，即肌肉的主要结构和辅助结构。（图 2-62）

### （一）肌肉的主要结构

肌肉的主要结构包括肌肉中部的肌腹和两端的肌腱（扁肌的腱呈膜状，名为腱膜）两部分。另外作为一个器官，肌肉还包含了血管、神经等组织。

**肌腹：**由许多肌纤维（肌细胞）构成，是肌肉产生收缩的主要结构基础。

**肌腱：**肌肉借肌腱附着于骨或筋膜上。肌腱缺乏收缩性，但很坚韧，可以抵抗较大的张力。

**肌肉中的血管：**主要负责营养肌肉，维持肌肉的正常物质代谢。

**肌肉中的神经：**主要负责支配肌肉活动，同时具有营养肌肉的功能。

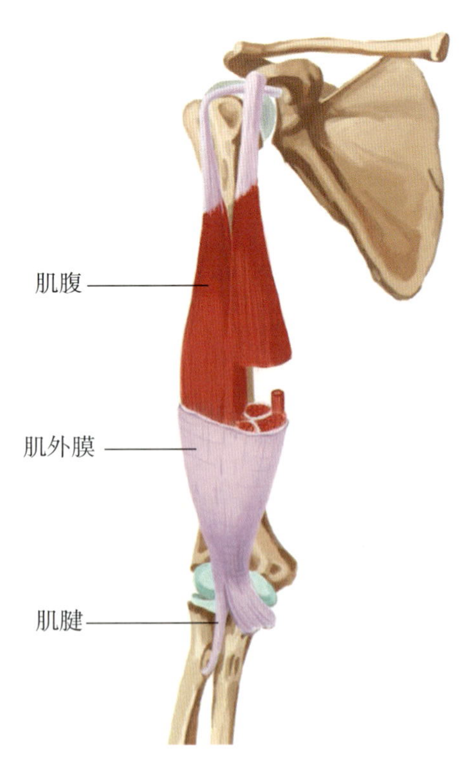


图 2-62　骨骼肌的主要结构

### （二）肌肉的辅助结构

肌肉周围有利于肌肉活动的结构，称为肌肉的辅助结构，包括筋膜、腱鞘等。

**筋膜：**分为浅筋膜和深筋膜两类，主要起到保护肌肉、血管、神经，增大肌肉附着面积，限制炎症扩散等功能。

**腱鞘：**套在活动性较大的腕、踝、手指和足趾肌腱外围的密封双层筒状长管，主要作用为减小运动时肌腱与骨之间的摩擦。

## 四、骨骼肌的协作关系

人体的任何一个动作都不是单一肌肉能够完成的，而是一组肌肉在神经系统的支配下协调一致完成的。根据肌肉在运动中所起的作用，可分为原动肌、对抗肌、固定肌及中和肌等。

**原动肌、主动肌和次动肌：**直接完成某动作的肌肉叫作原动肌。原动肌中起主要作用的肌肉叫作主动肌，起次要作用的肌肉叫作次动肌（或副动肌）。

**对抗肌：**与原动肌功能相反的肌肉叫作对抗肌。

**固定肌：**将原动肌定点所附着的骨固定起来的肌肉叫作固定肌。

**中和肌：**原动肌有多种功能时，限制或抵消原动肌发挥其他功能的肌肉叫作中和肌。

## 五、骨骼肌的收缩形式

肌肉收缩可表现为整块肌肉的长度发生变化，也可不发生变化。根据肌肉收缩时的长度变化，可将肌肉收缩分成三种基本形式，即向心收缩（缩短收缩）、等长收缩（静力收缩）、离心收缩（拉长收缩）。在日常生活及运动中这三种收缩往往同时或按顺序发生。（表 2–1、图 2–63）

**向心收缩：**肌肉收缩时，长度缩短的收缩称为向心收缩，也称缩短收缩。肌肉做向心收缩时在运动解剖学肌肉的工作性质中被称为向心工作或克制工作，此概念在进行动作分析时经常会被提及。向心收缩（缩短收缩）又可以分为等张收缩和等动收缩。

**等长收缩：**肌肉在收缩时其长度不变，这种收缩称为等长收缩，又称静力收缩。肌肉做等长收缩时在运动解剖学肌肉的工作性质中被称为静力性工作。

**离心收缩：**肌肉在收缩产生张力的同时被拉长的收缩称为离心收缩，又称拉长收缩。肌肉做离心收缩时在运动解剖学肌肉的工作性质中被称为离心工作或退让工作。

表 2–1 三种收缩形式特性比较

| 项 目 | 结 果 |
|---|---|
| 力量表现 | 离心＞等长＞向心 |
| 能量消耗及耗氧量 | 向心＞离心 |
| 肌肉酸痛 | 离心＞等长＞向心 |

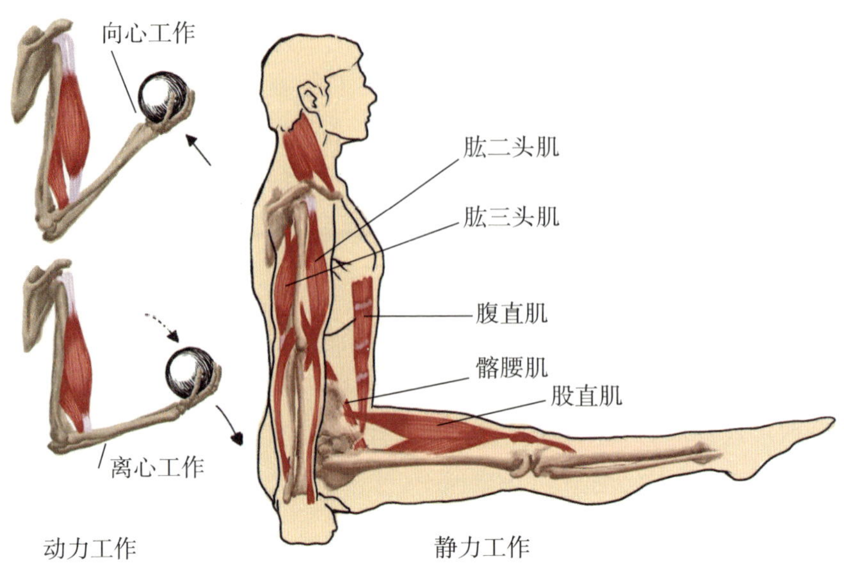


图 2-63　肌肉的收缩形式

## 六、多关节肌功能性“主动不足”和“被动不足”

跨过两个或两个以上关节的肌肉叫作多关节肌。由于跨过的关节多，多关节肌工作时会出现多关节肌功能性“主动不足”和“被动不足”。（图 2-64）

**主动不足：**多关节肌作为原动肌工作时，其肌力充分作用于一个关节后，就不能再充分作用于其他关节，这种现象叫作多关节肌功能性“主动不足”（实质是肌力不足）。

**被动不足：**多关节肌作为对抗肌工作时，已在一个关节处被拉长后，在其他的关节处不能再被拉长的现象，叫作多关节肌功能性“被动不足”（实质是肌肉伸展不足）。

图 2-64　腘绳肌的主动不足与被动不足

## 七、肌肉工作术语

研究肌肉功能的方法很多，此处仅介绍与教练日常工作联系较为紧密的方法——解剖学分析法，使用此方法来学习常见肌肉功能，教练需要掌握以下肌肉工作术语。

**起点、止点：**每块肌肉两端在骨骼上的附着点可分为起点和止点。对于躯干肌，通常将靠近人体正中面骨上的附着点称为起点，远离人体正中面骨上的附着点称为止点。对于四肢肌，将靠近近侧端骨上的附着点称为起点，靠近远侧端骨上的附着点称为止点。（图 2–65）

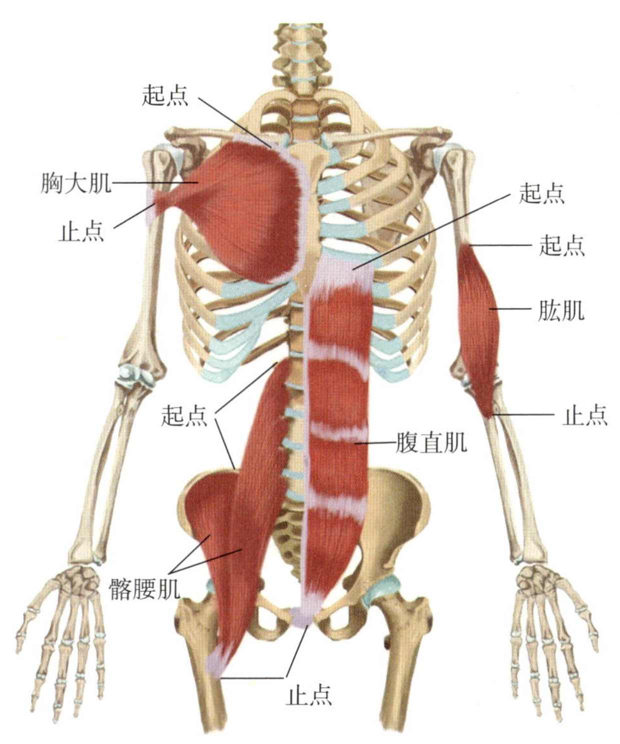


图 2–65 肌肉的起点和止点

**定点、动点：**运动过程中，有一骨的位置相对固定，另一骨相对移动。相对固定骨上的肌肉附着点叫定点，相对移动骨上的肌肉附着点叫动点。（图 2–66）

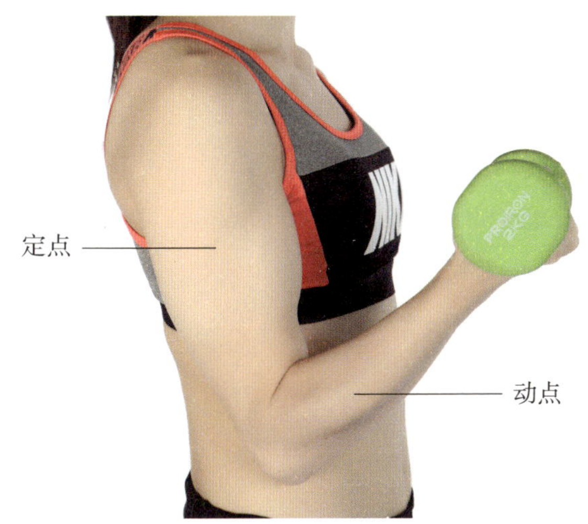


图 2–66 定点与动点

**近固定、远固定:** 肌肉收缩时，其定点在近侧端的称为近固定；定点在远侧端的称为远固定。（图 2–67）

图 2–67　近固定和远固定

**上固定、下固定:** 分析附着在躯干上的肌肉工作时，定点在上端称为上固定，定点在下端称为下固定。（图 2–68）

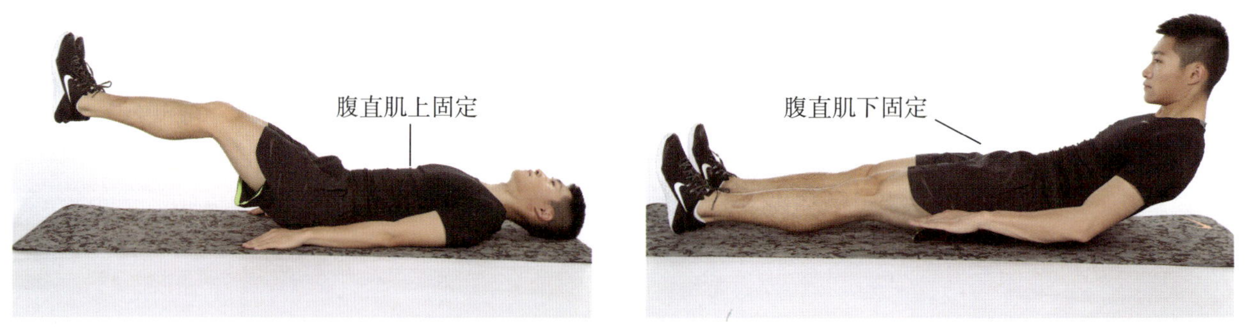


图 2–68　上固定与下固定

**无固定:** 肌肉工作时两端都不固定，称为无固定。

**肌拉力线:** 肌肉两个附着点中心之间的连线（或肌肉合力作用线）称肌肉拉力线。如果肌肉在某骨突处转弯，则在肌肉开始转弯处的横切面中心与动点中心之间的连线，就是该肌的拉力线。通过观察肌拉力线的走行方向及其跨过的关节，基本上可以推测出肌肉收缩时的功能，便于教练理解记忆肌肉的功能。（图 2–69）

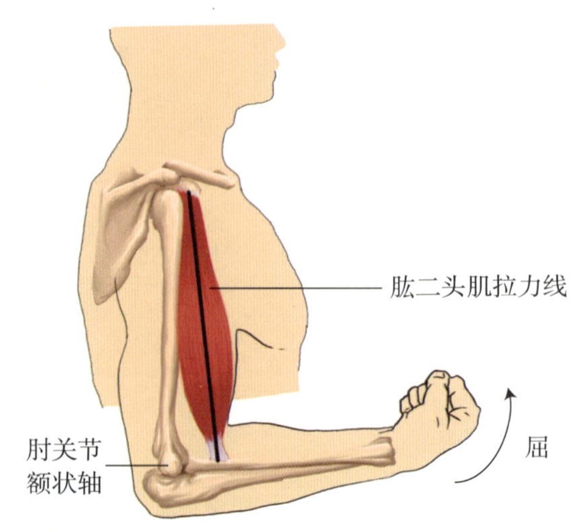


图 2–69　肌拉力线

**运动链:** 人体数个部位通过关节连接而组成的复合链，称为运动链（kinetic–chain）。

- 开链运动（open kinetic chain）：近端关节固定，远端关节活动，如步行的摆动相。开链的运动特点是各关节链有其特定的运动范围，远端的运动范围大于近端，速度也快于近端。在强化肌力的训练中，肌肉爆发力的训练应选择开链运动训练。

· 闭链运动（closed kinetic chain）：远端关节固定，近端关节活动，如步行的支撑相。闭链实际上是将开链的旋转运动转换成线性运动，因此运动时不增加关节的切力，可以增加保护作用，更接近于功能性康复，对于某些疾患如前十字韧带（ACL）重建或松弛的关节，更可以提供早期、安全、有效的康复手段。（图 2–70）

图 2–70 闭链运动与开链运动

## 八、常见肌肉功能介绍

### （一）上肢肌

上肢肌包括肩带肌、上臂肌、前臂肌和手肌，此处仅对肩带肌、上臂肌、前臂肌所包含的部分肌肉进行详细介绍。

#### 1. 肩带肌

肩带肌起自锁骨和肩胛骨，止于肱骨，包括三角肌、冈上肌、冈下肌、小圆肌、肩胛下肌和大圆肌。其中冈上肌、冈下肌、小圆肌及肩胛下肌因其在固定肩关节方面起重要作用，被称为肩袖肌群。

（1）三角肌

**位置：**肩部皮下。（图 2–71）

**起止点：**起于锁骨外侧段、肩峰、肩胛冈；止于肱骨三角肌粗隆。

**功能：**前束使上臂屈、水平屈、内旋；后束使上臂伸、水平伸、外旋；中束或三束同时收缩使上臂外展。

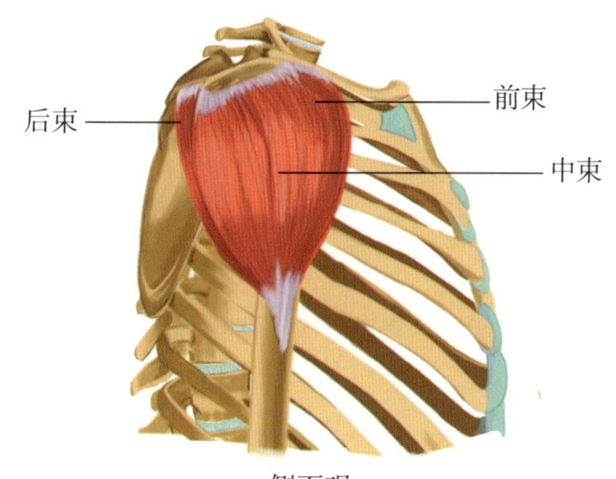


图 2–71 三角肌（侧面观）

（2）冈上肌

**位置：**肩胛骨冈上窝。

**起止点：**起于肩胛骨冈上窝；止于肱骨大结节。

**功能：**近固定时，使上臂外展。

（3）冈下肌

**位置：**肩胛骨冈下窝。

**起止点：**起于肩胛骨冈下窝内侧；止于肱骨大结节。

**功能：**近固定时，使上臂伸、内收、外旋。

（4）小圆肌

**位置：**肩胛骨冈下窝。

**起止点：**起于肩胛骨外侧缘背面；止于肱骨大结节。

**功能：**近固定时，使上臂伸、内收、外旋。

（5）肩胛下肌

**位置：**肩胛骨肩胛下窝。

**起止点：**起于肩胛下窝；止于肱骨小结节。

**功能：**近固定时，使上臂内收、内旋。

（6）大圆肌

**位置：**小圆肌下方。（图 2–72）

**起止点：**起于肩胛骨下角背面；止于肱骨小结节嵴。

**功能：**近固定时，使上臂伸、内收、内旋。

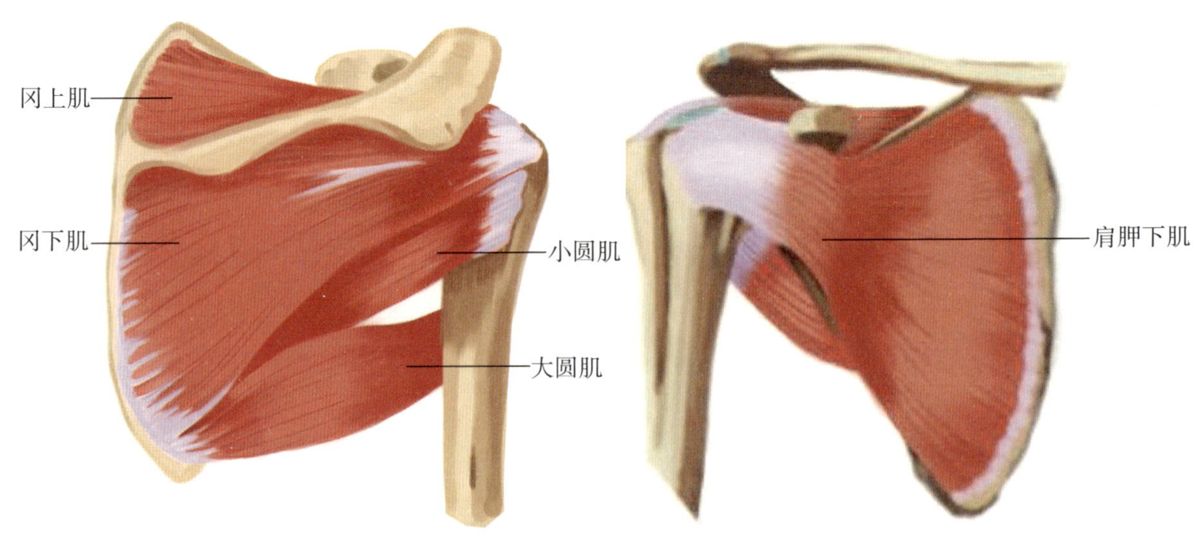


**图 2–72　冈上肌、冈下肌、小圆肌、肩胛下肌、大圆肌**

## 2. 上臂肌

上臂肌包绕肱骨周围，分为前、后两群。前群包括肱二头肌、喙肱肌、肱肌。后群包括肱三头肌、肘肌。（图 2–73）

（1）肱二头肌

**位置：**上臂前面浅层。

**起止点：**长头起于肩胛骨盂上结节，短头起于肩胛骨喙突；止于桡骨粗隆及前臂筋膜。

**功能：**近固定时，使上臂屈、前臂屈、前臂外旋；远固定时，使上臂向前臂靠拢。

（2）喙肱肌

**位置：**肱二头肌上半部内侧。

**起止点：**起于肩胛骨喙突；止于肱骨中部内侧（与三角肌粗隆对应）。

**功能：**近固定时，使上臂屈、内收、外旋。

（3）肱肌

**位置：**肱骨前面下半部，肱二头肌深层。

**起止点：**起于肱骨前面下半部；止于尺骨粗隆。

**功能：**近固定时，使肘关节屈；远固定时，使上臂向前臂靠拢。

（4）肱三头肌

**位置：**上臂后面。

**起止点：**长头起于肩胛骨盂下结节，外侧头起于肱骨桡神经沟外上方，内侧头起于肱骨桡神经沟内下方；止于尺骨鹰嘴。

**功能：**近固定时，使前臂在肘关节处伸；远固定时，使上臂在肘关节处与前臂保持直伸。

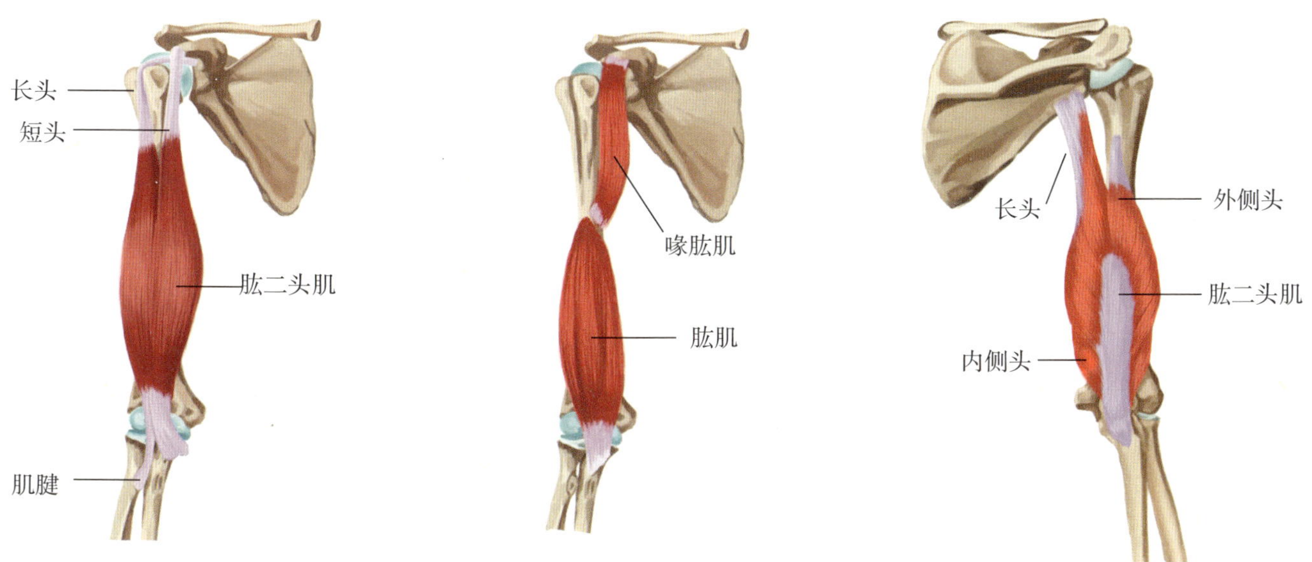


图 2-73　上臂肌（肱二头肌、喙肱肌、肱肌、肱三头肌）

### 3. 前臂肌

前臂肌分为前、后两群，每群分为浅、深两层。前群包括肱桡肌等，后群包括桡侧腕长伸肌等。此处仅着重介绍较为频繁的被运动人群训练到的肱桡肌和旋前圆肌。

（1）肱桡肌

**位置：**前臂桡侧。（图 2-74）

**起止点：**起于肱骨外上髁；止于桡骨茎突。

**功能：**近固定时，可使前臂屈，也可使前臂内旋、外旋、回复正中位。远固定时，可使上臂向前臂靠拢。

（2）旋前圆肌

**位置：** 肱桡肌内侧。（图 2–75）

**起止点：** 起于肱骨内上髁和尺骨冠突；止于桡骨外侧面中部。

**功能：** 近固定时，使前臂屈、旋前。

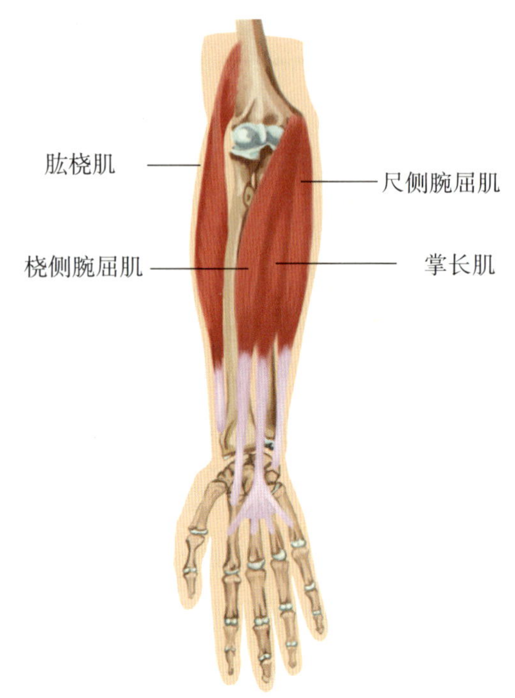


**图 2–74 前臂肌肉**
**（肱桡肌、桡侧腕屈肌、掌长肌、尺侧腕屈肌）**

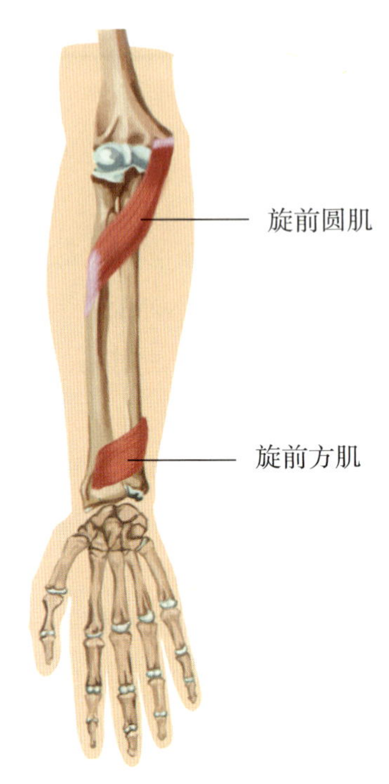


**图 2–75 旋前圆肌、旋前方肌**

## （二）下肢肌

下肢肌包括盆带肌、大腿肌、小腿肌和足肌，此处仅对前三类肌肉中与工作实践联系较为密切的部分肌肉进行详细介绍。

### 1. 盆带肌

盆带肌分为前、后两群。前群包括髂腰肌、梨状肌；后群包括臀大肌、臀中肌、臀小肌。

（1）髂腰肌

**位置：** 腰椎两侧及髂窝内。（图 2–76）

**起止点：** 腰大肌起于第 12 胸椎、1~5 腰椎椎体侧面及横突，髂肌起于髂窝；共同止于股骨小转子。

**功能：** 近固定时，使大腿屈、外旋；远固定时，使脊柱向同侧屈、对侧回旋（单侧收缩），脊柱前屈、骨盆前倾（双侧收缩）。

（2）梨状肌

**位置：** 骶骨前面。（图 2–77）

**起止点：** 起于第 2~5 骶椎前侧面；止于股骨大转子尖端。

**功能：** 近固定时，使大腿外展、外旋；远固定时，使骨盆向对侧回旋（单侧收缩），骨盆后倾（双侧收缩）。

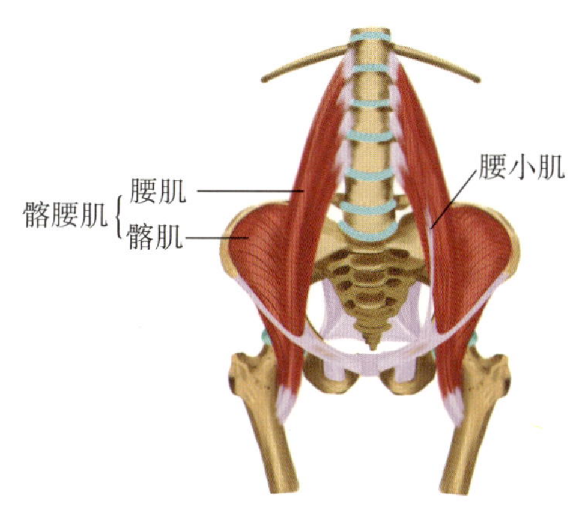


图 2-76 髂腰肌

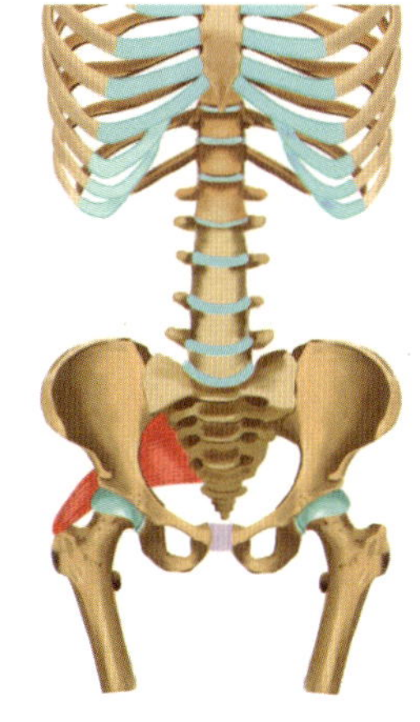

图 2-77 梨状肌

（3）臀大肌

**位置**：臀部皮下。

**起止点**：起于髂骨翼外面及骶、尾骨背面；止于臀肌粗隆和髂胫束。

**功能**：近固定时，使大腿伸、外旋、外展（上部）、内收（下部）；远固定时，使骨盆向对侧回旋（单侧收缩），骨盆后倾（双侧收缩）。

（4）臀中肌

**位置**：臀大肌深层。

**起止点**：起于髂骨翼外面；止于股骨大转子。

**功能**：近固定时，使大腿外展、屈、伸、内旋、外旋；远固定时，骨盆向同侧倾（单侧收缩），骨盆前倾、后倾（双侧收缩）。

（5）臀小肌

**位置**：臀中肌深层。

**起止点**：起于髂骨翼外面；止于股骨大转子。

**功能**：近固定时，使大腿外展、屈、伸、内旋、外旋；远固定时，使骨盆向同侧倾（单侧收缩），骨盆前倾、后倾（双侧收缩）。（图 2-78）

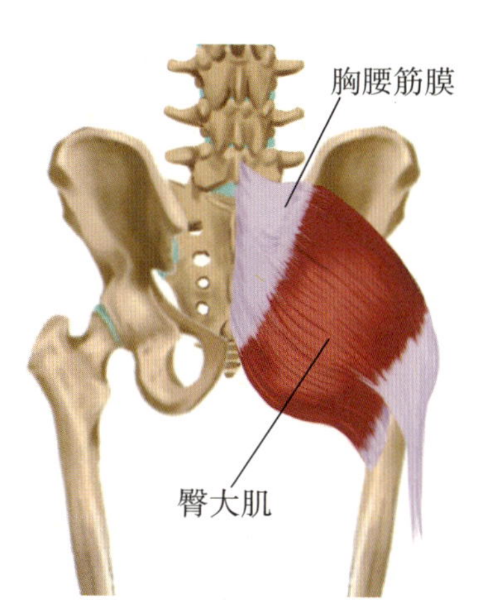


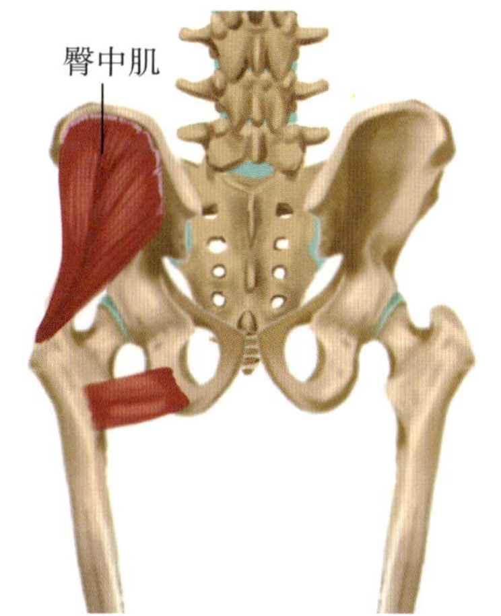


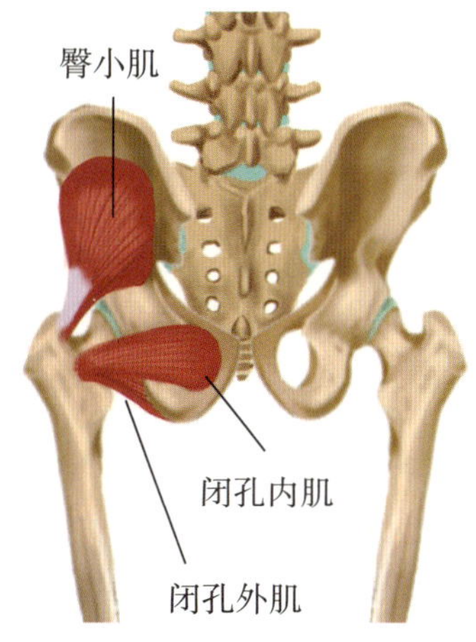


图 2-78 臀大肌、臀中肌、臀小肌

### 2. 大腿肌

大腿肌分为前外侧群、后群、内侧群。前外侧群有股四头肌、缝匠肌、阔筋膜张肌。后群有股二头肌、半腱肌、半膜肌，三块肌肉合称腘绳肌。内侧群包括耻骨肌、长收肌、短收肌、大收肌、股薄肌等。

（1）股四头肌

**位置：** 大腿前侧。（图 2–79）

**起止点：** 股直肌起于髂前下棘，股中肌起于股骨体前面，股外侧肌起于股骨粗线外侧唇，股内侧肌起于股骨粗线内侧唇；合成髌韧带后止于胫骨粗隆。

**功能：** 近固定时，使小腿伸、大腿屈；远固定时，使大腿在膝关节伸、骨盆前倾。

（2）缝匠肌

**位置：** 大腿前内侧。（图 2–80）

**起止点：** 起于髂前上棘；止于胫骨粗隆内侧面。

**功能：** 近固定时，使大腿屈、外旋、小腿屈、内旋；远固定时，使骨盆前倾（两侧同时收缩）。

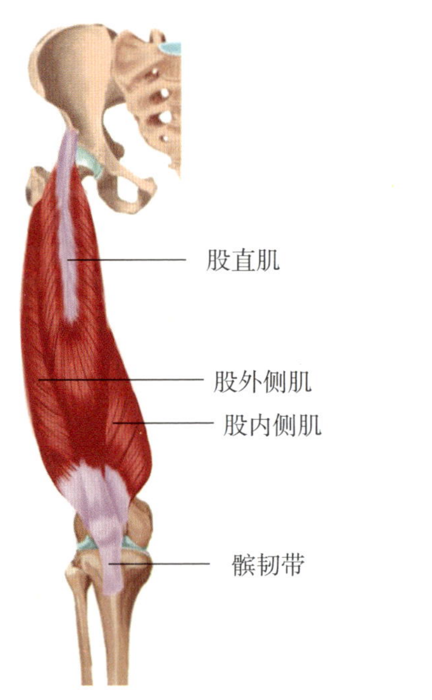


图 2–79　股四头肌

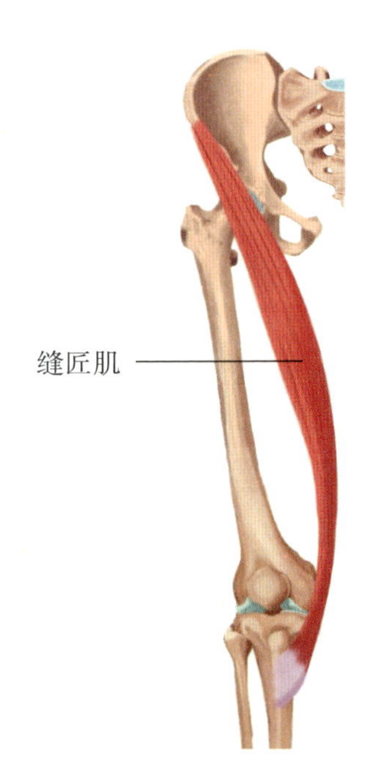


图 2–80　缝匠肌

（3）阔筋膜张肌

**位置：** 大腿前外侧。（图 2–81）

**起止点：** 起于髂前上棘；止于胫骨外侧髁。

**功能：** 近固定时，使大腿屈、外展、内旋。

（4）股二头肌

**位置：** 大腿后外侧浅层。（图 2–82）

**起止点：** 长头起于坐骨结节，短头起于股骨粗线外侧唇下部；共同止于腓骨头。

**功能：** 近固定时，长头负责使大腿伸和小腿屈、外旋，短头负责小腿屈、外旋；远固定时，使大腿在膝关节处屈、骨盆后倾。

（5）半腱肌

**位置：**大腿后内侧。

**起止点：**起于坐骨结节；止于胫骨粗隆内侧面。

**功能：**近固定时，使大腿伸，小腿屈、内旋；远固定时，使大腿在膝关节处屈、骨盆后倾。

（6）半膜肌

**位置：**大腿后内侧，半腱肌深层。

**起止点：**起于坐骨结节；止于胫骨内侧髁后面。

**功能：**近固定时，使大腿伸，小腿屈、内旋；远固定时，使大腿在膝关节处屈、骨盆后倾。

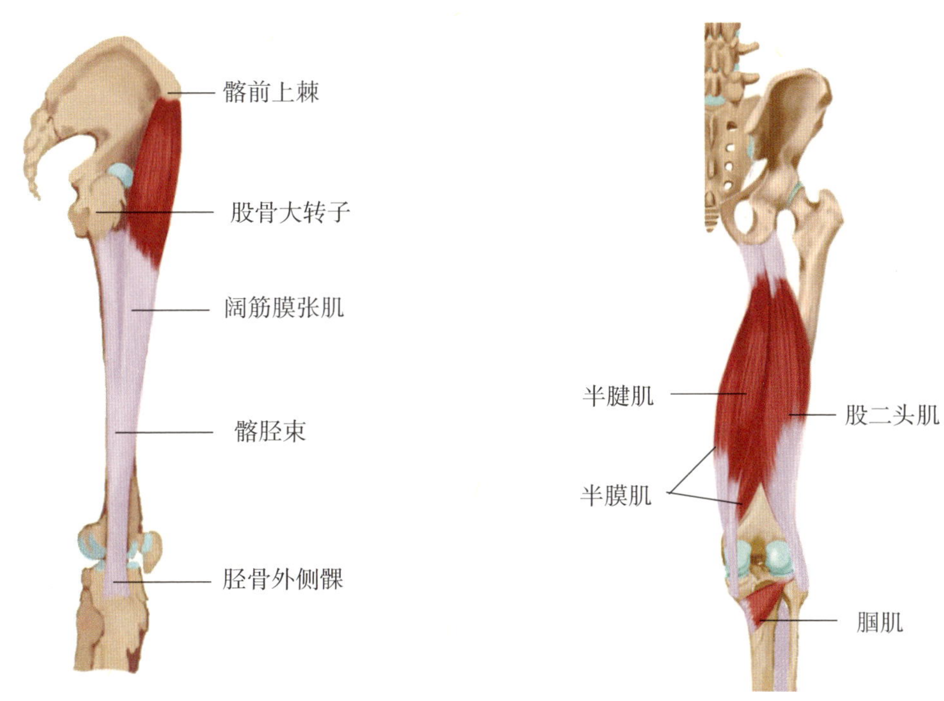


图 2–81　阔筋膜张肌　　图 2–82　股二头肌、半腱肌、半膜肌

（7）耻骨肌

**位置：**髂腰肌内侧。

**起止点：**起于耻骨上支外面；止于股骨粗线内侧唇上部。

**功能：**近固定时，使大腿屈、内收、外旋；远固定时，使骨盆前倾。

（8）长收肌

**位置：**耻骨肌内侧。

**起止点：**起于耻骨上支外面；止于股骨粗线内侧唇中部。

**功能：**近固定时，使大腿屈、内收、外旋；远固定时，使骨盆前倾。

（9）短收肌

**位置：**耻骨肌和长收肌深层。

**起止点：**起于耻骨下支外面；止于股骨粗线上部。

**功能：**近固定时，使大腿屈、内收、外旋；远固定时，使骨盆前倾。

（10）大收肌

**位置**：大腿内侧深层。

**起止点**：起于坐骨结节、坐骨支、耻骨下支；止于股骨粗线内侧唇上 2/3 处及股骨内上髁。

**功能**：近固定时，使大腿伸、内收、外旋；远固定时，使骨盆后倾。

（11）股薄肌

**位置**：大腿内侧浅层。（图 2–83）

**起止点**：起于耻骨下支；止于胫骨粗隆内侧面。

**功能**：近固定时，使大腿内收，小腿屈、内旋；远固定时，使骨盆前倾。

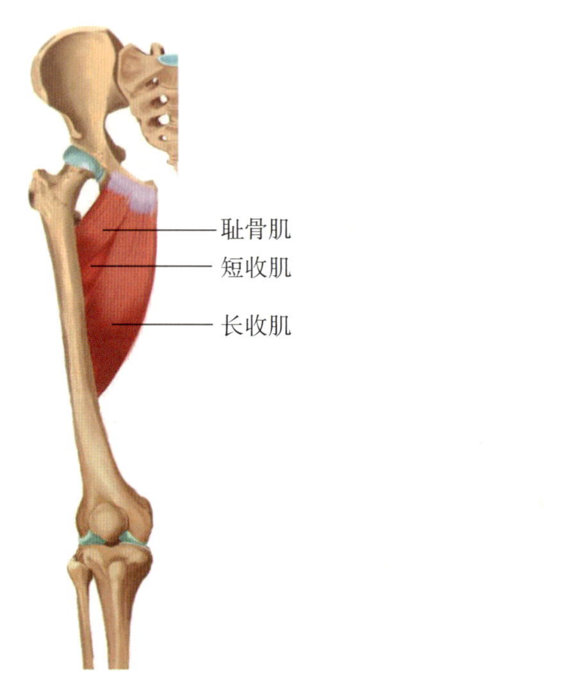


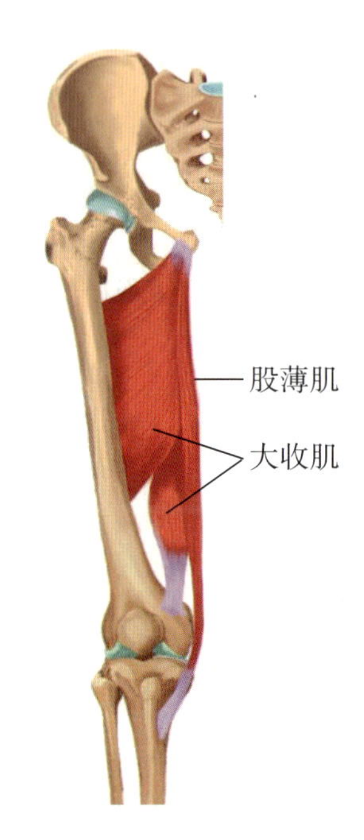


图 2–83　大腿内收肌群（耻骨肌、短收肌、长收肌、大收肌、股薄肌）

### 3. 小腿肌

小腿肌分为前群、后群和外侧群。前群包括胫骨前肌、趾长伸肌、踇长伸肌。后群有小腿三头肌、踇长屈肌、趾长屈肌、胫骨后肌。外侧群有腓骨长肌和腓骨短肌。

（1）胫骨前肌

**位置**：小腿前外侧浅层。（图 2–84）

**起止点**：起于胫骨体外侧上 2/3 处；止于内侧楔骨和第 1 跖骨底。

**功能**：近固定时，使足背屈、内翻；远固定时，使小腿在踝关节处伸，维持足弓。

（2）趾长伸肌（第三腓骨肌）

**位置**：胫骨前肌外侧。

**起止点**：起于胫骨外侧髁、腓骨前面上 3/4 处；止于第 2~5 趾骨及第 5 跖骨底。

**功能**：近固定时，使足背屈、外翻，使第 2~5 趾伸。

（3）踇长伸肌

**位置**：胫骨前肌外侧与趾长伸肌之间。

**起止点：**起于腓骨内侧面和小腿骨间膜；止于踇趾远节趾骨底。

**功能：**近固定时，使踇趾伸，足背屈和内翻。

（4）小腿三头肌

**位置：**小腿后部浅层。

**起止点：**腓肠肌内、外侧头起于股骨内、外上髁，比目鱼肌起于胫骨、腓骨后上部；共同形成跟腱后，止于跟骨结节。

**功能：**近固定时，使足跖屈、膝关节屈；远固定时，使小腿在踝关节屈及维持膝关节伸直。

（5）腓骨长肌

**位置：**小腿外侧。（图 2–85）

**起止点：**起于腓骨外侧上 2/3 处；止于内侧楔骨和第 1 跖骨底。

**功能：**近固定时，使足外翻、跖屈，维持足弓。

（6）腓骨短肌

**位置：**腓骨长肌深层。

**起止点：**起于腓骨外侧下 1/3 处；止于第 5 跖骨底。

**功能：**近固定时，使足外翻、跖屈，维持足弓。

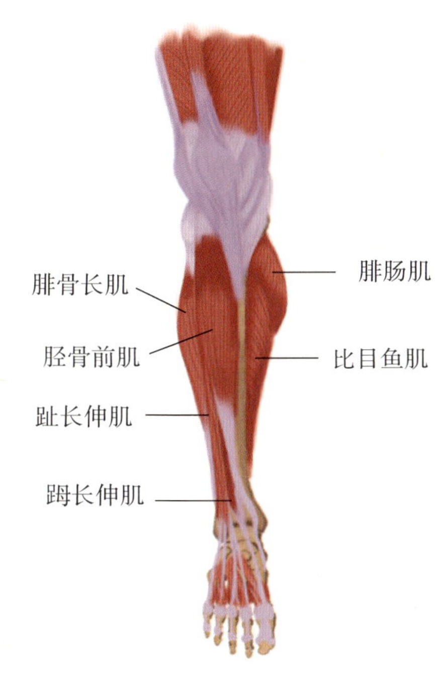


图 2–84 胫骨前肌、趾长伸肌、踇长伸肌

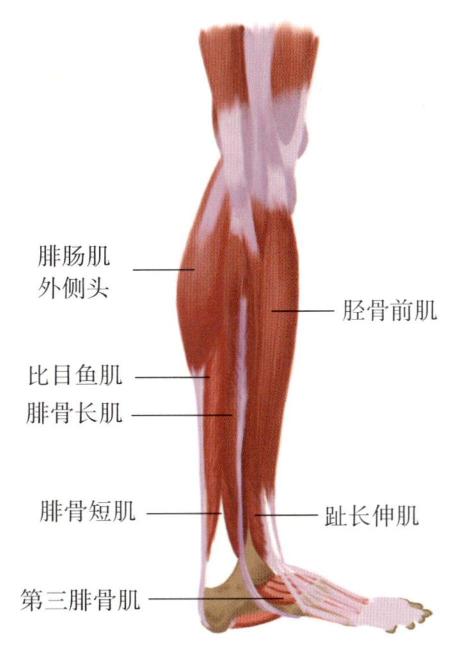


图 2–85 腓肠肌、比目鱼肌、腓骨长肌、腓骨短肌

## （三）躯干肌

躯干肌包括背肌、胸肌、膈肌、腹肌和会阴肌。

### 1. 背肌

背肌分为浅、深两层。背浅层肌包括斜方肌、背阔肌、肩胛提肌及菱形肌等。背深层肌分为背长肌和背短肌。背长肌包括竖脊肌和夹肌。背短肌包括横突棘肌、棘突间肌和横突间肌，横突棘肌又包括半棘肌、回旋肌和多裂肌三部分。

（1）斜方肌

**位置：**项部及背上部皮下。（图 2–86）

**起止点：**起于枕外隆凸、项韧带及全部胸椎棘突；止于锁骨外侧 1/3、肩峰、肩胛冈。

**功能：**近固定时，上部肌束负责肩胛骨上提、上回旋、后缩，下部肌束负责肩胛骨下降、上回旋、后缩，中部肌束负责肩胛骨后缩；远固定时，使头向同侧屈和向对侧回旋、脊柱向对侧回旋（单侧收缩），头后仰、脊柱伸（双侧收缩）。

（2）背阔肌

**位置：**腰背部皮下。

**起止点：**起于下 6 胸椎、全部腰椎棘突、骶正中嵴、下 3 肋骨外侧面；止于肱骨小结节嵴。

**功能：**近固定时，使上臂伸、内收、内旋；远固定时，使躯干向上臂靠拢，协助吸气。

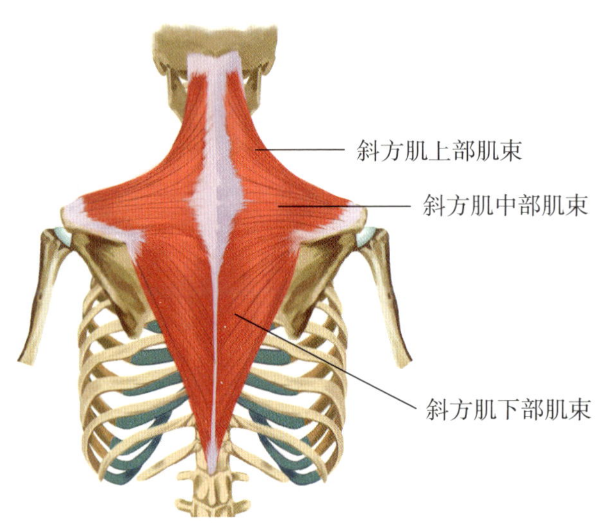


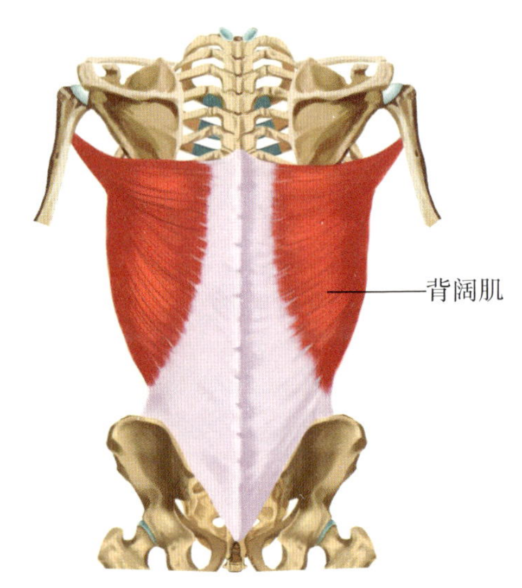


**图 2–86　斜方肌、背阔肌**

（3）肩胛提肌

**位置：**斜方肌上部深层。（图 2–87）

**起止点：**起于上 4 颈椎横突；止于肩胛骨上角。

**功能：**近固定时，使肩胛骨上提、下回旋；远固定时，使头和脊柱向同侧屈和回旋（单侧收缩），脊柱颈段伸（双侧收缩）。

（4）菱形肌

**位置：**斜方肌深层、肩胛骨内侧缘和脊柱之间。

**起止点：**起于下 2 颈椎和上 4 胸椎棘突；止于肩胛骨内侧缘。

**功能：**近固定时，使肩胛骨上提、后缩、下回旋；远固定时，使脊柱伸（双侧收缩）。

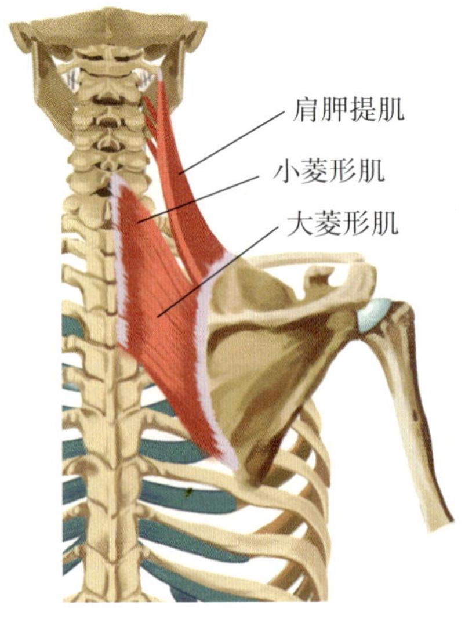


**图 2–87　肩胛提肌、菱形肌**

（5）竖脊肌

**位置：**背部正中线两侧，填充于棘突和横突之间的槽沟内，由棘肌、最长肌、髂肋肌三部分组成。

**起止点：**起于骶骨背面、髂嵴后部、腰椎棘突、胸腰筋膜；止于颈椎和胸椎的棘突与横突、颞骨乳突和肋角。

**功能：**下固定时，使脊柱向同侧屈（单侧收缩），头、脊柱伸、协助吸气（双侧收缩）；上固定时，骨盆前倾。

（6）多裂肌（与半棘肌、回旋肌合称横突棘肌）

**位置：**半棘肌深层。

**起止点：**起于骶骨背面，腰、胸椎横突和第 4~7 颈椎关节突；止于第 2 颈椎及以下椎骨棘突。

**功能：**单侧收缩，使脊柱转向对侧；双侧收缩，使脊柱后伸。

（7）回旋肌（与半棘肌、多裂肌合称横突棘肌）

**位置：**多裂肌深面。（图 2–88）

**起止点：**起于上位与下位椎骨横突；止于上位与下位椎骨棘突。

**功能：**单侧收缩，脊柱转向对侧；双侧收缩，脊柱后伸。

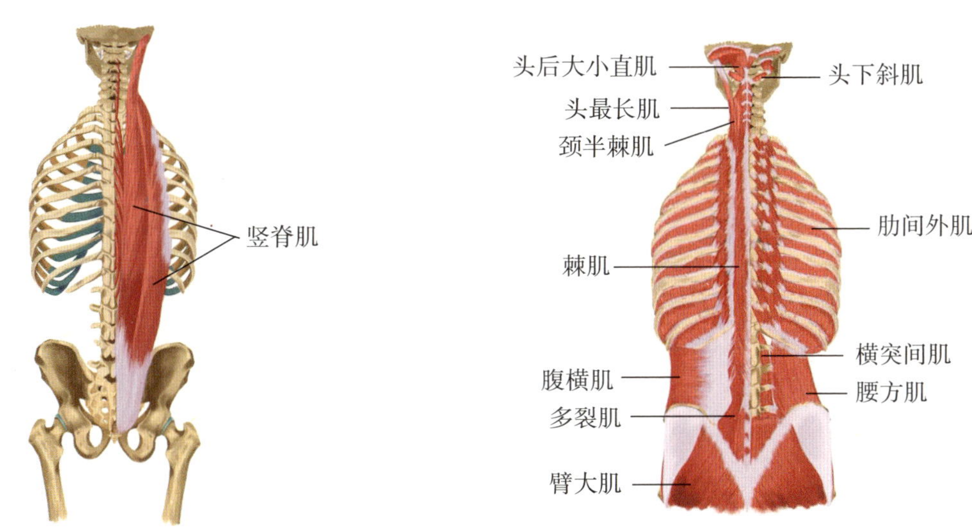


**图 2–88 竖脊肌、多裂肌、回旋肌**

## 2. 胸肌

胸肌分为胸上肢肌和胸固有肌。胸上肢肌包括胸大肌、胸小肌、前锯肌等。胸固有肌包括肋间外肌、肋间内肌和胸横肌等。

（1）胸大肌

**位置：**胸前皮下。

**起止点：**起于锁骨内侧半、胸骨、上 6 肋软骨前面及腹直肌鞘前壁上部；止于肱骨大结节嵴。

**功能：**近固定时，使上臂屈、内收、内旋、水平屈；远固定时，拉躯干向上臂靠拢。

（2）胸小肌

**位置：**胸大肌深层。

**起止点：**起于第 3~5 肋骨前面；止于肩胛骨喙突。

**功能：**近固定时，使肩胛骨下降、前伸、下回旋；远固定时，提肋吸气。

（3）前锯肌

**位置：** 胸廓侧面浅层。（图 2-89）

**起止点：** 起于上位 1~9 肋骨外面；止于肩胛骨内侧缘和下角前面。

**功能：** 近固定时，使肩胛骨前伸、下降、上回旋；远固定时，提肋吸气。

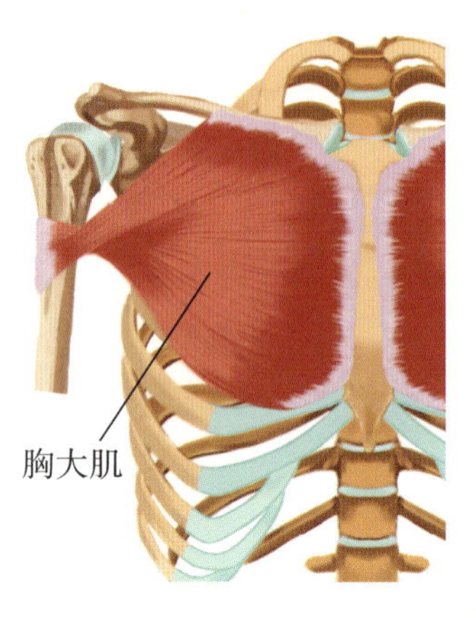


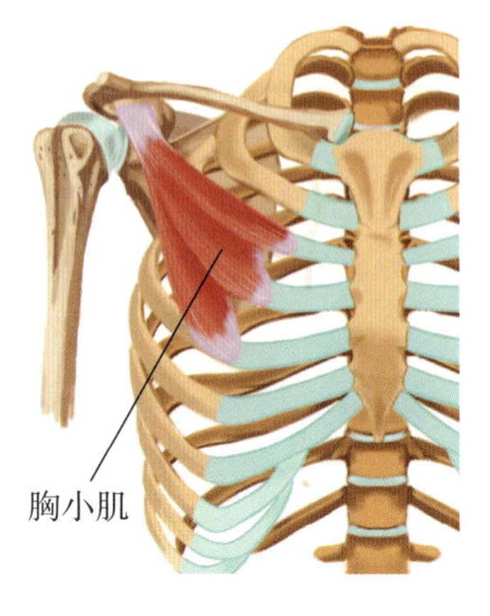


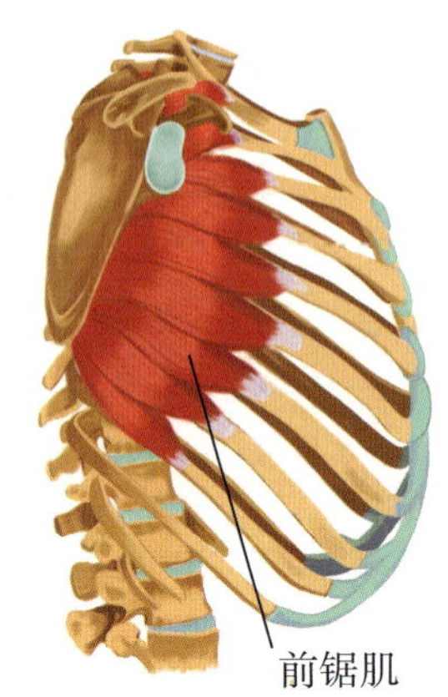


**图 2-89　胸大肌、胸小肌、前锯肌**

（4）肋间外肌

**位置：** 肋骨间浅层。

**起止点：** 起于上位肋骨下缘；止于下位肋骨上缘。

**功能：** 上提肋吸气。

（5）肋间内肌

**位置：** 肋间外肌深层。

**起止点：** 起于下位肋骨上缘；止于上位肋骨下缘。

**功能：** 下降肋呼气。

### 3. 膈肌

**位置：** 胸腹腔之间。（图 2-90）

**起止点：** 起于上位 3 腰椎体前面、下位 6 肋骨内、胸骨剑突后面；止于中心腱。

**功能：** 使膈穹窿下降，胸腔容积增大。

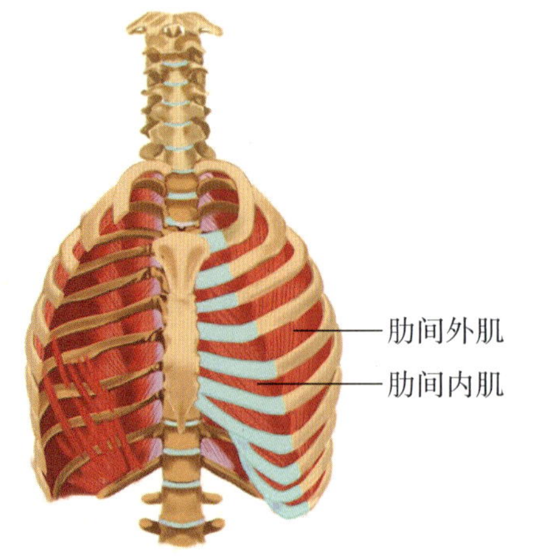


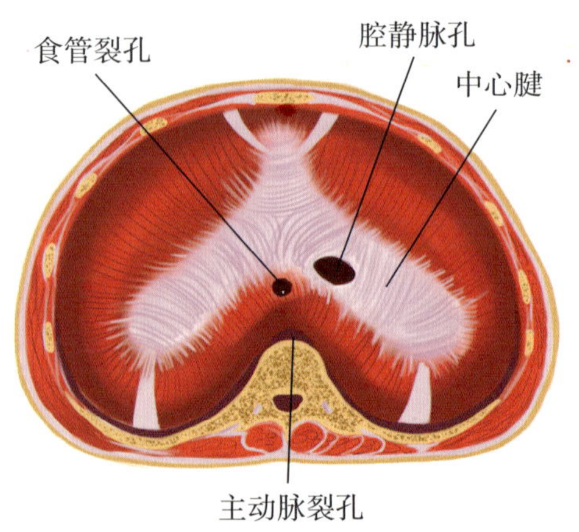


**图 2-90　肋间外肌、肋间内肌、膈肌**

### 4. 腹肌

腹肌包括腹前外侧壁的腹直肌、腹外斜肌、腹内斜肌、腹横肌和腹后壁的腰方肌。

（1）腹直肌

**位置：**腹前壁正中线两侧。（图 2–91）

**起止点：**起于耻骨联合上缘；止于第 5~7 肋软骨前面及胸骨剑突。

**功能：**上固定时，使骨盆后倾（双侧收缩）；下固定时，使脊柱向同侧屈（单侧收缩），脊柱前屈（双侧收缩），降肋拉胸廓向下，协助呼气。

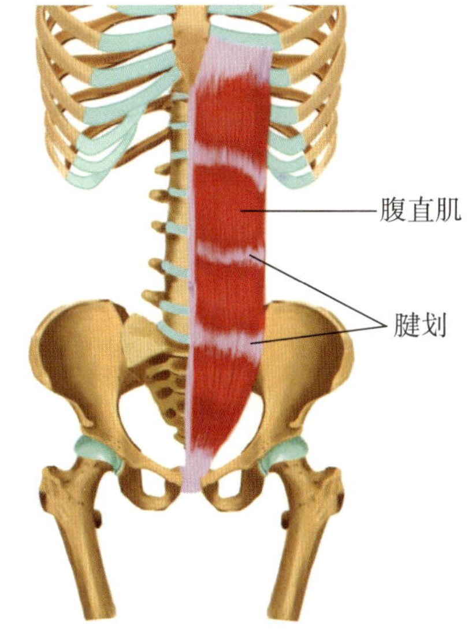

图 2–91 腹直肌

（2）腹外斜肌

**位置：**腹前外侧浅层。（图 2–92）

**起止点：**起于下 8 肋骨外侧面；止于髂嵴、耻骨结节及白线，其腱膜参与组成腹直肌鞘前壁。

**功能：**上固定时，使骨盆后倾（双侧收缩）；下固定时，使脊柱向同侧屈、对侧回旋（单侧收缩），脊柱前屈（双侧收缩），降肋拉胸廓向下，协助呼气。

（3）腹内斜肌

**位置：**腹外斜肌深层。

**起止点：**起于胸腰筋膜、髂嵴、腹股沟韧带外 2/3 处；止于下 3 肋骨及白线，其腱膜参与组成腹直肌鞘前、后壁。

**功能：**上固定时，使骨盆后倾（双侧收缩）；下固定时，使脊柱向同侧屈、同侧回旋（单侧收缩），脊柱前屈（双侧收缩）。

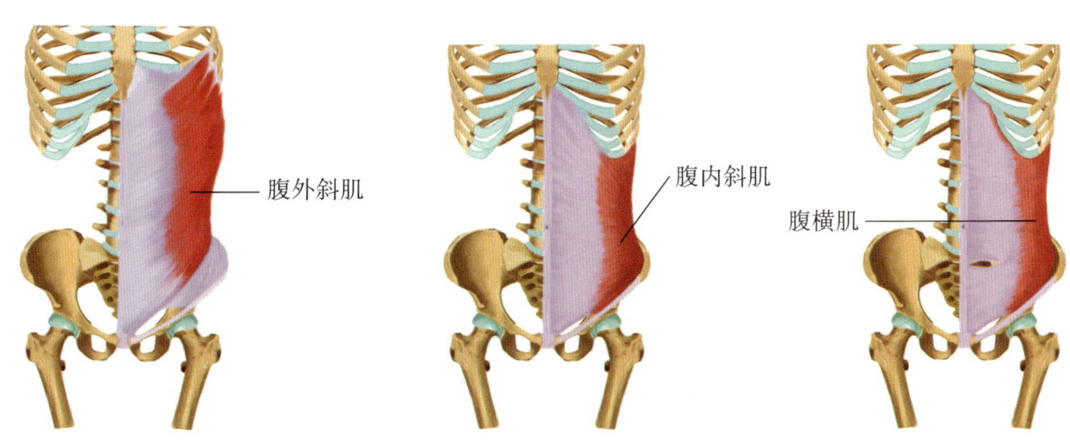

图 2–92 腹外斜肌、腹内斜肌、腹横肌

（4）腹横肌

**位置：**腹内斜肌深层。

**起止点：**起于下 6 肋骨内面、胸腰筋膜、髂嵴、腹股沟韧带外侧；止于白线，其腱膜参与组成腹直肌鞘后壁。

**功能：**维持腹压。

（5）腰方肌

**位置：**腹腔后壁、脊柱两侧。（图 2–93）

**起止点：**起于髂嵴后部；止于第 12 肋骨和第 1~4 腰椎横突。

**功能：**下固定时，使脊柱向同侧屈（单侧收缩），第 12 肋下降助呼气，参与维持腹压（双侧收缩）。

### 5. 会阴肌

会阴肌是封闭小骨盆出口处肌肉的总称，包括位于后部的肛提肌、尾骨肌和前部的会阴浅横肌、会阴深横肌等，具有承托盆腔、腹腔内脏和承受腹腔压力的作用。（图 2–94）

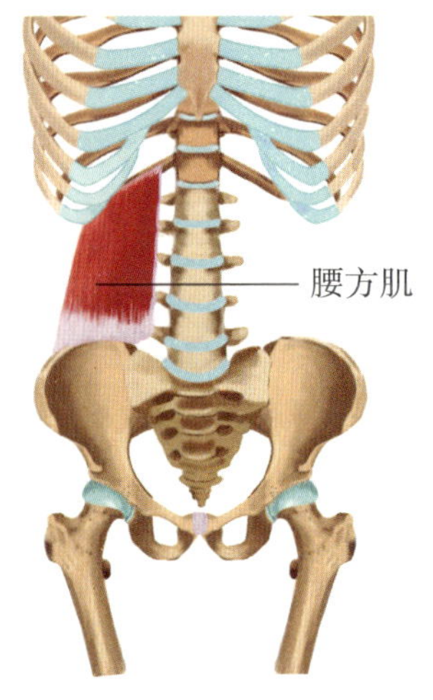


图 2–93　腰方肌

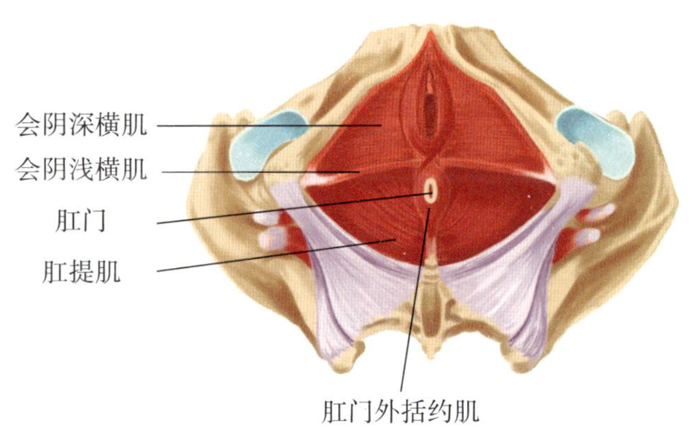


图 2–94　会阴肌

## （四）头颈肌

头颈肌包括头肌及颈肌两部分。其中头肌可分为表情肌和咀嚼肌两类；颈肌分成浅、中、深三层。此处仅对部分颈肌做详细描述。

### 1. 胸锁乳突肌

**位置：**颈部两侧。（图 2–95）

**起止点：**起于胸骨柄、锁骨胸骨端；止于颞骨乳突。

**功能：**下固定时，使头颈向同侧屈、向对侧回旋（单侧收缩），头部和脊柱颈段屈或伸（双侧收缩）；上固定时，上提胸廓，助吸气。

### 2. 斜角肌

**位置：**前斜角肌位于胸锁乳突肌深层，中斜角肌位于前斜角肌后方，后斜角肌位于中斜角肌后方。（图 2–96）

**起止点：**前斜角肌起于第 3~6 颈椎横突前结节；止于第 1 肋骨上面斜角肌结节。中斜角肌起于第 2~6 颈椎横突后结节；止于第 1 肋骨上面。后斜角肌起于第 5~7 颈椎横突后结节；止于第 2 肋骨外侧。

**功能：**下固定时，使颈前屈、同侧屈；上固定时，上提肋助吸气。

### 3. 颈长肌

**位置：**颈部深层内侧。

**起止点：**起于上位胸椎体、下位颈椎体及横突；止于颈椎体直至寰椎前结节。

**功能：**下固定时，颈前屈和侧屈。

### 4. 头长肌

**位置：**颈长肌上方。

**起止点：**起于第 3~6 颈椎横突；止于枕骨底部。

**功能：**下固定时，颈前屈和侧屈。

### 5. 头前直肌

**位置：**寰枕关节前面。

**起止点：**起于寰椎横突；止于枕骨底部。

**功能：**下固定时，头前屈和侧屈。

### 6. 头侧直肌

**位置：**头前直肌外侧。（图 2–97）

**起止点：**起于寰椎横突；止于枕骨外侧下面。

**功能：**下固定时，头同侧屈。

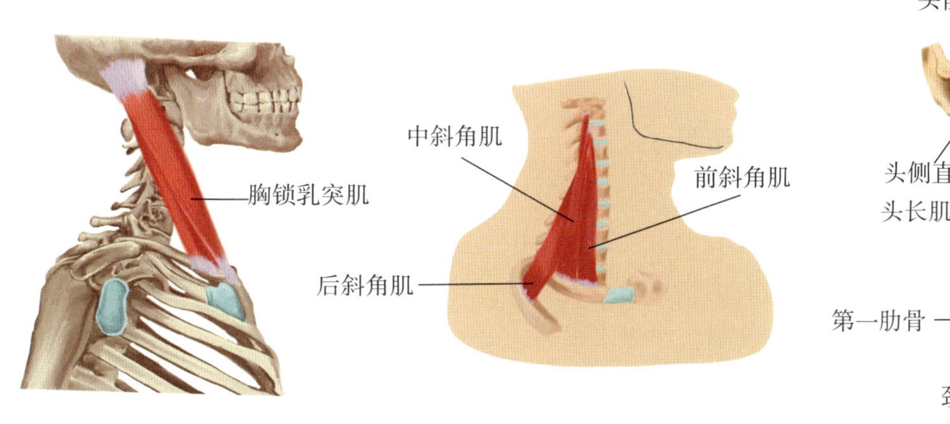


图 2–95　胸锁乳突肌

图 2–96　斜角肌

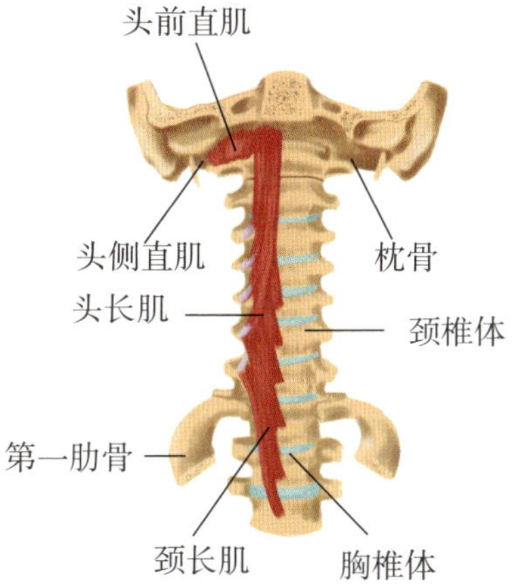

图 2–97　颈长肌、头长肌、头前直肌、头侧直肌

## 第五节　动作分析

**导读：**教练学习运动解剖学过程中需要形成的一个重要能力就是要能够应用所学的解剖学知识进行简单动作分析。掌握此技能可以帮助教练更好地设计和改进抗阻及伸展练习的训练动作，提高运动的有效性及科学性。此处介绍的是“环节受力分析法”，该方法是动作分析中较为简单的一种。环节受力分析法的核心是围绕运动环节来分析寻找原动肌。

## 一、环节受力分析法

环节受力分析法是指在身体的主动运动中的肌力总是与外力同时作用，从而引起环节运动。因此，对环节运动中的受力情况加以分析，就能确定引起环节运动的原动力情况，以此来分析引起环节运动的原动肌的方法。

## 二、动作分析的内容与步骤

### （一）确定动作的开始姿势

动作开始姿势的确定需要符合动作规律，例如俯卧撑动作，起始动作通常应该是双手分开比肩略宽，肘关节伸直，头、肩、髋、膝、踝成一条直线。这符合动作的规律，相反如果是在肘关节屈 90° 的情况下，维持此姿势比较困难，因此不能将其作为动作开始姿势。

### （二）划分动作阶段

将动作过程进行阶段划分，针对每个阶段进行分析，通常阶段的划分依据是根据运动方向的改变情况。例如一个完整的俯卧撑动作，可以分成下降和上升两个阶段，而从坐的椅子上站立起来则只有一个阶段（上升阶段）。

### （三）分析动作阶段中参与运动的关节名称及其运动

以俯卧撑为例，俯卧撑的下降阶段，主要的运动关节包括肩关节、肘关节，其中肩关节做的是水平伸动作，肘关节做的是屈的动作。

### （四）根据关节运动形式找出原动肌

找出原动肌的关键是要看关节的受力（外力）情况及动作速度。以俯卧撑的下降阶段为例，由于身体受到重力的作用是向下的，本来就有让肩关节水平伸动作加速的作用，但是肩关节在做水平伸动作时却是在平稳受控的状态下完成的，说明有力量在与重力对抗，而这个与重力对抗的力量就是肌力，产生肌力的那块肌肉的主要功能一定是可以使肩关节做水平屈，可以使肩关节做水平屈的肌肉包括胸大肌、三角肌前束，因此这两块肌肉就是原动肌，其中胸大肌是主动肌，三角肌前束是副动肌。找到原动肌的关键就是要熟练掌握肌肉的功能以及仔细分析外力的方向与关节的运动方向和运动速度。

### （五）分析肌肉的工作条件

一旦找到原动肌后，就应该分析原动肌是在什么条件下完成动作的，是近固定还是远固定，是上固定还是下固定等。分析肌肉的工作条件是为了使训练更加具有针对性，例如体操运动员经常在单杠上做出各种拉引动作，这就需要其背阔肌具有良好的力量，而在单杠上完成动作时，背阔肌都是在远固定的工作条件下完成的，因此训练体操运动员的背阔肌力量就应该多用背阔肌在远固定条件下的动作来训练。

### （六）分析肌肉工作性质

指完成动作的原动肌收缩时的工作性质，如肌肉在完成动作时是做向心工作还是离心工作或者是静力性工作。分析肌肉工作性质依然是为了训练更加具有针对性。例如要提高武术中蹲马步的能力，我们发现蹲马步时股四头肌主要是在拉长的状态下做静力性工作，因此要提高此能力应该提高股四头肌做静力性收缩的力量和耐力。

# 第六节 肌肉工作的杠杆原理

**导读：**人体的骨、关节和骨骼肌共同构成了一套杠杆系统。了解这套杠杆系统的工作原理有助于教练更好地指导运动训练。

## 一、杠杆系统的构成

一个杠杆系统需要包含以下要素：动力、阻力、杠杆臂及支点。在人体中骨（杠杆臂）、关节（支点）及骨骼肌（力）也构成了若干种杠杆系统，正是在这些杠杆系统的帮助下，人体才能展现出各种各样的动作并实现对外做功的能力。（图 2–98）

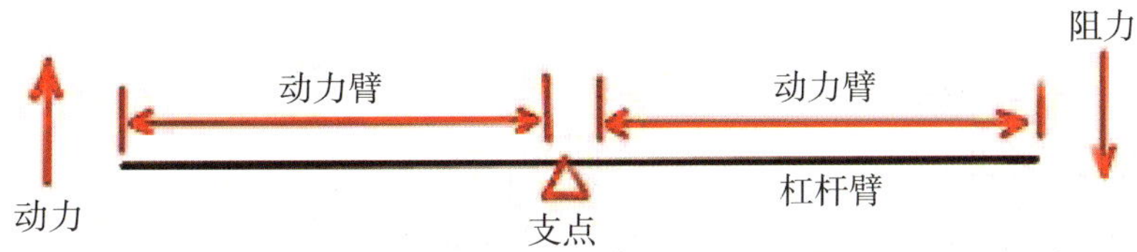


图 2–98 杠杆系统

## 二、骨杠杆的种类

根据支点、动力点（原动肌附着在骨骼上的动点）、阻力点（外在阻力的作用点）的位置关系可以将人体的骨杠杆分为三类。（图 2–99）

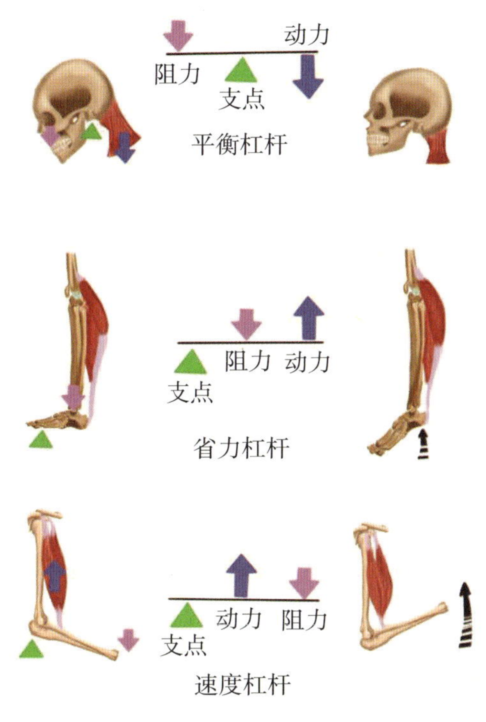


图 2–99 人体的三种杠杆

**平衡杠杆：**动力点与阻力点分别位于支点的两侧，主要作用为传递力和平衡力，寰枕关节、颅骨、斜方肌等构成的杠杆系统就是此类杠杆。

**省力杠杆：**阻力点在动力点和支点之间，主要特点为用较小的力就能克服较大的阻力，站姿提踵时跖趾关节、小腿三头肌、体重构成的杠杆系统就是此类杠杆。

**速度杠杆：**动力点在阻力点与支点之间，可以加大阻力点移动的速度和幅度从而获得速度。肱二头肌屈前臂时，肘关节、重力、肱二头肌构成的杠杆系统就是此类杠杆。

### 三、杠杆原理在运动实践中的应用

在运动实践中，杠杆原理被充分应用于抗阻训练中，用以提高练习效果。主要的方法是通过改变阻力臂的长度来提高或降低动作难度，以促进动作的完成。如仰卧卷腹时，手臂位于身体两侧可以缩短阻力臂从而降低动作难度，而手臂位于胸部则可加长阻力臂从而增加动作难度，位于耳朵两侧，阻力臂进一步增长，从而使难度更大。（图 2–100）

图 2–100　杠杆原理在仰卧卷腹中的应用（从左至右，难度依次增大）

## 第七节　常见损伤部位的生物力学

**导读：**生物力学是了解运动训练、运动损伤的重要基础。由于人体特殊的生物力学结构和规律，每个关节都有其特殊的力学特点，直接影响了各个关节的训练重点和注意事项。本节将以运动损伤发生率较高的脊柱、肩、膝关节为例，介绍各关节的力学特点。

### 一、脊柱的生物力学

#### （一）脊柱的结构与功能

脊柱是人体的中轴，由椎骨、椎间盘、椎间关节、韧带及肌肉紧密连结而成。椎管是各椎骨的椎孔连贯而成，内容脊髓。成人整个脊柱从正面观为一条直线，从侧面观分为四个弯曲：颈部向前凸，胸部向后凸，腰部向前凸，骶部向后凸。这些弯曲是适应人体直立行走的姿势，在生长发育的过程中逐步形成。（图 2–101）

脊柱的功能为：支持体重、传递重力；保护脊髓和神经根；参与形成胸腔、腹腔及盆腔；支持和附着四肢与躯干联系的肌肉和筋膜。

脊柱有屈、伸，左右侧屈、回旋及环转的运动能力。在脊柱运动时，椎间盘的髓核成为杠杆作用的支点。由于生理弯曲存在，胸椎椎间盘髓核在中央，而颈及腰椎髓核偏后。其髓核前方的纤维环比后侧强而厚，前纵韧带亦较后纵韧带强而有力，当仰头、伸腰时，椎间盘后方受挤压，髓核向前移动。反之，低头、弯腰时，髓核向后推挤。如用力过度，后纵韧带和后方纤维环易发生损伤破裂而使髓核发生突出，尤其在椎间盘已有退变的基础上更容易发生椎间盘突出。

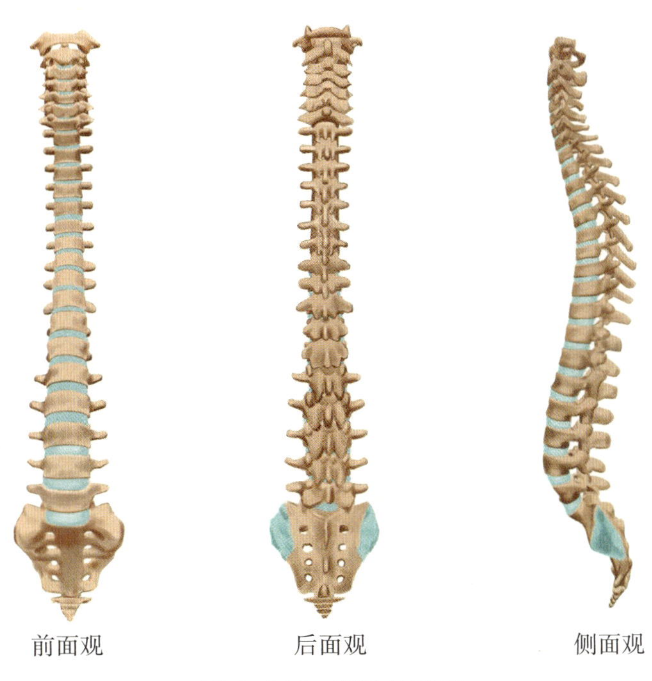


图 2-101　脊柱的形态

脊髓各段的关节突、关节面排列方向不同，其旋转轴心也不同。这是由于关节突、关节面在颈椎近似水平面，胸椎呈冠状面，而腰椎呈矢状面，同时由于各段椎间盘中髓核位置不同。脊柱使人体保持直立位，同时承受挤压、牵拉、弯曲、剪切和旋转应力，主要的生物学功能，包括将头和躯干的载荷传递到骨盆，提供在三维空间的运动和保护脊髓。（图 2-102）

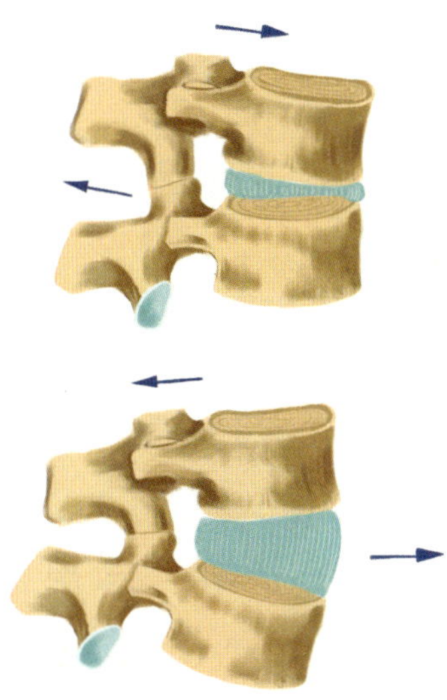

图 2-102　椎间盘的受力随脊柱的活动而变化

### （二）脊柱活动和脊柱的稳定性

脊柱活动通常是多个活动节段的联合动作。由于椎间盘和关节突、关节面的存在，脊柱能沿横轴、矢状面和纵轴活动。正常脊柱能够屈、伸、左右侧屈、回旋及环转。因关节突、关节面的排列方向不同，不同节段的活动方向和幅度也不一样。颈椎关节面的方向接近水平，故能做较大幅度的屈、伸、侧屈和回旋活动；胸椎的关节突、关节面呈冠状位，又有胸廓的存在，使其活动受到一定的限制；腰椎的关节突、关节面呈矢状面，与水平面呈 90°，与冠状面呈 45°，其伸屈活动幅度从上至下逐渐增大，而回旋、侧屈活动幅度则受限明显。脊柱屈曲的最初 50°~60° 主要发生在腰段，随后骨盆前倾可提供进一步屈曲。躯干侧屈活动位于胸段与腰上段脊柱。颈椎和上胸椎侧屈时伴有回旋，棘突转向侧屈的凸侧；腰段则相反，侧屈时棘突转向侧屈的凹侧。

脊柱具有内源性稳定和外源性稳定。前者靠椎间盘和韧带，后者靠有关肌肉，特别是胸腹肌。内源性稳定时，椎间盘髓核内的压应力使相邻椎体分开，而纤维环及其周围韧带在抵抗髓核的分离压应力情况下，使椎体靠拢，这两种不同方向的作用力，使脊柱得到较大的稳定性。一般认为，脊柱外源性稳定较内源性重要。失去内源性稳定，脊柱的变化较缓慢，而失去外源性稳定，则脊柱不能维持其正常功能。脊柱的内源性或外源性稳定结构遭受破坏，均可影响脊柱的稳定性。

### （三）脊柱载荷与应力分布

物体所受的力，称为载荷。脊柱是载荷结构，虽然脊柱需承受牵拉、弯曲和旋转载荷，但它主要承受的是压缩载荷。外部载荷作用于脊柱，椎骨和椎间盘即产生应力和应变。由于椎骨的弹性模量明显大于椎间盘，因此，椎间盘更容易产生应变。

大多数情况下，椎体和椎间盘承受了大部分载荷，小关节面仅承受 0%~33% 的载荷。椎体承载后，载荷可从椎体上方的软骨终板，经过椎体皮质骨或松质骨，而传递到下方软骨终板。

### （四）椎间盘的生物力学

成人的椎间盘比所连结的椎体稍大，其厚度约等于所连结椎体厚度的 1/3，其长度总和约占脊柱全长的 1/4。颈、腰部椎间盘前侧厚后侧薄，形成颈、腰段脊柱有前凸之弧形。胸椎椎间盘前后侧等高。其主要生物力学功能是对抗压缩力，但对脊柱活动也具有决定性影响。

椎间盘是脊柱的主要承受载荷的结构，当载荷较小时，由于椎间盘的弹性模量大大小于椎体，很易发生变形，因而能起到吸收振动、减缓冲击和均匀分布外力的作用。

椎间盘由纤维环、髓核和透明软骨板组成。纤维环为纤维交错的同心环，围绕在椎间盘外周。因前部厚而髓核靠后，后纵韧带又窄又薄，故椎间盘易向后突出。纤维环的纤维是斜形编织的胶原纤维，包绕髓核，可以产生摇椅样和三轴向运动。髓核呈胶状物，由类蛋白组成，含水分约 80%，随年龄的不同及负重的不同，可有改变。正常人早晚的身高可相差 1~2cm，就是由于椎间盘的高度变化所致。髓核具有流体力学的特点。透明软骨板是椎间盘的上下面，紧贴于椎体上，原为骨骺软骨，与椎体高度增长有关。在成年后软骨板和纤维环融合在一起，将髓核密封于其中。（图 2–103）

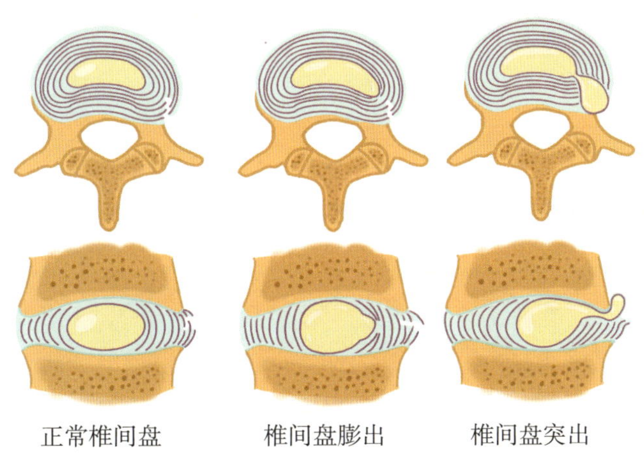


图 2-103 椎间盘与椎间盘突出

## （五）脊柱的肌肉

解剖学家 Rood 在 1972 年根据功能的不同，将背部肌肉区分为稳定肌和运动肌两类。稳定肌通常位于深部、具有单关节或者单一节段分布，通过离心收缩控制椎体活动和具有静态保持能力；运动肌一般位于表层、具有双关节或者多关节分布，通过向心收缩控制椎体的运动和产生功率。

解剖学家 Bergmark 在 1989 年还根据肌肉解剖位置的差异，将背部肌肉分为局部肌和整体肌。局部肌通常均起源于脊椎，它们的活动控制脊柱的弯曲度和维持脊柱的机械稳定性，在腰椎周围主要包括膈肌、腹横肌、多裂肌、盆底肌。整体肌一般连接胸廓和骨盆，这些肌肉收缩通常可以产生较大的力量，在腰椎周围主要包括竖脊肌、腹直肌、腹内外斜肌等。（图 2-104）

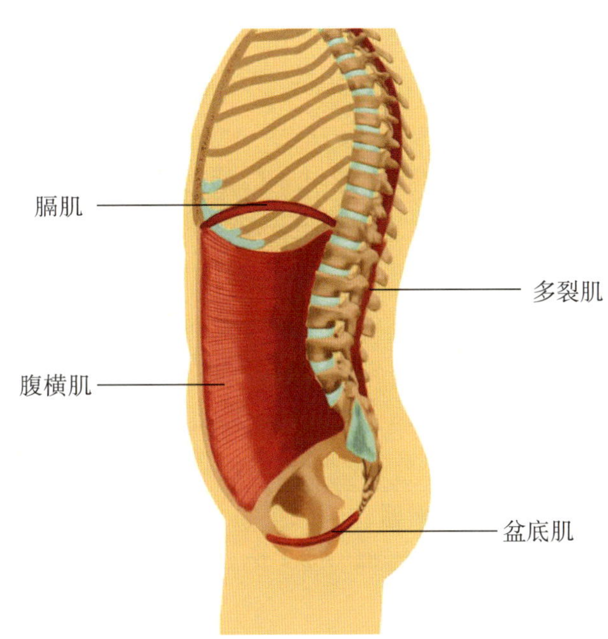


图 2-104 腰椎的局部肌肉

## （六）骨盆倾斜与腰曲范围

骨盆为人体中心所在，是人体重心、协调性与平衡性的关键点。正常情况下，骨盆有轻微的向前倾斜角度。如果骨盆不在正常的力学位置上，则为骨盆倾斜，包含骨盆前倾、骨盆后倾以及骨盆侧位移和骨盆旋转。其中比较常见的是骨盆前倾。（图 2–105）

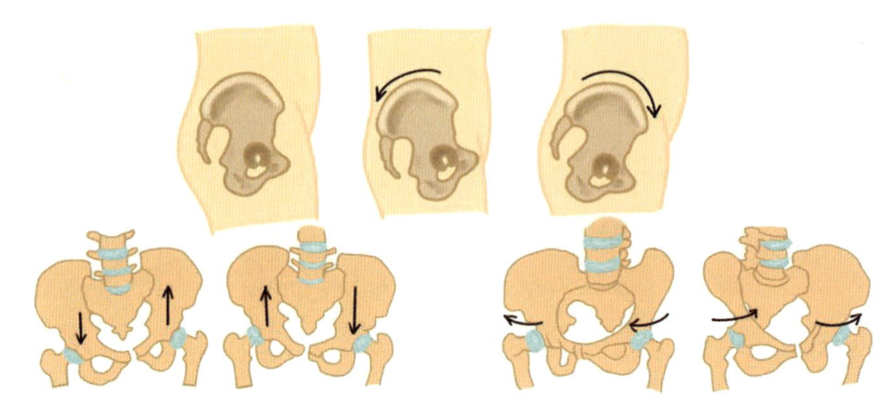

图 2–105　骨盆的异常位置（从上到下分别为正常、后倾、前倾、侧倾、旋转）

通过骨盆骨性标志点的位置，判断骨盆的位置。

**方法一：**正常的骨盆位置表现为髂前上棘和髂后上棘在同一水平线上，或者髂前上棘略低于髂后上棘。如果髂后上棘高于髂前上棘超过 5°，就是骨盆前倾。反之，如果髂后上棘低于髂前上棘，则为骨盆后倾。如果双侧的髂前上棘和髂后上棘不等高，则为骨盆侧倾。

**方法二：**正常站立时，髂前上棘与耻骨联合在同一冠状面上。如果髂前上棘突出超过耻骨联合，则为骨盆前倾。反之，如果耻骨联合突出超过髂前上棘，则为骨盆后倾。

**方法三：**在站立位 X 线的侧位片上，测量骨盆相关的数据。如骶骨上缘延长线与水平线的交角（骶骨上面倾斜角，简称腰骶角），立位 X 片平均为 30°，一般不应超过 45°。此角越大，则脊柱越不稳定。

### 1. 骨盆前倾

骨盆前倾又称为下交叉综合征，最明显的症状是臀部后凸，腰臀比、BMI 值和体重都在正常范围，小腹仍旧前凸。骨盆前倾常见于久坐人群、孕妇、穿高跟鞋人群和一些进行不对称的重量训练的人群。（图 2–106）

骨盆前倾的主要原因是身体前后两侧肌肉发展不平衡，腹部肌肉力量过弱和下背部肌肉过紧，臀部和腘绳肌肌肉力量过弱和髋部屈肌过紧，进而引起骨盆向前旋转。结果代偿性地引起腰椎前凸和胸椎后凸增加，增加了腰椎间盘突出、驼背的风险，同时引起膝关节过伸，也增加了膝关节疼痛的风险。

骨盆前倾患者的髂腰肌、股四头肌、竖脊肌变短变硬，臀大肌、腘绳肌、腹肌被动拉长、力量下降。因此，在治疗骨盆前倾时，需要检查髂腰肌、股四头肌、竖脊肌的长度，如果发现 Thomas 试验阳性，则需要对这些肌肉进行牵拉放松，同时检查臀大肌、腘绳肌和腹肌的力量，如果发现其肌力下降，则需要对这些肌肉进行力量和耐力训练。

### 2. 骨盆后倾

骨盆后倾时，腰椎前凸角度变小，胸椎上端接近腰椎的位置也会比较直，肩胛骨突出，侧面看起来是一个含胸驼背、挺髋臀下垂的站立姿态。骨盆周围肌肉的变化与骨盆前倾相反。（图 2–107）

骨盆后倾患者的臀大肌、腘绳肌、腹肌变短变硬，髂腰肌、股四头肌、竖脊肌被动拉长、力量下降。因此，在治疗骨盆后倾时，需要检查臀大肌、腘绳肌和腹肌的长度，如果发现其紧张变短，则需要对这些肌肉进行牵拉放松，同时检查髂腰肌、股四头肌、竖脊肌力量，如果发现其肌力下降，则需要对这些肌肉进行力量和耐力训练。

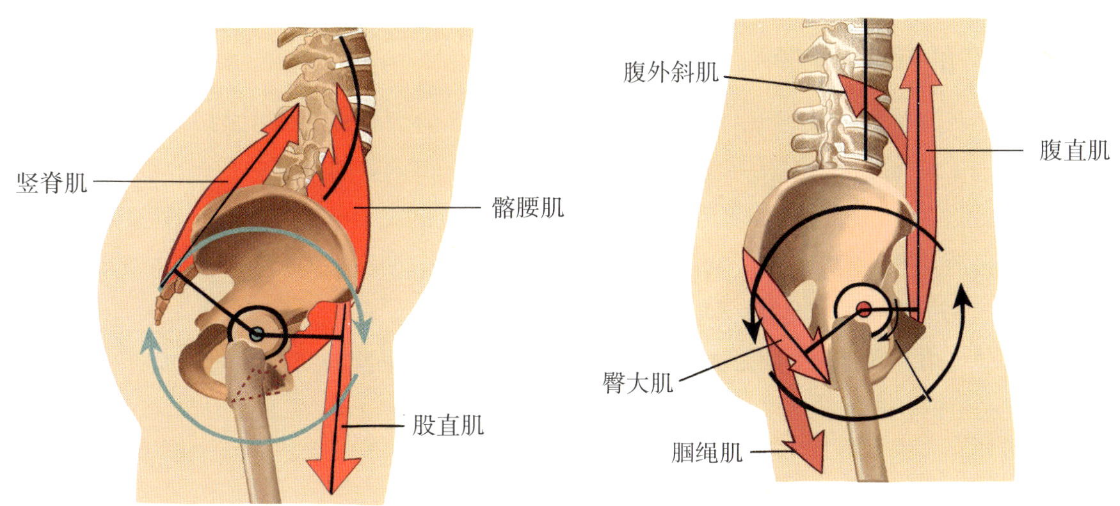


图 2–106　骨盆前倾（下交叉综合征）　　图 2–107　骨盆后倾

### 3. 骨盆侧倾

如果评估时发现双侧的髂前上棘和髂后上棘不等高，则为骨盆侧倾，需要确定患者是否存在双下肢不等长。骨盆侧倾除了会引起双下肢受力不均、诱发膝关节疼痛之外，最大的隐患是引起脊柱侧弯。足弓的高低、膝关节的过伸角度及内翻程度、股骨旋转、骨盆旋转和倾斜，以及先天骨性结构发育的异常，均可能会引起双下肢的不等长。此时，需要教练仔细评估，找到不等长的位置和原因，进行针对性的干预，才能取得良好的治疗效果。（图 2–108）

### 4. 骨盆旋转

骨盆旋转主要是指在水平面，骨盆以脊椎为轴心进行旋转。骨盆进行旋转，需要以下的步骤：腹外斜肌收缩的一侧使得骨盆往后方移动，同一侧的多裂肌、臀大肌、椎旁肌以及另一侧的髂腰肌进行协同。最终使得骨盆发生水平旋转。（图 2–109）

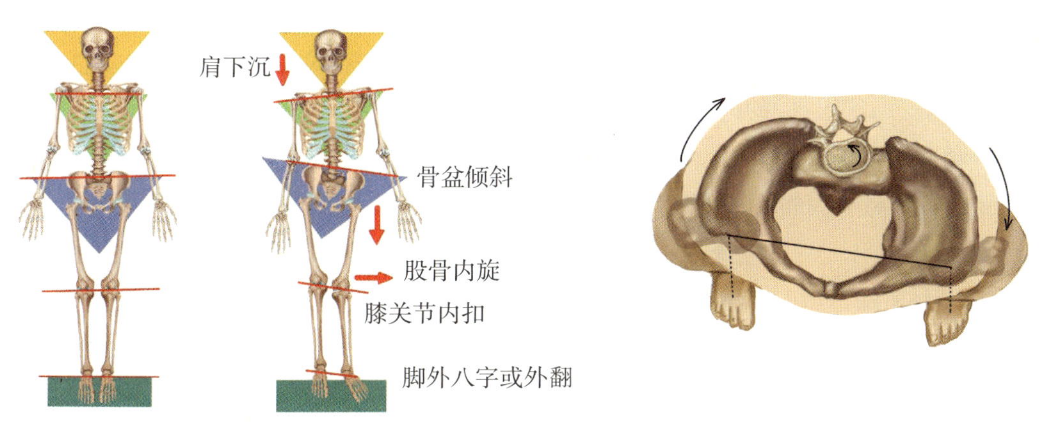


图 2–108　骨盆侧倾　　图 2–109　骨盆旋转

在评估时，客户身体放松双脚立正站好，将双手的食指置于自己的髂前上棘，同时低头目测手指所呈现的位置，如果出现一前一后的现象，则髂骨已产生旋转。如左手指在后，右手指在前，即可知道髂骨向左侧旋转，而两手指前后差距越大，即表示旋转的角度越大，对身体所造成的影响也越大。应注意两手指的位置一定要置于相同的髂前上棘，如此判断才会准确。而正常平衡的骨盆，两手指会在同一水平线上。

## 二、肩胛带的生物力学

肩胛带是把上肢连接到胸或躯干的一组结构，肩关节是人体活动范围最大的关节，同时也是一个相对不稳定的关节，在人类的生活、生产劳动、体育运动中占有很重要的位置。

胸骨、锁骨、肋骨、肩胛骨和肱骨近端以及它们之间连接的关节构成肩胛带（肩关节复合体）。广义的肩关节是由胸锁关节、肩锁关节、肩胛胸壁关节、盂肱关节四个关节所组成。这些关节提供了上肢的关节活动范围。狭义的肩关节是指盂肱关节。（图 2–110）

肩关节的运动是由相关肌群的团队协作共同完成的。肩胛带肌群的共同运动增加了肩关节的控制和关节活动度。肩关节的任何肌肉无力或瘫痪都将影响整个关节的运动链。

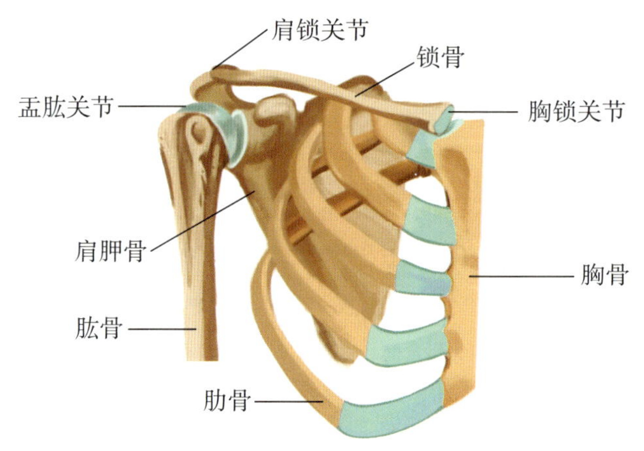


**图 2–110　肩关节的组成**

### （一）肩胛带相关的骨骼

肩关节的运动与胸骨、锁骨、肩胛骨、肱骨中上段相关，进而形成了胸锁关节、肩锁关节、盂肱关节和肩胛胸壁关节。

锁骨肩峰端与肩峰形成肩锁关节，胸骨端与胸骨、第一肋骨软骨端形成胸锁关节。当上肢处于解剖位时，锁骨的长轴稍微高于水平面并位于冠状面后 20°。（图 2–111）

肱骨头与肩胛骨关节盂相连接，由于肩胛骨内侧缘的原因，关节盂向上倾斜 5°。在解剖位，肩胛骨与冠状面形成向前约 35° 的夹角。肩胛骨这个方向的平面称作肩胛骨平面（Plane of Scapula，POS）。当抬手过头时，肩胛骨与肱骨都与这个平面有关系。

肱骨头近似一个半球形，面朝内上后方，与肩胛盂形成盂肱关节。肱骨头轴与肱骨干长轴形成 135° 的夹角，与冠状面成 30° 后倾角，这个后倾使肱骨头在肩胛骨平面与关节盂形成关节。（图 2–112）

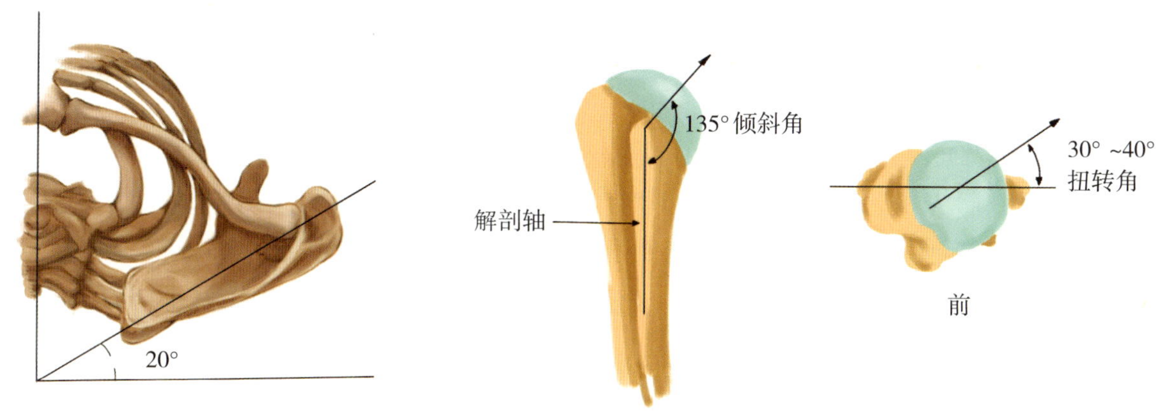


图 2-111　肩胛骨平面　　　　图 2-112　肱骨头的角度

## （二）肩胛带相关的关节

### 1. 胸锁关节

肩胛带中最近端的关节是胸锁关节，锁骨依靠其附着物与胸骨相连接，其功能就像一个机械性的杠杆或支撑器，使肩胛骨与躯干保持恒定的距离。

锁骨的骨骼运动学定义为 3 个自由度：上提、下降，前伸、后缩以及环转。基本上肩关节的所有运动都和胸锁关节中锁骨的一些运动有关。（图 2-113）

锁骨上提和下降围绕着矢状轴，发生在几乎平行于冠状面的平面上。锁骨上提约 45°，下降约 10°，而锁骨的上提与下降和肩胛骨的运动有关。

锁骨的前伸和后缩围绕着垂直轴，发生在几乎平行于水平面的平面上。锁骨在水平方向有 15°~30° 的前伸或后缩活动范围。锁骨的水平运动和肩胛骨前伸和后缩有关。

当肩关节外展或屈曲时，锁骨上方的一个点向后旋转 40°~50°，而当手臂放回身体两侧时锁骨旋转回原始位置。锁骨旋转的关节运动学包括锁骨头在关节盘外侧面的自转。锁骨后旋（肩关节外展）与前旋（回原位）的运动围绕着水平轴（接近）。锁骨全部向后旋转，这时是胸锁关节的锁定位状态。

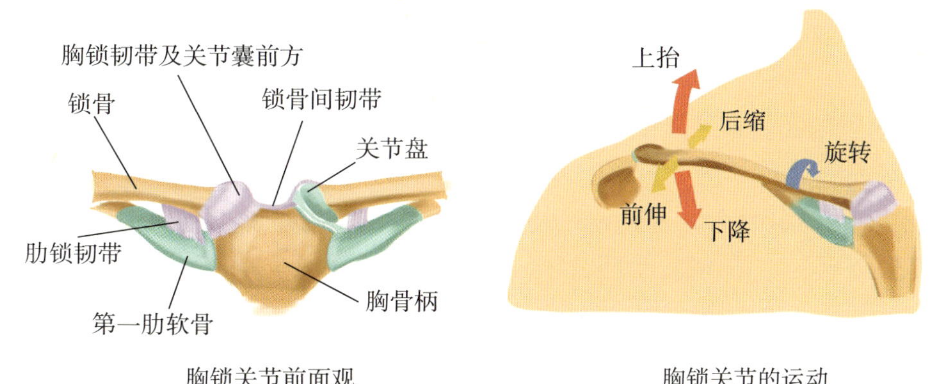


图 2-113　胸锁关节

### 2. 肩锁关节

肩锁关节是一个由锁骨肩峰端和肩胛骨肩峰组成的关节。肩锁关节属平面关节，因为其关节面较平滑。锁骨面向内并轻微向上，这样为肩峰提供一个合适的关节位置。

肩锁关节周围被关节囊所包绕，此关节囊被上、下囊韧带增强，并通过三角肌和斜方肌的附着而增强肩锁关节的稳定性。此外，斜方韧带和锥状韧带、喙锁韧带也对肩锁关节的稳定性起到增强作用。

胸锁关节允许锁骨的运动，它引导着肩胛骨的运动轨迹。而肩锁关节则恰恰相反，它允许肩胛骨有微小的运动，很难测量，但肩锁关节的微小运动却有很大的作用，它提供了肩胛胸壁关节的最大活动范围。（图 2–114）

肩锁关节在水平面和矢状面可以进行“旋转调整”。在水平面上的调整发生在垂直轴上，肩胛骨内侧缘向胸廓的外侧轴向移开为内旋，回到原位为外旋。在矢状面上的调整发生在额状轴上，肩胛下角向胸廓的外侧倾斜或轴向移开为前倾，回到原位为后倾。

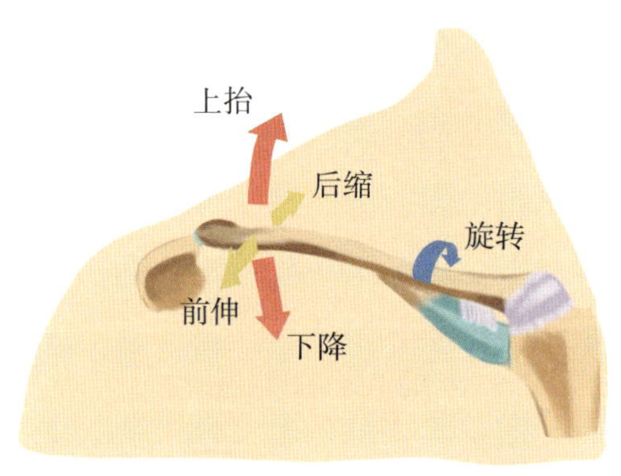


图 2–114 肩锁关节的运动

### 3. 肩胛胸壁关节

肩胛胸壁关节不是一个真正解剖学概念的关节，是肩胛骨的前面和胸廓的后外侧面间的一个衔接面。在解剖位，肩胛骨的位置在第 2~7 肋骨间，肩胛骨的内缘到脊柱距离约 6cm。

肩关节较大的活动范围取决于肩胛胸壁关节的活动范围。肩胛胸壁关节提供了肱骨运动的一个可移动的基础，增加了上臂的运动范围，保持三角肌在手臂上举时良好的长度—张力关系。当手臂上举或用手倒立时，肩胛胸壁关节提供了盂肱关节的稳定性，吸收震动。肩胛胸壁关节的运动在肩关节的运动中占有非常重要的作用，发生在肩胛骨和胸壁之间的运动是胸锁关节与肩锁关节共同运动的结果。（图 2–115）

肩胛胸壁关节的运动可以分为上提和下降、前伸和后缩、上回旋和下回旋。肩胛骨上提可以提肩 60°，下降可以降肩 5°~10°。前伸能使肩胛骨内侧缘离开后正中线 13~15cm，这种运动又可称肩胛骨的外展。后缩又称为内收，锁骨的肩峰端和肩胛骨沿胸壁向后移动，接近后正中线。在胸锁关节处肩胛骨的前伸和后缩的运动幅度大约为 25°。上回旋是肩胛骨的关节盂向上，下角在胸壁上向外上的运动。在肩关节完全外展时，为最大的上回旋范围。下回旋是肩胛骨的关节盂向下的运动。当手臂后伸将前臂横置于腰部时，将发生完全的下回旋。上回旋和下回旋的运动幅度约 60°。

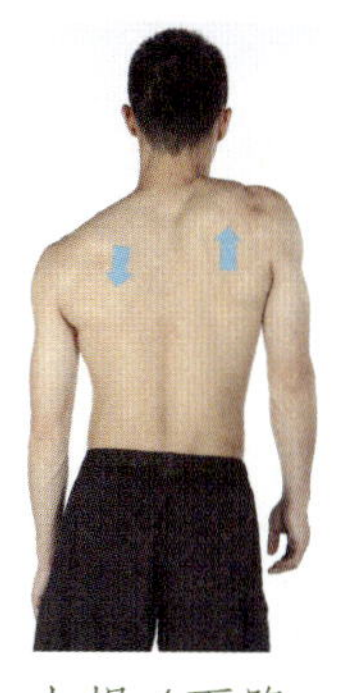
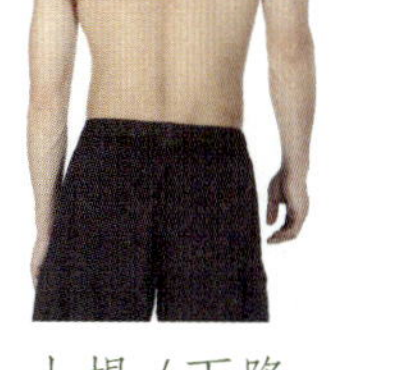
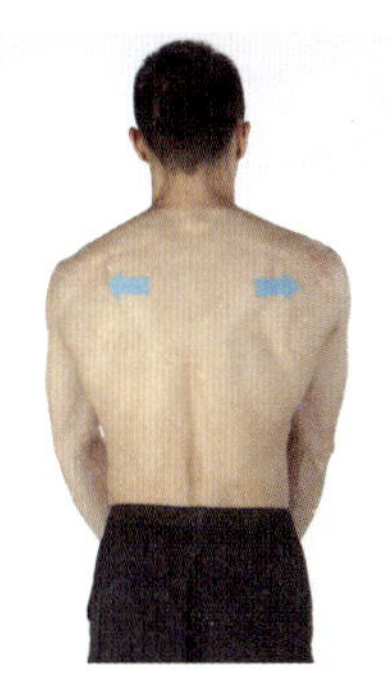
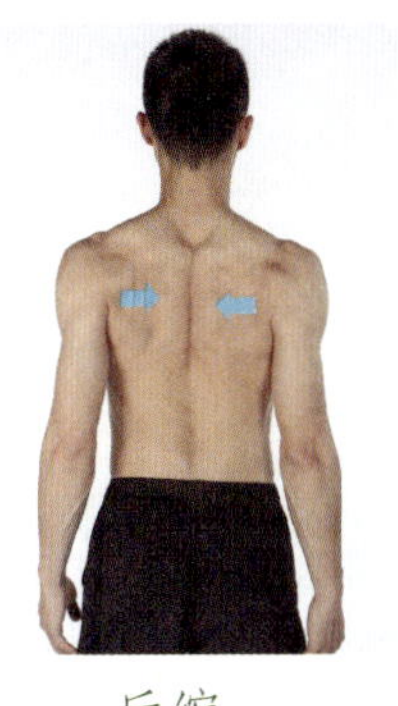
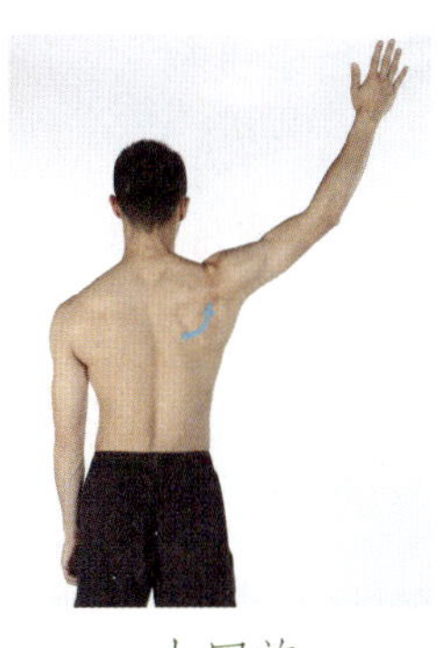
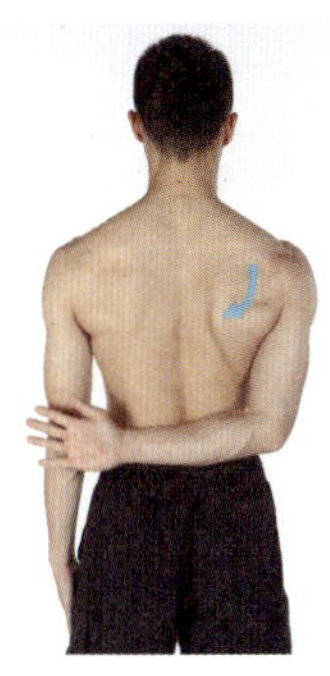


图 2-115 肩胛胸壁关节的运动

### 4. 盂肱关节

（1）盂肱关节的组成

盂肱关节是由较大而突出的肱骨头和内凹的关节盂组成的。这个关节的运动和肩胛骨的运动结合产生了肩关节很大的活动范围。在解剖位，关节盂的关节面在肩胛骨平面，朝向前外方向。

稳定盂肱关节的软组织包括肩袖肌群（肩胛下肌、冈上肌、冈下肌、小圆肌）、盂肱韧带、喙肱韧带、肱二头肌长头腱、关节盂唇等。

（2）喙肩弓

喙肩韧带附着在肩峰的前面和喙突的外缘之间，形成喙肩弓的顶；喙肩弓是由喙突、肩峰和喙肩韧带组成。在健康的成年人中，喙肩弓和肱骨头之间大约只有 1cm 的间隙，这个重要的肩峰下间隙中包含有冈上肌的肌腱、肩峰下滑囊、肱二头肌长头腱和上关节囊的一部分。当上臂完全上举时，肱二头肌长头腱在结节间沟的固定点上滑动 5cm 。当盂肱关节完全外旋时，肱二头肌长头腱的近端和远端附着点成直线，而其他所有的旋转位置中，肱二头肌腱则弯曲在肱二头肌腱沟的内侧壁。这样一来，肱二头肌在遭受磨损同时也遭到喙肩弓的撞击伤。（图 2-116）

为了达到盂肱关节的运动范围，在外展时需肩的外旋，在屈肩时需肩的内收。在肩部疼痛评估时，教练需要谨慎评估发生在 4 个关节和 3 个运动轴面的所有运动，然后来确定是否有运动限制和疼痛，以及发生在哪里。

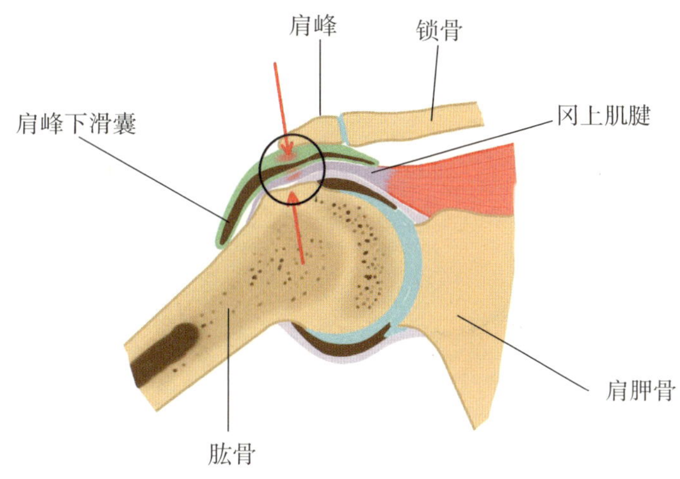


图 2-116 喙肩弓及肩关节撞击

（3）盂肱关节静态稳定机制

控制盂肱关节静态稳定的机制有盂肱关节、冈上肌、肩胛胸壁关节、盂肱关节内的负压。

休息位时，盂肱韧带在肱骨头与盂窝之间的稳定性中起着重要的作用。关节囊力的矢量和重力的矢量之和朝向盂窝。这个压力使得肱骨头紧紧贴近盂窝，因此限制了肱骨头下降。盂窝的斜面同时也承担了一部分手臂的重量。（图 2–117）

冈上肌有一小部分延伸到三角肌的后部，提供了一个静态稳定的结构。肩胛胸壁关节保持着关节盂轻度的向上旋转。当肩胛骨失去在关节盂的上回旋时，上关节囊结构中的被动张力明显减少。长此以往，向下回旋的“不良姿势”，也可以引起继发性瘫痪或某块肌肉无力。

用针刺破盂肱关节囊，使其压力释放可以导致肱骨头向下半脱位。关节囊的穿刺使关节囊内外的压力均等，移除了肱骨头和盂窝之间的轻度吸力。

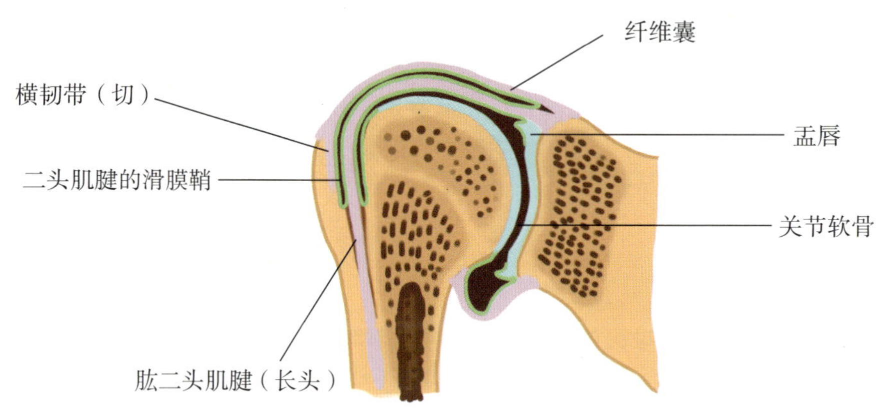


图 2–117　盂肱关节的静力性结构

（4）盂肱关节的运动学

盂肱关节的运动分为外展和内收、屈和伸、内旋和外旋，以及环转、水平屈伸。内收是肱骨头在向下滚动时相对向上滑动。外展是肱骨头在向上滚动时相对向下滑动，并且是肩关节更具功能性的活动。正常的盂肱关节大约外展 120°（外展的前 30° 是冈上肌收缩，30° 以后是三角肌中部纤维收缩）。肩关节全范围的外展需要肩胛骨 60° 的上回旋。成人的肱骨头在外展 22° 之后向上滚动，如果没有同时的向下滑动，这个运动将通过约 10mm 的喙肩间隙，从而导致肱骨头撞击冈上肌的肌腱和滑囊或喙肩弓。（图 2–118）

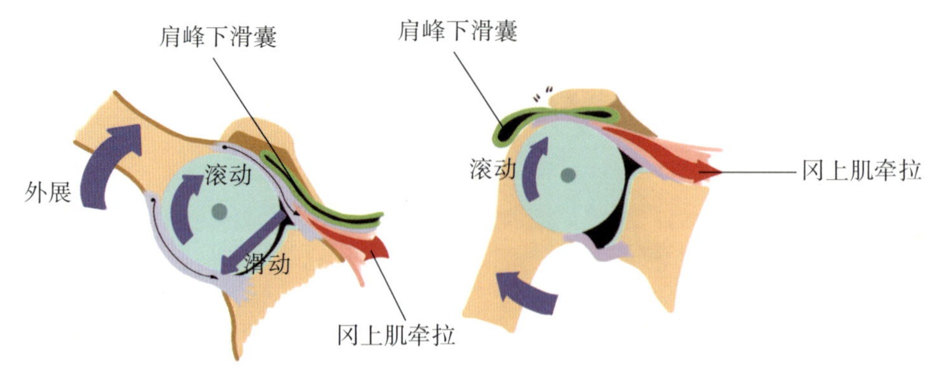


图 2–118　肩关节外展时的滚动与滑动

评估肱骨在肩胛骨平面的运动更具有功能性。冠状面上外展肩关节时，肱骨大结节撞击了喙肩弓的较低点，造成了外展的困难和不稳定。因此，为了避免撞击，肱骨在外展的同时结合外旋。肩胛骨平面全范围外展上臂，这个外展运动经常不需要外旋肩关节就能完成。

盂肱关节的屈曲和伸展被定义为肱骨在矢状面围绕冠状轴的旋转。肱骨头固定在某一点。滚动和滑动不是必需的。肩关节屈曲接近 180°，这个过程同时伴随有肩胛胸壁关节的上回旋。肩关节全范围的伸展发生在冠状面后 45°~55° 之间。肩胛骨轻度地向前倾斜可以增加伸展的范围。

在解剖位置上，盂肱关节的内外旋转被定义为肱骨在水平面上的旋转，通过肱骨干围绕垂直轴运动。外旋为肱骨头在盂窝里向后滚动并向前滑动。内旋为肱骨头在盂窝里向前滚动并向后滑动。正常情况下，全范围的外旋转仅仅能够引起肱骨头向后移动 1~2mm，这提示向后的滚动同时伴有向前的滑动来抵消。内旋的最大范围通常伴有肩胛骨的前伸，而外旋通常伴有肩胛骨的后缩。在解剖位置，内旋 75°~ 85° 之间，外旋 60°~ 70° 之间，但是也因人而异。在肩关节外展 90° 的位置上，外旋的范围可以增加到 90°。这个位置上回旋的发生通常伴有肩胛胸壁关节的运动。

（5）肩肱节律

在正常的肩关节中，盂肱关节外展和肩胛胸壁关节上回旋之间存在有运动节律或时间顺序。盂肱关节外展或屈曲的发生伴随有肩胛骨的上回旋，被称作肩肱节律（scapulohumeral rhythm）。（图 2–119）

肩关节的全范围外展过程中发生 2 ∶ 1 的比例，即肩关节每外展 3°，其中 2° 发生在盂肱关节外展和 1° 发生在肩胛胸壁关节上回旋。基于上述理论，肩关节全范围 180° 外展中有 120° 发生在盂肱关节外展，60° 发生在肩胛胸壁关节上回旋。

前运动期为肩关节从解剖位外展到 90°。假设肩肱节律是 2 ∶ 1，肩关节外展到 90° 发生了盂肱关节外展 60° 和肩胛胸壁关节上回旋 30°。上回旋 30° 时同步发生胸锁关节锁骨上抬 20°~25° 和肩锁关节上回旋 5°~10°。其他精细的旋转发生在肩锁关节。

后运动期为肩关节从 90° 外展到 180°。在这 90° 的外展范围内，发生了盂肱关节外展 60° 和肩胛胸壁关节上回旋 30°。在这个运动中，胸锁关节仅仅上抬 5°。相反，肩锁关节上回旋 20°~25°。外展 180° 的活动末端，肩胛胸壁关节上回旋 60° 导致胸锁关节上抬 30° 和肩锁关节上回旋 30°。

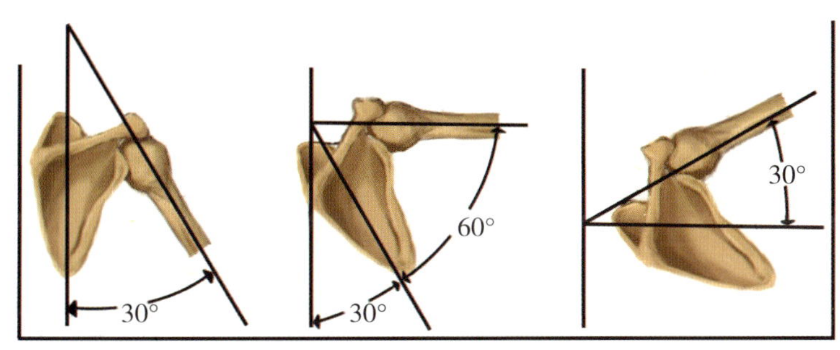


图 2–119　肩肱节律

## （三）肩胛带相关的肌肉

### 1. 连接躯干与肩胛骨的肌肉

主要包括前锯肌、斜方肌上中下三束、大小菱形肌和肩胛提肌。如果这些肌肉的张力和激活程度异常，会导致肩胛骨动力障碍（scapular dyskinesis，SD）。

肩胛骨动力障碍是肩部疾病常见的原因之一，是指肩胛骨活动偏离正常，出现异常活动，通常表现为肩胛骨在休息状态和 / 或运动过程中内侧缘隆起异常，当上肢上举时肩胛下角隆起异常和 / 或上抬肌群过早耸起，当上肢向下时，发生快速下回旋。

虽然许多肌肉有助于维持肩胛骨的稳定，但其中起主要稳定作用的包括前锯肌、大菱形肌和小菱形肌、肩胛提肌、斜方肌、胸小肌和大圆肌及构成肩袖的冈上肌、冈下肌、小圆肌、肩胛下肌。通过这些肌群的协调运动来维持肩胛骨的正常位置及运动。肩胛骨动力障碍与这些肌肉的激活时序及力量水平异常有密不可分的关系。

肩胛骨动力障碍会引起后缩、前伸控制和上回旋的缺乏，导致动力链功能的缺失，造成更大的肩部负荷，增加了重复动作中剪切损伤、拉伤、撞击的风险。肩胛骨动力障碍的患者中 68% 伴有肩袖损伤，94% 伴有盂唇撕裂，100% 有盂肱关节不稳。

不同的 SD 患者表现是不一样的，目前比较公认的是 Kibler 分型。（图 2-120）

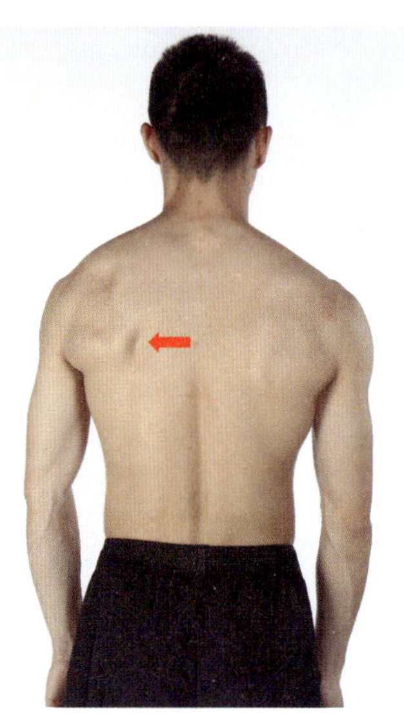
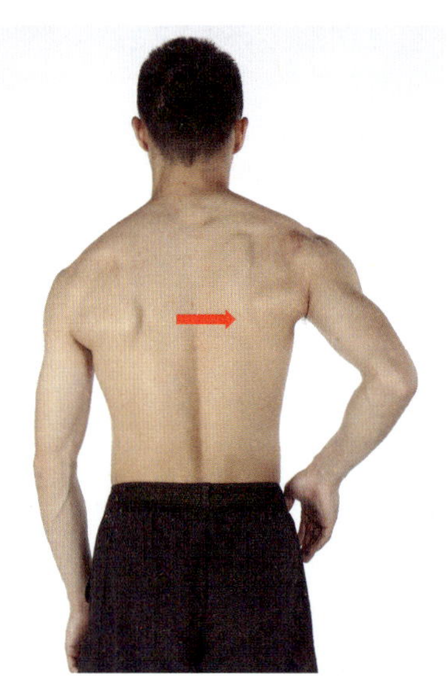
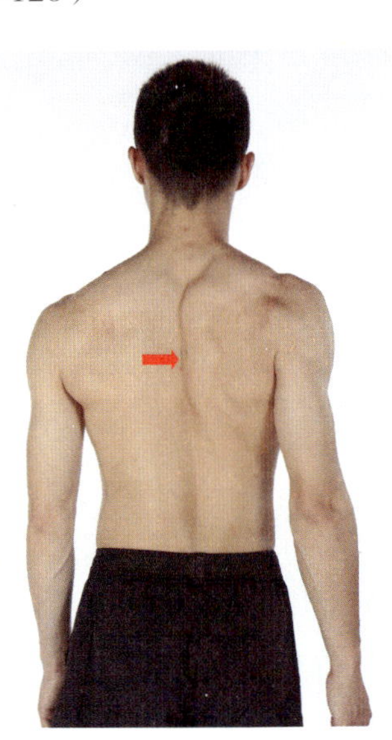

图 2-120 肩胛骨动力障碍（从左到右分别为Ⅰ型、Ⅱ型、Ⅲ型）

SD Kibler Ⅰ型表现为肩胛骨在静息位或动态运动过程中，肩胛下角向背侧异常突出，主要原因是前锯肌和中下斜方肌力量减弱或激活不足，胸小肌表现为过度激活或力量增强。在康复训练中，需要通过牵拉训练放松胸小肌，加强前锯肌和下斜方肌的力量训练，使前锯肌、下斜方肌和胸小肌的力量达到平衡，维持正常肩胛骨的位置 。

SD Kibler Ⅱ型表现为肩胛骨在静息位或动态运动过程中，整个肩胛骨内侧缘向背侧突起远离胸壁，主要原因是中下斜方肌肌肉力量减弱或激活不足，肩胛下肌和大圆肌过度激活或力量增强。在康复训练中，需要牵拉放松肩胛下肌和大圆肌，加强中下斜方肌的力量训练，有助于缓解症状。

SD Kibler Ⅲ型表现为肩胛骨在静息位时，发生上移或肩胛骨向前移位紧贴胸壁，在肩关节运动时发生耸肩，而没有明显的肩胛骨隆起，主要原因是上斜方肌和肩胛提肌协同上移肩胛骨的力量大于胸小肌和前锯肌协同下移肩胛骨的力量。在康复训练时，需要牵拉放松上斜方肌和肩胛提肌，加强胸小肌和前锯肌的力量训练，使两组力量达到平衡。

### 2. 连接肩胛骨和肱骨的肌肉

主要包括三角肌、冈上肌、冈下肌和小圆肌、肩胛下肌、大圆肌、喙肱肌、肱二头肌和肱三头肌。其中，冈上肌、冈下肌和小圆肌、肩胛下肌等肌肉的肌腱组成了肩袖。

肩袖又叫旋转袖，是包绕在肱骨头周围的一组肌腱复合体，肱骨头的前方为肩胛下肌腱，上方为冈上肌腱，后方为冈下肌腱和小圆肌腱，这些肌腱的收缩可以使肩关节产生内旋、外旋和外展活动。但更重要的是，这些肌腱将肱骨头稳定于肩胛盂上，对维持肩关节的稳定和肩关节活动起着极其重要的作用。冈上肌附着于肱骨大结节最上部，经常受肩峰喙肩韧带的磨损，从解剖结构和承受的机械应力来看，该部位为肩袖的薄弱点，当肩关节在外展位做急骤的内收活动时，易发生破裂，因肢体的重力和肩袖牵拉使裂口愈拉愈大，而且不易愈合。（图 2–121）

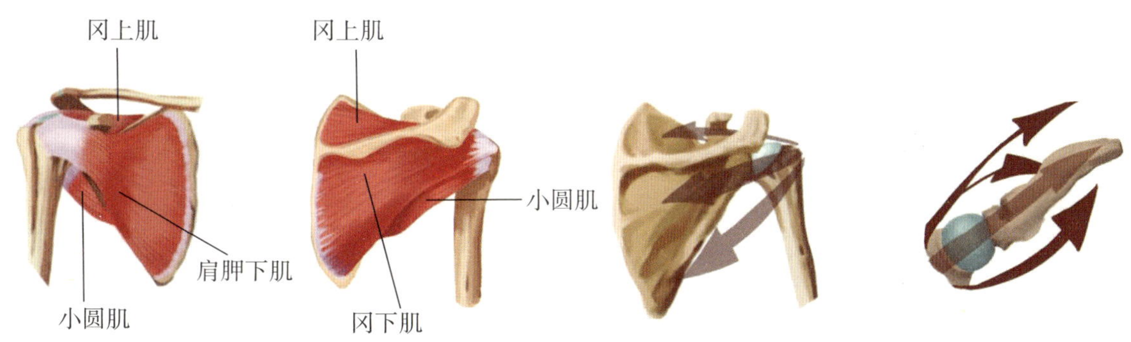


**图 2–121　肩袖及其作用机制**

同髋关节相比，肩关节活动度更大，但内在稳定性低。肩袖的存在为肩关节提供了良好的内在稳定性和精确的空间位置控制能力。肩关节力偶平衡包括了两个方面的内容：

（1）在冠状面上的平衡：位于肩关节旋转中心下方的肩袖肌肉，包括肩胛下肌的下部、冈下肌的下部和小圆肌的全部，所产生的力矩能够与三角肌产生的力矩平衡，使合力的方向指向关节盂的中心，抵抗三角肌收缩产生的向上的牵引力，维持了肩关节在外展过程中的稳定。（图 2–122）

（2）在矢状面上的平衡：位于前方的肩胛下肌与位于后方的冈下肌和小圆肌的力矩平衡，即所产生的合力方向指向关节盂的中心，使肩关节能够在活动范围内的任意空间位置保持稳定。（图 2–123）

肩袖的功能就是提供以上两个平面上的力偶平衡，满足肩关节的功能要求。

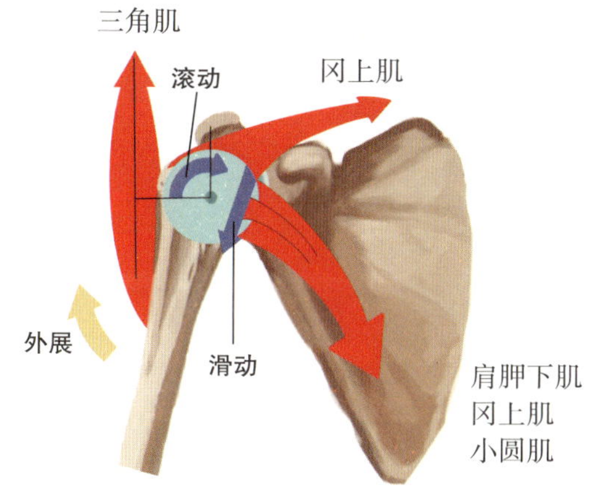

**图 2–122　肩袖冠状面平衡**

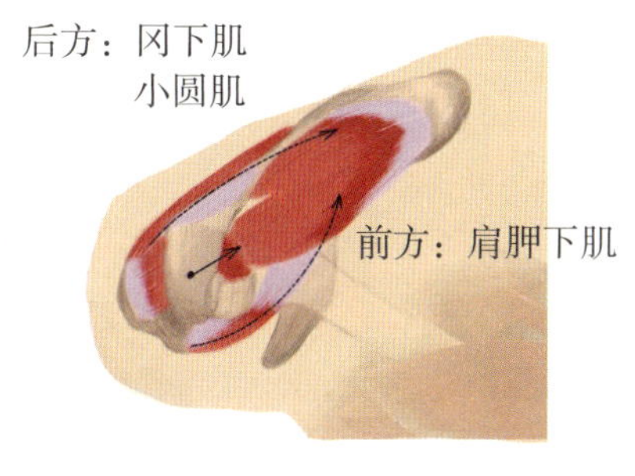


**图 2–123　肩袖矢状面平衡**

### 3. 连于躯干和肱骨的肌肉

这些肌肉起自躯干骨止于肱骨，可有小量肌纤维止于肩胛骨或根本不止于肩胛骨。它们主要作用于肱骨，但也间接影响到肩带的位置。这组仅有两块肌肉，即背阔肌和胸大肌，它们对肩部能做多种运动，包括内收、伸、内旋和降肩。

## 三、膝关节的生物力学

膝关节是全身结构最复杂的关节，位于下肢三大关节的中间。膝关节必须能够承受运动，并稳定地吸收和抵抗各种力，包括人的体重所产生的重力以及在完成不同的运动时地面的反作用力。因此，膝关节的结构和功能是保障下肢负重和位移活动的基础。

### （一）骨性结构及下肢力线

#### 1. 股骨远端

股骨远端由内侧髁与外侧髁组成，两者在前方相连形成股骨滑车。冠状面上股骨远端有 5° ~7° 外翻。股骨内、外侧髁向后延伸，从前到后曲率半径逐渐缩小。从矢状轴上看，外侧髁较高，但较为平直；而内侧髁则较大，曲率半径更一致。

#### 2. 胫骨近端

胫骨关节面基本与长轴垂直，但生理情况下常表现出 3° ~5° 的内翻，并有一后倾角度，平均为 10° 。内侧胫骨平台凹陷，前端有隆起，向后变平坦。外侧胫骨平台凸起，对股骨内、外侧髁前后向活动无限制。

#### 3. 髌骨

髌骨是人体最大的籽骨，完全被包裹在股四头肌腱中。从屈膝 35° ~135° 之间，髌骨与股骨滑车构成关节。从功能上来讲，通过延长力臂，髌骨起到了充分发挥股四头肌生物力学功能的作用。另外，髌骨也对膝前部提供了保护。髌骨的平均厚度在 23~25mm。

#### 4. 解剖轴与机械轴

机械轴是股骨头中心到踝关节中心的连线，为整个下肢的重力线，此轴线通过膝关节中心偏内侧。正常的机械轴能使 60% 的负荷通过内侧间室，40% 的负荷通过外侧间室。发育、关节炎、创伤等能改变机械轴，从而改变负荷在两侧间室的分布比例，引起进行性退变。（图 2–124）

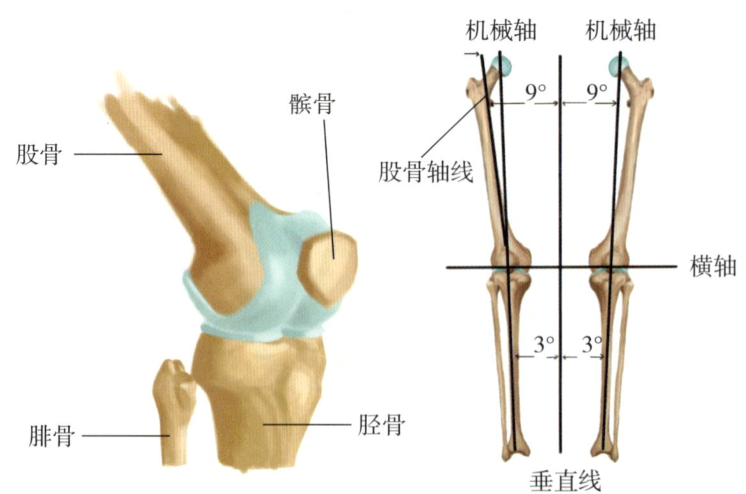


图 2–124 膝关节的骨性结构、解剖轴与机械轴

解剖轴是通过股骨和胫骨干的中心线。股骨的解剖轴由近端向远端偏离机械轴约 6°，而髌骨解剖轴与下肢力学轴一致，胫骨的解剖轴在胫骨干的中央，与胫骨关节面垂线之间有 3° 的内翻角。二轴与膝关节相交时形成 170° ~ 175° 的钝角，称为膝部的生理外翻角。正常时地心引力经过膝关节中心，重量均匀分布在膝关节内侧和外侧的结构上。

### 5. 膝关节的内翻与外翻

在正常膝关节中，下肢机械轴通过膝关节中心或中心略偏内侧。

在膝内翻畸形时，下肢机械轴通过膝关节中心的内侧，使内侧间室负荷增加。这一负荷增加会导致一个畸形进行性恶化的循环。当畸形变得非常严重时，或者负重时会觉得膝关节在向外凸出。

在膝外翻畸形时，下肢机械轴通过膝关节中心的外侧，使外侧间室的负荷增加，并使内侧结构扩张甚至丧失功能。（图 2–125）

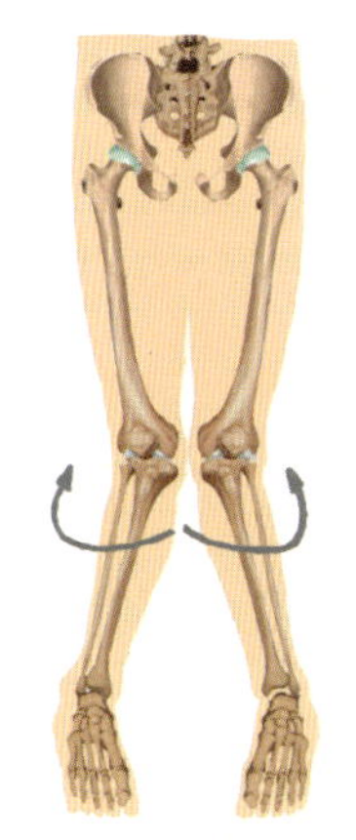

膝外翻（X 型腿）

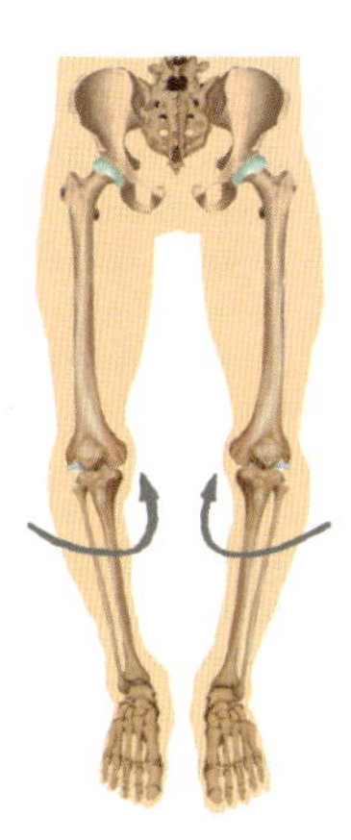

膝内翻（O 型腿）

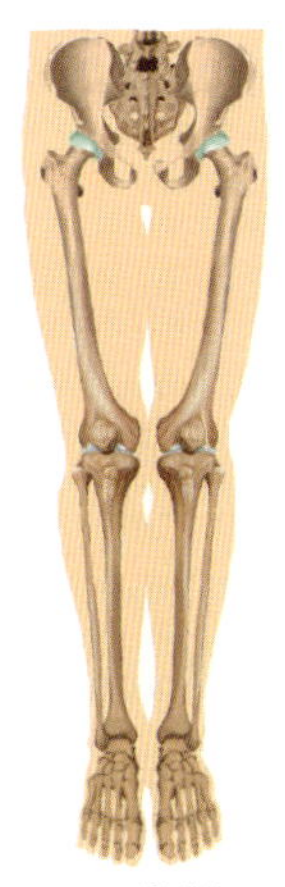

正常腿

**图 2–125 膝关节的内翻与外翻**

## （二）关节运动

膝关节属于椭圆滑车关节，但实际上膝关节的运动是非常复杂的。胫股关节的运动包括四个方向的运动。此外还有髌股关节的运动。

### 1. 屈伸运动（冠状轴）

屈伸运动是膝关节最重要的运动方式，是步行、坐站、跑动的基础。正常的膝关节角度，有轻微的过伸，通常不超过 10°，被动屈曲到极限是在下蹲时需要的角度，通常在 140° ~160°。功能性膝关节的活动范围是 0° ~120°。正常步态时需要的膝关节活动范围是 0° ~70°。

膝关节屈伸时，伴有扣锁运动。膝关节伸直至 30° 时扣锁运动开始，并导致胫骨外旋，在伸直至 10° 时达到最大限度的旋转，胫骨平台内侧在隆凸的股骨内侧髁上滑行，此后旋转的程度降低，直到完全伸直，此时关节被锁紧。这一机制是由股骨内侧髁的形状和大小、膝关节周围肌肉和软组织结构共同调节的。

在膝关节完全伸直位，股骨髁内旋 5°，机械轴正对膝关节中心，膝关节稳定无须股四头肌参与。因此，完全伸膝的站立位，膝关节的扣锁机制为膝关节稳定的主要因素，同时股骨外侧髁可以防止髌骨脱位。

### 2. 回旋运动（垂直轴）

膝关节完全伸直时，由于股骨髁和胫骨髁的交锁，膝的旋转完全受限，这主要是因为股骨内侧髁比外侧髁长，同时侧副韧带紧张。

当膝关节屈曲时，旋转的范围随之增加，这种回旋运动是伴随膝关节屈伸活动进行的，是不随意运动。在屈膝 90° 的时候旋转范围达到最大，外旋 0° ~45°，内旋 0° ~30°。当屈曲超过 90° 时，内旋和外旋的范围反而开始缩小，主要是因为软组织限制了回旋运动。

外旋锁定装置主要包括前交叉韧带（anterior cruciate ligament，ACL）起于股骨外侧髁内面后部，伸膝时 ACL 将股骨外侧髁拉向前方，而 ACL 断裂后，膝关节没有外旋锁定，进而引起膝关节不稳的症状。

### 3. 内收外展（矢状轴）

额状面上的外展和内收同样受到关节屈曲程度的影响，但是由于角度过小，很难测量，通常忽略不计。

当膝关节完全伸直时，几乎阻止了额状面上的所有活动。随着膝屈曲到 30°，被动外展和内收增加，但是最大也就几度的变化。当膝屈曲超过 30° 时，额状面的运动也因为软组织的功能限制而开始减小。

### 4. 前后位水平移动

屈膝时，股骨在胫骨上向后滚动，伴随向前滑动；伸膝时向前滚动，伴随向后滑动。膝关节水平面内的运动及内外旋受到矢状面位置的影响。

## （三）滚动与滑动

膝关节的屈曲和伸展都包含了滚动和滑动。

随着屈曲的增加，股骨髁上的瞬时旋转中心向后移动。所谓的瞬时旋转中心即股骨与胫骨的接触点，这一瞬时旋转中心的后移即为股骨髁后滚。作用是防止股骨与胫骨的撞击，以增加膝关节屈曲，同时它也增加了伸膝装置的力臂，从而提高了股四头肌的作用力。

在膝关节中，股骨髁的后滚是由四边框架系统来调整的。ACL 和后交叉韧带（Posterior Cruciate Ligament，PCL）是这一系统中的韧带连接部分，而其在胫骨与股骨止点之间的骨质是这一系统中的另外两边。整个膝关节的瞬时旋转中心位于 ACL 与 PCL 的交叉处。（图 2-126）

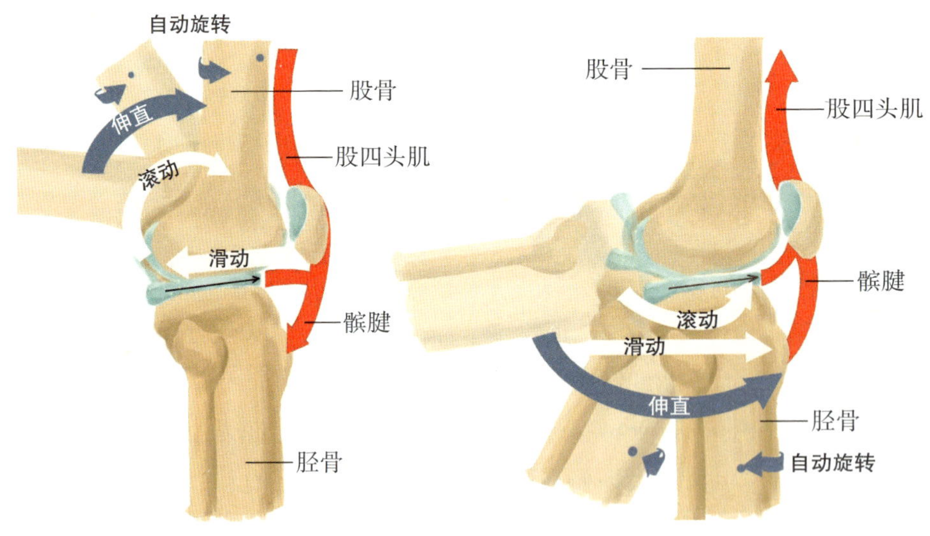


图 2-126　膝关节的滚动与滑动

## （四）半月板与膝关节的形合度

与髋关节不同，膝关节胫骨、股骨骨面形合度较低。因此，软组织结构在维持关节稳定中起到了至关重要的作用。

膝关节半月板有两个，分别位于胫骨内、外侧踝关节面上。人类的半月板比低等脊椎动物宽，这与

人类直立负重、膝关节完全伸直有关。

内侧半月板两端间距较大，呈“C”型，边缘与关节囊及内侧副韧带深层相连。外侧半月板呈“O”形，中后 1/3 处有腘肌腱将半月板和关节囊隔开，形成一个间隙，外侧半月板与外侧副韧带是分开的。

半月板为半月形的纤维软骨盘，切面呈三角形，上凹下平。表面覆以薄层纤维软骨，内部为混有大量弹性纤维的致密胶原纤维，环周纤维对半月板有约束作用（桶箍作用）。中国人的外侧半月板侧部较宽，矢径较大，膝横韧带和板股韧带的出现率较高，腘肌沟较宽，内侧半月板后部较宽，开口较大。

**半月板的功能主要包括：**

- 减震缓冲作用：传导负荷，保护软骨。
- 填充作用：稳定关节，增加膝关节形合度。
- 滚珠作用：使膝关节活动灵活。
- 限制作用：防止过度屈伸和旋转。
- 分布滑液、润滑关节和调节关节内压力。

其中，最重要的作用是传导负荷和填充作用。由于半月板的存在，膝关节的压力由垂直作用于股骨软骨上变成辐射状作用于软骨上，增加了股骨髁与胫骨平台之间的形合，增加了分担负荷的关节面表面积，从而减少了特定某一点的负荷，很好地分散了压应力。在伸膝位减少 50% 的压应力，在屈膝 90°位减少 85% 的压应力。半月板部分切除（15%~34%）后，关节所受压力增加 3.5 倍，半月板完全切除后，接触面积减少 50%。

半月板的矛盾运动是导致半月板撕裂的主要原因。在膝关节屈伸运动时，半月板固定于胫骨上，并随其一同在股骨上运动，伸直时向前移动，屈曲时向后移动。在膝关节旋转运动时，半月板固定于股骨上，并随其一同在胫骨上运动，一侧向前移动，一侧向后移动。在正常膝关节的 0° ~120° 屈曲中，内侧半月板的移动可达 5mm，外侧半月板的移动则达 11mm。内侧半月板后角既宽大又活动度小，最易受伤。膝屈伸伴旋转时，半月板产生矛盾运动，引起半月板卡压在关节间隙中，引起半月板撕裂。（图 2–127）

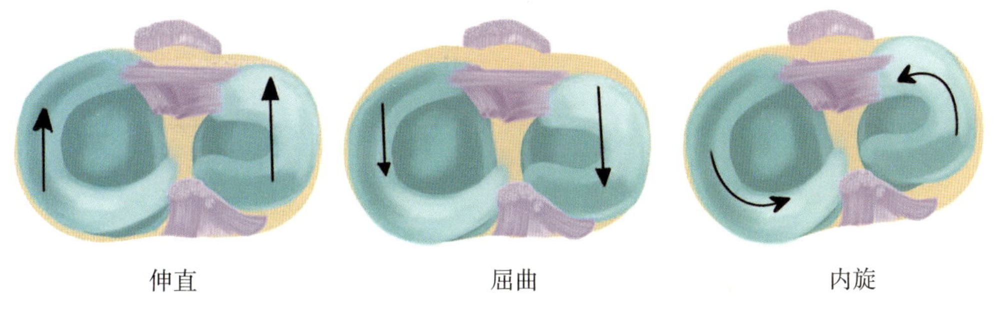


**图 2–127 半月板的运动**

半月板撕裂可以分为创伤性撕裂和退化性撕裂。创伤性撕裂多由间接暴力引起，与半月板矛盾运动有关。退化性撕裂主要由微小创伤和过劳伤导致，常见的类型有纵向撕裂、斜向撕裂、水平撕裂、桶柄样撕裂、辐射状撕裂等。（图 2–128）

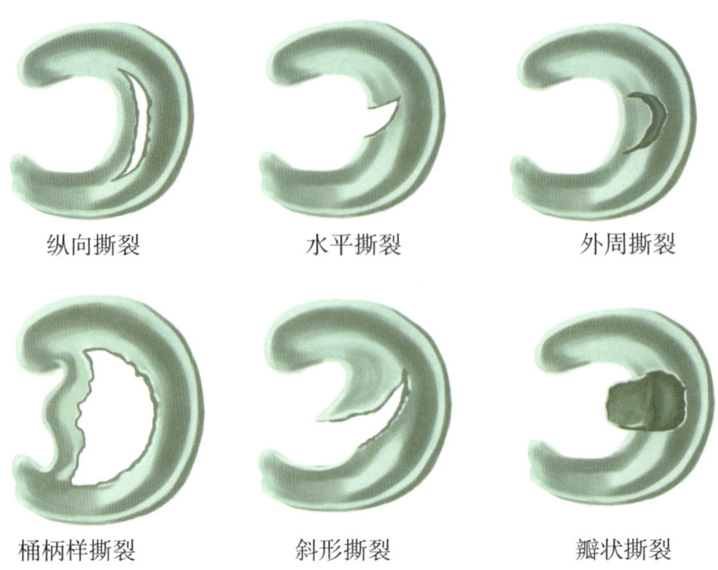


图 2-128　半月板撕裂

半月板不同的区域，血供不同，愈合能力也不同。半月板的边缘与关节囊相连，周围血管穿透的深度在内侧半月板为其宽度的 10% ~30%，在外侧半月板为其宽度的 10% ~25%，这个区域称为红区，损伤后 10 周左右可以愈合。中间的红白交界区有愈合的可能性。但是靠近关节中央的 2/3 为白区，营养来自关节液，由于缺乏血供而很难愈合。（图 2-129）

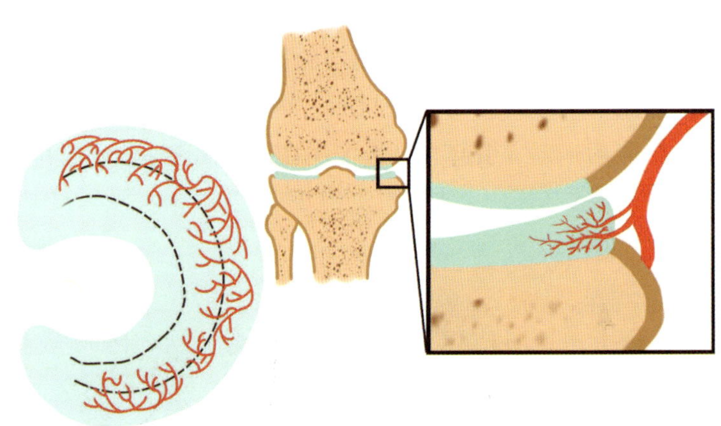

图 2-129　半月板的愈合

## （五）膝关节交叉韧带

膝关节内有两条关节内韧带，即前交叉韧带（ACL）和后交叉韧带（PCL）。

### 1. 前交叉韧带（ACL）

ACL 起自股骨外髁的内侧面，向远、前、内斜行，穿过髁间窝，止于胫骨髁间隆起内侧。其血供主要来源于膝中动脉的终末分支，在发生断裂后血供差，难以愈合，往往需要手术重建以恢复关节的稳定性。

ACL 可以分成前内束（AM）和后外束（PL），在膝关节处于不同位置时发挥作用。ACL 的主要作用有以下几个方面：

（1）限制胫骨前移：为维持膝关节前向稳定提供 86% 的阻滞力，在膝关节不同屈伸位置都有相应部分纤维处于紧张状态，前内侧束在屈膝 90° 紧张，后外侧束在完全伸膝位紧张。

（2）不同屈膝角度时控制膝关节内外翻。

（3）在屈膝位控制膝关节旋转。

（4）阻止膝关节过伸。

（5）本体感受功能：ACL 上有丰富的本体感受器，将体位变化的信号传入中枢神经。动力性稳定结构发挥作用有赖于 ACL 的本体感受反馈。ACL 上的本体感受装置由胫后神经分支支配。

ACL 断裂后，会引起膝关节不稳，早期并不一定引起疼痛，随着时间的延长会引起进一步损伤的危险，包括关节过早退变、软骨挫伤、胫骨平台骨折、半月板损伤等。因此，在 ACL 损伤后应及时进行手术重建，恢复 ACL 的功能，保持膝关节的稳定性。（图 2–130）

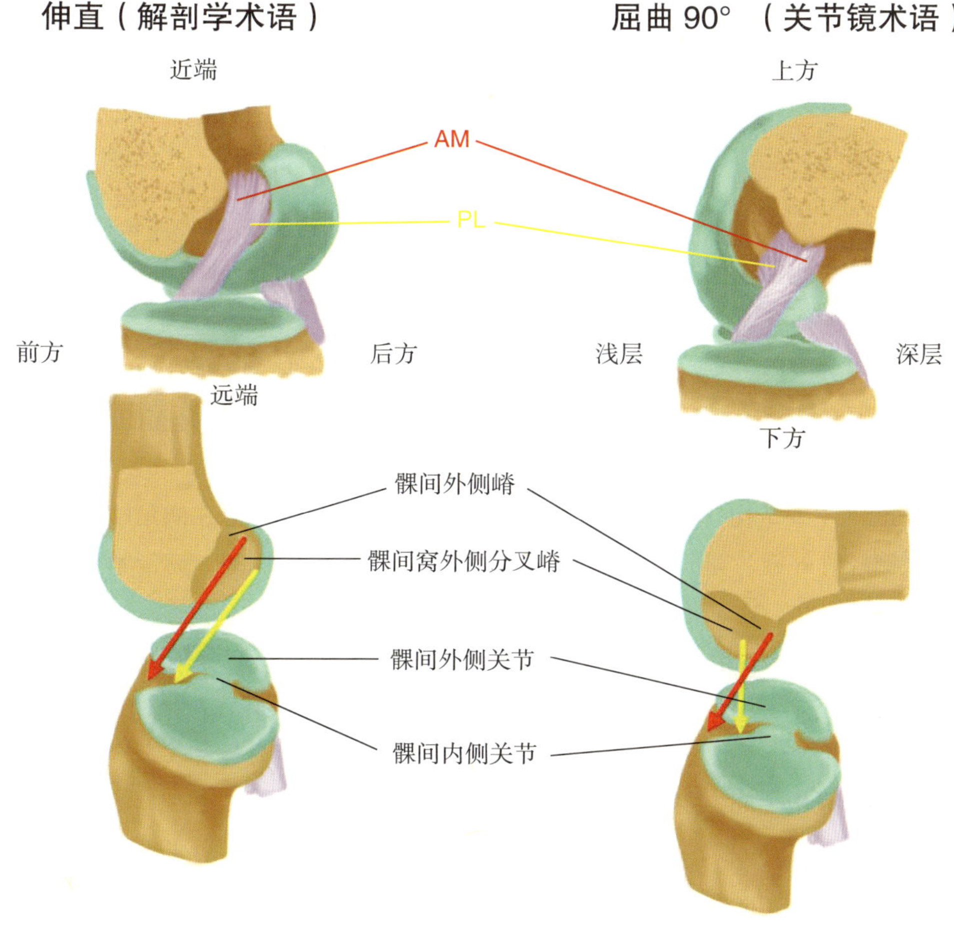


**图 2–130 前交叉韧带的运动**

## 2. 后交叉韧带（PCL）

后交叉韧带（PCL）是两条交叉韧带中更强大的一条。起自股骨髁间窝内前部，向后、外、下斜行，与外侧半月板后角有连接。其作用是限制胫骨的后移。

PCL 也分为两束。前外侧束起自股骨髁间窝顶部，组成 PCL 实质的 95%，在膝关节屈曲 60° ~80° 紧张。后内侧束起自股骨髁间窝侧壁部，占 PCL 的 5%，在膝关节伸直位和极度屈曲位紧张。

PCL 的强度是 ACL 的 2 倍，为维持膝关节后向稳定性提供 95% 的阻滞力，与外侧副韧带和腘肌腱共同维持膝关节的稳定性，限制内外翻及外旋，缓解髌股关节和内侧胫股关节之间的压力。

PCL 损伤较 ACL 损伤少见，但是 PCL 断裂后不经治疗将导致髌股关节炎和内侧膝关节骨关节炎。PCL 损伤较少引起膝关节不稳症状，多引起膝关节慢性疼痛，较快继发关节囊韧带松弛，出现明显症状

时常有关节严重退变。（图 2-131）

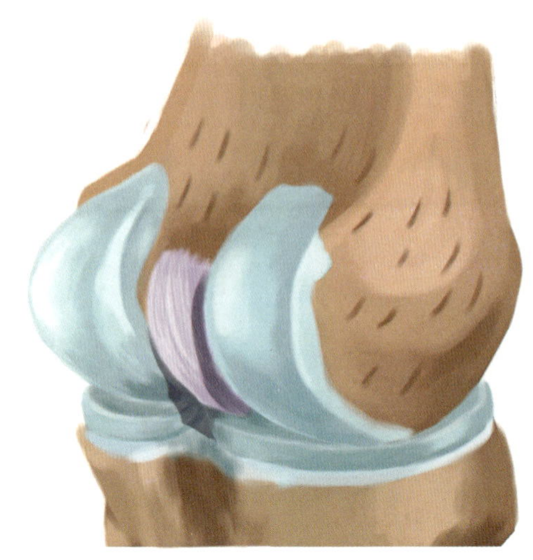

图 2-131　后交叉韧带

## （六）膝关节内外侧副韧带（MCL 和 LCL）

膝关节的内外侧副韧带分别位于膝关节两侧，负责胫股关节的侧向稳定。

膝关节内侧软组织分三层。第一层最表浅，由缝匠肌和筋膜组成。股薄肌和半腱肌界于第一层与第二层之间。第二层为中间层，是内侧副韧带（MCL）浅层。第三层为深层，是 MCL 深层和关节囊。深层 MCL 连结内侧半月板。

MCL 是限制外翻的主要结构，起自股骨内上髁，止于胫骨内侧髁，恰在鹅足腱深面。主要作用有防止膝关节外翻，限制胫骨外旋，辅助限制胫骨前移，限制内侧半月板活动，韧带紧张时通过神经肌肉反射加强膝关节稳定性。因此，MCL 损伤常合并内侧半月板损伤。

膝关节外侧软组织也分为三层。第一层是最浅层，由髂胫束、股二头肌和筋膜构成。第二层为中间层，由外侧支持带和髌股韧带构成。第三层为最深层，由弓状韧带、外侧副韧带（LCL）和关节囊构成。

LCL 起自股骨外上髁，止于腓骨头。与 MCL 相比，LCL 与外侧半月板和关节囊的连结不甚紧密。腘肌腱界于 LCL 和外侧半月板之间，主要起限制膝关节内翻的作用。（图 2-132）

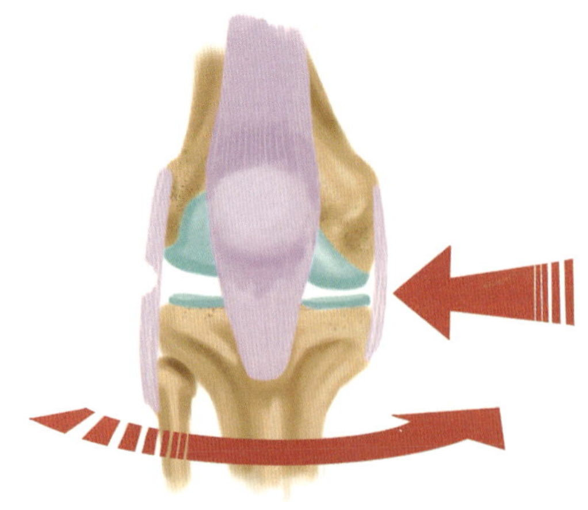

图 2-132　膝关节内外侧副韧带及外侧韧带损伤

## （七）髌股关节

髌骨为膝关节提供三个重要的生物力学功能：它在整个运动范围内借延长股四头肌力臂，帮助膝伸直，使股四头肌以较短的收缩产生很大的位移；增加髌骨与股骨间的接触面积来改善股骨上的压力分布；作为籽骨为股四头肌腱和髌韧带提供附着。（图 2–133）

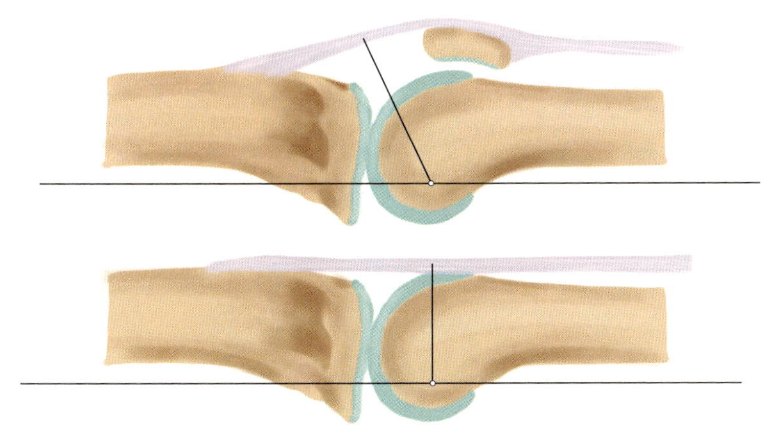

图 2–133　髌骨增加了髌腱的力臂

髌股关节软骨是人体中最厚的软骨，最大厚度可达 7mm。髌股关节软骨厚度并非均匀一致，软骨最厚的部分位于骨嵴处。其中 60% 位于髌骨的外侧关节面，分布于内侧者约 20%。关节面软骨厚度变化特点有助于增加髌股关节面的适合性。

当膝关节屈曲、髌骨滑向远侧时，髌骨位于滑车沟的中央，而髌骨与股骨的接触部位也逐渐由下极移至上极。屈膝 20° 时髌股关节刚开始接触，屈膝 45° 时髌骨中 1/3 与滑车中部开始接触，屈膝 90° 时髌骨上 1/3 与滑车上部开始接触，屈膝 120° 时髌骨内外侧面与滑车开始接触。在整个过程中髌骨滑行的距离大约在 7cm。（图 2–134）

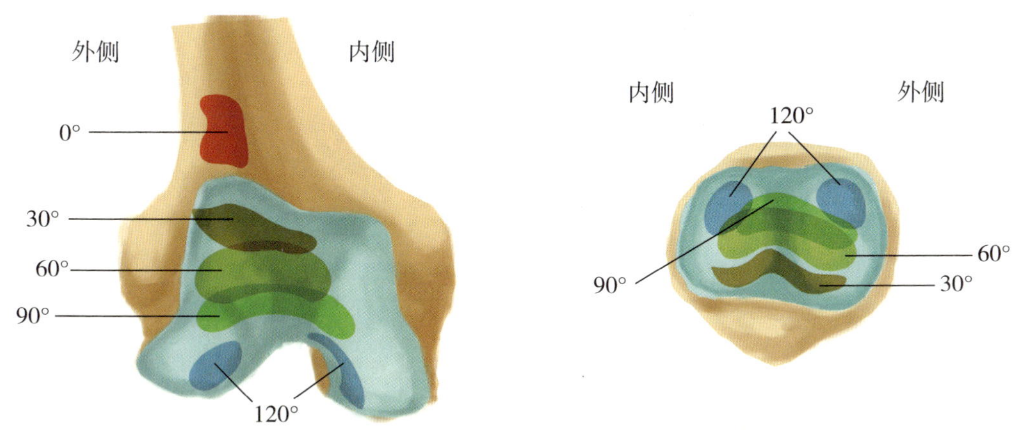


图 2–134　不同关节角度下，髌骨与股骨的接触位置

膝关节完全伸直时，髌股关节的作用力接近为零，随膝关节的屈曲髌股关节之间的压力会逐渐增加。通过髌骨的外力在正常行走时约为体重的 0.3 倍，在上楼梯时为体重的 2.5 倍，在下楼梯时为体重的 3.5 倍，而在深蹲时或跑动时则达到体重的 7 倍。

髌骨的稳定依赖于骨性因素和软组织结构。髌骨外侧面的高度、髌骨嵴与股骨滑车面的适配性构成了髌骨的骨性稳定。软组织稳定结构中，包括被动稳定结构（髌腱、内侧支持带和外侧支持带）及主动稳定结构（股四头肌腱）。

髌腱为股四头肌越过髌骨后的延续，长35~55mm，中央宽24~33mm，厚3~5mm，远端止点略斜向外下。髌内侧支持带分为两束，共同起于髌骨内缘上2/3，内侧髌股韧带止于股骨内上髁，内侧髌胫韧带止于内侧半月板及胫骨上端内侧面，防止髌骨外脱位。髌外侧支持带分为两层，浅层由髂胫束斜行至髌骨及髌腱外缘，深层自上而下又分为上髁髌韧带、深横支持带（髂胫束横行至髌骨外缘）、髌骨胫骨束。（图2–135）

### （八）Q角

从髂前上棘到髌骨中点连线代表股四头肌牵拉力线，从髌骨中点到胫骨粗隆连线与股四头肌牵拉力线相交之角为Q角。胫骨粗隆在中线外侧10~12mm处。股骨解剖轴与髌韧带纵轴之间形成的夹角也是Q角。随着股四头肌的收缩，膝关节完全伸直，髌骨从股骨滑车中滑出，通过此过程中的髋关节内旋、胫骨相对股骨的外旋，胫骨粗隆向外移位，形成Q角。男性约为14°，女性约为17°。

Q角反映下肢的力线，可以估计髌骨向外侧移动的程度，作为训练方案的主要衡量标准，同时也是伸膝装置外翻角的反映，胫股关节伸直过程中的扣锁机制使胫骨结节向外移位。（图2–136）

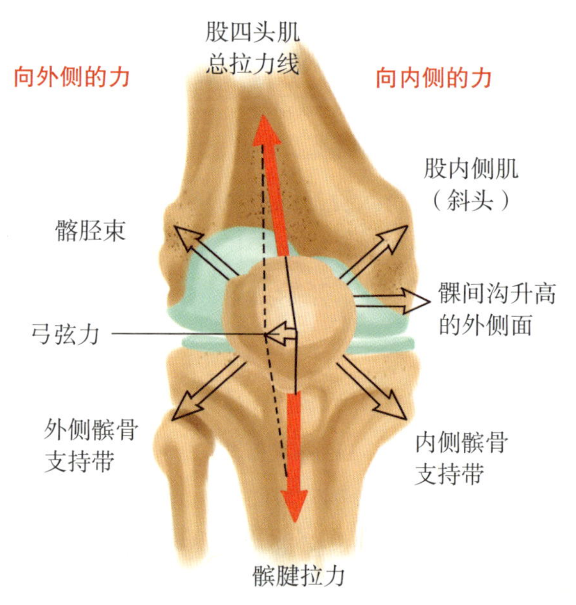


图2–135 髌骨在各个方向上的受力

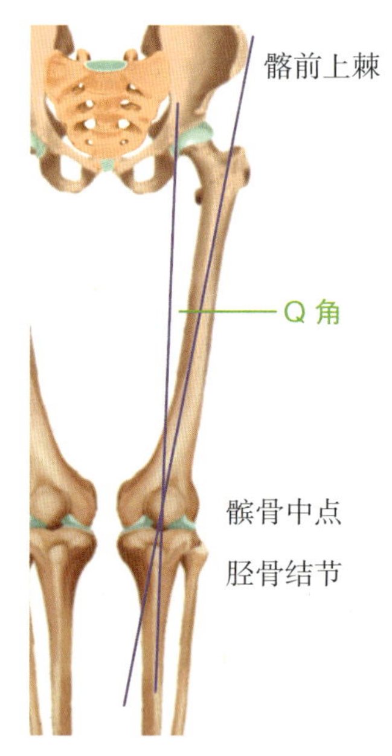


图2–136 Q角

### （九）关节软骨

关节软骨是一种十分特殊的组织，在一般人的寿命期内都可以无损地承担高负荷关节运动。但从生理学的角度上看，关节软骨实际上是一种孤立的组织，没有单独的血液和淋巴供应，主要依赖软骨下骨组织提供软骨下部近1/3的血供，其余依赖滑膜周围毛细血管的渗入。

关节软骨的主要功能是：①分散压力，关节软骨受压时提供较大的接触面以降低其上的压力；②关节面做动作时减少摩擦力，降低磨损。

关节软骨的成分主要有胶原纤维、蛋白多糖、软骨细胞、水分。胶原纤维是体内含量最丰富的蛋白，为关节软骨提供一种纤维状超微结构，这种胶原网和多水的糖蛋白一起，共同抵抗关节的应力和应变。

关节软骨的修复和再生能力有限，如果承受应力太大，可能很快发生完全破坏。高接触压力会减少

滑液润滑的可能性。固体表面凹凸不平的接触点，可引起显微应力点的集中，使这些关节面材料发生磨损。关节总载荷频率和数量的增加，可以解释为什么某些职业的人员关节变性的发生率高。关节软骨的严重磨损会导致膝骨性关节炎（KOA）。（图 2–137）

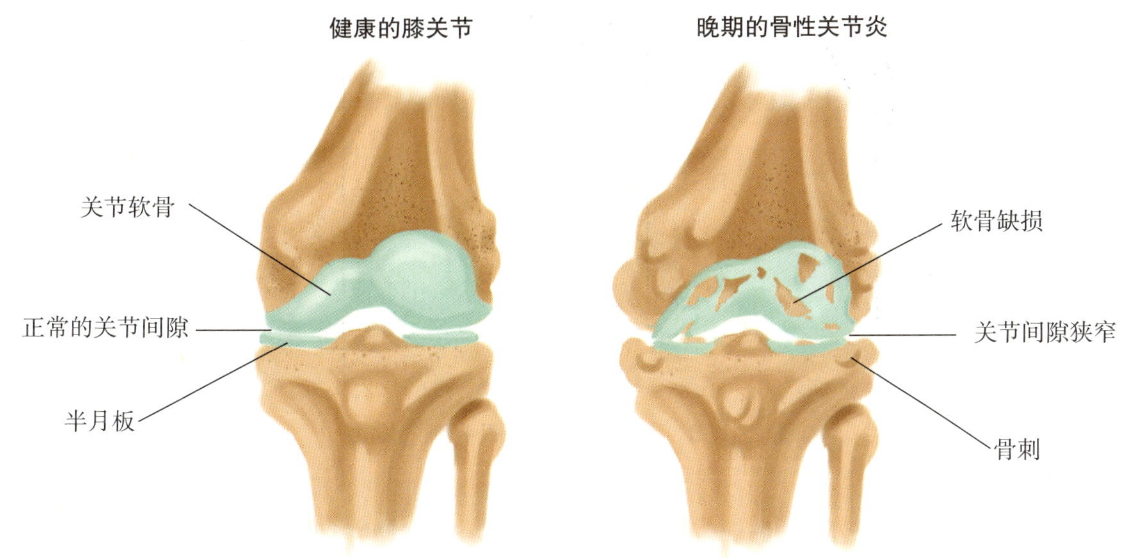


**图 2–137　膝关节软骨与骨性关节炎**

## （十）膝关节周围的肌肉

膝关节的韧带和肌肉在膝关节的稳定过程中担当重要角色。当膝关节伸展时，膝关节周围的韧带保持紧张，维持膝关节的稳定。当膝关节屈曲时，内外侧韧带变得松弛，以便允许更多的运动，此时膝关节周围肌肉的收缩和平衡对于预防损伤、保持关节稳定性非常重要。

膝关节前方被股四头肌，内侧被缝匠肌和股薄肌，外侧被阔筋膜张肌，后方被浅层的腱肌群（半腱肌和半膜肌）和深层的腓肠肌所固定。这些肌肉主要是双关节肌，在作用于膝关节的同时还作用于髋关节或踝关节。双关节肌可以提高跑和跳的效率，但是缺点是容易出现 “被动不足”，在日常训练时，既要发展其力量，也要注意柔韧性。

### 1. 伸膝装置——股四头肌

伸膝装置由四块肌肉组成：股直肌、股外侧肌、股内侧肌和股中间肌。它们在远端组合形成一条肌腱——股四头肌腱。股四头肌腱止于髌骨。在远端，髌韧带起自髌骨下缘，止于胫骨粗隆。

股直肌在屈膝 90°　~150°　时最容易发力，股外侧肌在屈膝 15°　~90°　时最容易发力，股内侧肌主要负责屈膝 15°　至伸直，其中股内侧斜肌（vastus medialis obliquus，　VMO）是股内侧肌的一个部分，是膝关节主动伸展时限制髌骨向外侧半脱位的主要结构。股中肌在伸膝时与股直肌协同发力。股四头肌在屈膝 30°　时力量最大。

当股四头肌的力量不平衡时，也会引起膝关节特别是髌骨周围疼痛，尤其是股内侧肌和股外侧肌的不平衡。在伸膝时，为了稳定髌骨并使它在股骨滑车内滑动，股四头肌会强烈收缩。如果股内侧肌比较薄弱，由于股外侧肌的拉力作用，髌骨会有外移的趋势，长此以往，就可能导致髌股疼痛综合征。

在伸膝练习中，股四头肌的四个头都参与运动。股直肌是双关节肌，在髋关节伸展位进行伸膝练习更有利于发展股直肌的力量。而余下的三个头（股外侧肌、股内侧肌和股中肌）是单关节肌，在屈髋位

伸膝的训练效果更好。（图 2-138）

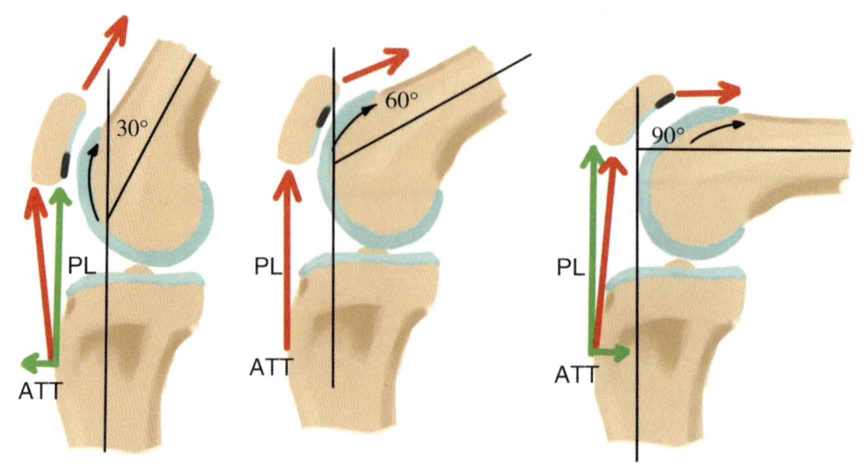


图 2-138　不同角度下股四头肌的发力

## 2. 腘绳肌

腘绳肌是主要的屈膝肌，包括位于外侧的股二头肌和位于内侧的半腱肌和半膜肌，它们在屈膝时，分别产生外旋胫骨和内旋胫骨的作用。当内外侧的肌肉力量不均衡时，如股二头肌的力量比半腱半膜肌强大时，在膝关节屈曲状态下就会发生膝关节的外旋。为了纠正胫骨旋转，在力量训练时，必须均衡发展股二头肌和半腱半膜肌的力量及柔韧性。否则，在胫骨旋转的状态下进行屈伸膝训练，会影响股四头肌的发力，进而影响髌骨的力线，造成膝关节疼痛。（图 2-139）

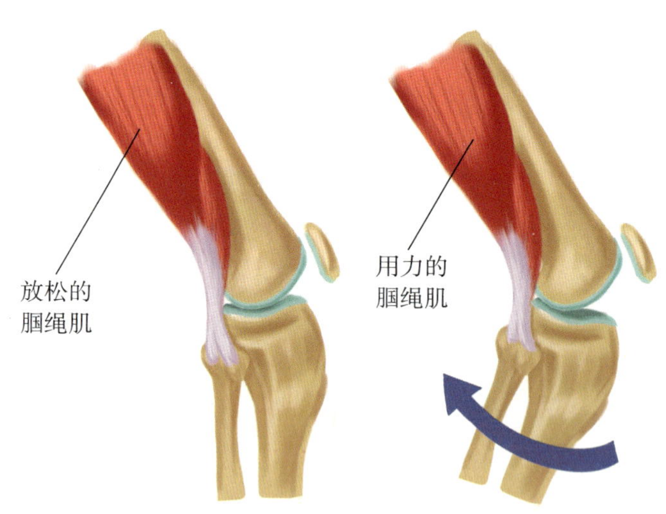


图 2-139　腘绳肌的发力

## 3. 膝关节角度与稳定性

膝关节最主要运动是屈曲和伸展。只有当膝关节屈曲时，才可能产生胫骨内旋和外旋。当膝关节在伸直时发生了旋转动作，那么这时就很容易导致膝关节的损伤。

当膝关节屈曲 80°～90° 或者更多时，缝匠肌、股薄肌和腓肠肌收缩，产生牵拉胫骨向后的力，加之股四头肌的收缩，膝关节是稳定的。膝关节从伸直到屈曲 90° 的过程中，膝关节周围的大部分肌肉可以提供旋转和稳定的效应。当膝关节屈曲小于 90° 时，骨性结构和韧带的排列都比较薄弱，肌肉的收缩力量较小，所以很容易引起膝关节的损伤。

### （十一）膝关节的关节囊、脂肪垫与滑膜囊

膝关节的关节囊分为外侧的纤维层和内侧的滑膜层，松弛而薄弱，周围有韧带加强。关节囊内侧与内侧副韧带后部纤维组织交织，并与内侧半月板边缘相连，成为内侧副韧带的一部分。关节囊外侧与弓状韧带相连，前方与股四头肌和髌腱相连，后方与腘斜韧带和弓状韧带相连。

膝关节滑膜是全身最大的滑膜，起自关节软骨边缘，反折于关节囊内。膝关节滑膜面积最大，分泌区广，脂肪垫最大，绒毛数量最多，能适应膝关节运动、产热、负重等功能，并与周围结构分隔，邻近区域的病变不易蔓延到关节内。滑膜隆起形成滑膜皱襞，在 20%~40% 的正常人中出现，主要分为髌上皱襞、髌内皱襞和髌下皱襞。

膝关节内的脂肪垫充填于髌骨、股骨髁下方、胫骨髁上方和髌韧带之间，并向两侧延伸，超出髌骨内外缘约 1cm。脂肪垫将关节囊的纤维层与滑膜层分开，具有衬垫和润滑的作用。股四头肌收缩时脂肪垫内压升高，成为坚硬的实体，限制膝关节的过度活动；屈膝时，脂肪垫充填于空虚的膝前关节腔内。

膝关节的滑膜囊由关节囊的滑膜层穿过纤维层，形成囊状突起，多位于肌腱与骨之间，有利于肌腱运动，有些滑膜囊与关节腔相通。膝关节前方有髌上囊、髌前皮下囊、髌下皮下囊、髌下囊。膝关节外侧有股二头肌囊、半膜肌囊、鹅足囊、腓肠肌内侧囊等。滑膜囊炎症会引起滑膜囊肿胀，进而引起疼痛和活动受限，应及早治疗。（图 2–140）

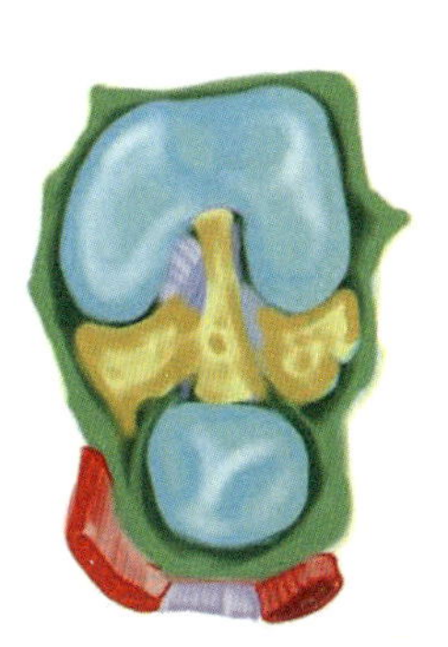
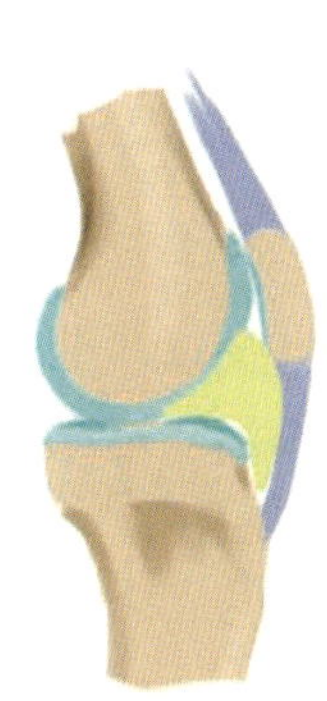
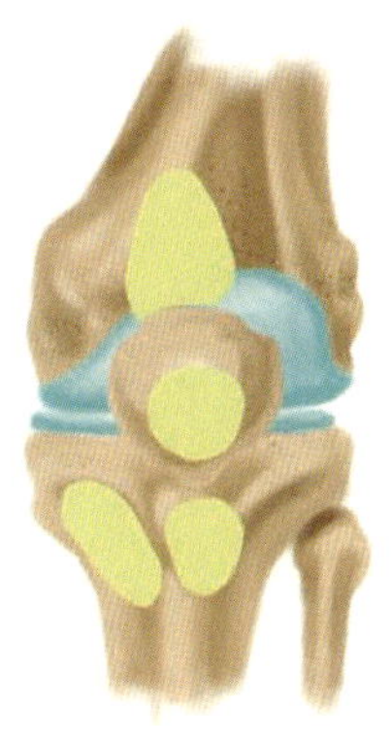

图 2–140 膝关节的关节囊、脂肪垫和滑膜囊

## 总 结

本章先后介绍了人体解剖学术语、骨概述、关节概述、骨骼肌概述、动作分析、肌肉工作的杠杆原理、常见损伤部位的生物力学等七部分内容。其中牢记人体解剖学姿势及方位术语是学习运动解剖学的基础。对于教练而言，掌握常见骨的名称及标志点是理解并记忆骨骼肌功能的基础；牢记关节的基本运动形式及常见关节的组成及运动是掌握骨骼肌功能的根本前提；记住常见骨骼肌的位置、起止点及功能，尤其是功能则是教练在日常工作中设计抗阻及伸展训练动作的必备知识；灵活运用肌肉功能来进行动作分析是抗阻及伸展训练动作设计有效性及科学性的保证；掌握杠杆原理将有助于教练在日常教学中灵活调整动作难度，提高训练有效性；了解关节在运动过程中的力学变化，有助于教练理解训练动作的基本要求、动作设计的基本原理，并通过科学合理的训练预防运动损伤。

# 第三章　运动生理学基础知识

## 第一节　神经系统相关生理学知识及其应用

**导读：**人体每个动作的产生都离不开神经系统的参与，了解神经系统的相关生理学知识，将有助于理解各种运动方法的原理及解释运动过程中存在的部分现象。教练应掌握的神经生理学知识，包括神经系统的基本结构及神经系统的基本运作方式。其中本体感受及本体感受器的概念将在伸展训练、平衡训练、抗阻训练中反复被提及，同时也是目前在健身、体能及康复训练领域较为关注的话题。

### 一、神经系统组成

神经系统按位置可分为中枢和外周两部分，中枢部分又称为中枢神经系统，外周部分又称为周围神经系统。（图 3–1）

#### （一）中枢神经系统

**组成：**脑（位于颅腔内）、脊髓（位于椎管）。

**功能：**接收周围神经传入的信息，分析整理信息、综合判断并发出指令，使人体能够对身体内外的各种刺激做出相应的行为反应。

#### （二）周围神经系统

**组成：**脑神经（共 12 对）、脊神经（共 31 对）。

**功能：**不断将身体内外各种信息上传至中枢神经系统，同时也将中枢神经系统发送的各种指令向下传递给各组织器官，以使人体能够对身体内外的各种刺激作出相应的行为反应。

**周围神经系统分类：**周围神经系统按分布和功能可分为躯体神经和内脏神经两部分。

· 躯体神经：分布于体表、骨、关节和骨骼肌的神经。

· 内脏神经：分布于内脏、心血管、平滑肌和腺体的神经。内脏神经按功能又可进一步分为内脏运动神经（或称自主神经、植物神经）和内脏感觉神经。内脏运动神经按功能又可分为交感神经和副交感神经两部分。

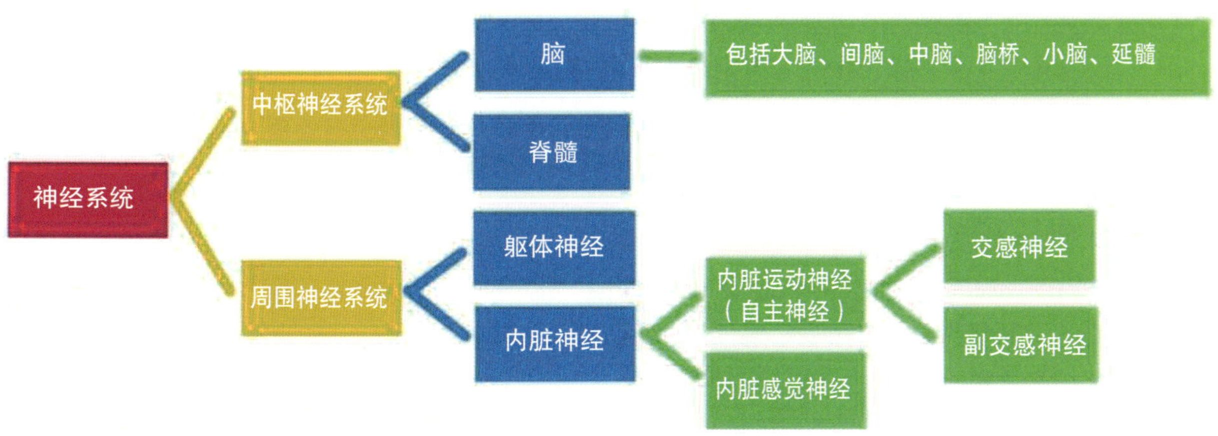


图 3-1 神经系统的组成

## 二、神经系统基本结构

### （一）神经元

**定义：** 神经细胞是神经系统的基本结构和功能单位，又称“神经元”。（图 3-2）

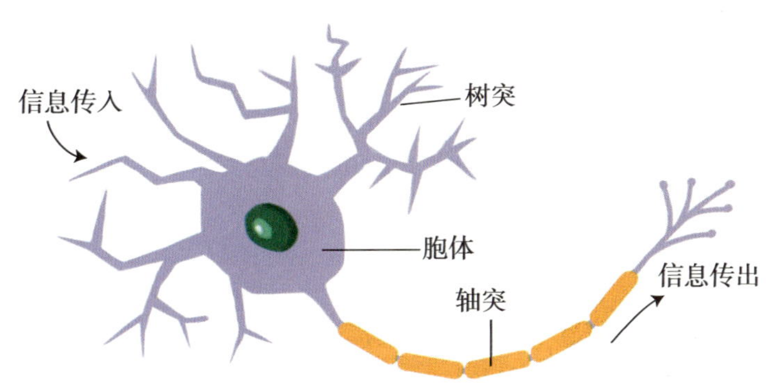


图 3-2 神经元

**结构：** 神经元形态多种多样，但都可分为胞体和突起两部分，其中突起又可分为轴突和树突两类。

· 胞体：神经元的营养中心。

· 轴突：传导神经冲动。

· 树突：接受刺激。

**分类：** 根据神经元的功能不同可将神经元分为感觉神经元、运动神经元和中间神经元三类。

· 感觉神经元：也称传入神经元，胞体位于脑、脊神经节内，周围突的末梢分布在皮肤和肌肉等处，主要负责接受刺激，将刺激传向中枢。

- 运动神经元：也称传出神经元，胞体位于脑、脊髓和植物神经节内，主要负责把神经冲动传给肌肉或腺体，产生效应。
- 中间神经元：介于前两种神经元之间，构成中枢神经系统内的复杂网络。

## （二）神经纤维与神经

**神经纤维：**神经纤维是由神经元的长轴突外包神经胶质细胞（广泛分布于中枢和周围神经系统，没有传导神经冲动的功能）所组成。

**神经：**周围神经系统的神经纤维集合在一起，构成神经，分布到全身各器官和组织。一条神经内可以含有感觉神经纤维或运动神经纤维，但大多数神经是同时含有感觉、运动和植物神经纤维的。

## （三）神经末梢

**定义：**周围神经纤维的终末端终止于全身各组织或器官内，形成各式各样的神经末梢，按功能可分为感觉神经末梢和运动神经末梢两大类。

### 1. 感觉神经末梢

感觉神经末梢是感觉神经元周围突的终末部分，该部分与其他结构共同组成感受器。感受器能接受内、外环境的各种刺激，并将刺激转化为神经冲动，传向中枢，产生感觉。感受器按其分布和功能可分为内感受器、外感受器和本体感受器三种。

**内感受器：**主要分布于内脏和血管，感受来自这些器官的刺激。

**外感受器：**主要分布于皮肤内，感受外来的温、痛、触、压等刺激。

**本体感受器：**主要分布于骨骼肌、肌腱和关节等处，如肌梭、腱梭和环层小体等。感受肌肉、肌腱张力的变化和关节运动的位置变化。（图 3–3）

- 肌梭：分布在骨骼肌内的梭形小体，在肌纤维之间并与肌纤维平行排列。肌梭的主要功能是感受肌肉的长度变化，当肌肉受到牵拉变长会引起肌梭的兴奋，冲动经感觉神经传入中枢，反射性地引起被牵拉肌肉收缩。骨骼肌受到牵拉产生的反射性收缩称为“牵张反射”。（图 3–4）
- 腱梭：腱梭又称腱器官或高尔基腱器官。形状也呈梭形，位于肌腹和肌腱的连接处。腱梭的主要功能是感受肌肉张力的变化，当肌肉张力增大会引起腱梭兴奋，冲动经感觉神经传入中枢，反射性的引起肌肉舒张。

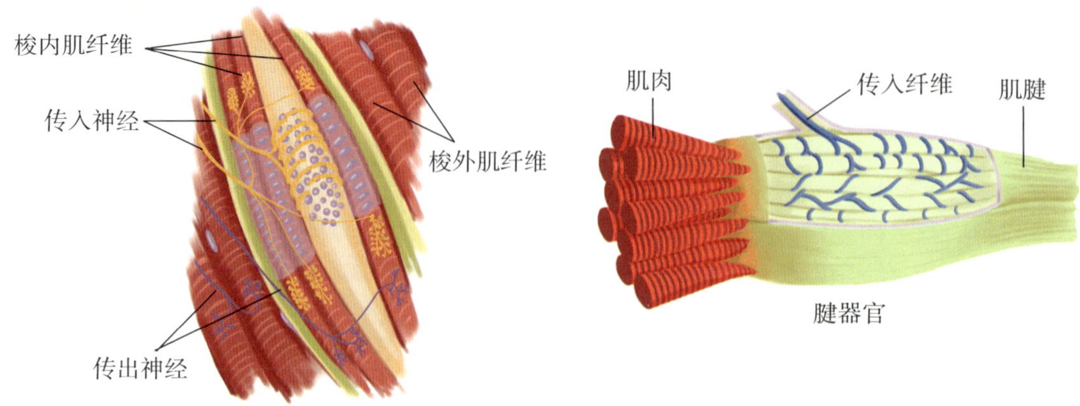


**图 3–3 肌梭、腱梭**

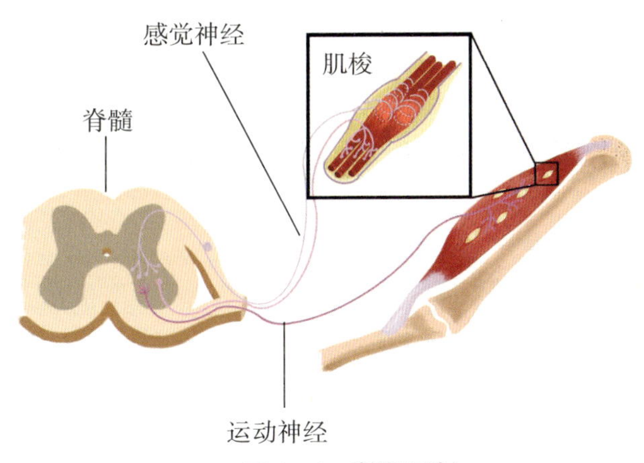

图 3–4 牵张反射

**本体感觉：**本体感受器受到刺激所产生的躯体感觉，称为“本体感觉”。

### 2. 运动神经末梢

运动神经末梢是运动神经元的长轴突分布于肌组织和腺体内的终末结构，支配肌纤维的收缩和腺体的分泌。神经末梢与邻近组织共同组成效应器。运动神经末梢又分为躯体和内脏运动神经末梢两类。

**躯体运动神经末梢：**躯体运动神经末梢分布于骨骼肌内，支配骨骼肌的活动。

**内脏运动神经末梢：**主要分布于内脏及心血管的平滑肌、心肌和腺上皮细胞等处。支配这些器官的活动。

## 三、神经系统活动基本方式

**反射：**反射是指在中枢神经系统的参与下，机体对内外环境变化的刺激所产生的有规律的应答过程，是神经系统活动的基本方式。

**反射弧：**反射弧是反射的结构基础。反射弧由感受器、传入神经、神经中枢、传出神经、效应器等5个部分组成。（图 3–5）

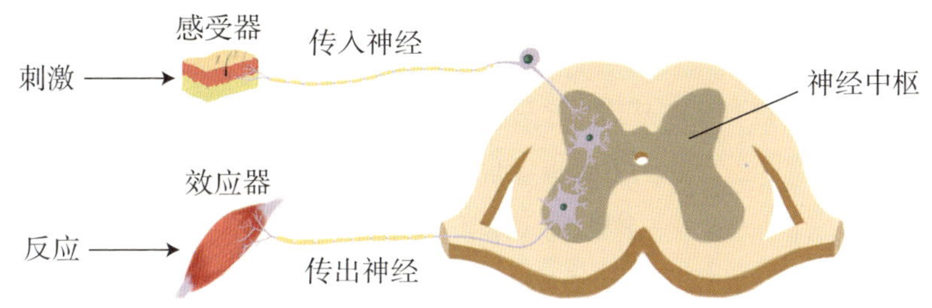

图 3–5 反射弧

**非条件反射：**种族遗传、与生俱来、反射弧固定的一类简单反射，是人类与动物在长期的种系发展与进化中形成的，对个体与种族的生存具有重要意义。

**条件反射：**个体在后天的学习和训练中，与大脑皮层之间建立的暂时性的、复杂的高级反射活动。

条件反射的建立通过各级神经中枢的多级整合，具有更高的复杂性与更强的适应性，即机体对环境条件的变化具有更强、更精确的适应性与预期性。

# 第二节　能量代谢相关生理学知识及其应用

**导读：**生物体内物质代谢过程中所伴随的能量储存、释放、转移和利用，称为能量代谢。能量代谢的相关生理知识是从事科学的体重控制方案设计的理论基础。教练需要重点掌握的能量代谢相关知识包括：基础代谢、人体的三大供能系统及其供能特点等两方面的内容。

## 一、能量的来源与去路

### （一）能量的来源

人体内的能量来源于食物，食物经消化和吸收后，其含有的能量被以化学能的形式贮存在体内的糖、脂肪和蛋白质中，这些物质被称为能源物质。根据不同的需要，人体可以按不同的比例分解能源物质，并以不同的速度释放能量。

**糖：**人体所需能量的 70% 以上是由食物中的糖类物质提供的，它的消化分解产物葡萄糖被吸收入血液后，可供细胞直接氧化供能。1g 葡萄糖可以产生 4kcal（1kcal=4.186KJ）的热量。

**脂肪：**脂肪是人体内重要的供能物质，又是能源物质贮存的主要形式。1g 脂肪可以产热 9kcal。

**蛋白质：**在正常生理状态下，蛋白质是人体细胞的重要组成成分，不作为供能物质。在某些特殊情况下，如长期不能进食或消耗量极大时，体内的糖原和贮存的脂肪大量消耗，能量极度缺乏时，机体才开始分解蛋白质，以维持必需的生理活动。体内过剩的氨基酸可以转变成为脂肪。1g 蛋白质可以产热 4kcal。

### （二）能量的去路

人体消耗的总能量主要由维持基本生理功能的能量消耗即基础代谢、食物的生热效应、体力活动三部分组成。

**基础代谢：**基础状态下的能量代谢。基础状态是指人体处在清醒、安静、空腹、室温在 20~25℃条件下。基础代谢率是指单位时间内的基础代谢，这种能量代谢是维持最基本生命活动所需要的最低限度的能量。基础代谢率与年龄、性别、身高、体重、甲状腺功能等直接相关。

**食物的生热效应：**也称食物的特殊动力，是指在基础代谢之外，全天在摄入食物时所增加的能量消耗。它包括食物在体内消化、吸收、转运、代谢以及贮存的能量消耗，以及由于进食时看、闻、吃食物引起的交感神经活动的能量消耗。占每日能量摄入的 6%~10%（进食混合食物时）。

**体力活动：**任何轻微的活动均可提高代谢率。运动中机体耗氧量增加，消耗能量增多，产热量增加，因而能量代谢率增高。常见的中等强度体力活动，其能量代谢率是基础代谢的 4~5 倍，较强体力活动是基础代谢的 7~8 倍，有的极强体力活动可达基础代谢的 14~15 倍。

## 二、人体运动时的能量供应与消耗

### （一）肌肉活动的直接能量来源

三磷酸腺苷（ATP）是肌肉活动的直接能量来源，也是维持人体其他各种生理活动所需的直接能量来源。

### （二）ATP 产生的三条途径

人体内 ATP 储量有限，在消耗的同时必须重新合成 ATP。人体内合成 ATP 的途径主要有磷酸肌酸（ATP–CP）供能系统、糖无氧酵解供能系统、有氧氧化供能系统三种方式。（表 3–1）

**磷酸肌酸供能系统：**主要由结构中带有磷酸基团的 ATP、CP 构成，由于在供能代谢中均发生磷酸基团的转移，也称磷酸原供能系统。

**糖无氧酵解供能系统：**又称为乳酸能供能系统，骨骼肌糖原或葡萄糖在无氧条件下酵解，生成乳酸并释放能量供肌肉利用的能源系统。

**有氧氧化供能系统：**又称有氧能系统。糖类、脂肪和蛋白质在氧供充足时，可以氧化分解提供大量能量。

表 3–1 三大供能系统特点比较

| 能源系统 | 底物 | 可合成 ATP 量 | 可供运动时间 | 供给 ATP 恢复的物质和代谢产物 |
|---|---|---|---|---|
| 磷酸肌酸供能系统 | ATP | | 6~8s（< 10s） | CP |
| | CP | 100 | | CP+ADP → ATP+C |
| 糖无氧酵解供能系统 | 肌糖原 | 250 | 2~3min | 肌糖原→乳酸 |
| 有氧氧化供能系统 | 肌糖原 | 13000 | 1~2 h | 糖 +$O_2$ → $CO_2$+$H_2O$ |
| | 脂肪 | 不受限制 | 不限时间 | 脂肪 +$O_2$ → $CO_2$+$H_2O$ |
| | 蛋白质 | | | 蛋白质 +$O_2$ → $CO_2$+$H_2O$+ 尿素 |

### （三）运动中能源物质的动员

人体糖、脂肪和蛋白质三大能源物质在运动中的利用速率进行比较，糖的利用速率最快，是一种非常经济的能源。一般运动开始时机体首先分解肌糖原，如 100m 跑在运动开始 3~5s，肌肉便通过糖酵解方式参与供能；持续运动 5~10min 后，血糖开始参与供能，当运动强度达到最大摄氧量强度时，可达安静时供能速率的 50 倍。运动时间延长，由于骨骼肌、大脑等组织大量氧化分解利用血糖而致血糖水平降低时，肝糖原分解补充血糖，其分解速率较安静时增加 5 倍。脂肪在安静时即为主要供能物质，在运动达 30min 左右时，其输出功率达最大。脂肪的分解利用对氧的供应有严格的要求，因而通常在长时间运动中，当肌糖原大量消耗或接近耗竭且氧供应充足时才大量动用。蛋白质在运动中作为能源供能时，通常发生在持续 30min 以上的耐力项目中。随着人体耐力水平的提高，可以产生肌糖原和蛋白质的节省化现象。

# 第三节　骨骼肌相关生理学知识及其应用

**导读：**骨骼肌在神经系统控制下有序地收缩舒张，牵拉着骨围绕关节产生运动。结合运动教学实践需求，教练应掌握肌纤维的结构、骨骼肌物理及生理特性、骨骼肌收缩原理及方式等内容，这些内容都将在探讨抗阻及伸展训练原理时被反复应用。

## 一、肌纤维结构

**肌细胞：**又称肌纤维，是肌肉的基本结构和功能单位。

**肌细胞的构成：**每个肌细胞内含有数百至数千条与肌纤维长轴平行排列的肌原纤维。（图 3–6）

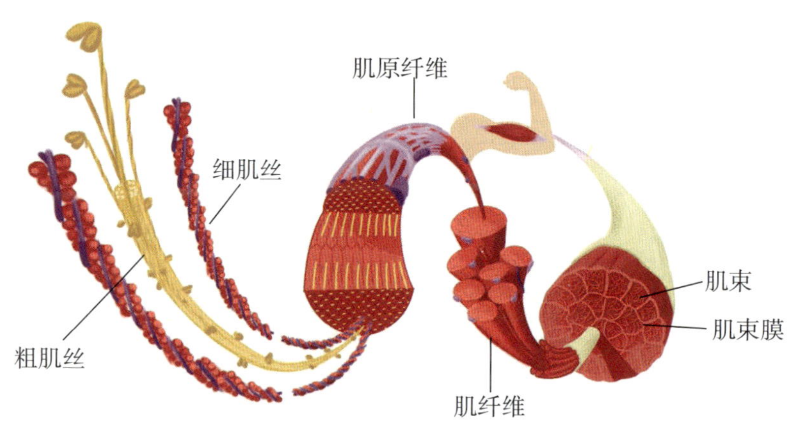


图 3–6　肌原纤维

**肌原纤维的构成：**肌原纤维由粗、细两种肌丝按一定规律排列而成。粗肌丝形成了暗带（A 带），细肌丝连接于 Z 线，形成了明带（I 带），同时细肌丝深入到 A 带，与粗肌丝交错对插。

**肌小节：**两条 Z 线之间的结构，是肌纤维基本的结构和功能单位。两侧 Z 线的细肌丝在 A 带中段未相遇而隔有一段距离，此段间隔称为 H 区。

## 二、肌纤维的分类

### （一）肌纤维的分类方法

肌纤维的分类方法较多，分别可以按收缩速度、收缩及代谢特征、收缩特性及色泽等方法分类，下表是根据不同的分类方法将肌纤维进行分类及其对应关系。（表 3–2）

### （二）不同类型肌纤维的形态、机能及代谢特征对比

不同类型的肌纤维在形态、机能及代谢特征上都存在较大的差异，下表是针对快肌纤维和慢肌纤维的特性对比。（表 3–3）

表 3-2 肌纤维的分类

<table>
<tr><th>按收缩速度分类</th><th>按色泽分类</th><th colspan="2">Brooks 分类</th><th>按收缩特性及色泽分类</th><th>按收缩及代谢特征分类</th></tr>
<tr><td rowspan="2">快肌</td><td rowspan="2">白肌</td><td rowspan="2">Ⅱ</td><td>Ⅱ b</td><td>快缩白</td><td>快缩—糖酵解（FG）</td></tr>
<tr><td>Ⅱ a</td><td>快速红</td><td>快缩—氧化—糖酵解（FOG）</td></tr>
<tr><td>慢肌</td><td>红肌</td><td colspan="2">I</td><td>慢缩红</td><td>慢缩—氧化型（SO）</td></tr>
</table>

表 3-3 快肌与慢肌纤维的特性对比

| 特 性 | 快肌（FT） | 慢肌（ST） |
|---|---|---|
| 有氧能力 | 低 | 高 |
| 无氧能力 | 高 | 低 |
| 毛细血管密度 | 低 | 高 |
| 收缩时间 | 快 | 慢 |
| 收缩力量 | 大 | 小 |
| 动员模式 | 速度类活动 | 耐力类活动 |
| 在运动员中的分布 | 非耐力运动员更高 | 耐力运动员更高 |
| 疲劳性 | 快 | 慢 |

## 三、骨骼肌收缩原理

骨骼肌产生收缩需要以下三个必备条件，分别是神经冲动的产生、肌丝滑行及兴奋—收缩耦联。

**神经冲动：**肌肉接受由脊髓发出的运动神经元支配，正常情况下，要使肌肉产生收缩，首先必须由支配它的运动神经元发出神经冲动，传递到肌肉，引起其兴奋。

**肌丝滑行：**肌肉的缩短是由肌小节中细肌丝在粗肌丝之间滑行造成的。当肌肉收缩时，由 Z 线发出的细肌丝在某种力量的作用下向 A 带中央滑动，相邻的各 Z 线互相靠近，肌小节的长度变短，进而导致肌原纤维以至整条肌纤维和整块肌肉的缩短。（图 3-7）

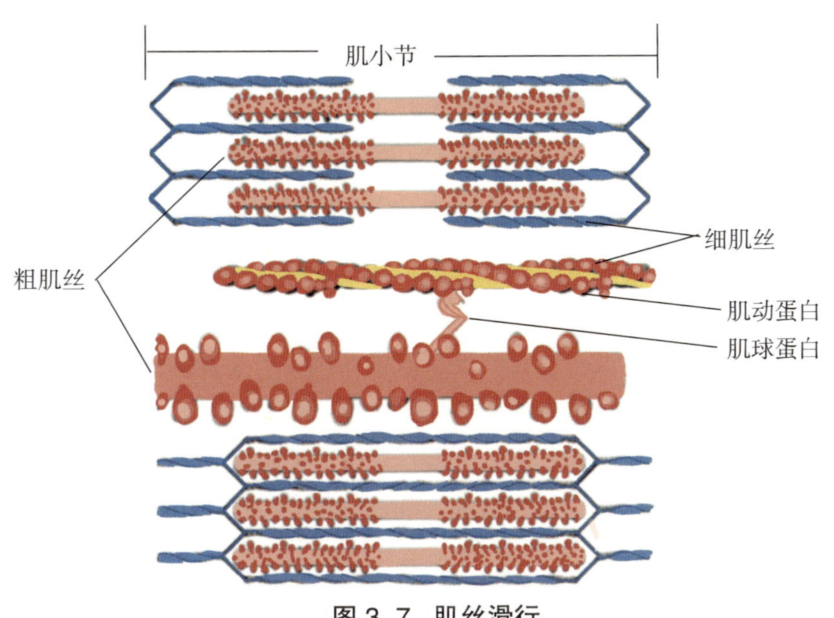


图 3-7 肌丝滑行

**兴奋—收缩耦联：**连接肌肉兴奋与肌丝滑行之间的过程称为兴奋—收缩耦联，这一包含三个环节的过程，最终使传递到肌肉的神经冲动引发肌肉的收缩。

## 四、骨骼肌的特性

### （一）骨骼肌的物理特性

伸展性：骨骼肌受到外力牵拉或负重时可被拉长，这种特性称为伸展性。

弹性：当牵拉肌肉的外力或负重取消后，肌肉的长度又可恢复，这种特性称为弹性。

黏滞性：肌肉表现出的不容易被拉长及被拉长后不马上还原的特性称为黏滞性。（表 3-4）

表 3-4　骨骼肌物理特性与温度的关系

| 物理特性 | 温度下降 | 温度升高 |
|---|---|---|
| 伸展性 | ↓ | ↑ |
| 弹性 | ↓ | ↑ |
| 黏滞性 | ↑ | ↓ |

### （二）骨骼肌的生理特性

**兴奋性：**骨骼肌受到刺激后可产生兴奋，即产生动作电位，这种特性称为兴奋性。

**收缩性：**骨骼肌受到刺激产生兴奋后，立即产生收缩反应，这种特性称为收缩性。

**引发骨骼肌兴奋的条件：**要引起骨骼肌兴奋必须给予适当刺激，且刺激需满足三个条件，分别是适宜的刺激强度、足够的刺激持续时间、足够的刺激强度变化率。人体骨骼肌刺激的来源是由神经系统发放的神经冲动。

## 五、骨骼肌的力学表现

### （一）绝对力量与相对力量

**绝对力量：**在整体情况下一个人所能举起的最大重量称为该肌肉的绝对力量。

**相对力量：**绝对力量除以体重为某人的相对力量。

### （二）力量—速度曲线

肌肉的收缩速度随着肌肉向心收缩力量的增加递减，肌肉要表现出较大的向心收缩力量，收缩速度会下降，要表现出较快的收缩速度，向心收缩力量就会减弱。这种现象在肌肉离心收缩时的表现恰好相反。为提高运动表现必须使力量—速度曲线得到整体提升，也就是使肌肉收缩力量及收缩速度同时得到提升。（图 3-8）

### （三）长度—张力曲线

每一块肌肉都存在一个最适初长度，在此长度下收缩肌肉可产生最大收缩效果或做功能力，初长度较长或较短时收缩效果均下降。长度—张力曲线可以被看作是需要维持良好身体姿态的客观原因之一，只有在理想姿态下人的肌肉才能处于良好的长度—张力关系，并发挥最佳收缩效果。（图 3-9）

### （四）肌肉力量与运动速度

在负荷相同的条件下，肌肉力量越大动作速度越快。以同样的速度运动时，肌肉力量大者表现出来的力量也越大。

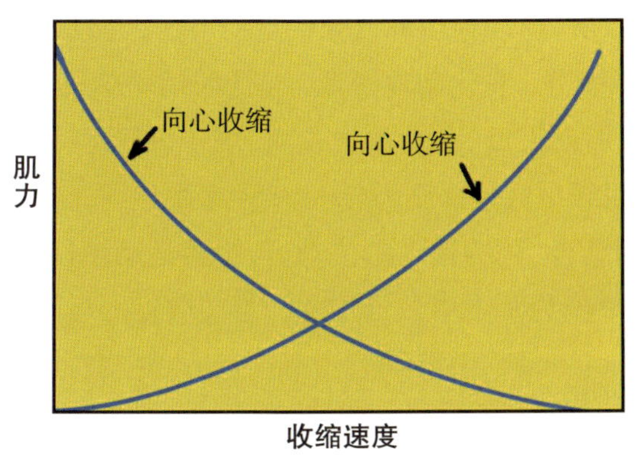

图 3-8 力量—速度曲线

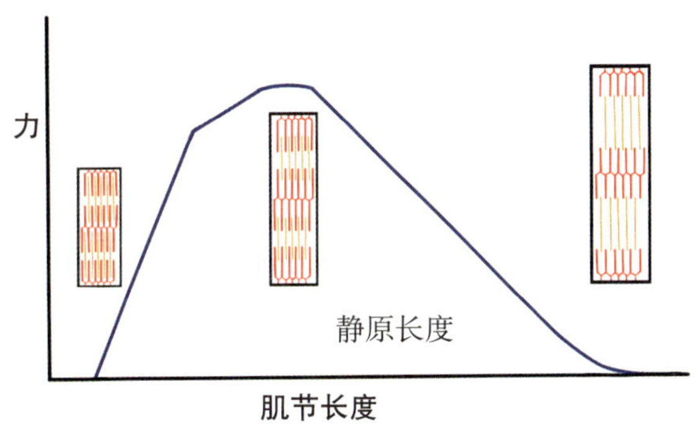


图 3-9 长度—张力曲线

爆发力即肌肉收缩做功产生的功率，根据物理公式“功率＝力量 × 速度”可知，爆发力的大小与肌肉的收缩力量及收缩速度呈正比，爆发力需要良好的肌肉力量做基础。

### （五）骨骼肌收缩形式及力学表现知识的具体应用

因抗阻训练都包含向心及离心两个过程，为避免出现较强烈的延迟性肌肉酸痛，无训练经历的客户在抗阻训练的初始阶段不应进行较多组数的阻力练习。

在为运动员进行力量训练时需考虑其专项特点，以确定其力量训练的重点是绝对力量还是相对力量，从而最大程度地提高其运动表现水平，例如跳高运动员其力量发展的重点应放在提高相对力量方面。

## 六、运动单位的动员

**运动单位：**一个 α－运动神经元和受其支配的肌纤维所组成的最基本的肌肉收缩单位称为运动单位。（图 3-10）

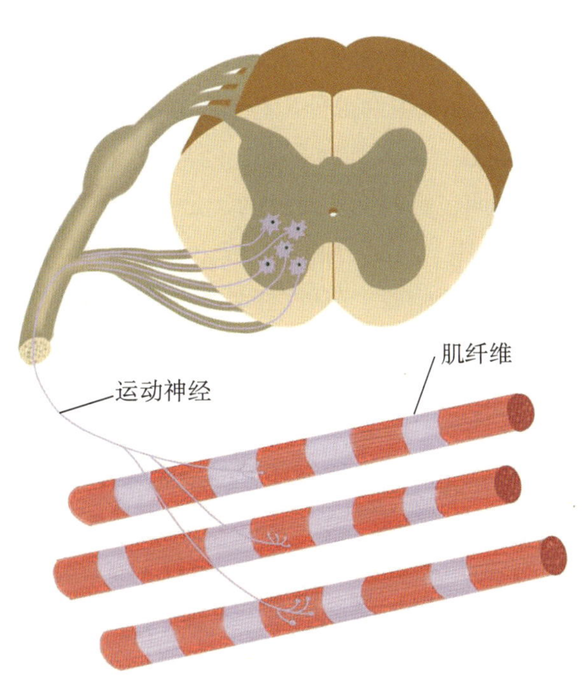


图 3-10 运动单位

根据生理功能的不同，可以将运动单位分为两类，即运动性运动单位和紧张性运动单位。运动性运动单位的肌纤维兴奋时发放的冲动频率较高，收缩力强，但易疲劳，氧化酶含量低，是快肌运动单位。紧张性运动单位的肌纤维发生兴奋时发放的冲动频率低，但可长时间发放，氧化酶含量高，属于慢肌运动单位。一般一个运动单位中的肌纤维数量少则灵活，但力量小；肌纤维数量多则力量大，不灵活。

**运动单位动员：**参与活动的运动单位数目与兴奋频率的结合，称为运动单位动员，也称运动单位募集。当肌肉进行收缩活动时，参与收缩活动的肌纤维是以运动单位为基本单位参加的，参与收缩的运动单位越多，肌肉收缩产生的力量就越大。

**运动单位相关生理学知识应用：**运动单位募集顺序与运动单位的大小有关，小运动神经元控制的运动单位首先被募集，由于慢运动单位的运动神经元小，慢运动单位是最先被募集的单位。其后，当所执行的运动力量需要增加时，快运动单位被募集。对于没有抗阻训练经验的初级训练者，抗阻训练初期应采用小重量、多次数、慢速的训练方法，可以有效提升运动单位的募集能力，为进一步进行大重量训练提供基础。

# 第四节　呼吸系统相关生理学知识及其应用

**导读：**要维持各项生理功能正常运作，人体必须不断地从外界获取氧气，同时将代谢生成的二氧化碳排出体外，实现这一机能的一个重要结构就是人体的呼吸系统。健身教练需要了解呼吸系统的基本结构并熟练掌握呼吸的不同形式，以及在运动过程中推荐适用的呼吸形式等。

## 一、呼吸系统组成

呼吸系统包括呼吸道和肺。呼吸道是传送气体的管道，肺是进行气体交换的器官。其中呼吸道按照构成器官的不同分为上呼吸道、下呼吸道两部分。上呼吸道包括鼻、咽、喉，下呼吸道包括气管、支气管。

肺是呼吸系统中最重要的器官。成人肺内含有 3 亿 ~4 亿个肺泡，它是细支气管反复分支而成，其壁薄，由单层上皮细胞构成，外面包绕着毛细血管网，是气体交换的场所。肺内进行气体交换的总面积约为 $100m^2$。但在安静时，气体交换仅由部分肺泡完成，面积约为 $40m^2$；运动时面积可增至 $70m^2$。

膈肌是最重要的呼吸肌，它介于胸腔、腹腔之间，收缩时使胸腔的上下径加大，产生吸气，舒张时产生呼气。（图 3–11）

## 二、呼吸的过程

人体在进行新陈代谢过程中，不断地从外界环境中摄取氧并排出二氧化碳，这种机体与环境之间的气体交换过程，称为呼吸。

呼吸分为吸气和呼气两个过程。正常成人为 16 ~ 20 次 / 分，与心脏搏动次数的比例为 1 ∶ 4。

当人体吸气时，膈肌和肋间肌收缩，胸廓扩张，膈顶下降，胸腔内负压减小，外界富含氧气的新鲜空气经气道进入肺泡内，氧气通过肺泡壁进入毛细血管内，而毛细血管内由组织新陈代谢产生的二氧化碳进入到肺泡内。

人体呼气时，膈肌及肋间肌松弛，胸廓依靠弹性回收，二氧化碳便经气道排出体外。这样一吸一呼，

便构成了一次呼吸，人体正是依靠不停地呼吸运动进行气体交换，满足机体新陈代谢的需要，而使生命得以维持。

呼吸的全过程分为外呼吸、气体运输、内呼吸三个部分。（图 3–12）

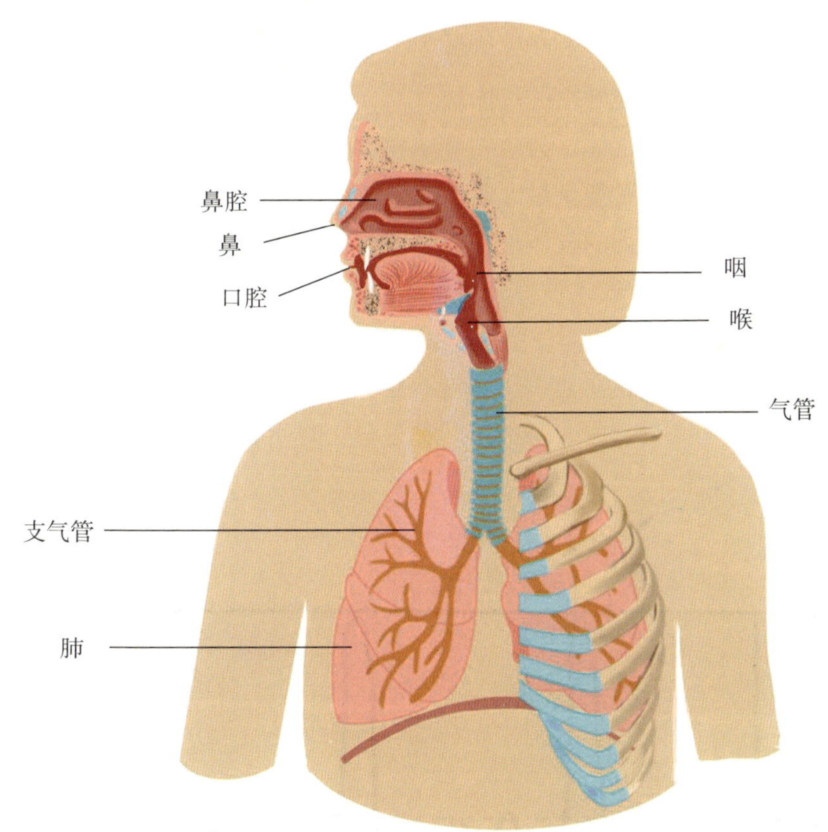


图 3–11　呼吸系统组成

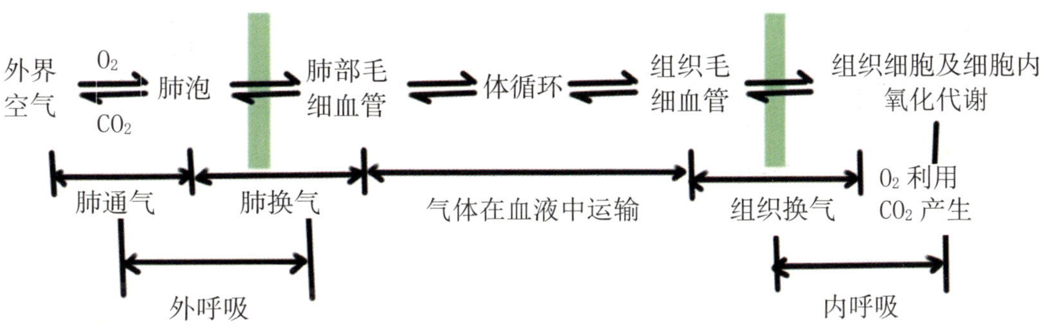


图 3–12　呼吸的过程

## （一）外呼吸

外呼吸指外界环境与血液在肺部实现的气体交换过程，分为肺通气和肺换气两个部分。

### 1. 肺通气

肺通气指肺与外界环境的气体交换。

（1）肺通气动力和阻力

**肺通气动力：**由呼吸肌舒缩活动引起的肺内外气压差。

**肺通气阻力：** 弹性阻力，即胸廓与肺的弹性阻力，约占70%；非弹性阻力，即气道阻力和组织的黏滞性阻力。

（2）肺容积及其变化

**潮气量：** 安静状态下，每次吸入或呼出的气体量，正常成年人约500ml。

**补吸气量：** 平静吸气后再尽力吸气所能吸入的气体量。

**补呼气量：** 平静呼气后再尽力呼气所能呼出的气体量。

**余气量：** 最大呼气末，肺内所余留的气体量为余气量。

**深吸气量：** 潮气量与补吸气量之和，是衡量最大通气潜力的一个重要指标 。

**功能余气量：** 指平静呼气末仍存在肺内的气体量。

**肺活量：** 最大吸气后尽力所能呼出的气体量称肺活量。男性约为3500ml，女性约为2500ml，运动员可达7000ml。反映肺通气的最大能力。

**时间肺活量：** 最大吸气后尽力以最快的速度呼气，计算第1秒、第2秒、第3秒末呼出的气量占肺活量的百分比，分别称为第1秒、第2秒、第3秒的时间肺活量。时间肺活量能反映肺的弹性变化以及气道是否通畅。

**肺总容量：** 肺内所能容纳的最大气量，肺活量与余气量之和。（图3–13）

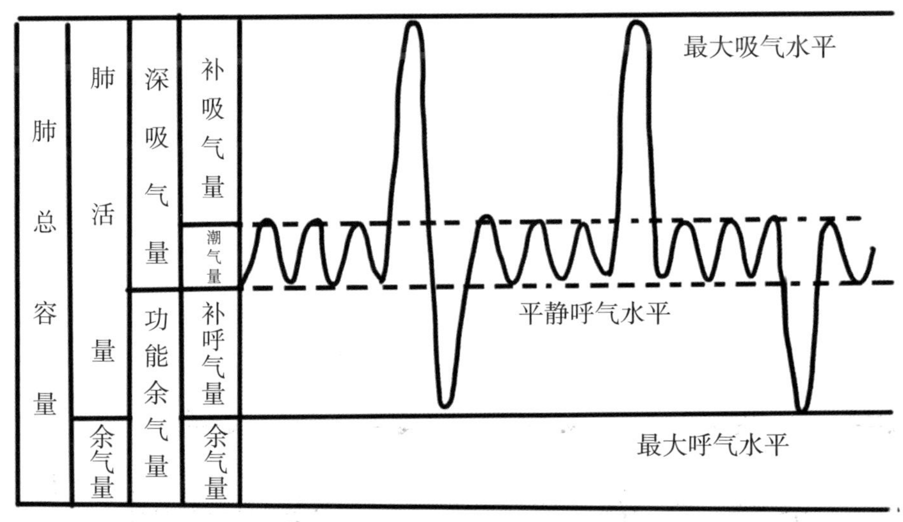


**图3–13 肺容积与肺容量**

（3）肺通气量

**每分通气量：** 每分钟吸入或呼出的气体总量。每分通气量 = 潮气量 × 呼吸频率，正常值 =500ml ×（12~18次/分）=6000~8000ml。影响因素包括年龄、性别、代谢情况等。

**最大通气量（VEmax）：** 以适宜的频率和深度进行呼吸，每分钟所能吸入或呼出的最大气量为VEmax。表示肺通气功能的贮备能力。

**肺泡通气量：** 解剖无效腔是从鼻腔到终末细支气管这一段呼吸道，容量约为150ml。肺泡通气量是进入肺泡与血液进行交换的气体量，肺泡通气量 =（潮气量 – 解剖无效腔气量）× 呼吸频率。

**深而慢的呼吸意义：** 增加肺泡通气量，提高肺通气效率；呼吸肌不易疲劳。

### 2. 肺换气

肺换气指肺泡与肺毛细血管间的气体交换。（图 3–14）

（1）肺换气的原理和动力

**肺换气的方式：**自由扩散。

**肺换气的动力：**气体分压差和性质。

（2）影响气体交换的因素

**气体扩散速：**$CO_2$ 约为 $O_2$ 的 2 倍。

**呼吸膜的通透性和面积：**成正相关。

**通气 / 血流比值：**指每分肺泡通气量与每分肺血流量（心输出量）的比值，约为 0.84 最匹配。

**局部器官血流量：**血流量越大，越有利于换气。

**温度：**与温度成正比。

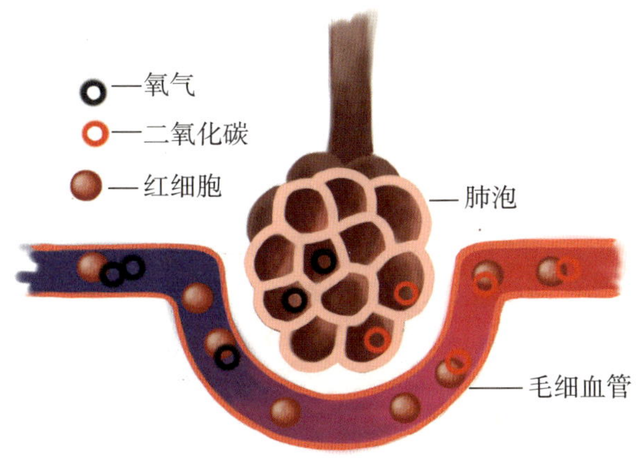


图 3–14　肺泡里的气体交换

## （二）内呼吸

内呼吸指血液与组织细胞间的气体交换过程。物质在细胞内的氧化分解，具体表现为氧的消耗和二氧化碳、水及三磷酸腺苷（ATP）的生成，又称细胞呼吸。其根本意义在于给机体提供可利用的能量。

## 三、呼吸的形式

**膈式呼吸：**膈肌收缩舒张，腹部随之起伏，以膈肌活动为主的呼吸运动称为膈式呼吸或腹式呼吸。

**胸式呼吸：**肋间肌的活动（肋间外肌、肋间内肌）使肋骨发生提降移动，胸部也随之起伏，以肋间肌活动为主的呼吸运动称为肋式呼吸或胸式呼吸。

## 四、健身运动时合理呼吸

· 以腹式呼吸为主。

· 寒冷状态下，开口不宜过大。

· 抗阻训练时主动发力（目标训练肌肉向心收缩）时呼气，动作还原时（目标训练肌肉离心收缩）吸气。

· 运动时尽量不要憋气。

# 第五节　心血管系统相关生理学知识及其应用

**导读：**心血管系统负责将氧气及各种养料运送至身体各组织器官，同时将组织器官产生的各种代谢产物及二氧化碳运往相应的器官进而排出体外。了解心血管系统的组成及其相关的生理学概念，将有助于教练更加科学地进行运动指导工作。结合工作实践，教练需要掌握血压、心率两个重要概念，同时还需掌握这两个重要概念在运动指导中的具体应用方法。

## 一、心血管系统的组成和功能

心血管系统由心脏、动脉、静脉和毛细血管组成。（图 3–15）

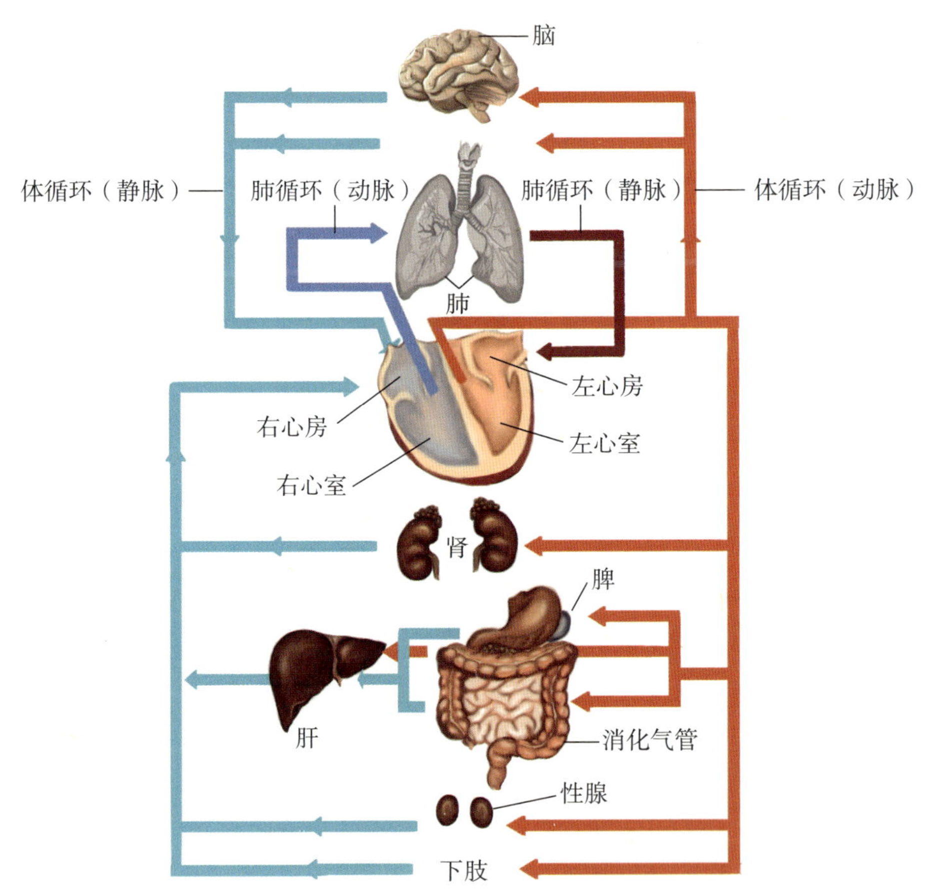


图 3–15　血液循环模式图

**心脏：**心血管系统的动力器官，由心肌构成，共分为4个腔室，分别为左心房、左心室、右心房、右心室。心脏有节律地收缩与舒张，不停将血液从动脉射出，由静脉吸入，使血液在心血管系统内连续不断地循环。

**动脉：**由心室发出的血管，管壁较厚，将血液由心脏输送至全身各组织器官。

**静脉：**静脉是引导血液流回心房的血管，管壁较薄，收缩性和弹性均较小。

**毛细血管：**极细微的血管，连于动脉与静脉之间，互相连通吻合成网，管壁最薄，具有一定通透性，血液中的营养物质与组织液中的代谢产物均通过毛细血管壁进行交换。

## 二、心脏的基本结构

心脏分别由左心房、左心室、右心房、右心室四个腔室组成，同侧的房、室借房室口相通，左右侧有中隔分开互不相通。心房接受静脉，心室发出动脉。（图 3–16）

**右心房：**心腔中最靠右侧的部分，壁薄腔大，主要收集来自上下腔静脉及冠状窦含二氧化碳和代谢产物较多的静脉血。

**右心室：**右心房左前下方，室壁较厚，主要收集来自右心房的静脉血，并将血液射向肺动脉，以便透过肺动脉将其运输到肺部进行气体交换。为了防止收缩时血液回流，在右房室口有三个三角形瓣膜，称为三尖瓣。在肺动脉口有三个袋状半月形瓣膜，称为肺动脉瓣。

**左心房：**位于右心房的左后方，主要负责收集来自肺静脉中含氧较为丰富的动脉血（在肺中经过气体交换）。

**左心室：**位于右心室的左后下方，其壁最厚，主要负责将来自左心房的动脉血通过主动脉口输送向主动脉，以供全身各组织器官利用。为了防止血液倒流，在左房室口有两个三角形的瓣膜，称为二尖瓣。主动脉口的周缘有三个袋状半月形的瓣膜，称为主动脉瓣。

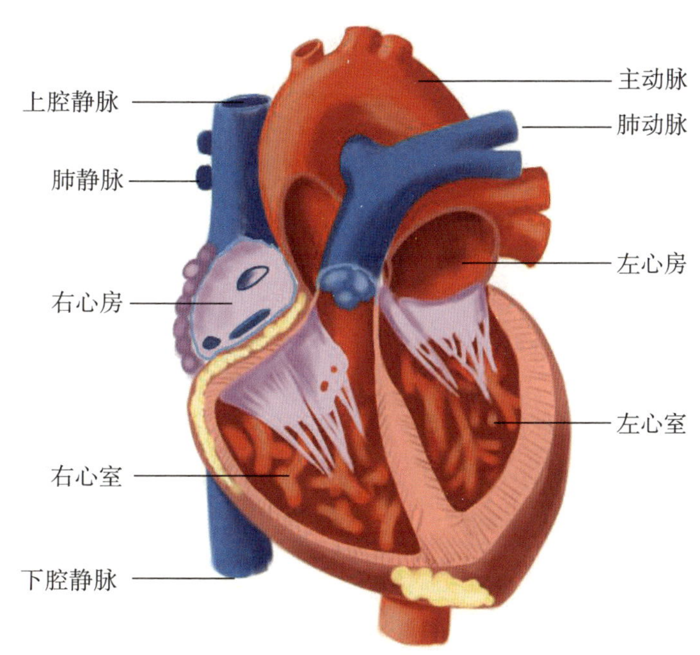


**图 3–16 心脏结构**

## 三、血液循环的途径

血液由心脏射出，经动脉、毛细血管、静脉再回心，循环不止。根据其循环途径可分为体循环和肺循环。（图 3–17）

**体循环：**体循环又称大循环。左心室收缩时，含氧较高和营养物质丰富的动脉血自左心室射入主动脉，经其各级分支到达全身各部分的毛细血管，血液在此与周围的组织和细胞进行气体和物质交换，变为含二氧化碳和代谢产物较多的静脉血，最后汇集到上、下腔静脉及冠状窦流回右心房。体循环的主要特点是路程长，流经范围广，以动脉血滋养全身各部分，而将其代谢产物运回心脏。

**肺循环**：肺循环又称小循环。从体循环回心的静脉血，自右心房进入右心室。当心室收缩时，血液由右心室射出，经肺动脉及其各级分支进入肺泡壁周围的毛细血管网，在此进行气体交换，使静脉血变成含氧丰富的动脉血，经肺静脉流回左心房。肺循环的特点是路程短，只通过肺，主要是使静脉血转变成含氧丰富的动脉血。

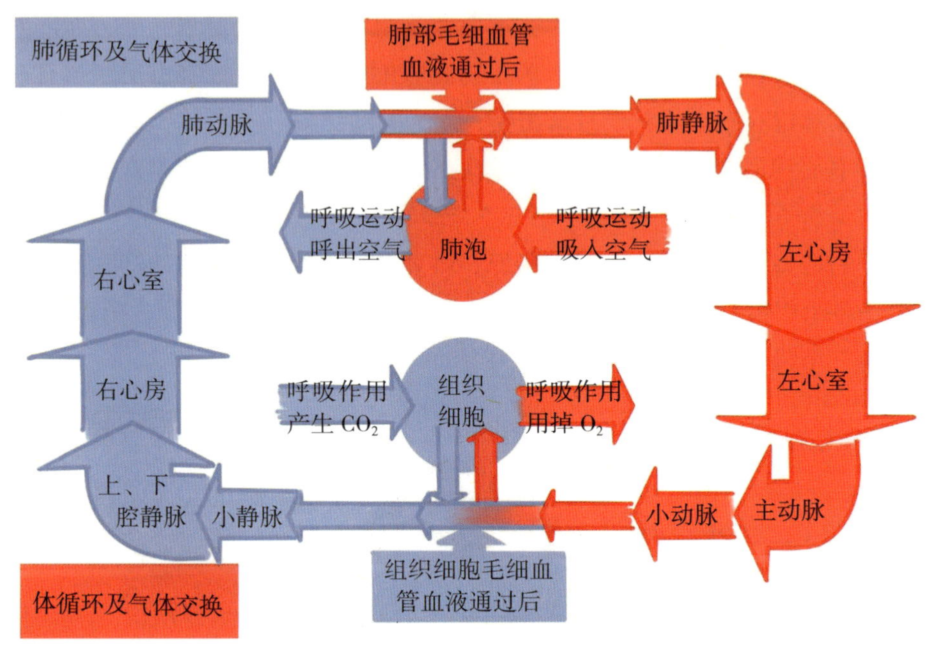


图 3–17 血液循环示意图

## 四、心动周期与心率

**心动周期**：心房和心室收缩与舒张一次构成一个机械活动周期，称为心动周期。一个心动周期中包含有心房收缩、心房舒张、心室收缩、心室舒张，由于心室在心脏泵血活动中起主要作用，通常心动周期是指心室活动周期。

**心率**：每分钟心脏搏动的次数。正常人安静时，心率 60~100 次 / 分。心率与心动周期的换算关系为：心率＝ 60 s ÷ 心动周期。

## 五、心输出量与每搏输出量

**心输出量（cardiac output，CO）**：每分钟左心室射入主动脉的血量。心输出量 = 心率 × 每搏输出量。如心率以 75 次 / 分计算，则心输出量在男性为 5~6 L/min，女性略低些。心输出量随着机体代谢和活动情况而变化。在肌肉运动、情绪激动、怀孕等情况下，心输出量均增加。

**每搏输出量（stroke volume）**：一侧心室每次收缩所射出的血量称为每搏输出量，简称搏出量。左、右心室的搏出量基本相等。搏出量等于心舒末期容积与心缩末期容积之差值。心舒末期容积（即心室充盈量）为 130~145mL，心缩末期容积（即心室射血期末留存于心室的余血量）为 60~80mL，故搏出量为 65~70mL。

## 六、摄氧量与最大摄氧量

**摄氧量**：单位时间内机体摄取并被实际消耗或利用的氧量称为摄氧量。安静时为 200~300mL/min。

**最大摄氧量（maximal oxygen consumption，$VO_2max$）**：是指在人体进行长时间剧烈的运动中，当机体出现无力继续支撑接下来的运动时，所能摄入的氧气含量。作为耐力运动员的重要选材依据之一，是反映人体有氧运动能力的重要指标，高水平最大摄氧量是高水平有氧运动能力的基础。

- 男子绝对值：3.0~3.5L/min；相对值：50~55ml/kg/min 。
- 女子绝对值：2.0~2.5L/min；相对值：40~45ml/kg/min。

## 七、血压

血压指血管内的血液对单位面积血管壁的侧压力（压强）。血液对动脉管壁的侧压力即为动脉压，也是我们通常所指的“血压”。

**收缩压**：在一个心动周期中，动脉血压随着心室的收缩和舒张而发生波动。心室收缩时，动脉血压升高，所达到的最高值称为收缩压，俗称高压。

**舒张压**：心室舒张时，动脉血压下降，在舒张末期动脉血压降至最低值，称为舒张压。

**脉搏压**：收缩压与舒张压之差称为脉搏压，简称脉压，正常值为 30~40mmHg（毫米汞柱）。

表 3-5 动脉压标准

| 类别 | 收缩压 | | 舒张压 | |
|---|---|---|---|---|
| 理想血压 | 13.3~16kPa | 100~120mmHg | 8.0~10.6kPa | 60~80mmHg |
| 正常血压 | < 17.3kPa | < 130mmHg | < 11.3kPa | < 85mmHg |
| 正常偏高血压 | 17.3~18.5kPa | 130~139mmHg | 11.3~11.8kPa | 85~89mmHg |
| 高血压 | | | | |
| 一级高血压（轻度） | 18.6~21.2kPa | 140~159mmHg | 12~13.2kPa | 90~99mmHg |
| 二级高血压（中度） | 21.3~23.8kPa | 160~179mmHg | 13.3~14.5kPa | 100~109mmHg |
| 三级高血压（重度） | > 23.9kPa | > 180mmHg | > 14.6kPa | 110mmHg |
| 低血压 | < 12kPa | < 90mmHg | < 8.0kPa | 60mmHg |

注：① 1kPa=7.52mmHg，1mmHg=0.133kPa；②收缩压或舒张压任一项高于或低于正常标准即为高血压或低血压。

## 八、动脉脉搏

每个心动周期中，动脉内的压力发生周期性的波动，这种周期性的压力变化可引起动脉血管发生搏动，称为动脉脉搏。动脉脉搏产生后沿着血管壁向末梢传播出去，因此在浅表的动脉上可用手触摸到这种搏动。

## 九、运动对心血管系统的影响

- 窦性心动徐缓，长期训练形成的窦性心动徐缓是心功能改善的良好反应，故可将窦性心动徐缓作为判断训练程度的参照指标。
- 运动性心脏增大，由于系统运动训练形成的运动性增大的心脏，外形丰实，收缩力强，心力储备高，是对长时间运动负荷的良好反应。
- 安静时和运动时每搏输出量增大。

## 十、心血管系统生理知识应用

### （一）心率应用

1. 测量基础心率作为判断身体是否出现疲劳积累的参考指标

基础心率：清晨起床前静卧时的心率为基础心率，通过起床前静卧测量脉搏可知。

在一段时间内基础心率波动幅度增大，可能是运动量过大，身体疲劳积累所致。

2. 测量安静心率作为判断身体对运动负荷适应水平的参考指标

安静心率：空腹不运动状态下的心率。

采用运动训练前后自身安静心率进行比较，运动后心率恢复的速度和程度可衡量身体对负荷的适应水平。

3. 作为控制运动强度是否适宜的参考指标

ACSM 推荐的健康成年人心肺适能训练的强度为其本人最大心率的 55%/65%~90% 或最大储备心率（最大心率 – 安静心率）的 40%/50%~85%

### （二）血压应用

测量血压作为判断训练程度及运动疲劳的参考指标。

· 随着训练程度的提高，安静时的血压可略有降低。

· 清晨卧床血压比同年龄组血压高 15%~20%，持续一段时间不复原，又无可引起血压升高的其他诱因，有可能是运动负荷过大所致。

· 清晨卧床血压比平时高 20% 左右且持续两天，往往是机能下降或过度疲劳的表现。

# 第六节　运动技能形成的相关生理学知识及其应用

**导读：**为客户提供运动指导服务是教练的主要工作内容之一。客户学习各种动作的过程就是其自身运动技能逐步形成的过程，了解运动技能形成的相关生理学规律并在运动指导实践中遵循这些规律将大大提高教学效率，降低工作强度，从而达到事半功倍的效果。教练需要掌握的此类知识包括运动技能的形成过程、技能形成过程中不同阶段的教学方法应用、反馈在运动教学中的应用等内容。

## 一、运动技能的形成过程及其发展

### （一）运动技能

运动技能是指人体在运动中掌握和有效地完成专门动作的能力。运动技能就是指在准确的时间和空间内大脑精确支配肌肉收缩的能力，这需要用精确的力量和速度依一定的次序和时间去完成所需的动作。

### （二）运动条件反射的过程

运动技能学习的生理学本质是建立运动条件反射的过程，通常将运动条件反射的形成划分成四个阶段，分别为泛化阶段、分化阶段、巩固阶段、自动化阶段。

**泛化阶段：**动作学习的初期，大脑皮质中的兴奋与抑制都呈现扩散状态，条件反射暂时联系不稳定，出现泛化现象。主要表现为动作僵硬，不协调，出现多余动作，做动作吃力。

**分化阶段：**随着练习的深入，大脑皮质运动中枢兴奋和抑制过程逐渐集中，由于抑制过程加强，特别是分化抑制得到发展，大脑皮质的活动由泛化阶段进入了分化阶段。主要表现为大部分错误动作得到纠正，能比较顺利和连贯完成完整动作技术，初步建立了动力定型，但定型不巩固；遇到新异刺激，多余动作和错误动作可能会重新出现。

**巩固阶段：**伴随着反复练习，运动条件反射系统已经巩固，达到建立了巩固的动力定型阶段，大脑皮质的兴奋和抑制在时间和空间上更加集中和精确。主要表现为动作精确、优美，某些环节的动作还可出现自动化，条件变化时动作技术也不易受破坏，完成动作时感到省力和轻松自如。

**自动化阶段：**随着运动技能的巩固与发展而达到熟练技巧的程度，动作出现自动化现象。主要表现为运动技能可以在脱离意识的情况下自动地完成。

## 二、反馈及其在运动技能形成过程中的应用

### （一）反馈的概念

通俗地讲，反馈就是效应器在反应过程中产生信息又传回控制部分，并影响控制部分的功能的过程。

### （二）反馈的分类及应用

反馈的分类方法较多，此处仅介绍同步反馈和终末反馈两类反馈。

**同步反馈：**练习者在整个练习过程中，根据各种感受器所提供的反馈信息来决定自己的动作，反馈的信息包括教练的语言及接触指导，如教练在客户做动作过程中的动作纠正。

**终末反馈：**动作结束后即刻产生的反馈，如教练在客户动作结束后即刻给予客户刚才动作的评价。

## 三、运动技能形成相关生理学知识应用

### （一）一般训练教学

- 泛化阶段的教学应充分利用视觉的反馈作用，加强动作示范与模拟练习，不断强化视觉与本体感觉之间的沟通，不要过多的抓动作细节。
- 分化阶段的教学应注意错误动作的纠正，让练习者体会动作细节，促进分化进一步发展。
- 巩固阶段应进行技术理论的教学，同时多利用语言进行反馈，更有利于动力定型的巩固和动作质量的提高。

### （二）纠正动作教学

- 纠正动作时，对于初学者应经常给予阳性反馈信息（即肯定其对的或正确的一面）。对于高水平者，可直接指出其错误动作，特别是精细动作。反馈对初学者的作用是直接指导他们完成正确动作。反馈对高水平者的作用是直接帮助他们改进错误动作。
- 在进行教学过程中，教练可利用肢体适当接触客户增加同步反馈，以提高动作学习效果。在客户正确完成动作后，教练可给予语言的肯定，以强化终末反馈。

### （三）运动技能形成的不同阶段中运动负荷的安排

- 泛化及分化阶段，应采用强度小、重复次数多、动作速度慢的方式进行训练，以便初学者掌握动作，逐渐形成正确的动力定型。
- 巩固及自动化阶段，可逐步参加大强度及加快速度的训练，提升动作效率。

## 总 结

本章分别介绍了神经系统、能量代谢、运动系统、呼吸系统、心血管系统及运动技能形成等六部分生理学知识。神经系统的基本结构及基本运作方式是学习并理解抗阻及伸展训练原理所必须掌握的知识。基础代谢、人体的三大供能系统等能量代谢知识为科学地实施体重控制及运动训练提供理论支持。骨骼肌的常见收缩形式、不同收缩形式的特点、骨骼肌的收缩原理及收缩的力学表现等知识是正确实施抗阻训练不可或缺的知识。掌握常见的呼吸形式及运动中的合理呼吸方法将确保运动的安全性及有效性。心率、血压的概念及其在运动指导中的应用等知识是科学实施心肺训练指导的基础。运动技能的形成过程、反馈在运动技能形成中的应用等知识使运动指导工作事半功倍。

# 第四章 健康体适能概述

## 第一节 体适能概述

**导读：**教练的主要工作职责就是指导人们通过正确的运动方式来提高个人体适能水平，进而改善个人生活质量。掌握体适能的相关概念，有助于教练更好地理解个人工作，同时体适能概念及其意义也是教练对客户实施健康教育的主要内容之一。

### 一、体适能的定义与意义

根据世界卫生组织的定义，体适能是指个人除足以胜任日常工作外，还能有余力享受休闲娱乐及能够应付压力与突如其来变化的身体适应能力。

良好的体适能有助于降低发生健康问题的危险性，确保人们以最佳的心境与和谐的人际关系去完成工作和获得尽情享受生活乐趣的感觉。

### 二、体适能的分类及构成要素

美国运动医学学会将体适能分为健康体适能和技能体适能两类，其中健康体适能是教练需要重点关注的领域。

**健康体适能：**与健康有密切关系的体适能，主要包括有氧适能、力量适能、身体成分和柔韧性等。

**技能体适能：**与运动技能有关的体适能，主要包括灵敏、协调性、平衡、力量、反应时间和速度等。

# 第二节　健康体适能各要素简介

**导读**：掌握健康体适能各要素的定义及意义，有助于教练科学严谨地进行体适能报告解说，从而增强客户的运动动机，进而使其做出进行运动的决定。

## 一、身体成分

### （一）身体成分的定义

通常状况下，人的身体主要由水、蛋白质、脂肪、无机物四种成分构成。普通成年人的正常比例是：水 55%、蛋白质 20%、体脂肪 20%、无机物 5%，这是实现人体成分均衡和维持身体健康状况的一个最基本的条件。定期监测身体成分，密切观察自己身体构成的变化，明确脂肪、肌肉在体内的分布情况，可以针对薄弱部位，塑造完美身材。

身体成分是指身体脂肪组织和非脂肪组织的含量在体重中所占的百分比，常用体脂百分比（体脂 %）来表示。（图 4–1）

人体的脂肪可以分为基本脂肪和储存脂肪。基本脂肪是维持人体正常生理功能需要的脂肪，女性的基本脂肪多于男性，女性 12%，男性 3%。储存脂肪是内脏周围的保护脂肪和皮下储存的脂肪，男女比例大致相等。内脏脂肪的增加会大大增加心血管疾病的风险，需要控制在合理的范围内。

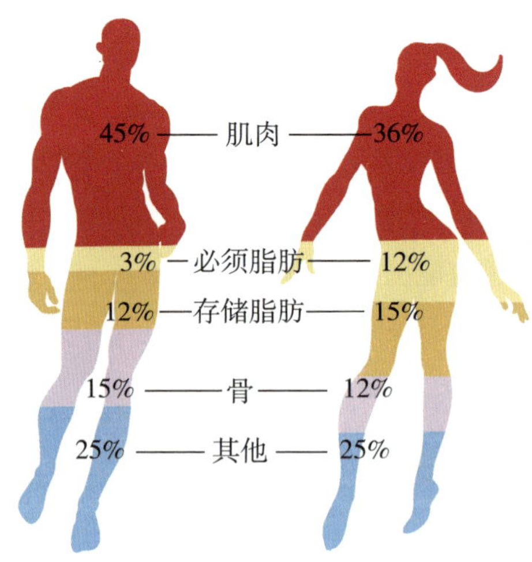


图 4–1　身体的组成

### （二）维持身体成分的目的

维持良好的身体成分的主要目的就是预防肥胖及体重过轻。

**肥胖的危害**：导致冠心病、高血压、中风、非胰岛素依赖型糖尿病、骨关节病、关节退行性改变、各种肿瘤的发病危险增加。（图 4–2）

**体重过轻的危害**：可能导致怕冷、内脏器官防震及保护减少、脂溶性维生素缺乏。

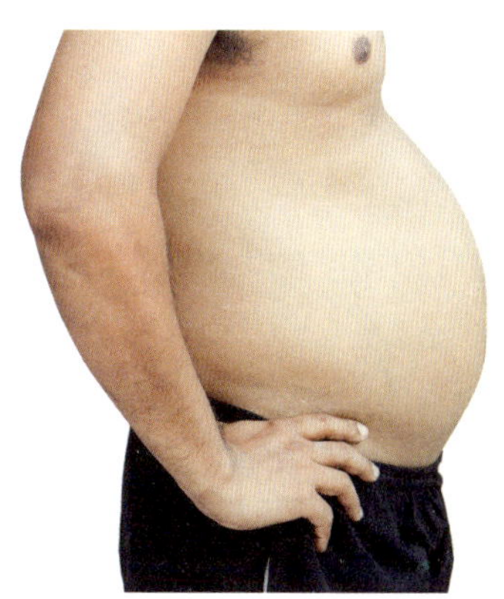
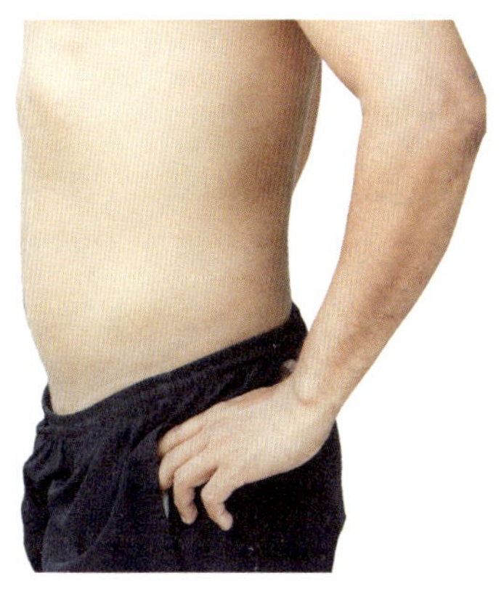

图 4–2 正常体脂与肥胖

## 二、心肺适能

### （一）心肺适能的定义

心肺适能又称为心肺耐力，是全身大肌肉进行长时间运动的持久能力，是机体持久工作的基础，同时也可反映体内心肺系统供氧能力和身体各细胞利用氧的能力。

### （二）心肺适能的意义

· 保证机体长时间有效工作，以及机体工作后快速消除疲劳和有效恢复的机能。

· 降低心血管疾病及代谢疾病（糖尿病等）的发病率。

· 提高生活质量。

## 三、肌肉适能

### （一）肌肉适能的定义

肌肉力量与肌肉耐力合称为肌肉适能。肌肉力量是指肌肉紧张或收缩时对抗阻力的能力，可用肌肉收缩时所能克服的最大阻力负荷来表示。肌肉耐力是肌肉在一定负荷下长时间保持收缩的能力，可用肌肉克服某一固定负荷的最多重复次数（动力性运动）或最长时间（静力性运动）来表示。

### （二）肌肉适能的意义

· 维持正确姿态和改善体形。

· 减少肌肉关节慢性病，如增加下肢肌力可以缓解膝关节疼痛，增加腰背肌力量可以缓解腰痛。

· 增加身体保护能力，预防受伤。

· 增强运动能力，提高运动表现。

· 减少精神压力，增强自信心。

## 四、柔韧性

### （一）柔韧性的定义

柔韧性是指人体各关节的最大活动幅度或范围，以及跨关节的韧带、肌腱、肌肉、皮肤及其他组织的弹性和伸展能力。通常用关节活动度（Range Of Motion，ROM）表示肢体的柔韧性。

关节的活动幅度主要取决于关节本身的装置结构。关节周围软组织的伸展性，则主要通过合理的训练获得。

### （二）柔韧性的意义

- 预防肌肉、关节、韧带损伤的发生或减轻损伤的程度，延长运动寿命。
- 增强运动能力，提高关节的灵活性，增加动作的协调优美感，可获得最佳的机能水平。
- 改善体形及平衡肌肉，加大动作幅度，有利于肌力和速度的发挥。
- 减少腰背痛疾病及肌肉拉伤的风险。

# 第三节　技能体适能各要素简介

**导读：**掌握技能体适能各要素的定义及意义，有助于教练更好地了解技能体适能的组成，以便为学习技能体适能各要素的促进方法奠定良好的基础。

## 一、核心稳定

### （一）核心及核心稳定性的定义

严格意义上讲，传统的技能体适能组成要素中并不包含核心及核心稳定性的概念，但核心稳定性训练目前被广泛地应用于运动员的体能训练中，故在此处将其划分至技能体适能相关要素的范畴当中。

核心是指腰椎—骨盆—髋部复合体（Lumbo-Pelvic-Hip Complex，LPHC）所形成的区域，是人体重心所在。而核心稳定性则指的是构成核心的各部分结构有机协作，有效传递、分散、吸收地面反作用力，从而确保人体重心在功能性运动中稳定维持在连续变化的支撑面上的能力。

### （二）核心稳定性的意义

- 良好的核心稳定性能够提高运动的效率，完成各种运动的前提是将人体的重心维持在不断变化的支撑面上，而此项能力依赖于良好的核心稳定性。
- 良好的核心稳定性能够避免下背部疼痛。研究发现负责维持核心稳定的躯干肌群薄弱是导致发展成腰背痛的已知成因之一。

## 二、平衡能力

### （一）平衡能力的定义及平衡控制的分类

平衡能力是指将身体的重心保持在其支撑面上的能力，是人类保持体位和完成各种动作的基础能力。良好的平衡能力依赖于视觉、本体感觉和前庭系统的感觉输入，神经系统的精确分析和调节，肌肉骨骼系统高效地执行指令，三者缺一不可。

根据完成功能性运动的需要，人体具有三种不同的平衡控制能力，分别为静态平衡控制、动态平衡控制和反应性平衡控制。

**静态平衡控制：**在静止状态下维持身体姿势的能力，如站、坐等。

**动态平衡控制：**在移动的支撑面上或在身体移动的过程中维持稳定姿势的能力，如步行、跑等。

**反应性平衡控制：**在突然间受到外力的干扰下维持身体平衡的能力，如接球、踢球、避开障碍物等。

### （二）平衡能力的意义

- 良好的平衡能力可以预防老年人摔倒。

· 良好的平衡能力可以降低女性前交叉韧带损伤的风险。

· 良好的平衡能力能够提升与平衡素质有关的运动项目的运动表现。

## 三、爆发力

### （一）爆发力的定义

爆发力是指在最短时间内克服阻力的能力。爆发力由两个参数确定，即速度和力量。爆发力水平取决于肌肉的收缩速度与最大力量。（图 4–3）

图 4–3 爆发力

### （二）爆发力的意义

· 提高运动能力。大部分运动都需要肌肉在较短的时间内产生较大的力量，爆发力恰恰可以起到这种效果，爆发力对于提高运动所需的速度及灵敏素质也有较好的帮助。

· 降低日常受伤的概率与提高工作能力。对一般人而言，虽不像运动员那样对爆发力有高度的依赖，但良好的爆发力依然能够使其在生活中获益，主要的益处来自日常受伤概率的降低及工作能力的提高。例如需要躲避疾驰而来的车辆，良好的爆发力会让人转危为安。此外还有消防员要在短时间内攀爬一栋较高的建筑物，也需要良好的爆发力作为基础。

## 四、速度、敏捷、快速反应

### （一）速度、敏捷、快速反应的定义

速度是指在两点间快速移动的能力，因很少运动能够提供加速至最大速度的条件（很多球类运动加速距离较短），因此速度又特指直线加速能力。敏捷是指快速改变方向及完成动作的能力，包括上下、左右、前后的方向改变。快速反应是指对某种刺激或一系列刺激在短时间内做出反应和动作的能力。

### （二）速度、敏捷、快速反应的意义

· 提高运动表现能力，满足客户日常生活中额外的休闲娱乐（足球、篮球、羽毛球等业余运动爱好）需求。

· 降低损伤的概率。恰当使用速度、敏捷、快速反应（Speed，Agility，Quickness，SAQ）训练能够

降低客户在日常生活中受伤的概率，例如躲避突然间疾驰而来的车辆。

· 提升训练的趣味性。在客户具备良好的核心稳定性、动态平衡及肌肉力量的情况下，适当地加入速度、敏捷、快速反应（SAQ）训练能够在提高训练的趣味性的同时，使客户的心肺耐力等体适能要素获得良好的提升。

# 第四节　全人健康

**导读：**全人健康概念正在成为运动健康行业新的发展趋势，了解健康及全人健康的相关知识，将有助于教练更好地理解并掌握健康行业新的发展动向。

## 一、健康的概念

· 健康不仅是没有疾病或不虚弱，而是指躯体、心理和社会的良好状态。（世界卫生组织 1948 年版）

· 健康是日常生活的资源，而不是生活的目标。健康是一个积极的概念，它不仅仅是个人身体素质的体现，也是社会和个人的资源。（世界卫生组织 1986 年版）

· 健康应包括躯体健康、心理健康、社会适应良好和道德良好 4 个方面。（世界卫生组织 1989 年版）

## 二、全人健康

### （一）全人健康的概念

全人健康（Wellness）是一种能够不断地和主动地知晓个人存在的健康问题，选择并采取适当措施，以达到最佳健康的状态。

全人健康强调个人的责任，通过采用能够增进健康的生活方式来实现。实际上全人健康观念强调的是一种能够增进健康的合理生活方式，一种积极的高质量的生活。

### （二）全人健康的构成

全人健康由 6 个方面构成，分别是躯体健康、心智健康、情绪健康、社会健康、心灵健康、职业健康。

**躯体健康：**身体各系统、器官的功能正常。

**心智健康：**思维清晰有条理。

**情绪健康：**在个人情感认知及感情表达方面恰当得体，可以积极面对压力、紧张及焦虑。

**社会健康：**能建立及维持人与人之间的良好关系。

**心灵健康：**心境平静，有个人的信念或信仰。

**职业健康：**发挥专长，有贡献社会的敬业精神。

### （三）全人健康的标准

· 有充沛的精力，能从容不迫地担负日常生活和繁重的工作，而且不感到过分紧张和疲劳。

· 处事乐观，态度积极，乐于承担责任，事无大小，不挑剔。

· 善于休息，睡眠好。

· 应变能力强，能适应外界环境的各种变化。

· 能够抵抗一般性感冒和传染病。

· 体重适当，身体匀称，站立时，头、肩、臂位置协调。

· 眼睛明亮，反应敏捷，眼睑不易发炎。

· 牙齿清洁，无龋齿，不疼痛，牙龈颜色正常，无出血现象。

· 头发有光泽，无头屑。

· 肌肉丰满，皮肤有弹性。

### （四）全人健康的影响因素

决定全人健康的12个因素包括：参加体力活动、不吸烟、控制性生活、安全活动、压力管理、医疗体检、降低心血管疾病危险性、健康教育、合理营养、精神生活、预防癌症、防止药物滥用。

## 总 结

本章主要介绍了体适能及全人健康的相关概念，其中教练需要重点掌握的内容分别是健康体适能的概念、意义及构成要素，心肺适能、肌肉适能、柔韧性、身体成分的概念及意义，以及全人健康的概念与影响因素。掌握以上知识将有助于教练更好地理解个人的工作性质及意义，以及更好地把握行业发展的新趋势。

# 第五章　健康评估与风险筛查

## 第一节　健康体适能评估概述

**导读：**了解健康体适能评估的目的与作用是确保教练正确应用健康体适能评估这一科学工具的前提。掌握体适能评估的主要内容及评估前的准备工作则是确保评估结果准确性与全面性的基础。

### 一、体适能评估的目的与作用

· 使客户了解当前体适能状态与年龄、性别相匹配的健康相关标准之间的关系。

· 为教练提供增强所有体适能要素的运动处方数据。

· 对客户参与运动项目后的效果进行评价。

· 通过建立合理、可实现的体适能目标，激励客户参与并坚持运动。

· 评价心血管疾病的风险。

· 体适能评估不是医学体检，不能用于疾病诊断。

### 二、体适能评估的主要内容

#### （一）主观信息评估

**个人信息：**姓名、性别、年龄、职业等。

**生活方式：**兴趣爱好，文体娱乐，作息习惯，饮食习惯等。

**工作情况：**久坐、反复性动作等。

**医疗史：**疼痛及伤病经历、手术经历、慢性疾病等。

#### （二）客观信息评估

**生理机能评估：**心率、血压等。

**身体组成评估：** 体脂百分比、身体围度、腰臀比、体重指数（BMI）等。

**心肺耐力评估：** 亚极量运动测试和田径场地测试。

**肌肉力量、耐力评估：** 1min 仰卧起坐、双手握力测试、1RM 测试等。

**柔韧性评估：** 上肢、下肢、躯干的柔韧性。

**姿态评估：** 静态评估、动态评估。

### 三、体适能评估前的准备

· 电话预约客户，重点确定检测时间及提醒客户注意事项。

——客户在测试前 3h 之内禁食，不饮酒，不喝咖啡。

——测试当天要注意休息，避免当天参与明显费力的体力活动或运动。

——应穿着运动 T 恤、运动短裤及运动鞋。

——测试前 24h 内要喝充足的水，以确保测试前的正常水平衡。

· 准备好测试器材，确保测试器材每月至少校准一次。

——夹板、笔、计算器、记录表、检测所需的各种问卷。

——踏板、皮尺、皮脂夹、码表、体重秤、血压计、瑜伽垫。

· 按测试顺序放置测试仪器，避免同一肌群重复用力。

· 测试环境应保持安静，并能保护个人隐私，温度应保持在 20℃ ~22℃，湿度应低于 60%，同时应具备良好的通风条件。

## 第二节　运动前风险筛查

**导读：** 运动前健康筛查及客户危险分层是体适能评估中主观信息获取环节的重要内容，教练必须掌握健康筛查及客户危险分层的方法，并能够按要求正确运用，以最大限度确保客户的安全。掌握医疗史调查、生活习惯调查、职业信息调查的目的与内容，并正确使用这些调查工具，将使教练获取更加全面的运动处方设计依据。

### 一、运动前健康筛查

#### （一）健康筛查的目的与作用

· 运动 / 测试前，鉴别和排除有运动禁忌的客户，如严重的心肺疾病、发热等。

· 鉴别有一种或多种临床疾病或状况者，建议其参加有医疗监护的运动计划。

· 探查由于年龄、症状和（或）危险因素等增加疾病风险的原因，并让高风险人群在开始运动前或在增加运动的频率、强度、持续时间前进行医学评估和运动测试。

· 对可能影响运动测试或计划的其他特殊需求进行鉴别。

#### （二）健康筛查的方法

**健康筛查所需获取的信息：** 健康史的准确信息、当前的疾病状况、危险因素、症状 / 体征、当前的体力活动 / 运动习惯以及用药情况等。

**健康筛查的工具：**健康筛查的问卷工具较多，从简便易用的角度出发，本书介绍的是加拿大公共健康部、运动生理协会所认可的“体力活动准备问卷（PAR–Q）”，问卷内容及使用方法在本书附件 2 可以找到。

### （三）健康筛查的使用时机

健康风险筛查应在参与锻炼者参加运动前或开始提高体力活动水平前使用，理想状态下应在客户完成入会手续前完成健康筛查。如无法在客户入会时完成筛查过程，则可在客户进行体适能评估前完成此筛查过程，但前提是体适能评估前，客户不会在运动中心里自行开始运动。

## 二、心血管疾病的危险分层

### （一）危险分层的目的与作用

危险分层是用年龄、健康状况、个人的症状以及冠状动脉的危险因素将客户危险程度归纳到相应危险级别中的过程，通常将危险级别分成三个级别：低危险层、中危险层、高危险层。

对于健康筛查，危险分层除了能够帮助教练判断客户是否需要在参加运动前通过医学咨询，还能更进一步确定客户适合在何种医务监督水平及运动强度下安全进行运动。

### （二）危险分层方法

**低危险层：**没有心血管、肺脏和代谢疾病症状或已确诊的疾病，不多于 1 个心血管疾病危险因素。

**中危险层：**没有心血管、肺脏和代谢疾病症状或已确诊的疾病，具有 2 个或以上心血管疾病危险因素。

**高危险层：**有 1 个或多个心血管、肺脏和代谢疾病的症状 / 体征或已诊断的疾病。（表 5–1）

表 5–1　心血管疾病危险因素标准

| 正性危险因素 | 确 定 标 准 |
|---|---|
| 年龄 | 男性≥ 45 岁，女性≥ 55 岁 |
| 家族史 | 心肌梗死，冠状血管重建<br>父亲或其他男性一级亲属在 55 岁以前突然死亡<br>母亲或其他女性一级亲属在 65 岁以前突然死亡 |
| 吸烟 | 吸烟或戒烟 6 个月以内，或暴露于吸烟的环境中 |
| 高血压 | 收缩压≥ 140mmHg 或舒张压≥ 90mmHg，至少在两个不同的场所测量确认，或通过服用降压药物确认 |
| 血脂异常 | 低密度脂蛋白（LDL）胆固醇 >130mg/dL（3.37mmol/L）或高密度脂蛋白（HDL）胆固醇 <40mg/dL（1.04mmol/L）或服用降脂药物。血清总胆固醇 >200mg/dL（5.18mmol/L） |
| 空腹血糖受损 | 空腹血糖 100mg/dL（5.50mmol/L）~126mg/dL（6.93mmol/L），或者口服糖耐量试验 2h 的血糖值 140mg/dL（7.70mmol/L）~200mg/dL（11.00mmol/L），至少在两个不同的场所测量确认 |
| 肥胖症 | 体重指数≥ 28kg/m² 或腰围：男性 >90cm，女性 >85cm |
| 静坐少动的生活方式 | 至少 3 个月未参加每周至少 3 天，每天不少于 30min 的中等强度（40%~60%$VO_2max$）体力活动 |
| **负性危险因素** | **确 定 标 准** |
| 高血清高密度胆固醇 | >60mg/dL（1.55mmol/L） |

注：① 做出临床判断通常要合并考虑危险因素。如果 HDL 高，从所有正性危险因素中减去一个危险因素，因为高 HDL 可以减少心血管疾病的风险；②专家们关于肥胖症的最适当标志和标准的意见不同，因此，相关的健康专业人员在评价这个危险因素的时候应该使用临床判断方法。

### （三）危险分层的应用

**中等强度：** 中等强度运动为40%~60%$VO_2max$，或64%~76%HRmax，或3~6MET，对于一个人的适宜强度是指能以较轻松的状态承受持续45min的运动。

**较大强度：** 较大强度运动为大于60%$VO_2max$，或大于6MET，或运动强度足以使心肺系统承受较大的负荷。（表5-2）

**不必要：** 反映医学检查、运动测试和运动测试的医务监督，不作为参加运动前筛查基本条件的概念。然而，不要误解这个概念。

**推荐：** 当推荐医生做运动测试的医务监督时，应确保有急诊时该医生能够及时到达现场并处理有关情况。

表5-2 不同危险程度的运动建议

| 危险分层 | 运动前的医学检查和标准递增运动负荷试验（GXT） | | 运动测试时的医学支持 | |
|---|---|---|---|---|
| | 中等强度 | 较大强度 | 次极量 | 极量 |
| 低危险层 | 不必要 | 不必要 | 不必要 | 不必要 |
| 中危险层 | 不必要 | 建议 | 不必要 | 建议 |
| 高危险层 | 建议 | 建议 | 建议 | 建议 |

### （四）危险分层的使用时机

危险分层应该在健康筛查后，运动测试之前完成。

有关危险分层的调查工具请参照附件3。

## 三、医疗史调查

### （一）医疗史调查的目的与作用

通过医疗史调查，教练可以了解客户有关慢性疾病和身体结构与功能相关信息，从而使教练能够根据客户存在的问题，对训练进行调整或适时采取转介决定（例如介绍客户先咨询医生其情况是否可以开始运动锻炼等）。

### （二）医疗史调查的主要内容

医疗史调查应该覆盖伤病史、手术史、慢性疾病、用药情况等4方面内容，具体调查内容如下：

#### 1. 伤病史

**调查内容：** 脚踝、膝关节韧带损伤、腰部损伤、肩部损伤及其他运动系统损伤（包括反复的腘绳肌拉伤、腹股沟拉伤、髌腱炎、足底筋膜炎、胫骨后肌肌腱炎、肱二头肌肌腱炎等）。

**目的：** 运动系统伤病史能够导致肌肉平衡失调，随着时间延长将会逐渐暴露出来，提前了解此类信息有助于教练对运动计划进行适当调整，以便使客户获得最佳训练体验。

#### 2. 手术史

**调查内容：** 足部及踝关节手术、膝关节手术、背部手术、肩部手术、剖腹产、阑尾手术等手术病史。

**目的：** 手术过程会导致创伤。与受伤史相同，手术后如果没有得到良好的康复，也会导致肌肉平衡失调问题发生。

### 3. 慢性疾病

**调查内容：**冠心病、高血压、脑中风、脂代谢紊乱、糖尿病、肺部疾病、超重及肥胖、痛风等。

**目的：**了解客户存在的慢性疾病，可以保证教练做出适当的转介决定，同时了解客户存在的慢性疾病相关信息也是进行危险分层的前提。

### 4. 用药情况

**调查内容：**β 受体阻滞剂、硝酸甘油、钙离子通道阻滞剂、洋地黄、利尿剂、血管扩张药（非肾上腺素药物）、抗心律失常的药物、支气管扩张剂、抗高血脂药等。

**目的：**了解客户用药情况并非用于指导客户如何使用药物。部分药物能够对人体的血压及心率产生影响，因此了解客户的用药信息将有助于教练合理地制订运动计划及正确判断客户运动中的生理反应。（表 5–3）

表 5–3 常见药物的生理效应

| 药物类别 | 适用范围 | 心率 | 血压 |
|---|---|---|---|
| β 受体阻滞剂 | 高血压、心绞痛、急性心肌梗死、心律失常、偏头痛、焦虑症等 | ↓（R&E） | ↓（R&E） |
| 硝酸甘油 | 心绞痛、慢性心力衰竭时血管扩张 | ↑（R）<br>↑或—（E） | ↓（R）<br>↓或—（E） |
| 钙离子通道阻滞剂 | 心绞痛、高血压等 | ↓或—（R&E） | ↓（R&E） |
| 利尿剂 | 水肿、慢性心力衰竭等 | —（R&E） | —或↓（R&E） |
| 血管扩张药（非肾上腺素药物） | 高血压、心力衰竭时血管扩张 | ↑或—（R&E） | ↓（R&E） |
| 支气管扩张剂 | 预防喘鸣、气短、哮喘引起的呼吸困难、慢性支气管炎 | —（R&E） | —（R&E） |
| 抗抑郁药 | 用于治疗精神和情绪紊乱问题 | ↑或—（R&E） | ↓或—（R&E） |

## （三）医疗史调查的使用时机

通过问卷，医疗史调查可与危险分层所需信息的收集同时完成（详见附件 3）。

# 四、生活习惯调查

## （一）生活习惯调查的目的与作用

对客户的生活习惯进行调查，尤其是获取客户的休闲娱乐项目及兴趣爱好等方面的信息，能够帮助教练更好地发现客户生活中存在的运动需求，从而为教练更好地设计运动训练计划提供依据。

## （二）生活习惯调查的内容

### 1. 休闲娱乐项目

**调查内容：**了解客户闲暇时间是否有运动相关的休闲娱乐项目，如高尔夫球、网球、滑雪、羽毛球、户外运动等。

**目的：**一旦了解客户具有运动相关的休闲娱乐项目，教练可根据客户的项目特点进行针对性的运动方案设计，以降低客户出现损伤的风险并协助客户提高其运动表现水平。

### 2. 兴趣爱好

**调查内容：**了解客户闲暇时光是否有体力活动需求较低的兴趣爱好，如玩扑克牌、打麻将、园艺、阅读、打电子游戏、看电视等。

**目的：**一旦了解客户具有体力活动需求较低或久坐类型的兴趣爱好，教练同样需要认真考虑此类信息，以便为客户设计的运动计划能够较好地提高客户的体力活动水平，同时还应考虑因为长期久坐导致的体力活动能力下降问题，认真贯彻循序渐进的原则，以降低客户的运动风险。

## 五、职业相关信息调查

### （一）职业相关信息调查的目的与作用

获取客户职业的相关信息，可以帮助教练更全面地了解客户的动作能力及每日从事的反复性动作模式的情况，并由此更为深入地发现客户身体结构及功能方面的重要线索（例如是否存在肌肉平衡失调状况等），从而为教练设计合理的运动训练计划提供依据。

### （二）职业相关信息调查的内容

教练所需获取的客户职业相关信息主要包括是否长时间久坐，是否有反复性动作，是否穿着高跟鞋，是否存在精神压力较大等方面的信息。

1. 长时间久坐

**调查内容：**询问客户的工作性质是否需要在一天当中的大部分时间处于坐姿的状态工作，并明确平均每天静坐的时间。

**目的：**长时间久坐容易导致肌肉平衡失调的问题出现，通常容易导致的肌肉平衡失调问题包括：髋屈肌群过度紧张、含胸及颈部前伸等。

2. 反复性动作

**调查内容：**询问客户的工作性质是否需要长期反复从事某项单一动作，例如教师经常需要将手臂反复高举过肩书写板书。

**目的：**长时间的反复性动作可能出现模式过载，并进而造成软组织的慢性损伤，最终导致慢性疼痛。如客户介绍有存在反复性动作的情况，教练应该认真评估客户是否存在肌肉平衡失调状况，此种状况将进一步加剧模式过载的问题。

3. 穿着高跟鞋（女性）

**调查内容：**询问客户是否有长时间穿着高跟鞋的情况。

**目的：**长时间穿着高跟鞋会导致客户的腓肠肌和比目鱼肌过紧，从而导致肌肉平衡失调问题的出现。

4. 精神压力

**调查内容：**询问客户的工作是否会给其造成较大的精神压力。

**目的：**较大的精神压力能够导致呼吸模式出现功能失调问题，进而引发肌肉平衡失调等情况。教练不应处理客户的心理问题，如有必要应建议其咨询相关专业人士。

# 第三节 非疲劳性测试

**导读：**体适能各要素的客观评价方法是教练必须掌握的专业技能之一，通过对客户体适能各要素的客观评估，教练将掌握为客户进行运动处方设计所需的重要信息。

# 一、血压测量

## （一）测量目的

静态血压测量是运动前试验评价的一个重要部分，通常教练会在进行体适能评估时进行此项测量。测量的主要目的除了发现高血压以外，教练还应留意不常见的低血压。血压测量获得的结果可以作为教练进行健康筛查及危险分层的依据。（图 5–1、图 5–2）

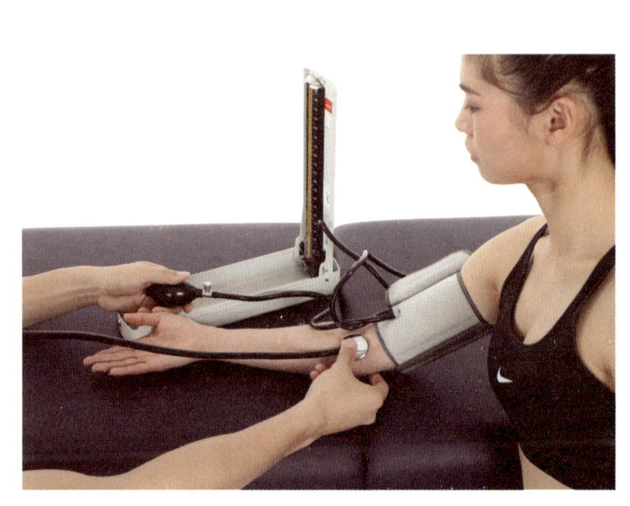

图 5–1　血压测量方法

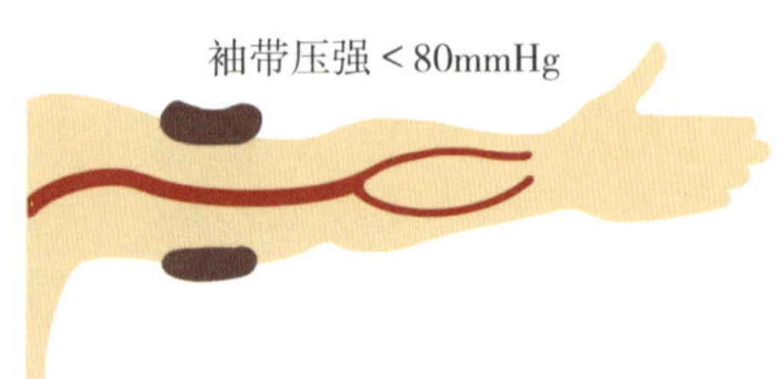


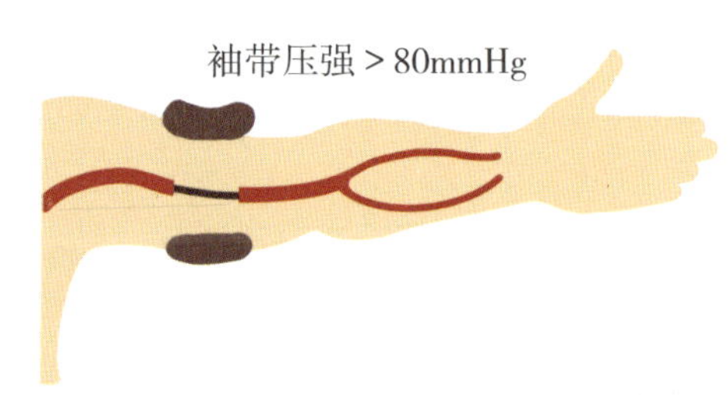


图 5–2　血压的测量原理

## （二）测量方法

### 1. 准备工作

- 客户测前排空膀胱尿液，不饮酒不吸烟，不喝浓茶浓咖啡。
- 客户静坐在有靠背的椅子上至少 5min。双脚着地，肘部及前臂舒适地放在与心脏大约平行的位置上。
- 脱下衣袖露出右上臂，若衣袖单薄宽大，可向上卷到腋窝处。注意卷起的袖子不能太紧，压迫动脉血管。如果卷起后压迫血管，应将衣服脱掉露出上臂。
- 打开血压计的开关，将袖带内的气体挤出，观察血压计汞柱是否在“0”位。

### 2. 测量血压

**戴袖带：**将袖带在心脏水平处紧紧包裹右上臂，覆盖肱动脉，下缘在肘横纹上 2 指。松紧度以能放入一个手指为宜。

**放听诊器：**在肘窝内处摸到肱动脉（上臂中上 1/3 内侧）跳动后，将听诊器听头放在肱动脉上。注意不要将听诊器塞于袖带里面。

**加压打气：**挤压气囊，给袖带充气，同时可以看到汞柱升高。当听不到肱动脉搏动的声音后升高 20~30mmHg（非高血压患者 140~150mmHg，高血压患者比平时收缩压高 20~30mmHg）。

**缓慢放气：**以恒定的速率缓慢放气，速度为 2~5mmHg/s。对于心率缓慢者，放气速率应更慢些。在

放气过程中，在听到柯氏音第一声的数值为收缩压，柯氏音消失时对应的值为舒张压。获得舒张压读数后，快速放气至零。

**测量间隔：**两次测量至少间隔 1min。

### 3. 注意事项

· 测试前 30min 内客户不要吸烟或喝咖啡。

· 测试过程中应保持环境安静。

· 应选择适当宽窄的袖带，袖带应包裹 80% 的上臂。

· 测试后如发现检测结果超标，教练应建议客户咨询医生并获取运动许可，教练决不能给客户下诊断结论。

### （三）正常参考范围（收缩压 / 舒张压）

**正常血压：** 90~120mmHg / 60~80mmHg。

**高血压：** ＞ 140mmHg / 90mmHg。

**低血压：** ＜ 90mmHg / 60mmHg。

## 二、安静心率测量

### （一）测量目的

安静心率可以作为计算心肺耐力训练强度的指标，同时安静心率还是一个较为明显的健康指标，较高的安静心率往往是健康出现问题的信号。私人教练应在客户运动开始前了解客户的安静心率水平，以便合理地制订运动强度，同时还可利用安静心率随着心肺机能逐步提高而下降的现象作为激励客户持续坚持锻炼的指标之一。

### （二）测量方法

#### 1. 测量时机

客户在安静状态下，静坐至少 5min，再开始测量。理想的测量时机应在客户经过一夜良好的休息醒来后即刻进行，为晨起的安静心率，简称晨脉。

#### 2. 测量部位

桡动脉或颈动脉。推荐测量桡动脉，用两根手指轻轻地放在腕关节的桡动脉处（腕关节外侧），一旦发现脉搏，数 30s 的脉搏次数，然后将数值乘 2。（图 5–3）

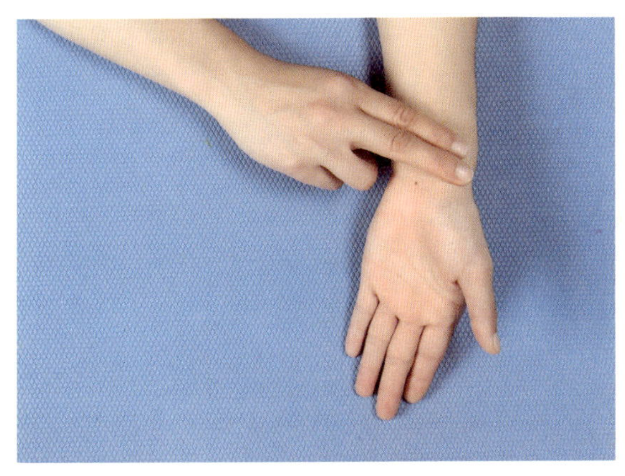

图 5–3　桡动脉脉搏测量方法

#### 3. 测量标准

正常人安静时，心率通常在 60~100 次 / 分。一般而言随着心肺功能的提高，安静心率会逐渐下降，是心泵功能提高的标志。

#### 4. 注意事项

- 通常情况下可教会客户，并让客户在同一时间段连续测量 3 天，然后将所得数值取平均数，以获得更加客观的数据结果。
- 测量过程中只需将手指轻轻放在桡动脉上即可，不要用力按压。
- 测量必须是在客户安静的状态下进行。
- 教练在为客户进行心率测量时，应确保客户在测量前 30min 不抽烟或喝咖啡。
- 测量过程中应保持环境安静，教练在与客户交流的过程中应保持柔和的语气。

## 三、身体成分测量

### （一）测量目的

身体成分测量主要包含客户的体脂百分比、身体围度、腰臀比、体重指数等数据的测量。这些数据不仅可以帮助教练全面了解客户训练前的起始水平，同时通过重复测量这些数据还能激励客户持续坚持锻炼，教练还可通过这些数据的改变情况了解训练计划实施的效果。

### （二）测量方法

身体成分测量方法主要包括身高、体重、围度、皮褶厚度、生物电阻等指标，进而得出体脂百分比、体重指数、腰臀比等数据。

#### 1. 身体围度测量

围度测量可用于预测身体成分，其中腰臀比是评价身体脂肪分布的简易指标，除测量腰围、臀围之外，教练还可一并测量客户的四肢围度作为将来训练效果的参照依据（例如利用增肌客户四肢围度的变化来激励其持续坚持训练）。

（1）测量部位

**胸围：**客户直立，双臂垂于两侧，匀速呼吸，水平测量胸部隆起最明显处。

**腰围：**客户直立，双臂垂于两侧，两脚并拢，腹部放松，在肚脐处水平测量。

**臀围：**客户直立，两脚并拢，水平测量臀部隆起最明显处。此测量用于腰臀比中的臀围测量。

**大腿围：**客户直立，在臀线处水平测量。

**小腿围：**客户直立（两脚分开约 20cm），在胫骨平台到腓骨外踝连线中点处水平测量。

**上臂围：**客户直立，双臂自然下垂于身体两侧，在肩峰到尺骨鹰嘴连线中点处水平测量。

**前臂围：**客户直立，两臂自然下垂稍离开躯干，掌心向前，在桡骨头到茎突连线中点处水平测量。

（2）测量注意事项

- 测量尺应使用可弯曲且无弹性的带状尺（皮尺）。
- 尺子应该置于皮肤表面，而不能压迫皮下脂肪组织。
- 同一部位应进行两次测量，若两次测量结果相差 5mm 以上要再次进行测量。
- 测量时可对身体各部位依次进行测量，然后重复进行二次测量。也可对同一部位连续测量两次，但需等该处皮肤恢复正常状态。（图 5-4）

胸围

腰围

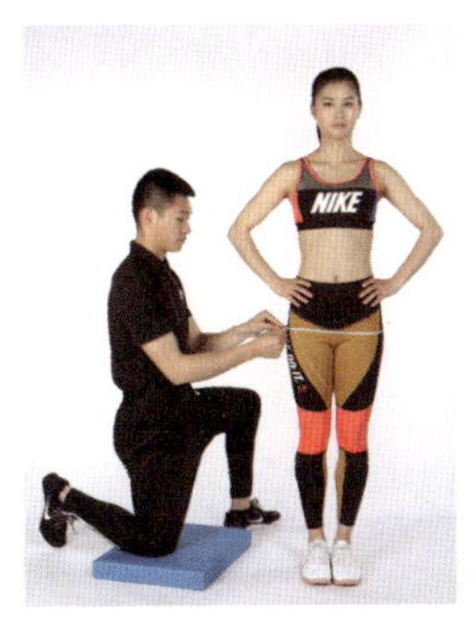
臀围

大腿围

小腿围

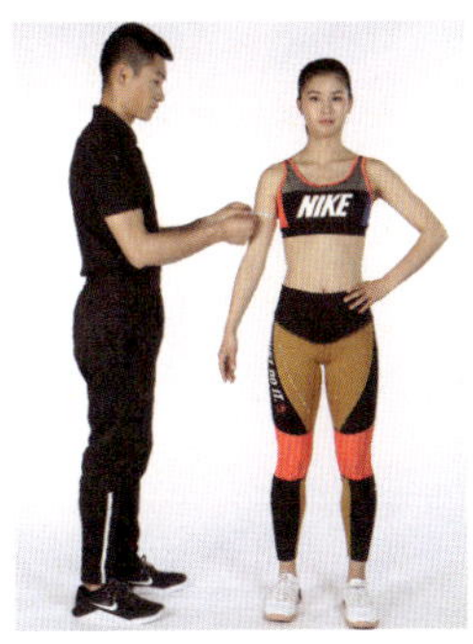
上臂围

前臂围

图 5-4 身体围度的测量部位

· 测量躯干部位时，尺子应与水平面平行。测量四肢围度时，尺子应与肢体纵轴垂直。

（3）结果分析

**腰围：**成年人标准为男性小于 85cm，女性小于 80cm。一旦超出这个标准，患心脑血管疾病、糖尿病等慢性病的危险将大大增加。男性腰围 85~95cm、女性腰围 80~90cm 为超重。男性腰围大于 95cm、女性腰围大于 90cm 为肥胖。

**腰臀比：**腰臀比是腰部围度与臀部围度的比值，是评价身体脂肪分布的简易指标。腰臀比是量化局部脂肪分布很方便的方法，腰臀比大的人，脂肪积存在腹部，罹患心脏病、糖尿病的危险性高。

· 成年男性：正常＜0.85；超重 0.85~0.90；肥胖＞0.90。
· 成年女性：正常＜0.75；超重 0.75~0.80；肥胖＞0.80。
· 腰围不达标或腰臀比低但体重指数≥28 者，为全身性或周围型肥胖。

### 2. 身高体重指数（Body Mass Index，BMI）

**计算方法：**BMI= 体重（kg）/ 身高（m）$^2$。

**BMI 的意义：**BMI 数值越高，心血管并发症、糖尿病、胆结石、骨关节炎等疾病的危险性也越高。

**评价标准：**最理想的 BMI 是 22。正常范围 18.5~23.9。BMI＜18.5 为低体重。BMI 在 24.0~27.9 为超重。BMI≥28 为肥胖（其中，28~31.9 为轻度肥胖，32~36.9 为中度肥胖，≥37 为重度肥胖）。

**BMI 的缺点：**

· 不能评价身体脂肪分布。
· 投掷、举重、摔跤运动员，或长期从事力量训练的人群，肌肉重量较大，其 BMI 较高，可能会做出不正确的解释。
· 怀孕或哺乳中的女性和身体虚弱或久坐不动的老人也不适用。

· 生长期的婴幼儿、儿童，患有水肿、腹水等疾病时，不易准确测量身高者也不适用。

表5-4 中国成人超重和肥胖的体重指数和腰围界限值与相关疾病危险的关系

| 分类 | 体重指数（kg/m²） | 腰围（cm） | | |
|---|---|---|---|---|
| | | 男：＜85<br>女：＜80 | 男：85~95<br>女：80~90 | 男：＞95<br>女：＞90 |
| 体重过低 | ＜18.5 | —— | —— | —— |
| 体重正常 | 18.5~23.9 | —— | 增加 | 高 |
| 超重 | 24.0~27.9 | 增加 | 高 | 极高 |
| 肥胖 | ≥28 | 高 | 极高 | 极高 |

注：①相关疾病指高血压、糖尿病、血脂异常和危险因素聚集；②体重过低可能预示有其他健康问题；③为了与国际数据可比，在进行BMI数据统计时，应计算并将BMI≥25及BMI≥30的数据纳入。

### 3. 用皮褶厚度计算体脂百分比

（1）皮褶厚度测量

皮褶厚度是推断全身脂肪含量、判断皮下脂肪发育情况的一项重要指标，可用X光、超声波、皮褶卡钳等测量。用卡钳测量皮褶厚度最为简单而经济，对人体无害。但是此方法需要操作者熟悉仪器的调试和检测方式，技术的差异不可避免地产生误差，其主要偏差的来源是检测者用手捏皮褶时施加的压力的稳定性，卡钳头的夹皮时间的长短，被测者的皮褶厚度的厚薄等。（图5-5）

图5-5 皮褶卡钳的使用方法

皮褶卡钳使用的注意事项包括：

· 客户自然站立，肌肉放松，体重平均分布在双下肢。
· 测量时，要把皮肤和皮下组织一起捏提起来，但不能把肌肉捏提起来。
· 测量时，皮褶卡钳的钳口连线应与皮褶走向垂直。
· 测量过程中，皮褶卡钳的刻度盘和钳口压力应经常校正。
· 每个部位测量三次，取中间值或两次相同的值。以毫米为单位，精确到0.5毫米。

结合教练工作实践需要，本节仅介绍皮褶测量法中的三点测量法。

（2）男性三点测量法

**测量部位：**胸部（腋前线和乳头连线 1/2 处），腹部（在脐侧 2cm 处、皮褶垂直走向），大腿（大腿前部中线、髌骨上缘和腹股沟连线中点垂直捏起皮褶）。

**计算公式：**

- 步骤一：身体密度（Body Density，Db）=1.10938 − 0.0008267 ×（三个部位皮褶厚度之和）+0.0000016 ×（三个部位皮褶厚度之和）$^2$ − 0.0002574 ×（年龄）
- 步骤二：体脂百分比（%Body Fat）=（4.95 ÷ Db − 4.5）× 100

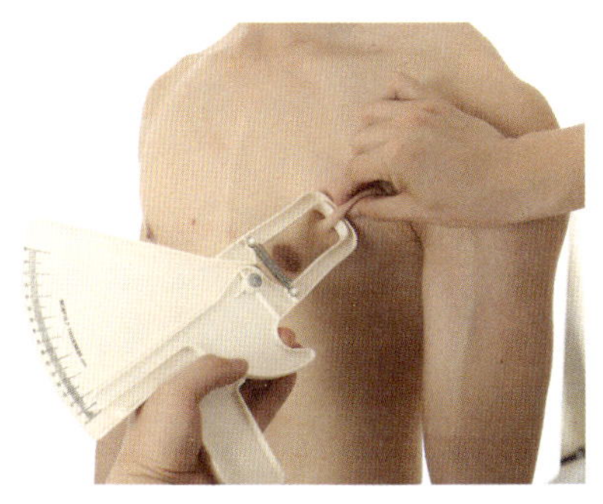

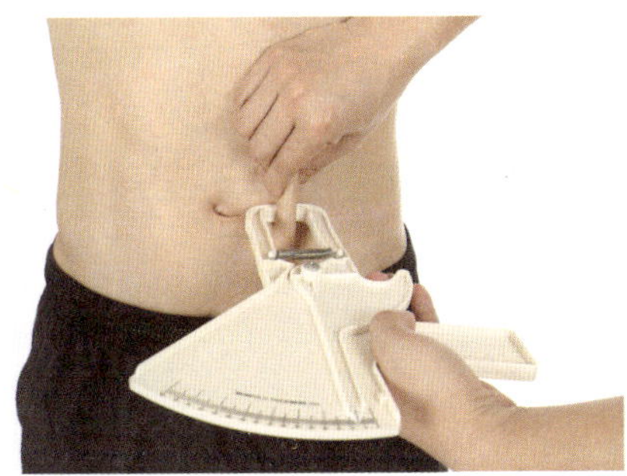

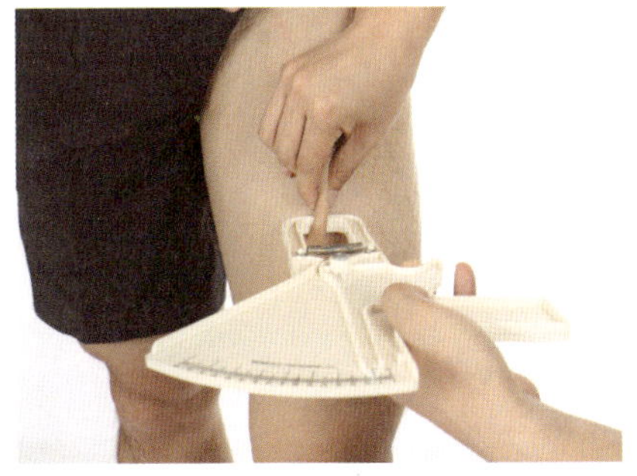

图 5-6　男性皮褶厚度的测量部位（胸部、腹部、大腿）

（3）女性三点测量法

**测量部位：**肱三头肌（手臂自然下垂于身体两侧，上臂后侧肩峰和鹰嘴连线的中点垂直捏起皮褶），髂前上棘（腋前线过髂前上棘上方处沿髂骨翼自然走行斜捏起皮褶），大腿（大腿前部中线、髌骨上缘与腹股沟连线中点垂直捏起皮褶）。

**计算公式：**

- 步骤一：身体密度（Body Density，Db）=1.0994921 − 0.0009929 ×（三个部位皮褶厚度之和）+0.0000023 ×（三个部位皮褶厚度之和）$^2$ − 0.0001392 ×（年龄）
- 步骤二：体脂百分比（%Body Fat）=（5.01 ÷ Db − 4.57）× 100

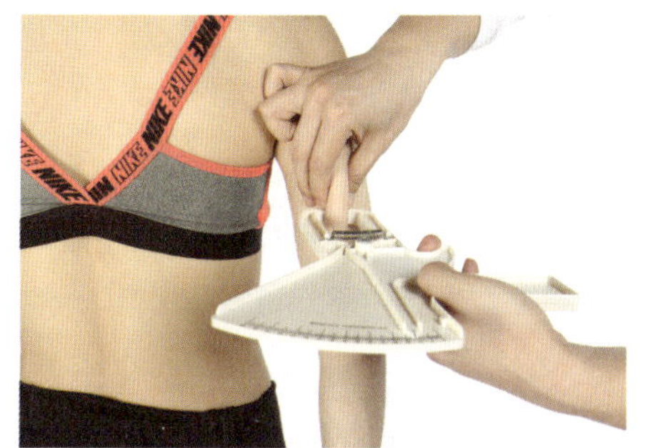


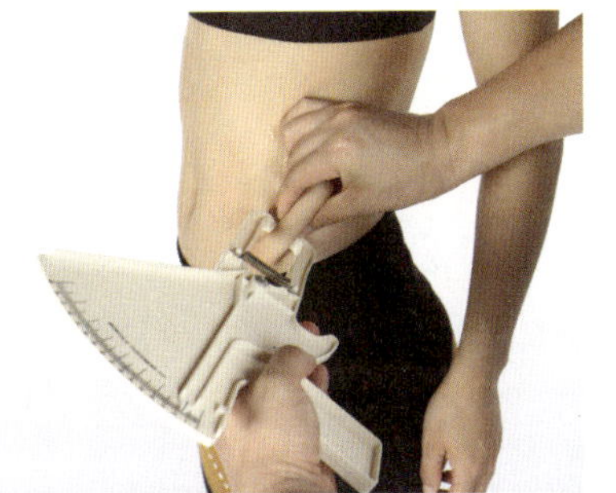

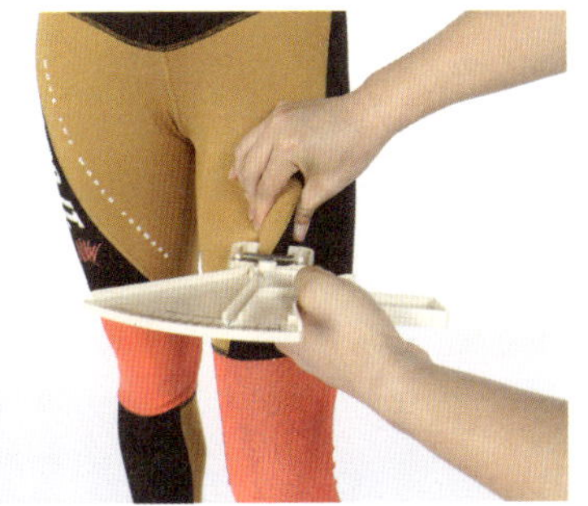

图 5-7　女性皮褶厚度的测量部位（肱三头肌、髂前上棘、大腿）

（4）体脂百分比的评价标准（表 5-5）

表 5-5 体脂百分比评价标准

| 分 类 | 男 子 | 女 子 |
|---|---|---|
| 最低脂肪含量 | 3.0~5.0 | 11.0~14.0 |
| 运动员（优秀） | 5.0~13.0 | 12.0~22.0 |
| 较理想含量（好） | 12.0~18.0 | 16.0~25.0 |
| 潜在危险量（一般） | 19.0~24.0 | 26.0~31.0 |
| 肥胖（需要努力） | 25.0 及以上 | 32.0 及以上 |

# 第四节 疲劳性测试

**导读：**疲劳性测试包括心肺耐力、肌肉力量和耐力，以及柔韧性测试。合理选择适当的测试方法，评估客户的体适能，正确地为客户设定训练目标，同时也可以评价训练效果。

## 一、心肺耐力测试

心肺适能评估是体适能评估的重要组成部分。通过评估，教练能够了解客户心肺机能的效率及其整体状况，获取的数据还能帮助教练科学地确定客户心肺训练的基线。

心肺适能评估的方法较多。测试方法可以是场地测试（计时跑或计距离跑）、运动平板测试、运动功率自行车测试等。测试强度可以是最大强度或次最大强度。测试过程可以是连续测试或间歇测试。测试级别可以是多级测试或单级测试。

心肺耐力测试的黄金标准是佩戴气体分析仪进行的极量运动测试，但该测试牵扯时间、费用及操作者专业技能等因素，同时具有较高风险，因此通常被用于医疗诊断等场景。教练常使用的心肺耐力检测方式大体可以分为两类，亚极量运动测试和田径场地测试。

亚极量运动测试通常将受试者的努力程度限定次最大用力水平，这类测试通常需要在实验室条件下完成，同时一次通常仅能测试一位受试者，如台阶测试就属于此类测试。

田径场地测试包含的种类很多，但通常都要求客户要么在规定距离内用尽可能少的时间完成，要么在规定时间内完成更长的距离，这些测试的优点是通常需要准备的测试器材较少，并且可以一次测量多名受试者，接下来介绍的 2.4km（1.5mi）跑测试及 12min 跑测试均属于田径场地测试的范畴。

结合教练工作实践需要及检测的有效性，本节介绍几种常用的测试方法。

### （一）台阶测试

#### 1. 测试原理

心肺适应能力强的人比心肺适应能力弱的人在运动后 3min 恢复期内心跳频率低。台阶测试虽然不是最好的评价心肺功能适应状况的方法，但它的优越性在于：可以在室内进行，能适合不同程度身体条件的人，且不需要昂贵的设施，并可以在很短的时间内完成。

#### 2. 测试方法

· 准备高度为 30.5cm 的台阶和节拍器。

· 让客户以 24 次 / 分的频率上下台阶（左脚上、右脚上、左脚下、右脚下为一次）。要求上的时候双脚站在台中央，下时全脚掌着地，身体和膝应充分伸直，不得跳跃和故意用力蹬踩，但允许换脚 1~2 次。中途连续 20s 跟不上节奏即停止试验。（图 5-8）
· 客户需要完成 3min 的上下台阶测试。
· 客户 3min 上下台阶后，即刻坐下测量 1min 心率。
· 根据心率值从标准表格中查得客户的体适能状态。（表 5-6）

图 5-8 台阶测试的动作要求

表 5-6 台阶测试评价标准 （单位：次 / 分）

| 性别 | 年龄（岁） | 需要努力 | | 一般 | 良好 | 优异 |
|---|---|---|---|---|---|---|
| 男 | 18~25 | ≥ 115 | 105~114 | 98~104 | 89~97 | ≤ 88 |
| | 26~35 | ≥ 117 | 107~116 | 98~106 | 89~97 | ≤ 88 |
| | 36~45 | ≥ 119 | 112~118 | 103~111 | 95~102 | ≤ 94 |
| | 46~55 | ≥ 122 | 116~121 | 104~115 | 97~103 | ≤ 96 |
| | 56~65 | ≥ 119 | 112~118 | 102~111 | 98~101 | ≤ 97 |
| | 65+ | ≥ 120 | 114~119 | 103~113 | 96~102 | ≤ 95 |
| 女 | 18~25 | ≥ 125 | 117~124 | 107~116 | 98~106 | ≤ 97 |
| | 26~35 | ≥ 128 | 119~127 | 111~118 | 98~110 | ≤ 97 |
| | 36~45 | ≥ 128 | 118~127 | 110~117 | 102~109 | ≤ 101 |
| | 46~55 | ≥ 127 | 121~126 | 114~120 | 103~113 | ≤ 102 |
| | 56~65 | ≥ 128 | 118~127 | 112~117 | 104~111 | ≤ 103 |
| | 65+ | ≥ 128 | 122~127 | 115~121 | 101~114 | ≤ 100 |

### 3. 注意事项

· 客户必须通过健康问卷调查（14~69 岁），且所有回答均为“否”。
· 询问客户是否服用心血管疾病治疗药物，是否存在腿部的关节与肌肉问题。
· 测试过程中如果超过最大心率的 85% 或客户感到任何不适，应终止测试。
· 如果客户缺乏良好的协调性或年纪较大，应避免使用此方式测试。

## （二）2.4km（1.5mi）跑测试

### 1. 测试前准备

为确保测试顺利进行，在测试前应准备 1/4mi（402.34m）的跑道，或具有适合跑步并能测量 1.5mi（2.4km）距离的跑步场地，此外还需要秒表、终点计时员和成绩记录员各一人。

### 2. 测试方法

- 客户在测试前应充分进行准备活动。
- 多人参加测试则建议佩戴号码布以便于区分和记录。
- 测试前客户应站在起跑线后等候，同时测试人员应提醒其尽可能快地完成跑步，同时还能维持平稳的步频。
- 听到信号后，客户开始跑步，并以尽可能快的速度完成全程。
- 客户通过终点线后代表测试结束，以 min 或 s 为单位记录成绩。测试结果评价见表 5-7。

表 5-7　1.5mi 测试结果评价

| 百分比等级 | 男性（min:s） | | 女性（min:s） | |
|---|---|---|---|---|
| | 20~29 岁 | 30~39 岁 | 20~29 岁 | 30~39 岁 |
| 99 | < 7:29 | < 7:11 | < 8:33 | < 10:05 |
| 90 | 9:09 | 9:30 | 11:43 | 12:51 |
| 80 | 10:16 | 10:47 | 12:51 | 13:43 |
| 70 | 10:47 | 11:34 | 13:53 | 14:24 |
| 60 | 11:41 | 12:20 | 14:24 | 15:08 |
| 50 | 12:18 | 12:51 | 14:55 | 15:26 |
| 40 | 12:51 | 13:36 | 15:26 | 15:57 |
| 30 | 13:22 | 14:08 | 15:57 | 16:35 |
| 20 | 14:13 | 14:52 | 16:33 | 17:14 |
| 10 | 15:10 | 15:52 | 17:21 | 18:00 |
| 01 | > 17:48 | > 18:00 | > 19:25 | > 19:27 |

## （三）12min 跑测试

### 1. 测试前准备

为确保测试顺利进行，在测试前应准备好秒表、400m 田径场或每隔 100m 设置标记的环形路线，以及终点计时员和成绩记录员各一人。

### 2. 测试方法

- 客户在测试前应充分进行准备活动。
- 多人参加测试则建议佩戴号码布以便于区分和记录。
- 测试前客户应站在起跑线后等候，同时测试人员应提醒其在 12min 内尽可能快地完成跑步，但如有必要，也可部分或全程时间内步行完成。
- 听到信号后，客户开始跑步，当时间到达 12min 时，发出结束信号，客户停止运动。
- 记录测试者跑过的距离。测试结果评价见表 5-8。

表 5-8 12min 跑测试结果评价 （单位：m）

| 性别 | 百分比（%） | 20~29 岁 | 30~39 岁 | 40~49 岁 | 50~59 岁 | 60+ 岁 |
|---|---|---|---|---|---|---|
| 男性 | 90 | 2800 | 2752 | 2655 | 2527 | 2398 |
| | 80 | 2655 | 2591 | 2478 | 2334 | 2205 |
| | 70 | 2591 | 2494 | 2366 | 2221 | 2076 |
| | 60 | 2478 | 2398 | 2285 | 2140 | 1996 |
| | 50 | 2414 | 2334 | 2205 | 2076 | 1915 |
| | 40 | 2334 | 2237 | 2140 | 2012 | 1851 |
| | 30 | 2269 | 2173 | 2076 | 1947 | 1786 |
| | 20 | 2157 | 2076 | 1980 | 1851 | 1690 |
| | 10 | 2044 | 1947 | 1883 | 1754 | 1529 |
| 女性 | 90 | 2478 | 2334 | 2269 | 2076 | 2076 |
| | 80 | 2334 | 2221 | 2124 | 1947 | 1899 |
| | 70 | 2205 | 2140 | 2012 | 1883 | 1819 |
| | 60 | 2140 | 2044 | 1947 | 1819 | 1722 |
| | 50 | 2076 | 2012 | 1883 | 1770 | 1658 |
| | 40 | 2012 | 1947 | 1819 | 1706 | 1593 |
| | 30 | 1947 | 1867 | 1770 | 1642 | 1561 |
| | 20 | 1867 | 1786 | 1690 | 1577 | 1513 |
| | 10 | 1770 | 1690 | 1625 | 1497 | 1432 |

## 二、肌肉力量与耐力测试

肌肉力量和肌肉耐力统称肌肉适能，运动前测试客户的肌肉适能水平将使教练能够获得客户运动前肌肉适能的起始状况，从而为教练科学设计运动方案提供有效依据。在经过一段时间的训练后重复为客户进行肌肉适能水平的测试，则有助于激励客户持续坚持锻炼。结合教练的工作实践需要及安全考虑，主要介绍几种简便易行的测试方法。

### （一）1min 仰卧起坐：测量腹部肌肉耐力

#### 1. 测试步骤

· 客户仰卧于垫子上，身体平贴垫面，膝关节屈 90°，双手交叉放于胸前。

· 教练负责固定客户的双脚，发出信号后请客户完成仰卧起坐动作。要求坐起时肘关节接触大腿，还原时肩胛骨接触垫面为 1 次。（图 5-9）

· 客户持续完成 1min 仰卧起坐动作，教练负责计时及计数。测试结果评价见表 5-9。

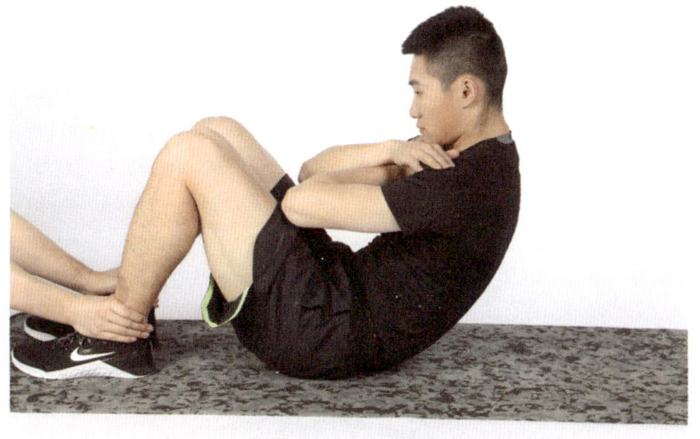

图 5-9 仰卧起坐的标准动作

表 5-9 1min 仰卧起坐参照标准　　（单位：次）

| 性别 | 年龄（岁） | 需要努力 | | 一般 | 良好 | 优秀 |
|---|---|---|---|---|---|---|
| 男 | 12~14 | ≤ 14 | 15~26 | 27~35 | 36~42 | ≥ 43 |
| | 15~17 | ≤ 15 | 16~27 | 28~37 | 38~47 | ≥ 48 |
| | 18~29 | ≤ 16 | 17~28 | 29~40 | 41~50 | ≥ 51 |
| | 30~39 | ≤ 12 | 13~23 | 24~32 | 33~43 | ≥ 44 |
| | 40~49 | ≤ 10 | 11~22 | 23~27 | 28~38 | ≥ 39 |
| | 50~59 | ≤ 7 | 8~16 | 17~21 | 22~33 | ≥ 34 |
| | 60+ | ≤ 5 | 6~12 | 13~17 | 18~30 | ≥ 31 |
| 女 | 12~14 | ≤ 13 | 14~21 | 22~26 | 27~34 | ≥ 35 |
| | 15~17 | ≤ 14 | 15~22 | 23~27 | 28~35 | ≥ 36 |
| | 18~29 | ≤ 13 | 14~21 | 22~26 | 27~34 | ≥ 35 |
| | 30~39 | ≤ 10 | 11~19 | 20~25 | 26~32 | ≥ 33 |
| | 40~49 | ≤ 8 | 9~18 | 19~23 | 24~30 | ≥ 31 |
| | 50~59 | ≤ 5 | 6~12 | 13~17 | 18~28 | ≥ 29 |
| | 60+ | ≤ 4 | 5~10 | 11~14 | 15~25 | ≥ 26 |

#### 2. 注意事项

- 提醒客户在完成动作的过程中不能憋气。
- 测试前必须通过体力活动准备问卷，且所有回答均为“否”。
- 测试前注意询问客户是否有腰部及颈部问题。如有颈椎、腰椎问题，需要经过评估之后才能决定能否进行测试。
- 测试过程持续激励客户。
- 如客户未曾进行仰卧起坐可先辅助其练习。

### （二）双手握力测试：测量前臂肌群肌力

#### 1. 测试步骤

- 垂直站立，手持握力计于身旁，握力计指针向外。（图 5-10）
- 让客户用全力紧握器械手柄。
- 左、右手各做 3 次，每次之间可休息 30s，各取最佳成绩，然后取其总和做记录。
- 测试数值越高，表示前臂肌肉力量越强。一般也用来表示上肢肌力的强弱。测试结果评价见表 5-10。

图 5-10　握力测试

#### 2. 注意事项

- 提醒客户发力过程中不能憋气。
- 测试前必须通过体力活动准备问卷，且所有回答均为“否”。
- 测试前注意询问客户是否有手部的问题。
- 测试过程持续激励客户。

· 读数时应确保视线与测试仪器表盘相垂直。

· 标准范围仅覆盖 20~40 岁之间人群，超出年龄段客户不建议安排此项测试。

表 5-10 握力测试（左手 + 右手）参照标准 （单位：kg）

| 性别 | 年龄（岁） | 需要努力 | | 一般 | 良好 | 优秀 |
|---|---|---|---|---|---|---|
| 男 | 20~29 | ≤ 60 | 61~69 | 70~81 | 82~91 | ≥ 92 |
| | 30~39 | ≤ 60 | 61~68 | 69~80 | 81~89 | ≥ 90 |
| 女 | 20~29 | ≤ 34 | 35~39 | 40~47 | 48~54 | ≥ 55 |
| | 30~39 | ≤ 36 | 37~40 | 41~49 | 50~55 | ≥ 56 |

## （三）1RM 测试

对用于具备抗阻训练经验，并对测试动作具有技术经验的中级或高级运动员可以采用肌力测试的经典方法——1RM 测试。1RM 测试可以帮助教练更好地为运动员设定抗阻训练强度，但缺点是并不适用于没有经验、受伤或伤病观察中的运动员。

### 1. 适用范围

1RM 测试较适用于测试包含一个或一个以上大肌肉群（即胸、肩、背、臀或大腿）的多关节动作。但并非符合以上条件的动作都适合进行 1RM 测试，例如“俯身划船”动作，因为腰部肌肉在测试中容易出现疲劳导致出现测试误差，因此教练在选择测试动作时应注意规避此类动作。

### 2. 测试流程

（1）客户以轻松完成 5~10 次重复的重量进行热身。

（2）休息 1min。

（3）用以下加重方式，推估可以完成 3~5 次重复的热身重量：上肢训练动作加 4~9kg 或 5%~10%；下肢训练动作加 14~18kg 或 10%~20%。

（4）休息 2min。

（5）用以下加重方式，推估可以完成 3~5 次重复的热身重量：上肢训练动作加 4~9kg 或 5%~10%；下肢训练动作加 14~18kg 或 10%~20%。

（6）休息 2~4min。

（7）增加重量：上肢训练动作加 4~9kg 或 5%~10%；下肢训练动作加 14~18kg 或 10%~20%。

（8）客户试举 1RM 的重量。

（9）如果成功，休息 2~4min，然后回到流程（7）。如果失败，休息 2~4min，再以上肢训练动作减重 2~4kg 或 2.5%~5%，下肢训练动作减重 7~9kg 或 5%~10% 的方式减重，然后回到流程（8）。

（10）继续加重或减重，直到可用正确动作完成一次反复，客户最好能在 5 次测试中测出 1RM 的重量。

### 3. 1RM 测试实践举例

（1）1RM 卧推测试

· 准备标准杠铃杆一根，多个杠铃片和带两个安全扣锁，确保杠铃片数量与种类充足，最小的重量应为 2.5kg，另需准备坚实的卧推架一台。

· 测试者最好有两人，一人负责保护，一人负责记录。

· 测试者在测试过程中应站在长凳的一端，随时为客户提供保护和帮助。

- 按照上文介绍的测试流程进行 1RM 卧推测试。

（2）1RM 深蹲测试

- 准备标准杠铃杆一根，多个杠铃片和带两个安全扣锁，确保杠铃片数量与种类充足，最小的重量应为 2.5kg；另需准备坚实的具有保护措施的深蹲架一台。（图 5–11）
- 测试的地面必须平整。
- 测试者最好有三人，两人负责保护，一人负责记录。
- 按照上文介绍的测试流程进行 1RM 深蹲测试。

图 5–11　1RM 测试（卧推、深蹲）

## 三、柔韧性测试

柔韧性对于日常活动和运动训练具有较为重要的作用，包括上肢、下肢、躯干的柔韧性。柔韧性测试方法多种多样，从简单的视觉评估到测量触摸距离的变化，又或是用特制的设备测量关节活动度，教练可根据所具有的设备条件及客户实际情况，灵活选择其中的一项或几项作为测试方案。

### （一）坐位体前屈测试：背部及大腿后侧柔韧性

#### 1. 测试设备

垫子、坐位体前屈测试仪或皮尺。

#### 2. 测试步骤

- 客户双腿伸直，双脚赤脚踩在与地面垂直的踏板上。
- 双手手指并拢，弯腰向前，双手缓缓向前推动游标至最远端。

· 在最远处停留 3s。（图 5-12）
· 稍休息，重复动作三次，取最好成绩。测试结果评价见表 5-11。

图 5-12　坐位体前屈测试

表 5-11　坐位体前屈评价指标（以起点计算）　　（单位：cm）

| 性别 | 年龄（岁） | 需要努力 | 一般 | 好 | 优秀 |
|---|---|---|---|---|---|
| 男 | 20~29 | −18~−3 | −2~4 | 5~9 | 10~24 |
| | 30~39 | −18~−4 | −3~3 | 4~8 | 9~22 |
| | 40~49 | −31~−7 | −6~0 | 1~5 | 6~20 |
| | 50~59 | −33~−11 | −10~−4 | −3~4 | 5~17 |
| 女 | 20~29 | −14~7 | 8~12 | 13~17 | 18~28 |
| | 30~39 | −15~4 | 5~9 | 10~14 | 15~26 |
| | 40~49 | −20~0 | 1~5 | 6~12 | 13~23 |
| | 50~59 | −24~−1 | 0~4 | 5~9 | 10~21 |

### 3. 注意事项

· 测试前应做适量的热身和伸展运动。
· 测试前需询问客户是否有腰背部问题或有任何伤害导致不能用手触及脚尖。
· 客户在测试时应确保双手平行，如有必要可双手叠加在一起。
· 为确保获取最佳成绩，客户可在向前推动游标时呼气，同时将头埋入双臂之间。
· 测试过程中客户双腿应保持自然伸直，但测试人员不能按压其膝盖。
· 测试过程中必须停留 3s，不能靠震颤获取成绩。
· 测试两次，选择结果最好的一次进行成绩记录。超过起点为“+”，不到起点为“−”。
· 此测试方法适合于 60 岁以下的人群。

## （二）双手背勾测试

### 1. 测试目的

测试肩关节的柔韧性，适合于 60 岁及以上的人群。

### 2. 测试设备

直尺或卷尺。

### 3. 测试方法

如果测试左肩，则左肩在下，右肩在上。左手伸于背后，手掌朝后，尽力向上用力，完成伸展、内收、内旋的动作。右肩在上，肩和肘部屈曲，手置于颈后，手掌向前，尽量向下用力，完成屈曲、外旋和外展的动作。试着让双手的手指接触。双侧均需要测试。（图 5–13）

### 4. 测试评分

测量手与手之间的最小距离。双手接触重叠部分为“+”，双手接触不到相距部分为“–”，测试结果评价见表 5–12。

图 5–13 双手背勾测试

表 5–12 双手背勾测试的评价标准 （单位：cm）

| 年龄（岁） | 1 分 | 2 分 | 3 分 | 4 分 | 5 分 |
|---|---|---|---|---|---|
| 40~44 | –15.0~–9.0 | –8.9~0.8 | 0.9~5.7 | 5.8~10.5 | 10.6 以上 |
| 45~49 | –17.7~–10.9 | –9.9~–1.0 | –0.9~5.0 | 5.1~10.1 | 10.2 以上 |
| 50~54 | –20.0~–13.0 | –12.9~–2.0 | –1.9~3.5 | 3.6~9.5 | 9.6 以上 |
| 55~59 | –25.0~–17.0 | –16.9~–5.0 | –4.9~2.3 | 2.4~9.0 | 9.1 以上 |

## （三）关节活动度测试

### 1. 测试目的

测试特定关节的活动幅度或活动弧度。

### 2. 测试方法

除关节的回旋运动外，通常情况下测量关节活动度都是以解剖体位作为关节运动的起始位置，即关节的 0° 位置。关节活动度分为主动（Active ROM，AROM）和被动（Passive ROM，PROM）两类。主动活动度指客户在没有任何外力辅助下实现的关节活动度；被动活动度指客户的关节完全依靠检测人员的外力被动实现的关节活动度。本节仅介绍与健康及日常体力活动联系较为密切的主动活动度测量方法，并以肩关节和髋关节的主要关节活动度测量方法进行举例演示。如需学习全身关节的活动范围测量方法，可参考《康复评定学》等。

（1）肩关节屈

· 客户呈坐姿，收腹，挺胸，下颌微收，双臂自然下垂，肘关节自然伸直，掌心朝向身体。

· 量角器的轴心对准肩峰，量角器的固定臂与地面垂直，活动臂以肱骨外上髁为参照对准肱骨的中线。（图 5–14）
· 使客户做肩关节屈的动作直到其感受到阻力停止动作，教练记录关节角度信息。
· 该测试也可在仰卧位的情况下完成，客户采用仰卧位时需屈髋屈膝。

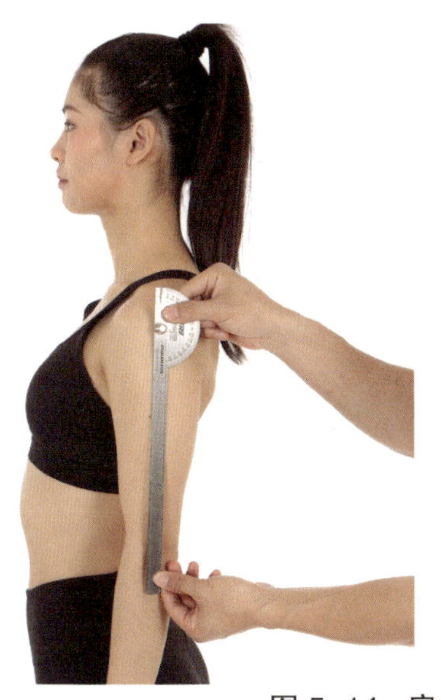

图 5–14　肩关节屈的活动范围测试

（2）肩关节伸
· 客户俯卧，下颌微收，双臂贴于身体两侧，肘关节自然伸直，掌心朝向身体。
· 量角器的轴心对准客户肩峰，量角器的固定臂与地面平行，活动臂以肱骨外上髁为参照对准肱骨的中线。（图 5–15）
· 使客户做肩关节伸的动作直到其感受到阻力时停止动作，教练记录关节角度信息。

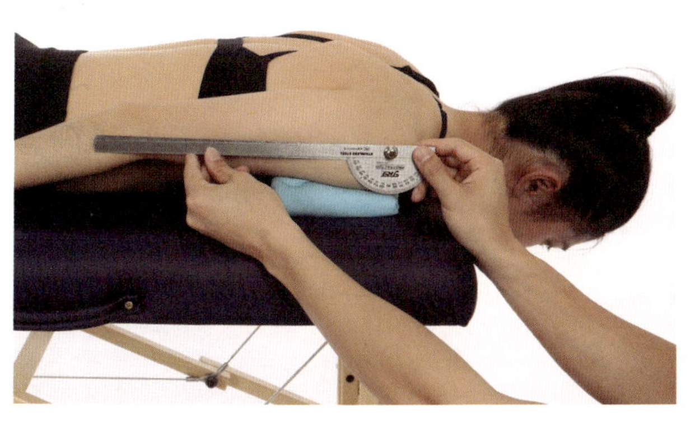
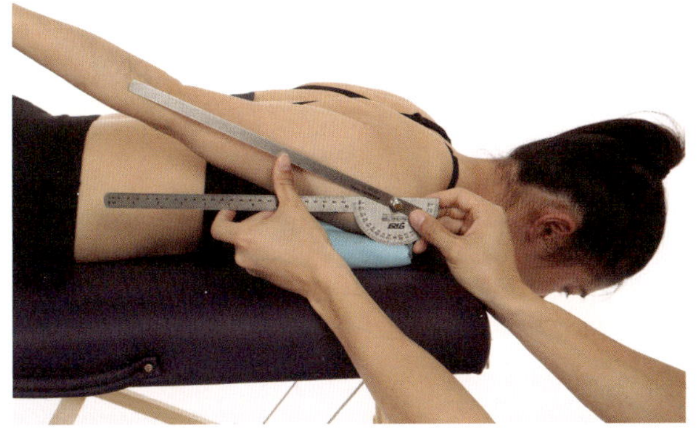

图 5–15　肩关节伸的活动范围测试

（3）肩关节内旋
· 客户俯卧，下颌微收，一侧手臂肩关节外展 90°，肘关节屈 90°，毛巾位于受测手臂下方。
· 量角器的轴心对准客户肘关节鹰嘴突，量角器固定臂与地面垂直，活动臂以尺骨茎突为参照对准尺骨外侧中线。（图 5–16）
· 使客户做肩关节内旋的动作直到其感受到阻力时停止动作，教练记录关节角度信息。

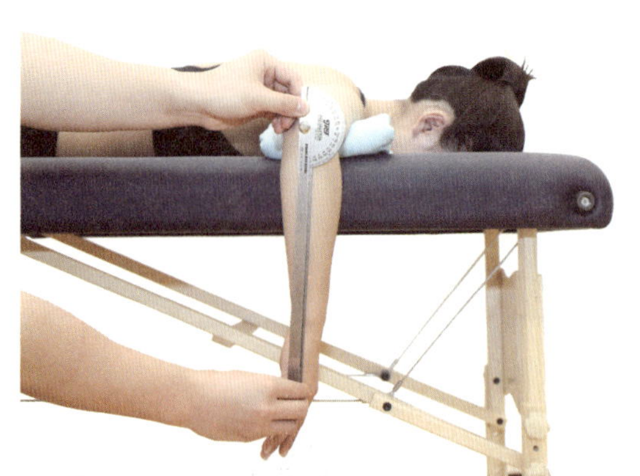
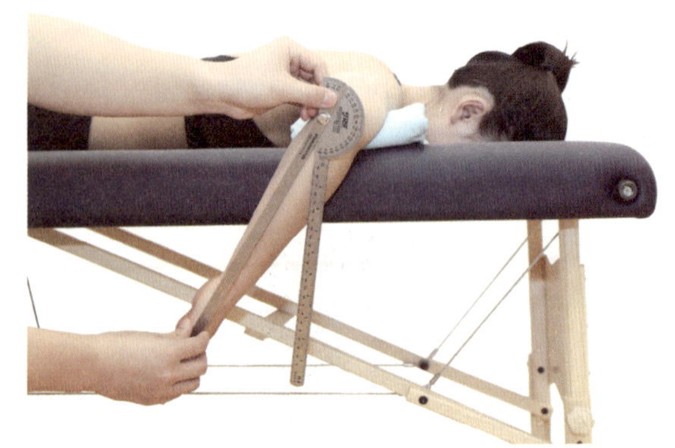

图 5–16 肩关节内旋的活动范围测试

(4) 肩关节外旋

· 客户仰卧，下颌微收，一侧手臂肩关节外展 90°，肘关节屈 90°

· 量角器的轴心对准客户肘关节鹰嘴，量角器固定臂与地面垂直，活动臂以尺骨茎突为参照对准尺骨外侧中线。(图 5–17)

· 使客户做肩关节外旋的动作直到其感受到阻力时停止动作，教练记录关节角度信息。

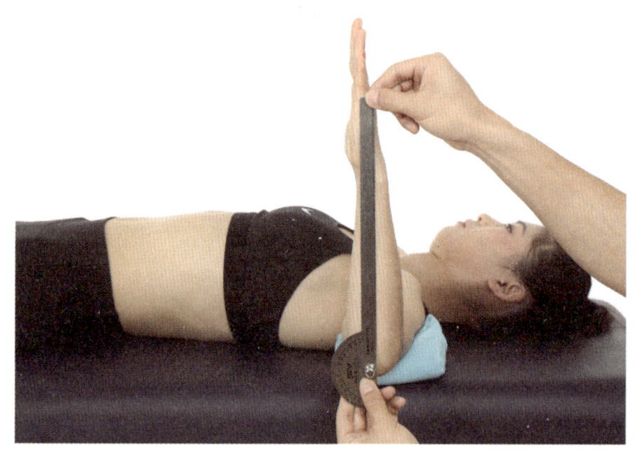
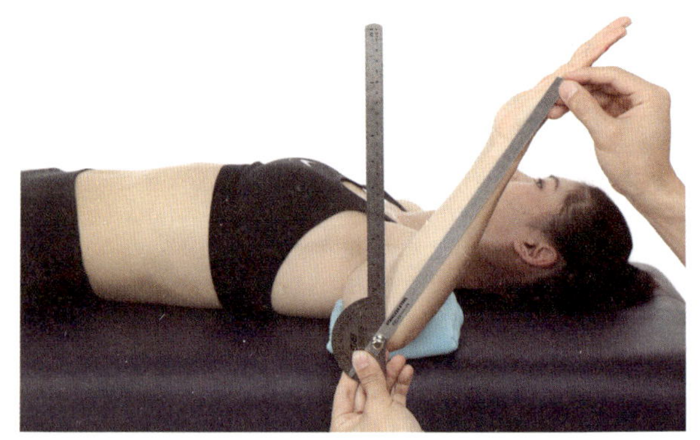

图 5–17 肩关节外旋的活动范围测试

(5) 髋关节屈

· 客户仰卧，收腹，挺胸，下颌微收，非测试侧的髋、膝关节保持伸直。

· 量角器的轴心对准客户股骨大转子，量角器的固定臂对准骨盆外侧中线，活动臂以股骨外上髁为参照对准股骨外侧中线。(图 5–18)

· 使客户的测试腿在保持膝关节屈曲的情况下做髋关节屈的动作，直到其感受到阻力时停止动作，教练记录关节角度信息。

(6) 髋关节伸

· 客户俯卧，收腹，挺胸，下颌微收，膝关节自然伸直。

· 量角器的轴心对准客户股骨大转子，量角器的固定臂对准骨盆外侧中线，活动臂以股骨外上髁为参照对准股骨外侧中线。(图 5–19)

· 使客户的测试腿在保持膝关节伸直的情况下做髋关节伸的动作，直到其感受到阻力时停止动作，教练记录关节角度信息。

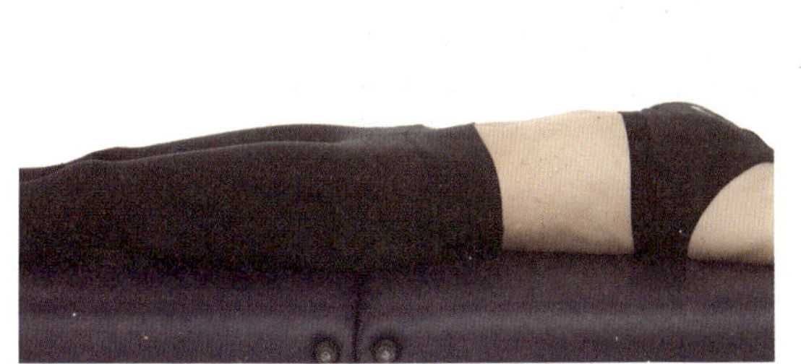

图 5-18 髋关节屈的活动范围测试

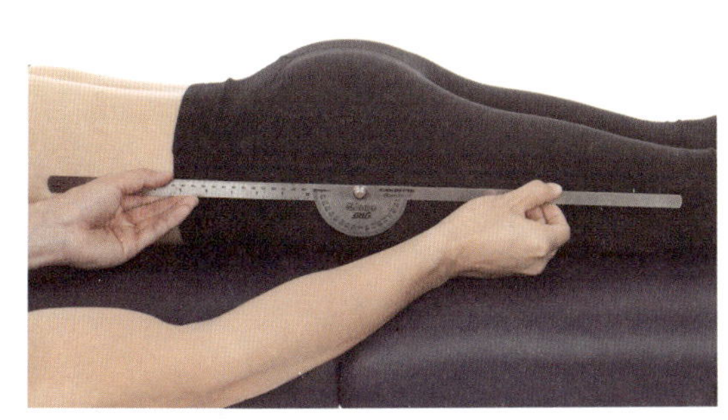
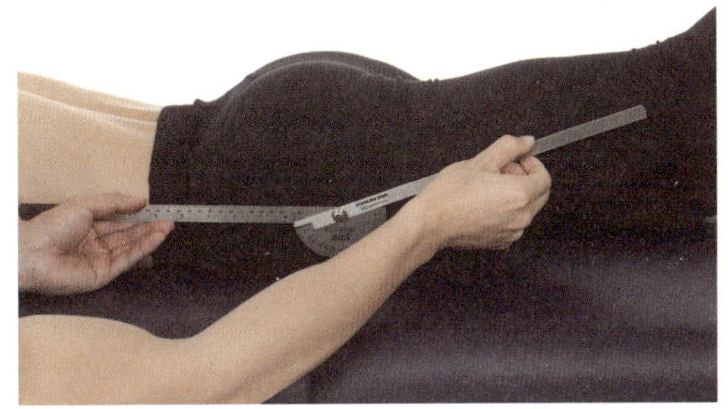

图 5-19 髋关节伸的活动范围测试

（7）髋关节外展

· 客户仰卧，收腹，挺胸，下颌微收，膝关节自然伸直。

· 量角器的轴心对准客户髂前上棘，量角器的固定臂对准两侧髂前上棘连线，活动臂以髌骨中线为参照对准股骨前侧中线。（图 5-20）

· 使客户的测试腿在保持膝关节伸直的情况下做髋关节外展的动作，直到其感受到阻力时停止动作，教练记录关节角度信息。

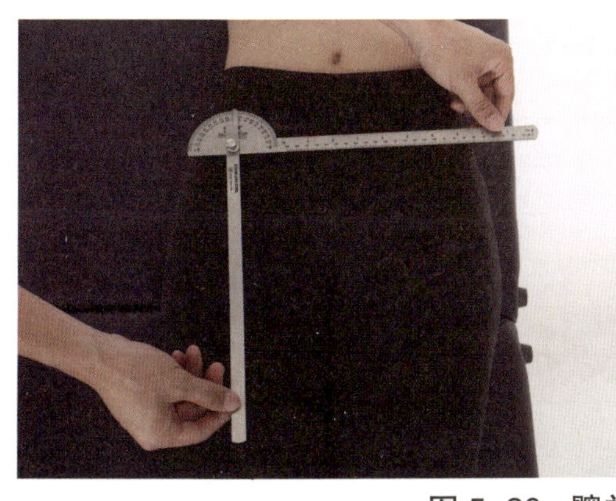
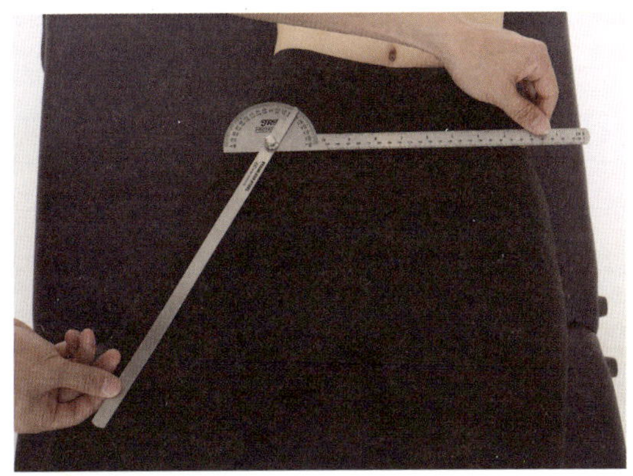

图 5-20 髋关节外展的活动范围测试

（8）髋关节内收

· 客户仰卧，收腹，挺胸，下颌微收，膝关节自然伸直，双腿并拢。

· 量角器的轴心对准客户髂前上棘，量角器的固定臂对准两侧髂前上棘连线，活动臂以髌骨中线为参照对准股骨前侧中线。（图 5-21）

· 使客户的测试腿在保持膝关节伸直的情况下做髋关节内收的动作，直到其感受到阻力时停止动作，教练记录关节角度信息。

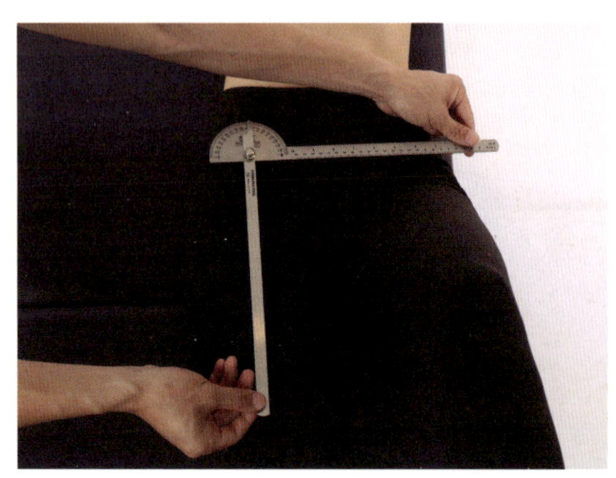
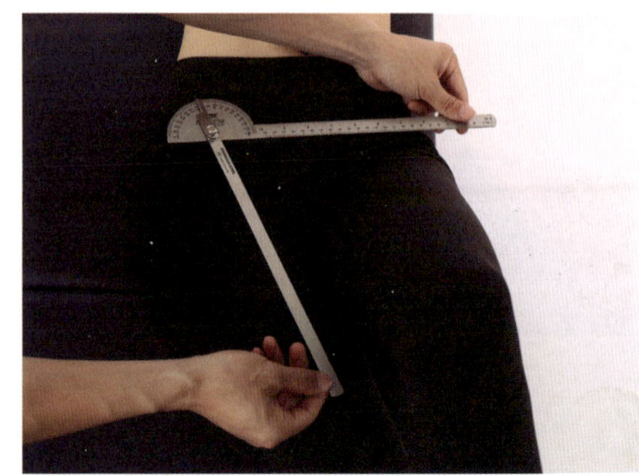

图 5-21　髋关节内收的活动范围测试

### 3. 注意事项

· 正确识别骨性标志点。
· 迅速区分关节运动轴所在位置，进而正确放置关节角度尺。
· 测试自始至终确保身体处于正确的排列状态，减少临近关节的代偿。
· 客户缓缓执行动作，确保量角器始终对准测试部位。
· 确保读数及记录准确。
· 测试人员清楚掌握各关节活动度的正常信息。（表 5-13）
· 认真观察确保测试是在无痛状态下完成的。

表 5-13　常见单关节活动度对照表　（单位：°）

| 肩关节 | | | |
|---|---|---|---|
| 屈 | 90~120 | 伸 | 20~60 |
| 外展 | 80~100 | | |
| 水平伸 | 30~45 | 水平屈 | 90~135 |
| 内旋 | 70~90 | 外旋 | 70~90 |
| 肘关节 | | | |
| 屈 | 135~160 | 伸 | 0~10 |
| 旋后 | 75~90 | 旋前 | 75~90 |
| 躯干 | | | |
| 屈 | 120~150 | 伸 | 20~45 |
| 侧屈 | 10~35 | 回旋 | 20~40 |
| 髋关节 | | | |
| 屈 | 90~135 | 伸 | 10~30 |
| 外展 | 30~50 | 内收 | 10~30 |
| 内旋 | 30~45 | 外旋 | 45~60 |
| 膝关节 | | | |
| 屈 | 130~140 | 伸 | 5~10 |
| 踝关节 | | | |
| 背屈 | 15~20 | 跖屈 | 30~50 |
| 足内翻 | 10~30 | 足外翻 | 10~20 |

# 第五节 身体姿态评估

**导读：** 身体姿态评估目前已经被私人教练广泛接受，并将其纳入为客户设计的体适能评估方案之中，原因在于良好的姿态能够确保人体的骨骼肌处于良好的长度—张力关系及力量协同关系状态下，从而使人体能够发挥最佳的动作效能。与此相反，人体如果处于不良姿态下，异常的长度—张力关系及力量协同关系将使人体的动作效能下降，同时会造成不正常的压力作用于关节上。目前在教练中使用较多的评估方式可以分为静态及动态两大类。前者主要可以反映人体骨骼肌的长度—张力关系状况，而后者则可进一步反映由长度—张力关系改变而引起的力量协同关系的改变情况。

身体姿态是指身体及身体各部位练习的各个阶段所处的状态，包括坐、站的静态姿态，以及走、跑的动态姿态。

当身体处于良好的姿态时，相关的肌肉保持在最佳的长度，有较高的工作效率，并保证适宜的关节活动范围，提供最大的输出力量，同时减少受伤的机会，人体产生高水平的功能力量。当身体处于不良姿态时，肌肉的协调性和动作模式也会受影响，进而出现肌肉不平衡，导致慢性疼痛。

通过评估发现客户是否存在三种常见的因为肌肉长度—张力关系改变而引发的不良姿态——头部前伸、肩部前伸和骨盆前倾。

## 一、静态姿态评估

在静态姿态评估中，人体运动链的检查关键点从下到上包括足和脚踝、膝、臀、骨盆、腰椎、胸椎、颈椎和头部，以及上肢等重要部位，分别从正面、侧面和背面进行观察。

### 1. 评估步骤

- 客户在站姿状态下，教练从正面、侧面、背面观察客户。
- 教练重点选取客户的头部、肩部及骨盆三个部位进行观察，并进行记录。
- 教练将观察结果与理想姿态标准进行对比，以发现客户存在的不良姿态。

### 2. 理想姿态

理想姿态指身体各个部分之间保持平衡协调状态，确保身体骨骼肌保持合适的长度—张力关系，以使身体发挥最大的动作效能。（图 5-22、表 5-14）

（1）正面观

头部朝向正前方，没有旋转或侧弯。双侧肩膀和锁骨等高。肚脐位于正中央，没有左右偏移。双侧髂前上棘等高。股骨直立（垂直于地面）而且没有外旋或内旋。 双侧大腿的肌肉形状及体积差不多。双侧膝盖同高。髌骨朝向正前方且两侧同高。胫骨直立（垂直于地面）且双侧小腿肌肉形状及体积差不多。双侧内踝同高。脚掌稍微由中线往外旋。

（2）侧面观

垂线穿过人体的耳垂、肩部中央、腰椎、股骨大转子，同时垂线位于膝关节转动轴及踝关节稍前方。头部无前伸或后缩、仰头或低头。颈椎应该有正常弧度（前凸），但不会过分前凸或平坦。双侧肩膀无含胸。胸椎应该有正常的弧度（后凸），但不会过分后凸或平坦。胸部自然挺起。腰椎应该有自然的弧度（前凸），但不会过分前凸或平坦。骨盆应该位于自然的解剖位置。髂前上棘与耻骨位于同一垂直平面。髂前上棘与髂后上棘差不多等高。骨盆没有前倾或后倾。 双侧臀部及大腿的肌肉形状及体积差不多。膝盖应该自然伸直，没有屈曲或过伸。自然的足背屈。

（3）背面观

脚跟竖直并相平行，无过分的旋前；膝关节无内收或外展；髂后上棘连线与地面相平；肩或肩胛骨相平，无耸肩或前伸，肩胛骨内侧缘平行，之间间距 7.5~10cm；头中立位，无侧屈和旋转；一条假想的垂线应该自下而上贯穿双脚之间、双腿之间、躯干及颅骨，与人体的中线相重合。

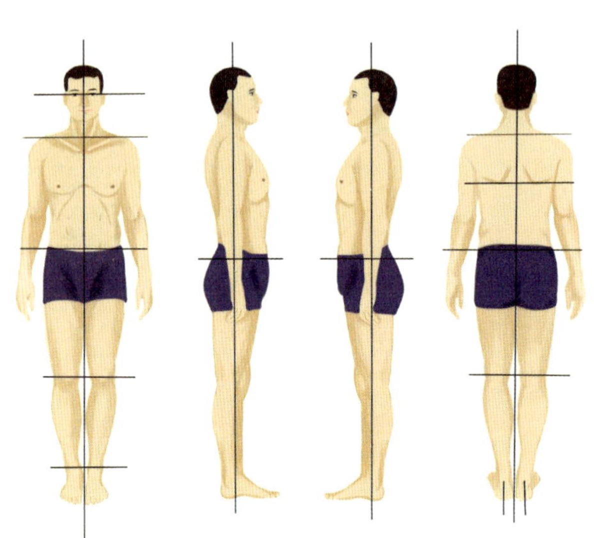

图 5-22 理想姿态

表 5-14 姿态评估要点

| | 前面观 | 侧面观 | 后面观 |
|---|---|---|---|
| 踝与足 | 有无内 / 外八字， | 高 / 低足弓 | 跟骨内 / 外翻 |
| 小腿 | 胫骨左右方向的曲度，胫前肌肉体积 | 胫骨前后方向的曲度，小腿三头肌的肌肉体积 | 小腿三头肌的肌肉体积 |
| 膝关节 | 髌骨高低、内移 / 外翻，膝内翻 / 外翻 | 过伸 / 屈曲 | 膝横纹高低 |
| 大腿 | 股四头肌体积 | | 腘绳肌体积 |
| 髋关节 | | 臀中肌体积 | 臀大肌体积，臀横纹高低 |
| 骨盆 | 髂前上棘高低 | 骨盆前倾 / 后倾 | 髂后上棘高低 |
| 腰腹部位 | 腹肌形态及对称性 | 腰椎曲度 | 竖脊肌体积及对称性，脊柱侧弯 |
| 胸背部位 | 肋弓对称性，胸肌，锁骨高低 | 胸椎曲度（后突 / 平背） | 竖脊肌体积及对称性，脊柱侧弯，肩胛骨高低 |
| 头与颈椎 | 双眼、双耳的高低 | 颈前伸 | 颈椎倾斜、旋转 |
| 肩关节 | 双肩高度 | 圆肩 | 双肩高度 |
| 肘关节 | 屈伸角度，距身体的距离 | 屈伸角度 | 距身体的距离 |
| 腕与手 | 手的高低 | 手掌内旋 / 外旋 | 手的高低 |

3. 常见的不良姿态

常见的不良姿态有头部前伸、肩胛前伸、骨盆前倾等。（图 5-23、表 5-15）

头部：头部前伸

肩部：肩胛前伸

骨盆：骨盆前倾

图 5-23 常见不良姿态

表 5-15 常见不良姿态成因及纠正方法

| 观察点侧面观 | 正常姿态 | 不良姿态 | 造成原因 | | 纠正方法 | |
|---|---|---|---|---|---|---|
| | | | 紧张的肌肉 | 薄弱的肌肉 | 强化（薄弱肌肉）方法 | 伸展（紧张肌肉）方法 |
| 头部 | **中立位：**耳垂与肩峰在一条直线上 | **前伸：**耳垂位于肩峰前侧 | 斜方肌上束<br>肩胛提肌<br>胸锁乳突肌 | 颈深层屈肌 | **核心力量：**下颌收紧 | **静态伸展：**胸锁乳突肌、斜角肌 |
| 肩部 | **中立位：**肩胛骨平贴后背 | **前伸：**上背部呈圆弧形，含胸 | 胸大肌<br>胸小肌<br>背阔肌 | 菱形肌<br>斜方肌中、下束 | **核心力量：**俯卧挺身<br>**平衡训练：**单腿肩斜前平举 | **筋膜放松、静态伸展：**胸大肌、胸小肌、背阔肌 |
| 骨盆 | **中立位：**髂前上棘与耻骨联合形成的平面与地面垂直 | **前倾：**髂前上棘位于耻骨联合前方 | 腰大肌<br>股直肌<br>髋内收肌群<br>背阔肌<br>竖脊肌 | 臀大肌<br>臀中肌<br>股二头肌<br>腹横肌<br>腹内斜肌<br>多裂肌<br>会阴肌 | **核心力量：**仰卧交替举腿，仰卧挺髋<br>**平衡训练：**单腿平衡，单腿平衡多方向伸腿，单腿深蹲 | **筋膜放松、静态伸展：**髂腰肌、股直肌、竖脊肌、背阔肌 |

## 二、动态姿态评估

教练通过动态姿态评估，可以发现客户在自然的动态环境中存在的姿势变形情况，从而帮助教练进一步了解客户身体是否存在力量协同关系改变的问题。

### （一）过头深蹲

1. 动作意义

深蹲（Overhead Squat）是一个全身性的动作。深蹲的运动模式是提高运动表现、减少受伤风险，以及保障终生体育活动所必需的最重要的基本运动之一。过头深蹲作为一项基础训练和动态的筛查工具，可以发现一些常见的功能性缺陷，这些缺陷往往会在训练和动态运动时增加受伤的风险。（图 5-24、表 5-16）

标准起始动作　　　　标准结束动作

图 5-24　过头深蹲的标准动作

表 5-16　过头深蹲的评估要点

| 动作领域 | 标 准 | 正 确 动 作 | 常见错误动作 | 提 示 问 题 |
|---|---|---|---|---|
| 上半身 | 上肢位置 | 双臂上举，与地面垂直 | 上肢前倾，上举角度减少 | 肩关节灵活性不足 |
| | 头部位置 | 颈部垂直于地面，目视前方 | 低头向前 | 胸椎伸展不足 |
| | 胸部位置 | 保持向前，肩胛骨后缩 | 身体前倾，弓背 | 胸椎伸展不足 |
| | 躯干位置 | 躯干与胫骨平行，腰部保持平直 | 身体前倾，重心前移 | 臀肌力量不足 |
| 下半身 | 髋部位置 | 大腿与地面平行，双侧对称 | 双侧不对称，身体向一侧倾斜 | 双下肢力量、活动范围不对称，有疼痛 |
| | 膝部位置 | 膝关节外侧不超过内踝 | 膝关节内扣 | 臀中肌力量不足 |
| | 胫骨前移角度 | 膝盖不超过脚尖，胫骨与躯干平行 | 膝盖超过脚尖 | 臀大肌力量不足 |
| | 足部位置 | 整个脚接触地面 | 足跟抬起 | 跟腱过短，踝背屈受限 |
| 动作力学 | 下蹲 | 在深蹲的过程中，用髋关节铰链的策略保持和控制速度，躯干保持直立 | 膝盖超过脚尖，重心前移 | 臀肌与背肌力量不足 |
| | 深度 | 深蹲到最低深度，至少大腿平行于地面 | 膝盖前移，臀部翘起并高于膝盖 | 下肢关节活动范围不足 |
| | 蹲起 | 肩关节和臀部以同样的速度回到起始姿势，下蹲与蹲起的时间比至少是 2 ∶ 1 | 臀部上肢速度快于肩部，身体前倾 | 整体协调性不足 |

### 2. 动作过程及要求

- 起始动作：锻炼者双脚平放于地面，脚跟间距大约与肩同宽，脚尖指向前方或者轻微向外不超过 10°，膝盖和髋部处于中立位，双手的间距略大于肩膀的宽度（可以双手握住木棍，双肩屈曲将木棍举过头顶），双臂与地面垂直。
- 下蹲阶段是伴随髋、膝、踝的屈曲而开始的。下蹲至大腿的顶部至少与地面平行，并且髋关节至少与膝关节处于同一水平或稍低于膝关节。
- 蹲起阶段是在髋、膝、踝三大关节伸展的情况下完成，直到身体回到最初伸展的站立姿势。

### 3. 常见错误动作（图 5–25）

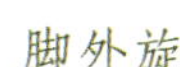

脚外旋

膝关节内扣

腰椎曲度增大

上体过分前倾

手臂无法抬起

图 5–25 过头深蹲的错误动作

## （二）单腿下蹲

### 1. 动作意义

单腿下蹲可以用于评估下肢的整体功能。包括股四头肌和臀肌的离心和向心收缩能力，神经肌肉协调性，核心控制能力，足部与膝关节稳定性、平衡性，踝与髋关节灵活性等。

### 2. 动作过程及要求

- 客户自然站立，双臂前屈伸直平行于地面。双脚脚尖指向前方，足、踝、膝关节及腰椎骨盆处于中立位。
- 请客户轻轻抬起一条腿，抬起腿不要外展。下蹲至一个舒适的位置，然后还原至站立位置。
- 整个过程保持动作平稳，支撑腿脚跟不离地，抬起腿不碰触地面。（图 5–26）
- 每侧重复 5 次。

图 5–26 单腿下蹲的结束动作

如果受试者顺利完成单腿下蹲动作且动作平稳，说明下肢功能处于一个比较平衡且良好的状态。如果勉强完成动作，身体出现晃动，说明下肢可能存在稳定性和平衡能力较差、核心力量弱等问题，在运动中容易疲劳，增加受伤风险。

### 3. 常见错误动作

如果受试者无法完成动作，则需要进行仔细分析。这些情况都提示下肢的整个功能有一定的不足，应该给予及时的处理，减少受伤的风险。图 5–27 所示的两种情况比较常见。

**膝关节内扣：**臀部肌肉（特别是臀中肌）对髋关节的控制不足，发生股骨内收、内旋，表现为膝内扣。

**蹲不下去：**下蹲时，股四头肌和臀大肌的离心收缩能力较差，不能控制身体完成下蹲动作。

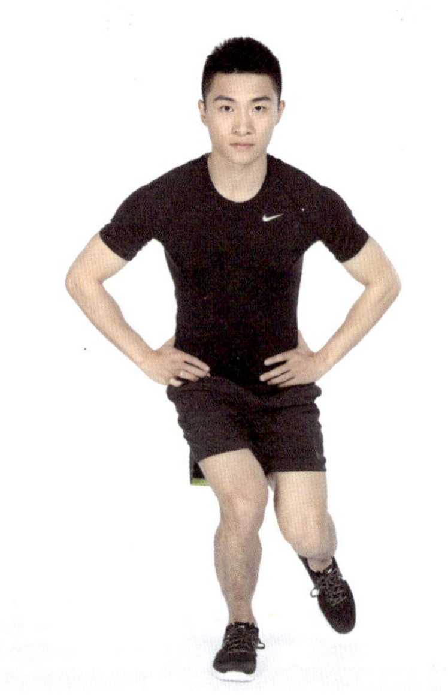

图 5–27　单腿下蹲的错误动作（膝关节内扣、蹲不下去）

## （三）弓步

### 1. 动作意义

在许多体育运动和日常活动中，例如步行和跑步，通常在交替、摇晃或往复运动中来移动双腿。在这些运动中无法保持良好的身体姿势可能导致运动效率降低，增加受伤的风险。使用弓步可以对下肢的稳定性及髋关节的柔韧性进行测试。

### 2. 动作过程及要求

客户把双手放在耳朵后面，把肘关节抬起向后推，同时腰背挺直。一脚向前迈一大步，前膝屈曲使身体重心下降，直到前面大腿平行于地面，小腿垂直于地面，后腿伸髋伸膝。身体垂直于地面，两腿之间夹角为 90°，简单点说就是 4 个 90°。然后前侧腿的股四头肌和臀肌发力，将身体挺直。左右分别进行。

在进行弓步时，身体各部位的标准动作如下。

**头部：**头部保持正直，垂直于两肩，眼睛注视前方或略向上。

**胸椎：**肩胛骨向后拉并在一起，稍延长或保持中立，保持稳定且在髋部的上方。

**腰椎：**整个运动中保持中立和稳定。

**髋关节：**与前面的膝关节和踝关节在一个平面内，髋关节两侧保持水平。

**膝关节：**前面的膝关节不要超过踝关节。

**双脚及踝关节：**前脚平放在地面上，后脚尖接触地面，双脚呈一直线，且保持身体平衡。

弓步动作可以反映躯干的力量和稳定性、股四头肌和跟腱的长度、臀大肌和臀中肌的力量等多方面的问题，如果出现异常姿势，就需要通过系统分析找到原因后，再进行针对性的干预。（图 5–28）

图 5-28　弓步的标准动作

## （四）俯卧撑

### 1. 动作意义

俯卧撑是一个常用的上肢训练动作，也是一个重要评估动作，可以评估腰椎骨盆髋部复合体（Lumbo-pelvic-hip complex，LPHC）、肩胛及颈椎稳定组织的功能。特别是在受试者需要完成“推”的动作之前，教练需要先对这个动作进行评估，并且进行适当的“矫正”，使身体回到一个比较“平衡”的状态后再去进行训练。（图 5-29）

起始　　结束

调整的测试

图 5-29　俯卧撑的标准动作

### 2. 动作过程及要求

· 客户俯卧在地上，双手置于肩关节前方。

· 肱三头肌和胸大肌发力，使肘关节伸直、肩关节屈曲，双手和双脚支持地面，整个身体成一条直线向上抬起。如果女士没有足够的上肢力量，可以改用膝关节支持地面。

· 至最高点再缓慢放下。

整个动作的完成过程是缓慢而持续的，每次进行的速度为“2–0–2”（往上 2s，不保持，往下 2s）。需要注意的是，从侧边看，膝盖、腰椎骨盆髋部复合体（LPHC）、肩膀及颈椎在上推时应该是一个整体单元，而不是片段的起伏。重复 10 次，因为大多数问题要在身体出现疲劳之后才会显露出来。

### 3. 常见错误动作

常见的错误动作如图 5–30 所示。常见的代偿动作包括腰部下垂、腰部拱起、耸肩、翼状肩胛、头部前伸等，出现这些代偿动作的原因见表 5–17。

**图 5–30 俯卧撑常见错误动作**

表 5–17 俯卧撑动作的代偿原因分析

| 观察点 | 代偿情况 | 可能过度活跃的肌肉 | 可能激活不足的肌肉 |
|---|---|---|---|
| LPHC | 腰部下垂 | 竖脊肌，屈髋肌 | 内在核心稳定肌群，臀大肌 |
| | 腰部拱起 | 腹直肌，腹外斜肌 | 内在核心稳定肌群 |
| 肩膀 | 肩部上抬（耸肩） | 斜方肌上束，肩胛提肌，胸锁乳突肌 | 斜方肌中束，斜方肌下束 |
| | 翼状肩胛 | 胸小肌 | 前锯肌，斜方肌中束，斜方肌下束 |
| 头颈 | 头部前伸 | 斜方肌上束，胸锁乳突肌，肩胛提肌 | 颈深层屈肌 |

对于这些过度活跃的肌肉，需要进行及时的放松伸展，对于那些激活不足的肌肉，则需要使用激活性的训练去强化，进而使身体的各个部位保持平衡，减少受伤的风险及改善整体的表现。

## （五）站姿推举

### 1. 动作意义

站姿推举是评估上肢力量水平和动作模式的常用动作，在推举的过程中，客户需要很好地控制肩关节、肘关节和肩胛骨旋转运动的复杂过程。评估重点：腰椎骨盆髋部复合体（LPHC）、肩胛骨和颈椎的稳定性、肩关节的活动范围。

### 2. 动作过程及要求

- 客户站立，双脚分开与肩同宽，挺胸直背，握距比肩稍宽。双手握哑铃，屈肘将杠铃置于双肩前方。
- 腰腹、臀部收紧，同时肩胛骨收紧，保证核心的稳定和正确的骨盆位置，控制哑铃带来的压力。肩关节向前屈，肘关节伸直，发力向上推起，手臂与腰部处于一条直线并垂直于地面。而后肩部和肘部放松，将杠铃放回肩关节前方。（图 5–31）

图 5–31　站姿推举的标准动作

### 3. 常见错误动作

在动作过程中，注意观察背部有无拱起，肩膀有无耸肩，手肘有无弯曲，手臂是否与地面垂直，头部有无前移等。常见错误动作是：头部随着哑铃上下摆动，双手握距过宽导致发力不平衡，以及带给肩部过多的压力，过分挺腰使脊柱过分后伸，增加了腰椎的压力导致腰痛。常见原因有：肩关节的活动范围不足，特别是屈曲不足，胸椎伸展不足，核心肌群不稳定，肩胛骨稳定性不足等。（图 5–32、表 5–18）

腰椎曲度增大

耸肩

手臂无法抬起

手臂弯曲

头部前伸

图 5–32　站姿推举的错误动作

表 5-18 动态姿态评估参考标准及纠正方法

| 测试名称 | 观察方位 | | 正常姿态 | 不良姿态 | 造成原因 | | 纠正方法 | |
|---|---|---|---|---|---|---|---|---|
| | | | | | 紧张的肌肉 | 薄弱的肌肉 | 强化（薄弱肌肉）方法 | 伸展（紧张肌肉）方法 |
| 过头深蹲 | 前面观 | 脚部 | 脚尖指向前 | 脚尖转向外 | 比目鱼肌<br>腓肠肌外侧头<br>股二头肌短头 | 腓肠肌内侧头<br>腘绳肌内侧<br>股薄肌<br>缝匠肌<br>腘肌 | **核心力量：**仰卧挺髋<br>**平衡训练：**单腿平衡，单腿平衡多方向伸腿，单腿深蹲 | **自我筋膜放松、静态伸展：**比目鱼肌，股二头肌，梨状肌 |
| | | 膝关节 | 膝关节与脚尖在同一直线，指向前 | 膝关节向内 | 髋内收肌群<br>股二头肌短头<br>阔筋膜张肌<br>股外侧肌 | 臀大肌 / 臀中肌<br>股内侧肌 | | **自我筋膜放松、静态伸展：**髋内收肌群，阔筋膜张肌，股外侧肌 |
| | 侧面观 | 腰椎骨盆 | 中立位 | 上体过分前倾 | 比目鱼肌<br>腓肠肌<br>髋屈肌群<br>腹部肌群 | 胫骨前肌<br>臀大肌<br>竖脊肌<br>固有核心稳定肌（腹横肌等） | **核心力量：**仰卧挺髋，俯卧挺身<br>**平衡训练：**单腿平衡，单腿平衡多方向伸腿，单腿深蹲 | **自我筋膜放松、静态伸展：**比目鱼肌，腓肠肌，髂腰肌，股直肌，腹直肌 |
| | | | | 腰椎曲度增大 | 髋屈肌群<br>竖脊肌<br>背阔肌 | 臀大肌<br>腘绳肌<br>固有核心稳定肌（腹横肌等） | | **自我筋膜放松、静态伸展：**髂腰肌，股直肌，竖脊肌，背阔肌 |
| | | 上半身 | 上臂位于耳朵两侧 | 手臂无法抬起 | 背阔肌<br>大圆肌<br>胸大肌 / 胸小肌 | 斜方肌中 / 下束<br>菱形肌<br>肩袖肌群 | **核心力量：**俯卧挺身，仰卧挺髋<br>**平衡训练：**单腿肩斜前平举 | **自我筋膜放松、静态伸展：**背阔肌，胸大肌 |
| 单腿下蹲 | 前面观 | 膝关节 | 膝关节与脚尖在同一直线，指向前方 | 膝关节向内 | 髋内收肌群<br>股二头肌短头<br>股外侧肌<br>阔筋膜张肌 | 臀大肌 / 臀中肌<br>股内侧肌 | **核心力量：**仰卧挺髋<br>**平衡训练：**单腿平衡，单腿平衡多方向伸腿，单腿深蹲 | **自我筋膜放松、静态伸展：**髋内收肌群，阔筋膜张肌，股外侧肌 |
| 站姿推举 | 侧面观 | 腰椎骨盆 | 骨盆位于中立位 | 腰椎曲度增大 | 髋屈肌群<br>竖脊肌 | 腹横肌<br>多裂肌<br>横突棘肌<br>会阴肌<br>腹内斜肌 | **核心力量：**仰卧交替举腿，仰卧挺髋<br>**平衡训练：**单腿平衡，单腿平衡多方向伸腿，单腿深蹲 | **自我筋膜放松、静态伸展：**髂腰肌，股直肌，竖脊肌，背阔肌 |
| | | 肩部 | 肩部位于中立位 | 肩部上提 | 斜方肌上束<br>胸锁乳突肌<br>肩胛提肌 | 斜方肌中 / 下束 | **核心力量：**俯卧挺身<br>**平衡训练：**单腿肩斜前平举 | **静态伸展：**斜方肌上束，肩胛提肌 |
| | | 头部 | 头部位于中立位 | 头部前伸 | 斜方肌上束<br>胸锁乳突肌<br>肩胛提肌 | 颈深层屈肌 | **核心力量：**下颌收紧 | **静态伸展：**胸锁乳突肌，斜角肌 |

# 第六节　肌肉长度评估

**导读：**标准的动作来自全身的肌肉具有良好的力量和长度，正确的发力顺序和肌肉激活程度。肌肉长度测试是评估肌力失衡的基础方法，也是引导训练方向是否正确的基础。下面介绍几种常用的肌肉长度测试方法，如果出现阳性结果，紧张、缩短的肌肉需要牵拉方放松，被拉长的肌肉则需要进行激活训练。

## 一、托马斯（Thomas）试验——检查髂腰肌长度

**检查方法：**客户臀部坐于床边，大腿置于床外。双手抱住一侧膝关节，将髋、膝关节尽量屈曲，使大腿贴着躯干，并使腰部贴于床面。然后缓慢躺下，变成仰卧位。另一腿自然放松下垂，观察放松腿的大腿和小腿的位置，以确定肌肉的紧张程度。（图 5–33）

**适用范围：**骨盆前倾，慢性腰痛。

**结果与意义：**

- 阴性：放松腿的大腿与床面平行，小腿与地面垂直。
- 阳性：如果大腿上抬离开床面，表示屈髋肌紧张。如果大腿平贴床面，但小腿屈膝小于 90°，表示股直肌紧张。如果大腿上抬而且小腿屈膝小于 90°，说明髋屈肌及股直肌紧张。

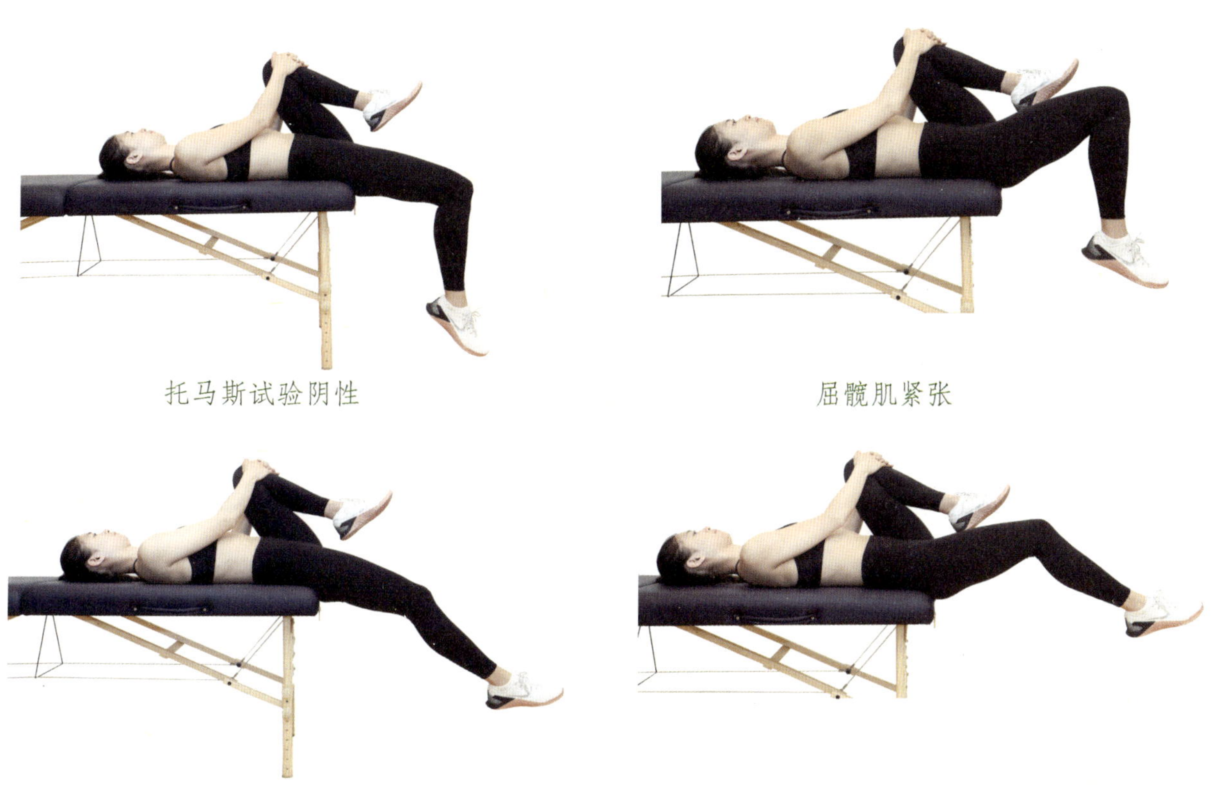


图 5–33　托马斯（Thomas）试验

## 二、Ober 试验——检查髂胫束的长度

**检查方法：**客户侧卧位，背侧紧靠床边，下方的腿屈髋、屈膝。将上方的腿自然放松垂于床边，即髋关节伸直、内收。观察上方腿的膝盖与床面之间的距离。（图 5–34）

**适用范围：**膝关节外侧疼痛、髋关节外侧疼痛。

**结果与意义：**

· 阴性：上方腿的膝盖可以接触床面。

· 阳性：上方腿的膝盖不能接触床面，向上抬起，或内收时腰椎向上方突起，说明髂胫束紧张。

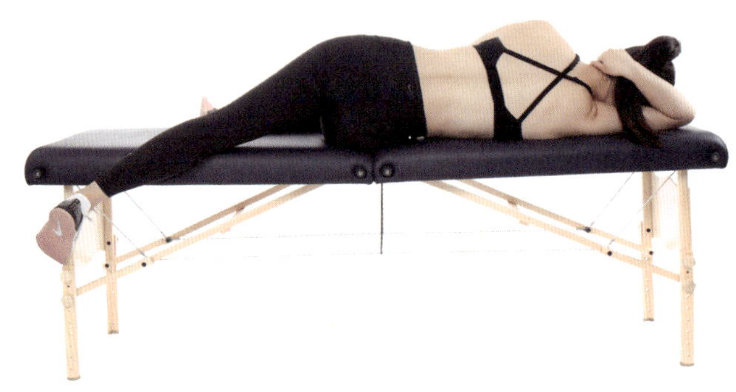

图 5–34　Ober 试验

## 三、直抬腿试验——检查腘绳肌长度

**检查方法 1：**客户仰卧位，一侧下肢直膝被动抬高。正常情况下，在骨盆没有后倾时，可抬高 80°，小于 80° 提示腘绳肌过紧。

**检查方法 2：**客户仰卧位，屈髋屈膝 90°，然后被动伸膝。正常情况下，膝关节可以伸展 30°，小于 30° 提示腘绳肌过紧。（图 5–35）

图 5–35　腘绳肌长度测试

## 四、梨状肌长度测试

客户仰卧位，屈髋屈膝，足部放置在另一侧膝关节髌骨上方，大腿内收。正常情况下，内收幅度应超过 25°，小于 25° 提示梨状肌过紧。（图 5-36）

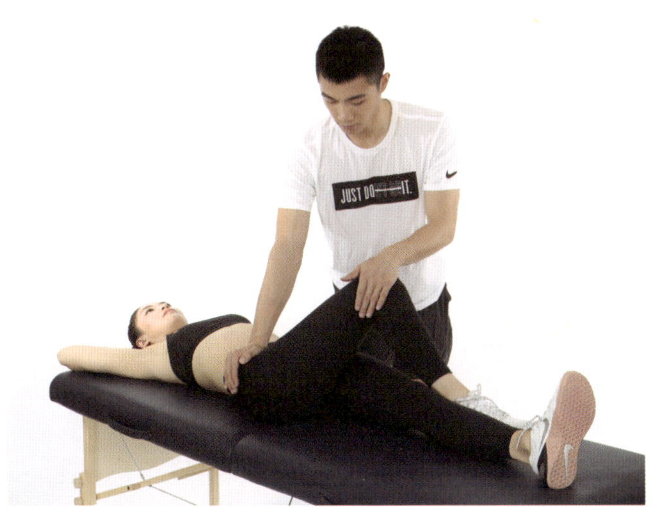


图 5-36 梨状肌长度测试

## 五、小腿三头肌长度测试

**检查方法 1：**客户仰卧位，屈膝，下肢处于中立位。正常情况下踝关节背屈约 10°，小于 10° 提示小腿三头肌（更多的是比目鱼肌）过紧。

**检查方法 2：**客户仰卧位，直膝，下肢处于中立位。正常情况下踝关节背屈约 10°，小于 10° 提示小腿三头肌（更多的是腓肠肌）过紧。（图 5-37）

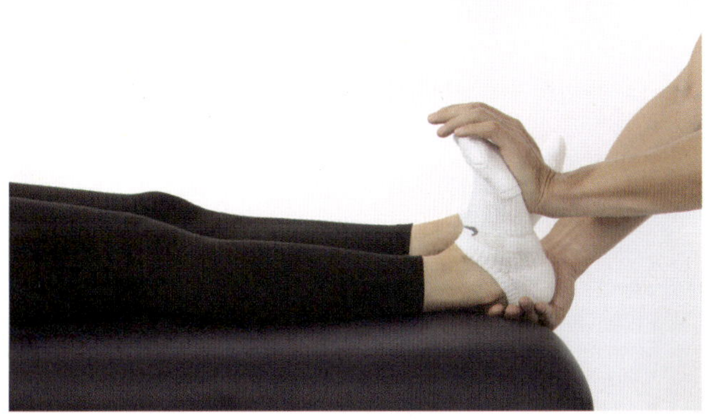

图 5-37 小腿三头肌长度测试（屈膝：比目鱼肌，直膝：腓肠肌）

# 第七节 步态分析

**导读：**步行是人类重要的功能性活动。下肢、骨盆、腰部的活动范围、肌肉力量、协调性、平衡稳定性均会影响步行的姿态，同时步行的姿态直接影响下肢的肌肉发力顺序与程度。从对步态的观察中，教练也可以得到一些有益的信息，来帮助客户更好地完成训练。

## 一、步态的概念

步行是人类独立的一个重要特征，也是人类最基本的运动，它是最复杂、最完善的运动之一。行走是人体躯干、骨盆、下肢以及上肢各关节和肌群的一种周期性规律运动，正常步行并不需要思考，而步行的控制十分复杂，包括中枢的命令、身体平衡和协调控制，任何环节的失调都可能影响步态。

步态是行走时的人体姿势，涉及足、踝、膝、髋、臀、躯干、肩、颈的肌肉和关节的协同运动，是重要的日常生活活动能力之一，是人体结构与功能、运动调节系统、行为，以及心理活动在行走时的外在表现。正常的步态有赖于中枢神经系统，以及骨骼肌肉系统的正常、协调工作，当中枢神经系统或/和骨骼肌肉系统因疾病或损伤而受到损害时，就有可能出现步态的异常。

步态分析可以评估客户是否存在异常步态，以及步态异常的性质和程度，为分析异常步态原因和矫正异常步态、制订治疗方案提供必要的依据。

## 二、步行周期

步行周期指在行走过程中，一侧足跟着地至该侧足跟再次着地时所经过的时间。每一个步行周期分为站立期（亦称支撑相）和迈步期（亦称摆动相）两个阶段。摆动相是指从足尖离地到足跟着地，足部离开支撑面的时间，约占步行周期的40%；站立相是指从足跟着地到足尖离地，即足部支撑面与地板接触的时间，约占步行周期的60%。其中，重心从一侧下肢向另一侧下肢转移，双侧下肢同时与地面接触的时间称之为双支撑相，一个正常步行周期中会出现两次双支撑相，各占步行周期的10%。（图5-38）

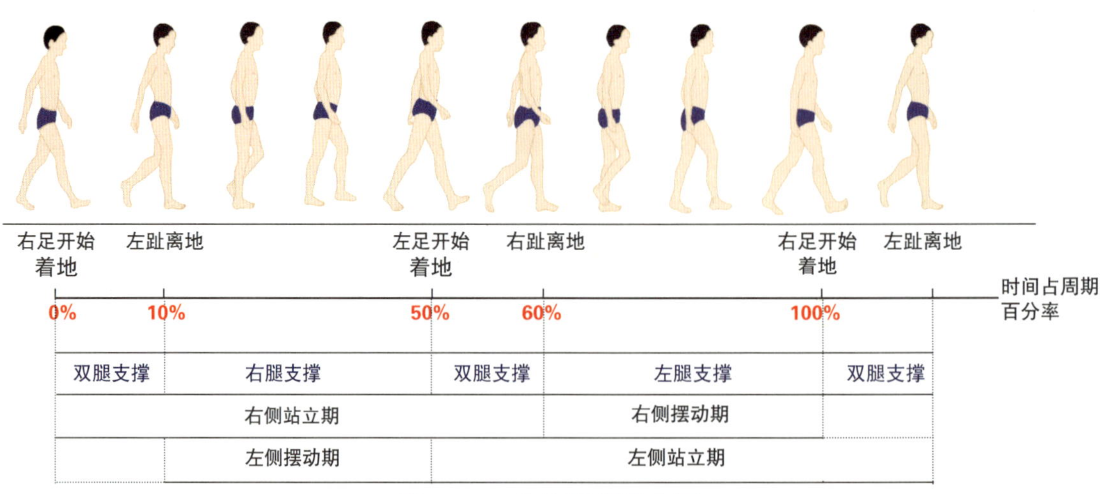


图5-38 步行周期示意图

## 三、步行相关时空参数

**步长**：行走时左右足跟或足尖着地时两点间的纵向直线距离，以厘米（cm）为单位，正常步长在50~80cm之间，因年龄、身高等因素有所不同。

**跨步长**：同一腿足跟着地处至再次足跟着地处之间的线性距离，以厘米（cm）为单位，正常人跨步长是步长的两倍，为100~160cm。

**步宽**：足着地期间两足长轴中心的两点间的横向距离。

**步角**：足跟中点至第二趾之间连线与行进线之间的夹角。该角与躯干和髋内旋或外旋的程度有关。一般小于15° 。

**步频**：在单位时间内行走的步数，一般用平均每分钟行走的步数表示，以步 / 分为单位，正常人平均自然步频为95~125步 / 分。

**步速**：在单位时间内行走的距离，即步行速度，正常人平均自然步速约为1.2m/s。在临床上，一般是让测试对象以平常的速度步行10m，测量所需的时间，来计算其步行速度。

步态参数受诸多因素的影响，即使是正常人，由于年龄、性别、身体肥瘦、高矮、行走习惯等不同，个体差异也较大，因此正常值比较难以确定。

## 四、常见异常步态的原因分析及表现

正常人的行走能力体现了神经系统、骨骼肌肉系统、生理支持系统（呼吸系统、心血管系统）之间的完美整合以及在功能上相互依赖的关系。上述任何一个系统损伤所致的运动功能障碍均可以表现为病理步态。从功能损伤的层面分析，引起病理步态的原因包括疼痛、肌力减弱、畸形、感觉障碍、与中枢神经系统损伤有关的肌活动障碍如肌肉活动增加和运动障碍等。

### （一）疼痛步态

主要特征是患侧下肢站立相时间缩短，跨步长缩短，步速下降。

髋关节疼痛表现为患侧肩关节下降、对侧肩关节抬高、躯干向对侧过度倾斜等代偿动作，使身体重心越过疼痛关节以减少对关节面的机械性压力以减轻疼痛。膝关节疼痛表现为膝关节轻度屈曲，可降低关节囊的张力，足尖着地代替足跟着地。足前部疼痛表现为踝关节跖屈减少，足趾离地动作消失。踝关节或足后部疼痛：首次着地时，足跟着地消失，以足尖或足的内、外侧代替。

### （二）肌无力步态

臀大肌无力时表现为足跟着地时常用力将胸部后仰，使重力线落在髋关节后方，以维持关节被动伸展，站立中期时膝关节绷直、形成仰胸挺腰腹的臀大肌步态。（图5–39）

臀中肌无力时表现为行走中患腿站立期时，躯干向患侧侧弯，以避免健侧骨盆下降过多，从而维持平衡。（图5–40）

股四头肌无力表现为上下楼或跑动时膝关节疼痛，支撑不稳，严重时影响支撑，在负重期膝关节无法伸直。（图5–41）

胫前肌无力时表现为跨阈步态。（图5–42）

图 5-39 臀大肌步态

图 5-40 臀中肌步态

图 5-41 股四头肌步态

图 5-42 跨阈步态

### （三）关节活动范围受限

**膝关节屈曲畸形：**患者在支撑相和摆动相都保持屈膝姿势。患者在支撑相时必须使用代偿机制以稳定膝关节。由于患者在摆动相末期不能伸膝，致使步长缩短。

**膝关节僵直：**支撑相晚期和摆动相初期的关节屈曲角度 <40°（正常为 60°），同时髋关节屈曲程度及时相均延迟。摆动相膝关节屈曲是由髋关节屈曲带动，髋关节屈曲减少将减少膝关节屈曲度，结果导致拖足。患者往往在摆动相采用划圈步态、尽量抬髋或对侧下肢踮足来代偿。

**踝关节跖屈畸形：**行走时足尖或前脚掌着地，躯干前倾，身体重心前移，摆动相时屈髋屈膝增加。

# 第八节 测试的组织与安排

**导读：**为确保体适能评估的安全性及有效性，教练除应掌握体适能各要素的客观评价方法之外，还应具备能够根据客户实际情况选择合适检测项目及正确安排各项目检测顺序的能力。

## 一、测试项目的选择

正确选择测试内容，不仅能够确保客户的安全，提高测试的有效性，而且还能节约教练的时间。以下为教练进行体适能评估项目选择的原则。

- 必须安排客户主观信息的获取环节
- 安排客观信息测试项目时（心肺耐力、柔韧性等）首先应考虑客户的健康筛查及危险分层结果，如果客户属于高风险人群则不建议进行心肺适能、肌肉适能的测试，以免引发风险，应建议其及时就医。
- 安排客观信息测试时还应考虑客户的年龄、性别及个人身体能力，例如客户较为年长并且不具备良好的协调性，则不应为客户安排利用踏板进行的心肺耐力测试。
- 安排客观信息测试时还应考虑客户的需求，例如客户为家庭主妇并且无较多的休闲运动需求，则在为其选择肌肉适能测试时仅为其选择肌肉耐力测试即可。

## 二、测试项目的顺序安排

当要进行多项体适能要素测试时，测试的组织很重要，正确的测试顺序安排将提高测试的准确性，同时降低测试风险。以下测试顺序建议供教练参考，教练也可根据实际情况进行合理的调整。（图 5-43）

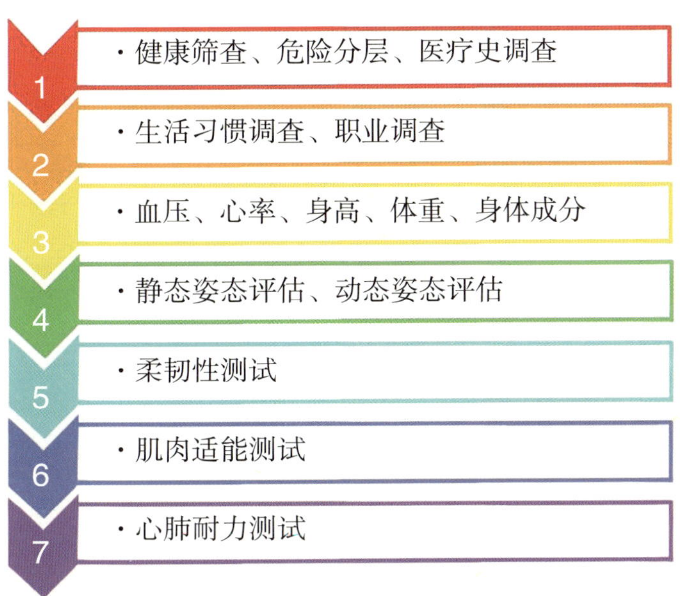


图 5-43 体适能测试的顺序

# 第九节 测试报告制作与解说

**导读：**体适能评估后的报告解说环节是教练引导客户发现其自身运动需求的过程，对于未来客户做出参与运动及聘请私人教练的决定起着至关重要的作用。因此教练不仅需要掌握各体适能要素的评估方法，还应掌握正确的体适能报告制作解说技能。

## 一、报告解说方法

- 根据检测记录，准确计算客户各项体适能要素的得分情况。
- 向客户逐项介绍检测项目的内容及得分情况。
- 在进行各项体适能要素得分情况讲解时，应重点将该项体适能要素与客户健康及生活的关系重点进行介绍，尤其是客户所存在的较弱的体适能项目对其健康及生活的影响需认真介绍清楚，但教练也应注意在解说时不能随意夸大这些影响。
- 向客户介绍各项体适能要素提高的主要途径，鼓励客户积极开始运动。

表 5-19 体适能报告解说参考资料

| 检测项目 | 解说参考资料 |
|---|---|
| 血压 | 血压与心血管疾病危险的关系是连续和持续性的，独立于其他危险因素<br>对于 40~70 岁人群，血压在 115/75~185/115mmHg 范围内，收缩压每增加 20mmHg 或舒张压每增加 10mmHg，心血管疾病的危险性增加一倍 |
| 安静心率 | 安静心率是一个较为明显的健康指标，较高的安静心率往往是健康问题的信号，安静心率将随着体适能尤其是心肺适能水平的提高而下降 |
| BMI | 体重指数在 24~27.9 之间为超重，≥ 28 为肥胖<br>体重指数 >24 或 <18.5 都将造成健康风险升高 |
| WHR | 健康风险随着腰臀比的增加而增高<br>腰臀比大于 0.95 的年轻男性和腰臀比大于 0.86 的年轻女性，健康风险非常高 |
| 体脂 % | 男性体脂百分比在 10%~22% 和女性体脂百分比在 20%~32% 范围内对健康是有益的 |
| 心肺适能 | 低水平的心肺适能容易导致心血管疾病引发死亡的风险增高<br>高水平的心肺适能与降低多种原因所致的死亡有关 |
| 肌肉适能（肌肉力量、肌肉耐力） | 良好的肌肉力量与肌肉耐力可以改善或维持骨骼重量，抵抗骨质疏松的风险<br>可以提高糖耐量，预防 2 型糖尿病<br>可以降低损伤风险，预防腰背痛<br>可以提高完成日常活动的能力，增强自信<br>可以提高基础代谢率，预防肥胖 |
| 柔韧性 | 柔韧性对某些运动项目及日常活动能力都具有非常重要的作用<br>较差的腰部和髋部柔韧性伴随较差的腹部力量 / 耐力可能导致慢性腰痛 |
| 姿态 | 良好的身体姿态可以确保人体发挥最佳动作效率，降低因为不良姿态引发慢性疼痛的风险 |

## 二、报告解说后的跟进环节

体适能报告解说结束后，教练应根据客户各项体适能要素得分情况为客户设定切实可行的提升目标，并进一步将目标分解为若干阶段性目标，最终确定实现阶段性目标所需的时间长度及训练方案并将其介绍给客户，以期促成客户做出聘请教练开展运动的决定。有关运动目标的制定及训练方案的设计内容请参照运动处方设计章节的内容。

## 总 结

体适能评估是教练制定运动处方的依据，是激励客户持续坚持运动的方法之一，因此教练应对其保持足够的重视。通常情况下教练会从客户的主观及客观两方面情况进行评估，对客户主观方面的评估内容主要包括健康筛查、风险分层、病史、生活习惯、工作性质等；客观方面的评估内容包括血压、心率、身高、体重、身体成分、心肺耐力、肌肉适能、柔韧性、姿态等内容。在开始体适能评估前教练应做好充分准备，以确保检测的顺利实施。在进行各项体适能要素的检测过程中，教练应合理安排各要素的检测顺序，以确保检测的安全性及有效性。体适能评估后教练应客观公正地为客户进行报告解说，并能够依据检测结果为客户制订切实可行的运动目标及实现目标的运动方案。

附件 2

## 健康筛查（反面）

体力活动准备问卷-
PAR-Q
(2002年修订)

# PAR-Q和你

（适用于15~69岁）

规律的体力活动可以促进健康并令人愉悦，从而使越来越多的人参加到运动中来，对于大多数人来说，运动是很安全的，但是对于有些人来说，再明显增加体力活动之前应该征求医生的意见。

如果你想比现在更勤于运动，请从回答下面方框中的7个问题开始。如果你的的年龄是在15-69岁之间，PAR-Q会告诉你开始运动前是否需要征求医生的意见。如果你超过了69岁，而且你以前不怎么活动，请征求医生的意见。

回答问题时最好依据你的一般感觉。请仔细阅读并诚实回答每一个问题：选择是或否。

| 是 | 否 | |
|---|---|---|
| ☐ | ☐ | 1. 医生是否告诉过你患有心脏病并且仅能参加医生推荐的体力活动？ |
| ☐ | ☐ | 2. 当你进行体力活动时，是否感觉胸痛？ |
| ☐ | ☐ | 3. 自上个月以来，你是否在没做体力活动时有胸痛？ |
| ☐ | ☐ | 4. 你是否曾经因为头晕跌到或曾失去知觉？ |
| ☐ | ☐ | 5. 你是否有因体力活动变化而加重的骨或关节问题（例如背部、膝关节或臀部）？ |
| ☐ | ☐ | 6. 近来医生是否因为你的血压或心脏问题给你开药（例如水丸药物）？ |
| ☐ | ☐ | 7. 你是否知道一些你不应进行体力活动的其他原因？ |

## 如果你的答案

### 对一个或更多问题回答“是”

在你开始更多体力活动或接受体适能评估以前，给医生打电话或面谈，告诉医生PAR-Q的事以及你对哪些问题回答了“是”。
你可能能够做任何你想做的运动，但是要缓慢开始并循序渐进。否则，你只能做那些对你来说是安全的活动。告诉医生你希望参与的活动，听从他（她）的建议。
找出哪些社区运动计划是安全的并对你有帮助。

### 对全部问题回答“否”

如果你对全部问题都诚实回答了“否”，那么你有理由确信你能：
开始做更多的运动，但是要缓慢开始并循序渐进，这是最安全、最容易的方法。
参加一次体适能评估，这是确定你的基础体适能的很好的方法。并使你能够确定实现活跃生活方式的最佳途径。也强烈建议你测量血压，如果读数超过了144/94mmHg，那么你在开始比以前更勤于活动前应该向医生咨询。

延缓进行更多的运动
如果你由于暂时的疾病如感冒或发热而感受不适时——等待，直至感觉良好。
如果你是或可能是怀孕了——在你开始积极运动以前向医生咨询。

请注意：如果你的健康状况改变了，使你对上述任何一个问题回答“是”——告知你的运动指导员，询问是否需要调整体力活动计划。

PAR-Q使用告知：加拿大运动生理协会（the Canadian Society for Exercise Physiology）、健康加拿大人（health Canada）和他们的代理人声明，对从事体力活动的人不具有责任，如果在完成问卷后有疑问，请在进行体力活动前向你的医生咨询。

不允许改动。支持您影印PAR-Q，但只能使用完整形式。

注：如果在某人参加体力活动或进行体适能评估以前把PAR-Q给了他（她），此部分可能用于法律或管理目的。

“我已阅读、理解并完成了这份问卷，对我任何问题的答复都令我完全满意”

姓名 ______________________

签字 ______________________ 日期 ______________________

父母签字 ______________________ 证明人 ______________________

或监护人（未成年的运动参加者）

注：这个调查表的有效期是从完成问卷开始12个月以内。如果你的身体状况改变了，你回答的7个问题中任何一个回答了“是”，之前的问卷就无效了。

Supported by:  
Health Canada Santé Canada

continued on other side...

附件 3

# 客户主观信息调查及风险分层工具

## 一、工作状况调查

1. 您目前的工作是？
2. 您的工作是否需要长时间的久坐？
3. 您的工作是否需要长时间的重复性动作？（如果有请说明）
4. 您的工作是否需要您穿着高跟鞋？
5. 您的工作是否导致您感到焦虑（压力）？

## 二、生活方式调查

1. 您是否经常参加一些休闲娱乐活动？（如高尔夫球、网球等，如果有请说明）
2. 您是否有任何其他爱好？（如阅读、园艺、上网冲浪、汽车改装等，如果有请说明）

## 三、医疗史调查

1. 您是否有过任何疼痛或受伤的经历？（如脚踝、膝、髋、背、肩膀等，如果有请说明）
2. 您是否有过任何手术的经历？（如果有请说明）

## 四、危险分层工具 A（慢性疾病及症状调查）

1. 您是否被医生诊断过患有心脏、肺脏或代谢疾病？（如冠心病、糖尿病、高血压等，如果有请说明）
2. 您是否经常感到胸部、颈部、臂部或其他部位的疼痛、不舒服（或类似于心绞痛的感觉）？
3. 您是否在休息或轻微用力时感到气短或在平常活动时异常的疲劳或气短？
4. 您是否经常感到头晕眼花或晕厥？
5. 您是否在端坐时呼吸困难或夜间阵发性呼吸困难？
6. 您是否有限制您体力活动的肌肉骨骼问题？
7. 您是否感到心悸或心动过速？
8. 在短距离行走时，您的小腿是否有发热或抽筋感？
9. 您是否在体检过程中发现过存在心脏杂音的问题？
10. 您是否服用治疗心脏病的药物或其他处方药？（如果有请说明）
11. 您怀孕了（女性）吗？
12. 由于某些健康问题，使您对运动的安全性存在顾虑？

备注：以上问题有一个回答为“是”，则为高度危险人群，应建议客户运动前咨询医生。

## 五、危险分层工具 B（心血管危险因素调查）

1. 您是否吸烟或是 6 个月内戒烟者，或暴露于吸烟的环境中？
2. 您的血压超过 140/90mmHg？
3. 您不知道您的血压情况？
4. 您服用降压药？
5. 您的血清胆固醇水平高于 200mg/dL？
6. 您不知道您的血清胆固醇水平？
7. 您的父亲（或兄弟）在 55 岁前或母亲（或姐妹）在 65 岁前发作过一次心脏病或做过心脏手术？
8. 您不常运动（即体力活动水平少于每周 3 次，每次 30min）？
9. 男性年龄≥ 45 岁？
10. 女性年龄≥ 55 岁，做过子宫切除手术或已经绝经？
11. 超重 9kg 以上，或体重指数＞ 30kg/m$^2$，或男性腰围＞ 102cm、女性腰围＞ 88cm？

备注：以上问题有≥ 2 个的“是”则为中度危险人群；有≤ 1 个的“是”则为低度危险人群。

附件 4

# 体适能评估量表

客户姓名：__________　　　　性别：_______　　　　年龄：______岁

评估日期：_____年____月____日　　　　　　对比日期：_____年____月____日

<table>
<tr><td colspan="2">项目</td><td colspan="2">原始数据</td><td>结果对比</td></tr>
<tr><td colspan="2">血压</td><td colspan="2">收缩压：________mmHg　　　舒张压：_________mmHg</td><td>+___%<br>-___%</td></tr>
<tr><td colspan="2">静态心率</td><td colspan="2">_________________bpm</td><td>+___%<br>-___%</td></tr>
<tr><td rowspan="4">身体成分</td><td></td><td>原始数据</td><td>评价</td><td>结果对比</td></tr>
<tr><td>体脂百分比</td><td>男：　　　　女：<br>胸部：____mm　上臂：____mm<br>腹部：____mm　髂骨：____mm<br>腿部：____mm　腿部：____mm<br>体脂百分比：_________%</td><td>( ) 需要努力　( ) 一般<br>( ) 良好　( ) 优秀</td><td>+___%<br>-___%</td></tr>
<tr><td>WHR</td><td>腰围：_____cm　臀围：____cm<br>WHR（　　）</td><td>( ) 需要努力　( ) 一般<br>( ) 良好　( ) 优秀</td><td>+___%<br>-___%</td></tr>
<tr><td>BMI</td><td>体重：______kg　身高：______m<br>BMI（　　）</td><td>( ) 需要努力　( ) 一般<br>( ) 良好　( ) 优秀</td><td>+___%<br>-___%</td></tr>
<tr><td colspan="2" rowspan="2">心肺适能</td><td>原始数据</td><td>评价</td><td>结果对比</td></tr>
<tr><td>恢复心率：________bpm<br>台阶高度：________cm<br>上下频率：________bpm</td><td>( ) 需要努力　( ) 一般<br>( ) 良好　( ) 优秀</td><td>+___%<br>-___%</td></tr>
<tr><td colspan="2" rowspan="2">柔韧性</td><td>原始数据</td><td>评价</td><td>结果对比</td></tr>
<tr><td>体前屈：__________cm</td><td>( ) 需要努力　( ) 一般<br>( ) 良好　( ) 优秀</td><td>+___%<br>-___%</td></tr>
<tr><td rowspan="4">肌肉适能</td><td rowspan="2">肌肉耐力</td><td>原始数据</td><td>评价</td><td>结果对比</td></tr>
<tr><td>仰卧起坐（60s）：_____次</td><td>( ) 需要努力　( ) 一般<br>( ) 良好　( ) 优秀</td><td>+___%<br>-___%</td></tr>
<tr><td rowspan="2">肌肉力量</td><td>原始数据</td><td>评价</td><td>结果对比</td></tr>
<tr><td>左手握力：_________kg<br>右手握力：_________kg<br>左右握力和：_______kg</td><td>( ) 需要努力　( ) 一般<br>( ) 良好　( ) 优秀</td><td>+___%<br>-___%</td></tr>
<tr><td colspan="2">客户运动目标</td><td colspan="3"></td></tr>
<tr><td colspan="2">运动频次</td><td colspan="3">_______次/周　运动时长　______小时/次　运动时段</td></tr>
</table>

评估教练：__________

附件 5

# 姿态评估记录表

客户姓名：__________ 性别：______ 年龄：______ 卡号：________

检测日期：__________ 检测教练：____________

## 一、静态评估

**侧面观**

| 身体部位 | 状况 | 过强肌肉 | 过弱肌肉 |
|---|---|---|---|
| **头部** | 向前　向后　中立 | | |
| **肩带** | 前引　　　中立 | | |
| **骨盆** | 前倾　后倾　中立 | | |

## 二、动态评估

**1.过头深蹲测试**

| 观察面 | 观察点 | 动作 | 过度活跃肌肉 | 不活跃肌肉 |
|---|---|---|---|---|
| **前面观** | 足部 | 外旋 | | |
| | 膝部 | 内旋 | | |
| **侧面观** | 腰部 | 过度前倾 | | |
| | | 过度前屈 | | |
| | 肩部 | 下落 | | |

**2.单腿下蹲**

| 观察面 | 观察点 | 动作 | 过度活跃肌肉 | 不活跃肌肉 |
|---|---|---|---|---|
| **前面观** | 膝部 | 内旋 | | |

**3.弓步**

| 观察面 | 观察点 | 动作 | 过度活跃肌肉 | 不活跃肌肉 |
|---|---|---|---|---|
| **前面观** | 膝部 | 内旋 | | |
| **侧面观** | 腰部 | 过度前倾 | | |
| | | 过度前屈 | | |

**4.俯卧撑**

| 观察点 | 动作 | 过度活跃肌肉 | 不活跃肌肉 |
|---|---|---|---|
| **腰部** | 过度前屈 | | |
| **肩部** | 耸肩 | | |
| **头部** | 前倾 | | |

**5.站姿推举**

| 观察点 | 动作 | 过度活跃肌肉 | 不活跃肌肉 |
|---|---|---|---|
| **腰部** | 过度前屈 | | |
| **肩部** | 耸肩 | | |
| **头部** | 前倾 | | |

# 第六章　柔韧性训练

## 第一节　常见柔韧性训练方法及原理

**导读：**掌握常见柔韧性训练的方法及原理是正确设计柔韧性运动处方的基础，其中需要重点掌握各种伸展的作用及具体操作方法。

### 一、静态伸展

**方法：**被动牵拉肌肉，使肌肉至其紧张状态，保持拉伸至少 20s。

**原理：**自我抑制（引发拉伸肌肉中高尔基腱器官兴奋进而引起对肌梭的抑制）。

**作用：**提高被动柔韧性，降低肌肉紧张程度，促进血液循环，降低延迟性肌肉酸痛的程度。

**分类：**根据有无外力协助又可将静态伸展分为主动静态伸展和被动静态伸展两类。

· 主动静态伸展：无外力参与，自己完成伸展动作。

· 被动静态伸展：在外力参与下完成伸展动作。

**注意事项：**

· 静态伸展过程中可同时主动收缩被拉伸肌肉的拮抗肌加强交互抑制作用，从而提高拉伸效果。

· 实施静态伸展时应保持正常呼吸，不能憋气。

· 实施静态伸展的时间都应维持在至少 20s。

· 实施被动静态伸展时应注意与客户的身体接触要得当，同时在与客户接触前应先取得客户的同意。

· 实施被动静态伸展时在伸展过程中应注意询问客户的感受并提醒客户注意保持呼吸。

· 教练应注意自身姿态的正确性，不应有弯腰弓背的现象出现。

**缺点：**比赛前进行大量的静态伸展可能会影响爆发力和反应能力。

## 二、主动－孤立伸展

**方法：**主动收缩目标肌肉的拮抗肌，将目标肌肉牵拉至紧张状态，保持 1~2s，还原至起始位置，重复动作 5~10 次。

**原理：**交互抑制（被牵拉肌肉的拮抗肌收缩引发了对被牵拉肌肉肌梭的抑制）。

**作用：**提高单个关节或者一系列关节的动态柔韧性。

**注意事项：**

· 因涉及肌肉主动收缩，因此不宜在肌肉疲劳的情况下进行此类伸展，建议在热身阶段进行。

· 进行主动－孤立伸展时应保持均匀呼吸不能憋气。

· 客户进行主动－孤立伸展时，首先应确保其已经具有良好的被动柔韧性及身体姿态。

· 主动－孤立伸展的停留时间通常为 2s，重复次数为 5~10 次。

**缺点：**可能会对平衡及反应时间造成影响，与功能性运动联系不紧密，相对而言训练的针对性稍弱。

## 三、动态伸展

**方法：**从一个身体姿势逐渐活动到另一个姿势然后平稳地回到原来位置。整个动作应平稳且受控制，使肌肉逐渐到达活动范围的极限。

**原理：**交互抑制。

**作用：**提高动态柔韧性，预防受伤，提高肌肉力量。

**注意事项：**

· 因为需要良好的神经肌肉有效性，因此不建议存在不良姿态或错误动作模式的客户使用此类伸展动作。进行动态伸展时应保持良好的身体姿态。

· 进行动态伸展时应确保客户已经具有良好的被动及主动柔韧性。

· 动态伸展应在热身阶段进行。

**缺点：**对练习者自身所具备的神经肌肉有效性要求较高，不适合初级客户使用。

## 四、冲击伸展

**方法：**用急速或跳跃性的动作获得动力，尝试强迫身体或肢体产生超过正常活动范围的活动。

**原理：**物理及机械延展性。

**作用：**提高柔韧性。

**注意事项：**因容易引发被拉伸肌肉较强的牵张反射而导致受伤概率提高，因此不建议一般人使用，运动者如因运动项目特点需要，使用时也应谨慎。

**缺点：**容易造成练习者受伤。

## 五、本体感觉神经肌肉促进术（PNF）伸展

本体感觉神经肌肉促进术（Proprioceptive Neuromuscular Facilitation，PNF）是一套被应用于神经康复训练领域的系统治疗方法，根本目的是协助神经系统受损的病人恢复正常的自理能力，核心理念是基于人体的神经肌肉系统具备未开发的潜能，通过进行适当的刺激调动这些潜能来恢复正常的生理功能。

传统 PNF 的操作方法主要是螺旋对角线模式，因为该方法的创立者通过大量的观察发现人体运动模式的最高级阶段即为螺旋对角线模式，生活所需的功能性运动基本上都是以螺旋对角线模式来完成的。部分运动专家将 PNF 中的某些操作手法进行调整（主要是将螺旋对角线模式调整为与肌肉的收缩方向反

向实施手法）进而达到促进运动员柔韧性提高的目的。目前比较流行的 PNF 伸展方法包括两种，分别为保持—放松（Hold-relax，HR）和慢反转—保持—放松（Slow reversal-hold-relax）。

1. 保持—放松技术

**方法：**被动拉长目标肌肉，当目标肌肉感到紧张时停止牵拉，在此位置上请客户以次最大力量（最大力量 20%~30%）等长收缩目标肌肉，保持 6~15s，然后要求客户放松，教练继续牵拉肌肉使关节活动范围进一步增大到客户再次感到肌肉紧张，在新的活动幅度停留 20~30s。

**原理：**自我抑制。

**作用：**有利于提高被动柔韧性。

**注意事项：**由于存在一定危险性，教练使用时需要注意安全。

**缺点：**由于其可能影响平衡和反应时间，因此不建议作为比赛前的热身使用。

2. 慢反转—保持—放松技术

**方法：**慢反转—保持—放松技术也称为收缩—放松—主动肌—收缩（Contract-relax-agonist-contraction，CRAC）。被动拉长目标肌肉，当目标肌肉感到紧张时停止牵拉，在此位置上请客户以次最大力量（最大力量 20%~30%）等长收缩目标肌肉，保持 6~15s，然后要求客户放松。放松同时，要求客户自主收缩目标肌肉的拮抗肌，同时教练辅助用力将客户关节活动范围进一步增大到目标肌肉再次感到紧张，在新的活动范围停留 20~30s。

**原理：**自我抑制、交互抑制。

**作用：**有利于提高被动柔韧性和动态柔韧性，尤其是因为主动肌无力造成的动态柔韧性较差的状况。

**注意事项：**由于存在一定危险性，教练使用时需要注意安全。

**缺点：**由于其可能影响平衡和反应时间，因此不建议作为比赛前的热身使用。

3. 关于 PNF 伸展的几点说明

**PNF 伸展的种类：**介绍 PNF 伸展的资料繁多，实际操作方式也略有差异，本书选择的方法是撰写本书所用的参考文献中均有提及且描述的差异不大的两种方法。

**关于 PNF 循环重复次数：**有文献建议 PNF 循环（等长收缩—放松—拉伸）的次数为 1~3 次，从操作安全性的角度考虑，建议执行一次，避免过度牵拉而引起损伤发生。

**关于 PNF 放松阶段时间长度：**建议在被牵拉肌肉等长收缩结束后即刻进行新的牵拉，主要原因是等长收缩引起的最大抑制效果持续不到 1s，5s 内自我抑制效果下降 70%。这一建议与部分培训教材中提及的方法略有差异，差异的主要原因是所选取的参考资料的不同。目前在诸多专业研究中关于 PNF 伸展的效果本身仍存在争议，因此出现差异是较正常的现象。建议在学习并参加其他相关培训时，应尊重及遵照相应教材中提及的方法。日常工作时，教练可在确保安全的前提下实践多种方法并进行比较，并最终找出个人的最佳方法。

## 六、自我筋膜放松

**方法：**利用个人体重与泡沫轴的滚动，使紧张的软组织进行放松。每块肌肉在泡沫轴上滚动 1~2min，滚动过程中如果发现压痛点，应在压痛点上停留 20~30s，直到紧张程度下降 50%~75%。

**原理：**自我抑制。

**作用：**放松紧张的筋膜，从而提高柔韧性。由结缔组织构成的筋膜包裹肌肉及全身各组织器官，筋膜紧张会影响关节活动度，同时引发疼痛。

**注意事项：**可以在热身阶段使用，也可用在放松整理阶段，如果和静态伸展并用，建议首先使用自我筋膜放松对紧张的肌肉进行抑制，然后进行静态伸展。

**缺点：**需要有特殊的器材辅助（泡沫轴等）。

## 第二节 柔韧性训练的禁忌

**导读：**掌握柔韧性训练的禁忌有助于降低在柔韧性训练过程中出现运动风险的概率，教练必须牢记以下禁忌，避免在以下情况为客户实施伸展。

· 骨骼阻碍运动。
· 最近发生过骨折。
· 疑似或确诊关节内或关节周围出现急性或慢性的炎症。
· 骨质疏松。
· 在关节运动或肌肉收缩时出现剧烈疼痛。
· 最近扭伤或拉伤。
· 关节牢固性不足。
· 患有血管或皮肤疾病。
· 骨骼造成的功能缺失或活动幅度减小。

## 第三节 常见肌肉群的伸展方法介绍

**导读：**掌握常见肌肉的具体伸展及放松方式是私人教练必备的技能之一，其中与工作密切相关的伸展方式有静态（主动、被动）伸展，主动—孤立伸展及动态伸展三大类。

### 一、静态伸展

#### （一）上肢肌肉的静态伸展

##### 1. 目标肌肉：三角肌前束、胸大肌上束

**拉伸方式：**主动静态伸展。

**开始位置：**双腿屈髋屈膝坐于垫上，双手放于身后，掌心向下，拇指向外，后背伸直，双臂支撑体重。

**动作方法：**双手后移，当感觉肩部前侧及胸部有拉伸感时保持动作。（图 6–1）

**注意事项：**肘关节不要锁定。

**拉伸方式：**被动静态伸展。

**开始位置：**客户盘腿坐于垫上，收腹，挺胸，下颌微收，双臂位于身体两侧。

**动作方法：**教练握住客户双臂肘关节上部，缓缓用力向后牵拉，当客户肩部前侧肌肉感到拉紧感时保持动作。（图 6–2）

**注意事项：**客户保持上身直立。

图 6–1　三角肌前束、胸大肌上束主动静态伸展

图 6–2　三角肌前束、胸大肌上束被动静态伸展

### 2. 目标肌肉：三角肌中束

**拉伸方式：**主动静态伸展。

**开始位置：**身体保持直立，将直径 5cm 的毛巾卷放于腋窝下。

**动作方法：**无毛巾侧手从身后向内缓缓用力牵拉毛巾侧手前臂，当毛巾侧肩部外侧感到拉紧时，维持动作。（图 6–3）

**注意事项：**身体保持直立。

**拉伸方式：**被动静态伸展。

**开始位置：**客户盘腿坐于垫上，上身保持直立，腋下夹直径 5cm 的毛巾卷。

**动作方法：**教练握住有毛巾侧手臂的前臂，慢慢向内牵拉。当客户感到有毛巾侧肩部外侧有拉紧感时，维持动作。（图 6–4）

**注意事项：**客户保持上身直立不要侧倾。

图 6–3　三角肌中束主动静态伸展

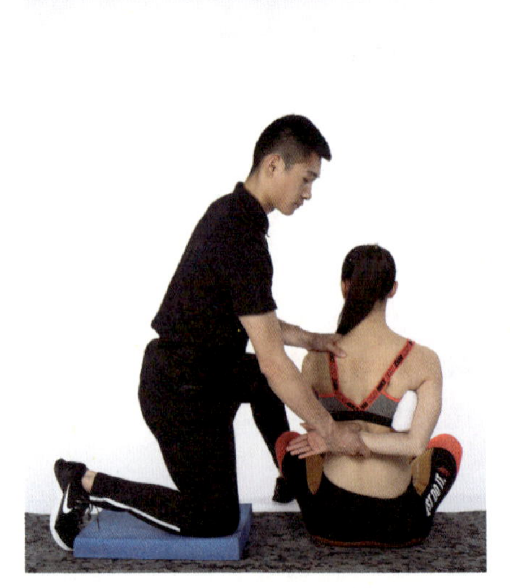

图 6–4　三角肌中束被动静态伸展

### 3. 目标肌肉：三角肌后束

**拉伸方式：** 主动静态伸展。

**开始位置：** 身体直立，被拉伸侧手臂肩关节水平屈，对侧手臂夹住其肘关节上部。

**动作方法：** 缓缓用力将被拉伸侧手臂拉向身体，当被拉伸侧肩部后侧感到拉紧时，维持动作。（图 6–5）

**注意事项：** 被拉伸侧肘关节不要高于肩，双肩保持相平。

**拉伸方式：** 被动静态伸展。

**开始位置：** 客户坐于垫上，上身直立，被拉伸侧手臂肩关节水平屈。

**动作方法：** 教练一手固定住拉伸侧肩胛骨，另一手握住其肘关节上部缓缓用力将手臂压向身体。当客户感觉到被拉伸侧肩部后侧拉紧时，维持动作。（图 6–6）

**注意事项：** 被拉伸侧肘关节不要高于肩，双肩保持相平。

图 6–5 三角肌后束主动静态伸展

图 6–6 三角肌后束被动静态伸展

### 4. 目标肌肉：肩胛下肌、大圆肌

**拉伸方式：** 主动静态伸展。

**开始位置：** 如图 6–7 所示，一手握住把杆，肘关节屈 90°，肘部与躯干间夹毛巾，另一手协助固定握杆手上臂于体侧。

**动作方法：** 以握杆手肩关节为轴转动身体，使其肩关节处于外旋位，当感觉肩胛骨前面有拉紧感觉，维持动作。

**注意事项：** 握杆手上臂始终紧贴身体。

**拉伸方式：** 被动静态伸展。

**开始位置：** 如图示客户肩关节外展 90°，肘关节屈 90°，肘关节下方垫毛巾。

**动作方法：** 教练一手固定于客户上臂内侧，另一手握住客户前臂，缓缓使其肩关节处于外旋位，当客户感到肩胛骨前侧肌肉紧张时，维持动作。（图 6–8）

**注意事项：** 教练不要弯腰弓背。

图 6–7　肩胛下肌、大圆肌主动静态伸展

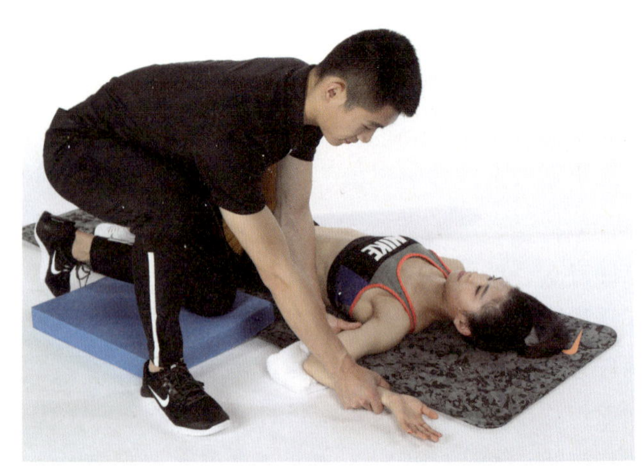

图 6–8　肩胛下肌、大圆肌被动静态伸展

### 5. 目标肌肉：冈下肌、小圆肌

**拉伸方式：**主动静态伸展。

**开始位置：**双手手背位于腰部两侧，使肘关节位于膝盖内侧。

**动作方法：**双腿内收使肩关节内旋，当感到肩胛骨后侧肌肉有拉紧感时，维持动作。（图 6–9）

**注意事项：**腰背部挺直。

**拉伸方式：**被动静态伸展。

**开始位置：**客户肩外展 90°，肘关节屈 90°，肘关节下方垫毛巾。

**动作方法：**教练一手固定客户上臂内侧，另一手握住客户前臂背侧，缓缓用力使其肩关节内旋，当客户感到肩胛骨背面有拉紧感时，维持动作。（图 6–10）

**注意事项：**教练不要弯腰弓背。

图 6–9　冈下肌、小圆肌主动静态伸展

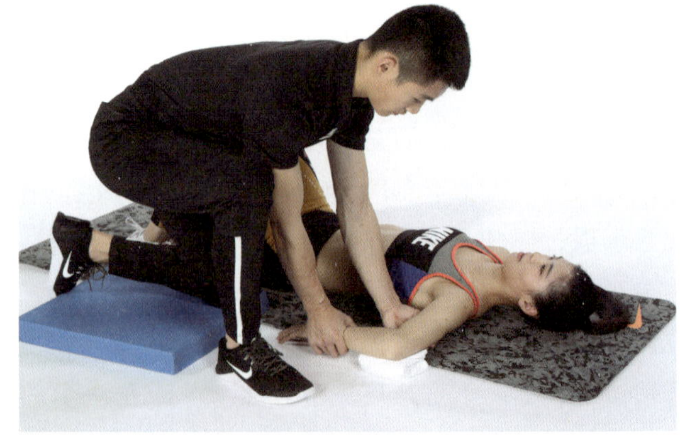

图 6–10　冈下肌、小圆肌被动静态伸展

## 6. 目标肌肉：肱二头肌

**拉伸方式：**主动静态伸展。

**开始位置：**身体直立，双手自然下垂位于身体两侧。

**动作方法：**缓缓向后伸肩、伸肘，同时前臂内旋，当感到上臂前侧有拉紧感时，维持动作。（图 6–11）

**注意事项：**肘关节不要锁定，身体保持直立。

**拉伸方式：**被动静态伸展。

**开始位置：**客户盘腿而坐，上身直立，手臂位于身体两侧，前臂内旋掌心向后。

**动作方法：**教练握住客户一侧前臂下端，另一手固定住客户肩胛骨，缓缓向后牵拉，使客户处于肩伸、肘伸的状态。当客户感到上臂前侧有拉紧感时，维持动作。（图 6–12）

**注意事项：**肘关节不可高于肩。肘关节自然直，不要锁定。客户保持上身直立不要前倾。

图 6–11　肱二头肌主动静态伸展

图 6–12　肱二头肌被动静态伸展

## 7. 目标肌肉：肱三头肌

**拉伸方式：**主动静态伸展。

**开始位置：**坐位或站立位，被牵拉侧肩屈、肘屈，使前臂位于颈后，另一手位于被牵拉侧肘关节上。

**动作方法：**缓缓将被牵拉侧手臂向内后上方拉，当被牵拉侧上臂后侧肌肉有拉紧感，维持动作。（图 6–13）

**注意事项：**保持被牵拉侧肘关节处于屈肘状态。保持上身直立不要侧倾。

**拉伸方式：**被动静态伸展。

**开始位置：**客户盘腿而坐，上身保持直立，目标拉伸侧手臂屈肩屈肘于颈后。

**动作方法：**教练一手握住客户前臂，另一手拖住客户肘关节，慢慢使客户前臂靠近上臂，当客户感到上臂后侧肌肉有拉紧感时，维持动作。（图 6–14）

**注意事项：**保持上身直立不要侧屈 。

图 6–13　肱三头肌主动静态伸展

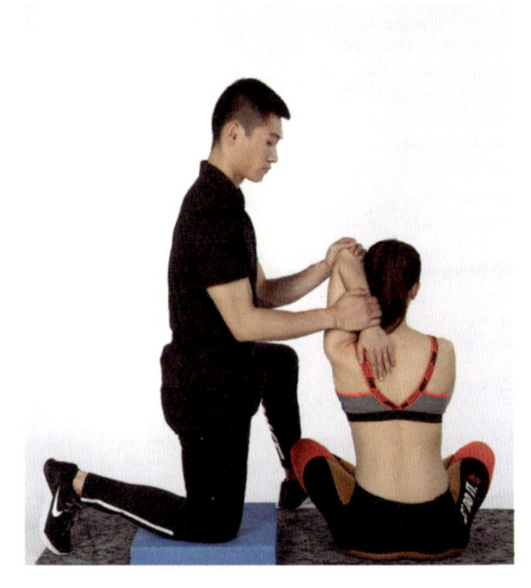
图 6–14　肱三头肌被动静态伸展

### 8. 目标肌肉：前臂屈肌群

**拉伸方式：**主动静态伸展。

**开始位置：**盘腿坐于垫上，上身保持直立，一侧手臂肩前平举，伸肘伸腕，另一侧手握住目标牵拉手的手指部分。

**动作方法：**慢慢向后牵拉目标牵拉手，使被牵拉手的腕关节进一步伸展，拇指指向地面，当感到被牵拉手前臂上方有拉紧感时，维持动作。（图 6–15）

**注意事项：**肘关节不要超伸，保持自然伸直状态。

### 9. 目标肌肉：前臂伸肌群

**拉伸方式：**主动静态伸展。

**开始位置：**目标拉伸侧手臂前平举，伸肘屈腕，对侧手握住目标拉伸手的手背。

**动作方法：**缓缓将被牵拉手向后拉，当感觉被牵拉手前臂背侧有拉紧感觉，维持动作。（图 6–16）

**注意事项：**肘关节自然伸直不要锁定。

图 6–15　前臂屈群肌主动静态伸展

图 6–16　前臂伸群肌主动静态伸展

**10. 目标肌肉：背阔肌**

**拉伸方式：**主动静态伸展。

**开始位置：**跪于垫上，上肢伸直放在垫子左侧位置，右掌心朝上，左手按住右掌。

**动作方法：**臀部向右后方移动，旋转躯干，使右肩低于左肩。当感到右侧背部有拉紧感时，维持动作。（图 6–17）

**注意事项：**上背部不要下塌。

**拉伸方式：**被动静态伸展。

**开始位置：**客户仰卧于床上，肩关节屈曲到最大角度，并伸出床外，掌心朝上。

**动作方法：**教练压住双侧肘部缓慢用力下压。当感到背部有拉紧感时，维持动作。（图 6–18）

**注意事项：**胸部不要挺起。

图 6–17　背阔肌主动静态伸展

图 6–18　背阔肌被动静态伸展

**11. 目标肌肉：胸大肌**

**拉伸方式：**主动静态伸展。

**开始位置：**右臂肩外展 90°，肘关节屈 90°，使右前臂紧贴墙面或柱子，身体直立，两腿前后开立，右腿在前。

**动作方法：**前移重心使身体超越手臂，同时向左侧转头，当感到右侧胸部有拉紧感时，维持动作。（图 6–19）

**注意事项：**前后开立步站立时，目标拉伸侧的腿应位于前方。拉伸胸大肌上部，可将肘关节调整至低于肩部；拉伸胸大肌下部，可将肘关节调整至高于肩部。

**拉伸方式：**被动静态伸展。

**开始位置：**客户坐于垫上，上身直立，双臂外展，肘关节自然弯曲。

**动作方法：**教练以泡沫轴支撑客户后背，同时双手握住客户上臂并向后缓缓牵拉，当客户感到胸部有拉伸时，维持动作。（图 6–20）

**注意事项：**可将可调式训练凳的靠背调整至 90°，让客户坐于训练凳上实施此拉伸。

下部

整个胸大肌

上部

图 6–19 胸大肌主动静态伸展

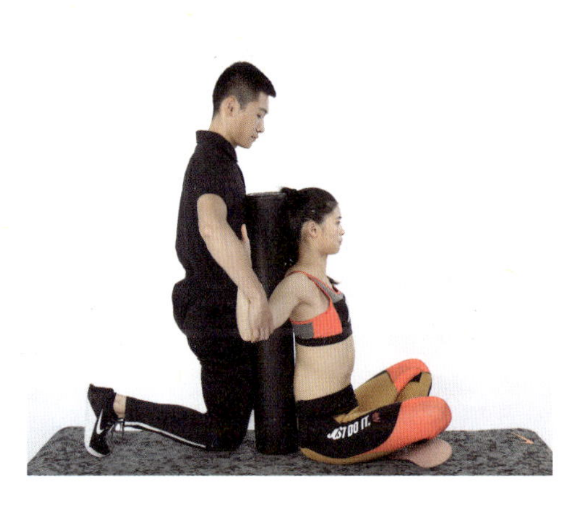

图 6–20 胸大肌被动静态伸展

## （二）下肢肌肉的静态伸展

### 1. 目标肌肉：臀部肌群

**拉伸方式：** 主动静态伸展。

**开始位置：** 仰卧于垫上，左腿盘于右腿之上，双手抱住右侧大腿。

**动作方法：** 缓缓将右侧大腿拉向胸部，当感觉左侧臀部有拉紧感时，维持动作。（图 6–21）

**注意事项：** 腰部及骨盆背面始终紧贴垫子。

**拉伸方式：** 被动静态伸展。

**开始位置：** 客户仰卧于垫上，双手位于身体两侧，左腿屈髋屈膝并外旋髋关节（呈踢毽状），教练右手扶住大腿外侧，左手握住小腿。

**动作方法：** 缓缓将左腿推向客户的胸部，当客户感到臀部肌肉拉紧时，维持动作。（图 6–22）

**注意事项：** 骨盆背面及下背部不能离开垫子。

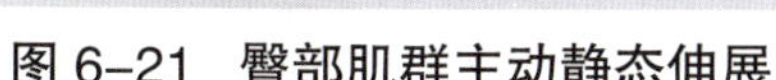
图 6–21 臀部肌群主动静态伸展

图 6–22 臀部肌群被动静态伸展

### 2. 目标肌肉：髂腰肌

**拉伸方式：**主动静态伸展。

**开始位置：**单膝跪于垫上，后腿小腿平贴垫面，前腿膝关节夹角大于 90°，上身保持直立。

**动作方法：**缓缓前移重心，当感觉后侧腿髋关节前侧有拉紧感时，维持动作。（图 6–23）

**注意事项：**身体不要前倾，不要后仰，腹部收紧使骨盆处于中立位，前腿膝关节不要超过脚尖。可将拉伸腿同侧手臂高举过头，并将躯干向对侧屈，以此增强拉伸效果。

**拉伸方式：**被动静态伸展。

**开始位置：**客户侧卧于垫上，下侧腿屈髋屈膝 90°，并用对侧手固定住下侧大腿，教练左手按住上侧骨盆，使骨盆保持固定，右手扶于上侧大腿前面。

**动作方法：**缓缓向后拉伸客户上侧腿，当客户感到上侧髋关节前方有拉紧感时，维持动作。（图 6–24）

**注意事项：**确保客户骨盆处于中立位。

图 6–23 髂腰肌主动静态伸展

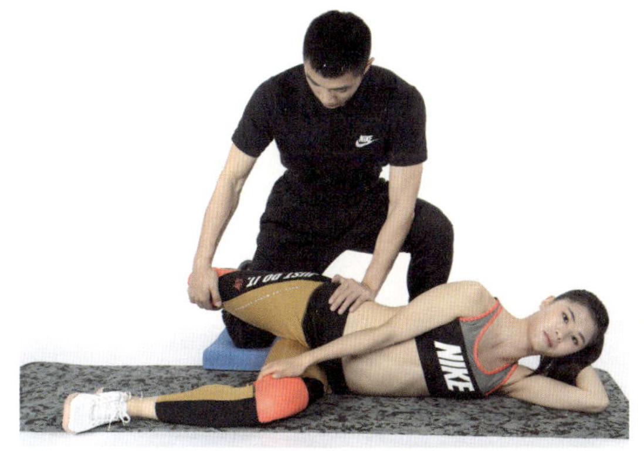

图 6–24 髂腰肌被动静态伸展

### 3. 目标肌肉：阔筋膜张肌

**拉伸方式：**主动静态伸展。

**开始位置：**仰卧于垫上，双手位于身体两侧，左腿屈膝 90°，右腿盘于左腿膝关节上方。

**动作方法：**右腿缓缓用力将左腿拉向右侧，当感到左大腿外侧有拉紧感时，维持动作。（图 6–25）

**注意事项：**保持骨盆不转动。

**拉伸方式：**被动静态伸展。

**开始位置：**客户仰卧于垫上，右腿屈膝。

**动作方法：**教练左手固定客户右侧骨盆，右手向内缓缓推动客户右膝外侧向内，当客户感到大腿外侧有拉紧感时，维持动作。（图 6–26）

**注意事项：**保持客户骨盆稳定，右臀不要离开垫子。

图 6–25 阔筋膜张肌主动静态伸展

图 6–26 阔筋膜张肌被动静态伸展

### 4. 目标肌肉：股四头肌

**拉伸方式：**主动静态伸展。

**开始位置：**单膝跪于平衡软榻或较厚的训练垫上，前腿屈髋屈膝 90°，后腿屈膝 90°，保持上身直立。

**动作方法：**右手缓缓用力，使后侧腿小腿与大腿之间相互靠拢，当感到后侧大腿前侧有拉紧感时，维持动作。（图 6–27）

**注意事项：**腹部收紧使骨盆处于中立位，不要骨盆前倾。保持后腿大小腿充分折叠的情况下，还可缓缓向前移动身体重心，以增大拉伸幅度。

图 6–27 股四头肌主动静态伸展

**拉伸方式：**被动静态伸展。

**开始位置：**客户俯卧于垫上，屈右膝。

**动作方法：**教练跪于垫上，将客户目标拉伸腿放于瑜伽砖上，双手握住右侧胫骨下端，缓缓用力使客户小腿向大腿靠拢。当客户感到大腿前侧有拉紧感时，维持动作。（图 6–28）

**注意事项：**确保客户骨盆处于中立位，不要出现前倾。还可将客户拉伸侧腿放于教练跪地侧腿部上方，以增大客户髋伸幅度，从而提高拉伸的幅度。

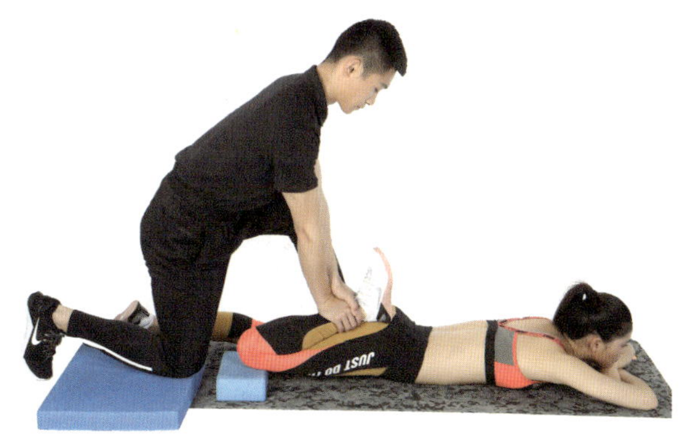
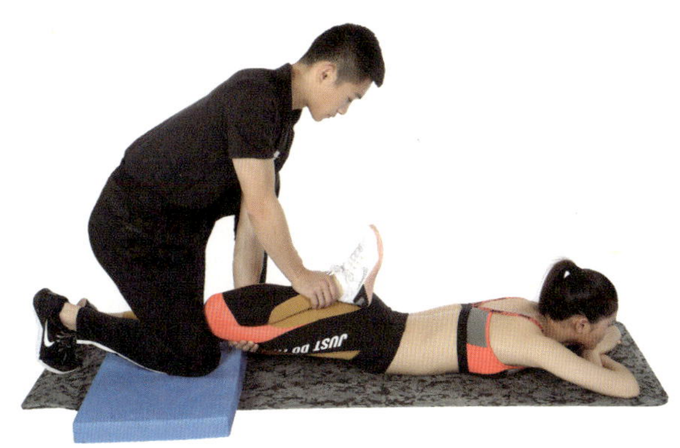

图 6–28 股四头肌被动静态伸展

### 5. 目标肌肉：腘绳肌

**拉伸方式：**主动静态伸展。

**开始位置：**仰卧于垫上，右膝自然伸直，左髋屈曲 90° 。双手握紧左腿大腿后侧。

**动作方法：**左腿膝关节缓缓伸直，同时双手用力缓缓拉左腿向胸部方向靠拢，当感到左侧大腿后侧有拉紧感时，维持动作。（图 6–29）

**注意事项：**拉伸侧腿的膝关节不要锁定。

图 6–29 腘绳肌主动静态伸展 1

**拉伸方式：**主动静态伸展。

**开始位置：**左腿支撑，右腿放于踏板之上，脚跟着板，两腿膝关节均保持自然伸直状态，身体直立，双手轻放于右侧大腿前侧。

**动作方法：**后背保持挺直，缓缓向下俯身，当感觉到右腿后侧有拉紧感时，维持动作。（图 6–30）

**注意事项：**整个动作过程中保持后背伸直，确定两腿膝关节均处于自然伸直状态，不要锁定。此动作适合不能仰卧进行拉伸的客户（如高血压患者）。

**拉伸方式：**主动静态伸展。

**开始位置：**客户坐位，左腿伸直，右膝屈曲，右脚置于左膝内侧，双手高举过头。

**动作方法：**后背保持挺直，缓缓向下俯身，试着用双手触及左脚尖。当感觉到左腿后侧有拉紧感时，维持动作。（图 6–31）

**注意事项：**整个动作过程中保持后背伸直。注意客户在伸展时腰背部的感受。

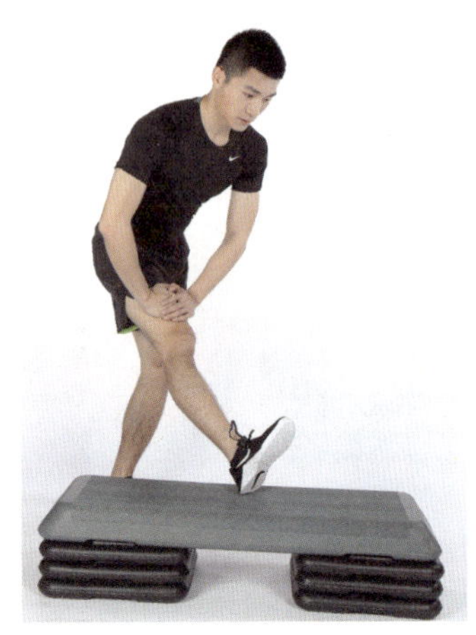

图 6–30　腘绳肌主动静态伸展 2

图 6–31　腘绳肌主动静态伸展 3

**拉伸方式：**被动静态伸展。

**开始位置：**客户仰卧于垫上，左腿屈髋抬起，膝关节保持自然伸直状态。

**动作方法：**教练单膝跪在平衡软榻或训练垫上，双手扶住客户左腿股骨下端接近膝关节处，客户的脚踝放于教练后腿一侧的肩部上方，缓缓用力拉直膝关节。如果客户没有拉伸感觉，可在保持伸膝的情况下缓缓将客户的腿推向胸部。当客户感到大腿后侧有拉紧感时，维持动作。（图 6–32）

**注意事项：**整个动作过程中客户骨盆背面及下背部紧贴垫面。

图 6–32　腘绳肌被动静态伸展

### 6. 目标肌肉：髋内收肌群

**拉伸方式：**主动静态伸展。

**开始位置：**坐于垫上，屈膝使双脚足底相对，后背伸直，双手扶住双脚，肘关节放于膝关节内侧。

**动作方法：**双肘缓缓用力将腿按向垫子，当感觉大腿内侧有拉紧感时，维持动作。（图 6–33）

**注意事项：**整个动作过程中保持后背伸直 。

**拉伸方式：**主动静态伸展。

**开始位置：**双腿开立比肩宽，身体直立，双手掐腰，左腿放于踏板上。

**动作方法：**右腿缓缓屈膝下蹲使身体呈侧弓步状。当感到左侧大腿内侧有拉紧感时，维持动作。（图 6–34）

**注意事项：**下蹲腿膝关节不要超过脚尖，拉伸腿膝关节不要锁定。

**拉伸方式：**被动静态伸展。

**开始位置：**客户仰卧于垫上，双腿自然伸直。

**动作方法：**教练单膝跪于垫上，一手固定住客户骨盆，另一手握住客户小腿，握住小腿侧手缓缓用力使客户做被动的髋外展动作，当客户感到摆动腿大腿内侧有拉紧感时，维持动作。（图 6–35）

**注意事项：**拉伸时客户骨盆处于中立位，下背部不要拱起。

图 6–33　髋内收肌群主动静态伸展 1

图 6–34　髋内收肌群主动静态伸展 2

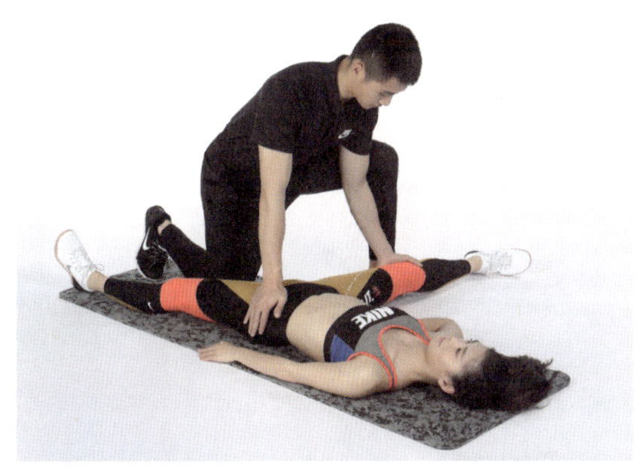

图 6–35　髋内收肌群被动静态伸展

### 7. 目标肌肉：腓肠肌

**拉伸方式：**主动静态伸展。

**开始位置：**双脚前后开立站于踏板上，后脚脚尖位于踏板边缘，双手掐腰，身体保持自然直立。

**动作方法：**前腿膝关节慢慢弯曲，身体重心缓缓向下，加大后脚足背屈的幅度，当感到后腿小腿后侧有拉紧感时，维持动作。（图 6–36）

**注意事项：**整个动作过程中，后腿膝关节保持自然伸直状态，不要锁定。

**拉伸方式：**被动静态伸展。

**开始位置：**客户仰卧于垫上。

**动作方法：**教练成半跪状，将客户右腿抬起，使客户的小腿位于教练的大腿上方，右手拖住客户的脚跟，左手握住客户的脚跟，左前臂紧贴客户脚掌，身体向斜下用力，利用自己的左前臂使客户出现足背屈状态，当客户感到小腿后侧有拉紧感时，维持动作。（图 6–37）

**注意事项：**教练注意是身体发力而不是单纯的手部发力，另外应确保客户拉伸侧腿的膝关节保持自然伸直状态。

图 6–36　腓肠肌主动静态伸展

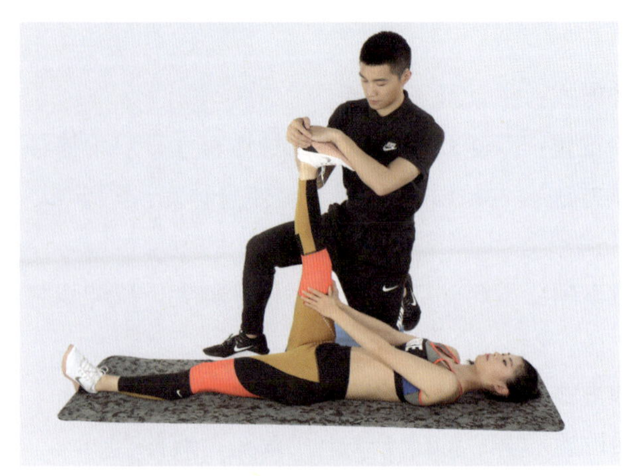

图 6–37　腓肠肌被动静态伸展

### 8. 目标肌肉：比目鱼肌

**拉伸方式：**主动静态伸展。

**开始位置：**双脚前后开立站于踏板上，后脚脚尖位于踏板边缘，双腿膝关节微屈，双手掐腰，上身微微前倾。

**动作方法：**前腿膝关节继续慢慢弯曲，身体重心缓缓向下，后腿在保持膝关节弯曲幅度不变的情况下，加大后脚足背屈的幅度，当感到后腿小腿后侧有拉紧感时，维持动作。（图 6–38）

**注意事项：**整个动作过程中，后腿膝关节保持自然弯曲状态，不要锁定。

**拉伸方式：**被动静态伸展。

**开始位置：**客户仰卧于垫上，左腿屈膝 90°。

**动作方法：**教练单膝跪于垫上，将客户左脚脚掌放于自己右侧大腿前面，双手握住客户左侧小腿，固定住客户小腿的同时将右侧大腿缓缓向上抬起，加大客户足背屈幅度，当客户感到小腿后侧有拉紧感时，维持动作。（图 6–39）

**注意事项：**教练在操作时不要弯腰弓背。

图 6–38　比目鱼肌主动静态伸展

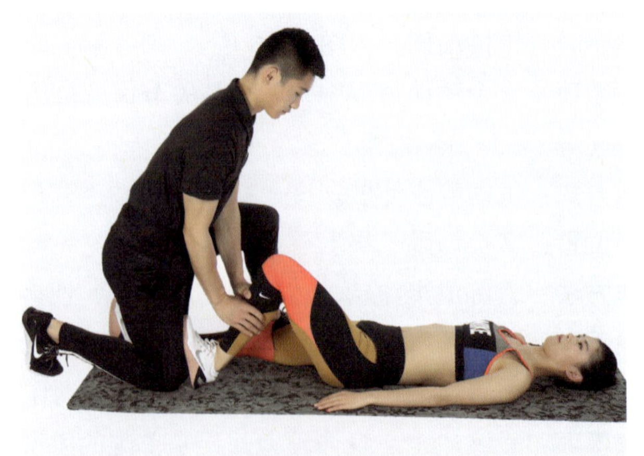

图 6–39　比目鱼肌被动静态伸展

## （三）躯干肌群的静态伸展

### 1. 目标肌肉：斜方肌上束及斜角肌等

**拉伸方式：**主动静态伸展。

**开始位置：**盘腿坐于垫上，左手放于背后或坐于臀部下方，使左侧肩胛骨下降。

**动作方法：**右手缓缓用力将头拉向右侧肩膀，当感到左侧颈部有拉紧感时，维持动作。（图 6–40）

**注意事项：**整个动作在冠状面内完成，上身保持直立不要倾斜。

### 2. 目标肌肉：胸锁乳突肌

**拉伸方式：**主动静态伸展。

**开始位置：**盘腿坐于垫上，左手放于背后或坐于臀部下方，使左侧肩胛骨下降。

**动作方法：**右手缓缓用力将头向右后方拉伸，当感到左侧颈部前侧有拉紧感时，维持动作。（图 6–41）

**注意事项：**上身保持直立，左肩胛骨保持下降及后缩状态。

图 6–40　斜方肌上束及斜角肌主动静态伸展

图 6–41　胸锁乳突肌主动静态伸展

### 3. 目标肌肉：肩胛提肌

**拉伸方式：**主动静态伸展。

**开始位置：**盘腿坐于垫上，左手放于背后或坐于臀部下方，使左侧肩胛骨下降。

**动作方法：**右手缓缓用力将头向右前方拉伸，当感到左侧颈部后侧有拉紧感时，维持动作。（图 6–42）

**注意事项：**上身保持直立，左肩胛骨保持后缩下压。

### 4. 目标肌肉：颈部后群肌肉

**拉伸方式：**主动静态伸展。

**开始位置：**盘腿坐于垫上，双手放于头部后侧。

**动作方法：**双手缓缓用力向前下方拉伸头部，当感到颈部后侧有拉紧感时，维持动作。（图 6–43）

**注意事项：**上身始终保持垂直，双手不要猛力下拉。

图 6-42　肩胛提肌主动静态伸展

图 6-43　颈部后群肌肉主动静态伸展

### 5. 目标肌肉：竖脊肌

**拉伸方式：**主动静态伸展。

**开始位置：**屈膝坐于垫上，使双脚足底相对，双手由小腿内侧绕过并平放于垫子上。

**动作方法：**缓缓向前弯曲躯干，当后背有拉紧感时，维持动作。（图 6-44）

**注意事项：**腰背部疼痛者或有伤者慎做。

### 6. 目标肌肉：腹内外斜肌、臀部肌群、腰背部肌群等

**拉伸方式：**主动静态伸展。

**开始位置：**坐在垫子上，左腿伸直，右腿屈，右脚放于左膝外侧，左肘顶于右膝外侧，右手放于身体后方稳定身体。

**动作方法：**左肘缓缓用力向左顶，上身转向右，当感到腹部两侧及背部有拉紧感时，维持动作。（图 6-45）

**注意事项：**拉伸过程中上身始终保持垂直，腰背部疼痛者慎做。

图 6-44　竖脊肌主动静态伸展

图 6-45　腹内外斜肌、臀部肌群、腰背部肌群主动静态伸展 1

**拉伸方式：**主动静态伸展。

**开始位置：**仰卧于垫上，左腿屈髋屈膝 90°，右腿自然伸直，左臂肩外展 90°，右手位于左膝关节外侧。

**动作方法：**右手缓缓用力将左膝往右上方拉，当感到腹部两侧及背部肌肉有拉紧感时，维持动作。（图 6-46）

**注意事项：**左肩膀不要离开垫子，腰背部疼痛者慎做。

**拉伸方式**：被动静态伸展。

**开始位置**：客户仰卧于垫上，右腿屈髋屈膝 90°，交叉于左腿上方，双臂侧平举。

**动作方法**：教练左手固定客户右肩，右手握住客户右侧大腿下端，缓缓用力将客户右腿压向垫子，当客户感到腹部外侧及腰部肌肉有拉紧感时，维持动作。（图 6–47）

**注意事项**：客户右肩膀不要离开垫子，腰背部疼痛者慎做。客户拉伸侧腿部下方可放置平衡软榻，以提高舒适度及安全性。

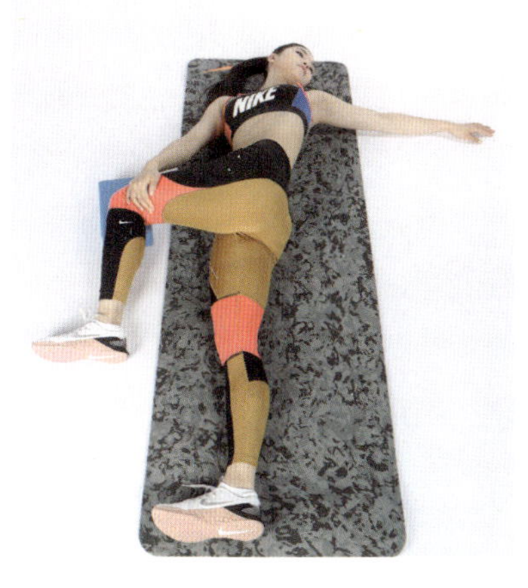


图 6–46 腹内外斜肌、臀部肌群、腰背部肌群主动静态伸展 2

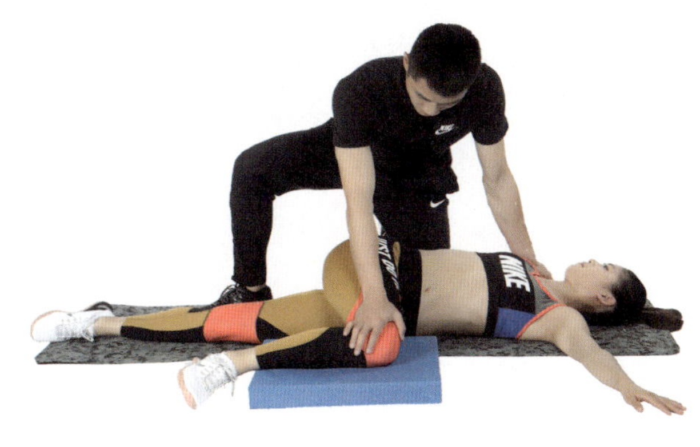


图 6–47 腹内外斜肌、臀部肌群、腰背部肌群被动静态伸展

### 7. 目标肌肉：腰方肌

**拉伸方式**：主动静态伸展。

**开始位置**：坐于垫上，双腿分开，双手位于身体前侧，肘关节自然伸直，上身自然直立。

**动作方法**：右臂屈肘位于腹部前侧，左臂肘关节伸直并高举过头，上身缓缓向右侧倾，当感到左侧腰部背面有拉紧感觉时，维持动作。（图 6–48）

**注意事项**：腰背部疼痛者慎做，上身不要前倾。

图 6–48 腰方肌主动静态伸展

### 8. 目标肌肉：腹直肌

**拉伸方式**：主动静态伸展。

**开始位置**：俯卧于垫上，肘撑。

**动作方法：**胸部慢慢上抬，当感觉到腹部有拉紧感时，维持动作。（图 6–49）

**注意事项：**骨盆和肚脐不要离开垫子。如需增大拉伸幅度，还可采用双手支撑的方式进行拉伸，但拉伸时仍需确保肚脐和骨盆紧贴训练垫。腰背部疼痛者慎做。

图 6–49　腹直肌主动静态伸展

## 二、主动—孤立伸展

### 1. 目标肌肉：腓肠肌

**开始位置：**双腿前后开立，前脚于踏板上，脚尖指向前方，膝关节自然弯曲，后腿膝关节自然伸直，脚前掌抵住踏板边缘，脚后跟与地面相接触，双手掐腰，上身保持自然直立。

**动作方法：**前侧腿缓缓屈膝，使身体重心向前向下降低，当后侧腿的小腿内侧感到拉紧感时，停留 2s 后返回原位，前侧腿向身体左前方迈出，当后侧腿的小腿后侧再次有拉紧感时，停留 2s 后返回原位，前侧腿向身体右前方迈出，当后侧腿的小腿后侧再次有拉紧感，停留 2s 后返回原位，此循环重复 5~10 次。（图 6–50）

图 6–50　腓肠肌主动—孤立伸展

### 2. 目标肌肉：比目鱼肌

**开始位置：**双腿前后开立，前脚于踏板上，脚尖指向前方，膝关节自然弯曲，后腿膝关节自然弯曲，脚前掌抵住踏板边缘，脚后跟与地面相接触，双手掐腰，上身保持自然直立。

**动作方法：**前侧腿缓缓屈膝，使身体重心向前向下降低，当后侧腿的小腿内侧感到拉紧感时，停留 2s 后返回原位，前侧腿向身体左前方迈出，当后侧腿的小腿后侧再次有拉紧感时，停留 2s 后返回原位，前侧腿向身体右前方迈出，当后侧腿的小腿后侧再次有拉紧感时，停留 2s 后返回原位，此循环重复 5~10 次。（图 6–51）

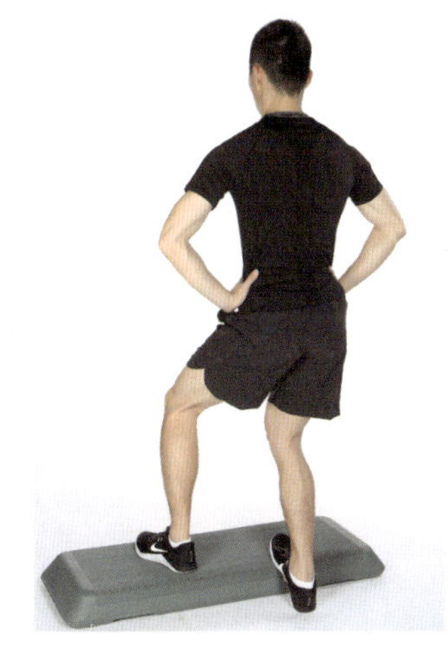

图 6–51 比目鱼肌主动—孤立伸展

### 3. 目标肌肉：腘绳肌

**开始位置：**仰卧于垫上，右腿屈膝 90°，左腿屈髋屈膝 90°，双手环抱左腿的大腿后侧。

**动作方法：**慢慢将左膝关节伸直，感到大腿后侧有拉紧感，停留 2s，还原至起始位置，重复 5~10 次。（图 6–52）

**注意事项：**保持骨盆及下背部紧贴地面。

图 6–52 腘绳肌主动—孤立伸展

### 4. 目标肌肉：阔筋膜张肌等

**开始位置：**双脚前后开立，左脚在前，左手掐腰，右手高举过头，右脚脚尖微微外旋。

**动作方法：**躯干向左侧屈并向右侧旋转，感到髋关节前侧有拉紧感，维持 2s，还原至起始位置，重复 5~10 次。（图 6–53）

### 5. 目标肌肉：髋屈肌 / 股四头肌

**开始位置：**单膝跪于垫上，左腿在前，膝关节屈 90°，与脚尖指向前方，收腹，挺胸，下颌微收，左手掐腰，右手高举过头。

**动作方法：**向左侧屈躯干，当感到右侧髋关节前方有拉紧感时，停留 2s，还原至起始位置，重复动作。（图 6–54）

图 6–53　腰肌主动—孤立伸展

图 6–54　髋屈肌 / 股四头肌主动—孤立伸展

6. 目标肌肉：髋内收肌群

**开始位置：**双腿分开比肩宽，双手掐腰，收腹，挺胸，下颌微收。

**动作方法：**左腿屈膝，重心左移，当感到右腿内侧有拉紧感时，维持 2s，还原至起始位置，重复动作 5~10 次。（图 6–55）

**注意事项：**屈膝腿膝盖不要超过脚尖。

7. 目标肌肉：背阔肌

**开始位置：**跪撑于垫上，右臂屈肩过头位，手掌于健身球上，手掌向内。

**动作方法：**慢慢向前滚动健身球，当感到背阔肌有拉紧感时，停留 2s，还原至起始位置，重复动作 5~10 次。（图 6–56）

图 6–55　髋内收肌群主动—孤立伸展

图 6–56　背阔肌主动—孤立伸展

## 三、动态伸展

### （一）下肢肌群动态伸展

1. 高膝行走

**开始位置：**双脚微微开立，膝关节自然伸直，身体伸直，双手位于两侧，收腹，挺胸，下颌微收。

**动作方法：**左腿支撑，右腿屈髋屈膝，双手环抱住右腿，并将右腿拉向胸部，与此同时左脚向上提

踵至最高点，然后双手分开，右腿下放并迈步向前，右腿支撑，重复刚才动作。向前交替进行动作，每侧腿各做 10 次。（图 6–57）

**注意事项：**整个动作过程中上身保持直立。

## 2. 髋外旋高膝行走

**开始位置：**双脚微微开立，膝关节自然伸直，身体伸直，双手位于两侧，收腹，挺胸，下颌微收。

**动作方法：**左腿支撑，右腿屈髋并外旋，同时屈膝，双手抱住右腿胫骨下端，与此同时左脚向上提踵至最高点，然后双手分开，右腿下放并迈步向前，右腿支撑，重复刚才动作。向前交替进行动作，每侧腿各做 10 次。（图 6–58）

**注意事项：**整个动作过程中上身保持直立。

图 6–57　高膝行走　　图 6–58　髋外旋高膝行走

## 3. 行进间单腿硬拉

**开始位置：**右脚单脚支撑，膝关节自然伸直，上身伸直，双手侧平举与肩同高。

**动作方法：**身体慢慢屈右髋俯身向下，使身体与地面平行，慢慢还原至起始位置。左脚前迈，重复动作。双腿交替进行，每侧各做 10 次。（图 6–59）

**注意事项：**整个动作过程中保持上身伸直。

图 6–59　行进间单腿硬拉

### 4. 行进中提踵直腿硬拉

**开始位置：**双脚打开与肩同宽，膝关节自然伸直，身体伸直，双手位于两侧，收腹，挺胸，下颌微收。

**动作方法：**左腿支撑，右腿屈膝，右手从身体后侧抱住右脚，并将右腿拉向臀部，与此同时左腿屈髋俯身向下，左手触摸地面，然后恢复到身体直立，右手松开，右腿下放并迈步向前，右腿支撑，重复刚才动作。向前交替进行动作，每侧腿各做 10 次。（图 6–60）

**注意事项：**整个动作过程中上身保持平直。

图 6–60　行进中提踵直腿硬拉

### 5. 前后弓步走

**开始位置：**双脚分开与肩同宽，膝关节自然伸直，身体保持直立，双手位于耳朵两侧，收腹，挺胸，下颌微收。

**动作方法：**右腿向前迈出，屈髋屈膝呈弓箭步状态，当右腿膝关节屈 90° 后，用力蹬地返回至起始位置，重复动作 10 次，然后换左腿练习。（图 6–61）

**注意事项：**整个动作过程中保持上身直立，膝关节不要超过脚尖。当向前动作结束后可过渡至向侧弓步及转身弓步动作。

### 6. 过头弓步走

**开始位置：**双脚分开与肩同宽，膝关节自然伸直，身体保持直立，双手高举过头，上臂位于耳朵两侧，收腹，挺胸，下颌微收。

**动作方法：**右腿向前迈出，屈髋屈膝呈弓箭步状态，当右腿膝关节屈 90° 后，用力蹬地返回至起始位置。重复动作 10 次，然后换左腿练习。（图 6–62）

**注意事项：**整个动作过程中保持上身直立，膝关节不要超过脚尖。当向前动作结束后可过渡至向侧弓步及转身弓步动作。

图 6–61　前后弓步走

图 6–62　过头弓步走

### 7. 提踵行走

**开始位置：**双脚打开与肩同宽，膝关节自然伸直，身体伸直，双手位于两侧，收腹，挺胸，下颌微收。

**动作方法：**左腿支撑，右腿屈膝，左手高举过头，肘关节自然伸直，右手从身体后侧环抱住右脚，并将右小腿拉向臀部，与此同时左脚向上提踵至最高点，然后右手松开，右腿下放并迈步向前，右腿支撑重复刚才动作。向前交替进行动作，每侧腿各做 10 次。（图 6–63）

**注意事项：**整个动作过程中上身保持直立。

图 6–63　提踵行走

### 8. 最伟大伸展

**开始位置：**双脚分开与肩同宽，膝关节自然伸直，身体保持直立，双手位于身体两侧，收腹，挺胸，下颌微收。

**动作方法：**右腿抬起屈髋屈膝，双手环抱住右小腿，并将右腿拉向胸部，双手松开同时右腿前迈呈弓箭步，身体俯身向前，双手轻轻触地面，右手轻扶右耳侧并向左旋转躯干，使躯干转至右腿内侧，然后向右旋转躯干并转头望向天花板方向，右手肘关节自然伸直，整个右臂与地面垂直，左手手掌接触地面肘关节伸直，继续还原至双手轻触地面状态，然后身体重心后移，保持俯身的同时使右膝伸直，重心再次前移还原至双手轻触地面状态，右腿伸髋伸膝还原至直立姿势。换左腿重复以上过程。两腿交替进行，每侧各做 10 次。（图 6–64）

**注意事项：**弓箭步时膝关节不要超过脚尖。

图 6–64　最伟大伸展

### 9. 弹力管侧向行走

**开始位置：**双腿分开与肩同宽，膝关节微屈，上体微微前倾，双臂屈肘于身体两侧自然摆动（或双手掐腰），收腹，挺胸，下颌微收。弹力带缠绕于双侧大腿下端或小腿下端。

**动作方法：**侧向移动 10 小步，然后返回。（图 6–65）

**注意事项：**移动过程中脚尖指向前方，膝关节不要内翻、外翻。

### 10. 弹力管前后向行走

**开始位置：**双腿分开与肩同宽，膝关节微屈，上体微微前倾，双臂屈肘于身体两侧自然摆动（或双手掐腰），收腹，挺胸，下颌微收。弹力带缠绕于双侧大腿下端或小腿下端。

**动作方法：**向前移动 10 小步，然后返回。（图 6–66）

**注意事项：**移动过程中脚尖指向前方，膝关节不要内翻、外翻。

图 6-65　弹力管侧向行走

图 6-66　弹力管前后向行走

### 11. 单腿下蹲触地

**开始位置：**右腿单腿支撑，支撑腿膝关节保持自然伸直，上身保持直立，双手置于身体两侧，收腹，挺胸，下颌微收。

**动作方法：**右腿下蹲，同时用左手试着触摸右脚脚尖，然后慢慢还原至起始位置，重复动作 10 次。（图 6-67）

**注意事项：**整个动作过程中保持后背伸直。

### 12. 单腿罗马尼亚硬拉

**开始位置：**右腿单腿支撑，膝关节自然伸直，上身保持直立，单手掐腰，收腹，挺胸，下颌微收。

**动作方法：**慢慢俯身向下，试着用左手触摸右脚脚尖，然后慢慢还原至起始位置，重复动作 10 次。（图 6-68）

**注意事项：**整个动作过程中保持后背伸直，支撑腿膝关节自然伸直，不要锁定。

图 6-67　单腿下蹲触地

图 6-68　单腿罗马尼亚硬拉

### 13. 多维弓箭步

**开始位置：**双脚分开与肩同宽，膝关节自然伸直，身体保持直立，双手自然置于体侧（或双手掐腰），收腹，挺胸，下颌微收。

**动作方法：**

· 矢状面：右腿向前迈出，屈髋屈膝呈弓箭步状态，当右腿膝关节屈 90° 后，用力蹬地返回至起始位置，重复动作 10 次。

· 冠状面：侧方弓箭步。

· 水平面：转身弓箭步。（图 6–69）

**注意事项：**整个动作过程中保持上身直立（冠状面实施动作时身体可微微前倾），膝关节不要超过脚尖。当向前动作结束后可过渡至向侧弓步及转身弓步动作。

图 6–69 多维弓箭步

### 14. 多维稳定单腿跳

**开始位置：**右腿单腿支撑，膝关节微微弯曲，上身保持直立，双手自然置于体侧（或双手掐腰），收腹，挺胸，下颌微收。

**动作方法：**

· 矢状面：向前跳出，落地时换左脚支撑，保持动作 2~4s，然后向后跳回到起始位置，落地时继续换右脚支撑，停留 2~4s。换腿重复动作，每条腿各做 10 次。

· 冠状面：向左右跳出。

· 水平面：单腿跳同时转身。（图 6–70）

**注意事项：**整个动作过程中保持上身直立或微微前倾，动作可逐渐用同样的方式过渡至向侧跳及转

身跳。

图 6–70 多维稳定单腿跳

### 15. 旋转俯卧撑

**开始位置：**身体呈俯卧撑预备姿势，双手打开比肩略宽，手指指向前，肘关节自然伸直，头、肩、髋、膝、踝成一条直线，双脚微微分开。

**动作方法：**屈肘向下至肘关节成 90° 角，然后缓缓伸直肘关节至起始位置，继续向右旋转身体，使右臂指向天花板，维持 2~4s。还原至起始位置，换对侧进行动作，重复 10 次。（图 6–71）

**注意事项：**整个动作过程中保持身体成一条直线。

图 6–71 旋转俯卧撑

### 16. 健身球上俄罗斯转体

**开始位置：**仰卧于健身球上，双脚分开与肩同宽，膝关节屈 90° ，膝、髋、躯干成一条直线，头位于健身球上，双手向上伸直，双掌合拢，收腹，挺胸，下颌微收。

**动作方法：**维持身体平衡的情况下，身体缓缓转向右边至最大幅度，然后反方向转向左边最大幅度。重复动作 10 次。（图 6–72）

**注意事项：**整个动作过程中始终保持躯干、髋、膝位于同一直线上。

图 6–72　健身球上俄罗斯转体

### 17. 实心球转身

**开始位置：**双腿分开与肩同宽，膝关节微屈，身体微微前倾，双手前平举持实心球于胸前，收腹，挺胸，下颌微收。

**动作方法：**以右腿为轴向右侧旋转躯干至最大，左脚脚后跟可抬起。然后以左腿为轴向左旋转躯干至最大幅度，右脚脚后跟可抬起。每侧重复动作 10 次。（图 6–73）

### 18. 转身弓步走

**开始位置：**双脚并拢或分开与肩同宽，膝关节自然伸直，身体保持直立，双手前平举至胸部高度，双手十指交叉。

**动作方法：**向前迈左腿，呈弓箭步状态，左腿膝关节屈 90°，膝关节与脚尖指向前方，缓缓将身体向左侧旋转至最大幅度，然后左腿用力蹬地，还原至起始位置。换右腿重复动作，整个动作重复 10 次。（图 6–74）

**注意事项：**整个动作过程中上身保持直立。

图 6–73 实心球转身

图 6–74　转身弓步走

### 19. 跪式深蹲

**开始位置：**双脚打开与肩同宽，膝关节自然伸直，身体伸直，外展肩关节使双手位于耳朵两侧，收腹，挺胸，下颌微收。

**动作方法：**缓缓下蹲至膝关节成 90°，膝盖不要超过脚尖，发力向上，慢慢还原至起始位置，重复动作 10 次。（图 6–75）

**注意事项：**下蹲时膝关节不要超过脚尖，膝关节与脚尖统一指向前方。

图 6–75 跪式深蹲

### 20. 毛毛虫爬

**开始位置：**双脚打开与肩同宽，膝关节自然伸直，身体伸直，双手位于两侧，收腹，挺胸，下颌微收。

**动作方法：**缓缓下蹲，当手触及地面后，保持手指触及地面的同时，将膝关节缓缓伸直，保持腿部伸直，双手交替向前爬行直至身体与地面相平行。然后保持腿伸直的情况下，慢慢向前交替移动双脚，使身体再次成为双手触地的同时大腿与地面垂直的状态。向前重复动作 10 次。（图 6–76）

**注意事项：**手部向前运动的时候身体如呈反弓形，幅度不能过大，以免对腰椎造成压力。

图 6–76 毛毛虫爬

### 21. 实心球对角线运动 / 下砍和上举

**开始位置：**双腿分开与肩同宽，膝关节微屈，身体微微前倾，双手持实心球于体前，收腹，挺胸，下颌微收。

**动作方法：**向斜上方旋转躯干，同时提拉实心球过头。右腿为转动轴固定不动，左腿脚后跟抬起，动作结束，然后向斜下方旋转身体并下放实心球至身体左侧，膝关节屈但不要超过脚尖，双脚脚尖指向前方。重复动作 10 次换对侧进行。（图 6–77）

### 22. 实心球躯干伸屈

**开始位置：** 双脚打开与肩同宽，膝关节屈 90° ，俯身向前，双手持实心球于膝关节高度，收腹，挺胸，下颌微收。

**动作方法：** 臀部收紧，由脚踝处发力，逐渐过渡到伸膝、伸髋、伸躯干及上举实心球过头，然后恢复至起始位置，重复 10 次。（图 6–78）

**注意事项：** 整个动作过程中不要弯腰弓背。

图 6–77　实心球对角线运动 / 下砍和上举　　　　图 6–78　实心球躯干伸屈

### 23. 腿交叉前屈

**开始位置：** 双脚开立与肩同宽，膝关节自然伸直，身体自然直立，双臂自然下垂位于身体两侧。

**动作方法：** 右腿交叉至左腿前侧，然后做体前屈动作，试着用双手触摸左脚脚尖，还原至直立体位后，左腿交叉至右腿前侧，重复体前屈动作，并试着用双手触摸右脚脚尖，然后还原，重复 10 次。（图 6–79）

**注意事项：** 可在横向行进间完成此练习，分别可以向身体左侧移动，完成 10 次练习，然后向身体右侧移动完成 10 次练习。

图 6–79　腿交叉体前屈

### 24. 腿交替体前屈

**开始位置：** 双脚开立与肩同宽，膝关节自然伸直，身体自然直立，双臂自然下垂位于身体两侧。

**动作方法：** 左腿前迈，保持左侧膝关节伸直的情况下俯身向下，右腿屈膝，双手试着伴随身体下探去触摸左脚脚尖，然后缓缓起身同时重心前移至左腿，身体直立，双臂与地面平行，右腿前迈，重复刚才俯身下探的动作，试着用双手触摸右脚脚尖，重复 10 次。（图 6–80）

**注意事项：**纵向的行进间完成此练习，可向前完成 10 次后（每侧腿 5 次），转身重新朝起点移动，再完成 10 次练习。

图 6–80 腿交替体前屈

## 25. 后交叉弓箭步

**开始位置：**双脚开立与肩同宽，膝关节自然伸直，身体自然直立，双手掐腰，肘关节自然弯曲。

**动作方法：**右脚后撤步至左腿外侧，缓缓下蹲至左膝关节屈 90°，然后缓缓站直，左脚后撤至右腿外侧，缓缓下蹲至右膝关节屈 90°，然后缓缓站起，重复 10 次。（图 6–81）

**注意事项：**纵向的行进间完成此练习，可向后完成 10 次后（每侧腿 5 次），向前交叉双腿重新朝起点移动，再完成 10 次练习。

图 6–81 后交叉弓箭步

## 26. 体侧屈弓步走

**开始位置：**双脚开立与肩同宽，膝关节自然伸直，身体自然直立，双手自然下垂位于身体两侧，肘关节自然伸直。

**动作方法：**左腿抬起屈髋屈膝，双手环抱住左小腿，并将左腿拉向胸部，双手松开同时左腿前迈呈弓箭步，右手从体侧抬起高举过头，同时躯干向左侧屈，躯干还原至直立的同时，重心前移换右腿重复刚才过程，重复 10 次。（图 6–82）

**注意事项：**纵向的行进间完成此练习，可向前完成 10 次后（每侧腿 5 次），转身向起点移动，再完成 10 次练习。

图 6-82　体侧屈弓步走

# 第四节　常见肌肉自我筋膜放松方法

**导读：**自我筋膜放松技术作为提高柔韧性的手段之一，近十年来被私人教练广泛采纳。了解触发点、筋膜等概念是理解自我筋膜放松技术功效的基本前提。了解筋膜链的相关概念，有助于私人教练在处理与姿势及动作有关的问题时，能够更加专业。掌握网球、实心球及泡沫轴等不同器械在进行自我筋膜放松时的应用时机，以及常见肌肉自我筋膜放松技术是成为私人教练的基本要求之一。

## 一、肌筋膜与触发点

### （一）肌筋膜

肌筋膜是包在肌肉外面的结缔组织，分为浅筋膜和深筋膜两种。

**浅筋膜：**又叫皮下筋膜，位于皮下，由含脂肪成分的疏松结缔组织构成。它对深面的肌肉、血管、神经具有保护功能。

**深筋膜：**位于浅筋膜深层，由致密结缔组织构成。它在骨突之间增厚形成假韧带；包被肌肉成肌鞘；插入肌群之间，形成肌间隔，以约束肌肉牵引方向，并保证肌肉或肌群单独活动，互不干扰。筋膜还可以为肌肉提供附着，增大肌肉附着面积，利于肌肉收缩时更好地发挥力量。筋膜同时还具有限制炎症的扩散，保护健康的功能。

### （二）触发点

一个骨骼肌上易受激发的点，通常与紧绷肌带上可触摸的过度敏感点有关。这个点被压迫后会疼痛，并且能产生特征性的引传痛，引传压痛，运动障碍和自主神经性现象。它是骨骼肌上一群聚集的电气性活动小点，它与收缩结节和机能障碍的运动终板有关。当肌肉内有触发点时，通常会引发包裹在其表面的筋膜紧张，进而使肌肉变紧、变僵硬，最终导致疾病或疼痛的发生。

## 二、筋膜链相关概念

筋膜链是美国手法治疗专家 Tom Myers 在其著作 *Anatomy Trains* 中提出的概念，其根据肌肉的分层及连接方式等因素，将人体的筋膜组织分成了若干条功能各异的链，在同一条链上的肌肉彼此之间会相互影响。该概念的提出有助于运动理疗师及教练能够以整体的眼光去看待与姿势和动作有关的问题。

### 1. 后表线

**构成：**

- 跖肌筋膜。
- 小腿三头肌。
- 腘绳肌。
- 骶结节韧带。
- 竖脊肌。
- 帽状腱膜。（图 6–83）

**姿势功能：**维持身体直立，防止身体屈。

**动作功能：**膝关节以下屈，膝关节以上伸。

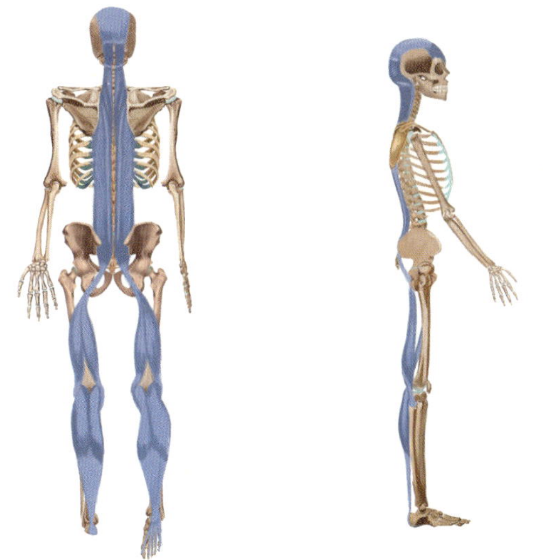

图 6–83　后表线

### 2. 前表线

**构成：**

- 趾长、短伸肌，胫骨前肌。
- 髌腱。
- 股四头肌。
- 腹直肌。
- 胸软骨筋膜。
- 胸锁乳突肌。
- 头皮筋膜。（图 6–84）

**姿势功能：**与后表线保持平衡，提供张力性支撑，以便从头部往上提拉重心前倾的骨骼，如耻骨、胸腔和面部。

**动作功能：**躯干屈、髋屈、膝伸、足背屈。

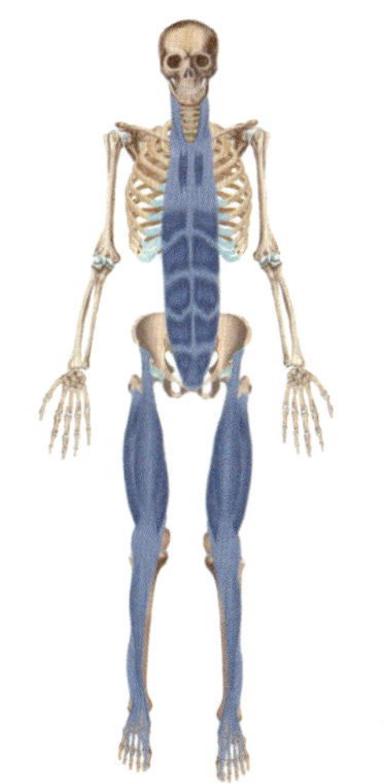
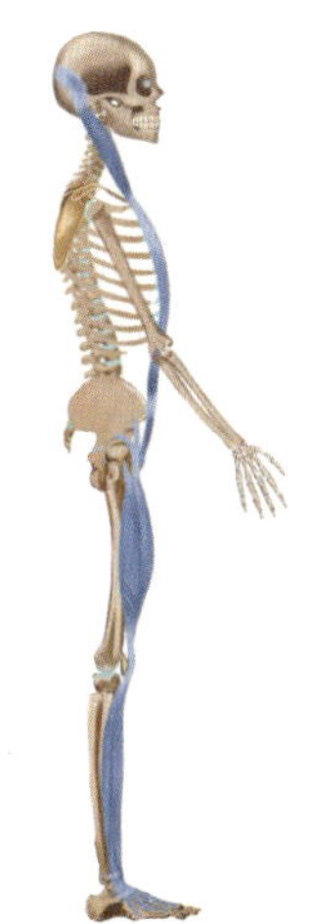

图 6–84　前表线

### 3. 侧面线

**构成：**

- 腓侧肌群、腓骨头前韧带。
- 阔筋膜张肌、髂胫束。
- 臀大肌、腹外斜肌。
- 肋间外肌、肋间内肌。
- 头夹肌、胸锁乳突肌。（图 6–85）

**姿势功能：**平衡前后，双侧平衡左右。

**动作功能：**产生身体侧屈，包括躯干侧屈、髋外展、足外翻。

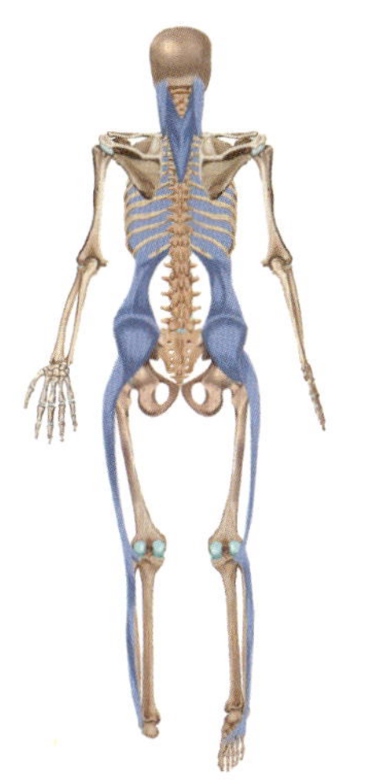
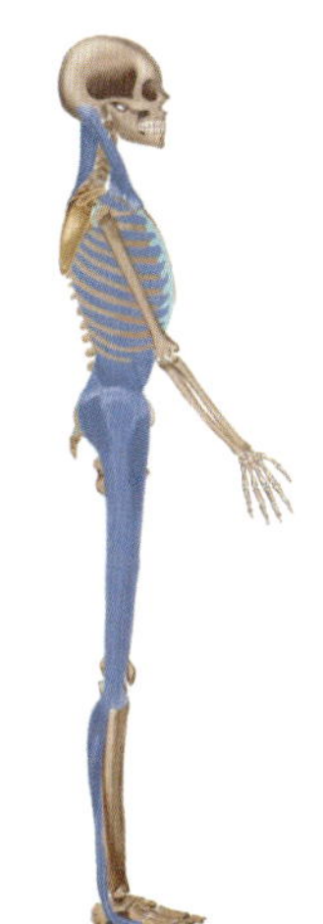

图 6–85　侧面线

### 4. 螺旋线

**构成：**

- 腓骨长肌、胫骨前肌。
- 骶结节韧带、股二头肌。
- 腰骶筋膜、竖脊肌。
- 腹内斜肌、腹部腱膜及白线。
- 腹外斜肌、前锯肌。
- 大小菱形肌、头夹肌、颈夹肌。（图 6–86）

**姿势功能：**通过双螺旋包裹身体，维持身体在所有面内的平衡。

**动作功能：**直接或间接参与身体的螺旋和旋转，同时等长收缩或离心收缩保持躯干及腿部稳定，预防过分扭曲坍塌。

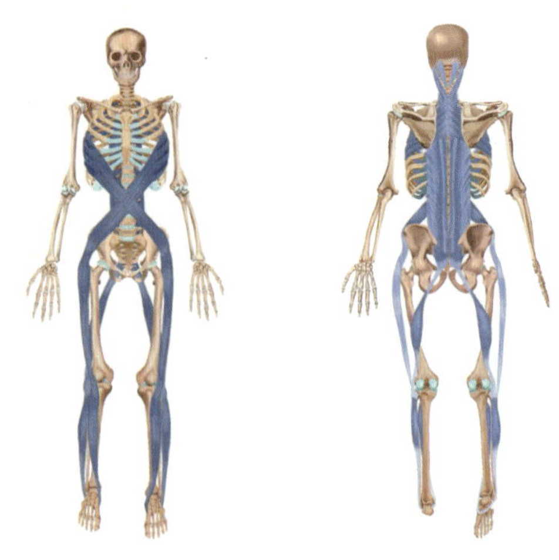

图 6–86 螺旋线

### 5. 臂线

臂线分为前臂线（图 6–87）和后臂线（图 6–88）。

**深前臂线构成：**

- 桡侧副韧带、掌肌、桡骨膜。
- 肱二头肌、胸小肌、胸锁筋膜。

**浅前臂线构成：**

- 腕屈肌群、腕管、肱骨内侧肌间隔。
- 胸大肌、背阔肌。

**姿势功能：**从肘部牵拉影响进而影响中背部，肩部的位置如果不正确，会影响到肋骨、颈部和呼吸功能等。

**动作功能：**完成日常的各种推、拉物体或推、拉及稳定身体的动作，同时与其他线紧密配合完成动作。

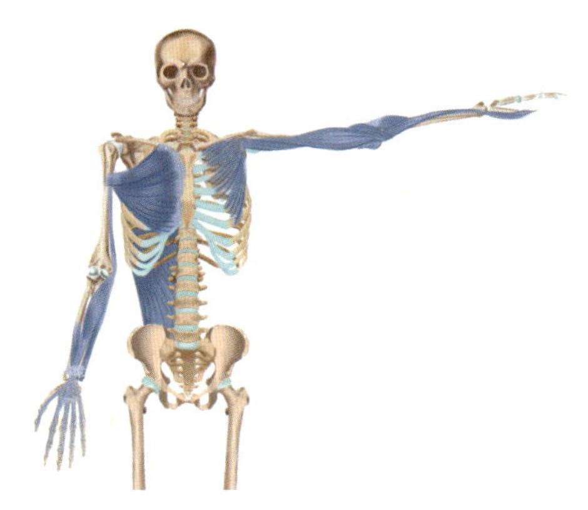

图 6–87 前臂线

**深后臂线构成：**

- 小鱼际肌、尺侧副韧带、尺骨膜。
- 肱三头肌、肩袖肌群。
- 菱形肌、肩胛提肌。

**浅后臂线构成：**

- 斜方肌、三角肌、肱骨外侧肌间隔。
- 伸肌肌群。

**姿势功能：**从肘部牵拉影响进而影响中背部，肩部的位置如果不正确，会影响到肋骨、颈部和呼吸功能等。

**动作功能：**完成日常的各种推、拉物体或推、

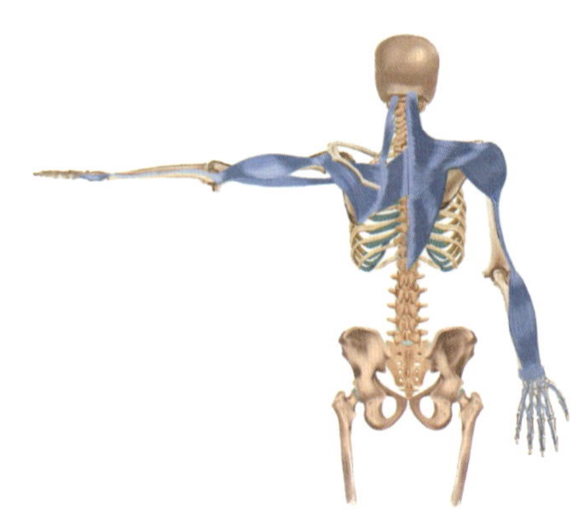

图 6–88 后臂线

拉及稳定身体的动作，同时与其他线紧密配合完成动作。

### 6. 功能线

**后功能线构成：**

- 髌腱、股外侧肌、臀大肌。
- 腰背筋膜、骶筋膜、背阔肌。

**前功能线构成：**

- 长收肌、外腹直肌鞘、胸大肌下缘。

**姿势功能：**较少参与静态直立姿势的稳定，通常在人体处于非静态直立姿势的情况下参与身体稳定的功能，例如高举手臂过头进行工作时，稳定上肢。

**动作功能：**给予肢体动作额外的力量与精确度。（图 6–89）

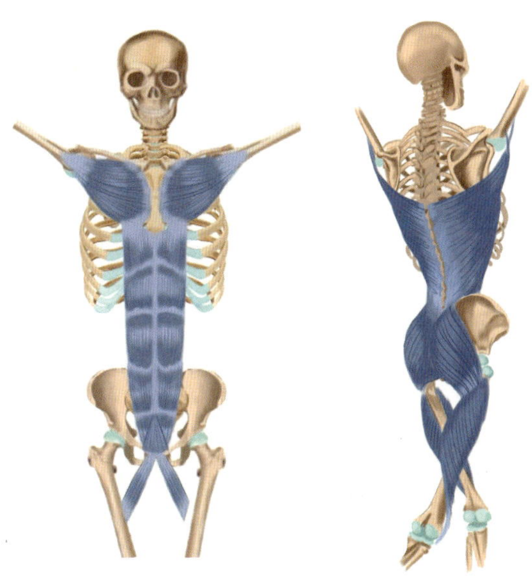

图 6–89 功能线

### 7. 前深线

**构成：**

- 胫骨后肌，趾长屈肌。
- 腘肌筋膜、膝关节囊。
- 股骨后侧肌间隔、大收肌、小收肌。
- 骨盆底筋膜、肛提肌、闭孔内肌筋膜。
- 骶前筋膜、前纵韧带。
- 股骨前肌间隔、短收肌、长收肌。
- 腰大肌、髂肌、耻骨肌、股三角。
- 前纵韧带、头长肌、颈长肌。
- 后膈肌、膈肌角、中心腱。
- 心包膜、纵膈膜、胸膜壁层。
- 椎前筋膜、腱膜层、斜角肌、内侧斜角肌筋膜、胸内筋膜、胸横肌。
- 舌骨下肌、舌骨上肌。

**姿势功能：**是支撑身体的主要角色。（图 6–90）

**动作功能：**除了髋内收及呼吸以外，几乎没有任何其他特定功能属于此线，但此线广泛影响其他线的功能。

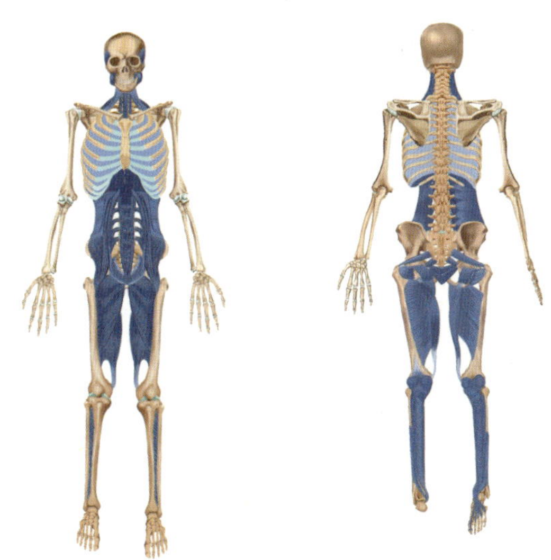

图 6–90 前深线

## 三、常见自我筋膜放松工具

### （一）泡沫轴

· 目前使用最广泛的筋膜放松工具之一。（图 6–91）

· 尤其适合大肌肉群的放松。

· 有多种密度可以选择，通常颜色越深密度越大，硬度也越高，产生的训练强度越大。

泡沫轴

实心球

网球、高尔夫球、长曲棍球

按摩棒

按摩手杖

图 6–91　常见自我筋膜放松工具

### （二）实心球

· 相对于泡沫轴而言，被采用作为筋膜放松工具的概率较小。

· 接触面积小于泡沫轴，因此具备更大的训练强度。

· 可以在多维方向（前后、左右等）上实施筋膜放松。

· 实心球越小，硬度越高，强度会越大。

### （三）网球、高尔夫球、长曲棍球（Lacrosse Ball）

· 相对于实心球而言，提供更小的接触面积，尤其适合小的肌肉群或部位进行自我筋膜放松。

· 相对于实心球硬度更高，提供更高的强度。

· 网球、长曲棍球、高尔夫球三者之间的硬度依次渐进，提供的强度也依次增高。

### （四）按摩棒

· 较窄的直径更适合放松肌腱等部位。

· 对于泡沫轴反应较小的腘绳肌，使用按摩棒可以提供更好的放松。

### （五）按摩手杖

· 适合于那些身上难以触及的部位，如肩部、腰部等。
· 方便使用者进行强度控制。
· 通常用于固定部位，而非滚动。

## 四、常见肌肉自我筋膜放松方法

· 可以在热身阶段使用，也可用在放松整理阶段，如果和静态伸展并用，建议首先使用自我筋膜放松对紧张的肌肉进行抑制，然后进行静态伸展。
· 每块肌肉通常滚动 1~2min。
· 每个触发点上通常停留至少 20s。
· 进行自我筋膜放松时应注意保持均匀呼吸不要憋气。

#### 1. 目标肌肉：小腿后侧肌群

**开始位置：**坐在垫上，左腿交叉放在右腿上，双手位于身体后侧支撑身体，泡沫轴位于右侧小腿下方。

**动作方法：**移动身体缓缓滚动泡沫轴，当发现有疼痛点时，停留在疼痛点上，直到疼痛下降至少75%，慢慢寻找下一疼痛点保持。（图 6–92）

**注意事项：**双腿伸直放在泡沫轴上可降级强度。

#### 2. 目标肌肉：小腿外侧肌群

**开始位置：**坐在垫上，左腿交叉放在右腿上，右腿外旋，双手位于身体后侧支撑身体，泡沫轴位于右小腿外侧的下方。

**动作方法：**移动身体缓缓滚动泡沫轴，当发现有疼痛点时，停留在疼痛点上，直到疼痛下降至少75%，慢慢寻找下一疼点保持。（图 6–93）

**注意事项：**双腿伸直放在泡沫轴上可降级强度。

图 6–92　小腿后侧肌群自我筋膜放松

图 6–93　小腿外侧肌群自我筋膜放松

#### 3. 目标肌肉：腘绳肌

**开始位置：**坐在垫上，右腿伸直，左腿屈膝 90°，双手位于身体后侧支撑身体，泡沫轴位于右侧大腿下方。

**动作方法：**移动身体缓缓滚动泡沫轴，当发现有疼痛点时，停留在疼痛点上，直到疼痛下降至少75%，慢慢寻找下一疼痛点保持。（图 6–94）

**注意事项：**要加强效果可将左腿交叉于右腿上方。

4. 目标肌肉：髂胫束

**开始位置：**侧卧于垫上，以肘关节支撑身体，左腿交叉于右腿前侧，左脚辅助支撑身体，泡沫轴位于右侧大腿下方。

**动作方法：**移动身体缓缓滚动泡沫轴，使泡沫轴在膝关节与髋关节之间滚动，当发现有疼痛点时，停留在疼痛点上，直到疼痛下降至少 75%，慢慢寻找下一疼痛点保持。（图 6–95）

**注意事项：**头部与身体保持一条直线。

图 6–94　腘绳肌自我筋膜放松

图 6–95　髂胫束自我筋膜放松

5. 目标肌肉：阔筋膜张肌

**开始位置：**侧卧于垫上，以肘关节支撑身体，左腿交叉于右腿前侧，左脚辅助支撑身体，泡沫轴位于右侧髋关节前面。

**动作方法：**移动身体缓缓滚动泡沫轴，使泡沫轴在髋关节外侧偏前一点滚动，当发现有疼痛点时，停留在疼痛点上，直到疼痛下降至少 75%，慢慢寻找下一疼痛点保持。（图 6–96）

**注意事项：**头部与身体保持一条直线。

6. 目标肌肉：股四头肌

**开始位置：**俯卧于垫上，肘关节支撑，泡沫轴位于左侧大腿下方。

**动作方法：**移动身体缓缓滚动泡沫轴，使泡沫轴在膝关节与髋关节之间滚动，当发现有疼痛点时，停留在疼痛点上，直到疼痛下降至少 75%，慢慢寻找下一疼痛点保持。（图 6–97）

**注意事项：**维持骨盆在中立位。

图 6–96　阔筋膜张肌自我筋膜放松

图 6–97　股四头肌自我筋膜放松

### 7. 目标肌肉：髋内收肌群

**开始位置：**俯卧于垫上，肘关节支撑，左腿屈髋屈膝并外旋，泡沫轴位于左侧大腿内侧下方。

**动作方法：**移动身体缓缓滚动泡沫轴，使泡沫轴在膝关节与髋关节之间滚动，当发现有疼痛点时，停留在疼痛点上，直到疼痛下降至少 75%，慢慢寻找下一疼痛点保持。（图 6–98）

**注意事项：**维持骨盆在中立位。

### 8. 目标肌肉：梨状肌

**开始位置：**坐于垫上，左腿屈膝 90°，右腿屈膝盘于左腿上方，右手位于身体后侧支撑身体，左手扶住右膝，泡沫轴位于右侧臀部下方。

**动作方法：**移动身体缓缓滚动泡沫轴，使泡沫轴在髋关节后侧滚动，当发现有疼痛点时，停留在疼痛点上，直到疼痛下降至少 75%，慢慢寻找下一疼痛点保持。（图 6–99）

图 6–98 髋内收肌群自我筋膜放松

图 6–99 梨状肌自我筋膜放松

### 9. 目标肌肉：背阔肌

**开始位置：**侧卧于垫上，右臂屈肩 180°，左腿交叉于右腿前侧，左脚辅助支撑身体，泡沫轴位于右腋窝下。

**动作方法：**移动身体缓缓滚动泡沫轴，使泡沫轴上下滚动，当发现有疼痛点时，停留在疼痛点上，直到疼痛下降至少 75%，慢慢寻找下一疼痛点保持。（图 6–100）

**注意事项：**保持头部与身体在一条直线上。

图 6–100 背阔肌自我筋膜放松

### 10. 目标肌肉：竖脊肌胸段，斜方肌

**开始位置：**仰卧于垫上，膝关节屈 90°，双臂交叉于头后，泡沫轴位于上背部。

**动作方法：**臀部抬起，缓缓使泡沫轴在上背部范围内前后滚动，当发现有疼痛点时，停留在疼痛点上，直到疼痛下降至少 75%，慢慢寻找下一疼痛点保持。（图 6–101）

**注意事项：**头部不要前倾。

图 6-101　竖脊肌胸段、斜方肌自我筋膜放松

## 总　结

本章先后介绍了柔韧性的定义及分类，常见伸展方式的原理及功效，常见肌肉的不同伸展方式及操作要点等内容。了解柔韧性的定义及分类是正确理解各种伸展方式功效的基础。掌握各种伸展方式的功效及操作方法是正确设计柔韧性促进方案的前提。而常见肌肉伸展的具体操作方法则是教练必备的工作技能之一。

# 第七章 核心训练

## 第一节 核心稳定的测试方法

**导读：**掌握常见核心稳定测试的方法是正确地为客户设定核心稳定训练目标的前提，同时也为评价核心稳定训练效果提供必要依据。

核心稳定的测试方法多种多样，但主要集中在核心区域的控制能力方面。本书主要介绍两种最常见的核心稳定测试方法，分别是3min平板支撑测试和双腿直腿下放测试。教练可依据场地、器械条件及客户实际情况灵活选择测试方法。

### 一、3min平板支撑测试

**测试前准备：**秒表、垫子、夹板、笔。

**测试方式：**让测试者呈俯卧姿势，以肘部及双脚脚趾撑起整个身体，骨盆处于中立位（neutral position），头、肩、髋、膝、踝成一条直线，肘关节屈成90°，前臂平行与肩同宽，然后依次完成表7-1中所列出的动作。

表7-1 3min平板支撑测试

| 阶段 | 得分 | 时间 | 动作 | 图示 |
|---|---|---|---|---|
| 阶段1 | 0 | 1' | 维持姿势1min | 图7-1 |
| 阶段2 | 1 | 1'15" | 抬起右臂15s，还原 | |
| 阶段3 | 1 | 1'30" | 抬起左臂15s，还原 | |
| 阶段4 | 1 | 1'45" | 抬起右腿15s，还原 | |
| 阶段5 | 2 | 2' | 抬起左腿15s，还原 | |
| 阶段6 | 2 | 2'15" | 抬起右臂及左腿15s，还原 | |
| 阶段7 | 2 | 2'30" | 抬起左臂及右腿15s，还原 | |
| 阶段8 | 3 | 3' | 起始姿势维持30s | |

阶段 1：维持姿势 1min

阶段 2：抬起右臂 15s

阶段 3：抬起左臂 15s

阶段 4：抬起右腿 15s

阶段 5：抬起左腿 15s

阶段 6：抬起右臂及左腿 15s

阶段 7：抬起左臂及右腿 15s

阶段 8：维持起始姿势 30s

图 7-1 3min 平板支撑测试图示

**计分方法：**根据测试者能够维持标准身体姿势（身体成一条直线，骨盆处于中立位）的时间对照表格中的时间标准进行评分，测试中允许测试者有轻微偏差，一旦骨盆离开中立位置（髋抬起或腰部下沉）或身体任何部分接触垫子，计时应立即结束。（表 7-2）

表 7-2 3min 平板支撑测试评分标准及应用

| 得分 | 状况 | 训练目标 | 训练方式 | 训练负荷 |
|---|---|---|---|---|
| 0 分 | 差 | 核心稳定 | 初级动作 | 低 |
| 1 分 | 一般 | 核心稳定 | 初级动作 | 低 |
| 2 分 | 良好 | 核心力量 | 中级动作 | 中 |
| 3 分 | 优秀 | 核心爆发力 | 高级动作 | 高 |

## 二、双腿直腿下放测试

**测试前准备：**按摩床、量角器。

**测试方法：**

· 客户仰卧。

· 客户屈髋 90° ，同时保持膝关节伸直，腹部收紧（肚脐拉向脊柱）。

· 让客户保持腹部收紧的同时缓缓下放双腿。

· 当客户腰椎离开按摩床后，测试结束。（图 7-2）

· 用量角器测量当时髋关节的角度。（表 7-3、图 7-3）

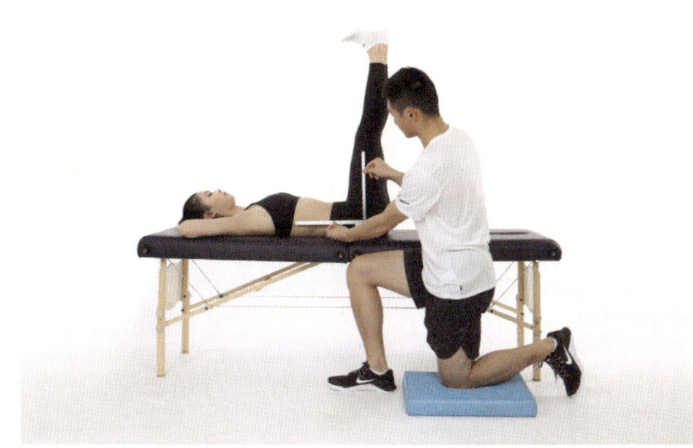

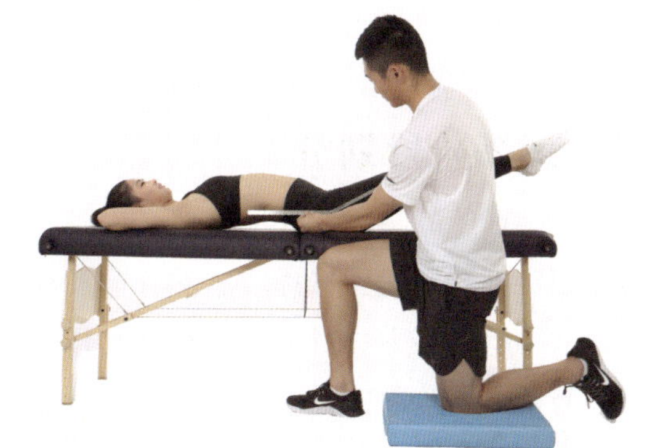

图 7-2 双腿直腿下放测试

表 7-3 双腿直腿下放测试评价标准

| 髋关节角度 | 百分比等级 | 对应评价标准 |
|---|---|---|
| 75° ~ 90° | 50% | 差 |
| 60° ~ 75° | 60% | 一般 |
| 45° ~ 60° | 70% | 一般偏上 |
| 30° ~ 45° | 80% | 良好偏下 |
| 15° ~ 30° | 90% | 良好 |
| 0° ~ 15° | 100% | 优秀 |

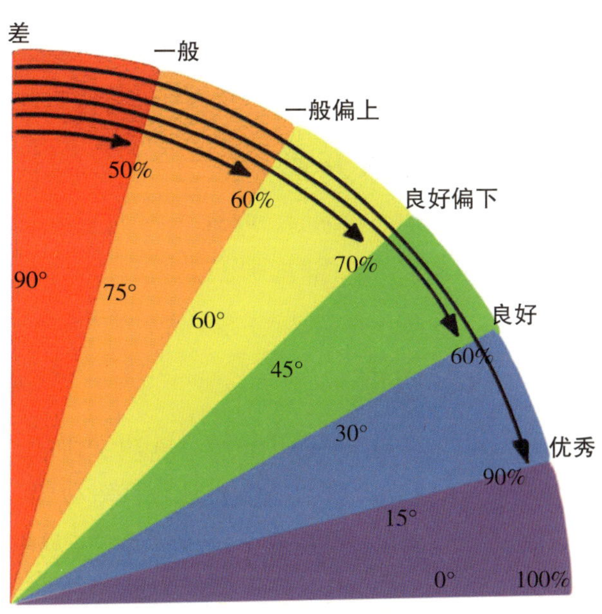


图 7-3 双腿直腿下放测试标准

# 第二节　核心训练原则

**导读：** 核心训练原则主要由核心训练顺序及核心训练阶段划分两部分内容构成，掌握核心训练的正确顺序及正确地划分核心训练阶段是科学进行核心训练的必要保证。

## 一、核心训练的顺序

核心作用的有效发挥依赖于神经系统对核心肌群的有效控制，需要在合适的时间以合适的强度激活不同的核心肌肉发挥作用。根据核心肌肉在核心稳定中作用的差异性，核心稳定性训练应遵照以下顺序，错误的训练顺序将降低训练的效果并导致受伤概率的升高。

**椎节间稳定训练：** 椎节间稳定必须最先建立，以确保整个脊柱能够作为一个有机整体有效参与运动。

**腰椎 – 骨盆稳定训练：** 椎节间稳定建立后，需进一步加强脊柱和骨盆间的稳定，以确保腰椎 – 骨盆作为一个整体参与运动。

**动作效率训练：** 当椎节间稳定、腰椎—骨盆稳定建立后，训练的重心才能转移到对训练动作数量（重量、速度等要素）的要求上。

## 二、训练阶段划分

根据核心训练的顺序，可将核心训练划分成以下三个训练阶段，分别对应三个训练级别。

**核心稳定训练阶段：** 选择较小的骨盆及脊柱活动提高局部稳定肌的能力，以此来着重提升椎节间及腰椎 – 骨盆的稳定能力。对应 A 级训练动作，适合初级客户及核心稳定性差的客户。

**核心力量训练阶段：** 采用脊柱全范围的向心及离心动作，提升整体稳定肌的能力（力量，耐力等）。对应 B 级动作，适合已经建立了良好的椎节间稳定及腰椎—骨盆稳定的客户。

**核心爆发力训练阶段：** 采用全身性的爆发性动作，提升整个核心肌群力量产生的效率（爆发力），以此协助客户以更加功能性及合适的速度，动态地产生力量及稳定。对应 C 级动作，适合椎节间及腰椎 – 骨盆的稳定能力较好，同时又具备较好的核心肌群力量与耐力的客户。

## 三、动作呼吸方式

· 原动肌做向心收缩时，呼气。

· 原动肌做离心收缩时，吸气。

· 所有动作都不要憋气。

## 四、动作速度

**慢速：** 向心 2~4s，离心 4s，适合 A 级动作。

**中速：** 向心 1~2s，离心 1~2s，适合 B 级动作。

**快速：** 向心小于 1s，离心 1s，适合 B 级、C 级动作。

**静力性动作：** 通常可维持 6~20s 或更长时间。

**飞力士训练：** 振动时间应维持在每个 60s。

# 第三节 核心训练方法

**导读：**掌握以下训练动作的具体操作方法、安全注意事项，以及明确动作的适用对象，是保证教练正确实施核心训练的关键因素。

## 一、核心稳定训练阶段

选择较小的骨盆及脊柱活动动作，提高局部稳定肌的能力，以此来着重提升椎节间及腰椎－骨盆的稳定能力。对应A级的训练动作。

### 1. 仰卧位腹横肌募集

**原动肌：**腹横肌。

**起始位置：**仰卧于垫上，膝关节屈90°，双手置于头部下方或身体两侧，身体尽量放松。

**身体稳定：**下颌微收。

**各关节动作：**呼气同时，缓缓将肚脐及肚脐下方的下腹部拉向脊柱，同时提肛。

**结束位置：**肚脐及下腹部呈一平面与地面相平，并在结束位置维持1~2s。（图7–4）

**注意事项：**教练若要用手接触客户以增加反馈，建议在同性之间实施，同时应提前征得客户同意。

**渐进方法：**收腹时间可逐渐延长至6~20s。

### 2. 俯卧位腹横肌募集

**原动肌：**腹横肌。

**起始位置：**俯卧于垫上，双手置于头部下方或身体两侧，身体尽量放松，将肚脐上拉使腹部呈一平面并与地面相平，血压带充气40mmHg，位于肚脐下方。

**身体稳定：**收腹，下颌微收。

**各关节动作：**腹部维持收紧状态。

**结束位置：**腹部维持收紧状态，血压带内压强不要上升和下降，维持1~2s。（图7–5）

**注意事项：**注意观察指针读数。

**渐进方法：**收紧的时间可逐渐延长至6~20s。

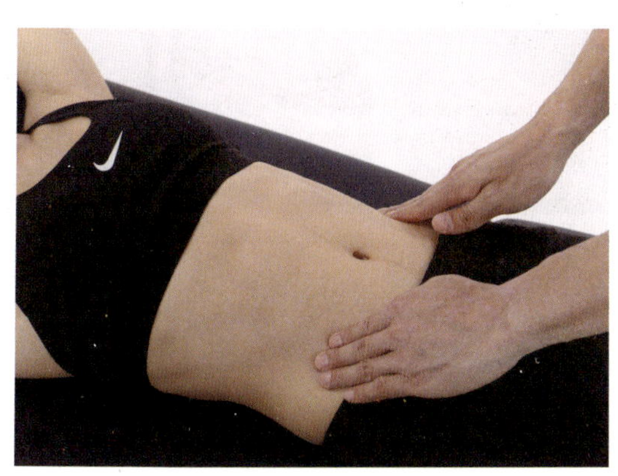

图7–4 仰卧位腹横肌募集

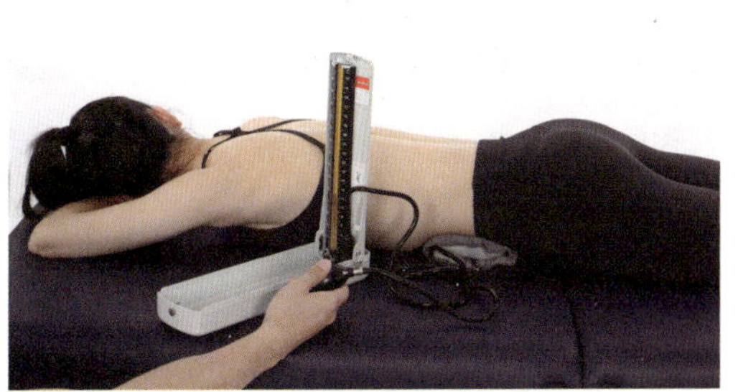

图7–5 俯卧位腹横肌募集

### 3. 多裂肌募集

**原动肌：**多裂肌。

**起始位置：**俯卧于垫上，双手置于头部下方或身体两侧，身体尽量放松。

**身体稳定：**下颌微收。

**各关节动作：**呼气同时，收紧背部肌肉。

**结束位置：**教练能感到棘突两侧有隆起的感觉，维持 1~2s。（图 7–6）

**注意事项：**教练若要用手接触客户以增加反馈，建议在同性之间实施，同时应提前征得客户同意。

**渐进方法：**收紧背部时间可逐渐延长至 6~20s。

### 4. 俯卧位腹横肌、多裂肌协同收缩

**原动肌：**腹横肌、多裂肌。

**起始位置：**俯卧于垫上，双手置于头部下方或身体两侧，身体尽量放松

**身体稳定：**下颌微收。

**各关节动作：**呼气同时，将肚脐及下腹部拉向脊柱，同时收紧背部并提肛。

**结束位置：**腹部呈一平面与地面相平行，背部肌肉收紧，维持 1~2s。（图 7–7）

**注意事项：**教练若要用手接触客户以增加反馈，建议在同性之间实施，同时应提前征得客户同意。

**渐进方法：**收紧的时间可逐渐延长至 6~20s。

### 5. 仰卧位腹横肌、多裂肌募集

**原动肌：**腹横肌、多裂肌。

**起始位置：**仰卧于垫上，膝关节屈 90° ，双手置于头部下方或身体两侧，肚脐向脊柱拉，背部收紧同时提肛，血压带充气 40mmHg，位于背部下方。

**身体稳定：**收腹、下颌微收。

**各关节动作：**腹部、背部维持收紧状态。

**结束位置：**腹部、背部维持收紧状态，血压带内压强不要上升和下降，维持 1~2s。（图 7–8）

**注意事项：**注意观察指针读数。

**渐进方法：**收紧的时间可逐渐延长至 6~20s。

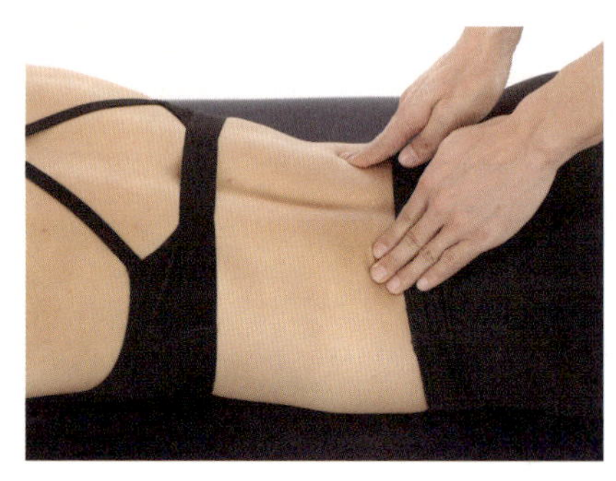

图 7–6 多裂肌募集

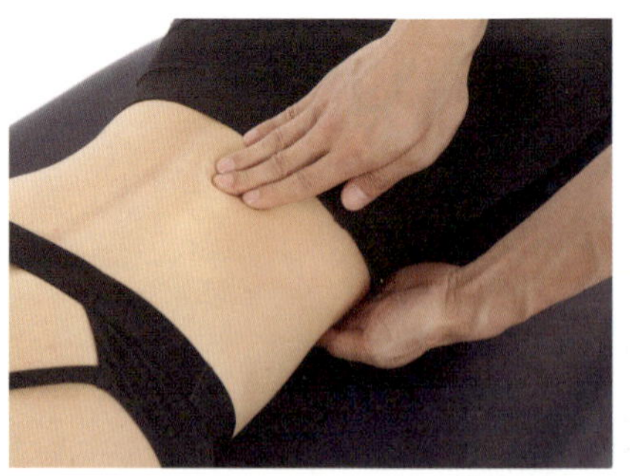

图 7–7 俯卧位腹横肌、多裂肌协同收缩

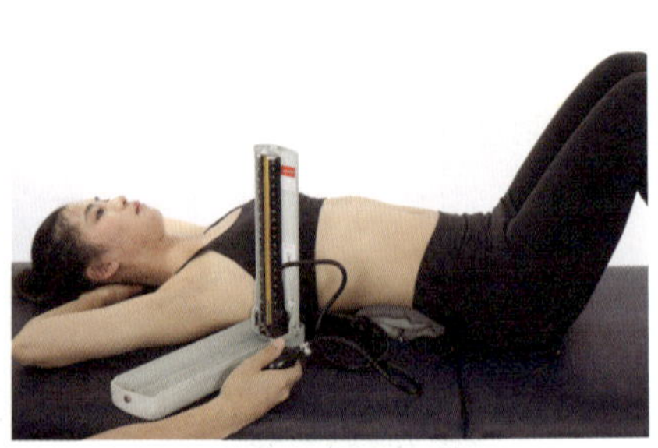

图 7–8 仰卧位腹横肌、多裂肌募集

### 6. 跪撑收腹

**原动肌：**腹横肌。

**起始位置：**身体呈跪撑状态，屈髋、屈膝 90° ，肩关节屈 90° ，腹部放松。

**身体稳定：**下颌微收。

**各关节动作：**将肚脐拉向脊柱。

**结束位置：**肚脐及下腹部呈一个平面与地面相平，维持 1~2s。（图 7–9）

**注意事项：**腹部、背部维持收紧状态。

**渐进方法：**收紧的时间可逐渐延长至 6~20s。

图 7–9 跪撑收腹

### 7. 仰卧交替举腿

**原动肌：**腹横肌。

**起始位置：**仰卧于垫上，膝关节屈 90° ，双臂稍外展于身体两侧。

**身体稳定：**收腹，挺胸，下颌微收。

**各关节动作：**左腿屈髋。

**结束位置：**左腿屈髋 90° ，停留 1~2s。（图 7–10）

**注意事项：**双腿交替进行动作，保持腹部收紧。

**渐进方法：**臀部下方垫平衡软榻。

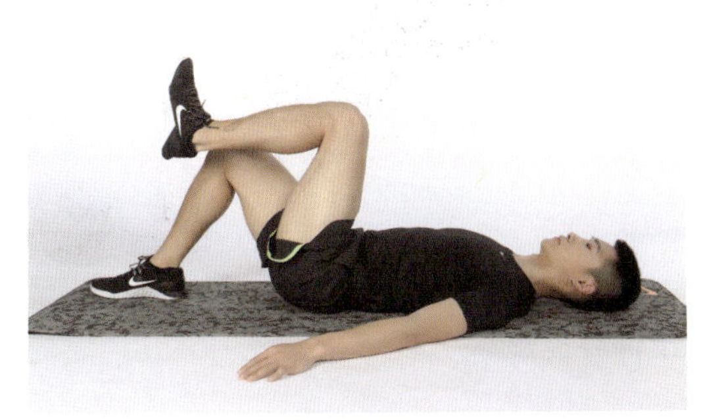

图 7–10 仰卧交替举腿

### 8. 仰卧挺髋

**原动肌：**腹横肌、臀大肌、腘绳肌。

**起始位置：**仰卧于垫上，膝关节屈 90° ，双臂稍外展于身体两侧。

**身体稳定：**收腹，挺胸，下颌微收。

**各关节动作：**伸髋。

**结束位置：**肩、髋、膝成一条直线，停留 1~2s。（图 7–11）

**注意事项：**保持腹部收紧。

**渐进方法：**双脚下方放平衡软榻。

图 7–11　仰卧挺髋

### 9. 健身球上仰卧挺髋

**原动肌：**腹横肌、臀大肌、腘绳肌。

**起始位置：**上身仰卧于健身球上，使头部获得良好支撑。双脚分开与肩宽，膝关节屈 90°，双手放于耳侧（或双手掐腰），头、肩、髋、膝成一条直线。

**身体稳定：**收腹，挺胸，下颌微收。

**各关节动作：**臀部缓缓向下。

**结束位置：**臀部接近地面。重复动作，每次挺髋后，维持 1~2s。（图 7–12）

**注意事项：**保持腹部收紧。

**渐进方法：**缩小双腿间距。

图 7–12　健身球上仰卧挺髋

### 10. 俯卧挺身

**原动肌：**腹横肌、竖脊肌、臀大肌。

**起始位置：**俯卧于垫上，双臂微微外展于身体两侧。

**身体稳定：**收腹，挺胸，下颌微收。

**各关节动作：**脊柱伸展。

**结束位置：**胸部抬离地面，臀部收紧。（图 7–13）

**注意事项：**保持腹部收紧。

**渐进方法：**腹部下方垫平衡软榻。

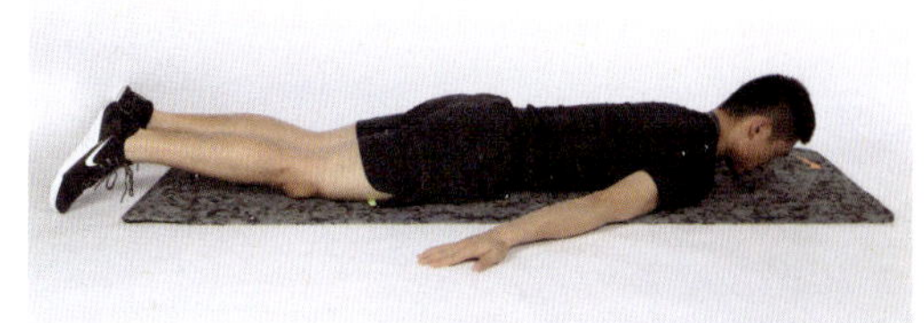

图 7–13 俯卧挺身

### 11. 跪撑对角线举手举腿

**原动肌：**伸髋肌群、肩带肌群。

**起始位置：**跪撑于地面，屈髋、屈膝 90°，屈肩 90°，头与躯干成一条直线。

**身体稳定：**收腹，挺胸，下颌微收。

**各关节动作：**左臂屈肩，右腿伸髋、伸膝。

**结束位置：**左臂及右腿与地面相平，维持 1~2s。（图 7–14）

**注意事项：**保持腹部收紧。

**渐进方法：**交替进行动作。

图 7–14 跪撑对角线举手举腿

### 12. 平板支撑

**原动肌：**腹横肌。

**起始位置：**俯卧于垫上，双腿分开与肩同宽，双臂屈肩、屈肘 90°。

**身体稳定：**收腹，挺胸，下颌微收。

**各关节动作：**腹部抬起向上。

**结束位置：**头、肩、髋、膝、踝成一条直线，维持 1~2s。（图 7–15）

**注意事项：**保持腹部收紧，不要憋气。

**渐进方法：**延长抬起状态时间至 6~20s。

### 13. 平板支撑抬腿

**原动肌：**腹横肌、伸髋肌群。

**起始位置：**俯卧于垫上，双腿分开与肩同宽，双臂屈肩、屈肘 90°。

**身体稳定：**收腹，挺胸，下颌微收。

**各关节动作：**腹部抬起向上，并右腿伸髋。（图 7–16）

**结束位置：**头、肩、髋、膝、踝成一条直线，右腿抬起离开地面与地面相平，维持 1~2s，交替动作。

**注意事项：**保持腹部收紧，不要憋气。

**渐进方法：**延长抬起状态时间至 6~20s。

图 7–15 平板支撑

图 7–16 平板支撑抬腿

### 14. 平板支撑髋外展

**原动肌：**腹横肌、髋外展肌群、伸髋肌群。

**起始位置：**俯卧于垫上，双腿分开与肩同宽，双臂屈肩、屈肘 90° 。

**身体稳定：**收腹，挺胸，下颌微收。

**各关节动作：**腹部抬起向上，并左腿髋外展。

**结束位置：**头、肩、髋、膝、踝成一条直线，左腿抬起离开地面并髋外展至最大幅度，维持 1~2s，交替动作。（图 7–18）

**注意事项：**保持腹部收紧，不要憋气。

**渐进方法：**延长抬起状态时间至 6~20s。

图 7–17 平板支撑髋外展

### 15. 肩关节侧支撑

**原动肌：**腹横肌、肩带肌群。

**起始位置：**左侧手臂在下，侧卧于垫上，左肩外展接近 90° ，肘关节屈 90° ，右手掐腰。

**身体稳定：**收腹，挺胸，下颌微收。

**各关节动作：**髋部抬离垫子。

**结束位置：**头部、躯干、骨盆成一条直线，维持 1~2s。（图 7–18）

**注意事项：**保持腹部收紧，不要憋气。

**渐进方法：**延长抬起状态时间至 6~20s。

图 7-18 肩关节侧支撑

## 16. 俯卧伸髋

**原动肌：**腹横肌、伸髋肌群。

**起始位置：**俯卧于背部训练器上，双手固定，后背伸直，双腿屈髋、屈膝 90° 悬空。

**身体稳定：**收腹，挺胸，下颌微收。

**各关节动作：**伸髋，伸膝，足跖屈。

**结束位置：**整个身体成一条直线，维持 1~2s。（图 7-19）

**注意事项：**保持腹部收紧，不要憋气。

**渐进方法：**延长抬起状态的时间，交替腿部动作。

图 7-19 俯卧伸髋

## 17. 弹力带侧撑肩上推举

**原动肌：**腹直肌、腹内外斜肌、竖脊肌、肩带肌群。

**起始位置：**侧撑于垫上，头、髋、膝、踝成一条直线，上侧手持弹力带于肩上，保持弹力带张力。

**身体稳定：**收腹、挺胸，下颌微收。

**各关节动作：**肩外展，肘伸。

**结束位置：**肘关节自然直。（图 7-20）

**注意事项：**关节不要锁定，不要憋气，身体保持一条直线。

**渐进方法：**在平衡软榻上进行动作。

图 7-20　弹力带侧撑肩上推举

### 18. 弹力带侧撑肩水平伸

**原动肌：**腹直肌、腹内外斜肌、竖脊肌、肩带肌群、三角肌。

**起始位置：**侧撑于垫上，头部、躯干、骨盆成一条直线，上侧手肩关节屈 90° 持弹力带于体前，保持弹力带张力。

**身体稳定：**收腹，挺胸，下颌微收。

**各关节动作：**肩水平伸。

**结束位置：**肘关节与后背相平。（图 7-21）

**注意事项：**关节不要锁定，不要憋气，身体保持一条直线。

**渐进方法：**在平衡软榻上进行动作。

图 7-21　弹力带侧撑肩水平伸

### 19. 弹力带坐姿髋外展

**原动肌：**臀大肌、臀中肌、臀小肌、梨状肌、腹直肌。

**起始位置：**坐于垫上，双脚分开与肩同宽，抬离地面，膝关节微屈，双手持弹力带交叉于胸前，保持弹力带张力。

**身体稳定：**腹部收紧、下颌微收。

**各关节动作：**髋外展。

**结束位置：**尽量外展髋至最大幅度。（图 7-22）

**注意事项：**双脚不要落地，头部不要前伸，膝关节不要外翻。

**渐进方法：**坐于平衡软榻上练习。

图 7–22 弹力带坐姿髋外展

### 20. 弹力带跪撑伸髋

**原动肌：**臀大肌、股四头肌。

**起始位置：**跪撑，弹力带绕过一侧脚底，双手持弹力带于身体下方，保持弹力带张力。

**身体稳定：**收腹，挺胸，下颌微收。

**各关节动作：**伸髋，伸膝。

**结束位置：**摆动腿与地面相平，膝关节自然伸直。（图 7–23）

**注意事项：**关节不要锁定，不要憋气。

**渐进方法：**跪于平衡软榻上重复动作。

图 7–23 弹力带跪撑伸髋

### 21. 弹力带俯卧撑伸髋

**原动肌：**臀大肌、股四头肌。

**起始位置：**俯卧撑状，一条腿抬起，屈髋屈膝 90°，弹力带绕过其足底，双手持弹力带于身体下方，保持弹力带张力。

**身体稳定：**收腹，挺胸，下颌微收。

**各关节动作：**伸髋，伸膝。

**结束位置：**摆动腿与地面相平，膝关节自然伸直。（图 7–24）

**注意事项：**关节不要锁定，不要憋气，身体保持一条直线。

**渐进方法：**支撑脚放于平衡软榻上重复动作。

图 7-24　弹力带俯卧撑伸髋

### 22. 弹力带髋外旋

**原动肌：**臀大肌、臀中肌、臀小肌、梨状肌。

**起始位置：**侧卧于垫上，屈髋屈膝 45°，弹力带环绕在膝关节稍上方。

**身体稳定：**收腹、挺胸，下颌微收。

**各关节动作：**髋外旋。

**结束位置：**髋外旋至最大幅度。（图 7-25）

**注意事项：**骨盆不要转动。

图 7-25　弹力带髋外旋

### 23. 弹力带仰卧挺髋

**原动肌：**臀大肌、腘绳肌。

**起始位置：**仰卧于垫上，双脚分开约一拳距离，膝关节屈 45°，双手抓握弹力带于身体两侧，弹力带绕过小腹保持张力。

**身体稳定：**收腹，挺胸，下颌微收。

**各关节动作：**髋伸展。

**结束位置：**肩、髋、膝成一条直线，臀部收紧。（图 7-26）

图 7-26　弹力带仰卧挺髋

**注意事项：**不要憋气，膝关节不要外翻。

**渐进方法：**脚踏平衡软榻。

### 24. 单腿弹力带仰卧挺髋

**原动肌：**臀大肌、腘绳肌。

**起始位置：**仰卧于垫上，双脚分开约一拳距离，膝关节屈 45°，一条腿膝关节伸直呈单腿支撑，双手抓握弹力带于身体两侧，弹力带绕过小腹保持张力。

**身体稳定：**收腹，挺胸，下颌微收。

**各关节动作：**髋伸展。

**结束位置：**肩、髋、膝成一条直线，臀部收紧。（图 7–27）

**注意事项：**不要憋气，膝关节不要外翻。

**渐进方法：**脚踏平衡软榻。

图 7–27 单腿弹力带仰卧挺髋

### 25. 站姿前后振动飞力士

**动作功效：**强化核心稳定性及上、下肢各关节稳定性。

**起始位置：**双脚分开与肩同宽，膝关节微屈，手持器械前平举与胸部同高。

**身体稳定：**收腹，挺胸，下颌微收。

**动作方法：**前后快速振动器械，维持动作或向上、向下缓缓移动手臂。（图 7–28）

**注意事项：**不要憋气，关节不要锁定。

**渐进方法：**双脚踏平衡软榻。

**其他动作：**跪姿或弓箭步。

### 26. 站姿胸前左右振动飞力士

**动作功效：**强化躯干及四肢稳定性。

**起始位置：**双脚分开与肩同宽，膝关节微屈，双手持器械于身体前方。

**身体稳定：**收腹，挺胸，下颌微收。

**动作方法：**左右快速振动器械，维持动作或缓缓伸直手臂。（图 7–29）

**注意事项：**不要憋气，关节不要锁定。

**渐进方法：**脚踏平衡垫。

**其他动作：**双手各执一根器械，双侧同时完成。也可跪姿或弓箭步完成，或放在腹部前方完成。

### 27. 站姿胸前上下振动飞力士

**动作功效：**强化核心稳定性（尤其腹部前侧）。

**起始位置：** 双腿分开与肩同宽，膝关节微屈，双手持器械前平举至与胸同高。

**身体稳定：** 收腹，挺胸，下颌微收。

**动作方法：** 上下方向快速振动器械，维持动作或者缓缓上下移动手臂。（图 7–30）

**注意事项：** 不要憋气，关节不要锁定。

**渐进方法：** 脚踏平衡垫。

图 7–28　站姿前后振动飞力士　　图 7–29　站姿胸前左右振动飞力士　　图 7–30　站姿胸前上下振动飞力士

### 28. 站姿过顶上下振动飞力士

**动作功效：** 强化核心及四肢稳定性。

**起始位置：** 双脚分开与肩同宽，膝关节微屈，双手持器械高举过头，骨盆处于中立位。

**身体稳定：** 收腹，挺胸，下颌微收。

**动作方法：** 上下方向快速振动器械，维持动作或缓缓左右旋转躯干。（图 7–31）

**注意事项：** 不要憋气，关节不要锁定。

**渐进方法：** 双脚踏平衡软榻。

**其他动作：** 呈弓箭步状，也可左右振动。

### 29. 站姿胸前斜向振动飞力士

**动作功效：** 强化核心稳定性。

**起始位置：** 双脚分开与肩同宽，膝关节微屈，双手持器械前平举至与胸部相平。

**身体稳定：** 收腹，挺胸，下颌微收。

**动作方法：** 上下快速振动器械，手臂旋转 45°（顺时针或逆时针），维持动作。（图 7–32）

**注意事项：** 不要憋气，关节不要锁定。

**渐进方法：** 脚踏平衡垫。

**其他动作：** 下肢弓箭步。

### 30. 站姿弓箭步转体上下振动飞力士

**动作功效：** 强化核心及四肢稳定性，提高平衡能力。

**起始位置：** 弓箭步，身体向前侧脚方向转动，双手持器械与肩同高。

**身体稳定：** 收腹，挺胸，下颌微收。

**动作方法：** 上下快速振动器械，维持动作或上下缓缓移动手臂。（图 7–33）

**注意事项：** 不要憋气，关节不要锁定。

**渐进方法：** 支撑腿踩平衡软榻；缩小双脚左右间距。

**其他动作：** 也可以前后振动，或跪位完成。

图 7-31 站姿过顶上下振动飞力士

图 7-32 站姿胸前斜向振动飞力士

图 7-33 站姿弓箭步转体上下振动飞力士

### 31. 站姿躯干背侧振动飞力士

**动作功效：** 强化核心稳定性及四肢稳定性，尤其强化肩关节、肘关节稳定性。

**起始位置：** 双脚分开与肩同宽，膝关节微屈，双手持器械于身后，使手臂与地面成 45° 角。

**身体稳定：** 收腹，挺胸，下颌微收。

**动作方法：** 沿 45° 方向快速振动器械，缓缓使器械振动方向与地面平行，可加强对肱三头肌的刺激。（图 7-34）

**注意事项：** 不要憋气，关节不要锁定。

**渐进方法：** 脚踏平衡垫。

### 32. 站姿屈肘振动飞力士

**动作功效：** 强化核心稳定性，尤其强化肘关节稳定性。

**起始位置：** 双脚分开与肩同宽，膝关节微屈，双手持器械于身前，肘关节屈 90° ，掌心朝上握住器械。

**身体稳定：** 收腹，挺胸，下颌微收。

**动作方法：** 快速前后振动器械，维持动作或缓缓屈伸肘关节。（图 7-35）

**注意事项：** 不要憋气，关节不要锁定。

**渐进方法：** 脚踏平衡垫。

**其他动作：** 可以跪姿、弓箭步完成，也可以上下振动。

### 33. 站姿肩外展振动飞力士

**动作功效：** 强化核心及四肢稳定性。

**起始位置：** 双脚分开与肩同宽，膝关节微屈，单手持器械于体侧，肩关节外展 90° 。

**身体稳定：** 收腹，挺胸，下颌微收。

**动作方法：** 左右方向快速振动器械，维持动作或缓缓降低动作高度或缓缓水平屈肩关节。（图 7-36）

**注意事项：** 不要憋气，关节不要锁定。

**渐进方法：** 双脚踏于平衡软榻上。

**其他动作：** 也可以双手执双器械完成，可跪姿完成。

图 7–34　站姿躯干背侧振动飞力士

图 7–35　站姿屈肘振动飞力士

图 7–36　站姿肩外展振动飞力士

### 34. 坐姿胸前振动飞力士

**动作功效：**强化核心及上肢各关节稳定性。

**起始位置：**双手持器械于胸前，身体呈半仰卧位，脚后跟轻轻着地。

**身体稳定：**收腹，挺胸，下颌微收。

**动作方法：**前后方向快速振动器械，维持动作或缓缓抬起脚后跟。（图 7–37）

**注意事项：**不要憋气，关节不要锁定。

**渐进方法：**坐于平衡软榻上。

**其他动作：**也可以上下振动，并伴随躯干旋转。

### 35. 俯卧挺身振动飞力士

**动作功效：**强化核心稳定性，尤其强化背部及肩部稳定性。

**起始位置：**俯卧，单手持器械于体侧，双臂肩关节外展 90°。

**身体稳定：**收腹，挺胸，下颌微收。

**动作方法：**快速左右方向振动器械，缓缓将器械从右手传递给左手或者双手持于头部正上方。（图 7–38）

**注意事项：**不要憋气，关节不要锁定。

**渐进方法：**俯卧于平衡软榻上。

### 36. 跪撑对角线抬手抬腿振动飞力士

**动作功效：**强化核心稳定性，尤其强化背部及肩部稳定性，提升平衡能力。

**起始位置：**跪撑，对角线伸臂伸腿，一手持器械于体前。

**身体稳定：**收腹，挺胸，下颌微收。

**动作方法：**快速前后方向振动器械，维持动作或缓缓内收肩关节或缓缓上下移动手臂。（图 7–39）

**注意事项：**不要憋气，关节不要锁定。

**渐进方法：**右膝或左手位于平衡软榻上。

图 7-37 坐姿胸前振动飞力士

图 7-38 俯卧挺身振动飞力士

图 7-39 跪撑对角线抬手抬腿振动飞力士

### 37. 棒球投掷

**动作功效：** 强化核心稳定性，提高投掷时肩部稳定性，提高平衡能力。

**起始位置：** 右脚单脚支撑，左腿屈髋屈膝，身体侧对假想的投掷方向，左臂肩外展，肘关节自然弯曲，右臂外展 90°，肘关节屈 90°，采用对握方式握住器械把手，头部转向假想的投掷方向。

**身体稳定：** 收腹，挺胸，下颌微收。

**动作方法：**

- 过渡支撑阶段：上下快速振动器械，保持器械振动频率的同时，躯干发力转向投掷方向，左腿伴随躯干旋转下放至身体前侧呈弓箭步站立，左手则在躯干旋转同时伸直肘关节并使左臂指向投掷方向，右臂伴随身体旋转至正对投掷方向，肘关节依然保持弯曲，使身体呈现出如图 7-40 过渡支撑阶段所示姿势。
- 最终阶段：身体重心继续前移，身体继续旋转并俯身向前，同时使右臂肘关节伸直，并使器械到达身体最远端，左臂伴随身体旋转继续向后至身体后侧，使整个身体呈现出图 7-40 最终阶段的姿势，整个动作过程保持器械始终处于振动状态。

**注意事项：** 不要憋气，关节不要锁定。整个动作可以在维持器械振动的情况下缓缓地连贯完成，中间不做停留直至最终阶段，然后重复动作；也可分成若干阶段，在不同阶段做停留。

**渐进方法：** 换振幅更大的设备进行练习。

起始位置

过渡支撑阶段

最终阶段

图 7-40 棒球投掷动作

### 38. 高尔夫球挥杆

**动作功效：**强化核心稳定性，提高挥杆速度。

**起始位置：**双脚开立与肩同宽，脚尖微微外旋，膝关节自然伸直，身体重心位于左侧支撑腿，身体微微前倾，双手采用正握或正反握，使器械把手位于左腿前侧，肘关节自然伸直，微微低头，目光朝向地面假想高尔夫球，器械与左侧大腿前面相平行，以免因为振动碰到身体。

**身体稳定：**收腹，挺胸，下颌微收。

**动作方法：**

· **上挥杆阶段：**上下快速振动器械，躯干发力向右上方旋转，同时转髋，使身体重心从左腿转移至右腿，手臂向身体右上方抬起，肘关节伴随抬起动作自然弯曲，直至身体姿势呈图 7–41 上挥杆阶段所示，整个动作过程中，头部始终朝向地面假想的高尔夫球，器械也应始终保持振动状态。

· **下挥杆阶段：**躯干发力向左下方旋转，同时转髋，使身体中心从右腿转移回左腿，与此同时手臂向地面假想的高尔夫球方向挥动，肘关节伴随向下挥动的动作自然伸直，身体还原至图 7–41 下挥杆阶段所示位置，整个动作过程中，头部始终朝向地面假想的高尔夫球。

· **收杆阶段：**从图 7–41 上挥杆阶段所示位置开始，躯干顺势继续向左上方旋转，同时继续转髋，手臂伴随躯干旋转，自然向身体左上方抬起，肘关节保持自然伸直状态，直至身体转至图 7–41 收杆阶段所示的位置（正对假想高尔夫球的飞行方向），整个动作过程中，自然转动头部，使目光始终跟随假想的高尔夫球。

挥杆起始位置

上挥杆阶段

下挥杆阶段

收杆阶段

图 7–41　高尔夫球挥杆动作

**注意事项：**不要憋气，关节不要锁定。整个动作可以在维持器械振动的情况下缓缓地连贯完成，中间不做停留直至最终阶段，然后重复动作；也可分成若干阶段，在不同阶段做停留。

**渐进方法：**换振幅更大的设备进行练习。

## 二、核心力量训练阶段

此阶段主要采用脊柱全范围的向心及离心动作，提升整体稳定肌的能力（力量、耐力等）。对应 B 类训练动作。

### 1. 仰卧卷腹（双手位于胸前）

**原动肌：**腹直肌、腹内外斜肌。

**起始位置：**仰卧于垫上，屈膝 90°，双手位于胸前。

**身体稳定：**收腹，挺胸，下颌微收。

**各关节动作：**躯干屈。

**结束位置：**肩部抬离垫子，腹部尽量收紧。（图 7-42）

**注意事项：**保持腹部收紧，不要憋气。

**渐进方法：**双手放于耳朵两侧。

图 7-42 仰卧卷腹（双手位于胸前）

### 2. 仰卧卷腹（双手位于头上）

**原动肌：**腹直肌、腹内外斜肌。

**起始位置：**仰卧于垫上，屈膝 90°，双臂屈肩 180°，上臂位于耳朵两侧。

**身体稳定：**收腹，挺胸，下颌微收。

**各关节动作：**躯干屈。

**结束位置：**肩部抬离垫子，腹部尽量收紧。（图 7-43）

**注意事项：**保持腹部收紧，不要憋气。

**渐进方法：**仰卧于平衡软踏上。

图 7-43 仰卧卷腹（双手位于头上）

### 3. 健身球仰卧卷腹（双手位于胸前）

**原动肌：**腹直肌、腹内外斜肌。

**起始位置：**仰卧于健身球上，屈膝 90°，双手位于胸前。

**身体稳定：**收腹，挺胸，下颌微收。

**各关节动作：**躯干屈。

**结束位置：**肩部抬高，腹部尽量收紧。（图 7-44）

**注意事项**：保持腹部收紧，不要憋气。

**渐进方法**：双手放于耳朵两侧。

### 4. 健身球仰卧对角线卷腹（双手位于胸前）

**原动肌**：腹直肌、腹内外斜肌。

**起始位置**：仰卧于健身球上，屈膝 90° ，双手位于胸前。

**身体稳定**：收腹，挺胸，下颌微收。

**各关节动作**：躯干屈并向左旋转。

**结束位置**：抬高右肩，使右肩高于左肩，腹部尽量收紧。（图 7–45）

**注意事项**：保持腹部收紧，不要憋气。

**渐进方法**：双手放于耳朵两侧。

图 7–44 健身球仰卧卷腹（双手位于胸前）

图 7–45 健身球仰卧对角线卷腹（双手位于胸前）

### 5. 健身球俯卧挺身

**原动肌**：腹横肌、竖脊肌、臀大肌。

**起始位置**：俯卧于健身球上，健身球位于上腹部，双臂微微外展于身体两侧。

**身体稳定**：收腹，挺胸，下颌微收。

**各关节动作**：脊柱伸展。

**结束位置**：胸部抬高，臀部收紧。（图 7–46）

**注意事项**：保持腹部收紧。

**渐进方法**：双手位于耳朵两侧。

图 7–46 健身球俯卧挺身

### 6. 仰卧反向卷腹

**原动肌：**腹直肌。

**起始位置：**仰卧于训练凳上，屈髋屈膝 90°，双手握住训练凳把手，固定身体。

**身体稳定：**收腹，挺胸，下颌微收。

**各关节动作：**骨盆后倾。

**结束位置：**骨盆离开训练凳。（图 7–47）

**注意事项：**保持腹部收紧，不要憋气。

**渐进方法：**膝关节呈自然伸直状态。

图 7–47 仰卧反向卷腹

### 7. 仰卧对角线反向卷腹

**原动肌：**腹直肌、腹外斜肌、腹内斜肌。

**起始位置：**仰卧于训练凳上，屈髋屈膝 90°，双手握住训练凳把手，固定身体。

**身体稳定：**收腹，挺胸，下颌微收。

**各关节动作：**骨盆后倾并向右侧旋转。

**结束位置：**骨盆离开训练凳，使左侧髂前上棘高于右侧髂前上棘。（图 7–48）

**注意事项：**保持腹部收紧，不要憋气。

**渐进方法：**膝关节呈自然伸直状态。

图 7– 48 仰卧对角线反向卷腹

### 8. 直膝仰卧反向卷腹

**原动肌：**腹直肌。

**起始位置：**仰卧于训练凳上，屈髋 90°，膝关节自然伸直，双手握住训练凳把手，固定身体。

**身体稳定**：收腹，挺胸，下颌微收。

**各关节动作**：骨盆后倾。

**结束位置**：骨盆离开训练凳。（图 7–49）

**注意事项**：保持腹部收紧，不要憋气。

**渐进方法**：健身球上重复此动作。

图 7–49 直膝仰卧反向卷腹

### 9. 罗马椅挺身

**原动肌**：竖脊肌。

**起始位置**：俯卧于罗马椅上，器械靠垫上缘与髂前上棘相平，双脚与肩同宽，膝关节自然伸直，后背伸直，双手位于胸前或耳朵两侧，头与躯干成一条直线。

**身体稳定**：收腹，挺胸，下颌微收。

**各关节动作**：俯身向下，使脊柱逐节前屈。

**结束位置**：后背与地面相平或略低于水平面，然后还原至起始位置。（图 7–50）

**注意事项**：保持腹部收紧，不要憋气。

**渐进方法**：双臂伸直位于耳朵两侧。

图 7–50 罗马椅挺身

### 10. 站姿躯干旋转

**原动肌**：腹内外斜肌。

**起始位置**：双脚开立比肩略宽，膝关节自然伸直，身体直立，双手握住器械把手于身体左侧，手臂高度比胸部略低。

**身体稳定**：收腹，挺胸，下颌微收。

**各关节动作**：以右腿为轴，躯干向右旋转，骨盆向右旋转。

**结束位置**：旋转至身体背对拉力器。（图 7–51）

**注意事项**：保持腹部收紧，不要憋气。

**渐进方法**：还可在屈肘的情况下完成爆发性转体训练，将该动作晋级成为核心爆发力训练动作

图 7–51 站姿躯干旋转

### 11. 斜上提拉

**原动肌**：腹内外斜肌。

**起始位置**：双脚开立比肩略宽，膝关节微屈，上身微微前倾，双手握住器械把手于身体左侧膝关节外侧。

**身体稳定**：收腹，挺胸，下颌微收。

**各关节动作**：以右腿为轴，躯干向右、向上旋转，骨盆向右旋转，肩关节向右侧斜上方屈。

**结束位置**：旋转至身体背对拉力器，双手高举过头。（图 7–52）

**注意事项**：保持腹部收紧，不要憋气。

**渐进方法**：该动作还可采用单膝跪姿完成，着重提高核心旋转稳定性。

图 7–52 斜上提拉

### 12. 斜下下劈

**原动肌：**腹内外斜肌。

**起始位置：**双脚开立比肩略宽，膝关节自然伸直，身体直立，双手握住器械把手于头部左上方。

**身体稳定：**收腹，挺胸，下颌微收。

**各关节动作：**以右腿为轴，躯干向右、向下旋转，骨盆向右旋转，屈髋屈膝，肩关节向斜下方伸。

**结束位置：**旋转至身体背对拉力器，右膝关节屈 90°，手与膝关节同高。（图 7–53）

**注意事项：**保持腹部收紧，不要憋气。

**渐进方法：**该动作还可采用单膝跪姿完成，着重提高核心旋转稳定性。

图 7–53 斜下下劈

### 13.TRX 团身收腿

**原动肌：**腹部前群肌肉。

**起始位置：**俯卧，双脚悬挂于器械之上，肩关节屈 90°，肘关节屈 90°，臀部稍稍抬高。

**身体稳定：**收腹，挺胸，下颌微收。

**各关节动作：**收腹，屈髋，屈膝，使膝关节尽量接近胸部，慢慢还原至起始位置。

**结束位置：**膝关节尽量接近胸部。（图 7–54）

**注意事项：**整个动作过程中保持腹部收紧不要下垂，水平较高者可由肘撑改为手撑，不要憋气。

**渐进方法：**单脚模式重复动作或者采用直膝模式重复动作。

图 7–54 TRX 团身收腿

### 14.TRX 髋旋转

**原动肌：**腹内斜肌、腹外斜肌。

**起始位置：**头部位于器械悬挂点正下方稍向前位置，肩屈 45°，双手抓住器械手柄，髋关节屈 90°，双腿自然伸直。

**身体稳定：**收腹，挺胸，下颌微收。

**各关节动作：**慢慢向斜下方降低双腿，在腰椎偏离中立位前停止动作，还原至动作起始位置，换方向重复动作。

**结束位置：**腰椎偏离中立位前。（图 7–55）

**注意事项：**整个动作过程中保持双手向下压手柄，保持动作速度均匀，不要憋气。

**渐进方法：**腰椎及臀部下方垫平衡软榻。

图 7–55 TRX 髋旋转

### 15.TRX 背伸展

**原动肌：**核心肌群及肩部肌群。

**起始位置：**双脚悬挂于器械之上，肩关节伸 90°，保持身体及头部成一条直线。

**身体稳定：**收腹，挺胸，下颌微收。

**各关节动作：**臀部慢慢向下向后，尽量屈髋，使臀部位于双手后侧，头部尽量向膝关节靠近，慢慢还原至起始位置。

**结束位置：**臀部位于双手前侧，头部尽量靠近膝关节。（图 7–56）

**注意事项：**不要憋气，关节不要锁定。

**动作渐进：**单脚模式。

图 7–56 TRX 背伸展

### 16. 坐姿弹力带躯干提拉

**原动肌：**腹内外斜肌。

**起始位置：**双脚打开与肩同宽，膝关节微屈，上身直立，双手持弹力带于身体前方，肘关节自然伸直。

**身体稳定：**收腹，挺胸，下颌微收。

**各关节动作：**躯干旋转。

**结束位置：**躯干旋转至最大幅度。（图 7–57）

**注意事项：**关节不要锁定，不要憋气，不要含胸，不要耸肩。

**渐进方法：**在平衡软榻上完成此动作。

图 7–57　坐姿弹力带躯干提拉

### 17. 坐姿弹力带躯干旋转

**原动肌：**腹内外斜肌。

**起始位置：**双脚并拢，膝关节自然伸直，上身直立，双手持弹力带于身体两侧，肘关节自然伸直。

**身体稳定：**收腹、挺胸，下颌微收。

**各关节动作：**躯干旋转。

**结束位置：**躯干旋转至最大幅度。（图 7–58）

**注意事项：**关节不要锁定，不要憋气，不要含胸，不要耸肩。

**渐进方法：**在平衡软榻上完成此动作。

图 7–58　坐姿弹力带躯干旋转

### 18. 屈膝弹力带仰卧卷腹

**原动肌：** 腹直肌。

**起始位置：** 仰卧于垫上，屈髋屈膝 90°，双手持弹力带位于耳朵两侧，保持弹力带张力。

**身体稳定：** 收腹，挺胸，下颌微收。

**各关节动作：** 躯干屈。

**结束位置：** 肩部抬离地面至腹部完全收紧。（图 7–59）

**注意事项：** 不要用力拉动颈部，不要憋气。

**渐进方法：** 在平衡软榻上完成动作。

图 7–59　屈膝弹力带仰卧卷腹

### 19. 直膝弹力带仰卧卷腹

**原动肌：** 腹直肌。

**起始位置：** 仰卧于垫上，屈髋至 90°，膝关节自然伸直，双手持弹力带位于胸前，保持弹力带张力。

**身体稳定：** 收腹，挺胸，下颌微收。

**各关节动作：** 躯干屈。

**结束位置：** 肩部抬离地面至腹部完全收紧。（图 7–60）

**注意事项：** 不要憋气。

**渐进方法：** 在平衡软榻上完成动作。

图 7–60　直膝弹力带仰卧卷腹

### 20. 弹力带仰卧卷腹伸膝

**原动肌：**腹直肌、股四头肌。

**起始位置：**仰卧于垫上，屈髋屈膝至 90°，双手持弹力带位于耳朵两侧，保持弹力带张力。

**身体稳定：**收腹、挺胸，下颌微收。

**各关节动作：**躯干屈，然后膝伸。

**结束位置：**肩部抬离地面至腹部完全收紧，同时膝关节自然伸直。（图 7–61）

**注意事项：**不要用力拉动颈部、不要憋气。

**渐进方法：**在平衡软榻上完成动作。

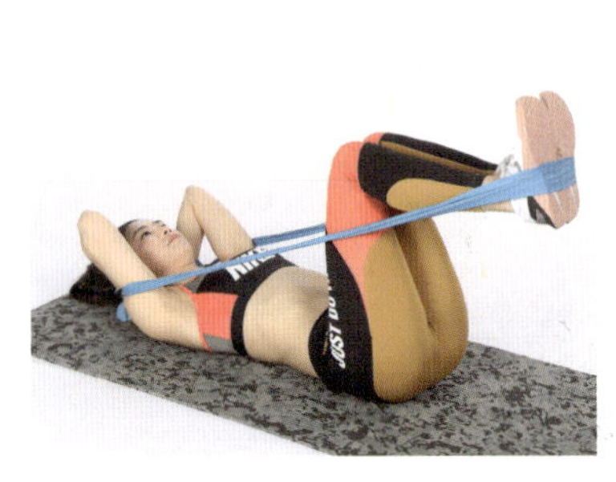

图 7–61　弹力带仰卧卷腹伸膝

### 21. 弹力带 100 次

**原动肌：**腹直肌。

**起始位置：**仰卧于垫上，屈髋至 90°，膝关节自然伸直，双手持弹力带位于身体两侧，保持弹力带张力。

**身体稳定：**收腹、挺胸，下颌微收。

**各关节动作：**躯干屈。

**结束位置：**肩部抬离地面至腹部完全收紧，吸气上下振动手臂 5 次，呼气振动手臂 5 次，直至 100 次完成。（图 7–62）

**注意事项：**不要憋气

**渐进方法：**在平衡软榻上完成动作。

图 7–62　弹力带 100 次

### 22. 弹力带仰卧直腿摆动

**原动肌：**腹内外斜肌。

**起始位置：**仰卧于垫上，屈髋至 90°，膝关节自然伸直，双手持弹力带，肩关节外展 90°，保持弹力带张力。

**身体稳定：**收腹，挺胸，下颌微收。

**各关节动作：**向侧方下放双腿。

**结束位置：**保持上身紧贴垫子的情况下，最大幅度向一侧下放双腿。（图 7-63）

**注意事项：**不要憋气。

**渐进方法：**在平衡软榻上完成此动作。

图 7-63 弹力带仰卧直腿摆动

### 23. 屈膝弹力带仰卧倒卷腹

**原动肌：**腹直肌。

**起始位置：**仰卧于垫上，屈髋屈膝至 90°，双手持弹力带位于身体两侧，保持弹力带张力。

**身体稳定：**收腹，挺胸，下颌微收。

**各关节动作：**向上卷动骨盆。

**结束位置：**骨盆抬离地面至腹部完全收紧。（图 7-64）

**注意事项：**不要憋气。

**渐进方法：**腿自然伸直。

图 7-64 屈膝弹力带仰卧倒卷腹

### 24. 弹力带仰卧起坐肩水平伸

**原动肌：**腹直肌、三角肌后束、斜方肌、菱形肌。

**起始位置：**仰卧，双脚并拢，双手持弹力带于体侧，保持弹力带张力。

**身体稳定：**收腹，挺胸，下颌微收。

**各关节动作：**躯干屈、骨盆前倾坐起后，肩关节水平伸，继续骨盆前倾。

**结束位置：**骨盆前倾至最大幅度，手位于后背后侧。（图 7–65）

**注意事项：**不要憋气，坐起时应从头部开始，逐节抬起躯干。

**渐进方法：**坐起转体。

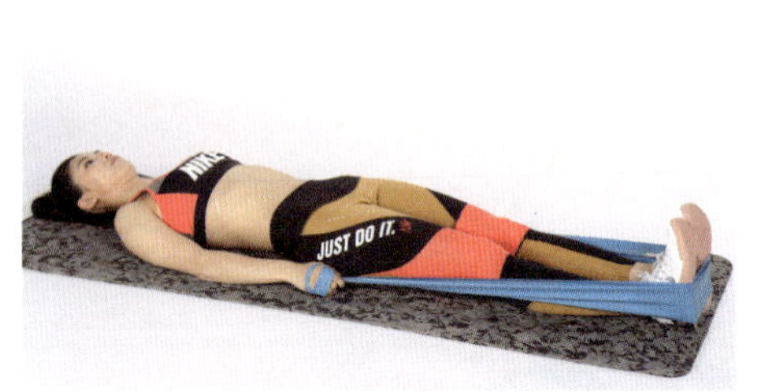

图 7–65　弹力带仰卧起坐肩水平伸

### 25. 弹力带卷腹推胸

**原动肌：**腹直肌、胸大肌。

**起始位置：**仰卧，膝关节屈 90°，双手持弹力带于胸前，肩外展 90°，肘关节屈 90°。

**身体稳定：**收腹，挺胸，下颌微收。

**各关节动作：**躯干屈，肩水平屈，肘伸。

**结束位置：**肩膀抬离地面，腹部完全收紧，肘关节自然伸直。（图 7–66）

**注意事项：**收腹，挺胸，下颌微收。

**渐进方法：**单手交替动作。

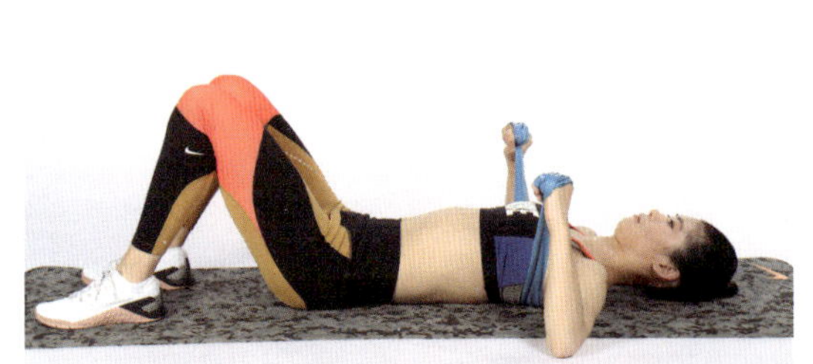

图 7–66　弹力带卷腹推胸

## 三、核心爆发力训练阶段

采用全身性的爆发性动作，提升整个核心肌群力量产生效率（爆发力），以此协助客户以更加功能性及合适的速度，动态地产生力量及稳定。对应 C 级训练动作。

### 1. 侧推实心球

**原动肌：**胸大肌、肱三头肌、三角肌前束、腹内外斜肌。

**起始位置：**双脚与肩宽，膝关节自然伸直，身体直立，双手持实心球于一侧胸前。

**身体稳定：**收腹，挺胸，下颌微收。

**各关节动作：**肩关节水平屈，肘关节伸，用全力转体向前推出实心球。

**结束位置：**肘关节自然伸直。（图 7–67）

**注意事项：**关节不要锁定，不要憋气，不要含胸。

**渐进方法：**平衡垫上重复动作。

图 7–67 侧推实心球

### 2. 仰卧抛实心球

**原动肌：**背阔肌、腹直肌。

**起始位置：**仰卧于健身球上，双脚与肩宽，膝关节屈 90° ，双手举实心球过头，手臂位于耳朵两侧，肘关节自然伸直。

**身体稳定：**收腹，挺胸，下颌微收。

**各关节动作：**躯干屈，肩伸。

**结束位置：**用力将实心球向身体前方抛出。（图 7–68）

**注意事项：**腹部收紧，不要憋气。

**渐进方法：**缩小双腿之间的距离。

图 7–68 仰卧抛实心球

### 3. 转体后抛实心球

**原动肌：**腹内外斜肌。

**起始位置：**双脚与肩宽，膝关节弯曲，上身微微前倾，双手持实心球于腹部一侧。

**身体稳定：**收腹，挺胸，下颌微收。

**各关节动作：**用全力转体向后侧抛出实心球。

**结束位置：**肘关节自然伸直。（图 7–69）

**注意事项：**关节不要锁定，不要憋气，不要含胸。

**渐进方法：**平衡垫上重复动作。

图 7–69　转体后抛实心球

### 4. 站姿前抛实心球

**原动肌：**背阔肌、腹直肌。

**起始位置：**两脚前后开立，膝关节自然伸直，双手举实心球过头，手臂位于耳朵两侧，肘关节自然伸直。

**身体稳定：**收腹，挺胸，下颌微收。

**各关节动作：**跨步向前，肩伸。

**结束位置：**用力将实心球向身体前方抛出，后腿跟进前迈，两脚再次成为前后开立状态。（图 7–70）

**注意事项：**腹部收紧，不要憋气。

**渐进方法：**前脚踏平衡垫。

图 7–70　站姿前抛实心球

### 5. 实心球蹲起跳

**原动肌：**股四头肌、臀大肌、竖脊肌等。

**起始位置：**双脚与肩宽，膝关节略微弯曲，上身微微前倾，双手持实心球于胸前。

**身体稳定：**收腹，挺胸，下颌微收。

**各关节动作：**足跖屈，伸膝，伸髋，后背伸，用全力向上跳起同时上举实心球。

**结束位置：**落地还原至起始位置。（图 7–71）

**注意事项：**关节不要锁定，不要憋气，不要含胸，注意落地缓冲。

**渐进方法：**单腿。

图 7–71　实心球蹲起跳

## 总　结

本章分别介绍了核心概述、核心训练原则及核心训练方法三部分内容。掌握核心及核心稳定的概念，以及核心稳定的维持机制是理解核心训练原则的前提。而掌握核心训练原则尤其是核心训练的顺序及核心训练不同阶段的目的和训练原则是正确实施核心训练的科学依据。各种核心训练动作的适用对象、操作方法及安全注意事项则是教练必备的训练技能。

# 第八章 心肺训练

## 第一节 心肺训练的常用器械

**导读：**教练应熟练掌握跑步机、椭圆机、固定自行车、台阶器、划船器等常用器械的特点、适用人群及安全注意事项等知识，以确保运动训练的科学性及有效性。

### 一、跑步机练习

#### 1. 跑步机特点

· 与室外跑步相比，不受气候影响，空气阻力较小。

· 相对于柏油路面具有较好的缓冲。

· 与地面跑步相比缺少了后蹬过程，在相同速度情况下消耗略小于地面跑步，可采用稍稍升高跑步机坡度的方式弥补热量消耗差距。

· 速度、坡度可调节，便于进行指导。

· 具有支撑扶手，易于掌握和维持平衡。

#### 2. 适用人群

适用于所有人群，但体重较大、下肢力量薄弱的人群建议在跑步机上进行步行练习，不建议进行跑步练习。

#### 3. 使用注意事项

· 上跑步机之前检查运动鞋及运动裤，查看鞋带是否有松动及运动裤的裤脚是否过长，以防止在运动过程中被绊倒而发生危险。

· 上下跑步机之前务必确保跑步机处于关闭状态，以防止因为惯性摔伤。

· 跑步机运行过程中，应提醒客户不应左顾右盼，以防止因为身体偏离跑步机中央而造成摔伤。

· 从未使用过跑步机的客户，在其训练完毕之后不要马上离开跑步机，应稍作停留后再离开，以防止突然离开后因错觉而造成的头晕现象。

· 跑步的速度调节应遵循循序渐进的原则，不能骤起骤停，特别是在加速过程中，不能一直按住加速按键不放。

· 进行跑步机练习时，必须穿着运动鞋。

## 二、椭圆机练习

### 1. 椭圆机特点

· 与跑步机跑步相比，椭圆机对下肢各关节的冲击更低。

· 椭圆机同时结合了跑步机及台阶器的锻炼特点，可以有效替代跑步机、台阶器练习。

### 2. 适用人群

适合所有人群，尤其适合下肢无法承受较大冲击的客户（如体重较大及下肢力量较为薄弱的人群）。

### 3. 使用注意事项

· 上椭圆机时，要先上处于低点的踏板，再上较高的踏板；下椭圆机时，则刚好相反，以防止客户因为上下顺序错误而受伤。

· 练习时身体不要过分前倾，以减轻腰背部的压力。

· 练习者必须穿运动鞋进行练习。

## 三、固定自行车练习

### 1. 固定自行车特点

· 固定自行车可分为立式和卧式两类。

· 由于采用了坐式训练方式，因此固定自行车相对于椭圆机及台阶器对下肢各关节的压力更小（下肢不承重）。

### 2. 适用人群

适合所有人群，特别是体重较大人群，其中卧式自行车由于具有靠背，还特别适合腰背部需要较好固定的客户。

### 3. 使用注意事项

· 进行自行车训练时，座位调节要确保客户踏到最远端时，膝关节自然伸直，不要锁定。

· 确保使用者在开始骑行之前，脚部与脚蹬固定较为紧密，不会因为骑行出现脱落，造成客户受伤。

· 进行练习时必须穿着运动鞋。

· 整个练习过程中身体不能过分前倾，以免引起腰背部压力过大。

## 四、台阶器练习

### 1. 台阶器特点

· 相对于上楼梯而言，台阶器可以较大程度减少膝关节的压力。

· 相对于跑步机跑步练习，台阶器练习属于低冲击运动。

### 2. 适用人群

因台阶器需要练习者具备一定的协调性及较好的下肢肌力，因此不适合体质较差者使用。

3. 使用注意事项

· 练习时手轻扶器械扶手即可，不要用手臂支撑大部分体重，以免引起上体过分前倾，导致腰背部压力增大。

· 练习时台阶上下幅度不要过大，以免导致身体左右摆动。

· 练习时应穿着运动鞋。

## 五、划船器练习

1. 划船器特点

· 采用坐姿训练，下肢不承重，因此对下肢各关节冲击较小。

· 全身性运动，除对心肺耐力提升有帮助外，还使上下肢肌肉得到较好锻炼。

· 需要上下肢配合练习，对协调性提高也有一定帮助。

2. 适合人群

因划船器练习需要腰背部承受一定压力，因此腰背部有问题、体重较大或体质较弱的客户不建议使用此类器械。

3. 使用注意事项

· 整个练习过程中不要弯腰弓背。

· 练习过程中双膝关节应保持平行，不应内翻或外翻。

· 练习时应穿着运动鞋，同时应用脚踏上的固定带固定好双脚。

· 向后拉动手柄时呼气，向前还原时吸气。

· 腰背部有问题、体重较大或体质较弱人群不建议使用此器械。

# 第二节　心肺训练常用方法

导读：心肺耐力训练中，训练方法与强度都是重要的问题。为客户找到适合的训练方法，并确定合理的训练强度，可以加强训练效果，并确保心肺耐力训练的安全性。

## 一、心肺训练常用方法

心肺耐力训练形式多样，主要差异在于所训练的持续时间和运动强度，经常被采用的包括：持续训练法、乳酸阈训练法、间歇训练法、高强度间歇训练法、法特雷克训练法等五种方法，以下分别是五种训练方法具体操作介绍。

### （一）持续训练法

持续训练法也被称为长慢距离训练法（Long，Slow Distance，LSD），该方法主要采用与比赛距离相同或更长的距离进行训练，持续的时间通常在30~120min，强度则接近最大摄氧量的70%。该训练法有助于促进心脏血管与体温调节功能，增加脂肪的利用率，从而节省肌糖原；但该方法的强度低于比赛强度，长时间使用可能降低比赛水平。

### （二）乳酸阈训练法

乳酸阈训练法也称为阈值训练法（threshold training）或速率 / 节奏训练法（pace/tempo training），该方法主要采用与比赛强度相同或略高于比赛强度的乳酸阈强度进行训练，组织方法通常包括持续与间歇两种。持续的乳酸阈训练即以乳酸阈强度持续进行 20~30min 的训练；间歇的乳酸阈训练同样采用乳酸阈强度进行，不同的是分成了一系列间歇，每个间歇之间都伴随着一个短时间的恢复期。乳酸阈训练的肌纤维动员模式与比赛相同，更加符合比赛实际需求，同时该训练还能改善跑步的经济性和提高乳酸阈值。

### （三）间歇训练法

间歇训练采用接近最大摄氧量的强度进行训练，虽然训练间歇时间可以短至 30s，但通常采用的是 3~5min 的训练间歇时间，与此相对应的是休息的间歇时间也应与训练间歇时间相同，即训练时间与休息时间的比例为 1 ∶ 1。间歇训练对训练者产生的压力极大，需要具备坚实的心肺耐力基础方可实施，同时实施过程中也需谨慎对待。间歇训练法能有效增加最大摄氧量和提高无氧代谢能力。

### （四）高强度间歇训练法

高强度间歇训练采用大于最大摄氧量的强度进行训练，训练的间歇通常持续 30~90s，训练间歇与休息间歇的比例通常为 1:5。该训练有助于提高跑步速度、改善跑步经济性以及增加无氧代谢的忍受能力，同时对有氧耐力赛跑的最后冲刺有帮助；与间歇训练相同，在使用该训练方法时应特别谨慎。

### （五）法特雷克训练法

法特雷克训练来自瑞典语速度游戏，包含了上述提到的所有方法，可以将其理解为持续时间在 20~60min 之间的变速跑训练，强度可以在以上提到的各种方法所使用的强度间进行变换，除跑步之外该方法也适用于自行车和游泳等训练。法特雷克训练法有助于提升最大摄氧量和乳酸阈，同时也能改善跑步的经济性和能量利用效率。

## 二、心肺训练强度表述方法

心肺耐力训练强度的表述方法较多，但常用于训练计划开设的主要集中于最大摄氧量、摄氧量储备、代谢当量、最大心率、心率储备、主观疲劳感觉及说话测试等指标，以下是各项指标的含义及具体应用方法介绍。

### （一）最大摄氧量

最大摄氧量是判断心肺耐力水平的黄金指标，同时也是心肺耐力训练计划开设时经常使用的强度表述方法。所谓最大摄氧量是指人体在进行剧烈运动时所能利用的最大氧气量，其英文缩写为 $VO_2max$。通常情况下我们用最大摄氧量的百分比来表述心肺耐力训练目标训练强度的大小，例如：70%$VO_2max$ 指的是用最大摄氧量的 70% 作为心肺耐力的训练强度。

### （二）摄氧量储备

摄氧量储备也是经常用于描述心肺耐力训练强度的指标，用最大摄氧量减去安静时的摄氧量即为摄氧量储备，其英文缩写为 $VO_2R$。我们也可以使用摄氧量储备的百分比来表述心肺耐力训练目标训练强度的大小，例如：60%$VO_2R$ 指的是用摄氧量储备的 60% 作为心肺耐力的训练强度，其具体的计算公式为：

目标强度 =（$VO_2max-VO_2rest$）× 60%+$VO_2rest$

其中 $VO_2rest$ 代表的是安静时摄氧量。

## （三）代谢当量

代谢当量是指维持静息代谢所需要的耗氧量，约为3.5ml/kg/min，其英文缩写为MET。代谢当量也经常被用于描述心肺耐力训练目标训练强度的大小，例如：6MET指的是进行心肺耐力训练过程中，氧气的消耗量应该达到静息代谢所需耗氧量的6倍，该指标经常在有氧训练设备上显示。

## （四）最大心率

最大心率是指人体每分钟所能达到的最大心跳次数，其随着年龄增长而下降，估算最大心率的方法有很多，但最为人熟知的方法还是220-年龄的估算方法，最大心率的英文缩写为HRmax。通常心肺耐力的训练强度也可用最大心率的百分比来进行表述，例如：70%HRmax指的是进行心肺耐力训练时，心率应达到最大心率的70%。

## （五）心率储备

心率储备也是经常用于描述心肺耐力训练强度的指标，用最大心率减去安静时的心率即为心率储备，其英文缩写为HRR。我们也可以使用心率储备的百分比来表述心肺耐力训练目标训练强度的大小，例如：60%HRR指的是用心率储备的60%作为心肺耐力的训练强度，其计算公式为：目标强度=（HRmax-HRrest）×60%+HRrest，其中HRrest代表的是安静时心率。

## （六）主观疲劳感觉

主观疲劳感觉（Rating of Perceived Exertion，RPE）是已被广泛运用的一种简易而有效的评价心肺耐力训练强度的方法，通常用RPE表示。RPE是介于心理和生理之间的一种指标。可以说RPE的表现形式是心理的，但反映的却是生理机能的变化。通常使用不同的数字代表客户在运动过程中所能体验到的主观感觉，对于那些无法有效监控心率的客户，我们可以告知其在进行心肺耐力训练时应该达到的对应的RPE的数值，例如：RPE数值为13，代表是客户在心肺耐力训练时应感觉从事这项运动有点累。RPE中各项数字对应的具体感觉详见表8-1。

表8-1　主观疲劳感觉表

| RPE | 感觉 |
|---|---|
| 6<br>7 | 非常非常轻松 |
| 8<br>9 | 非常轻松 |
| 10<br>11 | 轻松 |
| 12<br>13 | 有点累 |
| 14<br>15 | 累 |
| 16<br>17 | 非常累 |
| 18<br>19 | 非常非常累 |
| 20 | 最大 |

### （七）说话测试

说话测试也是经常被用于表述和判断心肺耐力训练强度的指标，运动过程中当一个人无法继续简单的对话是因为其感觉呼吸较为困难，而导致呼吸困难的原因则可能是因为训练进入了过高的训练强度水平。例如：建议客户运动时应能够保持正常的语言交流，代表该心肺耐力训练的强度属于低强度。说话测试通常可在无法实施心率监控时用来判断心肺耐力的训练强度高低。

## 第三节　有氧训练中的姿势问题

**导读：**教练应关注客户在各种有氧训练中的姿态问题，以避免客户因为长期处于不良姿态下训练而引发慢性疼痛或受伤风险提高的情况。

### 一、含胸、头部前伸客户的有氧训练

- 教练应留意观察客户在有氧运动中是否存在此类问题，如有此类问题应提醒客户收腹，挺胸，下颌微收。
- 教练在客户使用跑步机、台阶器时应注意客户抓握扶手的方式，如果抓握扶手时前臂过度内旋或外旋，都容易导致含胸、头部前伸。对于有含胸、头部前伸的客户，如能维持身体平衡，建议其松开把手进行锻炼。
- 在有电视的情况下，应特别注意电视摆放的位置是否合适，不当的电视摆放，容易导致客户头部前伸或头部转向一边。

### 二、骨盆前倾客户的有氧训练

- 不建议此类客户使用固定自行车和台阶器，因为容易加剧髋屈肌群的紧张程度，如果客户正在使用固定自行车或台阶器，建议加强髋屈肌群的伸展。
- 使用跑步机时，步伐频率不宜过快，过快的步伐频率将影响髋伸的效果，从而要求客户骨盆前倾来代偿。如果客户已具有骨盆前倾情况，应在练习后加强髋屈肌群伸展。（图 8–1）

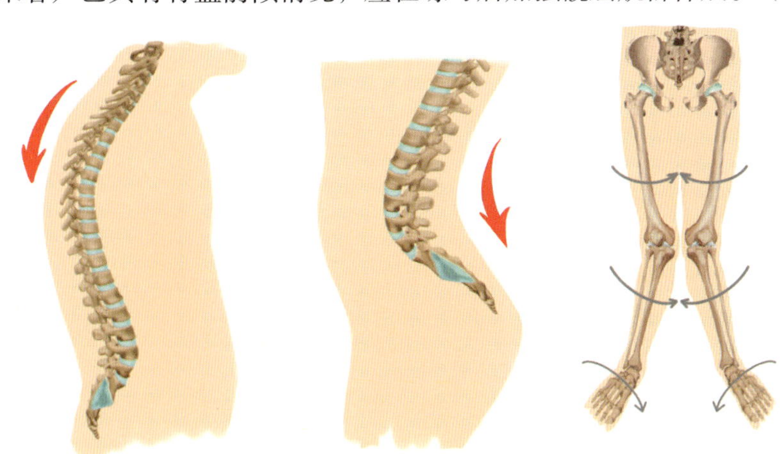

图 8–1　圆肩含胸、骨盆前倾、膝内扣的姿态

## 三、脚外旋、膝关节内翻、足底扁平客户（X 型腿）的有氧训练

· 此类客户使用任何有氧设备前应加强小腿后侧肌群、髋内收肌群、阔筋膜张肌、髂胫束、背阔肌的放松与伸展。

· 此类客户下肢做离心收缩的能力变差，开始时让此类客户反复使用跑步机、台阶器之类需要爬升的训练器械可能会有不当，特别是要求其保持较快的步伐时，容易加剧已存在的问题。如果已经开始使用此类器械，建议加强自我筋膜放松的使用，以及将步伐保持在合适的速度上。

## 总　结

教练应熟练掌握跑步机、椭圆机、台阶器、固定自行车、划船器等常见有氧设备的适用人群、练习技巧及安全注意事项等知识，以便为科学地开设有氧运动处方及安全指导客户从事有氧运动训练奠定坚实基础。在指导客户进行正常有氧训练的过程中，教练还应留意客户的身体姿态，确保其在良好的身体姿态下进行练习，以防因为长期维持不良姿态为客户带来疼痛及运动损伤风险提高的问题。

# 第九章　力量训练

## 第一节　常见抗阻训练器械及其特性

**导读：**了解各种常见抗阻训练器械的特性及其适合人群，有助于教练在实施抗阻训练时能够正确为客户选择训练方式，从而确保客户获得最佳运动效果。

### 一、固定力量器械

固定力量器械是具有固定动作路线的一类力量器械，往往针对身体某一部位进行专门性训练。（图 9–1）

**优点：**动作路线固定，稳定性好，动作简单易学，安全性高。

**缺点：**动作与现实动作有一定差距，对于练习者自身稳定性提高效果不大。

**适合人群：**适合初始训练阶段的初级训练者和需要辅助训练动作的高级训练者。

### 二、自由力量器械

自由力量器械的动作路线灵活多样，不固定，包括杠铃、哑铃、壶铃等。（图 9–2）

**优点：**动作路线灵活，能够较好地模拟现实动作，能够提高练习者的稳定性。

**缺点：**动作需要练习者已具备较好的局部及整体稳定性，相对固定力量器械具有一定危险性。

**适合人群：**适合经过一段时间训练后的初级训练者和高级训练者。

### 三、悬吊训练器械

依靠悬挂的绳索及人体的自身体重为阻力来源的训练器械，常见的包括 Red Cord 和 TRX。（图 9–3）

**优点：**能够有效提高本体感受能力，提高局部及整体稳定性，刺激深层肌肉。

**缺点：**不适合肌肉肥大（健美）、最大力量及爆发力训练。

**适合人群：**一般运动人群及处于调整训练及纠正训练（corrective exercise）阶段的高级训练者。

## 四、弹力带（管）

利用弹力带（管）的弹性阻力作为训练阻力的一类力量器械。（图 9–4）

**优点：**阻力来源不受重力限制，方便携带，动作路线灵活。

**缺点：**容易破损，有可能导致过敏，阻力改变不直观。

**适合人群：**一般运动训练、专项运动训练及康复训练人群，不适合健美训练及肌肉最大力量训练人群。

图 9–1　固定力量器械

图 9–2　自由力量器械

图 9–3　Red Cord 与 TRX

图 9–4　弹力带与弹力管

## 五、实心球

实心球又叫药球（medicine ball），是具有一定重量的橡胶球。（图 9–5）

**优点：**相对于杠哑铃而言较为安全，适合抛、传等动作。

**缺点：**不适合最大力量及健美训练。

**适合人群：**一般人群和爆发力训练人群。

## 六、身体自重

身体自重也是良好阻力来源。（图 9–6）

**优点：**阻力来源获得方便，对提高局部及整体稳定性有较好帮助。

**缺点：**部分动作不适合最大力量训练及健美训练。

**适合人群：**所有人群。

图 9–5 实心球

图 9–6 身体自重练习

# 第二节 抗阻训练设计步骤及注意事项

**导读：**掌握抗阻训练的设计步骤，是教练不断开发新训练动作的基础。教练需要定期更换训练内容，以此来避免因为单一的训练动作导致客户运动兴趣减退的问题。掌握训练动作的技术要点及安全注意事项，是教练正确进行抗阻训练指导的基础。

## 一、抗阻训练方案的内容

**明确目标训练肌肉的功能。**

**明确阻力施加的方向：**阻力施加的方向应该为目标肌肉主要功能的相反方向。

**确定身体位置：**根据阻力来源及所需的阻力方向调整身体位置，使阻力来源产生的阻力刚好与所需阻力方向一致。

**确保身体稳定：**通过使用辅助器械或改变体位增加身体的稳定性。

**确定动作轨迹：**明确整个训练动作的运动路线及方向。

**确定动作幅度：**综合考虑动作的效果及安全两方面，明确整个训练动作的起始及结束位置。

## 二、动作类别

A 级：动作负重较小，动作速度较慢，对本体感受刺激较多，着重提高关节局部稳定性及身体整体稳定性，强化肌肉耐力。适合无训练经验客户及无须增肌的客户。

B 级：动作负重较大，动作速度中速，对本体感受刺激较少，着重增大肌肉体积及提高最大力量。适合有一定力量训练经验，局部及整体稳定性较好，且想要增肌及提高绝对力量的客户。

C 级：动作负重较小，动作速度最快，着重增加爆发力。适合具有良好的绝对力量，且需要提高爆发力的客户。

在本章第三节所列的动作中，同时标有 A、B、C 标识的，则代表该动作依据实施时使用的重量和完成动作的速度不同，可作为 A 级动作，也可作为 B 级或 C 级动作。

## 三、动作呼吸方式

- 原动肌（目标训练肌肉）做向心收缩时，呼气。
- 原动肌（目标训练肌肉）做离心收缩时，吸气。
- 所有动作都不应憋气。

## 四、动作速度

**慢速：**向心 2~4s，离心 4s，适合 A 级动作

**中速：**向心 1~2s，离心 1~2s，适合 B 级动作

**快速：**向心小于 1s，离心 1s，适合 B 级、C 级动作

## 五、杠铃、哑铃握法

**正握：**双手掌心向下。

**反握：**双手掌心向上。

**正反握：**一手掌心向上，一手掌心向下。

**锁握：**以食指和中指压住拇指对握。（图 9–7）

**对握（通常用于抓握哑铃或异型杠铃）：**掌心相对。（图 9–8）

正握

反握

正反握

锁握

图 9–7　杠铃握法

图 9–8　哑铃握法

## 六、杠铃握距

**窄握距：**与肩同宽或窄于肩宽。

**中握距：**比肩宽 10~20cm。

**宽握距：**比肩宽大于 20 cm。（图 9–9）

图 9–9 杠铃握距

## 七、自由重量拿放的正确身体姿势

从地面拿起或放下杠哑铃或各种自由力量器械与重物，以及带有负重器械把手时，为确保安全应保持以下身体位置。（图 9–10）

- 双脚打开与肩同宽，脚尖向前。
- 膝关节自然弯曲，并且指向脚尖的方向。
- 身体俯身向下，后背收紧，保持自然伸直状态。
- 挺胸，收腹，下颌微收。
- 肩膀在重物的正上方或稍稍向前。
- 目视前方或稍稍向上。

图 9–10 自由重量拿放的正确身体姿势

# 第三节 身体各部位抗阻训练动作介绍

**导读：**教练可以根据客户的能力和需求，使用不同的抗阻训练工具，为客户组合和设计不同的训练方案。掌握常用的训练动作及其要点，是教练执业的重要基本功。

## 一、全身性动作

### 1. 蹲起划船

**动作类别：**A 级。

**原动肌：**股四头肌、背阔肌、臀大肌、肱二头肌、三角肌等。

**起始位置：**双脚与肩同宽，脚尖指向前方，膝关节指向脚尖的方向，同时屈 90°，后背伸直，从侧面观后背与小腿相平行，双手或单手对握闭握器械把手，肘关节自然伸直，腕关节处于中立位。

**身体稳定：**收腹，挺胸，下颌微收。

**各关节动作：**下肢发力伸膝、伸髋，与此同时上肢发力屈肘、伸肩将器械把手拉向腹部方向，使背阔肌、股四头肌、臀大肌等原动肌充分收缩。

**结束位置：**身体呈完全直立姿势，膝关节自然伸直，肘关节呈弯曲状态。（图 9–11）

**注意事项：**

· 关节不要锁定，不要憋气，不要弯腰弓背。

· 采用重量不宜过大，避免因此导致身体失去平衡而引发受伤。

· 向下时膝关节指向脚尖的方向，不要内翻或外翻，以免受伤。

**渐进方法：**

· 采用弓箭步站立完成动作。采用直立后变单腿支撑。

· 采用单手单腿完成动作（以支撑腿对侧的手握住器械把手）。

图 9–11　蹲起划船

### 2. 俯卧撑加髋伸

**动作类别：**A 级。

**原动肌：**股四头肌、臀大肌、胸大肌、肱三头肌、三角肌等。

**起始位置：**身体俯撑于垫上，双手打开比肩略宽，肘关节自然伸直，一侧腿屈髋、屈膝。

**身体稳定：**收腹，挺胸，下颌微收。

**各关节动作：**肘关节屈，肩关节水平伸（初始阶段可仅作下肢动作），屈膝腿做伸髋动作。

**结束位置：**肘关节屈 90°，肘关节与后背相平（初始阶段可仅作下肢动作），屈膝伸髋至臀大肌充分收缩。（图 9–12）

**注意事项：**关节不要锁定，不要憋气，不要弯腰弓背。

**渐进方法：**可采用抬高脚部的方式提高动作难度。

图 9–12　俯卧撑加髋伸

### 3. 单腿屈膝硬拉肩上推

**动作类别：**A 级。

**原动肌：**股四头肌、臀大肌、肱二头肌、三角肌、背阔肌等。

**起始位置：**双脚与肩同宽，膝关节自然伸直，身体自然直立，单手正握哑铃于体侧，腕关节处于中立位，另一手掐腰。

**身体稳定：**收腹，挺胸，下颌微收。

**各关节动作：**移动身体重心呈单腿支撑，支撑腿膝关节屈 90°，身体前倾，慢慢下放哑铃至膝关节或低于膝关节位置，然后伸膝伸髋，身体还原至直立状态，同时向上提拉哑铃，摆动腿屈髋屈膝至大腿与地面相平，屈肘使哑铃位于肩部，然后继续肩外展，伸肘上推哑铃，直至肘关节自然伸直。

**结束位置：**膝关节自然伸直，肘关节自然伸直，哑铃位于头上。（图 9–13）

**注意事项：**

· 关节不要锁定，不要憋气。

· 动作过程中不要弯腰弓背，以免背部受伤。

· 向下时膝关节对准脚尖的方向，不要内翻或外翻。

**渐进方法：**脚踩平衡软榻。

图 9–13　单腿屈膝硬拉肩上推

### 4. 单腿直腿硬拉肩上推

**动作类别：**A 级。

**原动肌：**臀大肌、腘绳肌、肱二头肌、三角肌、背阔肌等。

**起始位置：**双脚开立，膝关节自然伸直，身体保持自然直立，单手对握哑铃位于体侧，腕关节处于中立位，肘关节自然伸直，另一手位于体侧或掐腰。

**身体稳定：**收腹，挺胸，下颌微收。

**各关节动作：**持哑铃同侧脚稍稍抬离地面，缓缓俯身向下，使哑铃至膝关节或低于膝关节的位置，然后缓缓起身向上提拉哑铃，直至身体还原至直立位置，摆动腿屈髋屈膝至大腿与地面相平，然后屈肘使哑铃至肩部高度，继续外展肩关节并伸肘上推哑铃，直至肘关节自然伸直。

**结束位置：**膝关节自然伸直，肘关节自然伸直，哑铃位于头上。（图 9–14）

**注意事项：**

· 关节不要锁定，不要憋气。动作过程中不要弯腰弓背，以免背部受伤。

· 动作过程中支撑腿膝关节始终保持自然伸直状态。

**渐进方法：**脚踩平衡软榻。

图 9–14　单腿直腿硬拉肩上推

### 5. 站姿弹力带蹬腿肩推

**动作类别：**A 级。

**原动肌：**股四头肌、臀大肌、腘绳肌、三角肌、肱三头肌等。

**起始位置：**单脚支撑，支撑腿膝关节不要锁定，摆动腿屈髋屈膝 90° ，上身保持自然直立，双手正握弹力带于肩上，腕关节处于中立位，肘关节自然弯曲，弹力带缠绕摆动脚，保持弹力带张力。

**身体稳定：**收腹，挺胸，下颌微收。

**各关节动作：**摆动腿伸髋、伸膝下蹬弹力带，上肢肩外展、肘伸上推弹力带，直至摆动腿膝关节及双臂肘关节自然伸直。

**结束位置：**摆动腿膝关节自然伸直，上肢肘关节自然伸直，双手高举过头。（图 9–15）

**注意事项：**

· 关节不要锁定，不要憋气，整个动作过程中保持上身直立不要后仰。

· 弹力带在脚部固定，防止动作过程中滑脱。

**渐进方法：**脚踩平衡软榻完成动作。

图 9–15　站姿弹力带蹬腿肩推

### 6. 单腿支撑俯身弹力带蹬腿肩上推

**动作类别：**A 级。

**原动肌：**臀大肌、股四头肌、腘绳肌、三角肌。

**起始位置：**单腿支撑，支撑腿膝关节微微弯曲，摆动腿屈膝 90° ，俯身向前使身体与地面接近相平，同时躯干保持伸直状态，双手对握弹力带于身体下方，肘关节自然弯曲，腕关节处于中立位，弹力带绕过摆动腿足底并保持张力。

**身体稳定：**收腹，挺胸，下颌微收。

**各关节动作：**摆动腿伸髋、伸膝，支撑腿伸膝，同时屈肩、伸肘将手臂向头部方向举起。

**结束位置：**摆动腿伸直与地面平行，双臂与地面接近相平。（图 9–16）

**注意事项：**

· 关节不要锁定，不要憋气，身体不要倾斜。

· 不要弯腰弓背，以免腰背部受伤。

· 弹力带做好固定，以免动作过程中滑脱。

**渐进方法：**脚踩平衡软榻完成动作。

图 9–16 单腿支撑俯身弹力带蹬腿肩上推

## 7. 弹力带箭步蹲肩上推举

**动作类别：**A 级。

**原动肌：**臀大肌、股四头肌、腘绳肌等。

**起始位置：**双腿弓箭步站立，前侧腿膝关节屈 90° 且不要超过脚尖，上身保持直立，双手正握弹力带于肩上，腕关节处于中立位，肘关节自然弯曲，弹力带绕过前方支撑腿足底且保持张力。

**身体稳定：**收腹，挺胸，下颌微收。

**各关节动作：**双腿髋伸、膝伸，同时肩外展、肘伸，发力上举双手，直至双臂肘关节自然伸直。

**结束位置：**双腿膝关节呈自然伸直状态，肘关节呈自然伸直状态，双手高举过头。（图 9–17）

**注意事项：**

· 关节不要锁定，不要憋气。

· 身体保持稳定不要随动作前后晃动。

· 前腿膝关节始终与脚尖共同指向前方。

**渐进方法：**脚踏平衡软榻完成动作。

## 8. 站姿弹力带髋外展肩侧平举

**动作类别：**A 级。

**原动肌：**臀大肌、臀中肌、臀小肌、梨状肌、三角肌等。

**起始位置：**双脚支撑，膝关节不要锁定，身体保持自然直立，一手对握弹力带于体侧，肘关节自然伸直，另一手握弹力带的同时掐腰，腕关节处于中立位，弹力带绕过双脚足底，保持弹力带张力。

**身体稳定：**收腹，挺胸，下颌微收。

**各关节动作：**摆动腿发力髋外展，直至臀部肌肉充分收缩，同时摆动腿对侧手臂发力做肩外展动作，直至手臂与地面相平。

**结束位置：**外展髋至最大幅度，使臀部收紧，肩外展至肘关节与肩相平。（图 9–18）

**注意事项：**

· 关节不要锁定，不要憋气。

· 抬起一侧手臂的肘关节不要高于肩关节，以免受伤。

**渐进方法：**脚踩平衡软榻完成动作。

图 9–17　弹力带箭步蹲肩上推举

图 9–18　站姿弹力带髋外展肩侧平举

### 9. 站姿弹力带髋伸展肩上拉

**动作类别：**A 级。

**原动肌：**臀大肌、臀中肌、臀小肌、梨状肌、腘绳肌、三角肌、肩带肌群等。

**起始位置：**双脚支撑，膝关节不要锁定，躯干保持自然伸直并稍稍前倾，双手正握弹力带，一手位于体前，另一手掐腰，腕关节处于中立位，弹力带绕过双脚足底，保持弹力带张力。

**身体稳定：**收腹，挺胸，下颌微收。

**各关节动作：**摆动腿髋伸展，直至臀部充分收缩，摆动腿对侧手臂向斜 45° 方向屈肩上抬手臂，直至手臂高举过头。

**结束位置：**摆动腿伸展髋至最大幅度，使臀部收紧，摆动腿对侧手臂肩屈至手臂与身体在同一平面上。（图 9–19）

**注意事项：**

· 关节不要锁定，不要憋气。

· 整个动作过程中保持身体自然伸直，不要弯腰弓背。

· 保持弹力带固定，以免弹力带滑脱。

**渐进方法：**脚踩平衡软榻完成动作。

图 9–19　站姿弹力带髋伸展肩上拉

### 10. 弓箭步哑铃肩上推举

**动作类别：** A 级

**原动肌：** 股四头肌、臀大肌、腘绳肌、肱二头肌、三角肌、肱三头肌等。

**起始位置：** 双脚与肩同宽，脚尖向前，膝关节自然伸直，身体直立，双手对握闭握哑铃位于身体两侧，腕关节处于中立位，肘关节自然伸直。

**身体稳定：** 收腹，挺胸，下颌微收。

**各关节动作：** 跨步向前，跨步腿屈髋屈膝至 90°，随后跨步腿伸髋伸膝，同时身体重心前移，并使双臂屈肘关节，直至恢复直立姿势，哑铃也同时被提拉至胸前，然后继续外展肩并伸肘上推哑铃，直至肘关节自然伸直。

**结束位置：** 膝关节和肘关节自然伸直，哑铃位于头上。（图 9–20）

**注意事项：**

· 关节不要锁定，不要憋气。弓箭步过程中身体不要前倾及后仰，不要左右晃动。

· 向下时跨步腿膝关节指向脚尖方向。

**渐进方法：** 哑铃举起时单腿支撑。

图 9–20　弓箭步哑铃肩上推举

### 11. 深蹲哑铃肩上推举

**动作类别：**A 级。

**原动肌：**股四头肌、臀大肌、肱二头肌、三角肌、肱三头肌等。

**起始位置：**双脚与肩同宽，脚尖向前，膝关节自然伸直，身体直立，双手对握哑铃位于体侧，腕关节处于中立位，肘关节自然伸直。

**身体稳定：**收腹，挺胸，下颌微收。

**各关节动作：**屈膝下蹲至膝关节成 90° 角（或大腿与地面相平），然后伸髋伸膝同时屈肘弯举哑铃，身体至直立状态时哑铃位于胸前，继续外展肩关节及伸肘上推哑铃，直至肘关节自然伸直，哑铃位于头部上方。

**结束位置：**膝关节自然伸直，肘关节自然伸直，哑铃位于头上。（图 9–21）

**注意事项：**关节不要锁定，不要憋气。下蹲时，膝关节朝向脚尖方向，不要内翻或外翻。

**渐进方法：**由胸部位置上举哑铃同时变单腿支撑。

图 9–21　深蹲哑铃肩上推举

### 12. 爆发上推（Push Press）

**动作类别：**C 级。

**原动肌：**股四头肌、臀大肌、腘绳肌、腓肠肌、三角肌、肱三头肌等。

**起始位置：**双脚与肩同宽，膝关节自然伸直，身体直立，双手持杠铃位于肩上，正握闭握杠铃，采用中握距。

**身体稳定：**收腹，挺胸，下颌微收。

**各关节动作：**

· 准备阶段：缓缓屈髋、屈膝，幅度不要太大，使杠铃随身体下降。

· 向上阶段：快速伸髋、伸膝、提踵，并同时伸肘，以使杠铃高举过头。

· 顶端阶段：髋、膝完全伸直，使杠铃过头，同时持续伸肘，直至肘关节完全伸直，杠铃位于耳部的正上方或稍偏后的位置。

· 下降阶段：缓缓屈肘下放杠铃，同时屈髋、屈膝进行缓冲，减少杠铃对肩部的冲击。

**结束位置：**同动作起始位置。（图 9–22）

**注意事项：**关节不要锁定，不要憋气。

**渐进方法：**加快动作速度及重量。

图 9-22 爆发上推

### 13. 借力挺举 / 半挺举（Push Jerk）

**动作类别：** C 级。

**原动肌：** 股四头肌、臀大肌、腘绳肌、腓肠肌、三角肌、肱三头肌等。

**起始位置：** 双脚与肩同宽，膝关节自然伸直，身体直立，双手持杠铃位于肩上，正握闭握杠铃，采用中握距。

**身体稳定：** 收腹，挺胸，下颌微收。

**各关节动作：**

· 准备阶段：缓缓屈髋、屈膝，幅度不要太大，使杠铃随身体下降。

· 向上阶段：快速伸髋、伸膝、提踵，并同时伸肘，以使杠铃高举过头。

· 顶端阶段：髋、膝完全伸直，使杠铃过头，快速屈膝、屈髋向下，同时完全伸直肘关节，杠铃位于耳部的正上方或稍偏后的位置。

· 恢复阶段：获取身体平衡后，伸膝、伸髋，使杠铃达到最高点。

· 下降阶段：缓缓屈肘下放杠铃，同时屈髋、屈膝进行缓冲，减少杠铃对肩部的冲击。

**结束位置：** 同动作起始位置。（图 9-23）

**注意事项：** 关节不要锁定，不要憋气。

**渐进方法：** 加快动作速度及重量。

图 9-23 借力挺举 / 半挺举

### 14. 交替弓箭步跳哑铃肩上推举

**动作类别：** C 级。

**原动肌：** 股四头肌、臀大肌、三角肌、肱三头肌等。

**起始位置：** 双脚与肩同宽，膝关节自然伸直，身体直立，双手手持哑铃位于肩上，腕关节处于中立位，肘关节自然弯曲。

**身体稳定：** 收腹，挺胸，下颌微收。

**各关节动作：** 双腿膝关节微屈，使身体做小幅度的下蹲，然后股四头肌快速发力跳起，跳起同时肩关节外展、肘关节伸，上举哑铃过头，最后双脚以前后开立方式落地进行支撑。

**结束位置：**双脚呈前后开立，支撑腿膝关节呈自然弯曲状态，肘关节呈自然伸直状态，哑铃位于头上。（图 9–24）

**注意事项：**关节不要锁定，不要憋气。落地时下肢注意进行缓冲。

**渐进方法：**加快动作速度及重量。

图 9–24　交替弓箭步跳哑铃肩上推举

### 15. 哑铃单臂抓举

**动作类别：**C 级。

**原动肌：**股四头肌、臀大肌、背阔肌、三角肌、斜方肌等。

**起始位置：**双脚分开距离在髋宽和肩宽之间，脚尖微微外旋，哑铃位于两脚之间，膝关节自然弯曲，身体俯身向下，后背伸直，单手正握闭握哑铃，肘关节自然伸直，腕关节处于中立位。

**身体稳定：**收腹，挺胸，后背绷紧，头部微微后仰，双眼目视前方。

**各关节动作：**

· 向上阶段：用力伸髋、伸膝加速哑铃，哑铃加速向上时应贴近腿部，当下肢关节完全伸直后，手持哑铃侧手臂迅速耸肩向上，当肩部到达最高点时，屈肘向上提拉杠铃，并使哑铃尽量靠近躯干，另一侧手臂位于对侧髋部。

· 顶端阶段：继续抬肘并使手臂及手绕哑铃旋转，当哑铃位于头部上方时，同时屈髋屈膝成近半蹲或 1/4 深蹲位。获得平衡后，伸髋、伸膝站直，肘关节保持伸直。

· 向下阶段：肩部及肘部发力控制，缓缓下放哑铃至肩部，然后下放至腿部，与此同时屈髋屈膝缓冲哑铃下落的冲击。

**结束位置：**保持肘关节伸直的情况下，缓缓下蹲至初始位置。（图 9–25）

**注意事项：**不要憋气，不要弯腰弓背。尽管描述动作分成了若干阶段，但该动作实施应一气呵成的完成。

**渐进方法：**加快动作速度。

图 9–25　哑铃单臂抓举

### 16. 高翻

**动作类别：** C 级。

**原动肌：** 股四头肌、臀大肌、背阔肌、肱二头肌等。

**起始位置：** 双脚分开距离在髋宽和肩宽之间，膝关节自然弯曲，身体俯身向下，后背伸直，双手正握闭握杠铃，采用中握距，肘关节自然伸直，腕关节处于中立位，杠铃位于地面，在胫骨前方大约 3cm 处，杠铃杆刚好位于脚趾的正上方。

**身体稳定：** 收腹，挺胸，后背绷紧，头部微微后仰，双眼目视前方。

**各关节动作：**

· 向上阶段 1（一次提拉）：用力伸髋、伸膝，保持身体与地面夹角几乎不变，确保髋的抬升不早于肩部，肘关节完全伸直，同时指向身体外侧。

· 向上阶段 2（转换）：当杠铃刚刚过膝时，向前挺髋，膝关节微屈，使大腿抵住杠铃杆，同时膝关节位于杠铃杆下方，肘关节保持伸直并指向身体外侧。

· 向上阶段 3（二次提拉）：迅速伸髋、伸膝、蹬伸脚踝，当下肢关节完全伸直后，迅速耸肩向上，当肩部到达最高点时，屈肘向上提拉杠铃。

· 向上阶段 4（顶端）：当杠铃位于肩部上方时，同时屈髋屈膝呈 1/4 深蹲位，并抬高肘关节使上臂与地面平行，杠铃位于锁骨和三角肌前束上。获得平衡后，伸髋伸膝站直。

· 向下阶段：肘关节降低并伸直，缓缓下放杠铃至腿部，与此同时屈髋屈膝缓冲杠铃下落的冲击。

**结束位置：** 保持肘关节伸直的情况下，缓缓下蹲至初始位置；如果是在橡胶减震台上，可直接松手让杠铃自由下落。（图 9–26）

图 9–26　高翻

**注意事项：** 不要憋气，不要弯腰弓背。另该训练还可将初始位置调整至杠铃位于大腿中段或者略高与略低于膝关节的位置，整个动作中杠铃都不与地面接触，动作名称也可改称悬空高翻（Hang Power Clean）。

**渐进方法：** 加快动作速度。

17. 抓举

**动作类别：** C 级。

**原动肌：** 股四头肌、臀大肌、背阔肌、三角肌、斜方肌等。

**起始位置：** 双脚分开距离在髋宽和肩宽之间，脚尖微微外旋，膝关节自然弯曲，身体俯身向下，后背伸直，双手正握闭握杠铃，采用宽握距（具体可采用以下两种方法确认：①单手握拳或手掌伸直，肘关节伸直，肩关节外展 90°，测量从拳头的边缘到对侧肩膀的距离；②屈肘 90°，并外展肩关节 90°，测量两侧肘关节之间的距离），肘关节自然伸直，腕关节处于中立位，杠铃位于地面，在胫骨前方大约 3cm 处，杠铃杆刚好位于脚趾的正上方。

**身体稳定：** 收腹，挺胸，后背绷紧，头部微微后仰，双眼目视前方。

**各关节动作：**

· 向上阶段 1（一次提拉）：用力伸髋、伸膝，保持身体与地面夹角几乎不变，确保髋的抬升不早于肩部，肘关节完全伸直，同时指向身体外侧。

· 向上阶段 2（转换）：当杠铃刚刚过膝时，向前挺髋，膝关节微屈，使大腿抵住杠铃杆，同时膝关节位于杠铃杆下方，肘关节保持伸直并指向身体外侧。

· 向上阶段 3（二次提拉）：迅速伸髋、伸膝、蹬伸脚踝，当下肢关节完全伸直后，迅速耸肩向上，当肩部到达最高点时，抬肘向上提拉杠铃。

· 向上阶段 4（顶端）：继续抬肘并使手绕杠铃杆旋转，当杠铃位于头部上方时，同时屈髋屈膝呈 1/4 深蹲位（如果重量较大，则至深蹲位）。获得平衡后，伸髋、伸膝站直，肘关节保持伸直，体重位于两脚中部的上方。

· 向下阶段：肩部发力控制，缓缓下放杠铃至腿部，与此同时屈髋屈膝缓冲杠铃下落的冲击。

**结束位置：** 保持肘关节伸直的情况下，缓缓下蹲至初始位置；如果是在橡胶减震台上，可直接松手让杠铃自由下落。（图 9-27）

**注意事项：** 不要憋气，不要弯腰弓背。尽管描述动作分成了若干阶段，但该动作实施应一气呵成。另该训练还可将初始位置调整至杠铃位于大腿中段或者略高与略低于膝关节的位置，整个动作中杠铃都不与地面接触，动作名称也可改称悬空抓举（Hang Power Snatch）。

**渐进方法：** 加快动作速度。

图 9-27 抓举

## 18.BURPEE 跳

**动作类别：**C 级。

**原动肌：**股四头肌、臀大肌、腹直肌、胸大肌、肱三头肌等。

**起始位置：**双脚与肩同宽，膝关节自然伸直，身体直立，双手位于身体两侧，肘关节自然伸直。

**身体稳定：**收腹，挺胸，下颌微收。

**各关节动作：**

- 下蹲阶段：屈髋、屈膝下蹲，双手与垫面接触。
- 支撑阶段 1：伸髋、伸膝，使头、肩、髋、膝、踝成一条直线。
- 支撑阶段 2：屈肘、肩关节水平伸至肘关节与后背相平。
- 支撑阶段 3：伸肘、肩关节水平屈还原至支撑阶段 1。

· 支撑阶段 4：屈髋、屈膝还原至下蹲阶段。
· 跳起阶段：用力伸髋、伸膝向空中垂直跳起，同时抬起手臂过头。
· 下落阶段：屈髋、屈膝进行落地缓冲。

**结束位置：**伸髋、伸膝还原至动作起始位置。（图 9–28）

**注意事项：**关节不要锁定，不要憋气。

**渐进方法：**加快动作速度。

图 9–28　BURPEE 跳

## 二、胸部动作

### 1. 杠铃卧推

**动作类别：**A、B、C 级。

**原动肌：**胸大肌、三角肌、肱三头肌。

**起始位置：**仰卧于训练凳上，双脚打开比肩略宽，脚尖向前，膝关节自然弯曲，身体紧贴训练凳，双手正握闭握杠铃位于胸部的正上方，采用中握距，腕关节中立位，肘关节自然伸直，从侧面看手臂与地面相垂直。

**身体稳定：**收腹，挺胸，下颌微收。

**各关节动作：**双臂缓缓做肩关节水平伸、肘关节屈的动作，将杠铃向胸部方向下放，直至肘关节屈成 90° 或肘关节与后背相平或略低于后背，然后双臂发力向上做肩关节水平屈，肘关节伸的动作将杠铃重新推起，直至肘关节自然伸直。

**结束位置：**肘关节自然伸直，胸大肌充分收缩。（图 9–29）

**注意事项：**

· 下放阶段肘关节下降的幅度不宜过大，以免肩关节受伤。
· 向上推起时肘关节不要过伸并锁定，以免肘关节受伤。
· 整个练习过程中，从侧面观小臂始终与地面相垂直，以免使杠铃失去控制。
· 练习过程中，脚部始终踩实地面，以免身体失去平衡。
· 练习过程中，腰背部始终紧贴训练凳，以免腰背部受伤。

**渐进方法：**增加杠铃重量。

**动作变换方法：**

· 可改变仰卧平板的角度，采用上斜推举可着重刺激胸大肌上部肌纤维，采用下斜推举可着重刺激胸大肌下部肌纤维。

· 可改变器械，以哑铃替换杠铃，增加对上肢稳定性的挑战，此外如采用较轻重量的哑铃进行练习，还可选择在健身球上完成动作，以此提高对躯干稳定性的挑战。

图 9–29 杠铃卧推

### 2. 器械坐姿推胸

**动作类别：**A、B 级。

**原动肌：**胸大肌、三角肌前束、肱三头肌。

**起始位置：**坐于器械之上，双脚打开比肩略宽，脚尖向前，膝关节自然弯曲，膝关节指向脚尖的方向，身体直立并紧贴器械靠背，双手正握闭握器械把手于胸前，肘关节自然伸直并略低于肩关节，腕关节处于中立位。

**身体稳定：**收腹、挺胸，下颌微收。

**各关节动作：**双臂缓缓做肩关节水平伸、肘关节屈的动作，将器械把手向胸部方向回退，直至肘关节屈 90° 或肘关节与后背相平或位于后背稍后方的位置，然后双臂发力向前做肩关节水平屈、肘关节伸的动作将把手重新推出，直至肘关节自然伸直。

**结束位置：**肘关节自然伸直，胸大肌充分收缩。（图 9–30）

图 9–30 器械坐姿推胸

**注意事项：**

· 向后阶段肘关节向后的幅度不宜过大，以免肩关节受伤。

· 向前推出时肘关节不要过伸并锁定，以免肘关节受伤。

· 整个练习过程中，从侧面观小臂始终与后背相垂直。

· 练习过程中，脚部始终踩实地面，以免身体失去平衡。

· 练习过程中，腰背部始终紧贴训练凳，以免腰背部受伤。

**渐进方法：**增加重量。

**动作变换方法：**

· 可使用拉力器在站姿的情况下完成该动作，以增强对身体稳定性的挑战。

· 也可使用弹力带或弹力管作为阻力来源，在站姿或坐姿的情况下完成推胸动作。

### 3. 俯卧撑

**动作类别：**A 级、C 级。

**原动肌：**胸大肌、三角肌前束、肱三头肌。

**起始位置：**俯卧于地面上，双手位于胸部的正下方，打开距离比肩略宽，肘关节自然伸直，膝关节自然伸直，脚尖支撑于地面，保持头、肩、髋、膝、踝成一条直线。

**身体稳定：**收腹，挺胸，下颌微收。

**各关节动作：**双臂缓缓做肩关节水平伸、肘关节屈的动作，使身体缓缓下落，直至肘关节屈 90° 或肘关节与后背相平或位于后背稍上方的位置，然后双臂发力向下做肩关节水平屈、肘关节伸的动作将身体重新推起，直至肘关节自然伸直。

**结束位置：**肘关节自然伸直，胸大肌充分收缩。（图 9–31）

图 9–31　俯卧撑

**注意事项：**

· 下放阶段肘关节超过后背的幅度不宜过大，以免肩关节受伤。

· 向上推起时肘关节不要过伸并锁定，以免肘关节受伤。

· 整个动作过程中不要塌腰弓背，以免腰背部受伤。

· 女性如无法完成动作，可采用屈膝并以膝关节支撑的方式完成动作。

**渐进方法：**抬高脚部的位置；以单腿支撑完成动作；也可以在身体背负弹力带的情况下完成动作。

### 4. 前推实心球

**动作类别：**C 级。

**原动肌：**胸大肌、肱三头肌、三角肌前束。

**起始位置：**双脚与肩宽，脚尖向前，膝关节微微弯曲，身体直立，双手对握实心球于胸前，肘关节自然弯曲。

**身体稳定：**收腹、挺胸，下颌微收。

**各关节动作：**全身快速发力做肩关节水平屈、肘关节伸动作，用全力向前推出实心球，直至肘关节自然伸直。

**结束位置：**肘关节自然伸直。（图 9–32）

**注意事项：**

· 关节不要锁定，不要憋气。

· 确保全身发力完成动作。

· 注意避开周围环境中的玻璃及镜子等易碎物品。

**渐进方法：**平衡垫上重复动作。

**动作变换方法：**双脚前后开立以弓箭步形式完成动作。

### 5. 转体推实心球

**动作类别：**C 级。

**原动肌：**胸大肌、肱三头肌、三角肌前束、腹内外斜肌。

**起始位置：**双脚与肩宽，脚尖向前，膝关节微微弯曲，身体直立，双手对握实心球于右侧胸前，肘关节自然弯曲。

**身体稳定：**收腹，挺胸，下颌微收。

**各关节动作：**全身快速发力向身体左侧转髋转体，同时双侧手臂做肩关节水平屈、肘关节伸动作，用全力向前推出实心球，直至肘关节自然伸直。

**结束位置：**肘关节自然伸直。（图 9–33）

图 9–32　前推实心球

图 9–33　转体推实心球

**注意事项：**

· 关节不要锁定，不要憋气。

· 确保全身发力完成动作。

· 注意避开周围环境中的玻璃及镜子等易碎物品。

**渐进方法：**平衡垫上重复动作。

## 三、背部动作

### 1. 哑铃 / 杠铃俯身划船

**动作类别：**A、B 级。

**原动肌：**背阔肌、三角肌后束、肱二头肌、肱肌、肱桡肌。

**起始位置：**双脚与肩宽，膝关节微屈，身体前倾与地面成 40° ~45° 夹角，后背挺直，双手对握闭握哑铃于身体正下方，腕关节处于中立位，肘关节自然伸直。

**身体稳定：**收腹、挺胸，下颌微收。

**各关节动作：**双臂发力伸肩、屈肘向上提拉哑铃，直至感到背阔肌充分收缩，然后慢慢还原动作至起始位置。

**结束位置：**肘关节自然弯曲，背阔肌充分收缩。（图 9–34）

**注意事项：**

· 下放哑铃时，关节不要锁定，以免肘关节受伤。

· 不要含胸及弯腰弓背，以免腰背部受伤。

· 练习时保持躯干稳定，身体不要上下晃动，以免受伤。

· 下放哑铃时手臂自然下垂与地面垂直，不要有意识前伸哑铃。

**渐进方法：**交替进行。

**动作变换方法：**

· 可使用杠铃代替哑铃进行练习。

· 可使用拉力器并将把手调至低位代替哑铃进行练习。

· 可使用弹力带代替哑铃进行练习。

· 可俯卧于健身球上完成练习，以提高躯干的稳定性。

图 9–34　哑铃 / 杠铃俯身划船

### 2. 器械坐姿划船

**动作类别：** A、B 级。

**原动肌：** 背阔肌、肱二头肌、肱桡肌、肱肌、三角肌后束。

**起始位置：** 坐于器械之上，双脚打开与肩同宽，脚尖向前，膝关节自然弯曲，器械挡板固定住双腿，上身直立，双手对握闭握器械把手于身体前上方，肘关节自然伸直，腕关节处于中立位。

**身体稳定：** 收腹，挺胸，下颌微收。

**各关节动作：** 双臂发力伸肩、屈肘，将器械把手拉向身体，直至背阔肌充分收缩，然后慢慢还原至起始位置。

**结束位置：** 肘关节自然弯曲，背阔肌充分收缩。（图 9-35）

**注意事项：**

· 肘关节向前伸出时不要锁定。

· 动作过程中不要含胸，不要耸肩。

· 躯干保持稳定，不要前后晃动。

· 整个动作过程中，肩关节不要外展，确保双臂贴近身体实施动作。

**渐进方法：** 单手重复动作。

### 3. 拉力器坐姿直臂下压

**动作类别：** A、B 级。

**原动肌：** 背阔肌、三角肌后束。

**起始位置：** 双脚打开与肩同宽，脚尖向前，膝关节自然弯曲，后背挺直，双手正握闭握器械把手于身体前上方，肘关节自然伸直，腕关节处于中立位。

**身体稳定：** 收腹、挺胸，下颌微收。

**各关节动作：** 双臂发力伸肩，将器械把手拉向身体，直至背阔肌充分收缩，然后慢慢还原至起始位置。

**结束位置：** 肘关节与后背相平，背阔肌充分收缩。（图 9-36）

图 9-35　器械坐姿划船

图 9-36　拉力器坐姿直臂下压

**注意事项：**

· 整个动作过程中肘关节不要锁定。

· 练习时不要含胸、不要耸肩。

· 练习时身体保持稳定，不要前后晃动。

· 整个动作过程中，肩关节不要外展，确保双臂贴近身体实施动作。

**渐进方法：**单手重复动作。

**动作变换方法：**可利用弹力带在站姿情况下完成动作。

### 4. 器械坐姿高位下拉

**动作类别：**A、B 级。

**原动肌：**背阔肌、肱二头肌。

**起始位置：**坐于器械之上，双脚打开与肩同宽，脚尖向前，膝关节自然弯曲，器械挡板固定住双腿，上身直立并微微后仰，双手正握闭握器械把手于身体上方，采用中握距，肘关节自然伸直，腕关节处于中立位。

**身体稳定：**收腹，挺胸，下颌微收。

**各关节动作：**双臂发力做肩关节内收及肘关节屈的动作，将器械把手拉向身体，直至背阔肌充分收缩，然后慢慢还原至起始位置。

**结束位置：**器械把手下拉至下颌或锁骨的位置，使背阔肌完全收紧。（图 9–37）

**注意事项：**

· 整个动作过程中肘关节不要锁定。

· 练习时不要含胸，不要耸肩。

· 练习时身体保持稳定，不要前后晃动。

· 如使用的是横杆进行练习，避免将横杆拉向颈部后侧。

**渐进方法：**增加阻力。

**动作变换方法：**可利用拉力器在站姿情况下完成动作，以此提高身体稳定性。

图 9–37　器械坐姿高位下拉

### 5. 引体向上

**动作类别：**B 级。

**原动肌：**背阔肌、肱二头肌、肩带肌群。

**起始位置：**双手采用正握（或反握）闭握的方式握住器械把手，采用中握距，身体保持自然伸直状态，肩带固定，腕关节处于中立位，肘关节自然伸直。

**身体稳定：**收腹，挺胸，下颌微收。

**各关节动作：**双臂发力使肩内收同时肘关节屈牵引身体向上，直至下颌过杠，背阔肌充分收缩，然

后慢慢还原至起始位置。

**结束位置：**下颌过杠，背阔肌充分收缩。（图 9–38）

**注意事项：**

· 下放身体过程肘关节不要锁定，以免受伤。

· 身体不要有过大幅度的晃动，以免受伤。

· 客户若无法完成，可采用辅助单双杠器进行训练。

**渐进方法：**负重。

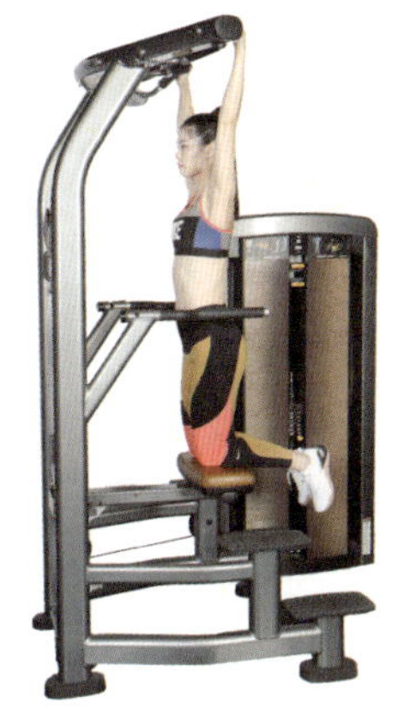
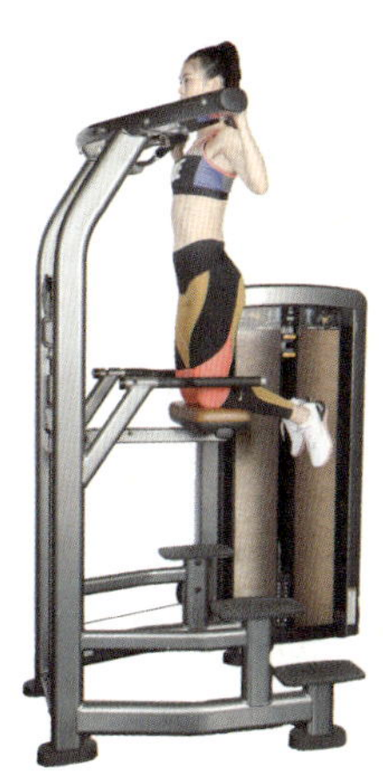

图 9–38　引体向上

### 6. 仰卧抛实心球

**动作类别：**C 级。

**原动肌：**背阔肌、腹直肌。

**起始位置：**仰卧于健身球上，双脚与肩宽或比肩略宽，膝关自然弯曲，躯干自然伸直，双手对握实心球，并将其高举过头，手臂位于耳朵两侧，肘关节略微弯曲，腕关节中立位。

**身体稳定：**收腹、挺胸，下颌微收。

**各关节动作：**全身猛烈发力做躯干屈、肩伸动作，以此快速将实心球掷出。

**结束位置：**身体坐起，躯干保持伸直，双臂位于身体两侧。（图 9–39）

图 9–39　仰卧抛实心球

**注意事项：**

· 关节不要锁定，不要憋气。

· 确保全身发力完成动作。

· 注意避开周围环境中的玻璃及镜子等易碎物品。

**渐进方法：**缩小双腿之间的距离。

### 7. 站姿前抛实心球

**动作类别：** C 级。

**原动肌：** 腹直肌、背阔肌。

**起始位置：** 双脚前后开立，膝关节自然伸直，躯干自然直立，双手对握实心球，并将其高举过头，手臂位于耳朵两侧，肘关节略微弯曲，腕关节中立位。

**身体稳定：** 收腹，挺胸，下颌微收。

**各关节动作：** 膝关节微微弯曲，身体微微后仰，然后瞬间全身猛烈发力做肩伸动作，后腿顺势向前迈出，以此快速将实心球向前掷出。

**结束位置：** 身体保持自然直立，双脚自然交替后，依然呈前后开立姿势，双臂位于身体两侧。（图 9–40）

**注意事项：**

· 关节不要锁定，不要憋气。

· 确保全身发力完成动作。

· 注意避开周围环境中的玻璃及镜子等易碎物品。

**渐进方法：** 脚踏平衡垫完成动作。

**动作变换方法：** 可以双脚左右开立的形式完成动作。

### 8. 站姿斜下抛实心球

**动作类别：** C 级。

**原动肌：** 腹直肌、背阔肌。

**起始位置：** 双脚与肩宽或比肩略宽，膝关自然伸直，躯干自然直立，双手对握实心球，并将其高举过头并位于身体的左上方，手臂位于耳朵两侧，肘关节自然伸直，腕关节中立位。

**身体稳定：** 收腹、挺胸，下颌微收。

**各关节动作：** 瞬间全身猛烈发力做躯干向右下方旋转及肩伸动作，以此快速将实心球向身体右下方掷出。

**结束位置：** 身体保持自然直立，双臂位于身体两侧。（图 9–41）

图 9–40　站姿前抛实心球

图 9–41　站姿前斜下抛实心球

**注意事项：**

· 关节不要锁定，不要憋气。

· 确保全身发力完成动作。

· 注意避开周围环境中的玻璃及镜子等易碎物品。

**渐进方法：**脚踏平衡垫完成动作。

**动作变换方法：**可采用单膝跪的形式完成此动作。

## 四、肩部动作

### 1. 哑铃前平举

**动作类别：**A 级。

**原动肌：**三角肌前束。

**起始位置：**坐于健身球上，双脚打开与肩宽，脚尖向前，膝关节自然弯曲，身体直立，双手对握闭握哑铃位于身体两侧，肘关节自然伸直，腕关节处于中立位。

**身体稳定：**收腹，挺胸，下颌微收。

**各关节动作：**双臂发力做肩屈动作，向上提拉哑铃，直至肘关节与肩部相平，然后慢慢还原至起始位置。

**结束位置：**手、肘与肩相平行。（图 9–42）

**注意事项：**

· 整个动作过程中，肘关节不要锁定，以免肘关节受伤。

· 练习时保持身体稳定，不要前后晃动，以免腰背部受伤。

**渐进方法：**缩小双脚间距离。

### 2. 哑铃侧平举

**动作类别：**A 级。

**原动肌：**三角肌中束。

**起始位置：**坐于健身球上，双脚打开与肩宽，脚尖向前，膝关节自然弯曲，上身直立，双手对握闭握哑铃位于身体两侧，肘关节自然伸直，腕关节处于中立位。

**身体稳定：**收腹，挺胸，下颌微收。

**各关节动作：**双臂发力做肩外展动作，向上提拉哑铃，直至肘关节与肩部相平，然后慢慢还原至起始位置。

**结束位置：**手、肘与肩相平。（图 9–43）

图 9–42　哑铃前平举

图 9–43　哑铃侧平举

**注意事项：**

· 动作向上时，肘关节不要高于肩关节，以免肩关节受伤。

· 整个动作过程中，肘关节不要锁定，以免肘关节受伤。

· 练习时保持身体稳定，不要前后晃动，以免腰背部受伤。

**渐进方法：**缩小双脚间距离。

**动作变换方法：**

· 可以用带靠背的训练凳代替健身球，以辅助身体获得稳定。

· 可在站姿的情况下完成动作，以提升动作的功能性。

· 站姿情况下还可使用弹力带或拉力器代替哑铃进行练习。

### 3. 哑铃俯身反向飞鸟

**动作类别：**A 级。

**原动肌：**三角肌后束、斜方肌、菱形肌。

**起始位置：**俯卧于健身球上，双脚与肩同宽，脚部可以用器械固定，膝关节自然伸直，身体保持伸直，双手对握闭握哑铃位于身体下方，肘关节自然伸直，腕关节处于中立位。

**身体稳定：**收腹，挺胸，下颌微收。

**各关节动作：**双臂发力做肩水平伸动作，向上提拉哑铃，直至肘关节与后背相平或三角肌后束充分收缩，然后慢慢还原至起始位置。

**结束位置：**肘关节与后背相平。（图 9–44）

**注意事项：**

· 整个动作过程中，肘关节不要锁定，以免肘关节受伤。

· 练习时保持身体稳定，不要前后晃动，以免腰背部受伤 。

· 练习时不要弯腰弓背，以免腰背部受伤。

**渐进方法：**缩小双脚之间的距离。

**动作变换方法：**

· 可以不借助健身球，而在站姿俯身的情况下完成动作，以提升动作的功能性。

· 站姿俯身的情况下还可使用弹力带或拉力器代替哑铃进行练习。

图 9–44　哑铃俯身反向飞鸟

### 4. 哑铃俯身开肘划船

**动作类别：**A 级。

**原动肌：**三角肌后束、斜方肌、菱形肌、肱二头肌。

**起始位置：**俯卧于健身球上，双脚与肩同宽，脚部可以用器械固定，膝关节自然伸直，身体保持伸直，双手正握闭握哑铃位于身体下方，肘关节自然伸直，腕关节处于中立位。

**身体稳定：**收腹，挺胸，下颌微收。

**各关节动作：**双臂发力做肩水平伸及肘关节屈的动作，向上提拉哑铃，直至肘关节与后背相平或三角肌后束充分收缩，然后慢慢还原至起始位置。

**结束位置：**肘关节与后背相平。（图 9–45）

**注意事项：**

· 整个动作过程中，肘关节不要锁定，以免肘关节受伤。

· 练习时保持身体稳定，不要前后晃动，以免腰背部受伤。

· 练习时不要弯腰弓背，以免腰背部受伤。

**渐进方法：**缩小双脚之间的距离。

**动作变换方法：**

· 可以不借助健身球，而在站姿俯身的情况下完成动作，以提升动作的功能性。

· 站姿俯身的情况下还可使用弹力带或拉力器代替哑铃进行练习。

· 站姿俯身的情况下也可用杠铃代替哑铃进行练习。

图 9–45　哑铃俯身开肘划船

### 5. Y–T–A

**动作类别：**A 级。

**原动肌：**肩带肌群、斜方肌、菱形肌。

**起始位置：**俯卧于健身球上，双脚与肩同宽，脚部也可以用器械固定，膝关节自然伸直，身体保持伸直，双手正握闭握哑铃位于身体下方，肘关节自然伸直，腕关节处于中立位。

**身体稳定：**收腹，挺胸，下颌微收。

**各关节动作：**肩带后缩向斜上方举起哑铃，直至手臂与身体呈 Y 形，微停顿后，内收肩关节使手臂与身体呈 T 形，稍停顿后，继续内收肩关节使手臂与身体呈 A 形，然后慢慢还原至动作起始位置。

**结束位置：**手臂位于身体两侧，与身体呈 A 形，肘关节自然伸直。（图 9–46）

**注意事项：**

· 整个动作过程中，肘关节不要锁定，以免肘关节受伤。

· 练习时保持身体稳定，不要前后晃动，以免腰背部受伤 。

· 练习时不要弯腰弓背，以免腰背部受伤。

**渐进方法：**缩小双脚之间的距离。

**动作变换方法：**可以不借助健身球，而在站姿俯身的情况下完成动作，以提升动作的功能性。

图 9–46　Y–T–A

### 6. 哑铃站姿 PNF 提拉

**动作类别：**A 级、B 级。

**原动肌：**三角肌、肩带肌群。

**起始位置：**双脚与肩同宽，膝关节自然伸直，身体直立，单手持哑铃位于对侧髋部高度，肘关节自然伸直，前臂充分内旋，腕关节处于中立位，另一手掐腰。

**身体稳定：**收腹，挺胸，下颌微收。

**各关节动作：**肩部发力将持哑铃侧手臂向对角线方向提拉，同时充分外旋前臂，直至哑铃高举过头。

**结束位置：**持铃手与身体成 135° 夹角，哑铃位于头部斜上方，掌心向前。（图 9–47）

**注意事项：**

· 整个动作过程中，肘关节不要锁定，以免肘关节受伤。

· 练习时保持身体稳定，不要前后晃动，以免腰背部受伤。

**渐进方法：**脚踩平衡垫。

**动作变换方法：**

· 可采用弹力带替换哑铃完成动作。

· 可采用拉力器替换哑铃完成动作。

### 7. 哑铃肩上推举

**动作类别：**A、B 级

**原动肌：**三角肌、肱三头肌。

**起始位置：**坐于训练凳上，双脚与肩同宽，膝关节自然弯曲，上身直立并紧贴训练凳靠背，双手正握闭握哑铃位于肩部高度，腕关节处于中立位，肘关节自然弯曲。

**身体稳定：**收腹，挺胸，下颌微收。

**各关节动作：**双臂发力使肩关节外展、肘关节伸，上举哑铃直至肘关节自然伸直，哑铃高举过头。

**结束位置：**肘关节呈自然伸直状态，哑铃高举过头。（图 9–48）

**注意事项：**

· 上举哑铃时肘关节不要锁定。

· 练习过程中后背紧贴训练凳靠背，尤其应注意腰部。

**渐进方法：**交替举。

**动作变换方法：**

· 可采用弹力带替换哑铃完成动作。

· 可采用坐姿推肩器替换哑铃完成动作，以获取更好的稳定支持。

· 可采用站姿的方式完成该动作，以提升动作的功能性。

图 9–47　哑铃站姿 PNF 提拉

图 9–48　哑铃肩上推举

### 8. 拉力器站姿肩外旋

**动作类别：**A 级。

**原动肌：**小圆肌、冈下肌。

**起始位置：**双脚与肩同宽，膝关节自然伸直，身体直立，单手对握闭握拉力器把手于腹部前侧，腕关节处于中立位，肘关节自然弯曲，拉力器方向与肩外旋方向相反。

**身体稳定：**收腹，挺胸，下颌微收。

**各关节动作：**肩部发力做肩关节外旋动作，直至肩关节外旋至最大幅度。

**结束位置：**肩关外旋至最大幅度，使小圆肌等充分收缩。（图 9–49）

**注意事项：**

· 练习时肩关节保持稳定，确保上臂始终紧贴身体完成动作。

· 如客户无法有效固定肩关节，可让其在腋下夹住毛巾，以此确保肩关节稳定。

**渐进方法：**脚踩平衡软榻进行动作。

**动作变换方法：**可采用弹力带替换拉力器完成动作。

### 9. 拉力器站姿肩内旋

**动作类别：**A 级。

**原动肌：**肩胛下肌、大圆肌。

**起始位置：**双脚与肩同宽，膝关节自然伸直，身体直立，单手对握闭握拉力器把手于身体外侧，腕关节处于中立位，肘关节自然弯曲，拉力器方向与肩内旋方向相反。

**身体稳定：** 收腹，挺胸，下颌微收。

**各关节动作：** 肩部发力做肩关节内旋动作，直至握住拉力器把手的手位于腹部前侧。

**结束位置：** 握器械手位于腹部前侧，肩胛下肌等肌肉充分收缩。（图 9-50）

**注意事项：**

· 练习时肩关节保持稳定，确保上臂始终紧贴身体完成动作。

· 如客户无法有效固定肩关节，可让其在腋下夹住毛巾，以此确保肩关节稳定。

**渐进方法：** 脚踩平衡软榻进行动作。

**动作变换方法：** 可采用弹力带替换拉力器完成动作。

图 9-49 拉力器站姿肩外旋　　图 9-50 拉力器站姿肩内旋

### 10. 弹力带直立划船

**动作类别：** A 级。

**原动肌：** 三角肌、冈上肌、肱肌、肱桡肌、肱二头肌。

**起始位置：** 双脚开立与肩同宽，膝关节自然伸直，身体直立，双手正握闭握弹力带于大腿前侧，肘关节自然伸直，腕关节处于中立位。

**身体稳定：** 收腹，挺胸，下颌微收。

**各关节动作：** 肩部发力做肩外展的同时屈肘向上提拉弹力带，直至肘关节接近与肩相平或略低于肩。

**结束位置：** 肘关节与肩相平或略低于肩。（图 9-51）

**注意事项：**

· 向下时肘关节不要锁定，向上时肘关节不要高于肩。

· 整个动作过程中，手始终贴近身体进行动作。

· 应以肩关节外展带动肘关节屈，而不应单独做肘关节屈的动作。

**渐进方法：** 交替举。

**动作变换方法：** 可采用杠铃或哑铃替换弹力带完成动作。

### 11. 站姿弹力带对角线拉

**动作类别：** A 级。

**原动肌：** 三角肌、斜方肌中下部、菱形肌。

**起始位置：** 双脚与肩同宽，膝关节自然伸直，身体直立，双手正握闭握弹力带于胸前，肘关节自然伸直，腕关节处于中立位，弹力带保持张力。

**身体稳定：** 收腹、挺胸，下颌微收。

**各关节动作：** 两侧手臂同时发力分别向身体的斜上方和斜下方牵拉弹力带，直至两侧手臂的肘关节与后背相平，使肩部及上背部肌肉充分收缩。

**结束位置：** 手、肘与后背相平。（图 9–52）

**注意事项：** 肘关节不要锁定。弹力带张力始终不消失。

**渐进方法：** 单腿支撑重复动作。

图 9–51 弹力带直立划船

图 9–52 弹力带站姿对角线拉

### 12. 弹力带坐姿开肘划船

**动作类别：** A 级。

**原动肌：** 肱二头肌、三角肌后束、斜方肌、菱形肌。

**起始位置：** 双脚打开与肩同宽，膝关节微屈，上身直立，双手正握闭握弹力带于身体前方，肘关节自然伸直，腕关节中立位。

**身体稳定：** 收腹，挺胸，下颌微收。

**各关节动作：** 双臂发力做肩水平伸、屈肘动作，直至三角肌后部及上背部肌肉充分收缩。

**结束位置：** 肘关节与后背相平或略超过后背所在平面。（图 9–53）

**注意事项：** 向前时肘关节不要过伸锁定。整个动作过程中肩关节始终处于外展位，以免与坐姿划船混淆。

**渐进方法：** 单手重复动作。

**动作变换方法：** 可采用坐姿划船器替换弹力带完成动作。

图 9–53 弹力带坐姿开肘划船

### 13. 弹力带肩胛骨后缩

**动作类别：**A 级。

**原动肌：**斜方肌、菱形肌。

**起始位置：**双脚打开与肩同宽，膝关节微屈，上身直立，双手对握闭握弹力带于身体前方，肩胛骨微微前伸，肘关节自然伸直，腕关节处于中立位。

**身体稳定：**收腹，含胸，下颌微收。

**各关节动作：**上背部发力使肩胛骨后缩，直至斜方肌等肌肉充分收缩。

**结束位置：**肩胛骨充分后缩。（图 9-54）

**注意事项：**肘关节不要锁定，不要耸肩。身体保持稳定，不要前后晃动。

**渐进方法：**单手重复动作。

**动作变换方法：**可采用坐姿划船器替换弹力带完成动作。

图 9-54 弹力带肩胛骨后缩

### 14. 弹力带转体直臂上拉

**动作类别：**A 级。

**原动肌：**三角肌、腹内外斜肌。

**起始位置：**双脚开立，与肩同宽，膝关节自然伸直，身体直立，双手握住弹力带于腹部前方，肘关节自然伸直，腕关节处于中立位。

**身体稳定：**收腹，挺胸，下颌微收。

**各关节动作：**髋部及躯干发力向前侧腿方向旋转，同时手臂发力做肩屈动作，向上提拉弹力带，直至躯干旋转至最大幅度，双手高举过头。

**结束位置：**双手高举过头，躯干旋转至最大幅度。（图 9-55）

**注意事项：**

· 肘关节不要过伸锁定，以免肘关节受伤。

· 转体时骨盆及髋关节应伴随脊柱一同旋转，以免腰椎受伤。

**渐进方法：**双脚踏平衡软榻。

**动作变换方法：**可采用实心球替换弹力带完成动作。

### 15. 实心球斜前抛

**动作类别：**C 级。

**原动肌：**三角肌、胸大肌、腹内外斜肌。

**起始位置：**双脚与肩同宽，膝关节微微弯曲，后背挺直，双手对握实心球于左侧髋关节外侧，肘关

节自然伸直，腕关节中立位。

**身体稳定：**收腹，挺胸，下颌微收。

**各关节动作：**全身发力，猛烈伸膝转髋及旋转躯干，同时屈肩，快速将实心球向斜前方抛出。

**结束位置：**手臂不要过高。（图 9–56）

**注意事项：**

· 练习应全身同时发力，让力量由下向上传递，以此获得最快出手速度。

· 脊柱旋转同时应伴随髋及骨盆的旋转，以免扭伤腰部。

· 练习时应注意周围环境中的易碎物品，以免实心球损坏物品。

**渐进方法：**脚踩平衡垫。

图 9–55　弹力带转体直臂上拉

图 9–56　实心球斜前抛

### 16. 实心球后抛

**动作类别：**C 级。

**原动肌：**三角肌、胸大肌、竖脊肌、臀大肌。

**起始位置：**双脚与肩同宽，膝关节微微弯曲，后背挺直，双手对握实心球于两侧膝关节之间，肘关节自然伸直，腕关节中立位。（图 9–57）

图 9–57　实心球后抛

**身体稳定：**收腹，挺胸，下颌微收。

**各关节动作：**全身用力猛烈伸膝、伸髋、伸躯干，同时伴随肩屈，迅速将实心球向身体后方抛出。

**结束位置：**球出手瞬间身体微微腾空，膝关节、髋关节、躯干完全伸直，双手高举过头位于耳朵两侧。

**注意事项：**

· 练习应全身同时发力，让力量由下向上传递，以此获得最快出手速度。

· 练习时不要弯腰弓背，以免腰背部受伤。

· 练习时应注意周围环境中的易碎物品，以免实心球损坏物品。

· 如身体有腾空，注意落地缓冲。

## 五、上臂前侧肌群动作

### 1. 杠铃弯举

**动作类别：** A、B 级。

**原动肌：** 肱二头肌、肱肌、肱桡肌。

**起始位置：** 双脚开立与肩同宽，膝关节自然伸直，身体直立，双手反握闭握杠铃于大腿前侧，肘关节自然伸直，腕关节处于中立位。

**身体稳定：** 收腹，挺胸，下颌微收。

**各关节动作：** 手臂发力做肘关节屈动作，向上提拉哑铃至上臂与前臂夹角略小于 90° ，使肱二头肌充分收缩。

**结束位置：** 上臂与前臂夹角略小于 90° ，肱二头肌充分收缩。（图 9–58）

**注意事项：**

· 向下时肘关节不要过伸锁定，以免肘关节受伤。

· 练习时躯干保持稳定不要前后晃动，以免腰背部受伤。

· 整个动作中肩关节保持稳定不要来回晃动，以免肩关节受伤。

**渐进方法：** 单腿支撑。

**动作变换方法：**

· 可以用哑铃代替杠铃进行该动作练习，以获得更多稳定性挑战。

· 可以用拉力器或弹力带替换杠铃进行该动作练习，以丰富训练手段。

图 9–58　杠铃弯举

### 2. 哑铃锤式弯举

**动作类别：** A 级、B 级。

**原动肌：** 肱二头肌、肱肌、肱桡肌（刺激较多）。

**起始位置：** 坐于训练凳上，训练凳靠背调至与地面成 60° 夹角，双脚与肩同宽，膝关节自然弯曲，身体直立或紧贴靠背，双手对握闭握哑铃于身体两侧，肘关节自然伸直，腕关节处于中立位。

**身体稳定：**收腹，挺胸，下颌微收。

**各关节动作：**手臂发力做肘关节屈动作，向上提拉哑铃至上臂与前臂夹角略小于 90°，使肱桡肌、肱二头肌等充分收缩。

**结束位置：**上臂与前臂夹角略小于 90°，使肱桡肌等肌肉充分收缩。（图 9–59）

**注意事项：**

· 向下时肘关节不要过伸锁定，以免肘关节受伤。

· 练习时躯干不要离开靠背，尤其是腰部，以免导致受伤。

· 整个动作中肩关节保持稳定不要来回晃动，以免肩关节受伤。

**渐进方法：**交替。

**动作变换方法：**

· 可变为站姿进行动作练习，以加强动作的功能性。

· 站姿情况下也可以用拉力器或弹力带替换哑铃进行该动作练习，以丰富训练手段。

### 3. 弹力带反式弯举

**动作类别：**A 级。

**原动肌：**肱二头肌、肱肌（刺激较多）、肱桡肌。

**起始位置：**双脚开立与肩同宽，膝关节自然伸直，身体直立，双手正握闭握弹力带于大腿前侧，肘关节自然伸直，腕关节处于中立位。

**身体稳定：**收腹，挺胸，下颌微收。

**各关节动作：**手臂发力做肘关节屈动作，向上提拉哑铃至上臂与前臂夹角略小于 90°，使肱肌、肱二头肌等充分收缩。

**结束位置：**上臂与前臂夹角略小于 90°，使肱肌等肌肉充分收缩。（图 9–60）

图 9–59　哑铃锤式弯举

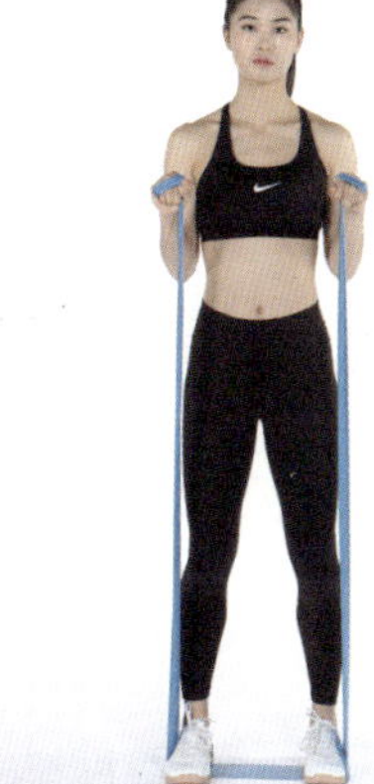

图 9–60　弹力带反式弯举

**注意事项：**

· 向下时肘关节不要过伸锁定，以免肘关节受伤。

· 练习时躯干保持稳定不要前后晃动，以免腰背部受伤。

· 整个动作中肩关节保持稳定不要来回晃动，以免肩关节受伤。

· 整个练习过程中，弹力带张力不消失。

**渐进方法：**交替。

**动作变换方法：**可以用杠铃、哑铃代替弹力带进行该动作练习，以丰富训练手段。

## 六、上臂后侧肌群动作

### 1. 杠铃仰卧臂屈伸

**动作类别：**A级、B级。

**原动肌：**肱三头肌。

**起始位置：**仰卧于训练凳上，双脚开立与肩同宽，膝关节自然弯曲，后背紧贴训练凳，双手正握闭握杠铃于胸部上方，从侧面观手臂与地面相垂直，肘关节自然伸直，腕关节处于中立位，杠铃握距采用窄握距，与肩同宽。

**身体稳定：**收腹，挺胸，下颌微收。

**各关节动作：**双臂缓缓屈肘下放杠铃至肘关节屈90° 或略小于90° ，然后发力伸肘向上，将杠铃还原至起始位置，使肱三头肌充分收缩。

**结束位置：**肘关节屈90° 或略小于90° 。（图9-61）

**注意事项：**

· 杠铃向上时，肘关节不要过伸锁定，以免肘关节受伤。

· 整个动作过程中，肩关节保持稳定，不要来回晃动，以免肩关节受伤。

· 练习过程中肘关节不要向外打开，确保动作始终发生在矢状面。

· 练习过程中，双脚应踩实地面或器械，后背特别是腰部要紧贴训练凳，以防受伤。

**渐进方法：**加大重量。

**动作变换方法：**

· 可以用哑铃代替杠铃进行该动作练习，以获得更多稳定性挑战。

· 如使用哑铃进行练习，还可仰卧在健身球上进行练习，以提升对躯干稳定性的挑战。

图9-61 杠铃仰卧臂屈伸

### 2. 拉力器臂屈伸

**动作类别：**A、B级。

**原动肌：**肱三头肌。

**起始位置：**双脚开立与肩同宽，膝关节微屈，上身保持直立或微微前倾，双手对握闭握拉力器绳索于胸前，肘关节屈90° 或略小于90° ，腕关节处于中立位。

**身体稳定：**收腹，挺胸，下颌微收。

**各关节动作：**双臂发力使肘关节伸，将拉力器绳索下压，直至肘关节自然伸直，肱三头肌充分收缩。

**结束位置：**肘关节自然伸直状态，肱三头肌充分收缩。（图9-62）

**注意事项：**

· 向下时肘关节不要过伸锁定，以免肘关节受伤。

· 练习时肩关节保持稳定，不要前后晃动。

· 整个动作过程中躯干保持稳定，不要前后晃动。

**渐进方法：**脚踩平衡垫或单脚支撑进行练习。

**动作变换方法：**可以用弹力带替代拉力器进行动作练习，以增加训练手段的多样性。

### 3. 弹力带颈后臂屈伸

**动作类别：**A 级。

**原动肌：**肱三头肌。

**起始位置：**双脚开立与肩同宽，膝关节自然伸直，躯干自然直立，双手对握闭握弹力带于身体后侧，一手在上，一手在下，上侧手位于颈部后侧，肘关节屈 90° 或略小于 90° ，腕关节中立位；下侧手位于背部中段，肘关节自然弯曲，腕关节中立位，双手稍用力牵拉弹力带，保持弹力带张力。

**身体稳定：**收腹，挺胸，下颌微收。

**各关节动作：**双手同时发力伸肘，将弹力带向两端牵拉，直至双臂肘关节自然伸直，肱三头肌充分收缩。

**结束位置：**双臂肘关节自然伸直，肱三头肌充分收缩。（图 9-63）

**注意事项：**

· 练习时肘关节不要过伸锁定，以免肘关节受伤。

· 整个练习过程中，肩关节保持稳定，不要来回晃动，以免受伤。

**渐进方法：**站于平衡垫上或单脚支撑重复动作。

**动作变换方法：**

· 可以单只哑铃替代弹力带进行上侧手的单臂练习，以增加训练手段的多样性。

· 肩部柔韧性较好者，可以用脚固定弹力带，采用双手同时位于头部上方的双侧臂屈伸练习，以增加训练手段的多样性。

图 9-62　拉力器臂屈伸

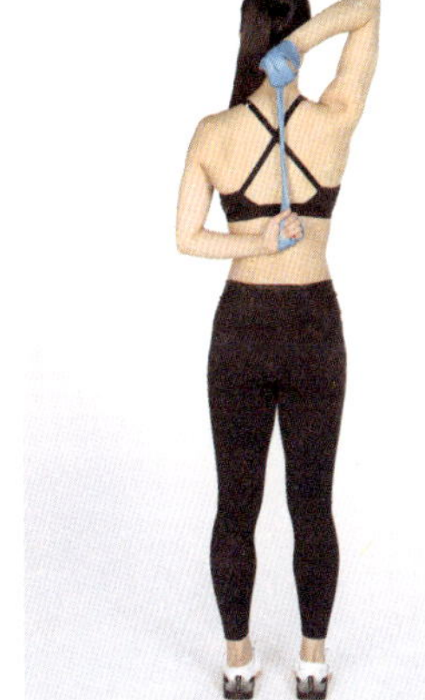

图 9-63　弹力带颈后臂屈伸

### 4. 弹力带跪撑臂屈伸

**动作类别：**A 级。

**原动肌：**肱三头肌。

**起始位置：**跪撑姿势，并将一只手抬离地面呈三点支撑，离地手上臂紧贴身体，单手对握闭握弹力带，肘关节屈 90°，腕关节处于中立位，前臂与地面垂直，保持弹力带张力。

**身体稳定：**收腹，挺胸，下颌微收。

**各关节动作：**握弹力带手发力肘伸，上拉弹力带，直至肘关节自然伸直，肱三头肌充分收缩。

**结束位置：**肘关节自然伸直，肱三头肌充分收缩。（图 9–64）

**注意事项：**

- 向上时肘关节不要锁定，以免肘关节受伤。
- 练习过程中躯干保持稳定，不要产生旋转，以免腰背部受伤。

**渐进方法：**支撑手放于平衡软榻上或膝关节伸直以俯卧撑姿势完成动作。

**动作变换方法：**

- 可以用单只哑铃替代弹力带进行练习，以增加训练手段的多样性。
- 如用哑铃代替弹力带，还可俯卧于健身球上进行动作练习，以提高对躯干稳定性的挑战。
- 也可采用站姿俯身的动作进行练习，以提高动作的功能性。

图 9–64　弹力带跪撑臂屈伸

## 七、下肢动作

### 1. 弹力带髋外展

**动作类别：**A 级。

**原动肌：**臀大肌、臀中肌、臀小肌、梨状肌。

**起始位置：**双脚开立与肩同宽，膝关节不要锁定，支撑腿同侧手对握闭握弹力带，腕关节中立位，弹力带缠绕在摆动腿的足部，并被支撑腿的脚踩住固定，保持弹力带张力，摆动腿侧手掐腰。

**身体稳定：**收腹，挺胸，下颌微收，保持身体直立不要倾斜。

**各关节动作：**摆动腿发力做髋外展，持续拉长两脚间的弹力带，直至最大幅度，使臀部肌肉充分收缩。

**结束位置：**外展髋至最大幅度，使臀部收紧，同时保持躯干直立不倾斜。（图 9–65）

**注意事项：**

- 双腿膝关节不要锁定，以免膝关节受伤。
- 整个动作过程中保持躯干稳定，不要左右晃动。

**渐进方法：**脚踩平衡软榻完成动作。

### 2. 弹力带髋伸展

**动作类别：**A 级。

**原动肌：**臀大肌、臀中肌、臀小肌、梨状肌、腘绳肌。

**起始位置：**双脚开立与肩同宽，膝关节不要锁定，支撑腿同侧手对握闭握弹力带，腕关节中立位，弹力带缠绕在摆动腿的足部，并被支撑腿的脚踩住固定，保持弹力带张力，摆动腿侧手掐腰。

**身体稳定：**收腹，挺胸，下颌微收，保持躯干直立不要倾斜。

**各关节动作：**摆动腿发力做髋伸展，持续拉长两脚间的弹力带，直至最大幅度，使臀部肌肉充分收缩。

**结束位置：**伸髋至最大幅度，使臀部收紧，同时保持身体直立不倾斜。（图 9–66）

**注意事项：**

· 双腿膝关节不要锁定，以免膝关节受伤。

· 整个动作过程中保持躯干稳定，不要前后晃动。

**渐进方法：**脚踩平衡软榻完成动作。

图 9–65　弹力带髋外展

图 9–66　弹力带髋伸展

### 3. 弹力带后蹬腿

**动作类别：**A 级。

**原动肌：**臀大肌、股四头肌、腘绳肌。

**起始位置：**单腿支撑，支撑腿膝关节自然伸直，摆动腿屈膝 90°，俯身向前使身体与地面接近相平，双手对握闭握弹力带于身体正下方，侧面观手臂与地面垂直，腕关节处于中立位，弹力带绕过摆动腿足底并保持张力。

**身体稳定：**收腹，挺胸，下颌微收。

**各关节动作：**摆动腿发力向后伸髋、伸膝，持续拉长弹力带，直至膝关节自然伸直，大腿与地面接近相平。

**结束位置：**摆动腿膝关节自然伸直，大腿与地面平行，臀大肌、股四头肌等肌肉充分收缩。（图 9–67）

图 9–67　弹力带后蹬腿

**注意事项：**

· 双腿膝关节不要锁定，以免膝关节受伤。

· 整个动作过程中保持躯干稳定，不要左右及上下晃动。

**渐进方法：**脚踩平衡软榻完成动作。

### 4. 弹力带髋内收

**动作类别：**A 级。

**原动肌：**髋内收肌群。

**起始位置：**双脚开立与肩同宽，膝关节不要锁定，支撑腿同侧手对握闭握弹力带，腕关节中立位，弹力带缠绕在摆动腿的足部，并被支撑腿的脚踩住固定，保持弹力带张力，摆动腿侧手掐腰。

**身体稳定：**收腹，挺胸，下颌微收，保持身体直立不要倾斜。

**各关节动作：**摆动腿发力做髋内收，持续拉长两脚间的弹力带，直至最大幅度，使髋内收肌群充分收缩。

**结束位置：**摆动腿髋内收至最大幅度，使髋内收肌群充分收缩。（图 9–68）

**注意事项：**

· 双腿膝关节不要锁定，以免膝关节受伤。

· 整个动作过程中保持躯干稳定，不要左右晃动。

**渐进方法：**脚踩平衡软榻完成动作。

### 5. 弹力带前踢腿

**动作类别：**A 级。

**原动肌：**股四头肌、髂腰肌。

**起始位置：**双脚开立与肩同宽，膝关节不要锁定，支撑腿同侧手对握闭握弹力带，腕关节中立位，弹力带缠绕在摆动腿的足部，并被支撑腿的脚踩住固定，保持弹力带张力。摆动腿侧手掐腰。

**身体稳定：**收腹，挺胸，下颌微收，保持身体直立不要倾斜。

**各关节动作：**摆动腿发力向前做髋屈动作，同时保持膝关节伸直，持续拉长两脚间的弹力带，直至最大幅度，使股四头肌及髂腰肌等充分收缩。

**结束位置：**摆动腿屈髋至最大幅度，使股四头肌及髂腰肌充分收缩，同时保持躯干自然直立。（图 9–69）

图 9–68　弹力带髋内收

图 9–69　弹力带前踢腿

**注意事项：**

· 双腿膝关节不要锁定，以免膝关节受伤。

· 整个动作过程中保持躯干稳定，不要左右及前后晃动。

· 该动作练习时还可改为摆动腿向上时屈髋屈膝，向下还原时伸髋伸膝，以此降低动作难度。

**渐进方法：**脚踩平衡软榻完成动作。

### 6. 杠铃深蹲

**动作类别：**A 级、B 级、C 级。

**原动肌：**臀大肌、股四头肌、腘绳肌。

**起始位置：**双脚与肩宽或比肩略宽，脚尖微微外旋，膝关节自然伸直，身体保持自然直立，杠铃跨过三角肌后束，位于斜方肌中束上，双手握住杠铃，采用宽握距，腕关节处于中立位（低杠位深蹲）；杠铃位于三角肌后束上方颈部根部，双手握住杠铃，采用中握距，腕关节中立位（高杠位深蹲）。

**身体稳定：**收腹，挺胸，下颌微收。

**各关节动作：**双腿屈髋、屈膝，重心缓缓向下，当大腿与地面平行，或身体出现弯腰弓背前，双腿发力伸髋、伸膝提升身体重心，直至膝关节自然伸直，身体还原至初始位置。

**结束位置：**大腿与地面平行，或身体出现弯腰弓背前，或脚跟出现抬离地面前。（图 9–70）

图 9–70 杠铃深蹲

**注意事项：**

· 关节不要锁定，不要憋气，不要弯腰弓背。

· 不需刻意强调膝关节不能超过脚尖，尤其是在深蹲的结束位置较深时（臀部低于大腿时），相反可在客户启动下蹲动作时强调其首先从折叠骨盆与髋关节开始，而不是首先以屈膝关节作为下蹲的启动动作，尤其是客户属于股四头肌驱动型的客户（下蹲首先从屈膝开始动作的客户群体）。

· 整个下蹲过程中，膝关节应始终指向脚尖的方向，不能内翻或外翻。

**渐进方法：**增加重量。

**动作变换方法：**

· 可以用哑铃替代杠铃完成此动作，但完成动作时需以双手对握闭握哑铃于两腿中间的方式完成。

· 可以用弹力带替代杠铃作为阻力形式完成动作，以提升训练手段的多样性。

· 可在杠铃两端挂上特制的长铁链，可以实现练习过程中阻力可变的效果。

### 7. 杠铃前蹲

**动作类别：**B 级。

**原动肌：**臀大肌、腘绳肌、股四头肌。

**起始位置：**双脚与肩宽或比肩略宽，脚尖微微外旋，膝关节自然伸直，身体保持自然直立，杠铃位于三角肌前束及锁骨的位置，肘关节弯曲使上臂与地面平行，采用正握闭握的方式，握距采用中握距（手臂平行位）；杠铃位于三角肌前束上，肘关节自然弯曲，双臂交叉于胸前，肘关节抬起，使上臂与地面平行，采用开握的方式握住杠铃，同时用手指固定住杠铃（手臂交叉位）。

**各关节动作：** 双腿屈髋、屈膝，重心缓缓向下，当大腿与地面平行，或身体出现弯腰弓背前，双腿发力伸髋、伸膝提升身体重心，直至膝关节自然伸直，身体还原至初始位置。

**结束位置：** 大腿与地面平行，或身体出现弯腰弓背前，或脚跟出现抬离地面前。（图 9–71）

图 9–71　杠铃前蹲

**注意事项：**

· 关节不要锁定，不要憋气，不要弯腰弓背。

· 不需刻意强调膝关节不能超过脚尖，尤其是在深蹲的结束位置较深时（臀部低于大腿时），相反可在客户启动下蹲动作时强调其首先从折叠骨盆与髋关节开始，而不是首先以屈膝关节作为下蹲的启动动作，尤其是属于股四头肌驱动型的客户（下蹲首先从屈膝开始动作的客户群体）。

· 整个下蹲过程中，膝关节应始终指向脚尖的方向，不能内翻或外翻。

**渐进方法：** 增加重量。

**动作变换方法：** 同杠铃深蹲。

### 8. 杠铃踏步上板

**动作类别：** A、B 级。

**原动肌：** 股四头肌、臀大肌、腘绳肌。

**起始位置：** 双脚分开与肩同宽，膝关节自然伸直，身体直立，杠铃位于颈部根部，三角肌后束上方（高杠位），双手正握闭握杠铃杆，采用中握距，腕关节处于中立位，肘关节自然弯曲。

**身体稳定：** 收腹，挺胸，下颌微收。

**各关节动作：** 身体重心前移，一侧腿屈髋屈膝迈向踏板，一旦前腿踩实踏板中央，前腿迅速伸髋伸膝，重心上移，后腿跟随重心的上移迅速屈髋屈膝向上踏上踏板；当在踏板上完全站稳后，重心后移，一侧腿后撤悬空，同时位于踏板上的腿屈髋屈膝进行减速，直至后撤腿完全踩实地面，重心持续后移，使前腿从踏板上撤回至地面，动作还原至初始位置。

**结束位置：** 同初始位置。（图 9–72）

**注意事项：**

· 关节不要锁定，不要憋气，不要弯腰弓背。

· 上踏板时，前腿膝关节不要超过脚尖，以免受伤。

· 整个过程中，膝关节应始终指向脚尖的方向，不能内翻或外翻。

**渐进方法：**增加重量。

**动作变换方法：**可以用哑铃替代杠铃完成此动作，但完成动作时需以双手对握闭握手提哑铃于身体两侧。

图 9-72　杠铃踏步上板

## 9. 杠铃箭步蹲

**动作类别：**A 级、B 级。

**原动肌：**股四头肌、臀大肌、腘绳肌。

**起始位置：**双脚分开与肩同宽，膝关节自然伸直，身体直立，杠铃位于颈部根部，三角肌后束上方（高杠位），双手正握闭握杠铃杆，采用中握距，腕关节处于中立位，肘关节自然弯曲。

**身体稳定：**收腹，挺胸，下颌微收。

**各关节动作：**身体重心前移，一侧腿屈髋屈膝迈步向前，一旦前腿踩实地面，前腿继续屈髋屈膝至 90° 或大腿与地面平行，后腿伴随重心向下也进行屈膝，当前腿膝关节屈曲 90° 后，前腿发力伸髋伸膝，使重心向上向后移动，后腿与此同时也进行伸膝，直至身体还原至初始位置。

**结束位置：**同初始位置。（图 9-73）

**注意事项：**

· 关节不要锁定，不要憋气，不要弯腰弓背。

· 向前迈步时，前腿膝关节不要超过脚尖，以免受伤。

· 整个过程中，膝关节应始终指向脚尖的方向，不能内翻或外翻。

**渐进方法：**增加重量。

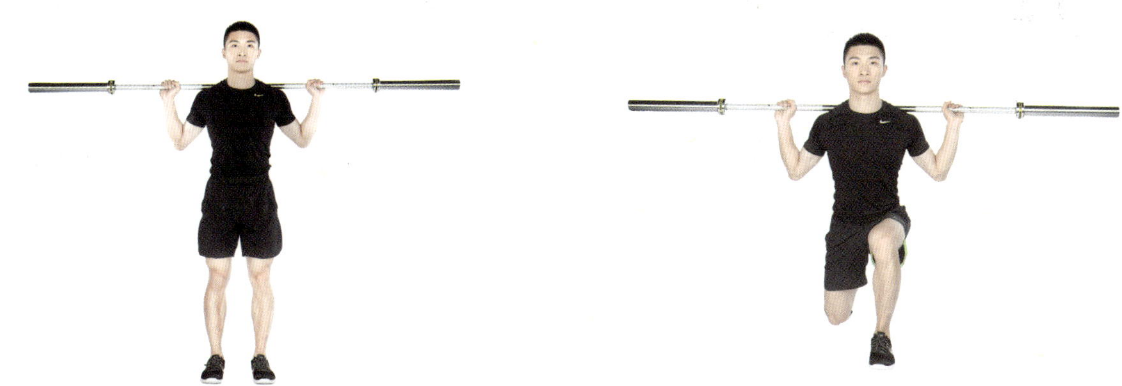

图 9-73　杠铃箭步蹲

### 10. 杠铃屈膝硬拉

**动作类别：**A、B 级。

**原动肌：**腘绳肌、臀大肌、股四头肌、竖脊肌、背阔肌。

**起始位置：**双脚开立与肩同宽，脚尖指向前方，膝关节自然伸直，身体直立，双手正握闭握杠铃于大腿前侧，杠铃紧贴大腿，肘关节自然伸直，腕关节处于中立位。

**身体稳定：**收腹，挺胸，下颌微收。

**各关节动作：**缓缓屈髋、屈膝并俯身向下，当杠铃降至与膝关节同高或略低于膝关节的位置时，紧跟着伸髋、伸膝、身体向上挺直，直至还原至初始位置。

**结束位置：**同初始位置。（图 9–74）

**注意事项：**

· 膝关节不要过伸锁定，以免受伤。

· 整个动作过程中不要弯腰弓背，以免腰背部受伤。

**渐进方法：**加大重量。

**动作变换方法：**可以用哑铃或弹力带替代杠铃完成此动作，以此提升训练手段的多样性。

### 11. 杠铃直膝硬拉

**动作类别：**A、B 级。

**原动肌：**腘绳肌、臀大肌、竖脊肌、背阔肌。

**起始位置：**双脚开立与肩同宽，脚尖指向前方，膝关节自然伸直，身体直立，双手正握闭握杠铃于大腿前侧，杠铃紧贴大腿，肘关节自然伸直，腕关节处于中立位。

**身体稳定：**收腹，挺胸，下颌微收。

**各关节动作：**缓缓俯身向下，当杠铃降至与膝关节同高或略低于膝关节的位置时，紧跟着做骨盆后倾，同时身体向上挺直，直至还原至初始位置。

**结束位置：**同初始位置。（图 9–75）

图 9–74　杠铃屈膝硬拉

图 9–75　杠铃直膝硬拉

**注意事项：**

· 整个过程中膝关节都处于自然伸直的状态，可以略带生理弯曲，但不能伴随动作的上下有明显的屈膝、伸膝动作，以便和屈膝硬拉有所区分。膝关节不要过伸锁定，以免受伤。

· 整个动作过程中不要弯腰弓背，以免腰背部受伤。

**渐进方法：**加大重量。

**动作变换方法：**可以用哑铃或弹力带替代杠铃完成此动作，以此提升训练手段的多样性。

### 12. 蹲起跳

**动作类别：**C 级。

**原动肌：**股四头肌、臀大肌、腘绳肌。

**起始位置：**双脚开立与肩同宽，脚尖指向前方，膝关节自然伸直，身体直立，双手位于身体两侧。

**身体稳定：**收腹，挺胸，下颌微收。

**各关节动作：**屈髋、屈膝微微下蹲，然后快速伸髋、伸膝用力向上跳起，同时手臂快速向上摆动带动身体向上，腾空过程中，手臂顺势高举过头，身体充分伸展，落地时从脚前掌接触地面的一瞬间，同时快速屈髋、屈膝进行缓冲，双手顺势下放于身体两侧，缓冲完毕后重复向上跳起。

**结束位置：**同动作起始位置。（图 9–76）

**注意事项：**做好落地缓冲，不要憋气。

**渐进方法：**加快动作速度 。

### 13. 收腹跳

**动作类别：**C 级。

**原动肌：**股四头肌、臀大肌、腘绳肌。

**起始位置：**双脚开立与肩同宽，脚尖指向前方，膝关节自然伸直，身体直立，双手位于身体两侧。

**身体稳定：**收腹，挺胸，下颌微收。

**各关节动作：**屈髋、屈膝微微下蹲，然后快速伸髋、伸膝用力向上跳起，同时手臂快速向前摆动，带动身体向上，身体腾空的同时屈髋屈膝，将膝关节收向腹部，落地时从脚前掌接触地面的一瞬间，同时快速屈髋、屈膝进行缓冲，双手顺势下放于身体两侧，缓冲完毕后重复向上跳起。

**结束位置：**同动作起始位置。（图 9–77）

**注意事项：**做好落地缓冲，不要憋气。

**渐进方法：**加快动作速度。

图 9–76　蹲起跳

图 9–77　收腹跳

### 14. 屈腿跳

**动作类别：**C 级。

**原动肌：**股四头肌、臀大肌、腘绳肌。

**起始位置：**双脚开立与肩同宽，脚尖指向前方，膝关节自然伸直，身体直立，双手位于身体两侧。

**身体稳定：**收腹，挺胸，下颌微收。

**各关节动作**：屈髋、屈膝微微下蹲，然后快速伸髋、伸膝用力向上跳起，同时手臂快速向前摆动，带动身体向上，身体腾空的同时屈膝，使脚后跟向臀部方向运动，落地时从脚前掌接触地面的一瞬间，同时快速屈髋、屈膝进行缓冲，双手顺势下放于身体两侧，缓冲完毕后重复向上跳起。

**结束位置**：同动作起始位置。（图 9–78）

**注意事项**：做好落地缓冲，不要憋气。

**渐进方法**：加快动作速度。

图 9–78　屈腿跳

### 15. 弓箭步交替跳

**动作类别**：C 级。

**原动肌**：股四头肌、臀大肌、腘绳肌。

**起始位置**：双腿前后开立，膝关节自然伸直，身体直立，双手置于身体两侧自然摆动或双手掐腰。

**身体稳定**：收腹，挺胸，下颌微收。

**各关节动作**：前腿屈髋屈膝，后腿屈膝，下蹲至弓箭步状态，前腿膝关节屈 90°，大腿接近与地面相平，然后前腿快速用力伸髋、伸膝，后腿伴随前腿一同伸膝，快速向上跃起，在空中进行双腿交替后落地，落地时，当双脚与地面接触的一瞬间，交换后的前腿迅速屈髋、屈膝，后腿快速屈膝，进行落地缓冲，直至还原至弓箭步状态，缓冲完毕快速重新跳起进行双腿交替。

**结束位置**：同动作起始位置。（图 9–79）

图 9–79　弓箭步交替跳

**注意事项**：做好落地缓冲，不要憋气。

**渐进方法**：加快动作速度。

# 第四节　抗阻训练保护技巧

**导读：**客户在力量训练的过程中，教练除了需要讲授动作要领之外，还要进行保护，特别是在使用杠铃时，以免受伤，保证训练的安全。

## 一、需要保护的情况

头上练习（如肩上推举）、面部上方练习（如卧推）、杠铃置于颈背部或肩上（如杠铃深蹲）、杠铃置于肩部或锁骨上（如杠铃前蹲），这些动作是需要特别保护的。

## 二、各种情况下的保护方法

**头上或面部上方的练习：**保护者的高度必须高于练习者。

**杠铃练习：**保护者应采用正反握杠铃，保护者应尽量靠近练习者，保护时背部要挺直，脚步要保持稳定，在空间足够的情况下可采用前后开立。

**哑铃练习：**保护者双手应靠近练习者的腕部接近哑铃的位置，练习者双手持一个哑铃或单手持哑铃练习时，保护者还应在哑铃处于最低点时给予保护。

**杠铃位于肩部前后的保护：**保护者必须确保具有能够控制杠铃重量的能力，且身高应比练习者高，最好在有固定杠铃支架的练习器中练习，可将杠铃保护垫调整至比最低活动范围略低的位置。

## 三、其他保护注意事项

- 保护者应与练习者充分及迅速交流，以确保练习者了解保护者的保护意图。
- 一人无法进行保护时，应考虑采用两人甚至是多人保护的方式。
- 爆发力练习时通常不需要人保护，以免保护者受伤。
- 上举时应考虑屋顶的高度。
- 进行杠铃练习时确保杠铃两端夹住杠铃夹，同时确保夹子的牢固性。
- 爆发力训练时确保杠铃片固定牢固，不要出现杠铃片转动的情况。
- 在固定器械上进行训练时要将插销完全插入器械插孔。

## 四、保护动作举例

### 1. 卧推动作的保护

**保护者身体位置：**保护者尽量靠近练习者，双脚比肩略宽（也可前后开立），膝关节微屈，挺胸收腹下颌微收，身体微微前倾，双手正反握杠铃，采用窄握距，将杠铃递送至练习者手中。

**保护方法：**保护过程中双手稍稍松开杠铃，但应保持随时能够握住杠铃，在杠铃上下移动的过程中，应跟随杠铃一起蹲起，不要出现弯腰弓背的情况。（图 9-80）

图 9–80 卧推动作的保护

### 2. 深蹲动作的保护

**保护者身体位置：**保护者位于杠铃两侧，双脚比肩略宽，膝关节微屈，挺胸收腹下颌微收，双手环抱住杠铃杆两端，协助练习者将杠铃扛起。

**保护方法：**保护过程中双手稍稍松开杠铃，但应保持随时能够握住杠铃，在杠铃上下移动的过程中，应跟随杠铃一起蹲起，不要出现弯腰弓背的情况。（图 9–81）

图 9–81 深蹲动作的保护

### 3. 弓箭步的保护

**保护者身体位置：**保护者位于练习者身后尽量靠近练习者，双脚比肩略宽，膝关节微屈，挺胸收腹下颌微收，双手正反握杠铃，采用窄握距，协助练习者将杠铃扛起。

**保护方法：**保护过程中双手稍稍松开杠铃，但应保持随时能够握住杠铃，在杠铃上下移动的过程中，应跟随杠铃一起蹲起，不要出现弯腰弓背的情况。（图 9–82）

### 4. 哑铃胸部练习的保护

**保护者身体位置：**保护者逐个将哑铃递给练习者，保护者尽量靠近练习者，双脚比肩略宽，膝关节微屈，挺胸收腹下颌微收，身体微微前倾，双手握住练习者手腕。

**保护方法:** 保护过程中双手稍稍松开，但应保持随时能够握住练习者手腕，在哑铃上下移动的过程中，应跟随哑铃一起蹲起，不要出现弯腰弓背的情况。（图 9–83）

图 9–82 弓箭步的保护

图 9–83 哑铃胸部练习的保护

## 总 结

本章分别讲述了抗阻训练器械及其特性、抗阻训练设计步骤、身体各部位抗阻训练方法及抗阻训练保护技巧四部分内容。其中需要重点掌握的内容包括常见抗阻训练器械的优点、缺点及适合人群，抗阻训练动作的六大设计步骤，抗阻训练保护方法以及身体各部位抗阻训练动作的具体操作方法及适用人群等，这些内容是健身教练科学实施抗阻训练的根本保证。

# 第十章　平衡训练

## 第一节　平衡控制机制

**导读**：了解平衡控制机制是理解并掌握平衡训练原则的前提，教练需要重点掌握的知识包括与平衡控制有关的三类感觉（视觉、位觉、本体感觉）及实现平衡控制的前馈与反馈机制。

### 一、感觉传入

平衡的控制离不开感觉信息的传入，主要包括视觉、位觉和本体感觉。

**视觉**：视觉提供维持平衡所需的相关信息包括：①头部在周围环境中的位置状态；②头部维持水平视线所需的状态；③头部的运动速度及方向等。

**位觉**：主要提供人体在做线性加速及旋转加速动作时的状态信息，以及头部相对于重力的位置信息，这些感觉是由位于人体内耳的前庭器官形成的。

**本体感觉**：主要由位于皮肤、关节及骨骼肌上的本体感受器产生，提供人体的位置和动作信息，以及人体的各部分相互之间及相对于支撑面的状态信息。本体感觉是维持人体平衡的重要感觉，相对于视觉及位觉，本体感觉对身体快速对外界环境的变化进行响应具有更重要的作用，因为中枢神经系统处理此类感觉所需的时间更短。

### 二、感觉整合

中枢神经系统选择及综合正确感觉信息（视觉、位觉、本体感觉）的过程称为感觉整合。其主要与小脑的功能有关。脑部结构的损伤会严重损害人体的平衡能力。

### 三、形成动作指令

中枢神经系统将动作指令传递给骨骼肌，调整肌肉张力和收缩，保持身体平衡。（图 10–1）

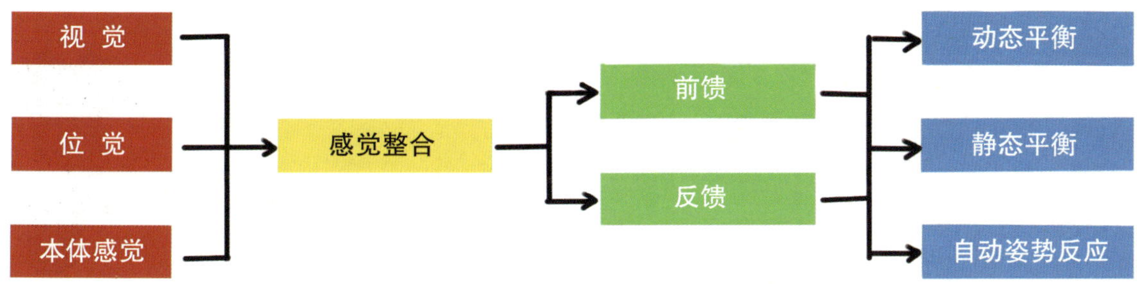


图 10-1　平衡控制机制

**前馈（开环控制）：**需要姿势稳定肌（深层肌肉，例如腹横机、多裂肌等）在动作实际发生前预先激活，前馈机制的存在有助于为那些发生的太快而无法依赖于反馈机制的动作提供稳定（例如腿后侧肌群及背伸肌群会在人拉动一个把手前预先被激活）。

**反馈（闭环控制）：**利用感觉反馈来实现对精确动作的稳定控制（例如坐在健身球上维持平衡）。

### 四、维持平衡的意义

- 正常的平衡能力可以维持人体的姿势，为随意运动提供基础。
- 良好的平衡能力可以预防老年人摔倒。
- 良好的平衡能力可以降低女性前交叉韧带损伤的风险。
- 良好的平衡能力能够提升与平衡素质有关的运动项目的运动表现。

## 第二节　平衡性的测试方法

**导读：**掌握常见平衡测试的方法是为客户设定平衡训练目标的前提，同时也为评价平衡训练效果提供必要依据。

### 一、平衡测试概述

平衡测试的方法很多，考虑到执行的难易程度及适用人群的广泛性，此处主要介绍两种平衡测试方法，分别是偏向于测试静态平衡控制能力的闭眼单足站立和偏向于测试动态平衡控制及神经肌肉控制有效性的单腿星型平衡偏移测试，以下将对两类测试的具体操作方法展开详细介绍。

### 二、闭眼单足站立测试

**测试前准备：**准备秒表一块，并将整个测试过程及要求介绍给客户。

**测试操作方法：**

- 使客户维持自然站立的情况下闭上双眼。
- 告知客户听到“开始”口令后，任意抬起一只脚。
- 测试人员发出“开始”口令，同时开表计时。

· 当客户支撑脚移动或抬起脚着地时，测试结束。（图 10–2）
· 重复进行测试，取两次测试中最好的成绩。
· 成绩以秒（s）为单位记录，保留小数点后一位，小数点后第二位按"非零进一"原则进位，如 10.11s 记录为 10.2s。
· 整个测试中，需注意对客户的安全保护，以免受伤。

**测试结果评价标准：**见表 10–1。

图 10–2　单脚站立测试

表 10–1　单脚站立测试结果评价标准

| 年龄段 | 性别 | 1 分 | 2 分 | 3 分 | 4 分 | 5 分 |
|---|---|---|---|---|---|---|
| 20~24 岁 | 男 | 3~5s | 6~17s | 18~41s | 42~98s | ＞98s |
| | 女 | 3~5s | 6~15s | 16~36s | 37~90s | ＞90s |
| 25~29 岁 | 男 | 3~4s | 5~14s | 15~35s | 36~85s | ＞85s |
| | 女 | 3~5s | 6~14s | 15~32s | 33~84s | ＞84s |
| 30~34 岁 | 男 | 3~4s | 5~12s | 13~29s | 30~74s | ＞74s |
| | 女 | 3~4s | 5~12s | 13~28s | 29~72s | ＞72s |
| 35~39 岁 | 男 | 3s | 4~11s | 12~27s | 28~69s | ＞69s |
| | 女 | 3s | 4~9s | 10~23s | 24~62s | ＞62s |
| 40~44 岁 | 男 | 3s | 4~9s | 10~21s | 22~54s | ＞54s |
| | 女 | 3s | 4~7s | 8~18s | 19~45s | ＞45s |
| 45~49 岁 | 男 | 3s | 4~8s | 9~19s | 20~48s | ＞48s |
| | 女 | 2s | 3~6s | 7~15s | 16~39s | ＞39s |
| 50~54 岁 | 男 | 3~4s | 5~7s | 8~16s | 17~39s | ＞39s |
| | 女 | 2s | 3~5s | 6~13s | 14~33s | ＞33s |
| 55~59 岁 | 男 | 2s | 3~6s | 7~13s | 14~33s | ＞33s |
| | 女 | 2s | 3~5s | 6~10s | 11~26s | ＞26s |

## 三、星型平衡偏移测试

**测试前准备：**准备 4 根 120cm 长的胶带，并贴成图 10–3 所示的形状，每根胶带间的角度为 45°，同时将整个测试过程及要求介绍给客户。

**测试操作方法：**

· 客户单足站立在图案中央。
· 客户在保持平衡的情况下用摆动腿的脚尖依次轻触每条线。
· 测试者则需标记出每条线上被触碰的点。
· 客户每条腿各重复 3 次，但如果出现摆动腿重触线条或者失去平衡的情况，则该次尝试无效。
· 所有测试结束后记录每条线上每次触碰的距离（从中心点到触碰点间的长度），成绩精确到小数点后 0.5，例如 19.8cm，则记录为 19.5cm。

· 每条线上的 3 次成绩取平均值，然后套用如下公式换算相对值——距离平均值 ÷ 腿长 ×100%。其中腿长为髂前上棘到内踝的距离。

· 每条腿触碰的每条线的成绩均需计算，最后每个人将得到 16 个成绩。

**测试结果评价标准：**见表 10–2。

**图 10–3 星型平衡偏移测试**

表 10–2 星型平衡偏移测试结果评价标准 （%）

| 研究 | LANNING | | GRIBBLE | |
|---|---|---|---|---|
| 人群 | 高校运动员 | | 业余受训者 | |
| 性别 | 男 | 女 | 男 | 女 |
| 前 | | | 79.2 ± 7.0 | 76.9 ± 6.2 |
| 后 | | | 93.9 ± 10.5 | 85.3 ± 12.9 |
| 内侧 | | | 97.7 ± 9.5 | 90.7 ± 10.7 |
| 外侧 | | | 80.0 ± 17.5 | 79.8 ± 13.7 |
| 前外侧 | | | 73.8 ± 7.7 | 74.7 ± 7.0 |
| 前内侧 | 103 ± 3 | 102 ± 6 | 85.2 ± 7.5 | 83.1 ± 7.3 |
| 后外侧 | | | 90.4 ± 13.5 | 85.5 ± 13.2 |
| 后内侧 | 112 ± 4 | 111 ± 5 | 95.6 ± 8.3 | 89.1 ± 11.5 |

注：数据来自 Lanning et al.2006 和 Gribble 及 Hertel 2003，表达为腿长百分比。

# 第三节　平衡训练的训练方法与原则

**导读：**掌握平衡训练的训练方法与原则是正确有效地实施平衡训练及对平衡训练进行科学变化的前提，教练需要掌握的此类知识包括平衡训练的分类及平衡训练不同阶段的训练原则及方法。

## 一、平衡训练分类

根据对不同种类平衡控制促进作用的差异，可将平衡训练分为静态平衡、半动态平衡及动态平衡训练三类。

**静态平衡训练：**主要提高静态平衡控制能力，在稳定的平面（例如地面）及固定的支撑基础（双脚或单脚固定不动）上保持身体重心的稳定，如单脚站立维持身体平衡。

**半动态平衡训练：**主要作为由静态平衡控制向动态平衡控制的过渡型训练，半动态平衡训练可分为两种情况：

- 支撑基础（双脚或单脚）固定，但其所在的平面移动或不稳定（例如平衡软榻），在此种情况下维持身体的稳定。例如双脚站在平衡垫上。
- 在支撑基础固定及其所在的平面也保持稳定的情况下，将身体的重心向各个方向或角度移动至平衡极限，在此种情况下维持身体的稳定，如单脚站立深蹲。

**动态平衡训练：**主要提升动态平衡控制能力，主要方法为让支撑基础在稳定的平面上移动，同时保持身体的稳定。例如跨上踏板并变成单脚支撑。

## 二、平衡训练的阶段划分

根据循序渐进的训练原则可将平衡训练划分为三个训练阶段，分别静态平衡训练阶段、半动态平衡训练阶段、动态平衡训练阶段。

1. 静态平衡训练阶段

**训练目的：**提高静态平衡控制并为半动态平衡训练奠定基础。

**训练方法：**静态平衡训练为主，在稳定的平面上同时保持支撑基础固定，通过缩小支撑基础（缩小两脚之间的距离）及增加自身的干扰（非支撑腿肢体动作）来提升静态平衡控制。

**渐进方法：**静态平衡训练的渐进方法可按以下顺序进行渐进。缩小支撑面（双脚、弓箭步、单脚支撑），增加自身干扰（手臂摆动及躯干的旋转等），干扰前庭机能（头部转动或摆动），干扰视觉（视线的移动、闭眼等），增加未知的外力作用（轻推、轻拉练习者），改变平面的稳定性（平衡软榻等）来逐渐过渡到半动态平衡训练。

2. 半动态平衡训练阶段

**训练目的：**为训练由静态平衡向动态平衡提供良好的过渡。

**训练方法：**在支撑基础固定及其所在的平面也保持稳定的情况下，将身体的重心向各个方向或角度移动至平衡极限，在此种情况下维持身体的稳定，此阶段支撑腿将有较大的活动幅度，以增加重心位置的变化。

**渐进方法：** 增大重心的移动幅度（增大支撑腿的活动幅度）、增加自身干扰、增加未知外力作用、改变平面的稳定性。

3. 动态平衡训练阶段

**训练目的：** 提升动态平衡控制能力。

**训练方法：** 在稳定平面上，支撑基础移动，并且保持身体稳定，此阶段可采用较多的跳跃性动作进行训练，落地时可采用同侧脚落地也可采用对侧脚落地，重点是落地阶段的稳定能力及身体在失衡状态下的控制能力。

**渐进方法：** 增大重心的移动幅度（前后、上下、左右方向的移动），增加自身干扰（移动过程中配合身体其他肢体动作），增加未知外力作用，改变平面的稳定性（蹦床或震动器等）。

# 第四节　平衡训练动作介绍

导读：掌握以下训练动作的具体操作方法、安全注意事项，以及明确动作的适用对象，是教练正确实施平衡训练的前提。

## 一、训练动作说明

### （一）动作类别

A 类：静态或半动态平衡训练动作构成，动作为低冲击动作，适合肌力及肌肉耐力差的客户。

B 类：半动态和缓和的动态平衡训练动作构成，适合肌肉耐力较好，同时具备一定肌力的客户。

C 类：动态平衡训练动作构成，动作为高冲击动作，适合肌肉耐力及肌肉力量均达到较高水平的客户。

### （二）动作呼吸方式

**动力性动作：** 原动肌做向心收缩时呼气，原动肌做离心收缩时吸气。

**静力性动作：** 保持均匀呼吸。

**所有动作都不要憋气。**

### （三）动作速度

- 维持 5~20s，适合 A 类动作中的静力性动作。
- 动作末端停留 2s，适合 A 类动作中的动力性动作。
- 动作末端停留 2s，适合 B 类动作。
- 动作末端停留 2~4s，适合 C 类动作。

## 二、静态平衡训练阶段

属于 A 类训练动作。在稳定的平面上同时保持支撑基础固定，通过缩小支撑基础（缩小两脚之间的范围）及增加自身的干扰（非支撑腿肢体动作）来提升静态平衡控制。

1. 单脚站

**起始位置：** 双腿稍微开立，膝关节自然伸直，身体保持自然直立，双手掐腰。

**身体稳定：**收腹，挺胸，下颌微收。

**各关节动作：**右腿稍稍屈髋屈膝并离开地面。

**结束位置：**左腿呈单脚支撑状态，维持 5~20s，换腿进行动作。（图 10–4）

**注意事项：**支撑腿膝关节不要锁定。

**渐进方法：**转动头部，闭眼或教练从侧面轻轻推拉。

### 2. 单脚站髋屈伸

**起始位置：**双腿开立与肩同宽，膝关节微屈，身体保持自然直立，双手掐腰。

**身体稳定：**收腹，挺胸，下颌微收。

**各关节动作：**右腿屈髋屈膝 90°，停留 2s，慢慢伸髋伸膝至最大幅度，停留 2s，重复动作 10~20 次。

**结束位置：**同起始位置，换腿重复动作。（图 10–5）

**注意事项：**支撑腿膝关节不要锁定。

**渐进方法：**转动头部，闭眼或教练从侧面轻轻推拉。

图 10–4　单脚站

图 10–5　单脚站髋屈伸

### 3. 单脚站触及各方向

**起始位置：**双腿并拢，膝关节自然伸直，身体保持自然直立，双手掐腰。

**身体稳定：**收腹，挺胸，下颌微收。

**各关节动作：**右腿微微屈髋屈膝，呈单腿支撑状态，左脚缓缓向前伸出到最远端维持 2s，还原左脚至体侧，左脚向左前方伸出至最远端维持 2s，还原左脚至体侧，左脚向体侧伸出到最远端维持 2s，还原左脚至体侧，以支撑腿髋关节为轴向后旋转身体，使左脚向身体左后伸至最远端维持 2s，还原左脚至体侧，左脚向身体正后方伸至最远端维持 2s，还原左脚至体侧，重复 10~20 次。

**结束位置：**同起始位置，换腿重复动作。（图 10–6）

**注意事项：**支撑腿膝关节不要锁定。

**渐进方法：**转动头部，闭眼或教练从侧面轻轻推拉。

图 10–6 单脚站触及各方向

### 4. 单腿对角线运动 / 下砍和上举

**起始位置：**双腿开立与肩同宽，膝关节微屈，身体保持自然直立，双手持实心球于髋部右侧。

**身体稳定：**收腹，挺胸，下颌微收。

**各关节动作：**右腿微微屈髋屈膝，双手将实心球向身体左上方提拉，同时以右髋关节为轴向左旋转髋及躯干，同时左腿屈髋屈膝至大腿与地面相平，直至实心球高举过头停留 2s，慢慢向右下方下放实心球至右膝关节外侧，同时还原左腿至起始位置（脚不要触地），停留 2s，重复动作 10~20 次。

**结束位置：**同起始位置，换腿重复动作。（图 10–7）

**注意事项：**支撑腿膝关节不要锁定。

**渐进方法：**转动头部，闭眼或教练从侧面轻轻推拉。

图 10–7 单腿对角线运动 / 下砍和上举

## 三、半动态平衡训练阶段

属于 B 类训练动作。在支撑基础固定及其所在的平面也保持稳定的情况下，将身体的重心向各个方向或角度移动至平衡极限，在此种情况下维持身体的稳定，此阶段支撑腿将有较大的活动幅度，以增加重心位置的变化。

### 1. 单腿下蹲

**训练方法：**半动态平衡训练。

**起始位置：**双腿开立与肩同宽，膝关节微屈，身体保持自然直立，双手置于耳后。

**身体稳定：**收腹，挺胸，下颌微收。

**各关节动作：**左腿微微屈髋屈膝抬起，成单脚支撑状态，支撑腿（右腿）缓缓屈髋屈膝至接近 90°，停留 2s，然后缓缓伸髋伸膝至自然伸直状态，重复动作 10~20 次。

**结束位置：**同起始位置，换腿重复动作。（图 10–8）

**注意事项：**支撑腿膝关节不要锁定，下蹲时不要超过脚尖。

**渐进方法：**下蹲时旋转躯干，教练从侧面轻轻推拉，站在平衡软榻上完成动作。

图 10–8　单腿下蹲

### 2. 单腿下蹲触地

**训练方法：**半动态平衡训练。

**起始位置：**双腿开立与肩同宽，膝关节微屈，身体保持自然直立，双手置于身体两侧。

**身体稳定：**收腹，挺胸，下颌微收。

**各关节动作：**左腿微微屈髋屈膝抬起，成单脚支撑状态，支撑腿（右腿）缓缓屈膝至接近 90°，屈髋俯身向前，用左手摸右脚尖，停留 2s，然后缓缓伸髋伸膝至自然伸直状态，重复动作 10~20 次。

**结束位置：**同起始位置，换腿重复动作。（图 10–9）

**注意事项：**支撑腿膝关节不要锁定，下蹲时不要超过脚尖。

**渐进方法：**下蹲时旋转躯干，教练从侧面轻轻推拉，站在平衡软榻上完成动作。

### 3. 单腿罗马尼亚硬拉

**训练方法：**半动态平衡训练。

**起始位置：**双腿开立与肩同宽，膝关节微屈，身体保持自然直立，双手掐腰。

**身体稳定：**收腹，挺胸，下颌微收。

**各关节动作：**左腿微微屈髋屈膝抬起，成单脚支撑状态，屈髋，同时俯身向前，用左手摸右脚尖，停留 2s，然后缓缓还原至直立姿势，重复动作 10~20 次。

**结束位置：**同起始位置，换腿重复动作。（图 10–10）

**注意事项：**支撑腿膝关节不要锁定。

**渐进方法：**教练从侧面轻轻推拉，站在平衡软榻上完成动作。

图 10–9　单腿下蹲触地

图 10–10　单腿罗马尼亚硬拉

### 4. 弓箭步平衡

**训练方法：**动态平衡训练。

**起始位置：**双腿开立，膝关节自然伸直，身体保持自然直立，双手掐腰。

**身体稳定：**收腹，挺胸，下颌微收。

**各关节动作：**左腿向前迈出，屈髋屈膝 90°，呈弓箭步状态，右腿屈膝 90°，右脚脚后跟抬起，重心前移，左腿伸髋伸膝呈自然伸直状态，右腿屈髋屈膝 90°，身体呈左腿单腿支撑状态。交替进行动作 10~20 次。

**结束位置：**同起始位置。（图 10–11）

**注意事项：**弓箭步时，前腿膝关节不要超过脚尖，膝关节与脚尖统一指向前方；单腿支撑时，支撑腿膝关节不要锁定。

**渐进方法：**教练从侧面轻轻推拉，单腿支撑时加转体动作，向侧面进行弓箭步及转身进行弓箭步。

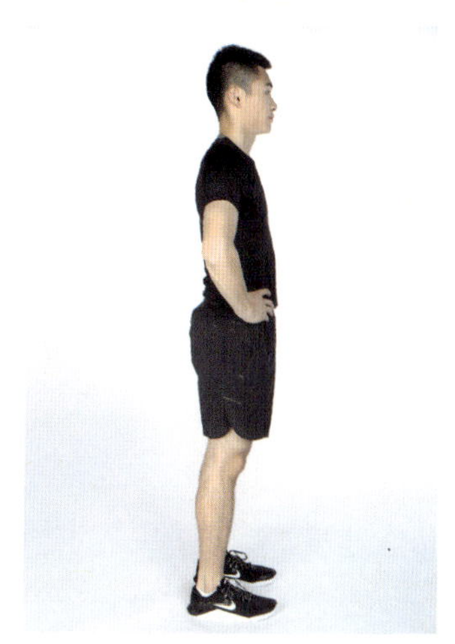

图 10–11　弓箭步平衡

### 5. 踏板平衡训练

**训练方法：**动态平衡训练。

**起始位置：**双腿开立与肩同宽，膝关节微屈，身体保持自然直立，双手掐腰。

**身体稳定：**收腹，挺胸，下颌微收。

**各关节动作：**左腿屈髋屈膝迈上踏板（板高 10~30cm），左腿伸髋伸膝整个身体重心上移至踏板上方，呈左腿单腿支撑状态，右腿屈髋屈膝 90°，右脚下放回地面，整个身体回到起始位置，交替进行动作 10~20 次。

**结束位置：**同起始位置。（图 10–12）

**注意事项：**上踏板腿膝关节不要超过脚尖，膝关节与脚尖统一指向前方，单腿支撑时，支撑腿膝关节不要锁定。

**渐进方法：**教练从侧面轻轻推拉，单腿支撑时加转体动作。

图 10–12　踏板平衡训练

## 四、动态平衡训练阶段

属于 C 类平衡训练。在稳定平面上，支撑基础移动，并且保持身体稳定，此阶段可采用较多的跳跃性动作进行训练，落地时可采用同侧脚落地也可采用对侧脚落地，重点强化落地阶段的稳定能力及身体在失衡状态下的控制能力。

### 1. 多方向稳定单脚跳

**起始位置：**双腿开立与肩同宽，膝关节微屈，身体保持自然直立，双手掐腰。

**身体稳定：**收腹，挺胸，下颌微收。

**各关节动作：**右腿微微屈髋屈膝，左脚呈单脚支撑状态，左腿微微屈髋屈膝，然后向前跳出，以右脚落地并保持稳定 2~4s，右腿屈髋屈膝向后跳回，以左脚落地维持稳定 2~4s，双腿交替进行动作 8~12 次。同样的动作方式可以向侧方或转体向后方跳出。

**结束位置：**同起始位置。（图 10–13）

**注意事项：**落地时注意缓冲。

**渐进方法：**增加手臂的摆动或教练在侧面施加轻轻推拉的力量，加快动作速度。

矢状面　　冠状面　　水平面

图 10-13　多方向稳定单腿跳

### 2. 单腿稳定跳上踏板

**起始位置：**双腿开立与肩同宽，膝关节微屈，身体保持自然直立，双手掐腰。

**身体稳定：**收腹，挺胸，下颌微收。

**各关节动作：**双腿微屈髋屈膝，左脚呈单脚支撑状态，然后向前跳上踏板（板高 10~30cm），右脚落地后保持稳定 2~4s，向后迈下踏板，左脚先着地，右脚紧跟着着地，双腿交替进行动作 8~12 次。

**结束位置：**同起始位置。（图 10-14）

**注意事项：**跳上踏板时注意缓冲，下踏板时为迈下而不是跳下。

**渐进方法：**同样的动作方式可以向侧方或转体向后方跳出，增加手臂的摆动或教练在侧面施加轻轻推拉的力量，加快动作速度。

### 3. 单腿稳定跳下踏板

**起始位置:** 双腿开立与肩同宽站于踏板上(板高 10~30cm),膝关节微屈,身体保持自然直立,双手掐腰。

**身体稳定：**收腹，挺胸，下颌微收。

**各关节动作：**双腿微屈髋屈膝，右脚呈单脚支撑状态，然后向前跳下踏板（板高 10~30cm），左脚落地后保持稳定 2~4s，迈回踏板，双脚交替进行动作 8~12 次。

**结束位置：**同起始位置。（图 10–15）

**注意事项：**跳下踏板时注意缓冲。

**渐进方法：**同样的动作方式可以向侧方或转体向后方跳出，增加手臂的摆动或教练在侧面施加轻轻推拉的力量，加快动作速度。

图 10–14　单腿稳定跳上踏板

图 10–15　单腿稳定跳下踏板

### 4. 单脚稳定跳

**起始位置：**双腿开立与肩同宽，膝关节微屈，身体保持自然直立，双手掐腰。

**身体稳定：**收腹，挺胸，下颌微收。

**各关节动作：**左腿微微屈髋屈膝，右脚呈单脚支撑状态，右腿微微屈髋屈膝，然后向上跳起，以右脚落地并保持稳定 2~4s，双腿交替练习 8~12 次。

**结束位置：**同起始位置。（图 10–16）

**注意事项：**落地时注意缓冲。

**渐进方法：**同样的动作方式可以向前方、侧方或转体向后方跳出，增加手臂的摆动或教练在侧面施加轻轻推拉的力量，加快动作速度。

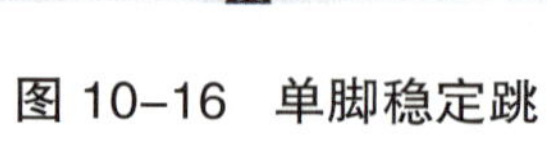

图 10–16　单脚稳定跳

# 总 结

本章分别介绍了平衡控制机制、平衡性的测试方法、平衡训练方法与原则及平衡训练具体动作四部分内容。掌握平衡控制机制是理解平衡训练方法与原则的前提。掌握常见平衡测试的方法是正确为客户设定平衡训练目标的前提。而掌握平衡训练方法与原则，尤其是平衡训练的顺序、不同阶段平衡训练的目的和动作原则是正确实施平衡训练的科学依据。各种平衡训练动作的适用对象、操作方法及安全注意事项则是教练必备的训练技能。

# 第十一章　快速伸缩复合训练

## 第一节　快速伸缩复合训练的训练前评估

**导读：**快速伸缩复合训练同其他训练相同，都存在一定受伤的风险，但通过训练前对客户的系统评估可以使快速伸缩复合训练的安全性得到提升，具体而言在实施快速伸缩复合训练前应对客户实施以下方面的评估。

### 一、技术

进行快速伸缩复合训练前必须对客户训练技术的掌握情况进行评估。下肢的快速伸缩复合训练实施前，需对客户落地技术的掌握情况进行评估。

正确的落地技术包括：落地时肩部必须在膝关节上方，而且在屈踝、屈膝、屈髋的整个过程中都是如此，同时确保客户的重心始终不能超出支撑面，以此降低损伤的风险。（图 11–1）

### 二、肌肉力量

在实施快速伸缩复合训练前需对客户的肌肉力量进行评估，具体而言客户的深蹲重量至少能达到其体重的 1.5 倍，卧推重量至少能达到自身体重的 1 倍（体重在 100kg 及以上）~1.5 倍（体重在 100kg 以下）；对于上肢肌力测试还可用客户是否能连续完成 5 次俯卧撑离地拍掌动作为最低参照标准。只有具备以上条件方可对客户实施上下肢的快速伸缩复合训练。

### 三、速度

实施快速伸缩复合训练前还应对客户的速度素质进行评估，具体而言客户必须能以 60% 体重的负荷重量在 5s 内完成 5 次深蹲，以及以 60% 体重的负荷重量在 5s 内完成 5 次卧推，方可为客户实施快速伸缩复合训练。

## 四、平衡性

实施快速伸缩复合训练前还应对客户的平衡素质进行评估，具体而言应以表 11–1 的渐进顺序进行测试，每个测试姿势至少能维持 30s。对于首次接触快速伸缩复合训练的客户，需要能够达到单脚站立维持 30s 的水平；对于有经验的客户提升快速伸缩复合训练的难度，则必须能维持单脚半蹲 30s。（图 11–2、图 11–3）

图 11–1　正确的落地技术

图 11–2　平衡性测试

图 11–3　平衡性测试

表 11–1　快速伸缩复合训练前的平衡评估内容

| 测验 | 变 化 | |
|---|---|---|
| 站立 | 双脚 | 单脚 |
| 1/4 蹲 | 双脚 | 单脚 |
| 半蹲 | 双脚 | 单脚 |

## 五、年龄

目前没有研究确定何时接受快速伸缩复合训练而不会对发育中的肌肉、骨骼及关节带来有害影响，但发育前的儿童应该避免跳深及其他高强度的下肢快速伸缩复合训练。此外心理的成熟也必须得到关注，客户必须具有遵守教练指导的能力，才能开始进行快速伸缩复合训练，否则容易导致受伤、过度训练或训练不足。

## 六、身体特性

体重超过 100kg 的客户应避免大量的、高强度的快速伸缩复合训练，甚至不应做高于 46cm 的跳深。此外有伤病史或脊柱、四肢异常的客户，特别是有肌肉拉伤、病理性关节松弛或脊柱失能（含椎间盘失能或压迫）的客户，采取快速伸缩复合训练时应特别谨慎。

# 第二节　爆发力测试

**导读：**快速伸缩复合训练是提升爆发力的主要手段之一，掌握常见的爆发力测试方法有助于对快速伸缩复合训练实施的效果做出有效评价，同时也为快速伸缩复合训练方案的设计提供有力的依据。

## 一、爆发力测试概述

爆发力测试的种类多样，常见的包括：1RM 高翻、立定跳远、垂直纵跳、玛格利亚－卡拉门测试等方法。考虑到对客户能力的要求、场地及器械条件、测试程序的复杂性等因素，此处主要推荐下肢爆发力测试中较易实施的立定跳远测试。

## 二、立定跳远测试前准备

- 测试场地可以选择运动场、人造草坪或田径场，测试场地长度至少长于 6m。
- 测量成绩使用的尺子能够测量超过 3m 的长度。
- 如有条件可以选用带有距离标识的跳远测试专用垫或功能地垫，但最小的刻度必须为 1cm。

## 三、立定跳远测试方法

- 客户脚尖位于起点后方。
- 客户做好预备姿势后，尽力向前纵跳。
- 客户必须以脚跟落地方可记录成绩，以身体其他部位落地需重新测试。
- 成绩测量的方法是测量起点至客户落地后脚后跟之间的距离。
- 最好记录 3 次测试成绩，结果精确到 1cm。评价标准见表 11–2。

表 11–2 优秀男女运动员立定跳远测试结果评价标准（单位：cm）

| 等级（%） | 男运动员 | 女运动员 |
|---|---|---|
| 90 | 375 | 315 |
| 80 | 339 | 293 |
| 70 | 309 | 279 |
| 60 | 294 | 264 |
| 50 | 279 | 249 |
| 40 | 264 | 234 |
| 30 | 249 | 219 |
| 20 | 234 | 204 |
| 10 | 219 | 189 |

# 第三节 快速伸缩复合训练原则与方法

**导读：**快速伸缩复合训练具有较高的冲击性，该训练方法要求客户拥有良好的身体控制能力及肌肉力量，为了将训练的风险降至最低，为客户提供的快速伸缩复合训练动作指导应循序渐进。教练需要清楚地掌握快速伸缩复合训练的阶段划分方法及不同阶段的训练目标与训练原则，以此确保快速伸缩复合训练的安全性与有效性。掌握不同阶段快速伸缩复合训练的动作方法及安全注意事项，是为客户提供安全快速伸缩复合训练的前提与保障。

## 一、训练分期

通常把快速伸缩复合训练分成三个阶段。

1. 适应性训练阶段

**目的：**建立理想的落地缓冲机制，建立良好的姿势排列，提升神经肌肉控制能力。

**训练方法：**采用较小的关节活动幅度，落地后维持落地姿势 2~4s，然后再次重复动作。此阶段所采用的训练动作还不能算作真正意义上的快速伸缩复合训练。

2. 强化提高阶段

**目的：**提高动态关节稳定性，提高离心收缩力量，提高肌肉输出功率，提高整体的神经肌肉有效性，提供向常规的快速伸缩复合训练的转化。

**训练方法：**在完整的动作幅度内完成向心和离心收缩动作，落地后不做停留，接着跳起。此阶段的训练动作依然不是常规意义上的快速伸缩复合训练。

3. 常规维持阶段

**目的：**提高肌肉输出功率，离心收缩力量，反应性力量，反应性关节稳定、动态神经肌肉有效性及肌肉力量。

**训练方法：**在整个肌肉的收缩幅度及收缩速度范围内训练，尽可能快及爆发性地完成动作。此阶段使用的动作才是常规的快速伸缩复合训练动作。

## 二、快速伸缩复合训练说明

### （一）动作类别

**B 级：**采用较小的关节活动幅度，落地后维持落地姿势 2~4s，然后再次重复动作。适合肌肉耐力及核心稳定性较好的客户使用。

**B+ 级：**在完整的动作幅度内完成向心和离心收缩动作，落地后不做停留，接着跳起。适合具有良好的绝对力量，且需要提高爆发力的客户。

**C 级：**在整个肌肉的收缩幅度及收缩速度范围内训练，尽可能快及爆发性地完成动作。适合具有良好的绝对力量，且需要提高爆发力的客户。

### （二）动作呼吸方式

保持自然呼吸不要憋气。

### （三）落地后的时间

**长：**落地后维持 2~4s，适合 B 级动作。

**短：**落地缓冲后接着跳起，适合 B+ 级动作。

**极短：**尽可能缩短落地的时间，落地后以最快速度爆发性跳起离地，适合 C 级动作。

## 三、快速伸缩复合训练具体方法介绍

### （一）适应性训练阶段

属于 B 级训练。采用较小的关节活动幅度，落地后维持落地姿势 2~4s，然后再次重复动作。适合肌肉耐力及核心稳定性较好的客户使用。

### 1. 蹲起跳

**原动肌：**股四头肌、臀大肌、腘绳肌等。

**起始位置：**双脚开立与肩同宽，脚尖指向前方，膝关节自然伸直，身体直立，双手位于身体两侧。

**身体稳定：**收腹，挺胸，下颌微收。

**各关节动作：**微微下蹲，然后快速用力向上跳起，跳起同时上举双手过头。落地时，脚尖先落地脚掌进行缓冲，膝关节屈进行缓冲，髋关节屈进行缓冲，双手顺势下放，停留 2~4s。重复向上跳起。（图 11–4）

**注意事项：**做好落地缓冲，不要憋气。

**渐进方法：**加快动作速度。

### 2. 跳上踏板

**原动肌：**股四头肌、臀大肌、腘绳肌等。

**起始位置：**双脚开立与肩同宽，脚尖指向前方，膝关节自然伸直，身体直立，双手位于身体两侧，踏板位于身体前方，高度 15~40cm。

**身体稳定：**收腹，挺胸，下颌微收。

**各关节动作：**微微下蹲，然后快速用力跳上踏板，落在板上时注意缓冲，停留 2~4s，走下踏板，重复动作。（图 11–5）

**注意事项：**下落时做好缓冲，不要憋气。

**渐进方法：**加快动作速度。

图 11–4 蹲起跳

图 11–5 蹲起跳上踏板

### 3. 跳下踏板

**原动肌：**股四头肌、臀大肌、腘绳肌等。

**起始位置：**站于 10~40cm 的踏板上，双脚开立与肩同宽，脚尖指向前方，膝关节自然伸直，身体直立，双手位于身体两侧。

**身体稳定：**收腹，挺胸，下颌微收。

**各关节动作：**微微下蹲，跳下踏板，做好落地缓冲，膝盖与脚尖在同一直线上，统一指向前方，停留 2~4s，走上踏板，重复动作。（图 11–6）

**注意事项：**下落时做好缓冲，不要憋气。

**渐进方法：**加快动作速度。

图 11-6 跳下踏板

### 4. 向前跳出

**原动肌：**股四头肌、臀大肌、腘绳肌等。

**起始位置：**双脚开立与肩同宽，脚尖指向前方，膝关节自然伸直，身体直立，双手位于身体两侧。

**身体稳定：**收腹，挺胸，下颌微收。

**各关节动作：**微微下蹲，手臂向前摆动同时向前方跳出，确保受控的情况下尽量远跳，做好落地缓冲，膝盖与脚尖在同一直线上，统一指向前方，停留 2~4s，重复动作。（图 11-7）

**注意事项：**下落时做好缓冲，不要憋气。

**渐进方法：**加快动作速度。

图 11-7 向前跳出

## （二）强化提高阶段

属于 B+ 级动作。在完整的动作幅度内完成向心和离心收缩动作，落地后不做停留，接着跳起。适合具有良好的绝对力量，且需要提高爆发力的客户。

### 1. 蹲起收腹跳

**原动肌：**股四头肌、臀大肌、腘绳肌等。

**起始位置：**双脚开立与肩同宽，脚尖指向前方，膝关节自然伸直，身体直立，双手位于身体两侧。

**身体稳定：**收腹，挺胸，下颌微收。

**各关节动作：**微微下蹲，然后快速用力向上跳起，跳起同时向胸部收起双腿，下放双腿准备落地，落地时脚尖先落地脚掌进行缓冲，膝关节屈进行缓冲，髋关节屈进行缓冲，缓冲完毕重复向上跳起。（图 11-8）

**注意事项：**做好落地缓冲，不要憋气。

**渐进方法：**加快动作速度。

### 2. 蹲起后弯腿跳

**原动肌：**股四头肌、臀大肌、腘绳肌等。

**起始位置：**双脚开立与肩同宽，脚尖指向前方，膝关节自然伸直，身体直立，双手位于身体两侧。

**身体稳定：**收腹，挺胸，下颌微收。

**各关节动作：**微微下蹲，然后快速用力向上跳起，膝关节弯曲，小腿尽量靠近臀部，落地时脚尖先落地脚掌进行缓冲，膝关节屈进行缓冲，髋关节屈进行缓冲，双手顺势下放，缓冲完毕重复向上跳起。（图 11–9）

**注意事项：**做好落地缓冲，不要憋气。

**渐进方法：**加快动作速度。

图 11–8　蹲起收腹跳　　图 11–9　蹲起后弯腿跳

### 3. 踏板交替跳

**原动肌：**股四头肌、臀大肌、腘绳肌等。

**起始位置：**单脚踏于板上，前腿膝关节屈 90° ，膝关节不要超过脚尖，上身直立，双手肘关节微屈位于身体两侧。

**身体稳定：**收腹，挺胸，下颌微收。

**各关节动作：**前腿快速蹬腿跳起，在空中双腿交替，手臂自然配合腿部动作摆动（类似在空中跑步），下落时脚尖先落地，脚掌进行缓冲，膝关节屈进行缓冲，髋关节屈进行缓冲，缓冲完毕后马上重新跳起。（图 11–10）

**注意事项：**做好落地缓冲，不要憋气。

**渐进方法：**加快动作速度。

图 11–10　踏板交替跳

## （三）常规维持阶段

属于 C 级动作。在整个肌肉的收缩幅度及收缩速度范围内训练，尽可能快及爆发性地完成动作。适合具有良好的绝对力量，且需要提高爆发力的客户。

### 1. 快速跳上踏板

**原动肌：**股四头肌、臀大肌、腘绳肌等。

**起始位置：**双脚开立与肩同宽，脚尖指向前方，膝关节自然伸直，身体直立，双手位于身体两侧，踏板位于身体前方，高度 15~40cm。

**身体稳定：**收腹，挺胸，下颌微收。

**各关节动作：**微微下蹲，然后快速用力跳上踏板，落在板上时注意缓冲，迅速跳下踏板，尽可能缩短在板上停留的时间，重复动作。（图 11–11）

**注意事项：**下落时做好缓冲，不要憋气。踏板必须固定在地面上，如无法固定，则不建议实施。

**渐进方法：**负轻重量。

图 11–11　快速跳上踏板

### 2. 快速侧跳（切入，Cutting）

**原动肌：**股四头肌、臀大肌、臀中肌、臀小肌、腘绳肌等。

**起始位置：**单腿支撑，支撑腿膝关节微屈，髋关节微屈，身体微微前倾，双手肘关节屈 90° 于身体两侧。

**身体稳定：**收腹，挺胸，下颌微收。

**各关节动作：**支撑腿用力向侧蹬出，重心侧移，摆动腿落地缓冲，脚尖落地，脚掌进行缓冲，膝关节屈进行缓冲，髋关节屈进行缓冲，缓冲完毕快速蹬腿向对侧跳回。尽可能缩短落地再跳起的时间，在确保控制的情况下尽量加快速度。（图 11–12）

**注意事项：**做好落地缓冲，不要憋气。

**渐进方法：**加快速度，加弹力带。

图 11–12 快速侧跳

### 3. 爆发性踏板交替跳

**原动肌：**股四头肌、臀大肌、腘绳肌等。

**起始位置：**单脚踏于板上，前腿膝关节屈 90°，膝关节不要超过脚尖，上身直立，双手肘关节微屈位于身体两侧。

**身体稳定：**收腹，挺胸，下颌微收。

**各关节动作：**前腿快速蹬腿跳起，在空中双腿交替，手臂自然配合腿部动作摆动（类似在空中跑步），下落时脚尖先落地，脚掌进行缓冲，膝关节屈进行缓冲，髋关节屈进行缓冲，缓冲完毕后马上重新跳起。尽可能缩短落地再跳起的时间，在确保控制的情况下尽量加快速度。（图 11–13）

**注意事项：**做好落地缓冲，不要憋气。

**渐进方法：**负轻重量。

图 11–13 爆发性踏板交替跳

#### 4. 多方向跳

**原动肌：**股四头肌、臀大肌、腘绳肌等。

**起始位置：**双脚开立与肩同宽，脚尖指向前方，膝关节自然伸直，身体直立，双手位于身体两侧。

**身体稳定：**收腹，挺胸，下颌微收。

**各关节动作：**双腿或单腿快速地进行前后方向、左右方向或对角线模式的跳跃，落地时注意缓冲，尽可能缩短在地上停留的时间，加快动作速度。（图 11–14）

**注意事项：**下落时做好缓冲，不要憋气。

**渐进方法：**可配合指挥口令，增加反应的挑战。

图 11–14 多方向跳

## 总 结

快速伸缩复合训练是一种使肌肉被预先快速拉长，然后进行快速向心收缩的训练方式，这种训练方式主要利用了肌肉拉长时产生的弹性势能及肌肉的牵张反射机制，使肌肉产生超过一般阻力训练的输出功率。利用此种训练能够提高运动表现及预防日常生活和运动中的意外伤害。快速伸缩复合训练有效性的关键因素在于让肌肉快速地被牵拉，以及在被牵拉后快速地转入向心收缩阶段。教练在为客户选择快速伸缩复合训练时应着重考虑的因素包括：客户的年龄、健康状况、身体机能及实际需求等。教练在为客户实施快速伸缩复合训练时必须依照适应阶段、提高阶段、维持阶段的训练顺序，从而使客户获得最佳训练效果。

# 第十二章 速度、敏捷、快速反应训练

## 第一节 速度、敏捷、快速反应训练的测试方法

**导读：**速度、敏捷、快速反应训练简称 SAQ 训练，SAQ 是速度（speed）、敏捷（agility）、快速反应（quickness）三个词首字母的缩写。速度主要指在两点间快速移动的能力，通常运动中所指的速度强调的是直线加速能力，影响速度快慢的主要因素包括步频和步长。敏捷是指快速改变方向及完成动作的能力，爆发力、动态平衡、脚下步伐等是影响敏捷的主要因素。快速反应是对某种刺激或一系列刺激做出反应及动作的能力，快速反应的好坏与人体的感知、敏捷、速度及爆发力密切相关，判断快速反应能力好坏的主要标准是反应时及总响应时间。掌握常见 SAQ 测试的方法是正确为客户设定 SAQ 训练目标的前提，同时也为评价 SAQ 训练效果提供必要依据。

SAQ 测试的方法很多，考虑到执行的难易程度及适用人群的广泛性，以及对测试场地器材的要求，本书主要介绍三种 SAQ 测试方法，分别是侧重转向、启动及急停能力的 T 型测试和 20yd（1yd=0.9144m）往返跑测试，以及侧重下肢步伐灵活性的六边形测试。以下将对三类测试的具体操作方法展开详细介绍。

### 一、T 型测试

**测试前准备：**准备 4 个圆锥体，一个长于 4.6m 的卷尺，一块秒表，并将整个测试过程及要求介绍给客户。

**测试操作方法：**

· 将圆锥体摆成如图 12–1 所示的 T 型。

· 客户进行充分的准备活动方可开始测试。

· A 点为起点，客户听到信号后迅速跑向 B 点，并用右手触碰圆锥体的底座。

· 客户面向前方，继续从 B 点侧滑步向 C 点，并用左手触碰圆锥体的底座。

· 客户继续从 C 点侧滑步向 D 点，并用右手触碰圆锥体的底座。

- 客户继续从 D 点侧滑步向 B 点，并用左手触碰圆锥体的底座。
- 客户继续从 B 点倒退跑向 A 点，冲过 A 点后停表。
- 为了安全起见，可以预先放置一块体操垫位于 A 点后方附近，以防倒退跑时跌倒。
- 取两次测试中最好的成绩，时间精确到 0.1s。
- 测试过程中客户出现以下情况不能记录成绩，没有触碰到圆锥体的底座，侧滑步时出现了交叉步的现象，侧滑步时没有面向前方。评价标准见表 12–1。

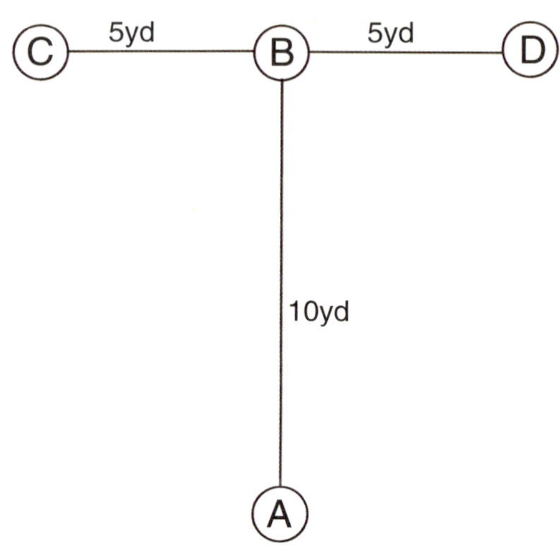


图 12–1 T 型跑示意图（1yd=0.9144m）

表 12–1 T 型跑测试结果评价标准

| 群 组 | 时间（s） |
|---|---|
| 大学篮球选手（男） | 8.9 |
| 竞技型大学运动员（男） | 10.0 |
| 业余大学运动员（男） | 10.5 |
| 不运动的大学生（男） | 11.1 |
| 大学棒球手（男） | 9.2 |
| 大学网球选手（男） | 9.4 |
| 大学篮球选手（女） | 9.9 |
| 竞技型大学运动员（女） | 10.8 |
| 大学网球选手（女） | 11.1 |
| 业余大学运动员（女） | 12.5 |
| 不运动的大学生（女） | 13.5 |

## 二、六边形测试

**测试前准备：**准备与地面颜色有明显反差的胶带、卷尺、秒表，同时将整个测试过程及要求介绍给客户。

**测试操作方法：**

· 用胶带在地面上粘出如图 12-2 所示的六边形，每边长度 61cm，角度都为 120° 。

· 客户在测试前应做好准备活动。

· 客户站在六边形中间，听到声音信号后迅速双腿向前跳过面前横线，然后跳回中心，并且依顺时针顺序跳到下一条线外并跳回，依次不断直到六边形跳完 3 圈（每条线跳出跳回 3 次，6 条线合计跳出 18 次），客户最后回到起始位置停表。

· 整个测试结束后，客户依然面朝测试开始时的方向，并且测试中始终面朝测试开始时的方向。

· 测试过程中，客户如果脚踩边框，或失去平衡，或改变了面朝的方向及做出了额外的跳跃，应终止测试并在客户充分休息恢复后重新测试。

· 一共进行 3 次测试，选择最好的一次成绩记录，结果精确到 0.1s。评价标准见表 12-2。

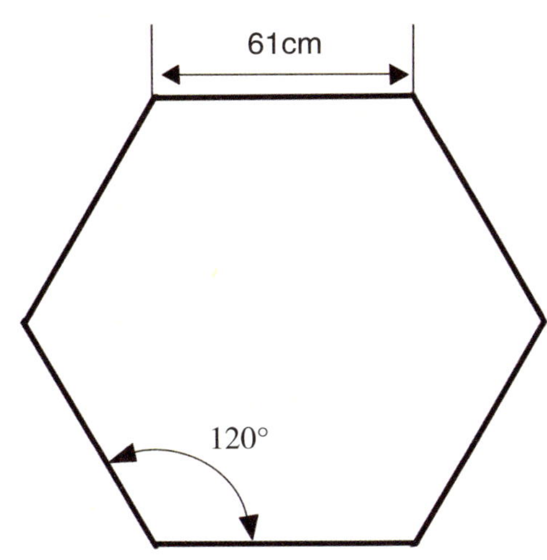


图 12-2 六边形测试

表 12-2 六边型测试结果评价标准

| 群 组 | 时间（s） |
|---|---|
| 竞赛型大学运动员（男） | 12.3 |
| 业余大学运动员（男） | 12.3 |
| 不运动的大学生（男） | 14.2 |
| 竞技型大学运动员（女） | 12.9 |
| 业余大学运动员（女） | 13.2 |
| 不运动的大学生（女） | 14.3 |

## 三、标志筒 5-10-5yd 折返跑测试

**测试前准备：**在地面标记出距离相隔 5yd（约 4.57m）的 3 条长平行线，秒表一块，同时将整个测试过程及要求介绍给客户。

**测试操作方法：**

· 客户双脚横跨在三条平行线中最中间的那条线两侧，身体姿势采用单手触地的橄榄球预备姿势。

· 听到信号后，首先冲刺至身体左侧方向的平行线，然后改变方向冲向最右侧的平行线，然后改变方向跑向起点的平行线。

· 重复两次测试，取最好的一次记录，成绩精确到 0.01s。评价标准见表 12-3。

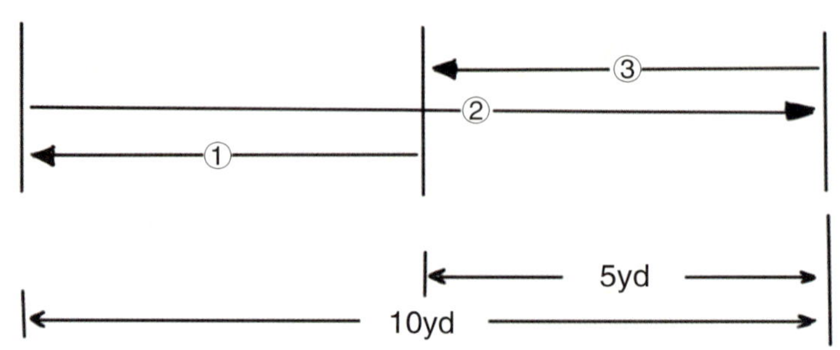


图 12-3 20yd 往返跑示意图

表 12-3 NCCA 一级大学运动员 20yd 测试百分比等级 （单位：s）

| 等级（%） | 女排 | 女篮 | 女垒 | 男篮 | 男棒 | 男橄榄球 |
|---|---|---|---|---|---|---|
| 90 | 4.75 | 4.65 | 4.88 | 4.22 | 4.25 | 4.21 |
| 80 | 4.84 | 4.82 | 4.96 | 4.29 | 4.36 | 4.31 |
| 70 | 4.91 | 4.86 | 5.03 | 4.35 | 4.41 | 4.38 |
| 60 | 4.98 | 4.94 | 5.10 | 4.39 | 4.46 | 4.44 |
| 50 | 5.01 | 5.06 | 5.17 | 4.41 | 4.50 | 4.52 |
| 40 | 5.08 | 5.10 | 5.24 | 4.44 | 4.55 | 4.59 |
| 30 | 5.17 | 5.14 | 5.33 | 4.48 | 4.61 | 4.66 |
| 20 | 5.23 | 5.23 | 5.40 | 4.51 | 4.69 | 4.76 |
| 10 | 5.32 | 5.36 | 5.55 | 4.61 | 4.76 | 4.89 |
| $\bar{x}$ | 5.03 | 5.02 | 5.19 | 4.41 | 4.53 | 4.54 |
| *SD* | 0.20 | 0.26 | 0.26 | 0.18 | 0.23 | 0.27 |
| *n* | 81 | 128 | 118 | 97 | 165 | 869 |

注：利用电子计时器采集的数据。$\bar{x}$= 平均数，*SD*= 标准差，*n*= 样本量

## 第二节 速度、敏捷、快速反应的训练原则

**导读**：掌握 SAQ 训练原则是合理应用各要素训练方法的前提，也是设计及改进 SAQ 具体训练方法所必备的理论知识。

### 一、动作学习阶段

**目的**：掌握正确的动作方法。

**训练方法**：慢速而准确地完成动作，整个动作过程中保持良好的身体姿势。

### 二、动作效率提升阶段

**目的：**提高动作的效率。

**训练方法：**快速而准确地完成动作，可以采用计时的方式。

### 三、反应性动作阶段

**目的：**提升快速反应能力。

**训练方法：**快速准确完成既定动作的同时，能够根据不同刺激快速做出反应。

### 四、专项化阶段

**目的：**促进 SAQ 能力向专项技能的转化。

**训练方法：**将专项技、战术特点转化为 SAQ 训练，同时给予专项运动中可能出现的刺激，要求练习者根据刺激采取相应的动作。

## 第三节 速度、敏捷、快速反应的训练方法

**导读：**了解并掌握以下速度、敏捷、快速反应（SAQ）训练方法的练习要点及安全注意事项，是教练正确为客户提供 SAQ 训练指导服务的前提。除将以下内容熟练记忆之外，教练还应逐一练习下列训练方法，以便能够更好地理解、掌握及演示这些训练方法。

### 一、SAQ 训练中的姿势要求

#### （一）跑步姿势

跑步姿势主要指直线跑动中的身体姿势。

· 脚部落地时应保持足背屈，脚尖指向前，不要外旋及外翻。
· 膝关节应与脚尖在同一直线上，指向运动的方向，股骨不要过分的内收和内旋。
· 骨盆应处于中立位，加速阶段身体可以稍稍前倾。
· 头部应与身体成一条直线，头部不要前伸。

#### （二）预备姿势

预备姿势主要是指启动之前的预备姿势。

· 双脚打开与肩同宽。
· 膝关节微屈不要超过脚尖，膝关节与脚尖指向同一方向，即运动方向。
· 骨盆处于中立位，躯干伸直并微微前倾。
· 头部微微后仰，目视前方。

#### （三）转换方向的身体姿势

· 头部快速转向要运动的方向。
· 脚部、下肢及躯干顺势转向移动方向
· 膝关节与脚尖位于同一直线，统一指向运动方向。

### （四）训练动作的注意事项

· 保持均匀呼吸，不要憋气。
· 保持良好的身体姿势。
· 根据客户的能力选择适当的训练难度。

## 二、SAQ 训练方法示例

使用绳梯或标志筒进行 SAQ 训练的动作组合非常多。本书介绍有代表性的几个动作，教练还可以自行设计和创新其他的动作组合。

#### 1. 单脚格内向前跑

**目的：**敏捷训练（步伐及身体定向能力）。

**方法：**

· 绳梯纵放于面前，双脚位于绳梯底线外，脚尖方向与绳梯纵轴方向一致。
· 左脚快速迈入绳梯第一格，脚前掌着地。
· 左脚大脚趾发力蹬地，重心前移。
· 右脚迈入绳梯第二格，脚前掌着地，左脚同时离地。
· 双脚交替向前跑动。（图 12–4）

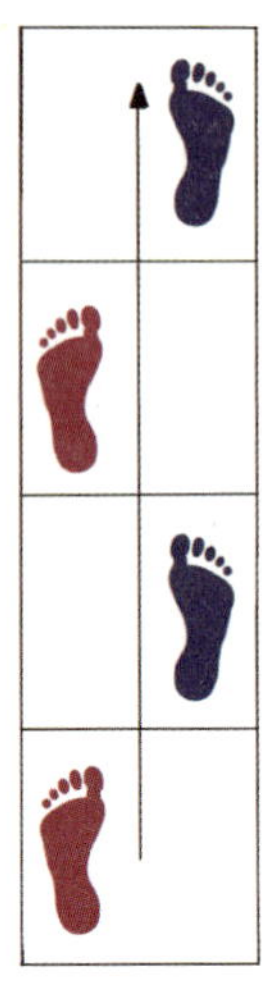

图 12–4　单脚格内向前跑

#### 2. 双脚格内向前跑

**目的：**敏捷训练（步伐及身体定向能力）。

**方法：**

· 绳梯纵放于面前，双脚位于绳梯底线外，脚尖方向与绳梯纵轴方向一致。
· 左脚快速迈入绳梯第一格，脚前掌先着地缓冲。
· 右脚紧跟迈入绳梯第一格，脚前掌先着地缓冲。
· 左脚继续迈入绳梯第二格，右脚紧跟左脚迈入第二格。
· 双脚交替向前跑动。（图 12–5）

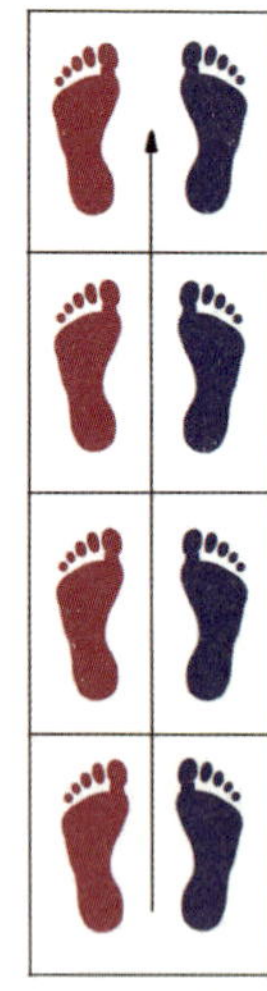

图 12–5　双脚格内向前跑

#### 3. 双脚格内水平跑

**目的：**敏捷训练（步伐及身体定向能力）。

**方法：**

· 绳梯横放于面前，双脚位于绳梯第一格内，脚尖方向与绳梯横轴方向垂直。
· 迈右脚踏入绳梯第二格，脚前掌落地注意缓冲。
· 左脚顺势跟进迈入绳梯第二格，位于右脚旁。
· 继续向绳梯下一格重复上述动作。（图 12–6）

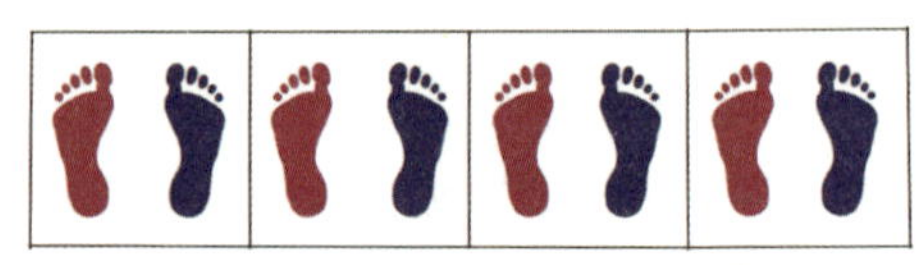

图 12–6　双脚格内水平跑

### 4. 双脚开合跳

**目的：** 敏捷训练（步伐及身体定向能力）。

**方法：**

- 绳梯纵放于面前，双脚位于绳梯两侧，脚尖方向与绳梯纵轴方向一致。
- 双脚同时并拢跳入绳梯第一格内。
- 双脚同时分开向前跳，落于绳梯第二格外侧。
- 双脚同时并拢跳入绳梯第二格内。
- 向前重复动作。（图 12–7）

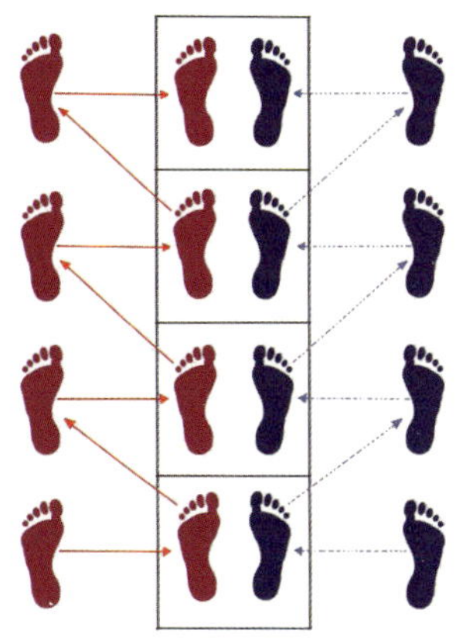

图 12–7　双脚开合跳

### 5. 双脚开合向前跑

**目的：** 敏捷训练（步伐及身体定向能力）。

**方法：**

- 绳梯纵放于面前，双脚位于绳梯第一格内，脚尖方向与绳梯纵轴方向一致。
- 左脚向前迈出，落于绳梯第一、二格中线外侧，脚前掌落地注意缓冲。
- 右脚向前迈出，落于绳梯第一、二格中线外侧，脚前掌落地注意缓冲。
- 左脚向前向内迈入第二格。
- 右脚向前向内迈入第二格。
- 重复上述动作。（图 12–8）

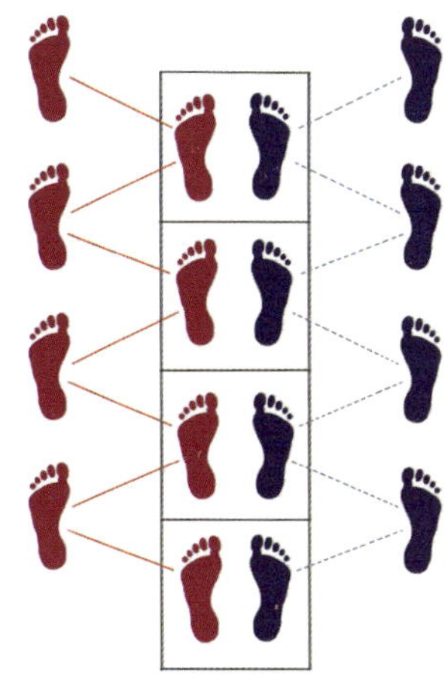

图 12–8　双脚开合向前跑

### 6. 双脚格内外左右跑

**目的：** 敏捷训练（步伐及身体定向能力）。

**方法：**

- 绳梯横放于面前，双脚位于绳梯第一格的外侧，脚尖与绳梯横轴的方向垂直。
- 右脚迈入绳梯第一格，脚前掌落地，注意缓冲。
- 左脚顺势迈入绳梯第一格，脚前掌落地，注意缓冲。
- 右脚撤出绳梯第一格，落在绳梯第二格外侧。
- 左脚撤出绳梯第一格，落在绳梯第二格外侧。
- 右脚迈入绳梯第二格。
- 左脚迈入绳梯第二格。
- 依次向下重复上述过程。（图 12–9）

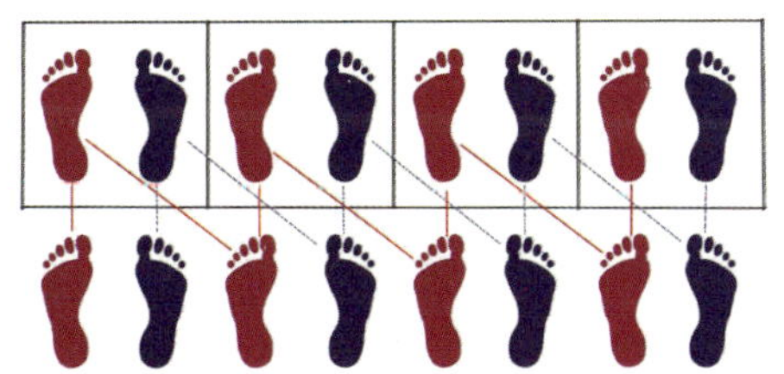

图 12–9　双脚格内外左右跑

### 7. 双脚格内外 Z 字形跑

**目的：** 敏捷训练（步伐及身体定向能力）。

**方法：**

· 绳梯纵放于面前，双脚位于绳梯第一格的左下角，脚尖方向与绳梯纵轴方向一致。

· 右脚向右斜前方迈入绳梯，脚前掌落地，注意缓冲。

· 左脚顺势向右斜前方迈入绳梯，脚前掌落地，注意缓冲。

· 左脚落地后，右脚继续向右斜前方迈出，落于绳梯第一、二格中线外侧。

· 右脚落地后，左脚离地并向前方迈入绳梯第二格。

· 左脚落地后，右脚顺势迈入第二格。

· 右脚落入第二格后，左脚向左斜前方迈出，落于第二、三格中线外侧。

· 依次重复上述顺序继续向前移动。（图 12–10）

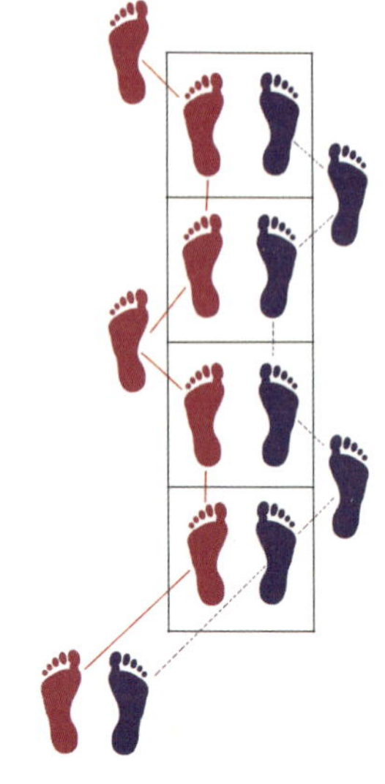

图 12–10　双脚格内内外 Z 字形跑

### 8. 双脚格内外斜行左右跳

**目的：** 敏捷训练（步伐及身体定向能力）。

**方法：**

· 绳梯横放于面前，双脚前后开立，左脚位于绳梯第一格外，右脚位于绳梯第一格内，脚尖方向与绳梯横轴方向相垂直。

· 轻轻向上跳起，左脚落于绳梯第一格内，右脚落于绳梯第二格外侧，脚前掌着地，注意落地缓冲。

· 轻轻向上跳起，左脚落于绳梯第一格外侧，右脚落于绳梯第二格内。

· 依次向下，重复动作。（图 12–11）

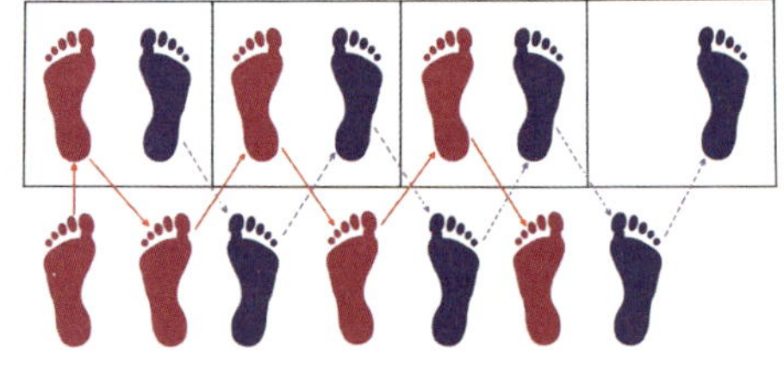

图 12–11　双脚格内外斜行左右跳

### 9. 双脚交叉步左右跳

**目的：** 敏捷训练（步伐及身体定向能力）。

**方法：**

· 绳梯横放于面前，双脚前后开立，左脚位于绳梯第一格外，右脚位于绳梯第一格内，脚尖方向与绳梯横轴方向相垂直。

· 轻轻向上跳起，左脚落于绳梯第二格内，右脚落于绳梯第二格外侧，脚前掌着地，注意落地缓冲。

· 轻轻向上跳起，左脚落于绳梯第二格外，右脚落于绳梯第二格内。

· 依次向下，重复动作。（图 12–12）

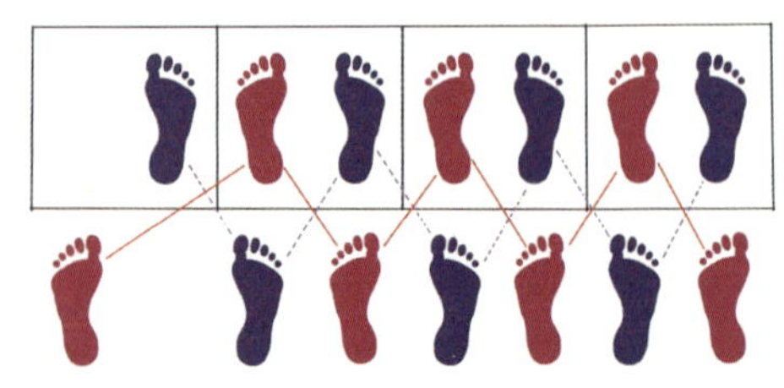

图 12–12　双脚交叉步左右跳

### 10. 双脚格内外 Z 字形左右跳

**目的：**敏捷训练（步伐及身体定向能力）。

**方法：**

- 绳梯横放于面前，双脚位于绳梯第一格外，脚尖与绳梯横轴的方向垂直。
- 右脚迈入绳梯第二格，左脚迈入绳梯第二格。
- 右脚向前迈出，落于身体第三格上方，左脚向前迈出，落于绳梯第二格上方。
- 右脚后撤步，落于绳梯第三格内，左脚跟进后撤落入绳梯第三格内。
- 右脚继续后撤，落于绳梯第四格下方，左脚跟进后撤落于第三格下方。
- 依次向下，重复动作。（图 12–13）

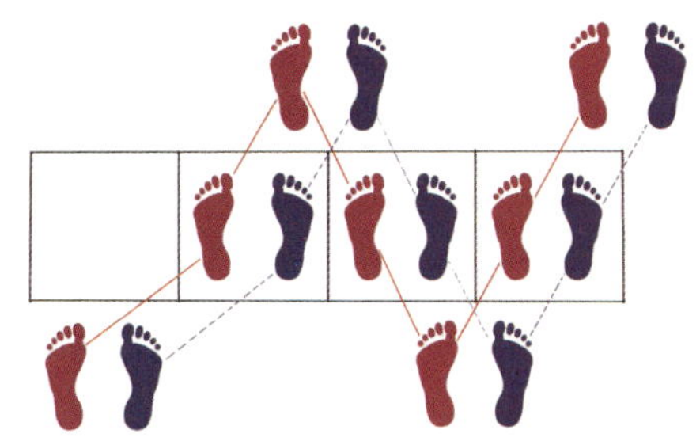

图 12–13　双脚格内外 Z 字形左右跳

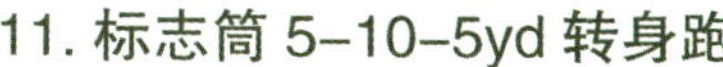

### 11. 标志筒 5–10–5yd 转身跑

**目的：**敏捷（加速、急停、步伐、变向能力）。

**方法：**

- 每隔 5yd（约 4.57m）摆放一个标志筒，三个标志筒成一条直线。
- 从中间标志筒跑向最右侧标志筒。
- 接触最右侧标志筒后，转身跑向最左侧标志筒。
- 接触最左侧标志筒后，转身跑向中间标志筒结束。（图 12–14）

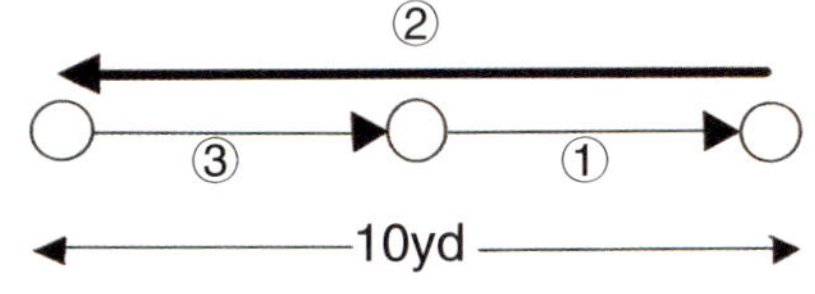


图 12–14　标志筒 5–10–5yd 转身跑

### 12. 标志筒 10yd 方形跑

**目的：**敏捷（加速、急停、步伐、变向能力）。

**方法：**

- 用 4 个标志筒围成一个正方形，每个标志筒间相隔 10yd（约 9m）。
- 从右下角标志筒开始，快速跑向右上角标志筒。
- 接触右上角标志筒后，侧滑步向左上角标志筒。
- 接触左上角标志筒后，倒退跑向左下角标志筒。
- 接触左下角标志筒后，侧向交叉步向右下角标志筒结束。（图 12–15）

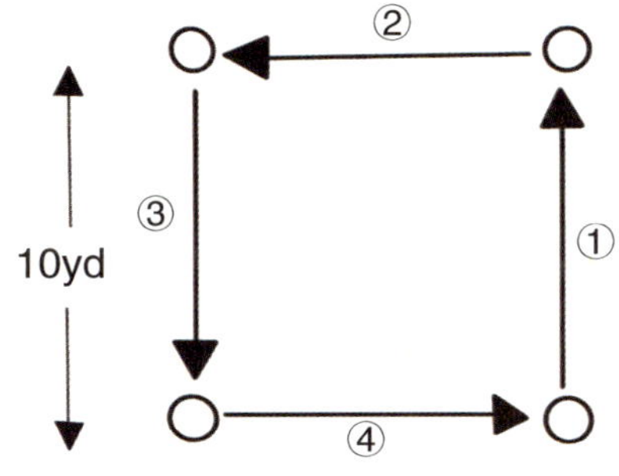


图 12–15　标志筒 10yd 方形跑

13. 标志筒 5yd T 字形跑

**目的：**敏捷（加速、急停、步伐、变向能力）。

**方法：**

· 将 4 个标志筒摆成 T 型，上端三个标志筒间每两个间距 5yd（约 4.57m），最下端标志筒至上端中间标志筒之间的距离为 5yd（约 4.57m）。

· 从 T 字形下端标志开始，快速跑向上端中间标志筒。

· 接触中间标志筒后，快速侧并步移动向左上端标志筒。

· 接触左上端标志筒后，快速交叉步移动向右上端标志筒。

· 接触右上端标志筒后，快速侧并步移动向上端中间标志筒。

· 接触上端中间标志筒后，倒退移动向下端标志筒结束。（图 12–16）

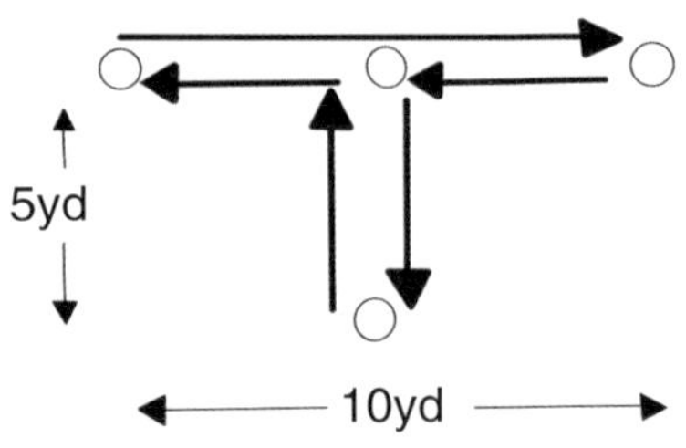


图 12–16　标志筒 5yd T 字形跑

14.10yd 左右侧并步交叉步快速跑

**目的：**敏捷（加速、急停、步伐、变向能力）。

**方法：**

· 两标志筒之间相距 10yd（约 9m）。

· 快速从左侧标志筒跑向右侧标志筒。

· 接触右侧标志筒后，背向倒退跑回左侧标志筒。

· 接触左侧标志筒后，侧并步跑向右侧标志筒。

· 接触右侧标志筒后，侧并步跑向左侧标志筒。

· 接触左侧标志筒后，交叉步跑向右侧标志筒。

· 接触右侧标志筒后，交叉步跑向左侧标志筒。

· 接触左侧标志筒后，快速跑向右侧标志筒结束。（图 12–17）

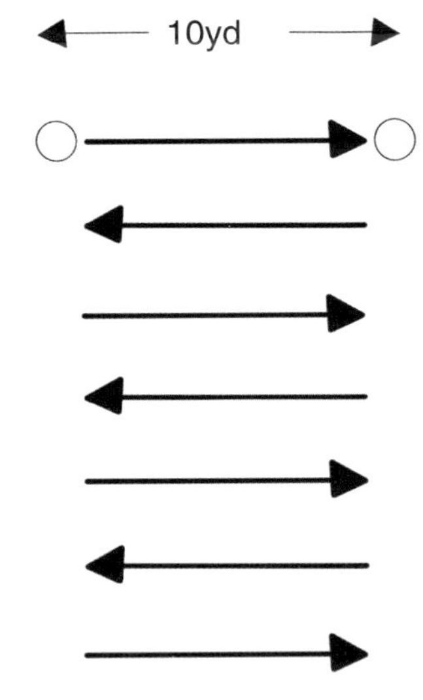


图 12–17　10yd 左右侧并步交叉步快速跑

## 总　结

SAQ 训练通常可分为 4 个阶段，依次为动作学习、动作效率提升、反应性动作及专项化阶段，只有在练习者实现了每一阶段目标后才能逐步进入下一阶段的训练，不可跨阶段进行训练。在实施 SAQ 训练时还应特别注意客户在完成动作时的姿态，以最大限度降低伤害及提升训练效果。

# 第十三章 运动处方

## 第一节 运动处方概述

**导读：**掌握运动处方的定义、构成要素、设计与修订步骤及设计原则等知识有助于教练更好地理解运动处方并为正确设计运动处方奠定理论基础。

运动处方是医生、康复教练、社会体育指导员或体育工作者，根据患者、运动员或运动爱好者的年龄、性别、健康状况、身体锻炼经历，以及心肺功能和/或运动器官的机能水平等，以处方的形式制订的系统化、个性化的运动方案。

### 一、运动处方的构成要素

运动方式（Type）、运动强度（Intensity）、运动时间（Time）、运动频率（Frequency）是构成运动处方的四个基本要素（FITT），运动处方缺少这四个要素中的任何一个要素，都无法让使用者获得安全有效的训练效果。四个基本要素的具体介绍见表 13–1。

**运动方式：**主要指参加锻炼者所使用的具体运动方法。如心肺适能主要通过有氧运动来获得，肌肉适能（肌力、肌耐力）主要通过抗阻运动来获得，而提高柔韧性主要通过伸展运动来获得。

**运动强度：**指单位时间内身体所表现出的状态。如有氧运动中身体移动的速度，抗阻运动中肌肉单次收缩所产生的力量，以及伸展运动中目标拉伸肌肉被牵拉时所产生的感觉等。

**运动时间：**指每次运动持续的时间或者重复的总次数及组数等。如进行有氧运动时的持续时间，抗阻运动时客户反复推举的次数和组数，以及伸展运动时客户伸展某个部位所持续的时间等。

**运动频率：**指每周运动的次数。如通常建议健康成年人每周从事 3~5 天中等（40%~59%$VO_2R$）至较大强度（≥ 60% $VO_2R$）相结合的有氧运动，2~3 天抗阻练习等。

表 13-1 体适能各要素 FITT 常用指标举例

| 体适能要素 | 运动方式（T，Type） | 运动强度（I，Intensity） | 运动时间（T，Time） | 运动频率（F，Frequency） |
|---|---|---|---|---|
| 心肺适能 | 有氧运动：<br>· 慢跑<br>· 骑自行车<br>· 游泳 | · 速度<br>· 心率<br>· RPE | · 持续时间<br>· 消耗热量<br>· 运动距离<br>· 步数 | 次数 / 周 |
| 肌肉适能 | 抗阻运动：<br>· 自由力量<br>· 固定器械<br>· 自身重量<br>· 弹力带 | · 重量 / 次<br>· 瓦特 / 次<br>· 组间间歇 | · 次数 / 动作<br>· 组数 / 动作 | |
| 柔韧性 | 伸展运动：<br>· 静态伸展<br>· PNF 伸展 | · 目标拉伸肌肉的感觉（有被拉伸的感觉） | · 时间 / 动作<br>· 次数 / 动作 | |

## 二、运动处方的设计及修订步骤

为确保运动的安全性及有效性，教练在为客户设计及修订运动处方时应遵循以下步骤。

**健康筛查：**鉴别具有一种或多种临床疾病或状况的人群，建议其在运动前进行医学检查并获取专业医生的运动许可，以此降低客户的运动风险。

**危险分层：**通过年龄、健康状况、个人症状以及冠状动脉的危险因素等信息，将通过健康筛查的客户进一步分类，以帮助教练确定客户适合在何种医务监督水平及运动强度下安全进行运动。

**体适能检测：**通过体适能检测，教练将获知设计运动处方所需的各项信息，如客户的年龄、性别、生活方式、工作情况、心肺及运动器官的机能水平等主观、客观信息。

**其他评估（依教练所具备的技能及资质）：**客户的膳食习惯、客户参与并坚持运动的心理状态等评估，能够帮助教练更为有效地设计及贯彻运动处方。

**设计运动处方：**在一系列评估后，教练通过对获取的数据进行分析与综合，依据个人所掌握的知识与经验，同时结合运动处方的设计原则为客户设计个性化的运动方案。

**运动处方执行：**在运动处方设计完成后，教练需将运动处方上所涉及的运动技能教授给客户，同时还应帮助及督促客户执行运动处方，以确保客户能够获得良好的运动效果。

**重新评估：**在客户执行运动处方一段时间后或暂停运动一段时间重新恢复时，教练应对客户重新进行各项评估，并依据新的评估结果对运动处方进行修订。（图 13-1）

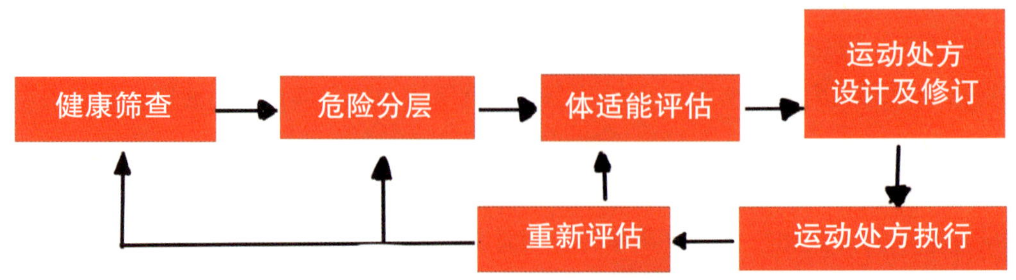


图 13-1 运动处方的制定流程

## 三、运动处方设计原则

教练在为客户设计运动处方时，除要参考客户的主客观信息及个人经验外，还需遵循以下原则来确定处方中所涉及的 FITT 参数，同时在处方设计之后应对照这些原则重新检查处方，以确保客户能够安全有效地从事运动训练。

### （一）超负荷原则

超负荷原则指设计运动处方时，教练所选择的强度、时间、频率等内容必须要稍高于客户日常生活中所适应的水平，以此达到提高其生理机能，促进健康水平的目的。例如客户每日步行 30min 上下班，若想提高此客户的心肺机能，为其安排步行 30min 的心肺耐力训练显然无法达到效果，因此教练可让客户采取比日常更快的步速或比日常更长的步行时间来进行心肺耐力训练，以达到促进其心肺耐力提高的目的。

教练需谨记“超负荷”是指采取比客户日常适应水平稍高的负荷，绝非客户无法承受的负荷，否则可能导致严重的安全隐患。

### （二）渐进性原则

渐进性原则指教练在确定运动方式、运动强度、运动时间、运动频率等内容时应循序渐进，采取动作先易后难，强度先小后大，时间先短后长，频率先少后多的方式进行，并能依据客户的水平逐步提高。循序渐进原则是确保训练安全的前提。

### （三）特殊性原则

特殊性原则也称针对性原则，指教练在设计运动处方时必须根据客户自身特点及训练目标确定训练方式方法，确保训练的方式方法最大限度地符合客户实际状况及训练目标。例如抗阻训练的主要作用器官为骨骼肌，因此其对心肺耐力的提升效果有限，教练如需提高客户的心肺耐力，则需选择主要针对心血管系统的有氧运动来为客户进行训练。

### （四）多样性原则

多样性原则指教练在遵循其他原则的前提下，应采取多种训练手段为客户进行训练，以避免因长期单一训练带来的训练效果减退及客户运动兴趣降低的情况。

### （五）周期性原则

周期性原则指教练应根据客户的生理变化规律，周期性地调整训练负荷安排的训练原则。周期性训练原则能够降低过度训练的风险，同时有效提升客户的训练效果。有关周期性原则的具体应用方法将在本章末尾进行详细介绍。

### （六）安全性原则

安全性原则是运动处方设计的根本立足点。它是指教练在为客户选择运动项目、确定运动强度、制定运动时间、安排运动频率时需首先考虑该项目的安全性，一旦发现可能存在较高风险，教练应以效果类似或稍低但风险较低的项目进行替代。重视并贯彻安全性原则，是确保客户安全进行运动训练的前提。

# 第二节 体适能各要素促进方法

**导读：**体适能各要素的促进方法是教练正确设计运动处方的必备知识。本节将详细介绍心肺适能、肌肉适能、柔韧性、平衡等体适能要素的一般性训练原则及渐进训练方法，教练应熟练掌握以下内容，以确保所设计的运动处方的科学性及有效性。

## 一、心肺适能促进方法

### （一）ACSM 健康成人有氧（心血管耐力）运动指引

**运动方式（Type）：**推荐给所有成年人，参加那些需要最少技能或体适能的耐力活动，如步行、休闲自行车等。

**运动强度（Intensity）：**40%~59%HRR/$VO_2$R 或 60%~89%HRR/$VO_2$R。

**运动时间（Time）：**30~60min/ 次（中等强度），20~60min/ 次（较大强度）。

**运动频率（Frequency）：**3~5 天 / 周。

### （二）心肺适能训练具体实施方法（表 13-2）

表 13-2 心肺适能训练具体实施方法

<table>
<tr><th colspan="2">训练阶段</th><th>目标客户</th><th>运动经历</th><th>运动方式</th><th>强度<br>HRmax</th><th>主观用力<br>感觉</th><th>时间<br>min</th><th>频率</th></tr>
<tr><td rowspan="2">初级</td><td>A</td><td>心肺耐力差</td><td rowspan="2">≤ 3 个月</td><td rowspan="2">跑步机、步行、固定自行车</td><td>57%~63%</td><td>9~11</td><td>20~30</td><td rowspan="4">3~5 次 / 周</td></tr>
<tr><td>B</td><td>心肺耐力一般</td><td>64%~76%</td><td>12~13</td><td>30~60</td></tr>
<tr><td colspan="2">中级</td><td>心肺耐力良好</td><td>2~3 个月初级训练</td><td rowspan="2">任何设备及项目</td><td>77%~85%</td><td>14~16</td><td>30~90</td></tr>
<tr><td colspan="2">高级</td><td>心肺耐力优秀</td><td>≥ 3 个月中级训练</td><td>86%~95%</td><td>17~19</td><td>20~60</td></tr>
</table>

#### 1. 初级

该阶段主要采用较低至中等强度进行心肺耐力训练，目的在于使无训练经历或训练经历较少的客户逐步适应训练并建立良好心肺耐力基础，该阶段的训练能够有效提高血液的氧气运输及代谢产物的清除能力。另外该阶段还可作为较高训练水平客户的调整恢复训练来应用。此外危险分层为中等的客户建议只在此阶段训练。实施该阶段训练时教练应注意以下事项：

**B 选项的选择：**初级由 A、B 两个选项构成，教练选择的标准是客户的心肺耐力测试成绩与客户的运动经历，客户必须两个条件都符合才能使用此阶段的训练强度、时间及频率。如果客户有任意一个条件不能符合该选项的标准，则应降至其所符合的较低强度等级的选项进行训练。

**运动经历：**指每周至少 3 次，每次至少 30min 的中等强度体力活动，如步行或骑自行车之类的活动。

**强度：**指最大心率的百分比，最大心率通常的估算方法为 220 – 客户年龄。说话测试也可作为该阶段强度参考，通常在该阶段训练强度下，客户应能舒适地进行正常语速的对话。

**组织方法：**可将规定的时间均分成若干段来实施训练，对于心肺耐力较差的客户甚至可以采用 5min

一段的时间来进行训练。

**渐进方法：**如果客户能够在规定的心率范围内轻松连续地完成规定的运动时间，则可考虑增加运动时间，通常增加运动时间的速率为在最初的4~6周，每1~2周增加5~10min的运动时间。当运动时间受条件所限无法继续延长时可考虑增加运动强度，通常建议的强度、时间和频率的增加幅度为每周不超过10%。

2. 中级

该阶段主要采用接近个体乳酸阈的运动强度进行训练，利用乳酸阈强度进行训练具有两方面的益处：①能够较好地提高练习者的心肺耐力；②练习者提高的有氧水平能够保证燃烧更多的热量同时确保这些热量中脂肪供能占到较高的比例。

**使用条件：**选择中级内容为客户进行训练时，必须同时具备两个条件，即客户心肺耐力测试结果为良好，同时客户有2~3个月或以上的规律运动经历（每周至少3次，每次至少30min的中等强度体力活动，如步行或骑自行车之类的活动）

**组织方法：**

· 安排客户以最大心率的64%~76%热身5~10min。

· 在1min内逐渐增加速度或者坡度或者阻力，将客户的心率逐渐推高至最大心率的77%，通常要推高至77%之前需要经过大约45s的时间，客户实际维持77%最大心率的时间大约在15s。

· 经过1min的间歇后，减小设备的速度或坡度或阻力，使客户的心率回到最大心率的64%~76%（初级B）的心率范围内，让客户跑3min。

· 如果客户的心率在3min内能够恢复到64%~76%HRmax的范围内，且运动时间尚有剩余，则可重复以上两步。将客户心率重新推高的前提是客户的心率能够在两次推高之间的3min内恢复到64%~76%HRmax范围内。

· 如果客户无法在1min内进入77%~85%HRmax范围（如客户诉说速度增加太快无法适应），则将其在1min内达到的最大心率作为其“85%HRmax”，然后减掉8%的心率数值计算出其“77%HRmax”，让客户在重新计算的“77%~85%HRmax”范围进行1min的间歇训练。

· 如果客户超过了估算的77%~85%HRmax的心率范围，其心率如能在随后的3min64%~76%HRmax范围缓和跑中恢复到该范围内，则可将估算的77%~85%HRmax范围的上下限心率各提高2次，并以新的心率范围作为客户进行1min间歇跑的心率范围。

· 在使用第二阶训练内容为客户训练心肺耐力时，教练应遵循周期性训练原则，具体而言可以将初级内容与中级内容交替进行训练，如客户每周可以训练三次，则可在周一使用初级内容进行训练，周三使用中级内容进行训练，周五再返回初级内容进行训练。下周则可在周一使用中级内容进行训练，周三使用初级内容进行训练，周五再使用中级内容进行训练。这样训练的好处在于可以有效预防过度训练的发生。

**渐进方法：**中级的主要渐进方法是逐渐延长在77%~85%HRmax范围内的跑步时间，并缩短在64%~76%HRmax范围内的跑步时间，但根本前提是客户的心率能够在以64%~76%HRmax强度运动时确实能够回落到该范围。

3. 高级

该阶段使用的强度属于真正的高强度训练，因为强度超过了乳酸阈，会引发乳酸的堆积，所以在该强度下的运动不会持续很久，因此该阶段训练的组织方法同样采用了间歇训练法。

**使用条件：**由于高级属于高强度运动，为确保安全，需满足以下全部情况方可使用此阶段训练内容，错误地使用此阶段训练内容将可能导致较为严重的安全问题。使用该阶段内容训练的客户必须经过较为准确的心肺耐力评估，同时其测试结果应为优秀；另外客户还应有 3 个月的中等至较高强度的有氧训练经历（如经过至少 3 个月中级心肺耐力训练）；最后，客户必须健康水平良好并有经常参加高强度休闲娱乐活动（如足球、篮球、网球、羽毛球等项目）的需求。只有在同时满足以上三个条件时，教练方可为客户使用此阶段训练内容进行训练，对于一般客户不建议使用此内容进行训练。

**组织方法：**

- 以 64%~76%HRmax 的强度热身至少 10min。
- 每 60s 增加一次负荷（速度或坡度或阻力），直到心率范围进入 86%~95%HRmax 的强度范围，通常需要至少 2min 的时间，期间心率会经过 77%~85% 的强度范围，并在其中停留至少 1min。
- 当客户的心率进入 86%~95%HRmax 的强度范围后，在该强度范围停留 1min，然后迅速将负荷减低至 77%~85%HRmax 强度所对应的负荷。
- 观察客户的心率变化情况 1min，客户的心率下降的越快，说明其心肺耐力水平越高。正常情况下客户的心率应该在 1min 内回到 77%~85%HRmax 的范围内。
- 如果客户的心率在 1min 内确实降回到目标心率范围，重新将负荷增加至 86%~95%HRmax 强度所对应的负荷，以此将客户心率重新推高至此范围，一旦客户的心率进入此范围，在此范围内停留 1min，然后将负荷降低至 64%~76%HRmax 强度所对应的负荷，让客户的心率降低至此范围内并维持 10min，然后结束运动。
- 如果客户的心率在 1min 内无法降回到 77%~85%HRmax 的范围内，说明客户可能有疲劳或过度训练的问题存在，至少也能说明客户在那天之前休息的不够充分，以至于无法在当天完成此类高强度的运动。此种客户的解决方案是让客户在 77%~85%HRmax 或是在 64%~76%HRmax 强度范围内完成剩余的运动。
- 在使用第三阶训练内容为客户训练心肺耐力时，教练同样也应遵循周期性训练原则，可以在一周内的不同训练课上轮替使用初级、中级、高级的训练内容，通常情况下高级的训练内容每周使用一次即可。

**渐进方法：**主要为增加 1min 高强度运动的次数，但增加的前提是客户能够在随后的 1min 较高强度运动中，心率马上降回至预测的心率范围，如果客户无法降回到应有的心率范围，则不应该重复将客户的心率推高至 86%~95%HRmax 强度范围。

## 二、肌肉适能促进方法

### （一）ACSM 健康成年人抗阻运动指引

**健康相关抗阻训练目的：**

- 能够完成对生理压力较小的日常活动（如爬楼梯、提行李和食品袋）。
- 有效控制、延缓或预防诸如骨质疏松、2 型糖尿病和肥胖等慢性疾病。

**运动方式：**进行动员超过一个肌群的多关节抗阻训练，同时发展主动肌和拮抗肌，以保持肌肉平衡。抗阻训练中也可包括动员主要肌群的单关节运动。

· 训练量（重复次数和组数）：每一肌群练习 2~4 组，每组 8~12 次，阻力强度为最大重量的（1RM）60%~80%，组间休息 2~3min。

· 抗阻训练技术：每个动作应该按照正确的技术要求完成，包括举起阶段（向心收缩）和放下阶段（离心收缩）。在完成每一次动作的全关节活动范围内，都应保持有控制的、谨慎的方式。完成动作的同时，应保持正确的呼吸方式，举起时呼气，放下时吸气。

· 提高 / 保持方法：当参与者能够轻松完成 12 次 / 组运动量时，说明其肌肉适能已经适应此负荷，应该将负荷增加到其完成第 12 次时肌肉感到疲劳，并且增加的负荷应该使其完成最后一个动作比较困难。

**运动频率：**每周对每一个大肌群（如胸部、肩部、上背部、下背部、腹部、臀部和下肢）训练 2~3 次，并且同一肌群练习的时间应间隔至少 48h。

## （二）抗阻训练具体实施方法（表 13-3）

表 13-3 抗阻训练具体实施方案

<table>
<tr><th colspan="2">训练阶段</th><th>训练目标</th><th>客户背景</th><th>次数（次）</th><th>组数（组）</th><th>速度（s）<br>离心 / 等长 / 向心</th><th>强度<br>1RM%</th><th>组间间歇</th><th>频率（次 / 周）</th><th>周期（周）</th><th>动作（个）</th></tr>
<tr><td colspan="2">初级</td><td>肌耐力</td><td>无训练经历</td><td>12~20</td><td>1~3</td><td>4，2，1</td><td>60%~70%</td><td>0~90s</td><td>2~4</td><td>4~6</td><td>1~2（A 类动作）</td></tr>
<tr><td rowspan="3">中级</td><td>A</td><td>力量耐力</td><td>1~2 个月肌耐力训练</td><td>8~12</td><td>2~4</td><td>1, 1, 1（B 类动作）<br>3, 2, 1（A 类动作）</td><td>70%~80%</td><td>0~60s</td><td>2~4</td><td>4~6</td><td>2（A、B 类各一个，采用 B+A 超级组方式）</td></tr>
<tr><td>B</td><td>肌肉肥大</td><td rowspan="3">1~2 个月力量耐力训练</td><td>6~12</td><td>3~5</td><td>2，0，2</td><td>75%~85%</td><td>0~60s</td><td>3~6</td><td>4</td><td>2~4（B 类）</td></tr>
<tr><td>C</td><td>绝对力量</td><td>1~5</td><td>4~6</td><td>1，1，1</td><td>85%~100%</td><td>3~5min</td><td>2~4</td><td>4</td><td>1~3（B 类）</td></tr>
<tr><td colspan="2">高级</td><td>爆发力</td><td>1~5（B 类动作）；8~10（C 类动作）</td><td>3~5</td><td>1，1，1（B 类动作）；受控的情况下尽可能快（C 类动作）</td><td>85%~100%（B 类动作）；10% 体重或 30~45%（C 类动作）</td><td>1~2min（成组练习时，每组间）；3~5min（循环练习时，每个循环间）</td><td>2~4</td><td>4</td><td>2（B、C 类各一个，采用 B+C 超级组方式）</td></tr>
</table>

注：A，B，C 类动作请参照抗阻训练篇中介绍的动作分类。

### 1. 初级

该阶段的主要训练目的是提高练习者的肌肉耐力及身体稳定能力。小重量多次数的训练方式能够充分刺激肌肉中的 I 型肌纤维，同时帮助练习者建立良好的神经肌肉联系，从而提高练习者的肌肉耐力。通过逐步使用受控的不稳定练习动作，能够有效刺激练习者的深层稳定肌，从而为其建立良好的动态关节稳定能力及运动中维持正确身体姿态的能力。该阶段训练还使结缔组织（韧带、肌腱等）得到足够的发展时间，从而减低运动损伤的发生风险，因为通常结缔组织适应性变化的速率要比肌肉组织慢，因此不能在短时间内增加较大的压力。

**使用条件：**无抗阻训练经历者或停训较长时间的客户（停训 32 周），系统的位于中级、高级的客户也应定期循环回此阶段进行调整训练。

**组织方法：**

- 此阶段通常不需要进行分化训练（即在专门的训练日训练特定的身体部位），教练可在每次训练课选择 5~7 个针对客户身体主要部位（胸部、肩部、背部、腿部）大肌肉群的多关节动作，每个动作练习 1~3 组，以使客户的整体肌肉耐力得到良好的提升。
- 训练初期可采用 90s 的组间间歇方式，随着客户训练水平的提高，可以依据训练目标进行调整，以体现出训练强度的改变，如在进行高重复次数时用 90s 的间歇时间，而在进行中等或低重复次数时用小于 60s 的间歇时间。

**渐进方法：**

- 对于没有训练经验且具备一定体能水平的客户，如其不存在主要肌群的肌肉平衡失调问题，教练可以选择以 60%1RM（能够举起一次的重量）的强度重复 12 次为训练的起点，然后在强度不变的情况下每周逐步增加重复的次数来进行训练的渐进。
- 对于具有良好训练经验且具备一定体能水平的客户，教练可以选择以 60%1RM 的强度重复 20 次为训练的起点，然后以递增训练强度减低训练次数的方式来进行训练的渐进。
- 无论何种客户教练都应依据客户实际情况逐渐为其选择对稳定性具有挑战的训练动作，以逐步提高客户的本体感受能力。（表 13–4）

表 13–4　抗阻初级训练动作渐进方法

| 接触面 | 下肢 | 上肢 |
| --- | --- | --- |
| 地面<br>泡沫半轴<br>平衡软榻<br>平衡气垫<br>半球<br>平衡板 | 双腿<br>双脚前后开立<br>单腿 | 双臂<br>双臂交替<br>单臂<br>单臂转体 |

### 2. 中级（A）

该阶段的训练目标是提高力量耐力。与肌肉耐力不同，力量耐力除了要求肌肉能够长时间的反复工作外，还要求其保持较高的收缩力量表现。此阶段还是从肌肉耐力向肌肉肥大训练的过渡阶段，利用超级组配合较高的训练强度进行训练，使肌肉逐步适应由单一组向多组数，由低强度向较高强度的变化过程。

**使用条件：**在使用此阶段训练内容前应确保客户经过 1~2 个月（4~6 周）的肌耐力训练或者客户本身具备良好的肌肉耐力及身体稳定能力（体适能评估时，客户不存在不良姿态及错误动作模式）。

**组织方法：**

- 选择 70%~80%1RM 的强度让客户进行反复推举，通常推举的次数维持在 8~12 次 / 组。
- 训练采用超级组的方式组织，通常是一个强度较高稳定性较强的动作结束之后，紧跟着进行一个生物力学效果近似的稳定性相对较弱的动作进行强化。以胸部训练为例，可以先采用杠铃仰卧推举（稳定性较强）动作，在完成 8~12 次之后不要休息，紧跟着进行一个站姿的拉力器胸部推举（稳定性较弱）。这种训练方式有助于肌肉力量耐力的提高，同时为下一阶段进行多组训练模式奠定基础。
- 通常每“（超级）组”动作需要做 2~4 组，组间间歇 60s 左右。

· 在完成稳定性较强动作时，动作速度通常为肌肉离心收缩 1s，等长收缩 1s，向心收缩 1s；完成稳定性相对较差的动作时，动作速度通常为肌肉离心收缩 3s，等长收缩 2s，向心收缩 1s。
· 由于练习组数的增多，此阶段通常开始采用分化训练，最初可以采用上下半身进行分化，如果训练量进一步增大还可采用按部位进行分化，通常控制的原则是每节训练课的总训练时间不超过 60~90min（不含热身及放松整理时间）。

**渐进方法：**

· 对于运动目标为一般健康或减肥的客户，因其不需要增大肌肉体积，所以在使用此阶段内容进行训练时可以采用中等强度（70%~75%1RM）范围，次数在 10~12 次（10 次对应 75%，12 次对应 70% 重量）之间。
· 对于运动目标为增加瘦体重的客户，在确保其经过初级的训练获得良好肌肉耐力的情况下，此阶段可采用逐渐增加强度并递减次数的方式进行训练，具体操作为强度可从初始的 70%1RM 开始，每周递加 5%，直至增加到 80%1RM 的强度，次数则可从最初的 12 次，随着强度的增加递减至 8 次。

### 3. 中级（B）

此阶段主要训练目标为肌肉肥大（健美），通过采用较高的训练量（重复次数 × 组数）及较短的休息周期刺激肌细胞发生改变，从而使肌肉体积逐步增大。

**使用条件：**教练在使用此阶段训练内容时，需确保客户的主观训练目标为增肌或者客户存在客观的增肌需求，同时客户已经通过中级（A）训练获得了良好的力量耐力

**组织方法：**

· 选择 75%~85%1RM 的强度让客户反复推举，在此强度下进行推举，通常每组的推举次数在 6~12 次之间。每组之间的间歇时间通常采用 60s 左右的长度。
· 每个部位选择 2~4 个稳定性较强的动作（抗阻 B 类动作）进行训练，每个动作重复 3~5 组，单堂训练课的总训练组数维持在 24~36 组之间，可采用周期性的方式进行安排，小训练量日维持在 20~24 组 / 课，中训练量日维持在 25~30 组 / 课，大训练量日维持在 31~36 组 / 课，以此来降低过度训练的风险。
· 由于训练组数较多，此阶段通常采用较为细致的分化训练，即按身体部位进行分化，教练可以在每次训练课程中为客户选择 1~2 个部位进行重点训练。需要注意的是，如果每个部位每周训练的次数超过 1 次，则该部位两次训练之间的间隔时间至少在 48h，以确保其得到有效恢复。

**渐进方法：**

· 此阶段客户往往具备良好的训练经历及力量耐力，渐进方法主要为逐步增加训练强度和训练量（重复次数 x 组数），教练可选择以 75%1RM 强度重复推举 12 次为训练起点，每周提升 5% 的训练强度，同时减低重复推举的次数，直到将强度增加至 85%1RM，重复推举次数对应降低至 6 次 / 组。
· 训练组数则可从最初的 3 组 / 动作，通过每周递加 1 组的频率，逐步增加到 5 组 / 动作。

### 4. 中级（C）

该阶段的主要训练目的是增加客户的绝对力量，以此为需要进行爆发力训练的客户奠定良好的生理基础。因此主要采用高强度、低重复次数、长间歇时间的训练方式进行训练，以使客户的肌肉力量得到最大限度的提升。

**使用条件：**教练在使用此阶段训练内容时，需确保客户的主观训练目标为增大绝对力量或者有增大绝对力量的客观需要（如参加业余的体育休闲活动需要提升爆发力或想要在增肌训练中表现出更好的训

练能力等），同时客户至少已经通过中级（A）训练获得了良好的力量耐力。

**组织方法：**

· 通常选择 85%~100%1RM 的训练强度让客户重复推举，以此强度进行反复推举时，通常每组重复次数在 1~5 次之间。

· 由于训练目标是绝对肌力，因此应尽可能选择涉及大肌肉群的多关节动作进行训练，通常情况下主要部位可选择 1~3 个多关节动作，每个动作进行 4~6 组训练。3~5min 的组间间歇有助于 ATP–CP 供能系统的完全恢复，从而保证训练的高强度。

· 由于每次举起的重量较大，因此该阶段的动作速度采用离心 1s，等长 1s，向心 1s 的较快动作速度进行训练。

· 由于训练组数较多，此阶段通常采用较为细致的分化训练，即按身体部位进行分化，教练可以在每次训练课程中为客户选择 1~2 个部位进行重点训练。需要注意的是，如果每个部位每周训练的次数超过 1 次，则该部位两次训练之间的间隔时间至少在 48h，以确保其得到有效恢复。

**渐进方式：**

· 此阶段客户往往具备良好的训练经历及力量耐力，渐进方法主要为逐步增加训练强度，教练可选择以 85%1RM 强度重复推举 5 次为训练起点，每周提升 5% 的训练强度，同时减低重复推举的次数，直到将强度增加至 93%1RM，重复推举次数对应降低至 3 次 / 组。

· 训练组数则可从最初的 4 组 / 动作，通过每周递加 1 组的频率，逐步增加到 6 组 / 动作。

5. 高级

该阶段主要目的为提升客户的爆发力，良好的爆发力有助于那些希望在日常生活中参与体育休闲娱乐活动（足球、篮球、网球、高尔夫球）的客户获得良好的表现。由于爆发力除受肌肉的收缩力量影响外，还与肌肉的收缩速度密切相关，因此该阶段的训练方式主要采用在绝对力量训练的基础上穿插小重量、少次数、快速度的训练为主。

**使用条件：**教练在使用此阶段训练内容时，需确保客户的主观训练目标为增大爆发力或者有增大爆发力的客观需要（如其参加业余的体育休闲活动），同时客户至少已经通过中级（A）训练获得了良好的力量耐力。

**组织方法：**

· 训练采用超级组的方式组织，通常是一个稳定性较强的大重量动作结束之后，紧跟着进行一个生物力学效果近似的小重量快速度的全身性或多关节动作进行强化。以胸部训练为例，可以先采用杠铃仰卧推举（稳定性较强）动作，在完成 1~5 次之后不要休息，紧跟着进行一个站姿的实心球胸前推（快速小重量）。这种训练方式有助于绝对肌力与爆发力的提高。

· 在进行大重量动作时通常选择 85%~100%1RM，重复推举 1~5 次的方式进行训练；而进行小重量快速动作时通常选择 30%~45%1RM 或自身体重 10% 的重量，重复推举 8~10 次的方式进行训练。

· 通常每个部位选择两个动作组成超级组，每“（超级）组”动作需要做 3~5 组，组间间歇 2min 左右，如果采用循环训练，则每个循环之间休息 3~5min

· 大重量动作时动作速度采用离心 1s，等长 1s，向心 1s 的动作速度，小重量快速动作时动作速度采用尽可能快的速度。

· 此阶段训练主要关注的是训练强度，因此训练量不宜过高，教练可在低训练量时不采用分化训练，如训练量较高，则可考虑上下半身进行分化的分化训练方式。

**渐进方式：**

· 该阶段的渐进方法主要为逐步增加训练强度，对于大重量动作教练可选择以 85%1RM 强度重复推举 5 次为训练起点，每周提升 5% 的训练强度，同时减低重复推举的次数，直到将强度增加至 93%1RM，重复推举次数对应降低至 3 次 / 组；对于小重量快速动作教练可选择以 2% 的体重强度重复推举 10 次为训练起点，每周提升 1% 的训练强度，同时减低重复推举的次数，直到将强度增加至 4% 的体重，重复次数对应降至 8 次 / 组。

· 训练组数则可从最初的 3 组 / 动作，通过每周递加 1 组的频率，逐步增加到 5 组 / 动作。

### （三）抗阻训练系统介绍

以下是经常在抗阻训练中被教练采用的训练系统，教练应根据其作用结合客户的实际情况选择合适的训练系统为客户组织抗阻训练。（表 13–5）

表 13–5 抗阻训练系统

| 类 型 | 定 义 | 作 用 |
|---|---|---|
| 单组法 | 每个动作做一组 | 较适合无经验的初级客户使用 |
| 多组法 | 每个动作做多组 | 较适合有一定抗阻训练经验的中高级客户使用 |
| 循环训练法 | 一个接一个的完成不同动作，尽量减少动作间的间歇 | 较为节约时间，如果一个上肢动作配合一个下肢动作进行循环训练还能产生较多的热量消耗 |
| 超级组法 | 连续做两个动作（可以是同一部位，也可是互为拮抗的两个肌群），中间无休息 | 对提升肌肉耐力及促进肌肉肥大有较好的作用 |
| 金字塔法 | 逐渐递增重量，递减次数（正金字塔）<br>逐渐递减重量，递增次数（倒金字塔） | 金字塔法通常力图在一节训练课中训练到肌肉适能的各个层面，包括肌肉力量、肌肉耐力、肌肉肥大等。在采用非线性周期性训练时，因为开始采用分化训练，配合金字塔法能够更好地确保按照训练目的实施训练 |
| 分化训练法 | 在不同的训练日训练身体不同的部位 | 通常被健美客户所采用，当训练量逐渐增大时，客户无法在一天内训练所有的肌肉，因此采用分化训练，较适合中高级客户。需要注意的是，相同的肌肉不要连续训练两天 |

## 三、柔韧性促进方法

### （一）ACSM 健康成年人柔韧性训练指引

**运动方式（Type）：**静力拉伸、动力拉伸（弹振式拉伸，对于那些在运动中涉及弹振运动的人来说，可以考虑进行弹振式拉伸）、神经肌肉促进术和动态关节活动度技术来提高柔韧性

**运动强度（Intensity）：**感到轻微的绷紧为宜，不要出现不适。

**运动时间（Time）：**静力拉伸应保持 15~60s，PNF 技术建议先进行 6s 的收缩，接着进行 10~30s 的被动拉伸。

**运动频率（Frequency）：**每周 2~3 次，每一大肌肉群肌腱（如颈部、肩部、上背部、髋部、臀部和下肢）进行至少 4 次共 10min 的拉伸。

## （二）柔韧性训练具体实施方法（表 13-6）

表 13-6 柔韧性训练具体实施方法

| 训练阶段 | 训练目标 | 客户背景 | 次数（次） | 组数（组） | 动作持续时间（s） | 强度 | 频率（次/周） | 周期（周） | 动作 |
|---|---|---|---|---|---|---|---|---|---|
| 初级 | 纠正不良姿态，纠正错误动作模式，改善被动柔韧性 | 存在不良姿态，错误动作模式，被动柔韧性差 | 1 | 1~3 | 保持 30s | 目标伸展肌肉感到轻微绷紧 | 3~7 次/周 | 4~8 | 自我筋膜放松、静态伸展（主动、被动）、PNF 伸展（保持 – 放松） |
| 中级 | 改善主动柔韧性 | 被动柔韧性正常，主动柔韧性差 | 5~10 | 1~2 | 保持 2~4s/动作 | | | | 自我筋膜放松、主动 – 孤立伸展、PNF（慢翻转 – 保持 – 放松）静态伸展（主要用于放松阶段） |
| 高级 | 预防受伤，提高功能柔韧性 | 被动、主动柔韧性均达标 | 10~15 | 1~2 | | | | | 自我筋膜放松、动态伸展 3~5 个动作、静态伸展（主要用于放松阶段） |

注：伸展方式及身体不同部位的具体操作方法见柔韧性训练篇。

### 1. 初级

此阶段主要训练目标为纠正客户存在的不良姿态及错误动作模式，改善客户的被动柔韧性。

**使用条件：**客户存在不良姿态或不良动作模式，或者客户被动柔韧性较差。

**组织方法：**

- 此阶段主要采用自我筋膜放松、静态伸展（主动、被动）两种模式进行训练。
- 教练可在准备活动中对客户过于紧张的肌肉（通过静态、动态姿态评估获得相关信息）及运动中可能动用到的肌肉进行自我筋膜放松及静态伸展训练，通常建议先进行自我筋膜放松，其次进行静态伸展，最后进行 10min 左右的有氧训练，此种安排有助于减少客户在进行热身有氧运动时出现姿势代偿的问题。对于客户自身存在的较为薄弱的肌肉不建议对其进行拉伸，为防止受伤可在开始进行该肌肉抗阻训练动作前利用小重量让客户进行局部热身。
- 教练应在放松整理阶段对客户自身存在的过紧的肌肉及课程中抗阻训练的主要训练部位进行自我筋膜放松及静态伸展，对于较为薄弱但是在课程中进行过针对抗阻训练的肌肉，教练可以对其进行伸展，但伸展的时间及强度不宜过大。

**渐进方法：**教练如发现静态伸展的训练效果不佳，在身体部分部位可选择 PNF 伸展（保持 – 放松）替代静态伸展，但建议在客户放松整理阶段进行 PNF 伸展。除此之外，教练也可通过增加静态伸展的组数来进行训练的渐进变化，以提高训练效果。

### 2. 中级

此阶段主要训练目标为提高客户的主动柔韧性。

**使用条件：**客户自身姿态良好且无不良动作模式，客户被动柔韧性较好，但主动柔韧性较差。

**组织方法：**

- 此阶段主要采用自我筋膜放松、主动 – 孤立伸展、静态伸展三种模式进行训练。
- 教练可在准备活动中对客户运动中可能动用到的肌肉进行自我筋膜放松及主动 – 孤立伸展训练，通常建议先进行自我筋膜放松，其次进行主动 – 孤立伸展、最后进行 10min 左右的有氧训练，此

种顺序安排有助于减少客户在进行热身阶段有氧心肺运动时出现姿势代偿的情况。

- 教练应在放松整理阶段对客户课程中抗阻训练的主要训练部位进行自我筋膜放松及静态伸展。

**渐进方法：** 教练如发现主动－孤立伸展的训练效果不佳，在身体部分部位可选择PNF伸展（慢反转－保持－放松）替代放松整理阶段的静态伸展。但不建议在热身阶段使用，尤其是客户需要进行抗阻训练中级阶段内容训练时。除此之外，教练也可通过增加主动－孤立伸展的组数（由1组增加至2组）来进行训练的渐进变化，以提高训练效果。

### 3. 高级

此阶段的训练目标主要为预防客户在运动中出现损伤。

**使用条件：** 客户主动、被动柔韧性均较好，无不良姿态及错误动作模式。

**组织方法：**

- 此阶段主要采用自我筋膜放松、动态伸展、静态伸展三种模式进行训练。
- 教练可在准备活动中对客户运动中可能动用到的肌肉进行自我筋膜放松及动态伸展训练，通常建议先进行自我筋膜放松，其次进行动态伸展训练，由于动态伸展可以用循环训练的方式进行安排，并能够有效地提升心率，因此可以省略热身环节的有氧运动部分。
- 教练应在放松整理阶段对客户课程中抗阻训练的主要训练部位进行自我筋膜放松及静态伸展。

**渐进方法：** 由于此阶段客户已具备较好的主动及被动柔韧性，因此不需要进行更多的渐进训练。相反如果客户因某些原因重新出现不良姿态等问题，教练应重新采用初级的伸展训练内容进行训练。

## 四、核心训练方法（表13–7）

表13–7 核心训练具体实施方法

| 训练阶段 | 训练目标 | 客户背景 | 次数（次） | 组数（组） | 速度（s）离心/等长/向心 | 组间间歇（s） | 频率（次/周） | 周期（周） | 动作 |
|---|---|---|---|---|---|---|---|---|---|
| 初级 | 提升局部稳定肌能力 | 无训练经验或核心稳定性差、一般 | 12~20 | 1~3 | 4，2，1 | 0~90 | 2~4 | 4~6 | 1~4（A类动作） |
| 中级 | 提升整体稳定肌能力 | 有1~2个月初级训练经验或核心稳定性良好 | 8~12 | 2~4 | 3，2，1~1，1，1 | 0~60 | 2~4 | 4~6 | 0~4（B类动作） |
| 高级 | 提升整个核心肌群力量产生的效率 | 有1~2个月中级训练经验或核心稳定性良好 | 8~12 | 2~3 | 受控状况下尽可能快 | 0~60 | 2~4 | 4 | 0~2（C类动作） |

注：①A，B，C类动作请参照核心训练篇中介绍的动作分类；②对于已经开始爆发力训练的客户，初级、中级的内容已经包含在动态伸展部分，而高级的内容也已经包含在抗阻训练中，因此无需单独安排核心训练部分的内容

### 1. 初级（核心稳定训练阶段）

该阶段主要以提升椎节稳定及腰椎－骨盆间稳定为主要训练目标。

**使用条件：** 客户存在不良姿态或错误动作模式，另外，如果教练为客户进行核心稳定性测试，客户核心稳定性成绩为差或一般也需从此阶段开始训练。

**组织方法：** 选择较小的骨盆及脊柱活动动作提高局部稳定肌的能力，以此来着重提升椎节间及腰椎－骨盆的稳定能力。

**渐进方法：**此阶段教练可通过延长动作时间、改变动作难度、改变支撑面等方式进行动作渐进。

### 2. 中级（核心力量训练阶段）

**使用条件：**客户具有良好姿态及动作模式，同时至少经过4~6周初级内容的训练，或者客户具有良好姿态及动作模式，核心稳定性测试成绩为良好。

**组织方法：**采用脊柱全范围的向心及离心动作，提升整体稳定肌的能力（力量，耐力等）。

**渐进方法：**此阶段教练可通过改变动作难度、增加动作平面、改变支撑面等方式进行动作渐进。当客户所能完成次数超过规定次数时可选择适当增加重量，通常重量增加的标准为客户刚好完成目标重复次数为宜。

### 3. 高级（核心爆发力训练阶段）

**使用条件：**客户必须有进行爆发力训练的主观愿望或客观需求，另外，开始此内容训练前教练还需确认客户具有良好姿态及动作模式，同时经过4~6周中级内容的训练，或者客户具有良好姿态及动作模式，核心稳定性测试成绩为优秀。

**组织方法：**采用全身性的爆发性动作，提升整个核心肌群力量产生效率（爆发力），以此协助客户以更加功能性及合适的速度，动态地产生力量及稳定。

**渐进方法：**此阶段教练可通过改变动作难度、增加动作平面、改变支撑面等方式进行动作渐进。

## 五、平衡促进方法（表13–8）

表13–8 平衡促进具体实施方法

| 训练阶段 | 训练目标 | 客户背景 | 次数（次） | 组数（组） | 速度（s）离心/等长/向心 | 组间间歇（s） | 频率（次/周） | 周期（周） | 动作 |
|---|---|---|---|---|---|---|---|---|---|
| 初级 | 提高静态平衡 | 无训练经历 | 12~20（单腿，每边6~10次） | 1~3 | 4，2，1 | 0~90 | 2~4 | 4~6 | 1~4（A类动作） |
| 中级 | 提供静态向动态过渡 | 1~2个月肌耐力训练 | 8~12 | 2~3 | 4，2，1 | 0~60 | 2~4 | 4~6 | 0~4（B类动作） |
| 高级 | 动态平衡 | 1~2个月力量耐力训练 | 8~12 | 2~3 | 受控的（落地后停留3~5s） | 0~60 | 2~4 | 4 | 0~2（C类动作） |

注：①A，B，C类动作请参照平衡训练篇中介绍的动作分类；②对于已经从事健美或者提高绝对力量的客户，平衡训练并非必选项，但时间允许的情况下建议其进行平衡训练，可选择直接从中级开始进行训练；③对于已经开始爆发力训练的客户，因平衡训练已经包含在动态热身当中，且下肢的抗阻训练及快速伸缩复合训练中也包含动态平衡训练的要素，因此不需要单独进行训练。

### 1. 初级（静态平衡及半动态平衡训练阶段）

此阶段提高静态平衡控制并为动态平衡训练奠定基础。

**使用条件：**无训练经验或肌耐力较差的客户。

**组织方法：**静态平衡训练为主，在稳定的平面上同时保持支撑基础固定，通过缩小支撑基础（缩小两脚之间的距离）及增加自身的干扰（非支撑腿肢体动作）来提升静态平衡控制。

**渐进方法：**静态平衡训练的渐进方法可按以下顺序进行渐进，缩小支撑面（双脚、弓箭步、单脚支撑）→增加自身干扰（手臂摆动及躯干的旋转等）→干扰前庭机能（头部转动或摆动）→干扰视觉（视线的移动、闭眼等）→增加未知的外力作用（轻推、轻拉练习者）→改变平面的稳定性（平衡软榻等）逐渐过渡到半动态平衡训练。

### 2. 中级（半动态及动态平衡训练阶段）

此阶段逐渐过渡至动态平衡，并提升动态平衡。

**使用条件：**客户进行了 1~2 个月肌耐力训练。

**组织方法：**在支撑基础固定及其所在的平面也保持稳定的情况下，将身体的重心向各个方向或角度移动至平衡极限，维持身体的稳定，支撑腿将有较大的活动幅度，以增加重心位置的变化，最终过渡向动态平衡。

**渐进方法：**增大重心的移动幅度（增大支撑腿的活动幅度）、增加自身干扰、增加未知外力作用、改变平面的稳定性，逐渐过渡至动态平衡。

### 3. 高级（动态平衡训练阶段）

此阶段提升动态平衡控制能力。

**使用条件：**客户经过 1~2 个月力量耐力训练。

**组织方法：**在稳定平面上，支撑基础移动，并且保持身体稳定，此阶段可采用较多的跳跃性动作进行训练，落地时可采用同侧脚落地也可采用对侧脚落地，重点提升落地阶段的稳定能力及身体在失衡状态下的控制能力。

**渐进方法：**增大重心的移动幅度（前后、上下、左右方向的移动）、增加自身干扰（移动过程中配合身体其他肢体动作）、增加未知外力作用，改变平面稳定性（蹦床或震动器等）。

## 六、快速伸缩复合训练（表 13–9）

表 13–9 快速伸缩复合训练具体实施方法

| 训练阶段 | 训练目标 | 客户背景 | 次数（次） | 组数（组） | 速度（s）离心/等长/向心 | 组间间歇（s） | 频率（次/周） | 周期（周） | 动作 |
|---|---|---|---|---|---|---|---|---|---|
| 初级 | 建立良好缓冲机制 | 具有良好肌耐力及核心稳定性 | 5~8 | 1~3 | 落地保持 3~5s | 0~90 | 2~4 | 4~6 | 0~2（B类动作） |
| 中级 | 提高关节稳定性 | 具有良好力量耐力并经过初级训练 | 8~10 | 2~3 | 落地无停留 | 0~60 | 2~4 | 4 | 0~4（B+类动作） |
| 高级 | 提高肌肉输出功率 | 具有良好力量耐力并经过中级训练 | 8~12 | 2~3 | 尽可能快 | 0~60 | 2~4 | 4 | 0~2（C类动作） |

注：①B，B+，C 类动作请参照快速伸缩复合训练篇中介绍的动作分类；②快速伸缩复合训练只适合已经具备良好肌耐力及核心稳定性的客户使用，而且也应从初级开始进行循序渐进的训练；③对于运动目标为健美和增大绝对力量的客户，快速伸缩复合训练并非必选项；④对于已经开始爆发力训练的客户，快速伸缩复合训练通常已经包含在抗阻训练当中，因此不需要单独进行训练。

### 1. 初级（适应性训练阶段）

此阶段建立理想的落地缓冲机制，建立良好的姿势排列，提升神经肌肉控制能力。

**使用条件：**客户本身具有要提高爆发力的主观愿望或其具有客观提高爆发力的需求，且客户肌耐力及核心稳定性较好。

**组织方法：**采用较小的关节活动幅度，落地后维持落地姿势 3~5s，然后再次重复动作。此阶段所采用的训练动作还不能算作真正意义上的快速伸缩复合训练。

**渐进方法：**逐渐加快动作速度并缩短落地停留的时间。

### 2. 中级（强化提高阶段）

此阶段提高动态关节稳定性，提高离心收缩力量，提高肌肉输出功率，提高整体的神经肌肉有效性，提供向常规的快速伸缩复合训练的转化。

**使用条件：**客户本身具有要提高爆发力的主观愿望或其具有提高爆发力的客观需求，且客户具有良好的力量耐力并经过了初级快速伸缩复合训练。

**组织方法：**在完整的动作幅度内完成向心和离心收缩动作，落地后不做停留，接着跳起。此阶段的训练动作依然不是常规意义上的快速伸缩复合训练。

**渐进方法：**继续加快动作速度。

### 3. 高级（常规维持阶段）

此阶段提高肌肉输出功率，离心收缩力量，反应性力量，反应性关节稳定，动态神经肌肉有效性及肌肉力量。

**使用条件：**客户本身具有要提高爆发力的主观需求或其具有提高爆发力的客观需求，且客户具有良好的力量耐力并经过了中级的训练。

**组织方法：**在整个肌肉的收缩幅度及收缩速度范围内训练，尽可能快及爆发性地完成动作。此阶段使用的动作才是常规的快速伸缩复合训练动作。

**渐进方法：**负轻重量，增加外界干扰等。

## 七、SAQ训练方法（表13-10）

表13-10　SAQ训练具体实施方法

| 训练阶段 | 训练目标 | 客户背景 | 组数（组） | 次数（次） | 动作速度 | 组间间歇（s） | 频率（次/周） | 周期（周） | 动作 |
|---|---|---|---|---|---|---|---|---|---|
| 初级 | 掌握正确的动作 | 肌耐力及核心稳定性良好 | 1~2 | 2~3 | 慢速准确完成动作 | 0~60 | 2~4 | 4~6 | 4~6<br>绳梯、标志筒 |
| 中级 | 提高动作效率 | 力量耐力良好并经过初级训练 | 3~4 | 3~5 | 快速准确完成动作 | 0~60 | 2~4 | 4 | 6~8<br>绳梯、标志筒 |
| 高级 | 提高快速反应能力 | 力量耐力良好并经过中级训练 | 3~5 | 3~5 | 接到信号后快速准确完成动作 | 0~90 | 2~4 | 4 | 6~10<br>绳梯、标志筒 |

注：①绳梯及标志筒训练技巧详见SAQ训练篇；②此处所指绳梯为一段绳梯，通常购买的绳梯分为两段。

### 1. 初级（动作学习阶段）

此阶段使练习者掌握正确的动作方法。

**使用条件：**客户本身具有要提高SAQ的主观愿望或其具有提高SAQ的客观需求，且客户肌耐力及核心稳定性较好。

**组织方法：**慢速而准确完成动作，整个动作过程中保持良好的身体姿势。

**渐进方法：**逐步加快动作速度。

### 2. 中级（动作效率提升阶段）

此阶段逐步提高动作的效率。

**使用条件：**客户本身具有要提高SAQ的主观愿望或其具有提高SAQ的客观需求，且客户具有良好的力量耐力并经过了初级的训练。

**组织方法：**快速而准确完成动作，可以采用计时的方式。

**渐进方法：**逐步加快动作速度。

3. 高级（反应性动作阶段）

此阶段逐步提升快速反应能力。

**使用条件：** 客户本身具有要提高 SAQ 的主观愿望或其具有提高 SAQ 的客观需求，且客户具有良好的力量耐力并经过了中级的训练。

**组织方法：** 快速准确完成既定动作，教练应给予专项运动中可能出现的刺激，要求练习者根据刺激采取相应的动作。

**渐进方法：** 添加外部刺激及干扰。

# 第三节 运动处方执行程序

**导读：** 掌握运动处方执行各环节的具体作用及组织方法，并在训练实践中科学地组织实施以下各个环节，是确保训练安全性及有效性的前提。

## 一、一般运动处方执行程序构成及作用

一般运动处方通常由准备活动、基本部分、整理活动三个阶段构成。

### （一）准备活动

**目的：** 使身体逐渐从安静状态进入工作（运动）状态，避免心血管、呼吸等系统突然承受较大运动负荷而发生意外，避免肌肉、韧带、关节等运动系统损伤，提高机体兴奋性。

**主要内容：** 准备活动可以分为一般性准备活动与针对性准备活动两种。一般性准备活动是由与基本部分所做动作关联性较小的动作构成的准备活动，例如在抗阻运动前利用固定自行车或跑步机步行进行热身；针对性准备活动是由与基本部分所做动作关联性较大的动作构成的准备活动，例如在抗阻训练前进行自重深蹲或俯卧撑等。一般性准备活动经常被应用于运动经验较少的初级客户，主要内容通常为中低强度的有氧运动与静态伸展相配合。针对性准备活动则经常被运动经验较为丰富的中、高级客户所采用，通常由类似于低强度抗阻训练的动态伸展构成，如多方向箭步蹲、自重单腿硬拉等。

### （二）基本部分

**目的：** 提高心肺适能、肌肉适能等体适能要素。

**主要内容:** 基本部分是运动处方的主要内容，为达到提高体适能各要素的运动目的，通常由抗阻训练、心肺耐力训练等内容构成。对于有特殊需求的客户（例如参与休闲娱乐活动），教练还会根据客户的实际需要及客观评估结果为客户加入平衡、速度、灵敏及爆发力等竞技体适能要素的训练内容，以达到协助客户更好地适应生活需求的目的。教练请参照本书前半部分所述的各训练要素的训练内容结合客户的主客观评估信息来确定。

**内部顺序安排：** 基本部分通常由多种训练要素构成，各要素的训练顺序应依训练目的及客户的实际情况进行安排。客户如以增肌为目的，抗阻训练量较大，可先进行抗阻训练，后进行心肺耐力训练；客户如以减肥为目的，抗阻训练量较小，可先进行心肺耐力训练，后进行抗阻训练。

### （三）整理活动

**目的：** 使身体机能由激烈的运动状态逐渐恢复到相对安静的状态，减轻疲劳，促进体力恢复，避免因突然停止运动而带来的心血管系统、呼吸系统、神经系统的不良反应。

**主要内容：** 通常由中低强度的有氧运动及静态伸展构成。中低强度的有氧运动通常是指在较长时间的心肺耐力训练的末端逐步将强度降低（40~50%HRmax）进行较为缓和的慢跑 5~10min。静态伸展则在所有基本部分内容实施完毕后对运动中的主要肌肉或客户自身存在的过紧的肌肉进行静态伸展。（表 13-11）

表 13-11　运动处方的基本程序

| 程 序 | 内 容 | 具 体 要 求 | 作 用 |
|---|---|---|---|
| 准备活动（warm-up） | 一般性准备活动 | 5~10min 有氧运动（低 ~ 中强度）；伸展 | 1. 提高心率及呼吸频率<br>· 增加心肺系统的适应能力<br>· 增加肌肉组织的血液灌输<br>· 增加气体交换<br>2. 提高组织温度<br>· 提高肌肉收缩性<br>· 提高肌肉伸展性<br>· 降低肌肉黏滞性<br>· 增加代谢率<br>3. 提高心理准备程度<br>· 提高个体精神反应 |
| | 针对性准备活动 | 与主要运动近似的动作（蹲起、俯卧撑等） | |
| 基本部分（workout） | 抗阻训练、心肺耐力训练等 | 依训练目标 | 1. 提高肌肉适能<br>2. 提高心肺适能等 |
| 整理活动（cool-down） | 静态伸展 | 主要训练部位或过于紧张的部位 | 1. 提高柔韧性<br>2. 促进代谢产物排除<br>3. 减小肌肉酸痛<br>4. 缓和情绪等 |

## 二、推荐的私人训练课的程序安排

### （一）准备活动

**伸展：** 对过紧肌肉进行拉长，预防热身有氧运动出现不良姿势及错误动作模式。

· 自我筋膜放松：对过紧肌肉进行抑制，预防热身有氧运动出现不良姿势及错误动作模式。

· 静态伸展：建议处于柔韧性训练初级的客户使用此方式。

· 主动 – 孤立伸展：建议处于柔韧性训练中级的客户使用此方式。

· 动态伸展：建议处于柔韧性训练高级的客户使用此方式。

**低强度有氧运动：** 提高身体温度、提高内脏神经兴奋性。

· 柔韧性训练高级的客户因使用动态伸展可起到与低强度有氧运动相同的效果，因此可省略此项内容。

### （二）基本部分

**核心训练：** 提升核心稳定性。

· 有效激活核心稳定肌群。

· 对于从事爆发力训练的客户，由于在抗阻训练动作中已经包含核心训练高级的训练内容，因此可

以不再单独进行核心训练。

**平衡训练：**提升平衡能力。

· 有效提升神经肌肉有效性，消耗更多热量。

· 对于增肌、增加绝对力量以及爆发力训练客户可不做此项训练。

**快速伸缩复合训练：**提升爆发力。

· 对于有爆发力训练需求的客户可选择此项。

**SAQ 训练：**提升速度、敏捷及快速反应。

· 对于有速度、敏捷及快速反应需求的客户可选择此项。

**抗阻训练：**提升肌肉适能。

**心肺耐力训练：**提升心肺适能。

## （三）整理活动

**伸展：**减少肌肉酸痛，促进代谢产物排除。

· 自我筋膜放松：抑制过紧的肌肉。

· 静态伸展：拉长过紧的肌肉，减轻肌肉酸痛。（表 13–12）

表 13–12　推荐课程顺序安排

| 程序 | 主要内容 | | 适合对象 |
|---|---|---|---|
| 准备活动 | 伸展 | 自我筋膜放松 | 所有客户 |
| | | 静态伸展 | 柔韧性训练初级客户 |
| | | 主动 – 孤立伸展 | 柔韧性训练中级客户 |
| | | 动态伸展 | 柔韧性训练高级客户 |
| | 低强度有氧运动 | | 柔韧性训练初级、中级客户 |
| 基本部分 | 核心训练 | | 减肥、增肌、增加绝对力量、一般健康促进训练的客户 |
| | 平衡训练 | | 减肥客户、一般健康促进客户 |
| | 快速伸缩复合训练 | | 爆发力训练客户、SAQ 训练客户 |
| | SAQ 训练 | | SAQ 训练客户 |
| | 抗阻训练 | | 依客户需求及实际所处的抗阻训练阶段 |
| | 心肺耐力训练 | | 依客户需求及实际所处的心肺耐力训练阶段 |
| 整理活动 | 伸展 | 自我筋膜放松 | 所有客户 |
| | | 静态伸展 | 所有客户 |

注：①教练在为客户上的最初三节课或者更多课程，主要应以教会客户动作为主。一旦确保客户能够掌握正确的训练动作及器材操作方法，则训练的准备活动及整理活动部分可由客户自行完成，但上课时间充足的情况下仍建议教练全程指导客户训练，尤其是运动结束后的放松整理阶段。②心肺耐力训练部分如果未包含较多的心率变化方案，则此部分也可由客户单独完成；若包含较多的心率变化方案则应由教练指导完成。

# 第四节 周期运动处方设计

**导读：**掌握运动处方的周期性训练安排原则，是教练为客户提供科学性、系统性运动训练方案的前提，也是教练开发及保留客户的必备技能。

## 一、周期性训练的定义与意义

**周期性训练定义：**周期性地组织运动训练，依客户的训练目标及机体的生物节奏变化规律，按一定的动态节奏，循环往复、逐步提高安排训练内容和负荷量的训练安排方式。

**周期性训练的意义：**通过对训练强度与训练量的系统改变，最大限度地促进机体机能的最佳表现与恢复。

## 二、周期的划分

依据训练目标与时间长度的不同，可将训练周期分为大周期、中周期及小周期三类。（图 13–2）

**大周期：**持续数月到 1 年，大周期通常与长期目标相关联。

**中周期：** 持续 4~6 周或更久，通常获得良好的生理适应需要 4~8 周的时间，中周期与阶段性训练目标相关联。

**小周期：**持续 1~2 周，与短期目标有关。

**训练课：**小周期内的单次训练称为训练课。

图 13–2 训练周期的划分

## 三、超负荷原则在周期性训练安排中的应用

- 每一负荷维持一段时间，并非每次训练课都需递加负荷，机体对负荷的适应通常需要一段时间。可以以小周期为单位，依客户机体出现的适应程度适当添加负荷。

· 各训练课训练负荷波动性变化，此原则在抗阻训练中尤为常见，通常将此原则进行的抗阻训练安排称为波动（或非线性）周期安排模式。
· 安排减荷训练日，在连续数个超负荷训练课后（通常在一个小周期的末段或下一个小周期的开始），应安排一堂训练负荷明显下降的训练课，以此将过去训练课中积累的疲劳进行消除。
· 安排减荷小周期，在连续数个（通常为 3 个小周期）超负荷小周期后，应安排一个训练负荷明显降低的减荷小周期，以将过去小周期内积累的疲劳进行消除。
· 安排减荷中周期，在连续数个（通常为 3 个中周期）超负荷中周期后，应安排一个训练负荷明显降低的减荷中周期，以将过去中周期内积累的疲劳进行消除。

# 第五节　理想体能表现训练方案设计

**导读：**理想体能表现训练系统是依据周期性训练原则建立起来的科学化私人训练系统，教练熟练掌握理想体能表现训练系统后将大幅提升个人工作效率，为创造更多价值提供必要前提。

理想体能表现（Ideal Performance Training，IPT）是以人体运动科学原理为基础建立的全新健康体能训练系统。通过对伸展、抗阻、有氧、平衡等各种现代体能训练要素进行系统的整合，IPT 训练系统能够全面满足不同个体的健康体能训练需求，并最终帮助其实现个人的理想健康体能状态。

## 一、IPT 训练阶段的划分

依据渐进性训练原则，IPT 训练系统总共划分成三个训练阶段，分别为基础体能表现阶段、优质体能表现阶段和理想体能表现阶段。每个训练阶段都有特定的训练目标，客户在跟随教练依次完成三个训练阶段后将最终实现其个人的理想健康体能状态，即具备健康促进及充分享受个人生活所需的良好体能水平。

### （一）基础体能表现阶段

基础体能表现阶段通常需要经过 4~8 周时间，通过采用低强度、低冲击的耐力型训练项目，为客户体能水平的进一步提高建立良好的训练基础。在系统地跟随教练完成此阶段的训练后客户将获得以下训练功效。（表 13–13）

### （二）优质体能表现阶段

优质体能表现阶段通常需要经过至少 12 周时间，通过中等至高强度的有氧及抗阻训练项目，使客户的各项体能要素均达到满足健康促进需要的较高水平。在系统地跟随教练完成此阶段的训练后，客户将获得以下训练功效。（表 13–14）

### （三）理想体能表现阶段

理想体能表现阶段会长期维持，但每持续 4~12 周会根据周期性训练的原则安排 1~4 周的基础体能表现阶段进行调整。通过高强度的有氧及抗阻训练项目，并配合 SAQ 训练，除使客户的各项体能要素均维持在满足健康促进需要的较高水平外，还使客户能够有充足的精力投入到业余休闲娱乐活动当中，以达到预防疾病及充分享受生活的理想训练目标。（表 13–15）

表 13-13 IPT 基础体能表现阶段训练

| 体能要素 | 训 练 手 段 | 训 练 功 效 | 外 在 表 现 |
| --- | --- | --- | --- |
| 心肺适能 | 心肺耐力训练初级内容 | 心肺适能达到良好 | 长时间步行不易感到疲劳<br>正常步速上楼不会气喘吁吁 |
| 肌肉适能 | 抗阻训练初级内容<br>核心训练初级内容 | 肌耐力达到良好 | 肌肉力量明显比训练前增加；长时间进行体力活动后，第二天不容易感到肌肉酸痛 |
| 柔韧性 | 柔韧性训练初级内容 | 被动柔韧性达到良好 | 关节活动范围明显增大；上、下肢活动较以前明显轻松；不良姿态逐步得到改善 |
| 身体成分 | 热量消耗＞热量摄入 | 体重下降 2~4kg | 体重下降 2~4kg |
| 平衡 | 平衡训练初级内容 | 建立良好的静态稳定性 | 身体平衡控制能力较训练前明显增强，如有习惯性崴脚问题，则发生概率明显降低 |

注：身体成分仅针对体重超重的客户而言。

表 13-14 IPT 优质体能表现阶段训练

| 体能要素 | 训 练 手 段 | 训 练 功 效 | 外 在 表 现 |
| --- | --- | --- | --- |
| 心肺适能 | 心肺耐力训练中级内容 | 心肺适能接近或达到优秀 | 长时间从事中等强度的体力活动不会感到吃力，例如爬山或慢跑 |
| 肌肉适能 | 抗阻训练中级内容；快速伸缩复合训练初级、中级内容；核心训练中级内容 | 肌肉力量达到良好或优秀；肌肉体积增大；瘦体重增加 | 肌肉力量明显增大；肌肉体积明显增大；肌肉线条明显清晰；提拿重物时不会感到吃力 |
| 柔韧性 | 柔韧性训练中级内容 | 主动柔韧性达到良好 | 关节活动灵活；举手、抬腿均感觉轻松自如；维持良好的身体姿态 |
| 身体成分 | 热量消耗＞热量摄入 | 体脂百分比下降至良好水平 | 腰围明显变细；肌肉轮廓清晰 |
| 平衡 | 平衡训练中级内容 | 建立良好的半动态稳定性 | 身体平衡控制能力进一步增强 |

注：①抗阻训练中级 B、C 阶段的训练方式仅适合需要增肌及增大肌肉绝对力量的客户。②快速伸缩复合训练中级的训练方式仅适合有业余体育休闲娱乐需求的客户或需增加爆发力的客户。③身体成分仅针对体重超重的客户而言。

表 13-15 IPT 理想体能表现阶段训练

| 体能要素 | 训 练 手 段 | 训 练 功 效 | 外 在 表 现 |
| --- | --- | --- | --- |
| 心肺适能 | 心肺耐力训练中级内容<br>心肺耐力训练高级内容 | 心肺适能维持在优秀 | 长时间从事中等至高强度的体力活动不会感到吃力，例如参加业余羽毛球或足球比赛等 |
| 肌肉适能 | 抗阻训练中级内容<br>抗阻训练高级内容 | 肌肉力量达到良好或优秀<br>肌肉体积增大<br>瘦体重增加<br>肌肉爆发力增加 | 肌肉力量明显增大；肌肉体积明显增大；肌肉线条明显清晰；爆发力明显提高；提拿重物时不会感到吃力；进行跑、跳、投掷等活动均较为轻松自如 |
| 柔韧性 | 柔韧性训练高级内容 | 功能柔韧性良好 | 关节活动灵活；向各个方向举手、抬腿等均感觉轻松自如；维持良好的身体姿态 |
| 身体成分 | 热量消耗 = 热量摄入 | 体脂百分比<br>维持在良好水平 | 肌肉轮廓清晰 |
| 平衡 | 平衡训练高级内容 | 建立良好的动态稳定性 | 在运动过程中身体具有较好的平衡控制能力 |
| SAQ | SAQ 初、中、高级内容 | 建立良好的 SAQ 能力 | 反应速度明显加快；身体移动速度明显加快；跑步速度明显提高 |

注：①心肺耐力高级训练方式仅适合有业余体育休闲娱乐需求的客户或需增加爆发力的客户。②抗阻训练中级 B、C 阶段的训练方式仅适合需要增肌及增大绝对力量的客户。③抗阻训练高级阶段的

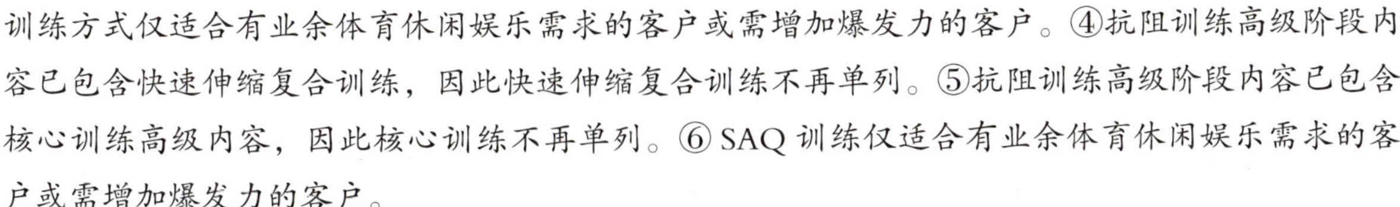
训练方式仅适合有业余体育休闲娱乐需求的客户或需增加爆发力的客户。④抗阻训练高级阶段内容已包含快速伸缩复合训练，因此快速伸缩复合训练不再单列。⑤抗阻训练高级阶段内容已包含核心训练高级内容，因此核心训练不再单列。⑥ SAQ 训练仅适合有业余体育休闲娱乐需求的客户或需增加爆发力的客户。

## 二、IPT 周期性运动处方设计实践应用

### （一）IPT 减脂运动处方设计模板

适合人群：需要要减脂的人群或需求是一般健康促进的人群。（表 13–16、表 13–17）

表 13–16 IPT 减脂运动处方年度训练安排

| 训练要素 | 级别 | 基础体能表现阶段 | | 优质体能表现阶段 | | | | 理想体能表现阶段 | | | | | |
|---|---|---|---|---|---|---|---|---|---|---|---|---|---|
| | | 1月 | 2月 | 3月 | 4月 | 5月 | 6月 | 7月 | 8月 | 9月 | 10月 | 11月 | 12月 |
| 心肺 | 初级 | X | X | X | X | X | X | X | X | X | X | X | X |
| | 中级 | | | X | X | X | | X | X | X | | X | X |
| 抗阻 | 初级 | X | X | X | X | X | X | X | X | X | X | X | X |
| | 中级 A | | | X | X | X | | X | X | X | | X | X |
| 柔韧 | 初级 | X | X | X | X | X | X | X | X | X | X | X | X |
| | 中级 | | | X | X | X | | | | | | | |
| | 高级 | | | | | | | X | X | X | | X | X |
| 平衡 | 初级 | X | X | X | X | X | X | X | X | X | X | X | X |
| | 中级 | | | X | X | X | | | | | | | |
| | 高级 | | | | | | | X | X | X | | X | X |
| 核心 | 初级 | X | X | X | X | X | X | X | X | X | X | X | X |
| | 中级 | | | X | X | X | | X | X | X | | X | X |
| 快速伸缩复合 | 初级 | | | X | X | X | | | | | | | |

表 13-17　IPT 减脂运动处方月度训练安排

| 1、2、6、10 月份 | | | | | | | | | | | | | | | | | | | | | | | | | | | | | | | |
|---|---|---|---|---|---|---|---|---|---|---|---|---|---|---|---|---|---|---|---|---|---|---|---|---|---|---|---|---|---|---|---|
| 训练要素 | 级别 | 第一周 | | | | | | | 第二周 | | | | | | | 第三周 | | | | | | | 第四周 | | | | | | |
| | | 1 | 2 | 3 | 4 | 5 | 6 | 7 | 1 | 2 | 3 | 4 | 5 | 6 | 7 | 1 | 2 | 3 | 4 | 5 | 6 | 7 | 1 | 2 | 3 | 4 | 5 | 6 | 7 |
| 心肺 | 初级 | X | | X | | X | | | X | | X | | X | | | X | | X | | X | | | X | | X | | X | | |
| 抗阻 | 初级 | X | | X | | X | | | X | | X | | X | | | X | | X | | X | | | X | | X | | X | | |
| 柔韧 | 初级 | X | | X | | X | | | X | | X | | X | | | X | | X | | X | | | X | | X | | X | | |
| 平衡 | 初级 | X | | X | | X | | | X | | X | | X | | | X | | X | | X | | | X | | X | | X | | |
| 核心 | 初级 | X | | X | | X | | | X | | X | | X | | | X | | X | | X | | | X | | X | | X | | |

| 3~5 月份 | | | | | | | | | | | | | | | | | | | | | | | | | | | | | | | |
|---|---|---|---|---|---|---|---|---|---|---|---|---|---|---|---|---|---|---|---|---|---|---|---|---|---|---|---|---|---|---|---|
| 训练要素 | 级别 | 第一周 | | | | | | | 第二周 | | | | | | | 第三周 | | | | | | | 第四周 | | | | | | |
| | | 1 | 2 | 3 | 4 | 5 | 6 | 7 | 1 | 2 | 3 | 4 | 5 | 6 | 7 | 1 | 2 | 3 | 4 | 5 | 6 | 7 | 1 | 2 | 3 | 4 | 5 | 6 | 7 |
| 心肺 | 初级 | | | | | X | | | | | | | X | | | | | | | | | | X | | X | | X | | |
| | 中级 | X | | X | | | | | X | | X | | | | | X | | X | | X | | | | | | | | | |
| 抗阻 | 初级 | | | | | X | | | | | | | X | | | | | | | | | | X | | X | | X | | |
| | 中级 A | X | | X | | | | | X | | X | | | | | X | | X | | X | | | | | | | | | |
| 柔韧 | 初级 | | | | | X | | | | | | | X | | | | | | | | | | X | | X | | X | | |
| | 中级 | X | | X | | | | | X | | X | | | | | X | | X | | X | | | | | | | | | |
| 平衡 | 初级 | | | | | X | | | | | | | X | | | | | | | | | | X | | X | | X | | |
| | 中级 | X | | X | | | | | X | | X | | | | | X | | X | | X | | | | | | | | | |
| 核心 | 初级 | | | | | X | | | | | | | X | | | | | | | | | | X | | X | | X | | |
| | 中级 | X | | X | | | | | X | | X | | | | | X | | X | | X | | | | | | | | | |
| 快速伸缩复合 | 初级 | X | | X | | | | | X | | X | | | | | X | | X | | X | | | | | | | | | |

| 7~9、11、12 月份 | | | | | | | | | | | | | | | | | | | | | | | | | | | | | | | |
|---|---|---|---|---|---|---|---|---|---|---|---|---|---|---|---|---|---|---|---|---|---|---|---|---|---|---|---|---|---|---|---|
| 训练要素 | 级别 | 第一周 | | | | | | | 第二周 | | | | | | | 第三周 | | | | | | | 第四周 | | | | | | |
| | | 1 | 2 | 3 | 4 | 5 | 6 | 7 | 1 | 2 | 3 | 4 | 5 | 6 | 7 | 1 | 2 | 3 | 4 | 5 | 6 | 7 | 1 | 2 | 3 | 4 | 5 | 6 | 7 |
| 心肺 | 初级 | | | | | X | | | | | | | X | | | | | | | | | | X | | X | | X | | |
| | 中级 | X | | X | | | | | X | | X | | | | | X | | X | | X | | | | | | | | | |
| 抗阻 | 初级 | | | | | X | | | | | | | X | | | | | | | | | | X | | X | | X | | |
| | 中级 A | X | | X | | | | | X | | X | | | | | X | | X | | X | | | | | | | | | |
| 柔韧 | 初级 | | | | | X | | | | | | | X | | | | | | | | | | X | | X | | X | | |
| | 中级 | | | | | | | | | | | | | | | | | | | | | | | | | | | | |
| | 高级 | X | | X | | | | | X | | X | | | | | X | | X | | X | | | | | | | | | |
| 平衡 | 初级 | | | | | X | | | | | | | X | | | | | | | | | | X | | X | | X | | |
| | 中级 | | | | | | | | | | | | | | | | | | | | | | | | | | | | |
| | 高级 | X | | X | | | | | X | | X | | | | | X | | X | | X | | | | | | | | | |
| 核心 | 初级 | | | | | X | | | | | | | X | | | | | | | | | | X | | X | | X | | |
| | 中级 | X | | X | | | | | X | | X | | | | | X | | X | | X | | | | | | | | | |

## （二）IPT 增肌运动处方设计模板

适合人群：增肌人群。（表 13-18、表 13-19）

表 13-18　IPT 增肌运动处方年度训练安排

| 训练要素 | 级别 | 基础体能表现阶段 | | 优质体能表现阶段 | | | | 理想体能表现阶段 | | | | | |
|---|---|---|---|---|---|---|---|---|---|---|---|---|---|
| | | 1 月 | 2 月 | 3 月 | 4 月 | 5 月 | 6 月 | 7 月 | 8 月 | 9 月 | 10 月 | 11 月 | 12 月 |
| 心肺 | 初级 | x | x | x | x | x | x | x | x | x | x | x | x |
| | 中级 | | | x | x | x | | x | x | x | | x | x |
| 抗阻 | 初级 | x | x | x | x | x | x | x | x | x | x | x | x |
| | 中级 A | | | x | x | | | | | | | | |
| | 中级 B | | | | | x | | x | x | | | x | x |
| | 中级 C | | | | | | | | | x | | | |
| 柔韧 | 初级 | x | x | x | x | x | x | x | x | x | x | x | x |
| | 中级 | | | x | x | x | | | | | | | |
| | 高级 | | | | | | | x | x | x | | x | x |
| 平衡 | 初级 | x | x | x | x | x | x | x | x | x | x | x | x |
| | 中级 | | | x | x | x | | | | | | | |
| | 高级 | | | | | | | x | x | x | | x | x |
| 核心 | 初级 | x | x | x | x | x | x | x | x | x | x | x | x |
| | 中级 | | | x | x | x | | x | x | x | | x | x |
| 快速伸缩复合训练 | 初级 | | | x | x | x | | | | | | | |

表 13-19 IPT 增肌运动处方月度训练安排

| 1、2、6、10月份 | | | | | | | | | | | | | | | | | | | | | | | | | | | | | |
|---|---|---|---|---|---|---|---|---|---|---|---|---|---|---|---|---|---|---|---|---|---|---|---|---|---|---|---|---|---|
| 训练要素 | 级别 | 第一周 | | | | | | | 第二周 | | | | | | | 第三周 | | | | | | | 第四周 | | | | | | |
| | | 1 | 2 | 3 | 4 | 5 | 6 | 7 | 1 | 2 | 3 | 4 | 5 | 6 | 7 | 1 | 2 | 3 | 4 | 5 | 6 | 7 | 1 | 2 | 3 | 4 | 5 | 6 | 7 |
| 心肺 | 初级 | X | | X | | X | | | X | | X | | X | | | X | | X | | X | | | X | | X | | X | | |
| 抗阻 | 初级 | X | | X | | X | | | X | | X | | X | | | X | | X | | X | | | X | | X | | X | | |
| 柔韧 | 初级 | X | | X | | X | | | X | | X | | X | | | X | | X | | X | | | X | | X | | X | | |
| 平衡 | 初级 | X | | X | | X | | | X | | X | | X | | | X | | X | | X | | | X | | X | | X | | |
| 核心 | 初级 | X | | X | | X | | | X | | X | | X | | | X | | X | | X | | | X | | X | | X | | |

| 3~4月份 | | | | | | | | | | | | | | | | | | | | | | | | | | | | | |
|---|---|---|---|---|---|---|---|---|---|---|---|---|---|---|---|---|---|---|---|---|---|---|---|---|---|---|---|---|---|
| 训练要素 | 级别 | 第一周 | | | | | | | 第二周 | | | | | | | 第三周 | | | | | | | 第四周 | | | | | | |
| | | 1 | 2 | 3 | 4 | 5 | 6 | 7 | 1 | 2 | 3 | 4 | 5 | 6 | 7 | 1 | 2 | 3 | 4 | 5 | 6 | 7 | 1 | 2 | 3 | 4 | 5 | 6 | 7 |
| 心肺 | 初级 | | | | | X | | | | | | | X | | | | | | | | | | X | | X | | X | | |
| | 中级 | X | | X | | | | | X | | X | | | | | X | | X | | X | | | | | | | | | |
| 抗阻 | 初级 | | | | | X | | | | | | | X | | | | | | | | | | X | | X | | X | | |
| | 中级 A | X | | X | | | | | X | | X | | | | | X | | X | | X | | | | | | | | | |
| 柔韧 | 初级 | | | | | X | | | | | | | X | | | | | | | | | | X | | X | | X | | |
| | 中级 | X | | X | | | | | X | | X | | | | | X | | X | | X | | | | | | | | | |
| 平衡 | 初级 | | | | | X | | | | | | | X | | | | | | | | | | X | | X | | X | | |
| | 中级 | X | | X | | | | | X | | X | | | | | X | | X | | X | | | | | | | | | |
| 核心 | 初级 | | | | | X | | | | | | | X | | | | | | | | | | X | | X | | X | | |
| | 中级 | X | | X | | | | | X | | X | | | | | X | | X | | X | | | | | | | | | |
| 快缩伸缩复合 | 初级 | X | | X | | | | | X | | X | | | | | X | | X | | X | | | | | | | | | |

| 5月份 | | | | | | | | | | | | | | | | | | | | | | | | | | | | | |
|---|---|---|---|---|---|---|---|---|---|---|---|---|---|---|---|---|---|---|---|---|---|---|---|---|---|---|---|---|---|
| 训练要素 | 级别 | 第一周 | | | | | | | 第二周 | | | | | | | 第三周 | | | | | | | 第四周 | | | | | | |
| | | 1 | 2 | 3 | 4 | 5 | 6 | 7 | 1 | 2 | 3 | 4 | 5 | 6 | 7 | 1 | 2 | 3 | 4 | 5 | 6 | 7 | 1 | 2 | 3 | 4 | 5 | 6 | 7 |
| 心肺 | 初级 | | | | | X | | | | | | | X | | | | | | | | | | X | | X | | X | | |
| | 中级 | X | | X | | | | | X | | X | | | | | X | | X | | X | | | | | | | | | |
| 抗阻 | 初级 | | | | | X | | | | | | | X | | | | | | | | | | X | | X | | X | | |
| | 中级 A | | | | | | | | | | | | | | | | | | | | | | | | | | | | |
| | 中级 B | X | | X | | | | | X | | X | | | | | X | | X | | X | | | | | | | | | |
| 柔韧 | 初级 | | | | | X | | | | | | | X | | | | | | | | | | X | | X | | X | | |
| | 中级 | X | | X | | | | | X | | X | | | | | X | | X | | X | | | | | | | | | |
| 平衡 | 初级 | | | | | X | | | | | | | X | | | | | | | | | | X | | X | | X | | |
| | 中级 | X | | X | | | | | X | | X | | | | | X | | X | | X | | | | | | | | | |
| 核心 | 初级 | | | | | X | | | | | | | X | | | | | | | | | | X | | X | | X | | |
| | 中级 | X | | X | | | | | X | | X | | | | | X | | X | | X | | | | | | | | | |
| 快缩伸缩复合 | 初级 | X | | X | | | | | X | | X | | | | | X | | X | | X | | | | | | | | | |

续表

**7、8、11、12 月份**

| 训练要素 | 级别 | 第一周 | | | | | | | 第二周 | | | | | | | 第三周 | | | | | | | 第四周 | | | | | | |
|---|---|---|---|---|---|---|---|---|---|---|---|---|---|---|---|---|---|---|---|---|---|---|---|---|---|---|---|---|---|
| | | 1 | 2 | 3 | 4 | 5 | 6 | 7 | 1 | 2 | 3 | 4 | 5 | 6 | 7 | 1 | 2 | 3 | 4 | 5 | 6 | 7 | 1 | 2 | 3 | 4 | 5 | 6 | 7 |
| 心肺 | 初级 |  |  |  |  | X |  |  |  |  |  |  | X |  |  |  |  |  |  |  |  |  | X |  | X |  | X |  |  |
| | 中级 | X |  | X |  |  |  |  | X |  | X |  |  |  |  | X |  | X |  | X |  |  |  |  |  |  |  |  |  |
| 抗阻 | 初级 |  |  |  |  | X |  |  |  |  |  |  | X |  |  |  |  |  |  |  |  |  | X |  | X |  | X |  |  |
| | 中级 A |  |  |  |  |  |  |  |  |  |  |  |  |  |  |  |  |  |  |  |  |  |  |  |  |  |  |  |  |
| | 中级 B | X |  | X |  |  |  |  | X |  | X |  |  |  |  | X |  | X |  | X |  |  |  |  |  |  |  |  |  |
| 柔韧 | 初级 |  |  |  |  | X |  |  |  |  |  |  | X |  |  |  |  |  |  |  |  |  | X |  | X |  | X |  |  |
| | 中级 |  |  |  |  |  |  |  |  |  |  |  |  |  |  |  |  |  |  |  |  |  |  |  |  |  |  |  |  |
| | 高级 | X |  | X |  |  |  |  | X |  | X |  |  |  |  | X |  | X |  | X |  |  |  |  |  |  |  |  |  |
| 平衡 | 初级 |  |  |  |  | X |  |  |  |  |  |  | X |  |  |  |  |  |  |  |  |  | X |  | X |  | X |  |  |
| | 中级 |  |  |  |  |  |  |  |  |  |  |  |  |  |  |  |  |  |  |  |  |  |  |  |  |  |  |  |  |
| | 高级 | X |  | X |  |  |  |  | X |  | X |  |  |  |  | X |  | X |  | X |  |  |  |  |  |  |  |  |  |
| 核心 | 初级 |  |  |  |  | X |  |  |  |  |  |  | X |  |  |  |  |  |  |  |  |  | X |  | X |  | X |  |  |
| | 中级 | X |  | X |  |  |  |  | X |  | X |  |  |  |  | X |  | X |  | X |  |  |  |  |  |  |  |  |  |

**9 月份**

| 训练要素 | 级别 | 第一周 | | | | | | | 第二周 | | | | | | | 第三周 | | | | | | | 第四周 | | | | | | |
|---|---|---|---|---|---|---|---|---|---|---|---|---|---|---|---|---|---|---|---|---|---|---|---|---|---|---|---|---|---|
| | | 1 | 2 | 3 | 4 | 5 | 6 | 7 | 1 | 2 | 3 | 4 | 5 | 6 | 7 | 1 | 2 | 3 | 4 | 5 | 6 | 7 | 1 | 2 | 3 | 4 | 5 | 6 | 7 |
| 心肺 | 初级 |  |  |  |  | X |  |  |  |  |  |  | X |  |  |  |  |  |  |  |  |  | X |  | X |  | X |  |  |
| | 中级 | X |  | X |  |  |  |  | X |  | X |  |  |  |  | X |  | X |  | X |  |  |  |  |  |  |  |  |  |
| 抗阻 | 初级 |  |  |  |  | X |  |  |  |  |  |  | X |  |  |  |  |  |  |  |  |  | X |  | X |  | X |  |  |
| | 中级 A |  |  |  |  |  |  |  |  |  |  |  |  |  |  |  |  |  |  |  |  |  |  |  |  |  |  |  |  |
| | 中级 B |  |  |  |  |  |  |  |  |  |  |  |  |  |  |  |  |  |  |  |  |  |  |  |  |  |  |  |  |
| | 中级 C | X |  | X |  |  |  |  | X |  | X |  |  |  |  | X |  | X |  | X |  |  |  |  |  |  |  |  |  |
| 柔韧 | 初级 |  |  |  |  | X |  |  |  |  |  |  | X |  |  |  |  |  |  |  |  |  | X |  | X |  | X |  |  |
| | 中级 |  |  |  |  |  |  |  |  |  |  |  |  |  |  |  |  |  |  |  |  |  |  |  |  |  |  |  |  |
| | 高级 | X |  | X |  |  |  |  | X |  | X |  |  |  |  | X |  | X |  | X |  |  |  |  |  |  |  |  |  |
| 平衡 | 初级 |  |  |  |  | X |  |  |  |  |  |  | X |  |  |  |  |  |  |  |  |  | X |  | X |  | X |  |  |
| | 中级 |  |  |  |  |  |  |  |  |  |  |  |  |  |  |  |  |  |  |  |  |  |  |  |  |  |  |  |  |
| | 高级 | X |  | X |  |  |  |  | X |  | X |  |  |  |  | X |  | X |  | X |  |  |  |  |  |  |  |  |  |
| 核心 | 初级 |  |  |  |  | X |  |  |  |  |  |  | X |  |  |  |  |  |  |  |  |  | X |  | X |  | X |  |  |
| | 中级 | X |  | X |  |  |  |  | X |  | X |  |  |  |  | X |  | X |  | X |  |  |  |  |  |  |  |  |  |

### （三）IPT 竞技表现处方设计模板

适合人群：有业余体育休闲娱乐需求（篮球、足球、网球等）的客户。（表 13-20、表 13-21）

表 13-20　IPT 竞技表现运动处方年度训练安排

| 训练要素 | 级别 | 基础体能表现阶段 | | 优质体能表现阶段 | | | | | 理想体能表现阶段 | | | | |
|---|---|---|---|---|---|---|---|---|---|---|---|---|---|
| | | 1月 | 2月 | 3月 | 4月 | 5月 | 6月 | 7月 | 8月 | 9月 | 10月 | 11月 | 12月 |
| 心肺 | 初级 | x | x | x | x | x | x | x | x | x | x | x | x |
| | 中级 | | | x | x | x | | x | x | x | | x | x |
| | 高级 | | | | | | | | x | x | | x | x |
| 抗阻 | 初级 | x | x | x | x | x | x | x | x | x | x | x | x |
| | 中级 A | | | x | x | | | | | | | | |
| | 中级 B | | | | | x | | | | | | | |
| | 中级 C | | | | | | | x | | | | | |
| | 高级 | | | | | | | | x | x | | x | x |
| 柔韧 | 初级 | x | x | x | x | x | x | x | x | x | x | x | x |
| | 中级 | | | x | x | x | | x | | | | | |
| | 高级 | | | | | | | | x | x | | x | x |
| 平衡 | 初级 | x | x | x | x | x | x | x | x | x | x | x | x |
| | 中级 | | | x | x | x | | x | | | | | |
| 核心 | 初级 | x | x | x | x | x | x | x | x | x | x | x | x |
| | 中级 | | | x | x | x | | x | | | | | |
| 快速伸缩复合 | 初级 | | | x | x | | | | | | | | |
| | 中级 | | | | | x | | x | | | | | |
| SAQ | 初级 | | | x | x | | | | | | | | |
| | 中级 | | | | | x | x | x | | | | | |
| | 高级 | | | | | | | | x | x | x | x | x |

表 13-21 IPT 竞技表现运动处方月度训练安排

| 1、2月份 | | | | | | | | | | | | | | | | | | | | | | | | | | | | | |
|---|---|---|---|---|---|---|---|---|---|---|---|---|---|---|---|---|---|---|---|---|---|---|---|---|---|---|---|---|---|
| 训练要素 | 级别 | 第一周 | | | | | | | 第二周 | | | | | | | 第三周 | | | | | | | 第四周 | | | | | | |
| | | 1 | 2 | 3 | 4 | 5 | 6 | 7 | 1 | 2 | 3 | 4 | 5 | 6 | 7 | 1 | 2 | 3 | 4 | 5 | 6 | 7 | 1 | 2 | 3 | 4 | 5 | 6 | 7 |
| 心肺 | 初级 | X | | X | | X | | | X | | X | | X | | | X | | X | | X | | | X | | X | | X | | |
| 抗阻 | 初级 | X | | X | | X | | | X | | X | | X | | | X | | X | | X | | | X | | X | | X | | |
| 柔韧 | 初级 | X | | X | | X | | | X | | X | | X | | | X | | X | | X | | | X | | X | | X | | |
| 平衡 | 初级 | X | | X | | X | | | X | | X | | X | | | X | | X | | X | | | X | | X | | X | | |
| 核心 | 初级 | X | | X | | X | | | X | | X | | X | | | X | | X | | X | | | X | | X | | X | | |
| 3、4月份 | | | | | | | | | | | | | | | | | | | | | | | | | | | | | |
| 训练要素 | 级别 | 第一周 | | | | | | | 第二周 | | | | | | | 第三周 | | | | | | | 第四周 | | | | | | |
| | | 1 | 2 | 3 | 4 | 5 | 6 | 7 | 1 | 2 | 3 | 4 | 5 | 6 | 7 | 1 | 2 | 3 | 4 | 5 | 6 | 7 | 1 | 2 | 3 | 4 | 5 | 6 | 7 |
| 心肺 | 初级 | | | | | X | | | | | | | X | | | | | | | | | | X | | X | | X | | |
| | 中级 | X | | X | | | | | X | | X | | | | | X | | X | | X | | | | | | | | | |
| 抗阻 | 初级 | | | | | X | | | | | | | X | | | | | | | | | | X | | X | | X | | |
| | 中级 A | X | | X | | | | | X | | X | | | | | X | | X | | X | | | | | | | | | |
| 柔韧 | 初级 | | | | | X | | | | | | | X | | | | | | | | | | X | | X | | X | | |
| | 中级 | X | | X | | | | | X | | X | | | | | X | | X | | X | | | | | | | | | |
| 平衡 | 初级 | | | | | X | | | | | | | X | | | | | | | | | | X | | X | | X | | |
| | 中级 | X | | X | | | | | X | | X | | | | | X | | X | | X | | | | | | | | | |
| 核心 | 初级 | | | | | X | | | | | | | X | | | | | | | | | | X | | X | | X | | |
| | 中级 | X | | X | | | | | X | | X | | | | | X | | X | | X | | | | | | | | | |
| 快缩伸缩复合 | 初级 | X | | X | | | | | X | | X | | | | | X | | X | | X | | | | | | | | | |
| SAQ | 初级 | X | | X | | | | | X | | X | | | | | X | | X | | X | | | | | | | | | |
| 5月份 | | | | | | | | | | | | | | | | | | | | | | | | | | | | | |
| 训练要素 | 级别 | 第一周 | | | | | | | 第二周 | | | | | | | 第三周 | | | | | | | 第四周 | | | | | | |
| | | 1 | 2 | 3 | 4 | 5 | 6 | 7 | 1 | 2 | 3 | 4 | 5 | 6 | 7 | 1 | 2 | 3 | 4 | 5 | 6 | 7 | 1 | 2 | 3 | 4 | 5 | 6 | 7 |
| 心肺 | 初级 | | | | | X | | | | | | | X | | | | | | | | | | X | | X | | X | | |
| | 中级 | X | | X | | | | | X | | X | | | | | X | | X | | X | | | | | | | | | |
| 抗阻 | 初级 | | | | | X | | | | | | | X | | | | | | | | | | X | | X | | X | | |
| | 中级 A | | | | | | | | | | | | | | | | | | | | | | | | | | | | |
| | 中级 B | X | | X | | | | | X | | X | | | | | X | | X | | X | | | | | | | | | |
| 柔韧 | 初级 | | | | | X | | | | | | | X | | | | | | | | | | X | | X | | X | | |
| | 中级 | X | | X | | | | | X | | X | | | | | X | | X | | X | | | | | | | | | |
| 平衡 | 初级 | | | | | X | | | | | | | X | | | | | | | | | | X | | X | | X | | |
| | 中级 | X | | X | | | | | X | | X | | | | | X | | X | | X | | | | | | | | | |
| 核心 | 初级 | | | | | X | | | | | | | X | | | | | | | | | | X | | X | | X | | |
| | 中级 | X | | X | | | | | X | | X | | | | | X | | X | | X | | | | | | | | | |
| 快缩伸缩复合 | 初级 | | | | | | | | | | | | | | | | | | | | | | | | | | | | |
| | 中级 | X | | X | | | | | X | | X | | | | | X | | X | | X | | | | | | | | | |
| SAQ | 初级 | | | | | | | | | | | | | | | | | | | | | | | | | | | | |
| | 中级 | X | | X | | | | | X | | X | | | | | X | | X | | X | | | | | | | | | |

续表

| 6月份 | | | | | | | | | | | | | | | | | | | | | | | | | | | | | |
|---|---|---|---|---|---|---|---|---|---|---|---|---|---|---|---|---|---|---|---|---|---|---|---|---|---|---|---|---|---|
| 训练要素 | 级别 | 第一周 | | | | | | | 第二周 | | | | | | | 第三周 | | | | | | | 第四周 | | | | | | |
| | | 1 | 2 | 3 | 4 | 5 | 6 | 7 | 1 | 2 | 3 | 4 | 5 | 6 | 7 | 1 | 2 | 3 | 4 | 5 | 6 | 7 | 1 | 2 | 3 | 4 | 5 | 6 | 7 |
| 心肺 | 初级 | X | | X | | X | | | X | | X | | X | | | X | | X | | X | | | X | | X | | X | | |
| 抗阻 | 初级 | X | | X | | X | | | X | | X | | X | | | X | | X | | X | | | X | | X | | X | | |
| 柔韧 | 初级 | X | | X | | X | | | X | | X | | X | | | X | | X | | X | | | X | | X | | X | | |
| 平衡 | 初级 | X | | X | | X | | | X | | X | | X | | | X | | X | | X | | | X | | X | | X | | |
| 核心 | 初级 | X | | X | | X | | | X | | X | | X | | | X | | X | | X | | | X | | X | | X | | |
| SAQ | 中级 | X | | X | | | | | X | | X | | | | | X | | X | | | | | X | | X | | | | |

| 7月份 | | | | | | | | | | | | | | | | | | | | | | | | | | | | | |
|---|---|---|---|---|---|---|---|---|---|---|---|---|---|---|---|---|---|---|---|---|---|---|---|---|---|---|---|---|---|
| 训练要素 | 级别 | 第一周 | | | | | | | 第二周 | | | | | | | 第三周 | | | | | | | 第四周 | | | | | | |
| | | 1 | 2 | 3 | 4 | 5 | 6 | 7 | 1 | 2 | 3 | 4 | 5 | 6 | 7 | 1 | 2 | 3 | 4 | 5 | 6 | 7 | 1 | 2 | 3 | 4 | 5 | 6 | 7 |
| 心肺 | 初级 | | | | | X | | | | | | | X | | | | | | | | | | X | | X | | X | | |
| | 中级 | X | | X | | | | | X | | X | | | | | X | | X | | X | | | | | | | | | |
| 抗阻 | 初级 | | | | | X | | | | | | | X | | | | | | | | | | X | | X | | X | | |
| | 中级A | | | | | | | | | | | | | | | | | | | | | | | | | | | | |
| | 中级B | | | | | | | | | | | | | | | | | | | | | | | | | | | | |
| | 中级C | X | | X | | | | | X | | X | | | | | X | | X | | X | | | | | | | | | |
| 柔韧 | 初级 | | | | | X | | | | | | | X | | | | | | | | | | X | | X | | X | | |
| | 中级 | X | | X | | | | | X | | X | | | | | X | | X | | X | | | | | | | | | |
| 平衡 | 初级 | | | | | X | | | | | | | X | | | | | | | | | | X | | X | | X | | |
| | 中级 | X | | X | | | | | X | | X | | | | | X | | X | | X | | | | | | | | | |
| 核心 | 初级 | | | | | X | | | | | | | X | | | | | | | | | | X | | X | | X | | |
| | 中级 | X | | X | | | | | X | | X | | | | | X | | X | | X | | | | | | | | | |
| 快缩伸缩复合 | 初级 | | | | | | | | | | | | | | | | | | | | | | | | | | | | |
| | 中级 | X | | X | | | | | X | | X | | | | | X | | X | | X | | | | | | | | | |
| SAQ | 初级 | | | | | | | | | | | | | | | | | | | | | | | | | | | | |
| | 中级 | X | | X | | | | | X | | X | | | | | X | | X | | X | | | | | | | | | |

| 8、9、11、12月份 | | | | | | | | | | | | | | | | | | | | | | | | | | | | | |
|---|---|---|---|---|---|---|---|---|---|---|---|---|---|---|---|---|---|---|---|---|---|---|---|---|---|---|---|---|---|
| 训练要素 | 级别 | 第一周 | | | | | | | 第二周 | | | | | | | 第三周 | | | | | | | 第四周 | | | | | | |
| | | 1 | 2 | 3 | 4 | 5 | 6 | 7 | 1 | 2 | 3 | 4 | 5 | 6 | 7 | 1 | 2 | 3 | 4 | 5 | 6 | 7 | 1 | 2 | 3 | 4 | 5 | 6 | 7 |
| 心肺 | 初级 | | | | | X | | | | | | | X | | | | | | | | | | X | | X | | X | | |
| | 中级 | X | | | | | | | X | | | | | | | X | | | | X | | | | | | | | | |
| | 高级 | | | X | | | | | | | X | | | | | | | X | | | | | | | | | | | |
| 抗阻 | 初级 | | | | | X | | | | | | | X | | | | | | | | | | X | | X | | X | | |
| | 中级A | | | | | | | | | | | | | | | | | | | | | | | | | | | | |
| | 中级B | | | | | | | | | | | | | | | | | | | | | | | | | | | | |
| | 中级C | | | | | | | | | | | | | | | | | | | | | | | | | | | | |
| | 高级 | X | | X | | | | | X | | X | | | | | X | | X | | X | | | | | | | | | |
| 柔韧 | 初级 | | | | | X | | | | | | | X | | | | | | | | | | X | | X | | X | | |
| | 中级 | | | | | | | | | | | | | | | | | | | | | | | | | | | | |
| | 高级 | X | | X | | | | | X | | X | | | | | X | | X | | X | | | | | | | | | |

续表

| | | | | | | | | | | | | | | | | | | | | | | | | | | | | | |
|---|---|---|---|---|---|---|---|---|---|---|---|---|---|---|---|---|---|---|---|---|---|---|---|---|---|---|---|---|---|
| 平衡 | 初级 | | | | | X | | | | | | | X | | | | | | | | | | X | | X | | X | | |
| | 中级 | | | | | | | | | | | | | | | | | | | | | | | | | | | | |
| 核心 | 初级 | | | | | X | | | | | | | X | | | | | | | | | | X | | X | | X | | |
| | 中级 | | | | | | | | | | | | | | | | | | | | | | | | | | | | |
| 快缩伸缩复合 | 初级 | | | | | | | | | | | | | | | | | | | | | | | | | | | | |
| | 中级 | | | | | | | | | | | | | | | | | | | | | | | | | | | | |
| | 高级 | | | | | | | | | | | | | | | | | | | | | | | | | | | | |
| SAQ | 初级 | | | | | | | | | | | | | | | | | | | | | | | | | | | | |
| | 中级 | | | | | | | | | | | | | | | | | | | | | | | | | | | | |
| | 高级 | X | | X | | | | | X | | X | | X | | | X | | X | | X | | | X | | X | | X | | |
| **10 月份** | | | | | | | | | | | | | | | | | | | | | | | | | | | | | |
| **训练要素** | **级别** | **第一周** | | | | | | | **第二周** | | | | | | | **第三周** | | | | | | | **第四周** | | | | | | |
| | | 1 | 2 | 3 | 4 | 5 | 6 | 7 | 1 | 2 | 3 | 4 | 5 | 6 | 7 | 1 | 2 | 3 | 4 | 5 | 6 | 7 | 1 | 2 | 3 | 4 | 5 | 6 | 7 |
| 心肺 | 初级 | X | | X | | X | | | X | | X | | X | | | X | | X | | X | | | X | | X | | X | | |
| 抗阻 | 初级 | X | | X | | X | | | X | | X | | X | | | X | | X | | X | | | X | | X | | X | | |
| 柔韧 | 初级 | X | | X | | X | | | X | | X | | X | | | X | | X | | X | | | X | | X | | X | | |
| 平衡 | 初级 | X | | X | | X | | | X | | X | | X | | | X | | X | | X | | | X | | X | | X | | |
| 核心 | 初级 | X | | X | | X | | | X | | X | | X | | | X | | X | | X | | | X | | X | | X | | |
| SAQ | 高级 | X | | X | | | | | X | | X | | | | | X | | X | | | | | X | | X | | | | |

## 总　结

掌握运动处方的概念、运动处方的构成要素及运动处方的设计原则与步骤有助于教练更好地理解运动处方并为正确设计运动处方奠定理论基础。教练只有熟练掌握体适能各要素的一般促进原则及渐进训练方法，才能确保所设计的运动处方的科学性及有效性。运动处方的周期性安排原则，是教练提升训练效果，保留客户的必备知识。

附件 6

## IPT 运动处方模板

客户姓名:　　月份:
日期:　　周:
教练:　　训练日:

**训练目标:**

### 准备活动

**1.自我筋膜放松**

| 部位 | 组数 | 时间 |
|---|---|---|

**2.伸展**

| 部位 | 组数 | 时间 |
|---|---|---|

**3.有氧运动**

| 项目 | 强度 | 时间 |
|---|---|---|

### 基本部分

**1.核心训练**

| 动作 | 组数 | 次数 | 速度 | 间歇 |
|---|---|---|---|---|

**2.平衡训练**

| 动作 | 组数 | 次数 | 速度 | 间歇 |
|---|---|---|---|---|

**3.快速伸缩复合训练**

| 动作 | 组数 | 次数 | 速度 | 间歇 |
|---|---|---|---|---|

**4.SAQ 训练**

| 动作 | 组数 | 速度 | 间歇 |
|---|---|---|---|

**5.抗阻训练**

| 部位 | 动作 | 组数 | 次数 | 强度 | 速度 | 间歇 |
|---|---|---|---|---|---|---|

**6.心肺耐力**

| 项目 | 强度 | 时间 |
|---|---|---|

### 整理活动

**1.自我筋膜放松**

| 部位 | 组数 | 时间 |
|---|---|---|

**2.伸展**

| 部位 | 组数 | 时间 |
|---|---|---|

附件 7

## IPT 训练规划模板

| 信息 | 客户姓名：<br>性别：<br>年龄： | 训练频率：<br>训练周期：<br>训练课时： |
|---|---|---|

| 阶段 | 基础体能表现阶段：周<br>优质体能表现阶段：周<br>理想体能表现阶段：周 |
|---|---|

| 阶段 | 体能要素 | 现状 | 训练目标 | 外在表现 |
|---|---|---|---|---|
| 基础体能表现阶段 | 心肺适能 | | | |
| | 肌肉适能 | | | |
| | 柔韧性 | | | |
| | 身体成分 | | | |
| 优质体能表现阶段 | 心肺适能 | | | |
| | 肌肉适能 | | | |
| | 柔韧性 | | | |
| | 身体成分 | | | |
| 理想体能表现阶段 | 心肺适能 | | | |
| | 肌肉适能 | | | |
| | 柔韧性 | | | |
| | 身体成分 | | | |

# 第十四章　特殊人群的运动计划

## 第一节　儿童少年的运动计划

**导语：**儿童和少年是人生长发育过程中位于成年之前的一段时期，通常儿童是指 0~12 周岁，少年是指 13~18 周岁。其中儿童期又被划分为四个阶段：0~12 月为婴儿期，13~36 月为幼儿期，37~72 月为学前期，7~12 周岁为学龄期。需要特别注意的是，儿童少年不是成人的缩小版，他们在身体的结构和功能上与成人有着巨大的差异。科学合理的运动锻炼是促进儿童少年生长发育的重要手段。本节主要讲述 3~18 岁儿童少年的生长发育和运动训练规律。

### 一、儿童少年生长发育

#### （一）基本概念

**生长：**人体细胞的繁殖、增大和细胞间质的不断增加，表现为各种组织、器官、身体各部乃至全身大小、重量以及身体化学组成成分的变化，属于量变范畴，可以分为形态变化和化学生长两个方面。

**发育：**人体随着年龄的增长，各器官系统的功能不断分化和完善，心理、智力持续发展和运动技能不断获得和提高的过程，属于质变的范畴。

**生长与发育的关系：**生长和发育有着不同的概念和内涵，然而在人体生长发育过程中两者相互依存，密不可分。细胞、组织和器官在形态变化时，必然伴随功分化和增强；生长和发育过程的完成，正是人体由量变到质变过程的完善。生长是发育的前提，发育寓于生长之中。

**生长速度：**儿童少年在身体及各其各部位某些指标在某一年龄段内的增长值。身高的增加以厘米 / 年或厘米 / 月表示，体重的增加以千克 / 年或千克 / 月表示。生长速度虽然不能反映儿童累计生长状况，却能客观而敏感地反映儿童少年某一时间生长速度的快慢。

## （二）生长发育的规律

人体各部分生长发育虽不平衡，但却依照程序遵循着一定的规律。

### 1. 生长发育的一般规律

**由上到下：**先抬头，后抬胸、翻身，再会坐、立、走。

**由近到远：**从臂到手，从腿到脚的活动。

**由粗到细：**先全掌抓握，再手指拾取。

**由简单到复杂：**先画直线，后画图形。

**由低级到高级：**先会看、听和感觉、认识事物，再发展到记忆、思维、分析、判断事物。

### 2. 生长发育是连续性的、阶段性的

- 身高在出生后第一年，尤其前 3 个月增长很快，1 岁以内为出生后的第一个生长高峰，一年增长 25cm。第二年增长 11~12cm。
- 2 岁以后生长速度逐渐减慢，每年增长 7cm 左右。
  2~12 岁身高粗略估计为：身高（cm）= 年龄 ×7+77（cm）。
- 直至青春期生长速度又加快，出现第二个生长高峰，直到骨骼完全闭合，骨骼停止生长。通常男孩身高每年平均增长 7~10 cm，增速最快的一年可以长 10~12 cm，女孩身高每年平均增长 6~8cm，最快的一年可达 10 cm。

### 3. 各个器官系统生长发育不平衡

- 神经系统发育较早，出生后两年发育较快。
- 生殖系统发育较晚，从出生至 10 岁前几乎没有变化，而在青春发育期迅速发育。
- 淋巴系统在幼儿时期迅速生长，于青春期前达到高峰，以后逐渐下降。
- 皮下脂肪在年幼时较发达，肌肉组织到学龄期发育加快。
- 其他如心、肝、肾的发育基本与体格生长相平行。

## （三）儿童少年生长发育的影响因素

影响生长发育的因素很多，概括起来有两大类，即内在的遗传因素和外在的环境因素。遗传因素决定生长发育的可能性，即决定了生长发育的潜力；而环境因素影响该潜力的正常发挥，决定发育的速度及最终可达到的程度，即决定了生长发育的现实性。儿童的生长发育过程也就是遗传因素和环境因素相互作用的过程。

### 1. 遗传因素

影响儿童生长发育的遗传因素包括家族因素和种族因素。

身高、体重、性成熟早晚、性格等与家族遗传有关，其中尤以身高的遗传倾向更为明显。个体的成年身高与父母的平均身高间的遗传度为 0.75，即身高的 75% 取决于遗传，只有 25% 取决于营养、锻炼等环境因素。

个体的外貌特征（如肤色、发色、眼色等）、体形、月经初潮年龄、生长发育水平等与种族遗传有关，受环境因素的影响较小。

### 2. 环境因素

影响儿童生长发育的环境因素包括自然环境和社会环境。

自然环境包括营养、疾病、体育锻炼、生活作息制度、季节和气候、环境污染等。社会环境包括社

会经济状况、生活和学习环境、文化教育、卫生保健、家庭结构和生活质量、亲子情感联结、个人与社会成员的交往等。若这些因素的综合产生良好影响，将会促进生长发育，反之，会使生长发育落后和停滞。

营养和体育锻炼是影响生长发育最重要的环境因素，不良生活作息行为和环境污染是影响儿童健康的重要因素。

（1）营养

营养是生长发育最重要的物质基础。儿童必须不断从外界吸收足够的各种营养素，尤其是足够的热量和优质的蛋白质，足够的铁、钙和各种维生素等，作为生长发育的物质基础。营养丰富而且平衡的膳食会促进生长发育，反之，营养缺乏或不合理的膳食不仅影响正常的生长发育，还会导致各种营养缺乏症。

膳食结构不合理，各种营养素摄入不足或不均衡等，将使处于生长期、新陈代谢旺盛的儿童所必需的热量、蛋白质、各种维生素、矿物质、微量元素等供给不足。后果是生长发育迟缓、皮下脂肪减少、肌肉发育不良、骨骼疏松、免疫功能低下，影响学习和运动能力，并可导致各种急、慢性营养不良和各种营养缺乏症的发生。儿童年龄越小受营养的影响越大。

（2）疾病

疾病对生长发育有直接影响。不同的疾病对生长发育的影响程度不同，这取决于疾病涉及的部位（组织、器官、系统范围）、病程的长短、疾病的性质和严重程度。

（3）体育锻炼

体力活动不足无论是对儿童少年还是成年人的健康都有着负面的影响，成年人的许多慢性疾病，如肥胖、心血管疾病等，根植于儿童少年时期。因此促进儿童少年身体活动是当今重要的研究课题之一。

体育锻炼是促进儿童身体发育和增强体质最重要的因素之一。运动时，儿童的新陈代谢显著增强，出现体力的消耗，产热增加，分解代谢加速，可以提高呼吸、运动和心血管系统的功能。

体育锻炼可促进呼吸功能及心血管的发育，表现为肺通气量、最大氧消耗量增加，心脏收缩力增强，每搏输出量增加，心率变慢。

体育锻炼能促进骨骼和肌肉的发育，经常参加锻炼的儿童，不仅可使肌纤维变粗，肌肉重量增加，还能促进骨骼的生长发育，加速骨的钙化，使骨质更加粗壮坚实，同时也促进了韧带的发育，增加了关节的牢固性和灵活性。总之，经常参加锻炼的儿童，其身高、体重、胸围等方面的发育都较理想。

长期体育锻炼是控制体重、调节身体成分的重要手段。青春期的女孩坚持数月锻炼可使瘦体重显著增加，体重却变化不大，原因是体脂总量相应减少。

体育锻炼还可以使人精神饱满，心情愉快，食欲增加，促进营养物质的消化吸收，可减少疾病，增强体质。

（4）生活作息制度

合理安排儿童的生活作息制度，做到有规律、有节奏，保证儿童有足够的户外活动、适当的学习时间，定时进餐，充足睡眠，这对生长发育有良好的促进作用。

人体内各组织、器官、系统的活动都有一定的节奏和规律。在合理生活作息制度下，包括大脑在内的身体各部分的活动和休息能得到适当的交替，加上及时补充营养，保证能量代谢正常进行，有利于促进身体充分发育。

（5）气候和季节

地理气候因素对生长发育的影响作用尚难得到肯定结论，因为无法控制其他影响因素的干扰作用。我国儿童生长发育水平存在显著的南北差异。北方地区男女儿童的身高、体重均值均大于南方。从世界

范围来看，多数国家和地区的身高都是北高南低。

季节对生长发育（尤其是身高、体重）有明显影响。春季中身高增长最快，秋季体重增长最快。体重增加的季节差异最显著，9~11 月体重增加最快，而在炎夏季节有些儿童体重不但不增加，甚至还有减轻的趋势。身高增加的季节差异和体重正相反，3~5 月身高增加较快，约为 9~11 月份增长值的 2~2.5 倍。

（6）环境污染

工业生产及日常生活中排出的废气、废水、废渣等，均可造成严重的环境污染，不仅给人类健康带来威胁，引起各种疾病，还阻碍儿童的身心发育。

（7）社会因素

社会因素对儿童生长发育的影响是多层次、多方面的。它不仅影响儿童的身体发育，同时还影响其心理、智力和行为发展，帮助个体逐步形成自身的社会特点。

社会因素主要指社会经济状况、家庭因素、学校教育、媒体、伙伴等，这些因素相互交织，错综复杂，共同对生长发育产生影响。

### （四）青春发育期

#### 1. 概念

青春发育期即青春期，是由儿童少年时期过渡到成人的一个迅速发育的阶段，以生长突增为青春发育期开始的标志，以性成熟为结束。青春期是人体生长发育的最后阶段，也是决定个体体格、体质、智力水平的关键时间。女孩一般比男孩早 2 年，女性一般为 10~18 岁，男性为 12~20 岁。（表 14–1）

表 14–1　人体青春发育期的三个阶段及发育特点

| | 女 | 男 | 特 征 |
|---|---|---|---|
| 前期 | 10~12 岁 | 12~14 岁 | 发育迅猛，又称“生长加速期” |
| 中期 | 13~16 岁 | 15~17 岁 | 以第二性征发育为主，又称“性成熟期” |
| 后期 | 17~23 岁 | 18~24 岁 | 发育达到完全成熟 |

#### 2. 第二性征

第一性征为出生时由于性的染色体不同，决定性腺不同，因而有男女的性别。

第二性征是在性激素的作用下，出现男女性征上的继发性特征，又称副性征。在男性表现为阴毛、腋毛、胡须显著生长，肌肉发达，骨骼粗壮，喉头突出，声音变得低沉。在女性则表现为乳房隆起，生长出阴毛、腋毛，骨盆宽度增加，皮下出现丰腴的脂肪。

## 二、儿童少年的解剖生理特点及注意事项

儿童少年的解剖结构和生理功能与成人有着很大的不同，这也决定了他们在运动中不能承受与成人相同的负荷强度。不科学的运动锻炼反而会引起儿童少年过早出现运动损伤，甚至影响生长发育。

### （一）骨骼

与成人相比，儿童少年的骨骼表现为“三多一少”，即软骨组织多、水分多、有机物多、无机盐少，因此骨骼弹性好，不易骨折，但硬度小，易弯曲和变形。骨膜较厚，骨的再生能力较成人强，因此，骨折后的愈合速度比成人快。

部分骨骼发育较晚。8 块腕骨到 6 岁时才明显，11~13 岁完全骨化。掌骨、指骨在 9~11 岁完成骨化。足部骨骼到 14~16 岁才能发育成熟。脊柱发育时间很长，一般要到青春发育期开始时才基本定型。骨盆

到 20 岁左右才完全骨化。依据骨龄测定可了解儿童的骨骼发育状况。

骨骺是儿童少年特有的结构，位于长骨的两端，负责骨骼的发育成熟与长度，是人体体格发育的重要组成部分。人体生长至 18 岁左右，骨骺板发生闭合骨化，骨骺的发育才算基本完成。如果骨骺发生损伤或疾病（包括先天性或后天性），可直接导致骨的形态异常，表现为骨的短缩、细小、缺乏正常的解剖结构，致使遗留终身的骨骼畸形或功能障碍。由于骨骺是儿童少年特有的身体结构，有关骨骺方面的疾病也是成人所不具有的。（图 14–1）

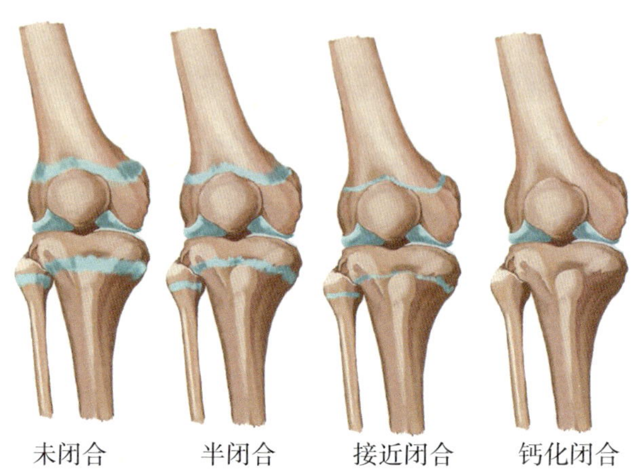


**图 14–1　儿童骨骺**

骨的生长发育受多种因素的影响，如激素（生长激素、甲状腺激素、性激素等）、维生素（VA、VD、VC 等）、运动负荷（特别是负重运动）等。

**注意事项：**

- 注意养成正确的身体姿势。注意平时站、坐、走的姿势，避免出现驼背、骨盆前倾、颈前伸、脊柱侧弯等，以保持脊柱的正常曲度，预防腰痛和颈痛的发生。
- 注意身体的全面训练。两侧肢体都需要进行锻炼，特别是针对不对称的运动项目，也应该避免过早开始不对称运动的训练，如网球、羽毛球等。
- 运动训练时注意控制负荷强度和运动量。避免负荷过大，少用静力性练习。10 岁前不宜负重，可用抗体重练习；12~13 岁逐渐增加；15 岁后可进行较大重量的练习，并以动力性练习为主。过早的大力量练习会使青少年过早骨化。
- 注意练习场地的选择。尽量在塑胶跑道、运动地板等有减震功能的地面上运动，避免在硬地上做长时间的跑跳练习。
- 预防“骺软骨病”的发生。根据儿童少年的生长发育水平和运动能力安排训练，如果出现疼痛应及时诊断和治疗。
- 适当营养，注意补充钙质、铁和蛋白质、维生素，促进骨质健康。

### （二）关节

儿童少年的关节软骨厚，关节窝较浅，关节囊、韧带薄而松弛，关节周围的肌肉较细长。关节的柔韧性好，活动范围大，但牢固性差，外力作用下易脱位和损伤。随着年龄的增加和功能的不同要求，关节可显示出极大的可塑性。

人是唯一有足弓的脊椎动物，足弓的存在既表示了人的特征，同时也是人类进化过程中的一个标志。2~8 岁是儿童足弓发育的时候，通常在 6 岁时发育成熟。儿童的足弓周围韧带较松、肌肉细弱，若长时间站立、行走，足底负重过多，易引起足弓塌陷，特别是肥胖儿童更易发生扁平足。（图 14–2）

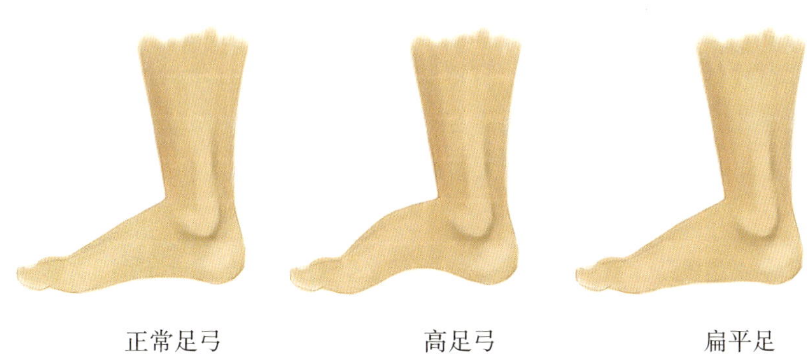


图 14–2 正常足弓、高足弓与扁平足

**注意事项：**

· 在发展柔韧性的同时，应加强发展关节周围的肌力，以防止关节损伤。

· 避免大强度负重性力量练习，以免影响足弓发育。

· 对于肥胖儿童少年，要积极控制体重。

· 不宜穿过于紧身的衣服，以免影响血液循环。鞋过小会影响足弓的正常发育。衣服、鞋宽松应适度，过于肥大会影响运动，易造成意外伤害。

## （三）肌肉

儿童少年的肌肉含水分多，蛋白质、脂肪、无机盐少。因此，力量小，耐力差，易疲劳，但恢复较成人快。

儿童肌肉的生长落后于骨骼，肌肉主要向纵向增长，肌纤维细长，肌肉力量、耐力差，对关节的保护能力较差，也容易诱发关节损伤。

儿童少年各部分肌肉的发育是不均衡的。儿童时期，支配大肌肉群活动的神经中枢发育较早，故大肌肉群动作发育较早，躯干及上下肢活动能力较强；支配小肌肉群活动的神经中枢发育较晚，手部腕部小肌肉群活动能力较差。8~9 岁后，肌肉发育速度加快，到青春期，肌肉发育剧增，不仅大肌肉生长很快，小肌肉也迅猛发展，能够准确灵活地做细微动作。

**注意事项：**

· 根据年龄特点安排运动负荷。

· 选择适宜的练习方式。应以动力性力量练习为主（俯卧撑），辅以适宜的静力性练习。避免大强度的静力性练习。

· 根据肌力发展规律安排训练。在发展大关节肌力和稳定性的同时，还需要注意身体全面训练和发育，同时适当进行小肌肉的力量和耐力训练，特别是在肩、踝、膝等不稳定的关节。

· 注意神经系统的训练以提高运动的协调性。

## （四）心血管系统

儿童少年的血液总量比成人少，但儿童血量占体重的百分比高于成人，约占体重的 11%，血红蛋白含量低。血液中有形成分与成人也有差别，血小板数目与成人相近，但血浆中的凝血物质（纤维蛋白、钙等）较少，一旦出血，凝血较慢。

儿童少年的心脏容积小，心肌收缩力弱，心率快，血压低（外周阻力小），心输出量绝对值小，但每公斤体重的心输出量（相对值）却较大。运动时，主要靠增加心率来增大心输出量。青春期的少年容易出现青春期高血压，表现为收缩压较高，一般不超过 150mmHg，舒张压正常，无自觉症状，多发于体格长得快的少年。

**注意事项：**

· 合理安排运动负荷。对强度较大、持续时间不长的运动，如各种活动性游戏、徒手操、哑铃举等力量性练习以及短距离游泳、跑步等运动较易适应。对一些长时间紧张的运动，如重量过大的力量练习、对身体消耗过大的耐力性练习等，则不宜过多采用。强度可以适当增加，但间歇次数也应增加，密度不宜太大，练习中间多休息几次，循序渐进。

· 不宜做过多和过长的“憋气”，以免影响心脏的舒张，造成心脏更大的负担。

· 正确对待“青春期高血压”。出现这种情况不用紧张，可照常参加体育活动。运动量不宜过大，不适合举重练习，并定期复查血压。如有不适，可减少运动量，做好医务监督。

· 采取积极手段，促进血液循环系统生长发育和机能水平提高。

· 合理营养。儿童的膳食应控制胆固醇和饱和脂肪酸的摄入量，宜少盐，口味淡。纠正儿童挑食、偏食的毛病，预防缺铁性贫血。

### （五）呼吸系统

儿童少年的胸廓小，呼吸肌力量弱，呼吸表浅，频率快，肺活量小。肺通气量小，但每公斤体重的相对值却较大；运动时主要靠加快呼吸频率来增加肺通气量。年龄越小，呼吸频率越快。因呼吸肌较弱，以腹式呼吸为主。剧烈运动时，最大摄氧量小，负氧债能力低。

儿童气管、支气管的管腔较狭窄，气管内纤毛运动差，容易发生呼吸道感染，且发病后症状较重。

**注意事项：**

· 注意呼吸卫生。不挖鼻孔，不要蒙头睡眠，咳嗽、打喷嚏时注意卫生，掌握正确的擤鼻涕方法。

· 运动时注意呼吸与运动的配合。鼓励用鼻呼吸，有意识地加大呼吸深度。

· 科学组织少年儿童进行体育锻炼和户外活动，是提高呼吸能力的有效方法。

### （六）神经系统

神经系统的发育是最早最快的，但是神经活动过程不稳定。大脑皮质神经细胞工作能力低，易疲劳，但神经过程灵活性高。第二信号系统发育不完善，抽象思维能力较差。

**注意事项：**

· 内容要生动活泼、多样化，采用直观形象教学。

· 训练时间不宜过长，注意安排短暂休息。

· 加强意志品质的培养和组织纪律的思想教育。

· 青春期神经系统受内分泌腺活动影响，稳定性暂时下降，表现出动作不协调。

## 三、儿童少年的各项身体素质发展的敏感期

敏感期（sensitive period），是指特定能力和行为发展的最佳时期。各种身体素质都有自己发展的敏感期，在这段时期所对应的身体素质能力发展相对迅速。身体素质发展的敏感期大多集中在儿童少年时期，如果错过了相应的敏感期，则所对应的身体素质发展将很难达到理想水平。对普通儿童少年而言，在其敏感期发展相应的身体素质将为日后的身体技能学习打下坚实的基础。

### （一）力量素质

力量素质分为一般力量和专项力量。对于儿童少年来讲，负荷过大的力量训练会阻碍其身体的成长发育，但并不意味着在儿童少年时期就不能进行力量训练。适当的力量训练对儿童少年的肌肉力量、用力姿势都能形成良好的影响。

一般力量发展的敏感期在 12~15 岁。在此阶段，着重发展全身肌肉组织，强度不宜过大，着重发展快速力量。主要采用动力性力量练习。在此敏感期的后期，可适当根据运动项目特点，加入专项力量练习，负荷不宜过大。

专项力量发展的敏感期在 15~17 岁。在此阶段，加大专项力量练习的比重，着重发展那些与提高专项竞技能力相关的肌肉力量，以增大肌肉横截面积，提高肌肉间的协调能力为主。

### （二）速度素质

速度素质一般可分为反应速度、动作速度、位移速度。在儿童少年时期，速度素质的发展着重于动作速率的提高。

反应速度的敏感期在 9~12 岁。可通过各种反应训练刺激中枢神经系统，提高反应的速度。练习时间不宜过长。

位移速度的敏感期在 7~14 岁（男）。在 7~11 岁，主要发展位移速度和频率。在 12~14 岁，在巩固已有的动作速度和频率的基础上，可通过发展肌肉力量来提高速度素质。

动作速度更多取决于快肌的百分比及相关肌肉力量的大小。

### （三）耐力素质

在儿童少年时期，由于心血管系统和呼吸系统尚未发育完善，较宜采用有氧耐力训练，可以刺激相关系统更好地发育，但负荷不宜过大。

一般耐力的敏感期在 12~14 岁。以有氧耐力练习为主，使心肺功能产生良性适应。

专项耐力的敏感期在 15~16 岁。在此阶段可逐渐进行无氧耐力训练。

### （四）柔韧素质

柔韧素质的敏感期较早，在儿童时期应着重注意柔韧素质的发展。其敏感期在 5~9 岁，在此阶段，柔韧素质会随着合理的训练得到较快的提高。在前期着重发展全身各部位的柔韧能力，宜从小培养柔韧素质。在后期同样要注重柔韧能力的训练，可以减少运动损伤的发生，同时要注意与力量训练结合。

### （五）灵敏素质与协调素质

灵敏素质的敏感期在 10~12 岁，灵敏素质的训练时间不宜过长，注意与其他素质练习交替进行。协调素质发展的敏感期在 10~13 岁，宜与专项技术动作相结合进行练习。（图 14–3）

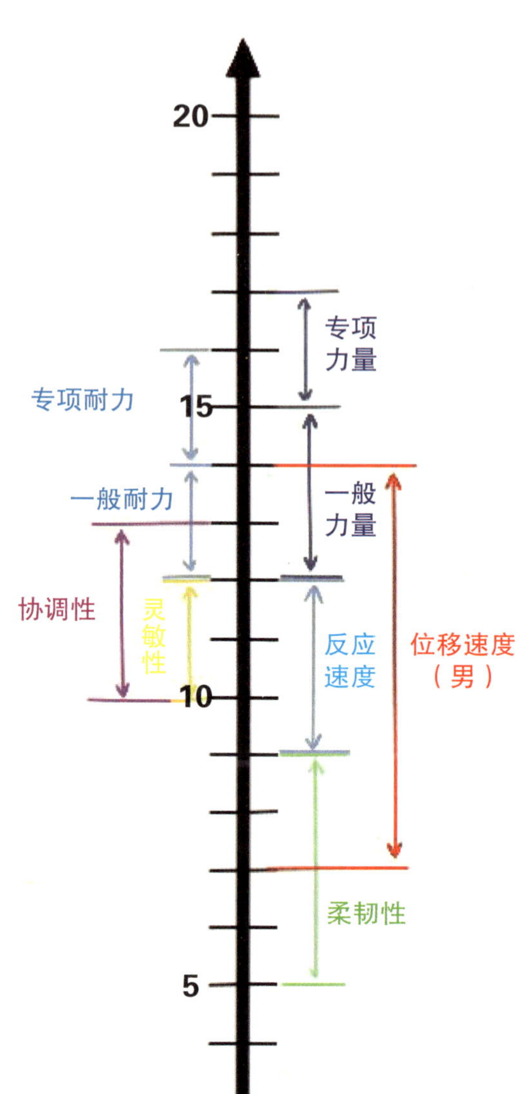


图 14-3　儿童少年各项身体素质的敏感期

## 四、儿童少年的运动指南

2018 年 1 月 30 日，由国家儿童医学中心、上海交通大学医学院附属上海儿童医学中心牵头，联合上海体育学院、复旦大学附属儿科医院临床指南制作与评价中心合作制作完成的国内首部《中国儿童青少年身体活动指南》正式发布。

该指南的主要目标人群为健康的 6~17 岁的儿童青少年，在国内首次提出中国儿童青少年每天身体活动的推荐量。在充分参考了国际上 28 个指南的推荐意见的基础上，该指南推荐：儿童青少年每日应进行至少累计 60min 的中高强度身体活动，包括每周至少 3 天的高强度身体活动和增强肌肉力量、骨骼健康的抗阻活动。更多的身体活动会带来更大的健康收益，每日屏幕时间限制在 2 h 以内，鼓励儿童青少年更多运动起来。

### （一）锻炼的内容

根据自己的爱好、身体条件、家庭条件参加多种多样的体育锻炼，如跑、跳、投、游泳、球类、体操、自行车、滑冰、武术等形式多样的体育锻炼，而不必受到过多的限制。

儿童少年锻炼的重点有两方面：培养儿童参加锻炼的兴趣和习惯，全面提高少年儿童的身体素质，而不是过早的发展某种专项技术。

#### 1. 3~5 岁：学习基本动作并将其连贯起来

- 鼓励孩子们要跑——不仅跑直线，还要停顿、启动、变向跑动。
- 身体造型游戏——倒立，举起右手，像蛇一样滑行，在地上来回滚动。
- 投掷游戏——从孩子的手能容易握的柔软物品开始。击中目标，用尽全力扔出去，用双手投掷。
- 安静的时候或在小场地内可以玩平衡游戏，如单脚站立、然后换脚。用身体的不同部位维持平衡，沿划定的路线行走。
- 跳跃——在空中做出各种姿势，看孩子们能够跳多高，跳多远。从“河”的一岸跳到另一岸，尝试双脚跳、单脚跳，确保落地时屈膝。
- 需要考虑的问题：①孩子的能力（孩子能否扔一个球？单脚站立？单脚跳？蹦跳？）；②孩子的兴趣（孩子能否笑着享受这些活动？兴奋得想学新东西？）。

#### 2. 6~8 岁：学习所有的基本动作，建立基本动作技能

- 力量、耐力、柔韧性：通过游戏、有趣的活动，而不是训练计划增强他们的力量、耐力和柔韧性。
- 让孩子们继续玩接、扔、击打、跑和其他要求身体投入的活动。可能的话，让孩子们参与接触多样运动的活动项目（融合多项运动的活动设计）。尽可能多地尝试不同活动。
- 男孩和女孩的手脚速度在这个阶段发展特别快。如果错过这个窗口期，终生的身体速度都会受到影响。
- 孩子有强烈的公平感，应该采用规则简单、有道德教育意义的运动和游戏。
- 需要考虑的问题：孩子的能力（能否跑、停顿、变向时不会绊脚？将球踢出6m远？两脚交换蹦跳？）和孩子的兴趣。

#### 3. 9~12 岁：发展综合运动技能

- 通过游戏和竞赛发展耐力。
- 让孩子们继续练习柔韧性、速度、耐力和力量。运用自身体重、瑞士球、实心球来练习，而不是举重器。
- 将动作技能发展成运动技能。确保培养技巧的过程是从简单到复杂的逐步提高的过程。如踢球的技术可以从开始踢、踢得更远、移动中踢球，到踢得准确这样的过程逐步提高。
- 需要考虑的问题：孩子能否足够专注于所要学习的内容？能否控制动作？自如地运动？笑着享受这些活动？兴奋得想学新东西？

### （二）持续的时间

- 每种活动持续的时间不宜过长。
- 儿童少年体育活动的内容和形式要做到多样化和经常变换，防止单一的内容。
- 锻炼的持续时间可逐渐延长，每天累计大于60min。

### （三）运动量和运动强度

- 强度不宜过大。
- 运动持续的时间及运动的强度要逐渐增加。

· 应指导儿童少年掌握正确的呼吸方法，呼吸时要强调加深呼吸的幅度，而不是增加呼吸的频率，并注意与运动的频率（如跑步的频率）配合，以促进呼吸器官的发育。
· 儿童少年体力活动指南推荐：
最佳体力活动推荐量——每天60min中、高强度体力活动；
最小体力活动推荐量——每天30min中、高强度体力活动；
男性儿童每天至少走13000步，女性儿童每天至少走12500步；
男性青少年每天至少走12000步，女性青少年每天至少走10500步。

### （四）锻炼频率

· 儿童的肌肉较易疲劳，但恢复较快
· 每周锻炼的次数可较多，如每日一次或隔日一次均可。

### （五）注意事项

· 体育运动要根据儿童少年的年龄和性别特点，进行合理的组织和安排，以促进身体和智力的健康发育。
· 儿童少年进行运动训练持续的时间不宜过长，运动量要适当，不应超过身体的负担能力。
· 不应过早地让儿童少年进行专项训练。如果进行早期专项训练则要通过合理的选材，在严格的医务监督下进行。不应过早或过急地要求儿童少年出现好成绩，也不应让儿童少年过多地参加正式比赛。
· 在进行力量练习时，应注意以下两点：第一，负荷不宜过重，并应尽可能减少憋气动作，以避免胸内压过高，而使心肌过早增厚，影响心脏的发育；第二，儿童屈肌的力量较伸肌的力量强，因而要加强伸肌的发展，以保持伸肌屈肌间的平衡，防止驼背。
· 儿童少年参加运动锻炼，应保证充足的休息和睡眠，并要有足够的营养和能量。
· 儿童少年体育运动使用运动器械的大小、重量要符合其身体发育特点。
· 儿童少年的训练要和卫生教育结合起来，不仅培养他们具有健全的体魄，同时还要培养他们良好的个人和公共卫生习惯。
· 注意观察儿童少年锻炼后的身体反应，并询问儿童少年锻炼后的自我感受，以锻炼后精神状态良好、没有疲劳积累、没有不良感觉（头晕、恶心、食欲下降、睡眠不好等）为宜。

## 第二节　老年人的运动计划

**导读：**老年人年龄标准不是一个绝对的概念。世界卫生组织规定65岁以上为老年人。欧洲和日本的划分标准为65岁，挪威为67岁，丹麦为70岁。我国目前定义35~60岁为中年，60岁以后为老年。中国与世界在2000年同步进入老龄化社会，2017年中国60岁以上老年人口已超过2.4亿，占总人口比例达到17.3%，其中65周岁及以上老年人口1.58亿，占总人口的11.4%。中国人口老龄化总量大、发展速度快，预计到21世纪中叶老年人口总量还将翻一番。指导老年人进行科学合理的运动锻炼，是改善老年人的健康状态、提高生活自理能力、减少慢性疾病及其并发症的发生、节省医疗资源的重要措施。

## 一、老年人生理特点及运动锻炼的益处

长期坚持运动锻炼，可以为老年人带来多方面的益处。

### （一）对神经系统的影响

大脑会随着年龄的增加而逐渐萎缩，老年人神经细胞比年轻人减少10%~20%，脑供血量不足，神经纤维发生退行性改变，兴奋与抑制过程减弱，因而对外界反应迟钝，动作协调性差，记忆力减退，容易疲劳，精力恢复较慢。视觉下降，听觉和味觉减退，都是大脑退化的表现。

体育锻炼可以首先通过肌肉活动刺激和调整大脑皮层，使整个神经系统提高对机体各系统和器官的支配能力，从而减慢神经细胞的退化进程。长期锻炼，还能加强物质代谢过程，升高脑动脉中的氧含量，改善脑细胞的氧供应，促进大脑疲劳恢复，减缓脑动脉硬化，延缓神经细胞衰老，使大脑的兴奋、抑制、传导和反应等基本生理功能不断强化而保持年轻。肌肉活动可以刺激和调整大脑皮层神经活动过程的强度、均衡性和灵活性，提高机体对外界环境的适应能力，动作迅速，准确有力。

### （二）对心血管系统的影响

老年人由于心肌逐渐发生退行性改变，心肌细胞数减少，心肌间的弹力纤维增多造成心脏收缩力减弱，每搏输出量减少。血管壁的弹性减弱，血管硬化，结果血流阻力加大，血循环缓慢，血压升高，导致心脏负担加重，心功能减退。冠状动脉粥样硬化导致心肌供血减少，代谢有害产物积累，引起最大心率、最大心输出量下降。心脏的兴奋性、自律性、传导性和收缩性均减低，左心室功能降低，易发生心律不齐。

体育锻炼时，由于心肌收缩力加强，每搏输出量增加，流经冠状动脉血量也成倍增加。冠状动脉的直径变大，心肌内毛细血管大量开放，血流加快，可以改善心肌的氧供应和代谢，延缓心脏的衰老过程。

长期锻炼可以增加血液中高密度脂蛋白（HDL）的含量。它是一种能及时把沉积在动脉壁的胆固醇运送到肝脏进行分解代谢的物质。胆固醇积聚过多是造成血管硬化的重要原因之一。因此，运动能降低胆固醇含量。运动锻炼还能使血管的舒缩能力加强，改善血管壁弹性，减低血液在血管内的阻力。锻炼是防治冠心病、动脉硬化症和高血压的积极手段。

### （三）对呼吸系统的影响

老年人由于肺内结缔组织增生，肺泡壁弹性降低，呼吸肌逐渐萎缩，导致肺活量减少，呼吸功能减弱。最大摄氧量下降，肺活量下降，残气量增加，动脉血氧含量降低。

锻炼可以增强呼吸肌力量，提高胸廓活动度，改善肺通气、换气功能，使肺泡壁弹性保持良好状态，减慢肺组织纤维化过程，增强肺的抵抗力。增加肺活量，提高全身各内脏器官的新陈代谢。长期锻炼的老年人，呼吸肌强壮有力，呼吸次数减少，呼吸变深而均匀，使呼吸肌得到充分休息，提高氧的利用率和贮备，预防呼吸系统疾病。

### （四）对肌肉骨骼系统的影响

随着年龄增加，骨质疏松的发病率也随之增加，特别是老年女性。老年人肌肉骨骼系统的变化为骨质增生，软骨退行性改变，关节囊及韧带硬化，肌细胞萎缩，肌肉横断面积减少，表现为关节活动度下降、容易骨折、肌力下降、肌肉重量下降。

运动锻炼可以维持或提高肌肉和骨骼的力量，增加骨密度，预防骨质疏松和老年性骨折；提高肌肉的耐力、速度、灵活性和准确性，增强肌肉工作能力，延缓肌肉萎缩和肌力下降；加强关节韧性，提高

关节的弹性和灵活性，防止骨质增生和韧带退化。（图 14–4）

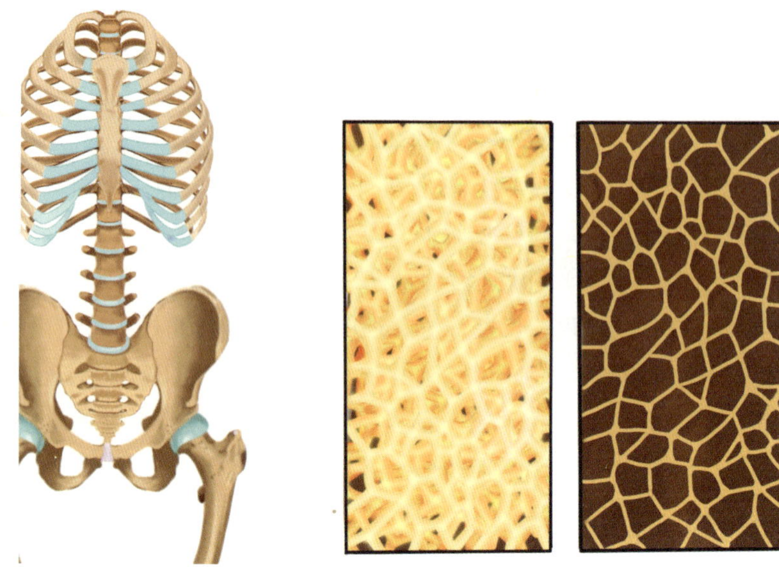

图 14–4　正常骨质与骨质疏松

### （五）对消化系统的影响

老年人体内由于各种消化酶的活性降低，消化器官蠕动减弱，容易患消化不良、胃下垂、腹泻、便秘等疾病。长期锻炼可改善支配胃肠道的神经功能，同时膈肌和腹肌有力收缩，对胃肠和肝脏、脾脏起按摩作用，直接促进胃肠蠕动，改善消化器官血液循环，促使消化腺分泌，加强消化吸收过程。这对老年人维持正常的消化系统功能，防止该系统疾病有良好作用。经常锻炼的人，体内脂肪成分低，能保持标准体重。锻炼能防治肥胖、高脂血症、糖尿病等。

### （六）对免疫系统的影响

老年人免疫系统与其他系统一样，随年龄的增长逐渐衰退，免疫功能降低，防御能力减退。长期锻炼可增强免疫功能，增强内分泌功能和造血功能，提高抗病能力，减少感冒及因感冒引起的扁桃体炎、咽炎、气管炎、肺炎等疾病。锻炼可以改善肾脏血液循环，提高肾脏代谢的能力，并增强皮肤防御能力。

## 二、制订老年人运动计划的原则

### （一）严格身体检查，限定运动计划的安全界限和有效界限

对不同个体健康状况进行客观评价是制订运动计划的基础。40 岁以下、有锻炼经历的人可以不做递增负荷试验（GXT），较自由地参加多种形式的体育活动。对于 40 岁以上，没有锻炼经历的人来说，制订运动计划必须慎重。

在确定运动强度之前，必须考虑以下因素：

- 个人的身体素质水平、危险因素。
- 行为特点、运动经历。
- 是否服用了影响训练的药物，心血管意外和骨关节损伤的危险性如何。
- 兴趣爱好、个人客观目标等。

**重要参考依据：**

· 运动负荷中心率、血压的测定。

· 对运动负荷的主观反应，运动负荷中的心电图检查。

· 功能能力的测定。

运动方案必须限定安全界限和有效界限（界限的划定应根据身体检查的不同情况而定）。安全界限指锻炼者在保证不会出现意外事故的情况下，所能承受的最大运动强度或运动量。有效界限指达到最低锻炼效果的最小运动强度或运动量。安全界限和有效界限之间，就是运动计划最安全而有效的范围。在这个范围内，运动强度、时间和频率等越高，效果就越显著。

### （二）老年人个体差异大，制订运动计划应个别对待

人体的老化速度个体差异较大，有的老年人到了 60 岁就老态龙钟，有的仍精力充沛，而且同一个体的不同系统各器官的老化速度也不同步。一般简单功能，如心脏搏出功能、肾脏的排泄功能等老化速度较慢，而复杂功能，如神经系统的反应时间、身体的适应能力等老化速度较快。这种差异与遗传、营养、职业、生活方式、体育锻炼、文化程度、心理状态、环境因素等有关。

在制订运动计划时，需要考虑老年人身体功能、兴趣爱好、运动习惯等多个方面，制订个性化的运动方案，才能达到最佳的锻炼效果。

### （三）运动计划的制订要考虑持之以恒和渐进性

运动计划的制订，目的是增强体质，提高健康水平，因而除考虑安全和效果外，还要注意个人兴趣。从生理学的角度看，即使是科学、有效的运动，如果锻炼者不爱好则难以持久，不能持久也就不能得到真正的效果；其次，人体对反复持久的运动有一适应的过程，体质的增强则建立在适应能力逐渐提高的基础上。所以，运动计划的制订，在注意持之以恒的同时，还要兼顾渐进性原则。

### （四）老年人运动计划注意修订调整

运动计划应用于多数人时，有的人适应，也有人可能不适应。即使是根据检查结果制订的计划，也不一定在任何时间、任何地点都最适合。因此，对于初定的计划在实行过程中，要进行一次或数次的调整，使之成为符合个体能力的运动计划。一个安全、有效、愉快的运动计划，是在实践过程中制订出来的。

## 三、老年人的运动计划

### （一）老年人运动计划的目标

运动计划的根本目标是改变运动锻炼参加者的生活方式。最佳的运动计划是最有助于运动锻炼参加者获得健康生活方式的运动计划。

对老年人群中的不同个体而言，运动计划的目标是多种多样的。一般包括：提高健康水平、减少慢性疾病危险、保障运动锻炼参加者安全等。制订运动计划时，基于个人的兴趣和运动的需要，其目标应有所侧重。对每个特殊的个体都应有特殊而明确的目标。

对于普通老年人的运动锻炼来说，预防由于运动不足导致的慢性疾病、改善慢性疾病患者的健康状况是运动锻炼的最基本目标。经常从事中等强度的锻炼，就可以有效地改善健康状况。选择中等强度运动的生活方式比改善某种素质，比如说提高耐力水平、增加肌肉力量更易达到、更易实现。当然，任何时候，只要可能，提高健康水平、提高身体素质都是制订运动计划时所追求的目标之一。运动计划应根据个人运动锻炼的不同目标灵活掌握，根据个体对运动锻炼的反应和对运动的适应情况进行必要的修正。

## （二）老年人运动方式的选择

老年人在选择运动方式时应尽可能考虑个人的身体素质水平、兴趣爱好、锻炼的客观目标等因素。改善健康状况的核心是提高锻炼者的心肺耐力，主要反映在个人最大摄氧量水平的提高上。提高心肺机能的有效途径是大肌肉群参加的、较长时间的有氧锻炼。在这一原则指导下，可按照锻炼者的年龄、性别、过去锻炼经历、主观愿望及客观条件，选择走、慢跑、有氧体操、交谊舞、游泳等耐力项目，也可选用球类运动及我国传统康复手段，如导引养生功、太极拳、武术套路、扭秧歌等进行锻炼。

此外也推荐老年人进行力量训练以维持基本的肌肉力量，改善关节疼痛和活动能力，特别是下肢和躯干的肌肉力量。柔韧性训练和平衡训练也应该穿插在日常的锻炼过程中，以维持关节的活动范围，预防跌倒。

## （三）有氧运动的训练安排

### 1. 运动强度

运动强度和运动持续的时间是影响锻炼效果的重要因素。运动强度和运动持续时间决定总的能量消耗。许多研究证明：低强度长周期或高强度短周期的训练，对提高心血管的耐力的作用是相似的，而运动强度较大时骨关节损伤的可能性则随之增加了。特别是对老年人而言，情况更是如此。随着时间的推移，机能及身体素质逐渐衰退。因此，大多数研究机构都推荐中低强度而持续时间较长的运动计划。

在确定运动强度之前，必须考虑以下因素：个人的身体素质水平、是否服用了影响训练的药物、心血管意外和骨关节损伤的危险性如何、个人的兴趣爱好、个人的客观目标。

目前，在国内外使用较多的是以心率控制运动强度，简便实用。在一定范围内，在心率和摄氧量之间存在线性相关关系。但是随着年龄的增加而导致的最大心率下降有较明显的个体差异。所以使用心率指标控制运动强度时，最好能够在逐级递增负荷试验中测得最大心率。

（1）直接最大心率百分数法

靶心率 =（220 – 年龄）×（60% ~90%）

靶心率 = 170（或 180）– 年龄

如一位 60 岁的老年人，锻炼时的心率范围是（220 – 60）×（60% ~90%）=96~144 次 / 分。

（2）储备心率法

储备心率=最大心率 – 安静心率

靶心率 =（最大心率 – 安静心率）×（50%~85%）+ 安静心率

ACSM 建议：运动强度应相当于最大心率（HRmax）的 60% ~90% 或储备心率的 50% ~80%。对于参加锻炼前身体素质水平很低的人，则应相应地降低标准，运动强度应相当于储备心率的 40% ~50%。

（3）自我感觉疲劳程度（RPE）

如用 RPE 0~10 分表示，中等强度时 RPE 应在 5~6 分。

如用 RPE 6~20 分表示，中等强度时 RPE 应在 11~13 分。

### 2. 每次运动持续的时间

有研究表明：5~10min 的高强度运动（最大心率的 90%）可以改善心血管耐力，但由于运动强度增大也增加了心血管意外和骨关节损伤的危险性。因而，对高强度运动的运动锻炼价值争议颇多。美国运动医学会（ACSM）推荐 20~60min 持续的有氧活动。

一般要求锻炼时运动强度达到靶心率后，应持续 20~30min 或以上。运动持续的时间长短与运动强度成反比，强度大，持续时间则可相应缩短，强度小，运动时间可相应延长。体力及身体机能较差者，应从低强度运动开始，逐渐增加运动强度和运动时间；体力较好、有运动经历者可选择较大的运动强度，运动量也应由小到大。

3. 运动频率

就运动而言，每周 3~4 次，或隔日一次即可。有研究表明：对提高最大摄氧量而言，每周运动 3 次与每周运动 5 次的效果相同。但每周运动的次数少于 2 次，常不能有效改善心肺机能。

### （四）其他锻炼方式

**老年人抗阻运动：**每周至少 2 天，强度在 RPE 0~10 分量表中控制在中等至较大强度（5、6 分 ~7、8 分），以渐进式负重项目为主，每次锻炼 8~10 个大肌群，每组重复 10~15 次。

**老年人的柔韧性训练：**每周至少 2 天，强度在 RPE 0~10 分量表中控制在 5~6 分，拉伸身体各大肌群，以静力性拉伸较好。

**老年人的平衡性练习：**每周 2~3 次平衡性练习，可以有效预防摔倒。在锻炼过程中，逐渐减少支撑面积以增加动作难度，可以进行动力性练习，也可以闭目减少感觉输入。太极拳等传统运动方式也有改善平衡能力的作用。

## 四、老年人运动的注意事项

- 加强锻炼的医务监督工作，包括自我监督，防止过度疲劳或意外损伤。
- 注意贯彻循序渐进原则和经常性原则，坚持锻炼，持之以恒。
- 根据以往运动史来决定最适宜的运动项目，并制订合理的锻炼计划。
- 警惕如下症状：运动过程中感到胸部、上肢、颈部、下颌等部位不适（疼痛、烧灼、压迫、胀满等），运动过程中或运动结束后出现头晕或短时的意识障碍，运动过程中出现呼吸困难。此时应该立刻停止运动并及时就医，找出产生异常症状的原因，以保证运动锻炼的安全性。
- 观察锻炼中及锻炼后的反应，避免过量运动。当锻炼者不能完成锻炼计划，运动过程中与他人交谈困难，运动后出现头晕或恶心，出现慢性疲劳，入睡困难，关节僵硬及酸痛等症状时，提示运动过量，应及时减量或暂停运动。
- 锻炼期间要遵循正常的生活作息制度，并戒烟。
- 注意锻炼期间的饮食和营养。以易消化、含充足的蛋白质和维生素、低脂肪的食物为主，控制热量、糖和盐的摄入量。运动后不要大量饮水。饭后间隔 1~2h 再进行锻炼。

# 第三节 糖尿病人群的运动计划

**导读：** 糖尿病是发病率最高的慢性疾病之一。运动疗法是糖尿病患者治疗过程中的“五驾马车”之一。科学有效的运动锻炼可以帮助糖尿病患者提高心肺功能、增加肌肉重量、减轻体重和胰岛素抵抗，进而帮助控制血糖。教练应对糖尿病的基本知识和运动干预有所了解。

## 一、糖尿病的概述

### （一）糖尿病的概念及分型

糖尿病是一组以高血糖为特征的内分泌代谢疾病。其特征是胰岛 β 细胞分泌的胰岛素绝对或相对不足，靶细胞对胰岛素的敏感性降低，引起碳水化合物、蛋白质、脂肪、电解质和水的代谢紊乱，进而出现一系列的症状。

世界卫生组织在 1999 年将糖尿病分成 4 种类型。

**1 型糖尿病：** 胰岛 β 细胞破坏导致胰岛素绝对缺乏。症状典型，病情不稳定，不用胰岛素有生命危险。

**2 型糖尿病：** 胰岛素抵抗伴胰岛素分泌相对不足。症状从无到很典型，病情稳定，多数不需用胰岛素。

**其他特殊类糖尿病：** 因糖代谢相关基因异常的遗传性糖尿病或其他疾病导致的继发性糖尿病。

**妊娠糖尿病：** 指妊娠期间发现的糖尿病。已有糖尿病又合并妊娠者不包括在内。

### （二）中国控糖形势严峻

根据《中国糖尿病防治指南（2017 版）》的数据显示，我国以 2 型糖尿病为主，1 型糖尿病及其他类型糖尿病少见。中国成人糖尿病的患病率已经高达 11.6%，患者人数超过 1.14 亿，是糖尿病患者数量最多的国家。此外，中国糖尿病患者的治疗率很低，只有 25.8%，导致并发症发病率高，严重影响患者的生存质量。

肥胖和超重人群糖尿病患病率显著增加，肥胖人群糖尿病患病率升高了 2 倍。BMI<25 $kg/m^2$ 者糖尿病患病率为 7.8%、25 $kg/m^2 \leqslant$ BMI<30 $kg/m^2$ 者患病率为 15.4%，BMI $\geqslant$ 30 $kg/m^2$ 者患病率为 21.2%。

中国糖尿病导致的直接医疗开支占全国医疗总开支的 13%，达到 1734 亿元人民币。主要由于糖尿病患者医疗服务的使用是非糖尿病者的 3~4 倍，其住院和门诊次数较多。中国民众对糖尿病认识不足，80% 的医疗费用花在糖尿病并发症治疗中。降低糖尿病并发症的发生和发展，不仅是降低糖尿病残废率和死亡率的基本措施，也是降低糖尿病医疗费用的关键。

### （三）糖尿病的症状及并发症

早期的糖尿病人可能没有症状，像正常人一样。随着胰岛素的缺乏或失效，血糖上升，症状有可能变得明显。

糖尿病的典型症状是“三多一少”，即吃得多、喝得多、尿得多、体重下降。

糖尿病是临床上最为常见的代谢障碍性疾病，在长期的异常状态下体内碳水化合物、脂肪、蛋白质等物质代谢紊乱，较高的血糖水平极易引起各器官功能病变或退化，引发多种并发症。糖尿病慢性并发症主要为大血管病变（心脏病、高血压、脑血管意外及下肢血管病变）、微血管病变（糖尿病视网膜病变、

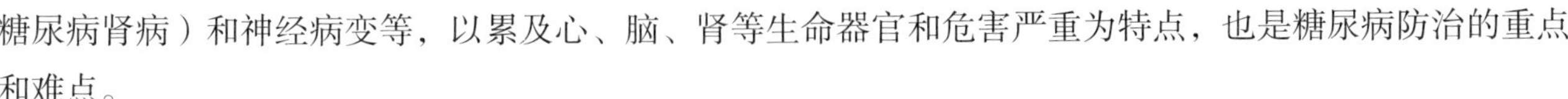


糖尿病肾病）和神经病变等，以累及心、脑、肾等生命器官和危害严重为特点，也是糖尿病防治的重点和难点。

### （四）糖尿病的治疗

著名糖尿病学家向红丁教授提出糖尿病治疗的“五驾马车，即药物、饮食、运动、监测、教育。新“五驾马车”为降压、调脂、抗血小板、减轻肥胖、控制血糖。

除了药物治疗之外，生活方式管理和运动干预成为节省医疗开支、无副作用的治疗措施，是糖尿病治疗的基础。运动治疗的有效性和重要性得到了大量研究的证实，有规律的有氧运动和抗阻训练被列为2型糖尿病患者（严重并发症患者除外）的常规治疗方案。

2012年中华医学会糖尿病分会发布了《中国糖尿病运动治疗指南》，成为我国首个糖尿病运动治疗指南，也突显了运动干预在糖尿病的治疗过程中的重要地位和作用。

## 二、糖尿病运动治疗的机制

**运动治疗糖尿病的机制为以下4个方面：**

- 改善胰岛素敏感性：在整体水平上增强骨骼肌细胞提取葡萄糖和胰岛β细胞分泌胰岛素的能力，在细胞水平了增加骨骼肌细胞膜上葡萄糖转运蛋白-4（GLUT-4）的数量；在胞内信号转导水平上增加骨骼肌细胞内GLUT-4的转位。
- 改善骨骼肌的功能：增强肌细胞的胰岛素受体功能，改善组织与胰岛素的亲和性。
- 改善脂肪和蛋白质代谢 。
- 降低糖尿病的发病因素：减轻体重，减轻氧化应激，增强抗氧化能力。

**运动对糖尿病的治疗效果体现在以下5个方面：**

- 预防或延缓糖尿病及糖尿病并发症：规律的运动训练，可降低心血管疾病的多种风险，降低跌倒和骨折的风险，改进功能容量和精神面貌。
- 改善身心状态：改善抑郁和焦虑，改善睡眠，降低睡眠呼吸暂停综合征的风险。
- 改善代谢指标：减少心血管并发症。
- 提高生活质量。
- 经济效益最优化：对医院而言，投资风险小，治疗成本低，节约社会医疗资源；对患者而言，大大降低长期服药及住院费用。

## 三、运动干预的适应证与禁忌证

### （一）运动治疗的适应证

- 糖耐量异常、无显著高血糖和并发症的2型糖尿病患者有绝对适应证。
- 体重超重的2型糖尿病是运动干预的最佳适应证。
- 无酮症酸中毒的1型糖尿病患者在饮食和药物控制的基础上，可以进行运动。
- 稳定期的妊娠糖尿病。

### （二）运动治疗的禁忌证

- 合并各种急性感染。
- 伴有心功能不全、心律失常，且活动后加重。
- 严重糖尿病肾病、眼底病变、糖尿病足。

· 新近发生的血栓。

· 有明显酮症或酮症酸中毒。

· 血糖控制不佳（＞16.8mmol/L）。

## 四、运动前评估

运动前评估是确保运动治疗安全性的必要保证。运动前评估主要分为以下4个环节。

**医学评估：**包括评估病史、体格检查（涉及各系统并发症评估）、其他控制手段评估。

**运动基础评估：**对运动的认识，参加体力活动的态度；机体对运动的反应；既往体力活动水平及耐受能力

**日常运动状态评估：**起居时间、有无规律运动习惯、喜好的运动方式、运动持续时间及频率等 。

**社区运动可行性评估：**社会、家庭、个人、时间、经济诸方面所具备的条件和存在的障碍等。

以下3类人群运动前，推荐进行心电负荷试验：

· 年龄大于40岁，有或没有糖尿病以外的心血管事件危险因素。

· 年龄大于30岁，并且符合以下其中一种情况：① 超过10年病程的1型或2型糖尿病；②高血压；③吸烟；④血脂异常；⑤增殖性视网膜病变或增殖前期视网膜病变；⑥肾脏病变包括微量蛋白尿。

· 下列情况的任何一点，不考虑年龄：①已知的或怀疑的冠状动脉疾病（CAD）、脑血管疾病或外周动脉疾病（PAD）；②自身免疫性神经病变；③肾功能衰竭的终末期肾脏病变。

## 五、运动干预方案

### （一）有氧运动

#### 1. 运动强度

对糖尿病患者来说，强度决定了效果。强度过低只能起到安慰作用，但可改善主观感觉，同时也应避免强度过大的运动。

在运动的起始阶段，运动强度可以从50%$VO_2max$开始，一周后增加至60%$VO_2max$，6周后可逐渐增至70%~80%$VO_2max$。

有效心率范围：最高心率的60%~85%（最高心率＝220－年龄）

#### 2. 运动时间

可自10~15min开始，逐步延长至30~40min，以达到推荐的能量消耗标准，其中可穿插必要的间歇时间。运动累计时间一般以20~30min为宜。

运动时间和运动强度共同决定了运动量，两者可协调配合

#### 3. 运动频率

每周锻炼3~4次为最适宜。

若每次运动量较小，而身体条件又较好，每次运动后均不觉疲劳的患者，运动频率可为每天1次。如果达到了中到较大强度的运动而且持续的时间至少30 min，推荐每天1次，至少每周3次，并逐渐增加至每周5次或每天1次 。

运动锻炼不应间断，若运动间歇超过3~4天，则效果及蓄积作用将减弱。

### （二）抗阻训练

鼓励没有禁忌证、视网膜病和近期激光治疗的糖尿病人进行抗阻训练（力量训练）。每周2~3次，

每两次之间至少要间隔 48h。每次进行 8~10 个多关节主要肌群（全身）训练，或者将每组分为若干部分，针对不同肌肉群进行训练。每个动作完成 2~3 组，每组以最大力量的 60%~80% 重复 8~12 次。如果患者存在并发症，就需要制订相应的抗阻训练运动计划。

### （三）方案调整

没有运动禁忌的人群，应该通过每周累积 150min 的中等强度运动（40%~60% 最大摄氧量或 60%~70% 年龄预测最大心率），或者每周累积 90min 的较大强度运动（＞60% 最大摄氧量或＞70% 最大心率），或者其他对健康有益的中等和较大强度运动相结合的方式消耗至少 1000kcal（1kcal=4.186KJ）的热量。每周不应出现连续两天的不活动状态。

患者进行强度过大、时间过长的耐力运动或抗阻运动后容易产生疲劳，肌肉酸痛，因此应给予适当的休息时间。

通常 3~6 个月训练后患者对同样的运动强度会产生适应，需重新调整运动方案，逐渐增加负荷量。

## 六、运动的注意事项

### （一）低血糖

低血糖是参加运动的糖尿病人最常见的问题。通常表现为出汗、饥饿、心慌、颤抖、面色苍白等，严重者还可出现精神不集中、躁动、易怒甚至昏迷等。

运动前和运动后要进行谨慎的血糖监测，尤其是刚开始和修订运动计划时。运动时间要考虑患者是否注射胰岛素和口服降糖药这两个因素。不建议在胰岛素活动峰值时运动。由于有发生运动后延迟性低血糖反应的危险，也不建议睡前运动。如果可能，每天安排相同的时间段进行规律运动。

对于轻中度低血糖，口服糖水、含糖饮料，或进食糖果、饼干、面包、馒头等即可缓解。对于药物性低血糖，应及时停用相关药物。

### （二）高血糖

高血糖也是糖尿病人运动的常见问题。除了自身血糖水平较高之外，多尿引起的脱水也会引起高血糖。它可能影响体温调节反应，使发生热病的风险增加。

### （三）并发症相关的注意事项

- 有视网膜病变的糖尿病患者应避免较大强度的有氧运动和抗阻训练，以免血压急速升高。
- 在运动中，自主神经病变可能引起多种反应减弱，应注意监测运动中的血压，以控制较大强度运动引起的高血压和低血压反应。
- 当不便监测运动中的血压和心率时，可以运用主观疲劳感觉分级来监控运动强度。
- 考虑到糖尿病患者在热环境和冷环境中体温调节机制可能受损，要确保有专门措施来应对热病和寒冷性疾病。
- 预防足部溃疡：推荐无负重的运动，如功率车，穿着舒适合脚的鞋，并注意足部护理。
- 大多数糖尿病人有超重现象，有心血管疾病的发展趋势或已经发生心血管疾病，应综合考虑其运动方案。

# 第四节　血脂异常人群的运动计划

**导读**：血脂异常是重要的心血管疾病风险因素。鼓励血脂异常的客户积极进行规律、科学的运动锻炼，可以有效降低血脂，减少心血管疾病的风险。

## 一、血脂异常概述

血脂异常是一类较常见的疾病，是人体内脂蛋白的代谢异常，主要包括总胆固醇、低密度脂蛋白胆固醇、甘油三酯升高和/或高密度脂蛋白胆固醇降低等。血脂异常是导致动脉粥样硬化的重要因素之一，是冠心病和缺血性脑卒中的独立危险因素。在我国血脂异常的发生率较高，还有逐渐上升的趋势，这与我国人民的生活水平明显提高、饮食习惯发生改变等原因有密切关系。

实验室检查结果是诊断血脂代谢异常的主要依据。《中国成人血脂异常防治指南》根据中国人的实际情况设定了血脂的新标准。（表 14–2）

表 14–2　血脂异常的医学检查标准

| | 合适范围（mg/dl） | 边缘升高（mg/dl） | 升高（mg/dl） |
|---|---|---|---|
| 胆固醇 | <200 | 200~239 | ≥ 240 |
| 低密度脂蛋白 LDL | <130 | 130~159 | ≥ 160 |
| 甘油三酯 TG | <150 | 150~199 | ≥ 200 |
| 高密度脂蛋白胆固醇（HDL–C） | 男性不应 <40<br>女性不应 <50 | | |

## 二、血脂异常的非药物治疗

饮食治疗和改善生活方式是血脂异常治疗的基础措施。无论是否进行药物降脂治疗，都必须坚持控制饮食和改善生活方式。良好的生活方式包括坚持心脏健康饮食、规律运动、远离烟草和保持理想体重。生活方式干预是一种最佳成本/效益比和风险/获益比的治疗措施。

**饮食及体重控制**：控制总热量；减低脂肪，尤其是胆固醇和饱和脂肪酸、反式脂肪酸的摄入；适当增加蛋白质和碳水化合物的比例；适当摄入钾、纤维素、类胡萝卜素、抗氧化剂、维生素、蛋白质；戒酒。

**戒烟**：吸烟者心血管疾病的病死率比非吸烟者高近 70%，高达 25% 可避免的心血管死亡与吸烟有关。吸烟可引起 LDL–C 氧化修饰，增加血管收缩，并损伤动脉壁的内皮层，引起动脉硬化和脂质斑块。

**科学运动**：运动可以有效降低总胆固醇、LDL 和甘油三酯水平，提高 HDL 水平。运动可以促进新陈代谢，促进肌肉的增长，也可以加速衰老组织的修复，这些都会消耗掉胆固醇，从而促进体内胆固醇的降低。有研究表明，经过 3~6 个月的锻炼，血液总胆固醇出现下降，坚持锻炼 8 个月，下降率可以达到 10% 以上。即使是轻微运动也有升高 HDL–C 水平的效应，3~6 个月的锻炼可以使 HDL 增加 5% 以上，但是一旦停止训练， HDL 又会出现下降。HDL 每增加 0.4mmol/L（15mg/dL），冠心病危险性会降低 2% ~3%。12 周的中等强度运动可以使 LDL 下降 17%。长时间的有氧耐力运动可以大量消耗脂肪，因而也就可以促进甘油三酯的降低。但由于甘油三酯受到生活方式、饮食、运动习惯等多种因素的影响，因此，想要达到降低甘油三酯的目标，在运动的同时也要注意改变不健康的生活方式。

## 三、血脂异常的运动疗法

**运动原则：**强调每周的总运动量，而不是强调运动强度。

**适应证：**无严重并发症的血脂异常患者。合并有轻度高血压、糖尿病和无症状性冠心病的患者，可在医生指导下进行适量的运动，但要根据具体情况制订个体化的、有针对性的运动计划

**运动方式：**选择合适的运动方式是获得良好锻炼效果的前提。能够改善身体机能的运动方式有许多种，如走跑锻炼、乒乓球、羽毛球、柔力球、游泳、骑自行车、跳交谊舞、跳绳、太极拳、秧歌、登山、力量练习等，但它们并不都能使血脂异常得到有效改善。其中，走跑锻炼是治疗血脂异常的一种有效的运动，可作为首选的降脂运动方式。

**运动强度：**血脂异常人群要通过锻炼获得较好的调脂效果，必须注意采用合适的运动强度。进行走跑锻炼时，运动强度不是影响血脂异常改善效果的主要因素，低强度的走跑锻炼就可收到较好的改善血脂异常的作用，而中等强度的走跑锻炼并不能带来更多的有益性改变。走跑锻炼的运动强度为最大心率的 50% ~60% 即可。每次锻炼的持续时间比运动强度更为重要，较为全面的血脂状况改善要在较长的锻炼周期（6 个月）后才能出现。

**运动时间：**每次锻炼的有效运动时间应达到 30~60min，锻炼前应有 5~10min 的准备活动，锻炼后应有 5~10min 的整理活动。每次锻炼的有效运动时间达到 30min，即可起到有效改善血脂异常的作用，达到 60min 则效果更好。建议血脂异常患者在按运动计划锻炼时，在身体能够承受的情况下，适当加长运动时间，以获得更好的血脂改善效果。

**运动频率：**一次运动对血脂几乎没有什么影响，但是长期运动后血脂得到了改善。如果停止运动一个月，运动带来的有益改变就会消失。因此，改善血脂异常的运动不是一次两次的运动，而是长时间的运动。每天锻炼 1 次，每周至少锻炼 5 天，并且锻炼要持之以恒。运动持续 3~6 个月及以上，才会有比较显著的降血脂效果。

## 四、运动锻炼的注意事项

- 训练效应至少需要 6 周才较显著，而且停训后又恢复到训练前的状态。因此要求患者持之以恒，才能保持运动效果。
- 在天气非常寒冷或者是天气不好（如刮大风、下雪、下雨）、睡眠不足、身体状况不好的时候不要勉强自己，可以暂停运动。
- 患感冒时最好不要运动。如果出现感冒或其他疾病、并发症恶化时，应该暂时停止运动，并对症治疗，等完全恢复后再重新开始运动。
- 运动中的心率应该保持在设定的靶心率（目标心率）范围内，不要超过。
- 运动过程中如果出现胸闷、头晕等不适症状，应该减慢速度，逐渐停止运动。
- 要避免做需要爆发力或需要屏住呼吸的运动。短距离快速跑、肌肉力量练习这种运动不适合患有血脂异常的人。
- 同时患有高血压的血脂异常人群，运动前后注意监测血压，如果安静时收缩压超过 180mmHg，或者舒张压超过 105mmHg，应暂停运动。
- 在进行降血脂运动的同时还要调整生活方式。如用骑自行车或步行代替乘车，用爬楼梯代替乘电梯，少看电视，日常生活中多活动，做到“能坐不躺，能站不坐，能走不站”。

# 第五节 高血压人群的运动计划

导读：高血压是目前发病率最高的心血管疾病，过高的血压会造成心、脑、肾的损害。运动降压的效果已经得到众多研究的证实。教练了解客户的血压水平，可以帮助其制订合理的运动计划，同时规避运动风险。

## 一、高血压的概述

高血压是指以体循环动脉血压（收缩压和 / 或舒张压）增高为主要特征（收缩压≥ 140mmHg，舒张压≥ 90mmHg），可伴有心、脑、肾等器官的功能或器质性损害的临床综合征。高血压是最常见的慢性病，也是心脑血管病最主要的危险因素。

2016 年国家卫生计生委发布的数据显示，我国 18 岁及以上成人高血压患病率为 23.0%，男性高于女性（24.3% vs 21.6%），患病人数达 2.435 亿，正常高值血压患病率为 41.4%，患病人数 4.363 亿。在成人高血压患者中，3/4 以上为中青年，且发病率的增长较老年人群更迅猛。高血压知晓率、治疗率、控制率及治疗控制率分别为 42.7%、38.3%、14.5% 和 38.0%，农村地区低于城市。此外，血压处于正常高值水平的人群占比不断增长，是我国高血压患病人数激增及患病率持续升高的重要原因。

### （一）高血压的分类

根据高血压的发病原因，分为原发性高血压和继发性高血压。原发性高血压的病因不明，约占高血压患者的 95%以上，发病率随年龄的增加而逐渐增加，大多数病人有家族遗传史。继发性高血压，指因全身性疾病引起的高血压，病因明确。最多见的是由肾脏疾病、内分泌疾病引起，其次是脑部炎症、肿瘤、外伤引起的高血压。某些药物也可升高血压，如激素、避孕药、甘草浸膏等。

根据血压水平的高低，可以分成 7 类，见表 14–3。

表 14–3 高血压分类

| 分 类 | 收缩压（mmHg） | 舒张压（mmHg） |
|---|---|---|
| 理想血压 | < 120 | < 80 |
| 正常血压 | 120 ~ 129 | 80 ~ 84 |
| 正常高值血压 | 130 ~ 139 | 85 ~ 89 |
| 1 级高血压（轻度） | 140 ~ 159 | 90 ~ 99 |
| 亚组 | 140 ~ 149 | 90 ~ 94 |
| 2 级高血压（中度） | 160 ~ 179 | 100 ~ 109 |
| 3 级高血压（重度） | ≥ 180 | ≥ 110 |
| 单纯收缩期高血压 | ≥ 140 | < 90 |
| 亚组 | 140 ~ 149 | < 90 |

### （二）高血压的病因

原发性高血压的发病原因不明，目前的研究认为高血压与许多因素有关，其中最重要的有以下几个方面。

**遗传因素**：双亲血压均正常者，子女患高血压的概率是 3%；父母一方患高血压者，子女患高血压的概率是 28%；而双亲均为高血压者，其子女患高血压的概率是 45%。

**精神应激：**情绪激动、脾气暴躁的人，办事总爱瞻前顾后、反复思虑又难以下定决心的人，以及过于焦虑、从事脑力劳动和精神高度紧张的人，容易罹患高血压。此类人群如患高血压，药物治疗效果往往欠佳。

**饮食：**摄入过多的钠盐可使血压升高，而膳食中有充足的钾、钙、优质蛋白质可防止血压升高。少量饮酒对血压无急性作用，但收缩压、舒张压与饮酒及饮酒量之间呈显著正相关，说明酒精是血压升高的相关因素。

**静坐少动和肥胖：**静坐少动会引起肥胖，脂肪堆积。肥胖者的脂肪在体内大量沉积，扩大了血管床，血液循环量相对增加，在正常心率的情况下，每搏输出量要增加许多，长期的负担过重，左心室壁就会增厚，导致血压升高。肥胖者一般伴有高胰岛素血症和肾上腺皮质功能亢进，引起水钠潴留，加剧了血压的升高。

**避孕药物：**口服避孕药的妇女血压均有升高，并随服用的时间而趋向增加，其中35岁以上的妇女口服避孕药的升压作用较年轻妇女更易出现，但停用后血压往往会降至正常。

**年龄与性别：**高血压患病率与年龄成正比，女性更年期前患病率低于男性，更年期后高于男性。

**吸烟：**吸烟会引起高血压。目前认为主要是由烟草中所含的剧毒物质尼古丁所引起的。尼古丁能刺激心脏和肾上腺释放大量的儿茶酚胺，使心跳加快，血管收缩，血压升高。

综上，高血压是有遗传因素的生活方式疾病。遗传只占15%，环境、情绪占17%，生活方式、习惯占68%。改善生活方式是治疗高血压的重要内容。

### （三）高血压的并发症及心血管风险分层

我国目前有高血压患者近3亿人，每年因为高血压引发心脑血管意外死亡300万人，其中90%的高血压患者死于脑出血、心肌梗死、脑梗死、尿毒症、肾衰竭等高血压并发症。高血压患者平均生命只有54.7岁，比正常人少活20年。

在我国，高血压最常见的并发症是脑血管意外，第二是高血压性心脏病引起的心力衰竭，第三是肾功能衰竭，较少见但严重的并发症为主动脉夹层动脉瘤。

**脑部：**引发脑供血不足、脑梗死、脑出血等。其中脑卒中是最严重的并发症之一，目前中国有将近800万脑卒中后遗症残疾人群。

**心脏：**高血压会导致心肌代偿性肥大，造成心脏缺血、缺氧，形成高血压性心脏病，随时都可能发生心力衰竭。还会引起冠心病、心肌梗死、心律失常。

**肾脏：**高血压导致肾小球动脉硬化，造成肾脏排泄功能障碍，水盐代谢和酸碱平衡发生紊乱，出现蛋白尿、肾炎，直至慢性肾功能衰竭。

**眼睛：**视力下降，眼底出血，白内障，失明。

脑卒中、心肌梗死等严重心脑血管事件是否发生、何时发生难以预测，但发生心脑血管事件的风险水平不仅可以评估，也应该评估。虽然高血压及血压水平是影响心血管事件发生和预后的独立危险因素，但是并非唯一决定因素。大部分高血压患者还有血压升高以外的心血管危险因素。因此，高血压患者的诊断和治疗不能只根据血压水平，必须对患者进行心血管风险的评估并分层。高血压患者的心血管风险分层，有利于确定启动降压治疗的时机，有利于采用优化的降压治疗方案，有利于确立合适的血压控制目标，有利于实施危险因素的综合管理，从而更好地保护心、脑、肾等生命器官，更有效地降低心脑血管事件的风险。（表14–4）

表 14–4　2013ESH/ESC 高血压指南 CVD 风险分层

| 其他风险因素，无症状器官损害等 | 血压值 | | | |
|---|---|---|---|---|
| | SBP 130-139<br>DBP 85-89 | SBP 140-159<br>DBP 90-99 | SBP 160-179<br>DBP 100-109 | SBR≥180<br>DBP≥110 |
| 无风险因素 | 一般风险 | 低风险 | 中等风险 | 高风险 |
| 1~2 个风险因素 | 低风险 | 中等风险 | 中高风险 | 高风险 |
| 3个以上风险因素 | 低中风险 | 中高风险 | 高风险 | 高风险 |
| OD，CKD3期或糖尿病 | 中高风险 | 高风险 | 高风险 | 准极高风险 |
| 有症状CVD，CKD4期以上或糖尿病合并OD/RFs | 极高风险 | 极高风险 | 极高风险 | 极高风险 |

### （四）高血压的症状

早期多无症状或症状不明显，偶于体格检查或由于其他原因测血压时发现。其症状与血压升高程度并无一致的关系，有些人血压不太高，症状却很多，而另一些病人血压虽然很高，但症状不明显。

头晕和头痛是高血压最多见的症状。烦躁、心悸、失眠、注意力不集中、记忆力减退等常与大脑皮层功能紊乱及植物神经功能失调有关。

肢体麻木通常表现为手指、足趾麻木或皮肤如蚁行感或项背肌肉紧张、酸痛。部分病人常感手指不灵活。一般经过适当治疗后可以好转，但若肢体麻木较顽固，持续时间长，而且固定出现于某一肢体，并伴有肢体乏力、抽筋、跳痛时，应及时到医院就诊，预防中风发生。

出血以鼻出血多见，其次是结膜出血、眼底出血、脑出血等。在大量鼻出血的病人中，大约 80% 患高血压。

综上所述，当病人出现莫名其妙的头晕、头痛或上述其他症状时，都要考虑是否患了高血压，应及时测量血压。

## 二、高血压运动疗法的作用机制

运动干预是高血压生活方式管理的重要部分。通过运动，患者可以得到诸多益处，有效控制血压。

### （一）运动可以减肥

肥胖是原发性高血压的独立危险因素，且血压与体重的正相关关系呈剂量效应。对高血压和心血管疾病有害的肥胖因素主要是体内脂肪占体重的比例过高，单纯体重并不能反映肥胖程度。由于肥胖腹部脂肪增加，在脂肪水解酶作用下使游离脂肪酸释放增加，外周组织脂肪、骨骼肌处的胰岛素受体数目下降，骨骼肌摄取葡萄糖的功能减退，产生胰岛素抵抗，使胰腺分泌胰岛素增加，产生高胰岛素血症，随之激活了交感神经，儿茶酚胺分泌增加，产生血管收缩，心输出量增加，钠潴留和血管肥厚，共同作用结果引起高血压。

运动可以大量消耗体内能量，促进脂肪氧化，也可直接使血中胰岛素浓度下降，两者均可降低体重，这样减少了肾脏对钠的重吸收，降低了体内容量负荷，使血压降低。

### （二）运动可以提高胰岛素敏感性

运动的短期效应可能是运动消耗肌肉组织中的葡萄糖，减少肌肉组织中葡萄糖的储存，进而减少胰岛素的分泌，改善高胰岛素血症。运动的长期效应可能是长期运动锻炼促进脂肪消耗，减轻体重，使外周组织脂肪、骨骼肌处的胰岛素受体密度增加，进而提高胰岛素的敏感性。

### （三）运动可以改善血管及内皮细胞功能障碍

运动训练可以改善局部血管内皮切应力，使血压下降。运动训练时活动肌群内血管扩张，毛细血管密度和数量增加，血液循环和代谢改善，总外周阻力降低，血压下降。多数情况下一次运动后的血压平均值均低于运动前，长期训练后静态下血压也趋于正常。

### （四）运动可以降低交感神经的兴奋性

运动训练能引起血浆去甲肾上腺素、肾上腺素水平下降，同时安静交感神经兴奋性也随着下降。

运动疗法的降压效果非常明显，有效率高达 75%~100%。一次运动后收缩压和舒张压可分别下降 10~20mmHg 和 6~10mmHg，使安静时和运动中的血压均有明显下降，且降压效果维持 8–12h。短期锻炼就有良好的降压效果，长期锻炼能使心脏功能能力（F.C.）显著提高。

## 三、高血压运动疗法的适应证与禁忌证

高血压运动疗法适用于没有运动负荷试验的禁忌证，轻度至中度原发性高血压，血压得到良好控制的重度高血压，且无其他合并症的高血压患者。否则，患者应先进行药物治疗，血压控制到轻至中度高血压（＜ 180/110mmHg），靶器官病情稳定后，方可进行运动。心、脑、肾等重要器官损伤稳定后，则按发生损害的器官制订相应的运动计划。

高血压运动疗法的禁忌证很多，主要有：

· 安静时血压未能很好控制或超过 180/110mmHg 的患者。

· 重度高血压、高血压危象、高血压脑病或急进型高血压患者。

· 高血压合并严重的心功能障碍的患者。

因此，在非医学条件下进行运动干预，适合于 ESH/ESC 高血压指南 CVD 风险分层中低、中等风险的患者，不适合于中高风险、高风险及极高风险的患者。

## 四、高血压运动计划的原则

**运动干预的总原则：**运动强度宜小不宜大，强调用中小强度，以放松性质的练习为主。轻度高血压以运动疗法为主，中度和重度高血压应在降压药物的基础上进行运动疗法。

**运动方式：**以全身大肌群参与的周期性有氧训练为主，如走路、慢跑、骑车、游泳等。辅助以抗阻训练，抗阻训练虽然不是最主要的运动方式，但应该与有氧运动相结合，以轻阻力、高重复次数为主，3 次 / 周。

**运动强度：**中等强度的运动是安全有效的运动范围。根据运动负荷试验的结果，取 F.C. 的 40%~60%，计算运动能力（E.C.）和目标心率（THR），确定运动强度。也有建议 THR 为储备心率的 40%~70%。RPE 应控制在 11~13。停止运动后，心率应在 3~5min 内恢复正常。

**运动时间与运动频率：**每天进行 30~60min 的有氧运动。每周 3~7 次的有氧运动将有效地降低血压，

血压在一次有氧运动后会降低，而且可以保持一段时间，因此每天练习将会获得更理想的血压控制。

## 五、高血压患者运动的注意事项

- 改变生活方式。合理安排生活作息，戒除烟酒，控制体重和改变饮食习惯，低盐、低糖、低脂饮食，每天不超过 3g 盐。
- 药物治疗和合理的锻炼相结合：康复锻炼不能代替药物治疗，但与药物治疗结合进行常能取得更佳疗效。以后逐步将药物剂量减少至能维持血压平稳的最低量。高血压患者训练时，特别是接受药物治疗的高血压患者，应注意控制运动强度，注意药物对运动的影响。
- 运动时注意监测，以确保运动的安全性。锻炼前后监测血压，如安静时血压＞ 180/105mmHg 时，应停止锻炼。注意了解患者的主观感受，RPE 应控制在 12~13，以不感觉到吃力为原则。一旦训练中出现心率异常、头晕恶心、呼吸困难、非常吃力等情况，应立刻停止运动，及时就医。在抗阻训练时一定不要屏气，要保持均匀的呼吸，用力（向心收缩）时呼气，还原（离心收缩）时吸气。
- 环境与气候因素对运动锻炼的影响也是要格外注意的。高血压人群夏季运动时应选择比较凉爽的时间段进行运动，避免在湿热天气中运动，同时要注意运动前、运动中和运动后的补水，采用少量多次的方式补水，每小时补水不超过 1000mL。没有大量出汗的情况下，不要饮用运动饮料。在寒冷季节运动时应注意保暖，减少裸露皮肤的面积，避免在寒冷有风的天气中运动。
- 高血压人群在参与所有运动时都要精神放松、情绪愉快，动作要有节律，不要过度用力，呼吸要自然，不屏息。不要长时间使头低于心脏的位置，不要做过度弯腰或长时间上肢举过头部的动作等。锻炼时特别注意运动应与休息交替进行，避免过度疲劳。

# 第六节　肥胖及超重人群的运动计划

**导读：**肥胖是多种慢性疾病共同的危险因素，减脂、降体重是许多客户运动的目的。教练应该合理评估客户的肥胖程度和运动风险，科学地指导客户从事适当的运动，使运动效果最大化，又减少骨关节疼痛的风险。

## 一、肥胖的概述

### （一）概念与危害

肥胖是一种常见的多因素代谢性疾病，表现为体内脂肪堆积过多和（或）分布异常，体重增加。

世界卫生组织将肥胖定为十大慢性病之一。目前中国人体重超重人群达 2 亿，肥胖人群超过 9000 万，每年至少有 260 万人因此而死亡，与艾滋病、吸毒、酗酒并列为四大世界性医学社会问题。肥胖与高血压、高血脂、糖尿病并称为“死亡四重奏”，可能成为 21 世纪的头号杀手。因超重和肥胖引发的糖尿病、高血压、心血管病等疾病逐年增加且呈年轻化趋势。长期持续肥胖者，糖尿病发病率明显提高。此外，肥胖还会引起骨关节疾病，是膝骨性关节炎的重要危险因素。肥胖患者的胆结石、脂肪肝的发生率也较高。

癌症的风险也大大增加，女性子宫内膜癌、乳腺癌、胆管癌、胆道癌和男性结肠癌、直肠癌、前列腺癌与肥胖的关系已经得到医学研究的证实。

### （二）分类

**原发性肥胖：**又称为单纯性肥胖，最常见，约占95%。病人全身脂肪分布比较均匀，没有内分泌紊乱现象，也无代谢障碍性疾病，其家族往往有肥胖病史。原发性肥胖又可以细分为体质性肥胖和过食性肥胖。体质性肥胖的患者自幼全身脂肪细胞增生肥大而造成肥胖，该类型对胰岛素不敏感，减肥治疗效果不明显。过食性肥胖又称获得性肥胖，是由于进食热量过多导致的肥胖。

**继发性肥胖：**由内分泌紊乱或代谢障碍引起的一类疾病，约占5%。虽然同样具有体内脂肪沉积过多的特征，但仍然以原发性疾病的临床症状为主要表现，肥胖只是这类患者的重要症状之一。运动减肥对这类肥胖的效果不明显，应该针对原发疾病进行治疗后，再管理体重问题。这种肥胖不是运动减肥的适应证。

### （三）病因与发病机制

引起肥胖的原因很多，其中比较重要的是遗传、饮食和体力活动。

**遗传因素：**父母亲一方肥胖者，子女肥胖的可能性为40%~50%，父母双方肥胖，其子女70%~80%肥胖，尤其是母亲肥胖更为明显。遗传肥胖者不少为自幼肥胖。

**饮食因素：**热量摄入过多，尤其是高脂肪饮食是造成肥胖的主要原因。脂肪进入血液后，一部分通过氧化而供给身体活动所需要的热量，一部分作为细胞的组成部分，还有一部分转化为其他物质，多余的便进入脂肪库储存起来。如果吃得太多，机体所摄取的热量超过正常的消耗，食物中的脂肪进入脂肪库储存的数量就会增多，从而导致肥胖。合理的膳食三大营养素糖、蛋白质、脂肪的比例为6 ∶ 1 ∶ 0.7。成年人每日需要脂肪量50g即足够。脂肪摄入增加是肥胖人群增多的重要原因。人体必需的微量元素有铁、碘、钠、锌、铬、硒、钴、钼等。微量元素铬和脂肪代谢有明显关系。铬缺乏时代谢也发生障碍，血脂增高，动脉硬化，体型肥胖。碘缺乏时，甲状腺功能减退，基础代谢降低，从而导致肥胖或黏液性水肿。另外，硒、钒、锌等与身体肥胖均有直接或间接作用。

**体力活动因素：**现代的生活方式使人类的体力活动减少，进而能量消耗减少，长期积累引起脂肪堆积。

**性别与职业因素：**肥胖者女性多于男性，脑力劳动者肥胖的发生率高于体力劳动者，城市居民中肥胖者多于农村居民。

**年龄因素：**35岁以后肥胖发生增高。男性50~59岁的肥胖者可达63%，女性60~69岁的肥胖者可达68%。妇女肥胖多发生在产后占（40.9%）或更年期（占35.7%）。

**代谢和内分泌因素：**肥胖人群合成代谢亢进，在休息及活动时能量消耗均较一般人少。肥胖人群在不活动时对冷的反应差，不像一般人那样增加代谢率消耗脂肪。肥胖人群常伴有脂质代谢紊乱，在饥饿时不易发生酮症。肥胖人群胰岛素分泌过多，促进脂肪合成。随着年龄增加，甲状腺功能和性腺功能低下时，脂肪代谢紊乱，体内脂肪分解减慢而合成增多，使脂肪堆积，是随年龄增加而肥胖增多的原因之一。

## 二、判断指标与分级

### （一）体重和标准体重法

体重是指人体各部分的总重量。标准体重是指不同国家或地区通过群体大样本调研后，按照人的年龄、身高等特点，得出各年龄阶段体重的标准值。

成年人标准体重的计算方法：

**成年人标准体重（kg）=［身高（cm）－100］×0.9**

我国成年人常用的标准体重公式为 Broca 的改良式：

**成年男性：标准体重（kg）=身高（cm）－105**

**成年女性：标准体重（kg）=身高（cm）－105－2.5**

**评价标准：肥胖程度 = 实际体重（kg）/ 标准体重（kg）×100%**

表 14–5 体重和标准体重法

| 肥胖程度 | 结果 |
|---|---|
| 小于 80% | 消瘦 |
| 80%~90% | 偏瘦 |
| 91%~110% | 正常 |
| 111%~120% | 超重 |
| 121%~130% | 轻度肥胖 |
| 131%~150% | 中度肥胖 |
| 151%~200% | 重度肥胖 |
| 大于 200% | 病态肥胖 |

上述方法算法简单，适合普通人群体重的自我评定，但是这一方法只是估算，远远没有体重指数、腰围、腰臀比等方法准确可靠。

### （二）体重指数（BMI）法

**体重指数（BMI）= 体重（kg）/ 身高的平方（$m^2$）**

**理想体重（Kg）=（18.5~23.9）× 身高的平方（$m^2$）**

中国人的 BMI 标准，BMI“24”为中国成人超重的界限，BMI“28”为肥胖的界限，即正常 18.5~23.9kg/$m^2$，超重 24~27.9kg/$m^2$，肥胖≥ 28 kg/$m^2$。

### （三）腰围

腰围（WC）是中心型肥胖（腹部肥胖）的重要指标之一。腰围超标者发生心脑血管疾病的危险性将显著增加。

### （四）腰臀比

腰臀比即用腰围除以臀围，腰臀比是中心型肥胖的指标之一。

**成年男性：**正常腰臀比＜ 0.85；超重腰臀比 0.85~0.90；肥胖腰臀比＞ 0.90。

**成年女性：**正常腰臀比＜ 0.75；超重腰臀比 0.75~0.80；肥胖腰臀比＞ 0.80。

腰围不达标或腰臀比值低但体重指数≥ 28 者，为全身性或周围型肥胖。

### （五）体脂百分比

对于特殊人群，如运动员、健美者、重体力劳动者，他们肌肉发达，体重可以超过标准体重很多，但体内脂肪并不多。评价他们肥胖与否的方法还应该结合体内脂肪的多少，即“体脂”是否过量来决定。测量体脂含量对所需设备要求较高，测量较为困难。

## 三、运动计划的适应证

在运动减肥开始前，确认客户的确有减肥的需要和必要性，符合肥胖或超重的诊断标准。

**单纯性肥胖：**包括体质性肥胖和获得性肥胖。

**体成分：**男子体脂 % > 20 %，女子体脂 % > 28%。

**BMI：**≥ 25（或 28）。

**肥胖程度：**超过标准体重 20% 以上。

## 四、科学的减肥方法

体重的下降是能量负平衡的过程，通过控制饮食减少热量摄入，同时增加运动量，提高热量的支出，使能量达到“负平衡”。以减少身体内脂肪成分为主，保持或适当增加肌肉质量，最终达到减轻体重的目的。有氧运动 + 饮食控制 + 行为矫正是最有效、最持久的减肥措施。

运动减肥是通过运动促进能量消耗，造成机体的能量负平衡，同时可以维持正常的血压、降低血清胆固醇水平、提高心肺功能，改善心理状态，有助于消除焦虑，还可以防止减肥过程中瘦体重的减少，保持肌肉的重量和基础代谢，减少体重反弹的机会。

## 五、减肥运动计划

### （一）有氧运动

**运动方式：**周期性有氧运动为主，尽量采用一些不用负担自身体重的项目，如游泳、划船、骑车等。负重性运动会增加对下肢关节的压力，引起膝关节和踝关节疼痛。

**运动强度：**中低强度、长时间的有氧耐力运动为主。E.C.% 可取 F.C. 的 45%~65%。

**运动时间：**每次 40~60min，少于 30min 的运动没有动员脂肪参加供能，减脂效果较差。

**运动频率：**最好每天坚持运动。

### （二）力量训练

力量训练可以增加肌肉体积，提高基础代谢，是减肥方案的重要组成部分。

**训练动作：**效果最好的是采用复合训练动作，如卧推、划船、卧蹬和蹲起。这类训练动作可以动员全身多个大肌群参与运动，可以有效地提高心率水平，消耗热量，促进生长激素分泌，并提高新陈代谢水平。

**训练强度：**上肢肌群每组做 10~12 次，下肢肌群每组做 12~20 次。因为较高的重复次数将迫使身体消耗更多的热量，并促进乳酸产生，并且更好地提高新陈代谢水平，还能很好地促进肌肉增长。

**训练安排：**当主要目标是减脂和刻画肌肉线条时，通常采用常规训练模式，两组之间休息 2min 左右。但当力量训练的主要目标是增大肌肉块时，就需要采用超级组训练法则、循环训练法则，以及加快训练节奏、缩短组间休息时间。

**训练频率：**每周 2~3 次，中间至少间隔 48h，给身体充分恢复的时间。

## 六、注意事项

- 锻炼前要进行全面的身体检查，确定有无其他合并症，或冠心病的危险因素存在。有合并症者，要注意运动中监护，按照运动计划规定的 THR 和 RPE 进行锻炼。
- 锻炼期间，一定要注意饮食，运动减肥应与饮食控制相结合。

· 运动方式的选择应因人而异。所制订的运动强度、运动时间和运动频率应在减肥对象体质健康和心肺功能的安全范围之内。

· 运动减肥应持之以恒，并且循序渐进。

· 力量训练中注意热身活动和放松整理活动，需要学习正确的动作和发力技巧，以免造成运动损伤。

# 第七节　冠心病人群的运动计划

**导读：**冠心病是最为严重的心血管疾病，恢复期和稳定期的适当运动，可以提高心脏功能，改善心肌供血，有效预防复发。教练在指导冠心病的客户运动前，一定要求客户出具医学检查结果，并取得医生的许可，进行详细评估，在运动中给予严密的监控，以保证运动的安全性。

## 一、冠心病的概述

冠心病的全称是冠状动脉粥样硬化性心脏病，英文为 coronary atherosclerotic heart disease，简写为 CHD，其发病的核心是动脉粥样硬化。

动脉粥样硬化是一种动脉的慢性病理性改变，其特点是受累动脉的内膜下有类脂质物质（黄色粥样）沉着以及复合糖类的积聚，继而纤维组织增生和钙沉着，常伴有动脉中层的逐渐退变和钙化。主要累及大型及中型的弹力性动脉，以主动脉、冠状动脉及脑动脉为多见，常导致管腔闭塞或管壁破裂出血等严重后果，是老年人死亡的主要原因。（图 14–5）

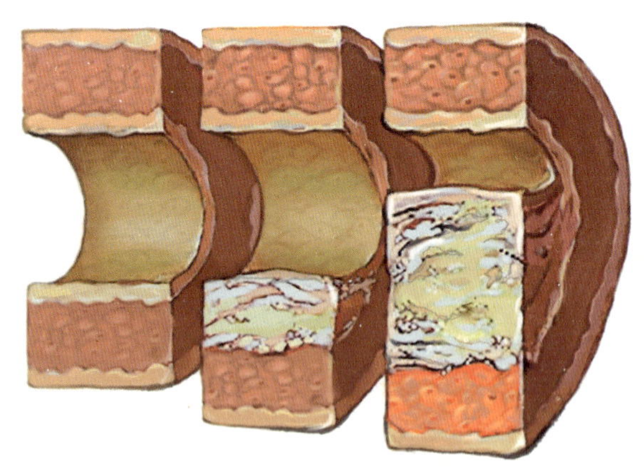

图 14–5　动脉粥样硬化

### （一）分类

冠心病一般可分为 5 种类型，并依次加重，危险程度依次增加。

**心绞痛型：**表现为胸骨后的压榨感、闷胀感，伴随明显的焦虑，持续 3~5min，常发散到左侧臂部、肩部、下颌、咽喉部、背部，也可放射到右臂。

**心肌梗死型：**梗死发生前 1 周左右常有前驱症状，如静息和轻微体力活动时发作的心绞痛，伴有明显的不适和疲惫。

**无症状性心肌缺血型**：很多患者有广泛的冠状动脉阻塞却没有感到过心绞痛，甚至有些患者在心肌梗死时也没感到心绞痛。

**心力衰竭和心律失常型**：部分患者原有心绞痛发作，以后由于病变广泛，心肌广泛纤维化，心绞痛逐渐减少到消失，出现心力衰竭的表现，如气紧、水肿、乏力等，还有各种心律失常，表现为心悸。还有部分患者从来没有心绞痛，而直接表现为心力衰竭和心律失常。

**猝死型**：由于冠心病引起的不可预测的突然死亡，在急性症状出现以后6h内发生心脏骤停所致。主要是由于缺血造成心肌细胞电生理活动异常，而发生严重心律失常导致。

### （二）常见病因

冠心病是多种慢性疾病的最终结果，也是最危险的疾病，是造成心源性猝死的最常见原因。在针对大样本人群的研究结果显示，冠心病与以下风险因素有关，其中血压过高、体重超标、胆固醇过高是导致冠心病的主要危险因素。

**血脂因素**：高脂血症与动脉粥样硬化发病率呈明显正相关。目前认为LDL和VLDL水平的持续增高，是发病的最重要因素之一。

**血压因素**：高血压时对血管壁的剪应力较高，可引起内皮损伤和功能障碍，造成血管张力增高、脂蛋白和血液成分渗入内膜，导致动脉粥样硬化发生。

**吸烟因素**：大量吸烟可造成血液中的LDL易于氧化，并导致血内一氧化碳浓度升高，从而使血管内皮发生缺氧性损伤。

**血糖因素**：糖尿病患者的血液中的HDL水平较低，其伴发的高胰岛素血症与动脉粥样硬化的发生也有密切关系。

**遗传因素**：冠心病家族聚集现象提示遗传因素是本病重要危险因素。而家族性高胆固醇血症也与本病密切相关。

**其他因素**：肥胖，脑力劳动，西方餐饮习惯，微量元素摄入过少，A型性格，血管通透性增加等。

## 二、冠心病运动干预的目的与作用

适宜的有氧运动可通过改善心脏的工作能力、改善血液循环、减轻或阻断冠心病的危险因素等方式，进而影响冠心病的发展，达到促进冠心病患者康复的目的。

### （一）对心脏功能的影响

有氧运动训练具有增加冠状动脉血流、降低血小板聚集、维持血管再通、预防经皮冠状动脉腔成形术（PTCA）术后再狭窄及改善心功能的作用，能有效地提高患者运动耐量和降低二项乘积（RPP）指标，提示患者的心功能状态得到改善。经过长期有氧运动可降低血中的儿茶酚胺的水平，降低外周血管的张力，从而降低心脏的负荷，使心功能得到改善。有氧运动还可加强心肌对脂肪酸和乳酸的利用和氧化，提高心肌对氧的利用率，并能促进心肌贮存糖原和减少脂肪在心肌中的存积，以增加心肌对缺氧的耐受性。

### （二）对心脏侧支循环的影响

运动训练所产生的中心效应主要表现为心脏侧支循环的形成，使冠状动脉血流量增高，还可引起更多的冠状动脉侧支吻合、微血管的基底膜变薄，从而有更多的血流量和氧的细胞交换使心肌获得更多的氧，有利于克服或减轻心血管系统因长期卧床引起的心血管系统“失健”及情绪忧郁、焦虑，稳定患者情绪，改善患者生活质量。

### （三）对冠心病患者血压、血脂的影响

有氧运动是美国著名运动专家肯尼斯·库珀博士提出的。在1989年世界卫生组织（WHO）和国际高血压学会首次推荐有氧运动为非药物降压方法之一，认为中低强度的有氧运动在高血压人的治疗中有特别的疗效。运动疗法能预防和治疗因冠心病高血压引起的重要器官的损害，如心、脑、肾等。有氧运动可使运动肌中毛细血管大量开放，从而降低外周血管的阻力，降低血压，还能提高心钠素的分泌，而心钠素有利尿、排钠的作用，从而进一步降低血压。

90%的冠心病患者总胆固醇（TC）、甘油三酯（TG）、低密度脂蛋白胆固醇（LDL-C）水平增高，高密度脂蛋白胆固醇（HDL-C）水平降低。这些指标异常可直接损害冠状动脉的内膜，引起血管内膜损伤，损伤部位血小板凝集成斑块，严重者可形成血栓。运动训练可降低血脂中LDL-C，同时提高HDL-C的含量，使血脂代谢平衡稳定，延缓、阻止冠状动脉粥样斑块形成，使潜在动脉粥样硬化消退。

运动干预的最终目标是使患者恢复到最佳生理、心理和职业状态，防止冠心病或有高度易患因素的患者动脉粥样硬化的进展，减少冠心病猝死或再梗死的危险性，并缓解心绞痛，尽量延长患者的寿命，并恢复患者的活动和工作能力。

## 三、冠心病运动干预的适应证与禁忌证

**适应证：**无症状性冠心病，稳定性冠心病，心肌梗死后的稳定状态（48h后），无三大并发症（心衰、心律失常、心源性休克），冠状动脉拱桥术后，冠状动脉支架术后，瓣膜置换术后，起搏器或除颤器植入后。

**禁忌证：**不稳定性心绞痛，安静血压≥200/110mmHg，直立位血压下降＞20mmHg并伴有症状，严重的主动脉瓣狭窄，急性疾病或发热达38℃以上，有三大并发症（心衰、心律失常、心源性休克）。

综上，冠心病的院外运动干预适合于没有并发症、病情稳定的患者。在运动开始前，最好咨询医生的建议，以保证运动干预的安全性。

## 四、冠心病稳定期的运动干预

冠心病患者发病后的2周内属于急性期，患者在医院接受治疗，需要严密监控心血管的机能状态，通常由医生和心肺康复教练负责康复工作。2~12周属于恢复期，通常出院回家。13周以后进入稳定期，逐渐恢复正常的生活和工作状态。恢复期和稳定期是巩固治疗成果，提高心脏功能，预防复发的重要时期。

### （一）恢复期（发病后2~12周）

**治疗原理：**心肌瘢痕形成之前，病情仍然有恶化的可能。进行较大强度运动的危险性较大，适宜保持适当的体力活动，逐步适应家庭生活。

**治疗目标：**进一步提高心功能水平与体力活动能力至4~6METs，逐步恢复生活自理能力和正常的社会活动，提高生活质量，建立新的、健康的生活方式与习惯。

**治疗方案：**

- 运动方式：步行、医疗体操等。
- 运动强度：40%~50%HRmax，心率不超过100~110次/分，RPE不超过13~15。
- 运动时间：由每次10~15min逐渐增加到每次30~60min。
- 运动频率：最好每天坚持。

**注意事项：**密切监护，时间需要6~12周。必须严格按照设计方案进行，应选择动态活动，尽量

避免做等长收缩。注意呼吸肌的节律性，避免憋气。训练应在餐后 1h 进行，避免在情绪紧张时进行康复训练。

### （二）稳定期（发病 13 周后）

**治疗原理：**肌肉、神经、代谢和心血管系统长期训练产生外周或中枢适应性改变，同时控制冠心病的危险因素。

**治疗目标：**巩固恢复期康复成果，控制危险因素，改善或提高心血管功能和身体活动能力，最大限度地恢复工作和生活。

**运动方式：**无并发症的急性心肌梗死患者 3 个月后和稳定性心绞痛的患者的康复运动以耐力运动，即有氧运动为主，如：步行、慢跑、游泳和自行车、跳绳、舞蹈等。康复后期为增加患者的兴趣，可增加球类活动，游戏等，但应尽量避免比赛。

**注意事项：**冠心病患者的运动强度可根据心率和自觉疲劳程度（Rating of Perceived Exertion，RPE）来制订。注意患者教育，改变生活方式是后续治疗的核心。

## 五、运动干预的注意事项

- 要选择适当的运动，既能达到训练效果，又容易坚持。要避免竞技性运动。
- 只在感觉良好时运动。感冒或发热后要在症状和体征消失两天以上才能恢复运动。
- 注意周围环境因素对运动反应的影响，包括：寒冷和炎热气候要相对降低运动量和运动强度。
- 穿戴宽松、舒适、透气的衣服和鞋袜；上坡时要减慢速度；饭后不做剧烈运动。
- 患者要根据个人能力，定期检查和修正运动计划，避免过度训练。药物治疗改变时，要调整运动方案。参加训练前应进行身体检查。有条件可以配戴便携的心率、心电监护设备。
- 运动时如发现下列症状，应停止运动，及时就医：上身不适（包括胸、臂、颈或下颌，表现为酸痛、烧灼感、紧缩感或胀痛）、无力、气短、骨关节不适（关节痛或背痛）。
- 运动干预必须与药物治疗、饮食干预和其他生活方式的改变相结合，运动必须持之以恒。

# 第八节 慢性阻塞性肺疾病人群的运动计划

**导读：**慢性阻塞性肺疾病（chronic obstructive pulmonary disease ，COPD）的患者在没有禁忌证的情况下，进行适当的有氧运动和呼吸训练，可以改善呼吸困难，提高呼吸肌的力量，对控制病情和预防复发有重要作用。教练遇到此类客户的可能性很小，仅作简单了解。

## 一、慢性阻塞性肺疾病概述

### （一）概念

慢性阻塞性肺疾病简称“慢阻肺”，是具有共同的不可逆性气道阻塞的病理改变和阻塞性通气功能障碍的一组疾病，包括慢性支气管炎、肺气肿、合并肺气肿的部分哮喘等疾病。（图 14–6）

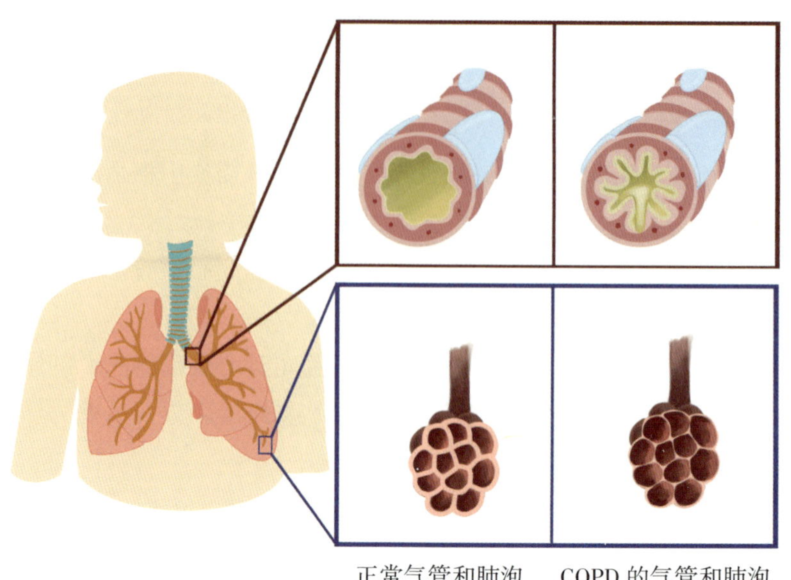


图 14–6　慢性阻塞性肺疾病

## （二）病因与发病机制

外因主要有吸烟，肺部感染，职业因素，理化因素，空气污染，过敏等。

内因主要有呼吸道及局部防御功能降低，自主神经功能紊乱。

内因和外因共同作用，导致支气管黏膜上皮细胞变性、坏死，溃疡形成，纤毛倒伏、变短、不齐、粘连，部分脱落，各级支气管壁有炎症细胞浸润，肺过度膨胀，弹性减退，表面可见多个大小不一的大疱，最终影响肺部的通气和换气功能，引发症状。

## （三）临床表现

**咳嗽、咳痰：**慢性咳嗽常为最早出现的症状，随病程发展可终身不愈，常晨间咳嗽明显，夜间有阵咳或排痰。当气道严重阻塞，通常仅有呼吸困难而不表现出咳嗽。咳痰一般为白色黏液或浆液性泡沫痰，偶可带血丝，清晨排痰较多。急性发作期痰量增多，可有脓性痰。

**呼吸困难：**气短或呼吸困难是 COPD 的主要症状，早期在劳力时出现，后逐渐加重，以致在日常生活甚至休息时也感到气短。但由于个体差异，部分人可耐受。喘息和胸闷是在部分患者特别是重度患者或急性加重时出现的。

**其他：**疲乏、消瘦、焦虑等常在 COPD 病情严重时出现，但并非 COPD 的典型表现。

## （四）严重程度分级

肺功能检查是判断气流受限的主要客观指标，可以对 COPD 的严重程度分级。根据第一秒用力呼气容积占用力肺活量的百分比（FEV1/FVC）、第一秒用力呼气容积占预计值百分比（FEV1% 预计值）和症状对 COPD 的严重程度做出分级。（表 14–6）

表 14–6　COPD 严重程度分级

| 分 级 | 特 征 |
|---|---|
| 0: 危险 | 肺功能正常；慢性症状（咳嗽、咳痰） |
| Ⅰ：轻度 | FEV1/FVC < 70%；FEV1 预计值≥ 80%<br>有或无慢性症状（咳嗽、咳痰） |
| Ⅱ：中度 | FEV1/FVC < 70%；50% ≤ FEV1 预计值 < 80%<br>慢性症状（咳嗽、咳痰） |
| Ⅲ：重度 | FEV1/FVC < 70%；30% ≤ FEV1 预计值 < 50%<br>慢性症状（咳嗽、咳痰） |
| Ⅳ：极重度 | FEV1/FVC < 70%<br>FEV1 预计值 < 30%，或 FEV1 预计值 < 50% 加慢性呼衰 |

## 二、治疗要点

**规范化治疗：** COPD稳定期规范化治疗主要包括戒烟、药物治疗、氧疗、注射疫苗、饮食干预、运动疗法，其中运动疗法在稳定期患者的治疗中起着非常重要的作用。

**运动治疗的作用：** 恢复有效腹式呼吸，改善呼吸功能，清除气道分泌物，保持呼吸道卫生，减少并发症，提高心脏功能及体力活动能力。

## 三、运动训练

医院外的运动训练适合于 COPD 稳定期、肺功能评估为轻度和中度的患者。重度和极重度的患者需要在医生的严密监护下进行运动训练。

### （一）呼吸训练——腹式呼吸重建

**治疗目的：** 恢复腹式呼吸模式。腹式呼吸可以减少呼吸肌做功，降低呼吸肌耗氧量，提高呼吸效率，改善呼吸肌力量，清除呼吸道内分泌物，提高全身体力，尽可能恢复活动能力。

**方法：** 放松，缩唇呼吸法，暗示呼吸法，缓慢呼吸。

### （二）有氧运动

**治疗目的：** 改善肌肉代谢，改善肌力、全身运动耐力和气体代谢，提高身体免疫力。

**运动方式：** 有氧运动，以骑车、步行等周期性运动为主，便于控制运动强度。

**运动强度：**

· 非运动试验方式：每次活动后心率增加 20%~30%，并在停止活动后 5~10min 内恢复至安静水平，或活动至出现轻微呼吸急促为止。

· 运动试验方式：75%~85% 实验中的最大心率为靶心率。

**运动时间：** 10~45min，视患者的耐受情况而定。

**运动频率：** 3~5 次 / 周。

**运动周期：** 4~10 周。

### （三）力量训练

COPD 患者普遍存在骨骼肌萎缩，骨骼肌萎缩以下肢为主，上肢肌肉力量相对得以保存，因此训练的重点是下肢。

**方法：** 以下肢的肌肉功能训练为主，涉及全身大肌肉群。

**强度**：采用 1RM 值法，由 50%1RM 逐渐过渡到 80%1RM。

**频率**：一周 2~3 次，每次 5~8 组，每组重复 8~10 次。直至患者可以连续完成 15 次当前负荷量时，再增加 10%1RM，直至 80%1RM 值并维持。

## 四、注意事项

- 在 COPD 患者进行锻炼时，可能导致低氧血症的发生或加重。对于这些患者，可以先用运动试验来评估患者运动状态时的氧合改变，在运动锻炼过程中监测患者的血氧饱和度改变。对于可能发生低氧血症者也可应用便携式氧疗装置在运动中给予吸氧。
- 鼓励患者持之以恒，8~12 周的运动康复所得到的益处可长达 2 年。

# 第十五章
# 骨骼肌肉受限人群的运动计划

## 第一节　骨骼肌肉系统损伤的功能障碍

**导读：**骨骼肌肉系统是最常受到损伤、严重影响运动的身体系统。常见的功能障碍有：疼痛、活动范围受限、肌力下降和稳定性不足等。及时发现客户的功能障碍，并进行简单的评估和判断，排除不适合进行运动锻炼、需要医学检查的情况，也是教练必备的专业技能之一。

### 一、功能和功能障碍

功能（function）是指事物或方法所发挥的有利作用效能。对人体而言，功能是指组织、器官、肢体等的特征性活动，如手的功能是利用工具劳动，下肢的功能是支撑身体和走路，胃的功能是消化食物，脑的功能是思维等。障碍是指前进的道路受限阻挡，不能顺利通过。因此，当人体正常的身体功能不能得到有效发挥时，就出现功能障碍（dysfunction）。人体的不同器官和系统受损时，会表现为不同的功能障碍。如四肢骨折会导致受伤肢体的疼痛、活动受限、肌肉萎缩；腰痛会导致不能弯腰、疼痛，进而影响工作和生活；踝关节扭伤后会导致疼痛和肿胀，进而影响下肢步行能力和运动。

功能障碍又分成身体结构与功能障碍、活动障碍和参与障碍三个层面，同时受到环境因素和个人因素的影响。身体功能指身体各系统的生理或心理功能，身体结构指身体的解剖部位，如器官、肢体及其组成部分。身体的功能和结构是两个不同但又平行的部分，它们各自的特征不能相互取代。活动是由个体执行一项任务或行动，活动受限是个体在完成活动时可能遇到的困难，是个体整体水平的功能障碍。参与是个体能进行与他人相关的社会活动（家庭生活、接受教育、工作就业等），参与限制是个体的社会功能障碍。

接下来介绍几种在运动锻炼过程中常见的身体结构与功能障碍，对这些障碍进行合理地判断和分析，可以帮助教练更好地把握运动的适应证，排除禁忌证，制订个体化的运动方案。

## 二、疼痛

### （一）疼痛的概念及发生原因

疼痛（pain）是一种复杂的生理心理活动，是最常见的影响心情和活动能力的症状之一。能够引起疼痛的原因很多，如外伤性疼痛、内脏性疼痛、神经源性疼痛、癌性疼痛等。在骨骼肌肉系统的疼痛中，化学性因素和机械性因素是最主要的致痛因素。

机械性因素是指组织在外力的作用下产生机械性变形，当变形的程度超过机械性伤害感受器的阈值时，伤害感受器被激活，产生疼痛，外力去除后，组织复原，疼痛消失。机械性因素往往是疼痛的起因，如肌肉过度紧张造成肌腱与骨的摩擦力增加、跑步姿势不对引起局部的劳损等。长此以往，机械性因素会诱发局部发炎、肿胀，产生化学性因素，为疼痛的缓解带来困难。

化学性因素是指组织受损或有炎症反应时，化学物质升高超过阈值，刺激神经末稍产生疼痛。在运动损伤中，以“炎”命名的疾病或损伤，都有化学性因素的作用，且为无菌性炎症，如脂肪垫炎、滑囊炎、肌腱病等。

### （二）与疼痛有关的重要信息

当运动参与者主诉身体的某个部位有疼痛时，教练需要详细了解有关疼痛的各方面信息，包括疼痛的原因、部位、性质、程度、发作规律等。

#### 1. 疼痛的原因

急性疼痛通常是某种损伤突然导致的，有明确的原因，如扭伤、跌倒等，持续时间在2周之内，并随着时间的推移逐渐缓解。急性疼痛时疼痛的局部不应进行过多的活动，以免症状加重，特别是化学性疼痛时。慢性疼痛通常持续时间超过2周，并且缓慢发生，逐渐加重。慢性疼痛的客户除疼痛之外，还有各种心理和情绪障碍、代谢改变、运动控制不良等异常改变，一旦形成，很难完全缓解。

#### 2. 疼痛的部位

在询问疼痛部位时，需要明确到某一个具体的位置上，如膝盖正下方髌腱处疼痛、腰骶结合处脊柱中间疼痛、肩关节前方骨性突起部位疼痛，而不是“膝痛”“腰痛”“肩痛”。通常情况下，疼痛的部位就是有损伤的部位，特别是当痛点非常明确时，可以直接提示损伤的组织结构。但是也会遇到牵涉痛和放射痛的情况。牵涉痛是指某些组织结构病变时，在体表一定区域产生感觉过敏或疼痛感觉的现象，表现为身体体表某处有明显痛感，而该处并无实际损伤。这是由于有病变的神经纤维与体表某处的神经纤维汇合于同一脊髓段，传导和扩散到相应的体表部位，而引起疼痛。放射痛是指神经干、神经根或中枢神经病变受刺激时，疼痛不仅发生于刺激局部，还可扩展到受累感觉神经的支配区。疼痛呈放射性传导，而且从近端放射到远端，呈窄带样区域。如腰痛的牵涉痛会出现在臀部、大腿外侧等区域，放射痛会延神经根节段向下肢放射至踝周围甚至脚趾。此时，疼痛的部位并非病变出现的部位，需要详细询问和检查之后才能确认。

#### 3. 疼痛的性质

急性损伤通常表现为尖锐的、定位明确的疼痛，表现为撕裂痛、切割痛、刺痛等。慢性疼痛可以表现为酸痛、胀痛、闷痛等。

#### 4. 疼痛的程度

疼痛是一种主观感受，受多种因素的影响。疼痛的程度是判断严重程度、制订治疗方案的重要指导之一。世界卫生组织（WHO）将疼痛划分成以下5种程度：0度为不痛；Ⅰ度为轻度痛，可不用药的间歇痛；

Ⅱ度为中度痛，影响休息的持续痛，需用止痛药；Ⅲ度为重度痛，非用药不能缓解的持续痛；Ⅳ度为严重痛，持续的痛伴血压、脉搏等的变化。肌肉骨骼系统的疼痛通常都是Ⅰ度或Ⅱ度疼痛。

数字分级法按照0~10分给疼痛程度定级。0为无痛，10为剧痛，请客户根据疼痛的感受打分。1~3为轻度疼痛，4~6为中度疼痛，达到4就会影响睡眠，7分以上为重度疼痛，达到7会无法入睡。分数越大，疼痛的程度越严重。

疼痛的激惹程度也是判断疼痛的重要方面。在静息状态下也能感觉到的疼痛为高度激惹，需要先进行治疗缓解疼痛再进行训练。静息状态下不痛，活动时疼痛加重，为中度激惹，在活动时需要控制活动的方式、时间、强度，以免加重疼痛。在较大活动时或到达末端时才出现疼痛，为低度激惹，应该鼓励客户在不产生疼痛的情况下正常生活。

**5. 疼痛的发作规律**

主要询问疼痛加重和减轻的规律。如果静息时疼痛，活动后缓解，说明是局部可能会存在炎症反应，休息时炎性因子堆积导致疼痛，活动后血液循环加速，炎性因子清除，症状缓解。如果休息后缓解、活动后加重，说明局部可能存在机械性刺激或化学性刺激，需要通过治疗去除诱发因素，从而使疼痛得到治疗。需要注意的是，慢性疼痛的客户往往有避痛的姿势或习惯，久而久之容易加重力学的不平衡，引发更多的症状。比如踝关节疼痛导致步行时负重时间短，引发下肢肌肉萎缩，造成同侧和对侧膝关节疼痛。因此，慢性疼痛是需要积极治疗、尽快缓解的。

## 三、关节活动受限

关节活动范围是在特定的体位下，关节可以完成的最大活动范围，可以通过对关节的近端和远端骨的运动弧度的测量而获得，包括各大关节在各个方向上的主动活动范围和被动活动范围。

人体各关节活动范围受多种因素的影响。生理性因素包括遗传、关节面的面积差、关节囊的厚薄和松紧度、关节韧带的强弱和多少、关节周围的肌肉和软组织的数量及弹性、关节盘的介入、年龄、性别及训练水平等。病理性因素包括关节周围软组织挛缩、神经性肌肉挛缩、粘连组织的形成、关节内异物、关节疾患、疼痛/保护性肌肉痉挛、关节长时间制动等。

人体各关节活动范围是与身体功能直接相关的。如肩关节、髋关节是球窝关节，有多个方向的活动范围，但是肩关节比髋关节更灵活，因为肩关节较大的活动范围是为了手部能有更大的范围，满足生活和运动的需要，而髋关节活动范围小而更加稳定，满足人体支撑和稳定的需要。膝关节和肘关节屈曲角度较大，而伸直时为0°位且以静力性稳定为主，为下肢和上肢提供稳定的中间环节。因此，对于我们的身体而言，关节活动范围不能太大，否则关节不稳，容易造成关节损伤。同时关节活动范围也不能太小，否则影响远端肢体的活动范围，影响步态和生活自理活动。

在遇到运动参与者活动范围受限时，教练需要明确以下几个问题：

- 活动范围受限的程度。受限的程度越明显，对活动的影响越大。如果活动范围受限不影响生活，只影响运动，可以尝试通常牵拉放松改善活动范围。但是如果活动范围受限非常明显，影响生活，建议寻求医学治疗。
- 活动范围受限的伴随症状。如果活动受限伴随疼痛和关节肿胀，建议及时就医处理。在肿胀不明显的关节，如肩关节、腰部，更需要特别注意。
- 活动范围受限的原因。关节周围所有的软组织、组成关节的骨都可能是引起关节受限的原因，找到原因才能进行针对性地治疗。在训练和治疗前，需要排除训练的禁忌证。如果出现关节内异物、关节周围软组织挛缩、关节本身病变时，医学的治疗是第一位的，训练是需要特别谨慎的。

## 四、肌力下降与稳定性不足

肌肉力量下降的原因有很多，骨骼肌肉系统最常见的肌肉力量下降是废用性肌肉萎缩，包括损伤后制动导致的完全废用和运动模式改变之后导致的部分废用。在外观上可以观察到萎缩的肌肉体积变小，弹性下降，变得松软。可以通过触诊肌肉、测量肢体的围度、使用力量测试设备测试等方法，判断不同肌肉的力量水平，并进行双侧对比，以评价现有的肌肉力量是否与客户的年龄、性别、功能需求相适应。

大部分废用性肌肉萎缩在正规训练之后，是可以恢复肌肉力量和肌肉体积的，但是恢复的速度与训练的强度和频率、生活中能否正常使用密切相关。

当肌肉力量下降时，会出现关节不稳的症状，在肩关节、膝关节、脊柱这些需要肌肉稳定的关节部位特别明显。在关节不稳的情况下进行运动，容易造成二次损伤，如关节扭伤、疼痛和关节炎症等情况。

在肌力轻微下降时，客户只在运动时出现不稳的感觉，日常步行、上下楼时没有感觉。随着疼痛的出现，动作模式开始发生变化，会导致肌力的进一步萎缩和不平衡，进而引起疼痛加重，进入一个“肌肉萎缩 - 疼痛 - 运动模式变化 - 肌肉萎缩 - 疼痛”的恶性循环。

需要注意的是，废用性肌肉萎缩通常不是单一肌肉的萎缩，而是整条运动链上的所有肌肉都会不同程度地萎缩。因此，教练应将所有需要训练的肌肉按先后主次排列顺序，进行全面的训练。如下肢损伤后，臀大肌、臀中肌、股四头肌、小腿三头肌都是重要的姿势肌，放在第一梯队，腘绳肌、髋内收肌群、胫骨前肌应该放在第二梯队。

# 第二节　脊柱损伤的运动干预

导读：脊柱损伤以腰痛和颈痛最为常见，也是严重影响生活和运动的损伤之一。有结构性损伤的腰痛和颈痛需要就医治疗。没有结构性损伤时，可以通过运动增加脊柱周围肌肉的力量和协调性，进而增加关节的稳定性，维护脊柱正常的力学结构，这是至关重要的。

## 一、慢性腰痛

### （一）概念与分类

腰痛是指后背腰骶部的疼痛或不适感，是一种症状而不是疾病。腰痛的发病率很高，60%~70% 的人一生中有过腰痛，是仅次于上呼吸道感染的第二大就医原因。50% 以上的腰痛呈自限性，在初次发作的 4~8 周内可以自愈，但是复发率高达 85%。机械性的脊柱疾病占所有腰痛的 97%。

腰痛有许多分类方法。根据病程长短可以分为急性、亚急性和慢性腰痛。根据疼痛的发生机制可以分为机械性、炎症性、感染性、肿瘤性、代谢性、内脏牵涉痛性等。《美国物理治疗协会骨科分会功能、残疾和健康国际分类相关临床实践指南——腰疼》将腰痛分为腰痛伴骶髂关节活动障碍、腰痛伴腰椎节段性活动度不足、腰痛伴运动协调障碍/腰椎不稳、腰痛伴下肢牵涉痛/间盘源性紊乱、腰痛伴下肢放射痛、腰痛伴全身广泛性疼痛（慢性疼痛）六类。

### 1. 腰痛伴骶髂关节活动障碍

客户常见的主诉是单侧的骶髂关节区域、臀部或腹股沟区域的疼痛，并随着负重增加症状加重。常有摔倒时臀部着地、失足或者直腿承重、女性怀孕分娩等病史。骶髂关节五项激惹测试，有三项及以上测试为阳性，则可诊断骶髂关节为疼痛来源。这五个试验分别是骶髂关节分离试验，骶髂关节挤压试验，骨盆后侧疼痛激惹试验，骶骨冲击试验，骶髂关节韧带触诊。

### 2. 腰痛伴腰椎节段性活动度不足

客户常见的主诉是腰部、臀部或大腿单侧疼痛，特别是在腰部侧屈或伸展到末端时疼痛加重。疾病的出现与突然无防备的动作有关，如失足、跌倒、弯腰搬重物等，背部有僵硬的感觉。评估发现，下胸段和腰部运动能力受限，在脊柱活动到终末范围时出现症状，刺激相关胸椎下段、腰椎或骶髂部，会诱发腰部及相关的下肢症状，同时骨盆和髋部可能存在活动度不足。

### 3. 腰痛伴运动协调障碍 / 腰椎不稳

客户常见的主诉是在一段时间内（数月或数年）频繁发作的腰痛，在日常生活中一些腰部中间范围的活动引发疼痛，如早晨刷牙、弯腰洗头、打扫卫生、走路、长时间站立、床上翻身等。进行腰椎主动活动检查，通常在活动的起始或中间阶段出现疼痛，并可观察到相关的协调性受限动作模式。进行腰椎稳定性检查，在中立位后前向按压棘突，可以发现熟悉的疼痛，感觉椎间关节松弛，激活核心稳定后疼痛下降。该类腰疼伴有躯干肌肉力量和耐力测试不足，相邻环节的灵活性不足。

### 4. 腰痛伴下肢牵涉痛

客户常见的主诉是较长时间反复发作的腰痛和 / 或下肢疼痛症状，疼痛通常由于某次前屈 / 旋转、抬举等动作导致，与屈曲有关的动作时加重，如弯腰、久坐，同时重复性运动会导致症状的外周化与中心化。在康复评估时，可以发现客户做腰部重复性运动时出现疼痛外周化或中心化现象，有骨盆及躯干侧移代偿，腰屈减少，平背，腰椎伸展灵活性受限，髋关节屈曲灵活性及内旋灵活性受限，腘绳肌长度不足，躯干伸肌力量减弱，可能伴随神经张力问题。

### 5. 腰痛伴下肢放射痛

客户常见的主诉是腰痛并伴随下肢放射疼痛，通常为一条窄带样疼痛区域，可能会伴有下肢相关神经支配区域感觉异常、麻木或无力。

教练重点评估下肢相关神经根支配区域感觉障碍、麻木或无力。进行直腿抬高试验或 Slump 试验，可以发现下肢神经张力测试阳性，下肢皮节、肌节、反射检查阳性。

### 6. 腰痛伴全身广泛性疼痛

客户常见的主诉是下腰部或相关下肢疼痛症状持续时间超过 3 个月，并伴有更大范围的疼痛，以及焦虑、抑郁、恐惧、无助、悲观等情绪。可以使用情绪自评量表（DASS-21），恐惧回避信念问卷（Fear-Avoidance Beliefs Questionnaire），疼痛灾难化量表（Pain Catastrophizing Scale），得分较高意味着客户存在情绪障碍。教练应进行充分有效的客户教育和辅导，并使用低强度、长时间的有氧运动来降低中枢神经系统的敏感性，提高痛阈，缓解疼痛。之后进行针对性的手法治疗和功能训练，进一步缓解疼痛症状。

## （二）腰痛患者的评估

### 1. 主诉及病史

询问客户最主要症状。如果客户以疼痛为主，则重点询问疼痛的部位、严重程度、性质、深度、

24h 变化等。了解疼痛加重或减轻的因素，包括时间的推移、姿势的改变、上下楼梯、长时间运动、休息等。如果客户以下肢麻木为主，则重点询问麻木的位置、程度、加重或缓解的因素。了解损伤发生的最初时间、原因以及最初损伤到现在的进程变化。询问接受过的治疗和治疗带来的影响。详细了解引起损伤的动作，分析判断损伤机制。另外，还需了解客户的年龄、工作性质、运动史、兴趣爱好、个人习惯性姿势。女性客户需要了解妊娠史和生育史。

### 2. 站立位观察

客户脱去部分衣物，暴露中胸部到脚趾的部位，自然站立，两脚尖向前，目视前方，双上肢自然置于体侧，以便检查者观察。

从正面观察时，需要注意双足内侧足弓是否对称，髌骨是否位于正前面，双侧腓骨头、髂前上棘、肋弓、肩峰、耳垂是否在同一水平面，以发现有无足弓异常、脊柱侧弯、骨盆倾斜等问题。

从侧面观察时，需要注意耳垂、肩峰、股骨大转子、腓骨头、外踝是否处于同一直线，有无颈前伸、驼背、腰曲增加、骨盆前倾、膝过伸等问题。骨盆位置正常时，髂前上棘与耻骨联合在一条垂线上，如果髂前上棘向前突出，则为骨盆前倾，如果耻骨联合向前突出，是为骨盆后倾。

从后面观察，需要注意双侧膝横纹、臀横纹、髂后上棘、肩胛骨下角是否在同一水平面，脊柱是否侧弯。双侧背部、臀部、大腿和小腿后侧的肌肉是否对称，提示客户在日常活动时的发力方式是否对称。

### 3. 腰部主动和被动活动范围检查

嘱客户从站立位开始，进行腰部前屈、后伸、左右侧屈、左右旋转的活动范围测试，可以使用关节角度尺进行测试，也可以用手部触及腿部的位置表示躯干的活动范围。在主动活动的基础上，可以施加外力进行被动活动范围检查。注意双侧对比，在活动过程中有无疼痛等，记录产生疼痛的角度、部位、性质、程度等信息，便于治疗前后的对比。

如用关节角度尺测量，正常腰椎前屈 0~80°，后伸 0~30°，侧屈 0~35°，旋转 0~45°。

### 4. 腰背肌力量测试

腰痛，一般肌肉耐力都较差，在长时间弯腰动作中常出现腰部酸胀无力的症状。可以对客户进行腰背部肌肉耐力测试，具体动作和测试标准如下。（图 15–1）

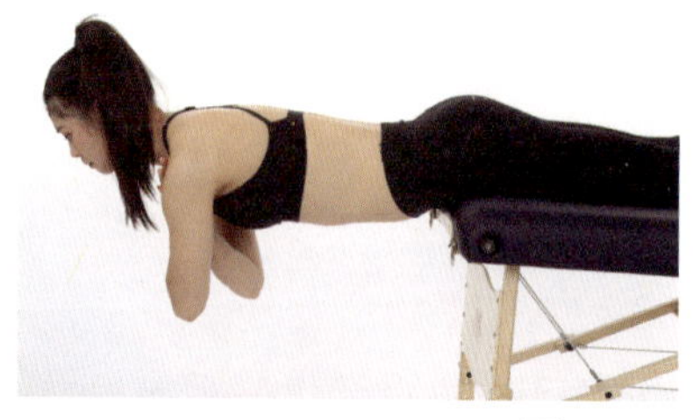

图 15–1　腰背肌耐力测试

**腹肌测试：**屈膝屈髋 90° ，双脚踩于床面，上身与地面成 45° 夹角，双臂抱于胸前，躯干和颈部挺直，保持此姿势至无法维持，记录保持的时间。

**背肌测试：**俯卧位，下肢固定于床上，髂前上棘抵于床边，上肢及躯干置于床外，背部用力，保持躯干与下肢成一条直线，记录保持的时间。

**侧腹肌测试：**身体侧卧位，肩外展 90° ，屈肘 90° ，以前臂和脚部为支撑点，下方的腰部发力使臀部抬离地面，直至躯干的中线在一条直线上，记录保持的时间。

**腰肌耐力测试参考值如下：**屈肌为 70~130s，伸肌为 140~180s，侧屈为 90s。若出现左右侧差异大于 5%、屈曲时间＞伸展时间、侧屈时间＞ 75% 伸展时间的情况，则表现为腰部肌肉耐力不平衡，损伤风险大大增加。

5. 触诊及附属运动检查

腰痛触诊不应局限于腰部，还包括胸椎、髋关节等。触诊时注意是否存在压痛、肌肉痉挛或其他提示可能存在病变的体征。检查皮肤温度是否正常，是否存在皮肤瘢痕、肿胀等现象。

**骨性结构触诊：**重点触诊腰椎棘突、横突，并用小鱼际或拇指做由后向前的按压，检查腰椎间的活动度及稳定性。触诊髂前上棘、髂后上棘、髂嵴等骨盆的重要骨性标志点，判断骨盆有无倾斜。

**软组织触诊：**重点触诊竖脊肌、腰方肌、髂肌和腰肌等腰部和骨盆周围的肌肉，询问受试者有无压痛或不适感，以判断肌肉的紧张程度。

6. 临近关节检查

重点检查上方的胸椎和下方的骨盆及髋关节。

胸椎部分主要通过触诊确定有无脊柱侧弯，腰椎棘突、横突及胸肋关节的附属运动是否受限。胸椎后突和活动受限通常伴随腰椎前突和活动范围增大。

骨盆部分主要评估骨盆的位置是否存在前倾、后倾或侧倾，骶髂关节是否存在活动受限或不稳，骶髂后长韧带、骶髂后短韧带、骶结节韧带是否有压痛，压痛通常意味着韧带被拉长。

髋关节部分主要评估髋关节屈、伸、旋转的活动范围，以及臀大肌、臀中肌的肌肉力量，梨状肌、髂胫束（ober 试验）、髂腰肌（Thomas 试验）的长度。

7. 其他检查

**下肢长度：**足弓高低、髂骨前倾或后倾、骨性结构发育异常，均可能导致双下肢不等长，进而增加腰部的负荷，引起腰痛甚至脊柱侧弯。

**步行：**从前、后、侧方观察客户的步行姿态，注意双下肢髋、膝、踝的活动范围是否受限，步长、步频是否一致，骨盆和躯干摆动是否对称，体重分布是否均衡等。

### （三）运动干预的禁忌证与适应证

如果发现以下情况，教练应建议客户就医确诊，之后再决定接下来的训练内容。

· 客户主诉腰痛伴下肢串麻感，腰痛伴全身广泛性疼痛。

· 疼痛评分在 5 分以上，腰痛影响工作和生活。

· 有明确的外伤史，如摔倒、扭伤等。

· 医生诊断有腰部的结构性病变，如腰椎间盘突出、腰椎骨折、强直性脊柱炎等。

· 腰部活动明显受限，无法满足正常生活的需要。

单纯的运动锻炼适用于肌肉无力、稳定性不足的腰疼患者，通常的主诉是久坐或久站后腰部无力，有酸胀感，肌耐力检查发现保持时间低于参考范围，经医生和影像学检查没有结构性病变。

## （四）训练计划

目前国内外针对腰痛的研究主要集中在腰椎稳定性与生物力学结构的改变上，其在腰痛的发生和发展过程中占据重要地位。患者由于疼痛而产生肌肉反射性抑制，由于活动受限导致长时间肌肉静力性负荷不足及运动缺乏，引起肌肉不同程度的废用性萎缩，进而使脊柱稳定系统发生改变，引起腰椎不稳，而腰椎不稳 会进一步加重肌肉、韧带的损伤。因此，在腰痛的治疗中，加强躯干肌控制和协调能力的训练，增加腰椎的稳定性，恢复脊柱正常的生物力学结构，是预防慢性腰痛复发的重要措施。

常用的腰痛治疗方法有牵拉、按摩、针灸和理疗等。这些方法都能治疗腰痛，但难以解决腰痛的复发问题，远期疗效令人遗憾。运动疗法能有效地增强腰背肌肉力量，增加腰部软组织的柔韧性，改善局部血液循环，减轻和防止肌肉萎缩，促使组织修复，从而增强脊柱的稳定性。欧洲非特异性腰痛（Chronic Non-specific Low Back Pain，CNLBP）管理指导方针推荐运动疗法为首选。接下来将重点介绍运动疗法。不同的腰痛类型需要不同的运动训练，所以应制订个体化的训练方案，根据患者病情有针对性地改善肌力或肌肉耐力。

### 1. 肌肉牵拉练习

肌肉牵拉练习可以放松肌肉，改善肌肉内部的血液循环，加快致痛物质的消除，调整腰椎的力学结构，进而起到缓解疼痛、改善活动范围的作用。

通常需要牵拉的肌肉有竖脊肌、腰大肌、腰方肌、髂腰肌、梨状肌等。可以教会患者进行静力性牵拉，也可以由教练实施 PNF 牵拉，都可以起到很好的放松效果。

在进行静力性牵拉时，以肌肉有牵拉感、不引起疼痛为度，保持牵拉的姿势 30s，重复 2~3 次，每天进行 1~2 次。

### 2. 核心稳定性练习

腰痛患者常有躯干肌力量减弱，因此躯干肌力量训练应为治疗腰痛及防止其反复发作的重要环节，主要通过提高脊柱周围肌群力量，纠正腰椎力学变化，增强肌群间的平衡、灵敏和协调能力，从而达到改善脊柱的柔韧性、稳定性，减轻腰痛症状，延缓或阻止病程发展，提高腰椎功能和日常生活活动能力的目的。

（1）呼吸训练

错误的呼吸方法也会引起腰背疼痛。

在正常的呼吸模式中，膈肌和其他躯干肌共同配合使腰椎处于稳定状态，若呼吸方式不对，膈肌和其他躯干肌无法保持腰椎的稳定，久之便会引起腰痛。

检测呼吸方式正确与否可以通过吸气时观察腰部两侧以及腹部有无鼓起，若都鼓起则无须改变呼吸方式。若吸气时腹部鼓起不明显而胸部扩张很明显，有挺腰的动作则需要改变呼吸方式，进行系统的呼吸训练。很多患者可以在家中进行简单的膈肌训练，平躺后在肚子上放一个沙袋，吸气时用肚子顶起沙袋，可以根据完成的难易程度更换沙袋的重量。

（2）徒手稳定性练习

以桥式动作为主，可以进行背桥、腹桥和侧桥练习。注意在完成动作时，腹肌收紧，保持身体成一条直线，并在同一动作可以保持 2min 以上时， 及时增加训练难度，如减少稳定的支撑、增加不稳定的支撑等。在桥式运动的基础上，可以增加四点支撑位训练，进一步增加训练难度。

（3）瑞士球训练

瑞士球也是常用的核心稳定性训练工具。通常提供不稳定的支撑，人体在球上完成各种支撑动作时，

需要躯干部位有更好地控制和稳定能力，才能为四肢的运动提供稳定的基础。教练可以设计出符合患者能力的训练难度，进而提高核心稳定性。

**3. 腰部大肌肉的力量与耐力训练**

可以通过卷腹、俯卧两头起等动作，加强腹肌、背肌、旋转肌群的力量和耐力，减轻脊柱的负荷，增加脊柱的稳定性，进而提高患者在生活和运动中对腰部的使用程度，帮助患者尽快回归正常的生活状态。

**4. 有氧运动**

有氧运动的特点是持续时间长、重复次数多、阻力小，如散步、慢跑等，其目的在于加强心血管系统的功能。有氧运动能增加血流量， 降低外周血管阻力，降低血压，增加毛细血管数量、线粒体密度及代谢链中的氧化酶，从而为躯干肌肉、骨骼的活动提供充分的氧气和营养物质，并促进代谢产物的清除。目前耐力训练对治疗慢性腰痛是否有效仍存在争论，但是有氧运动可以帮助患者控制体重，改善心理状况，从而缓解疼痛。

**5. 患者教育**

对患者进行必要的教育，也是帮助患者尽快恢复的重要措施之一。教练要鼓励患者正面且积极地应对腰痛，增加体力活动水平，在依然有疼痛的情况下尽早恢复正常的日常生活或职业活动，避免过度的保护引起的肌力和活动范围进一步下降。教练向患者解释腰痛的原因，并告知患者，人体脊柱和其周围的韧带、肌肉是非常强壮的，腰痛的整体预后是良好的，影像学的异常表现通常在无症状人群中也是常见的，那些影像学里的表现很多情况下就跟人长皱纹一样，是一种自然的过程。告知患者保持正确的腰部力学位置，包括站、坐、走、睡等不同的体位。如避免弯腰坐姿，因为弯腰时椎间盘的压力增加，更容易导致腰痛和椎间盘突出，特别是在长时间久坐时。

## 二、颈痛

### （一）概念与分类

颈椎病是因颈椎间盘退行性改变本身及其继发性改变刺激或压迫邻近组织，并引起各种临床症状和体征。颈椎病的发生是各种内因与外因共同作用的结果。内因主要是颈部先天性骨关节结构问题，如畸形、椎管狭窄，还包括肥胖、糖尿病等诱因。外因主要是颈部急慢性损伤、风寒侵袭、环境潮湿、姿势不良等，其中姿势不良在现代人的颈椎病发生中占有重要的地位，不良的坐、站、使用电脑和手机的姿势直接导致颈椎病年轻化。继发因素包括颈椎骨关节的退行性改变、椎间盘突出、关节囊松弛、韧带肥厚和骨化等。

颈痛有多种分类方法。根据受累组织和结构的不同，颈椎病分为颈型（又称软组织型）、神经根型、脊髓型、交感型、椎动脉型、混合型等。《美国物理治疗协会骨科分会功能、残疾和健康国际分类相关临床实践指南——颈痛》将颈痛分为颈部疼痛伴活动范围受限、颈部疼痛伴头痛、颈部疼痛伴运动协调障碍、颈痛伴放射性疼痛四类。

**1. 颈部疼痛伴活动范围受限**

年轻患者（年龄小于 50 岁），急性颈部痛（持续时间小于 12 周），症状局限于颈部（无上肢和肩部症状），颈部活动受限。

**2. 颈部疼痛伴头痛**

单侧头痛，伴随颈部 / 枕骨下部症状，随颈部活动或位置改变而加重，由身体同侧颈后部肌筋膜及关节的激惹而引起头痛或加重，颈椎关节活动度受限，颈椎节段性活动障碍，头颈部屈曲实验不正常或不达标。

#### 3. 颈部疼痛伴运动协调障碍

长时间的颈部疼痛（持续时间大于 12 周），头颈部屈曲试验不正常或不达标，深层屈肌耐力试验不正常或不达标，颈部和上肢的肌肉调节性、力量和耐力受损（颈长肌、斜方肌中束、斜方肌下束、前锯肌），上肢肌肉柔韧性不足（前 / 中 / 后斜角肌、斜方肌上束、肩胛提肌、肩胛骨、胸小肌、胸大肌），重复性动作时人体做功效率低下。

#### 4. 颈痛伴放射性疼痛

上肢症状（通常为放射痛或牵涉痛），在颈部挤压试验 （Spurling 试验）和上肢张力测试时诱发或加重，在颈部分离试验时减轻，颈部向患侧旋转时角度减少（<60° ），神经根压迫症状明显。

### （二）颈痛患者的评估

#### 1. 详细询问病史

询问客户最主要症状，主要信息与腰痛相似。特别注意出现症状的部位和异常的感觉，以及重要伴随症状。

#### 2. 站立位观察

主要观察点与腰痛相似。特别注意颈肩部、胸椎和腰椎的静力姿态，有无圆肩、驼背，头颈部是否中立位。

#### 3. 颈部主动和被动活动范围检查

嘱客户从站立位开始，进行颈部前屈、后伸、左右侧屈、左右旋转的活动范围测试，可以使用关节角度尺进行测试，也可以用头部距离肩部的距离、下颌距离胸骨的距离表示颈部的活动范围。在主动活动的基础上，可以施加外力进行被动活动范围检查。注意双侧对比，在活动过程中有无疼痛等，记录产生疼痛的角度、部位、性质、程度等信息，便于治疗前后的对比。

如用关节角度尺测量，正常颈椎前屈 0~45° ，后伸 0~45° ，侧屈 0~45° ，旋转 0~70° 。

#### 4. 颈部肌肉耐力测试

颈痛客户一般肌肉耐力都较差，在长时间低头动作中常出现颈部酸胀无力的症状。

**颈部屈肌耐力测试的测试步骤：**患者仰卧，双腿屈膝置于床上。下巴最大程度向回收并保持等长收缩。患者抬起头颈直到头离开床面 2.5cm，同时保持下巴回收，贴向胸腔。教练注意客户颈部皮肤的褶皱并放一只手在客户枕骨下面。在皮肤褶皱分散或客户枕骨碰到教练的手时给予言语的命令（如“收紧下巴”或“保持头上抬”）。当颈部皮肤褶皱消散，下巴无法保持收紧或客户头后接触教练的手超过 1 s 时，测试终止。正常人群的平均值为 38.95 ± 26.4 s。（图 15–2）

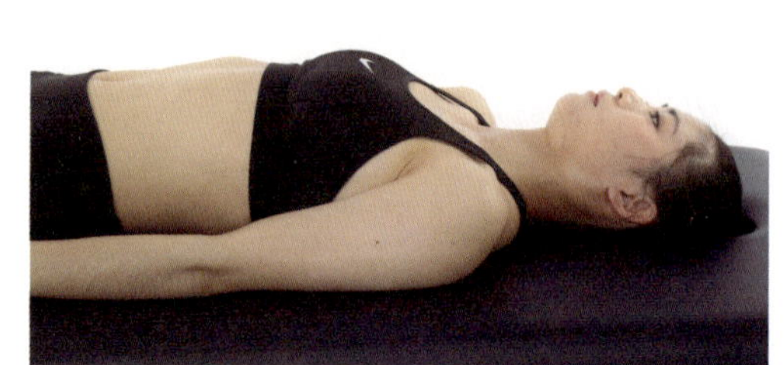

图 15–2　颈部屈肌耐力测试

5. 触诊及附属运动检查

颈痛触诊不应局限于颈部，还包括胸椎、肩部等。触诊时注意是否存在压痛、肌肉痉挛或其他提示可能存在病变的体征。检查皮肤温度是否正常，是否存在皮肤瘢痕、肿胀等现象。

6. 临近关节检查

重点检查下方的胸椎和肩关节。

### （三）运动干预的禁忌证与适应证

如果发现以下情况，教练应建议客户就医确诊，之后再决定接下来的训练内容。

· 客户主诉颈痛伴上肢串麻感、下肢踩棉花感、头痛，颈痛伴全身广泛性疼痛。

· 疼痛评分在 5 分以上，颈痛影响工作和生活。

· 有明确的外伤史，如挥鞭损伤、扭伤等。

· 医生诊断有颈部的结构性病变，如颈椎间盘突出、颈椎骨折等。

· 颈部活动明显受限，无法满足正常生活的需要。

单纯的运动锻炼适用于肌肉无力、稳定性不足的颈部患者，通常的主诉是久坐或保持同一姿势时，颈肩部有酸胀感、僵硬感，肌耐力检查发现保持时间低于参考范围，经医生和影像学检查没有结构性病变。

### （四）颈部功能训练

本病早期治疗，预后良好，多无后遗症。临床症状减轻后，即可做颈项部屈伸、旋转等功能锻炼。在治疗期间患者需有意识地放松颈部肌肉，尽量保持头部于正常位置，避免长时间伏案低头工作。睡眠姿势要正确，枕头不要过高、过低或过硬。要避免感受风寒湿邪。

1. 颈部牵拉练习

牵拉练习可以拉长痉挛的肌肉，缓解肌肉紧张和疼痛。通常需要牵拉的肌肉包括颈部的屈肌、伸肌、侧屈肌、斜方肌上束等。

**牵拉颈部伸肌：**坐位或站立位，保持颈、肩和躯干成一直线。缓慢地低头，使下颌向胸口靠近，感觉颈部后面有牵拉感。维持 10s，并重复 3 次。注意：肩膀肌肉放松，手部适当用力，不宜过大。（图 15-3）

**牵拉颈部屈肌：**坐位或站立位，保持颈、肩和躯干成一直线。头部缓慢向后仰，直到双眼直视天花板，当感觉到颈部前方的肌肉有牵拉感时停止。静止 10s，然后重复 3 次。注意：放松肩部肌肉，避免头向后倾时转动头部。（图 15-4）

**牵拉颈部侧屈肌：**坐位或站立位，保持颈、肩和躯干成一直线。将头部倾斜让右耳向右肩靠近，可用右手适当下压头部，直至感觉到颈部左侧有明显的牵拉感。静止 10s，每边重复 3 次。（图 15-5）

**牵拉颈部旋转肌：**坐位或站立位，保持颈、肩和躯干成一直线。把右手掌放在头上，将头部缓慢地向右转，直到左颈部有牵拉感。静止 10s 后，颈部移回起始姿势，放松。用同样的方法牵拉右侧，左右两侧各完成 3 次。注意：放松肩膀肌肉，保持头部正中姿势，手掌的推力大小适当。（图 15-6）

**牵拉胸锁乳突肌：**坐位或站立位，右手跨过头部抓住头的左侧，并微微右倾、左旋、后伸，感觉左侧的胸锁乳突肌有牵拉感。（图 15-7）

**牵拉肩胛提肌：**坐位或站立位，右手跨过头部抓位头部左侧，头部向右倾，从肩胛骨边缘到右边颈部感觉紧绷。静止 10s 后，颈部移回起始姿势，放松。用同样的方法牵拉右侧，左右两侧各完成 3 次。注意：肩部适当固定，手掌的推力大小适当，避免躯干倾斜。（图 15-8）

图 15-3　牵拉颈部伸肌

图 15-4　牵拉颈部屈肌

图 15-5　牵拉颈部侧屈肌（左侧）

图 15-6　牵拉颈部旋转肌（左侧）

图 15-7　牵拉胸锁乳突肌（左侧）

图 15-8　牵拉肩胛提肌（右侧）

## 2. 颈部肌肉激活练习

**卧位收下巴练习：** 客户仰卧位。胸背部及头下垫一个楔形垫子或斜板，来减少头颈部重力的影响。客户收缩下巴，屈曲颈部使头抬起。教练纠正客户使用胸锁乳突肌的错误运动模式。当客户的运动模式正确时，减小楔形垫或斜板的倾斜角度，对客户头颈部的屈曲进行阻力对抗。（图 15-9）

图 15-9　卧位收下巴练习

**头部后缩练习（双下巴练习）：** 客户坐位或站立位，保持颈、肩和躯干成一直线。保持下颚颌高度，直视前方。像乌龟缩起脖子，把下巴向内缩直到颈部后面感觉拉直。维持 10s。回到开始姿势并重复 5 次。主要作用是增加动作范围，矫正头部前伸的错误姿势。（图 15-10）

图 15-10　头部后缩练习（双下巴练习）

### 3. 颈部肌肉力量训练

正常颈椎的平衡由两方面来维护。一为内源性稳定，包括椎体、附件、椎间盘及相连的韧带，为静力平衡。二为外源性稳定，包括肌肉的调节和控制，这是脊柱运动的原始动力，为动力平衡。内源性稳定是脊柱稳定的基础，外源性稳定是脊柱稳定的前提。近年来大量研究证实，颈椎病的发生发展与颈椎周围肌肉系统病变密切相关。肌纤维的损伤、肌力减弱，直接导致颈椎动静力平衡破坏及力学性能降低而加剧颈椎的退变。

等长抗阻训练是一种稳定性训练，训练中椎体仅有微小移动或无移动，可以有效达到训练颈部肌肉的效果，缓解或减轻症状。当客户的肌肉耐力恢复到一定程度时，可以进行动态的训练，来增强客户颈部核心肌群的稳定及颈部整体的稳定。动态训练不能替代稳定性训练，如果客户颈部未实现有效的稳定及控制，动态训练则会加重客户的症状。

自我抗阻的等长训练是最为常用的训练方法之一，阻力由小到大，取决于客户的症状及忍受程度。

客户坐或站立，保持颈、肩和躯干成一直线，头部直立，颈部稍微放松。每个动作维持 10s，放松。重复 3 次。注意：动作过程中，颈部位置保持不动。（图 15-11）

**颈部屈肌等长练习：**掌心放在额头，额头向前用力，掌心向后用力，与额头对抗，保持姿势不动。

**颈部伸肌等长练习：**两手交握置于脑后，头部向后用力，双手向前用力，保持姿势不动。

**颈部侧屈肌等长练习：**右手掌放在右侧头项侧方，掌心固定头部，头部向右侧用力，保持姿势不动。

**颈部旋转肌等长练习：**右手掌靠在右太阳穴，头部向右侧旋转，手部保持不动。

图 15-11　颈部肌肉的等长练习（屈肌、伸肌、侧屈肌、旋转肌）

4. 客户教育

对客户进行必要的教育，也是帮助客户尽快恢复的重要措施之一。

教练要告知客户保持正确的颈部力学位置，包括站、坐、走、睡等不同的体位。如在使用电脑和手机时尽量保持躯干挺直，微收下颌。调整电脑屏幕与视线平齐，建议加用笔记本升高架。避免长时间久坐，每 h 站起活动 5~10min。睡觉时枕头的高度和软硬适中。经常进行颈部肌力的练习，增加颈椎的稳定，对颈痛客户的康复有长久的益处。

## 第三节　上肢损伤的运动干预

**导读**：上肢损伤的发生率不及下肢，但是对日常生活的影响程度较大。人体组织的结构性损伤需要有医生的诊断和许可。本节主要介绍肩周炎、肱骨外上髁炎（网球肘）的运动干预。

### 一、肩周炎

肩周炎又称肩关节组织炎、五十肩、僵冻肩、冻结肩、寒凝肩，是肩关节囊和关节周围软组织损伤、退变而引起的一种慢性无菌性炎症，以肩部疼痛、运动功能障碍和肌肉萎缩为主要临床表现。

肩周炎分为原发性和继发性两类。原发性肩周炎是由于肌腱本身血供较差、年龄增长发生退行性改变、关节频繁活动发生慢性劳损等原因导致的。继发性肩周炎常继发于肩部或上肢急性创伤后，也可继发于颈椎病、腰背部疾病之后。

#### （一）诱发病因

多数研究认为，肩周炎是在肩关节周围软组织退行性改变的基础上发生的。

1. 肩关节周围病变

**肩关节周围软组织劳损或退变**：可引起冈上肌腱病、肱二头肌腱病、肩峰下滑囊炎、关节囊炎和旋转腱袖损伤等疾病。

**肩关节的急性创伤**：如肩部挫伤、肱骨外科颈骨折和肩关节脱位等。

2. 肩外疾病

**颈椎源性肩周炎**：指由于颈椎病引起的肩周炎，特点为先有颈椎病的体征和症状，而后再发生肩周炎。

**冠心病**：冠心病引起的心绞痛，疼痛主要位于胸骨后部，常可放射到肩、上肢或背部，左肩及左上肢尤为多见。可引起肌肉痉挛、肩关节运动受限，诱发肩周炎。

**其他因素**：本病发生尚与精神心理因素、肩部受害、体内有感染病灶、内分泌紊乱及自身免疫反应等有关。从临床观察中发现，肩周炎多与糖尿病、偏瘫、肺结核、颈椎病等疾病并存，并且发病率偏高。

#### （二）发病机理

早期变化是纤维性的关节囊收缩变小、关节的容积减小。晚期软组织呈普遍的胶原纤维的退行性改变，表现为纤维化、短缩与硬化。（图 15-12）

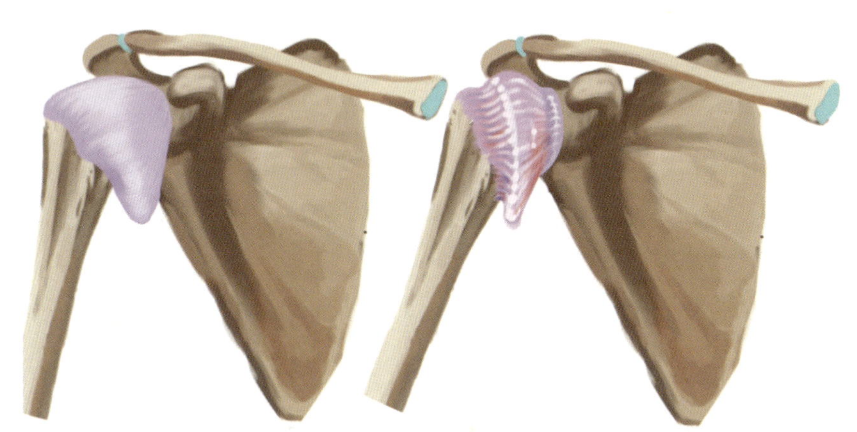


图 15-12 肩周炎

## （三）主要临床表现

- 疼痛：肩周炎最明显的症状，具有持久性，夜间可自觉加重。疼痛可以引起持续性的肌肉痉挛，疼痛可向上放射到头后部，向下放射到腕及手指，向前到胸部，向后到肩胛骨区。
- 肩关节活动受限：表现为各方向的活动均受限，以外展、屈、内旋、外旋最为明显，梳头、穿衣、洗脸等动作无法完成，严重时肘关节功能也可受到影响。
- 怕冷喜热。
- 压痛：在肩关节周围可以触及明显的压痛点。
- 肌肉痉挛与萎缩：三角肌、冈上肌等肌肉早期可出现痉挛，后期发生废用性肌肉萎缩。

## （四）肩周炎分期

**开始期：**肩关节不舒适及有束缚的感觉；疼痛可局限于肩关节的前外侧，也可延伸到三角肌的止点。

**冻结期：**疼痛可轻可重，夜间加重；肩关节活动时则可引起强烈的疼痛及肌肉痉挛；肩关节的活动受限，持续数月甚至数年，疼痛才慢慢地消失。

**解冻期：**疼痛很轻微，肩关节逐渐地恢复活动；个别患者肩关节的功能只是部分恢复或是呈强直而不能活动。

## （五）治疗措施

### 1. 镇痛

可以进行电疗、超声波等理疗，以及关节松动技术的 1~2 级手法。

### 2. 改善关节活动受限

在理疗和关节松动的基础上，可以进行各受限方向的牵拉。牵拉的力量要轻柔，将牵拉时的疼痛和不适感控制在口述分级评分法（VRS，0 分为不痛，10 分为剧痛难忍）3 分以内，每组保持 3~5min，每次持续 15min 左右。可进行正面爬墙、侧面爬墙等练习，并保持正确的牵拉姿势，感觉盂肱关节被拉开。

### 3. 缓解肌肉痉挛，增加肌力

中低强度的力量训练可以帮助肩周炎客户保持肌肉力量，增加肩关节的稳定性，缓解疼痛。训练的重点是肩袖肌群和肩胛骨的稳定肌，可以进行肩外展（冈上肌），肩外旋（小圆肌、冈下肌），肩内旋（肩胛下肌、大圆肌），肩胛后缩（菱形肌、斜方肌），肩胛下降（下斜方肌、背阔肌、胸小肌、前锯肌），肩胛下回旋（菱形肌、胸小肌、肩胛提肌）的力量训练。注意小强度为主，及时观察客户在训练中和训练后的感受，及时调整训练计划。辅以肩屈曲、肩伸展等方向的力量训练。

#### 4. 客户教育

根据客户目前的病情进行合理、及时的客户教育。在疼痛可以接受的范围内进行肩关节各方向的活动，以保持现有的活动范围，不能急功冒进，也不能过于保守。疼痛和活动范围的改善是每天治疗和训练的积累，不是一蹴而就的，因此需要坚持一段时间。

力量训练是个长期的过程，对疼痛缓解后的肩关节功能非常重要，需要每天坚持，并根据能力的提升及时调整训练强度。

## 二、肱骨外上髁炎

### （一）概念与发病机理

肱骨外上髁炎，俗称网球肘，是一种肘部常见的慢性损伤，常见于网球、投掷、高尔夫以及击剑等运动项目。

肱骨外上髁炎是过度使用腕关节伸肌肌群造成肱骨外上髁止点处的微小创伤所致，通常涉及桡侧腕伸肌和指总伸肌的外侧，有时涉及旋前圆肌、桡侧腕屈肌内侧头和肱三头肌后方，这些因素都会造成肱骨外上髁出现病变。损伤发生的常见原因是重复地伸腕、旋后或重复提拎重物。本病的病灶并不在肱骨外上髁，病变并非真正的炎症反应，而是由于肌腱退化的无菌性炎症导致的肌腱疾病。

发病人群多数并非网球运动员，此病与职业有密切关系，特别是经常做旋转前臂和屈伸肘、腕关节的劳动者。（图 15–13）

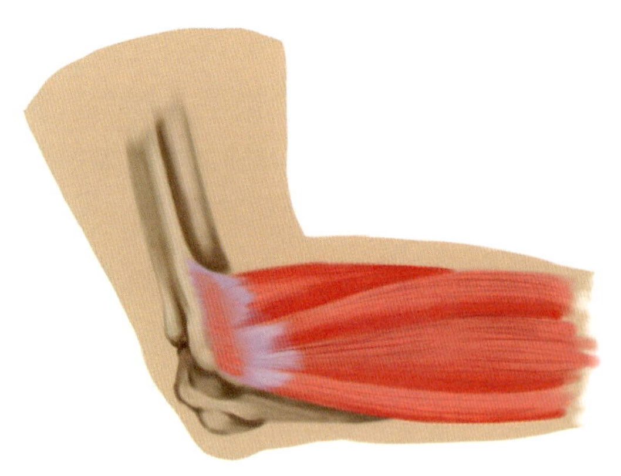

图 15–13 网球肘

### （二）症状与检查

**疼痛：**表现为肘关节外侧疼痛，旋前时加重。尤其在旋转背伸、提、拉、端、推等动作时更为剧烈，同时沿伸腕肌群向下放射。症状往往逐渐出现并加重，初始为做某一动作时肘外侧疼痛，休息后缓解。以后疼痛为持续性，轻者不敢拧毛巾，重者提物时有突然“失力”现象。疼痛甚至可向上臂及前臂扩散，导致影响肢体活动，但在静息时多无症状。局部无红肿现象，肘关节屈伸活动一般不受影响，但有时前臂旋前或旋后时局部疼痛。晨起时关节有僵硬现象。疼痛逐渐加重或向腕、手部发展。

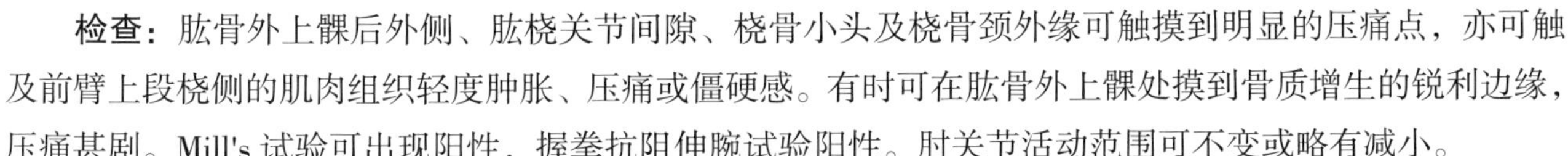

**检查：** 肱骨外上髁后外侧、肱桡关节间隙、桡骨小头及桡骨颈外缘可触摸到明显的压痛点，亦可触及前臂上段桡侧的肌肉组织轻度肿胀、压痛或僵硬感。有时可在肱骨外上髁处摸到骨质增生的锐利边缘，压痛甚剧。Mill's 试验可出现阳性，握拳抗阻伸腕试验阳性。肘关节活动范围可不变或略有减小。

### （三）运动干预

- 放松紧张的肌肉。可采用手法按摩、肌肉牵拉、按摩棒、泡沫轴等方法或器械，对紧张的腕伸肌进行牵拉放松，进而减少肌腱对末端止点的牵拉，起到缓解疼痛的作用。患者可佩戴肘部支持带以改善症状，该支持带可以给前臂肌肉施加压力，起到减轻肌肉附着处牵拉力的作用。
- 不同的损伤及不同康复阶段，进行力量训练的内容和方式均不相同。损伤早期，可以进行肱二头肌、肱三头肌、旋前和旋后肌群、腕屈肌和腕伸肌的低强度抗阻训练，同时还应该进行手部和肩部练习以增加力量和关节活动度。需要注意的是，所有活动必须在无痛范围内进行。可借助弹力带、重物或徒手进行渐进抗阻训练，对肘关节进行屈曲、伸展、旋前和旋后的活动。等速运动可以用于肌肉力量的评估和训练。可通过药球来提高肘关节周围肌肉的离心和向心收缩力量。
- 对肩带和上肢动力链的训练。

### （四）客户教育与损伤预防

- 增强自我保护意识，充分认识肘关节受伤带来的后果，了解和掌握预防肘关节损伤的基本知识和方法，并在训练中做好准备活动，掌握正确技术，养成不乱击球、不乱发球等良好习惯，肘关节受伤，则应积极休息和治疗。
- 合理选择球拍。选择恰当的网球拍是掌握动作、提高技术的保障，也是预防网球肘发生的重要因素。
- 掌握正确的技术动作，修正错误的击球动作。初学网球的学生在教师指导下循序渐进、由易到难逐步进行练习。
- 使用正确的防护装备以避免再次受伤。
- 在日常训练中，做好充分的准备活动和放松整理活动，并锻炼前臂屈伸肌群，加强肌肉力量锻炼，同时加强整个上肢及躯干部位的力量。

# 第四节　下肢损伤的运动干预

**导读：** 下肢损伤的发生率较高，特别是膝关节疼痛和踝关节扭伤。在排除了结构性损伤（半月板、韧带损伤和骨折等）后，通过运动干预训练，可以增加肌肉力量，提高关节的稳定性，进而缓解疼痛，改善关节功能。

## 一、髌股关节疼痛综合征

膝关节是运动损伤发生率最高的关节，损伤后对运动参与者训练和比赛的影响较大，恢复期较长，直接影响整个下肢的功能。

髌股关节疼痛综合征（Patellofemoral Pain Syndrome，PFPS）也称为髌骨股骨疼痛症候群、髌骨软化症，是临床上常见的疾病，是引起膝关节疼痛的主要原因之一。其发病机制与髌骨周围肌力不均衡，导致膝关节屈伸时髌骨运行轨迹不良有关。

此外，髌股关节应力增大、劳损及外伤，股四头肌弹性减退，髌骨活动度受限，髌骨外侧支持带挛缩等均是重要致病因素。患者大多主诉髌后或髌周疼痛，疼痛在膝关节屈曲时明显，且运动型患者较多见。

### （一）解剖与生物力学

髌股关节由髌骨和股骨髁组成，其中髌骨作为杠杆，起到增加髌股关节、股四头肌和髌腱瞬间力臂的作用。研究发现，膝关节屈曲 20° 时髌骨开始与股骨髁接触，随着屈曲角度的增大，接触愈加密切，膝关节屈曲 90° 时接触面积达到最大。

髌股关节的稳定因素有动力性和静力性两个方面，两者共同保持髌骨的运行轨迹，即保持髌骨在膝关节屈伸过程中能在股骨髁间切迹中正确滑行。

动力性稳定因素由股四头肌肌腱、髌腱、股内侧斜肌（VMO）、股外侧肌和髂胫束提供，其中股内侧斜肌是唯一保持髌骨稳定性的内侧肌肉，其作用至关重要。

静力性因素由关节囊、股骨髁、髌骨内外侧支持带和髌股韧带提供。

任何引起力量不均衡的因素均可影响髌股关节的稳定性，从而使髌股关节软骨面、髌骨、股四头肌肌腱和周围软组织的受力分配产生偏差。如人在平路行走时，髌骨受力相当于自身体重的 1/3~1/2，登楼梯时受力相当于体重的 3 倍，而下蹲时受力是体重的 7 倍。（图 15–14）

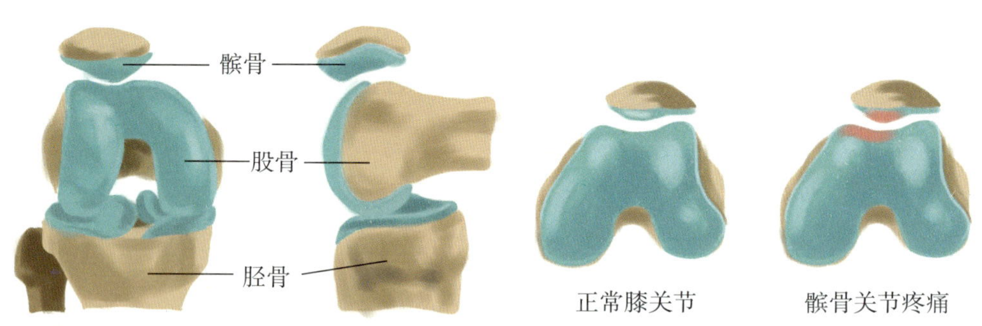


图 15–14　髌股关节疼痛综合征

### （二）常见病因

髌股关节压力增大、劳损及外伤，股四头肌弹性减退，髌骨活动度受限，髌骨外侧支持带挛缩，以及解剖发育不良等，均为 PFPS 的重要病因。此外，下肢解剖紊乱（Q 角增大、扁平足、距下关节内转等）是 PFPS 的潜在原因。

### （三）临床表现

**疼痛：**患者最常见的主诉，表现为膝前疼痛，多为髌后、髌周或髌下疼痛，疼痛间歇发作并进行性加重。在髌股关节明显受力（如上下楼梯、蹲起和跑步）时，疼痛加重。也有患者很难明确定位膝部的疼痛点。部分患者双侧发病，外伤可加重症状。

**僵硬：**在晨起和长时间屈曲时表现明显，适当活动后缓解。尤以患膝长时间屈曲时明显，即所谓“电影院膝”。

**股四头肌无力：**患者常主诉“打软腿”（giving way）。PFPS 患者往往伴发患膝屈伸时僵硬，伴有关节内弹响和摩擦感，但关节交锁较少发生。

### （四）评估诊断

**主观评估：**主要症状，疼痛程度、部位与发作规律，治疗经过等。

**客观评估：**

· 姿态观察：步态、下肢力线、Q 角、足弓、股四头肌形态。

· 主动运动：主动开闭链屈伸膝、单腿负重下屈伸膝。

· 被动运动：被动膝关节运动、髌骨运动。

· 肌肉长度和肌力测试：股四头肌、臀大肌、臀中肌的力量，股四头肌、腘绳肌、髂腰肌的长度。

· 特殊检查：髌骨研磨试验（Clarke 征）、髌骨主动研磨试验、髌骨外移试验、Zohler 征、恐惧试验、抽屉试验、内外翻应力试验、麦氏征等。

### （五）PFPS 治疗原则及方法

**治疗原则：**减轻髌股关节面压力，防止软骨进一步磨损。

**训练方法：**

· 改善髌骨移动轨迹（关节松动、软组织平衡、松解粘连、姿势调整、肌肉激活）。

—— 加强股四头肌的力量，帮助在运动过程中稳定髌骨。

—— 加强臀大肌和臀中肌的力量，减小 Q 角，改善下肢在单腿支撑时的力线。

—— 放松紧张的肌肉，如髂胫束、股外侧肌等。

—— 使用肌内效贴，调整髌骨的位置和力线，达到缓解疼痛的作用。

· 运动控制和本体感觉训练。可以使用平衡垫、平衡气囊、BOSU 球等。

## 二、踝关节扭伤及慢性踝关节不稳

踝关节在站立和行走时都承担了绝大部分的体重，因此踝关节扭伤是日常生活中最常见的一种损伤。踝关节扭伤分为内翻扭伤和外翻扭伤，以前者多见，踝关节外侧韧带是最容易发生扭伤的韧带，尤其以距腓前韧带损伤为主。踝关节扭伤危害极大，轻伤可能只导致轻微疼痛感，严重者则无法正常行走。损伤后的踝关节稳定性下降，行走时出现步态异常。

如果踝关节损伤未得到及时、正确的治疗，会导致本体感觉功能下降，从而造成踝关节不稳，增加再次踝扭伤的概率。如果踝关节反复发生扭伤，最终可能导致慢性踝关节不稳（Chronic ankle instability，CAI），即由于反复的踝关节扭伤导致外侧踝关节不稳，进而又引起扭伤的恶性循环。

### （一）损伤机制

因踝关节外侧韧带不如内侧的三角韧带坚强，且外踝比内踝低 1.2cm，因此绝大部分急性踝关节扭伤患者中损伤的是外侧韧带。又因距骨的鞍形关节面前宽后窄，背屈时较宽处进入踝穴，跖屈时较窄部进入踝穴，故踝关节在跖屈位活动空间较大。因此，其解剖和生理特点决定踝关节跖屈时内翻是踝关节扭伤的典型姿势。在踝关节跖屈情况下，内翻应力或内旋应力即可导致损伤。

慢性踝关节不稳是由于踝关节急性扭伤后未得到早期有效的治疗，从而发展为踝关节慢性疼痛、功能障碍的疾病。若踝关节损伤得不到及时的诊治，容易造成局部韧带组织不能完全愈合，会严重破坏踝关节的稳定性。踝关节不稳容易导致踝关节再次损伤，长期反复的踝关节损伤就会形成慢性踝关节不稳，主要包括韧带、骨性结构和软组织的改变。（图 15–15）

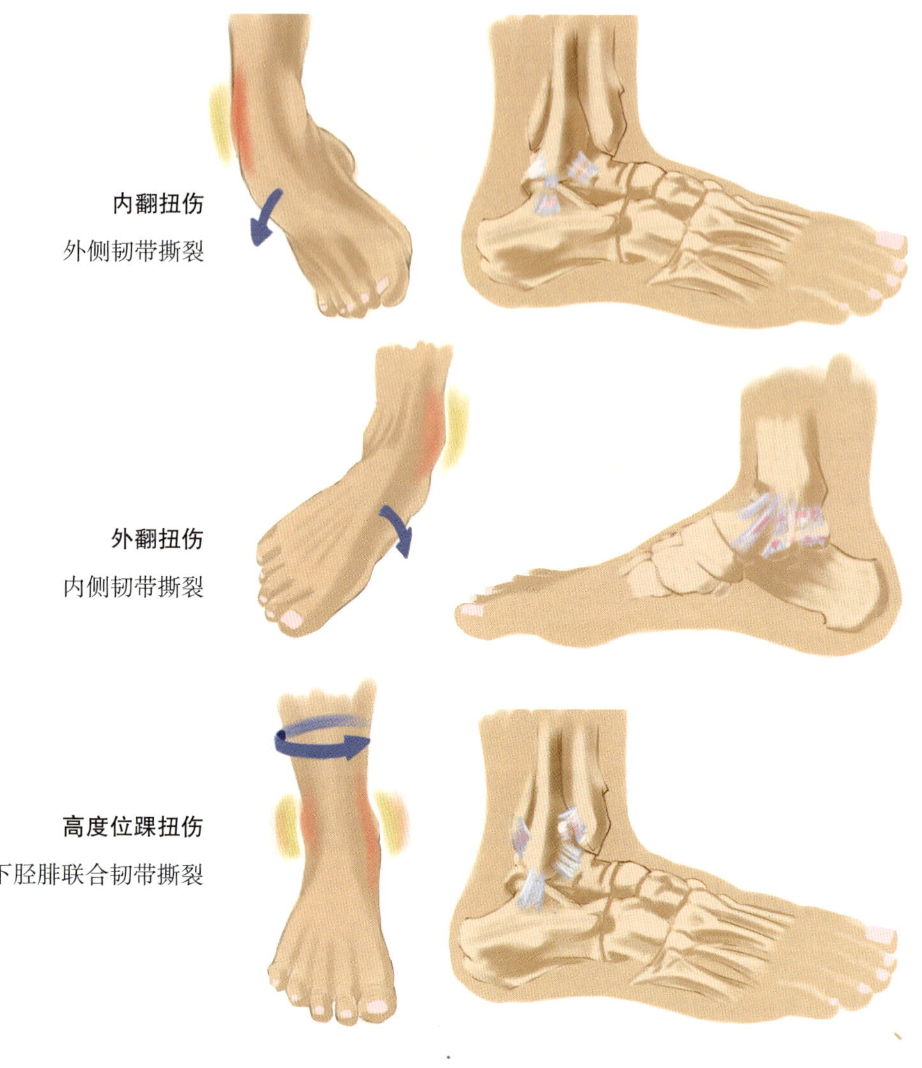


图 15-15 踝关节扭伤

### 1. 韧带的改变

据统计，有 1/3 的踝关节扭伤会发展成为慢性踝关节不稳。踝关节损伤常见于活动时扭伤或者由过度疲劳引起，其中踝关节损伤中最为常见的是韧带损伤，约占踝关节损伤的 3/4。由足内翻引起的外侧韧带损伤占 97% 左右，由足外翻引起的内侧韧带损伤占 3% 左右。因此，慢性踝关节不稳最常见的病因是踝关节外侧副韧带损伤。

急性踝关节损伤后踝关节的生物力学环境发生改变，由于外侧韧带复合体变得薄弱，其张力发生改变，使得踝关节的活动度增加。

### 2. 骨性结构的改变

踝关节稳定结构变薄弱、被拉长、断裂都导致了踝关节周围组织的力学环境发生变化。当站立位时，韧带无法提供有效的限制，因此无法控制异常骨性结构造成的反常活动。

### 3. 软组织的改变

踝关节周围软组织在损伤后也会发生相应的病理变化。滑膜炎和滑膜增生经常导致踝关节前方或前外侧的撞击，最终可能出现软骨病变。事实上，在全部手术治疗的慢性踝关节不稳的患者中，前外侧撞击的发生率约为 67%，其中接近一半合并滑膜炎。

## （二）损伤症状与功能障碍

踝关节扭伤急性期以疼痛和关节活动度受限为主，影响患侧负重行走能力，运动增加疼痛。关节外侧或内侧出现迅速的局部肿胀，并逐渐波及踝前部及足背，可出现皮下瘀斑，以伤后 2~3 天最明显。外踝扭伤时，在尝试进行足内翻时疼痛症状加剧。内侧三角韧带损伤时，在尝试进行足外翻时疼痛症状加剧。

大部分踝关节扭伤的患者都能通过保守治疗康复，而小部分经治疗后依然会发展成为习惯性扭脚。还有部分患者因诊断治疗不及时、不恰当，或带伤进行运动等因素亦可导致习惯性崴脚，进而导致损伤部位神经末梢和本体感觉未恢复，引起本体感觉缺失和平衡能力降低，引起踝关节不稳。

通常将慢性踝关节不稳分为功能性踝关节不稳（functional ankle instability，FAI）和机械性踝关节不稳（mechanical ankle instability，MAI）两类，有时两者可同时存在。

FAI 是指踝关节无明显的力学上的不稳，为神经、肌肉性缺陷所导致的主观感觉性、反复发作的不稳定，表现为感觉上失去稳定性，患足的运动幅度仍在正常范围之内，但出现随意运动的控制失常，最常见症状包括踝关节不稳定感、“打软”症状等。FAI 虽严重程度不高，多数损伤康复对象可正常生活和运动，但在运动过程中，会自觉踝关节不稳，常需要外部辅助固定（如踝关节贴扎、佩戴护具）以维持踝关节稳定。

如果未得到及时的处理，FAI 有可能会发展成为 MAI。MAI 是指踝关节稳定结构的薄弱及松弛，通常超出正常的运动范围，伴有反复的踝关节损伤。

## （三）治疗与训练

### 1. 急性期处理

踝关节扭伤的急性期（伤后 24~48h，不可一概而论）应根据 POLICE 原则处理。

### 2. 康复训练

（1）力量训练

足踝部周围肌力的增强对踝关节的功能、肌肉力量和本体感觉有积极作用。因此，力量训练包括踝关节背屈、跖屈、内翻以及外翻的力量训练和足底肌肉的力量训练。此外，有研究表示严重的踝关节扭伤后会继发双侧臀中肌功能异常，臀部肌群的力量训练也不可缺少。

**踝关节周围肌群力量训练：**将弹力带固定于前脚掌，双手固定弹力带（或由同伴辅助）进行背屈、跖屈、内翻、外翻练习，3~5 组 / 天，20~30 个 / 组。根据客户的实际完成情况，调节弹力带阻力。（图 15–16）

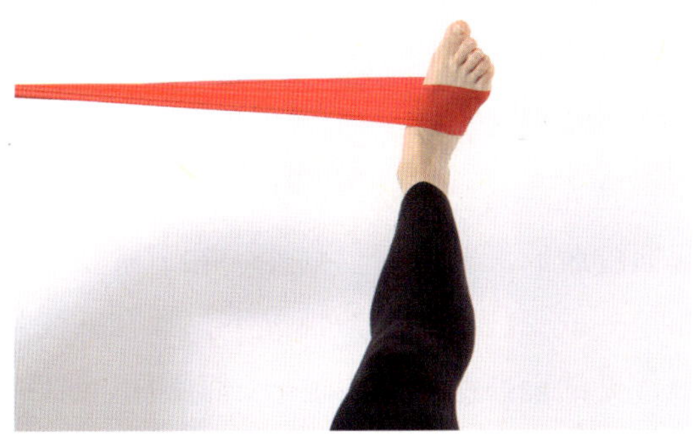

图 15–16 踝关节周围肌群力量训练

**足底肌肉力量训练：**患者采用坐位，患侧脚放于毛巾上，使用脚趾用力抓毛巾，要有足弓向上顶起的感觉，每组抓到酸胀明显为止，3~5 组 / 天。（图 15-17）

（2）平衡训练

FAI 与踝关节扭伤时本体感觉器损伤有关，其中以位置觉的异常最为常见。

平衡训练是当前慢性踝关节不稳康复治疗方案的重要组成部分，可以改善慢性踝关节不稳的本体感觉缺失情况，包括姿势控制、动态平衡、关节位置觉等。平衡训练在保证膝关节、踝关节正确生物力学对线的情况下，从简单的单腿站立练习逐渐增加难度，如增加不稳定平面、增加外界干扰，到难度较大的单腿跳跃平衡练习等。（图 15-18、图 15-19）

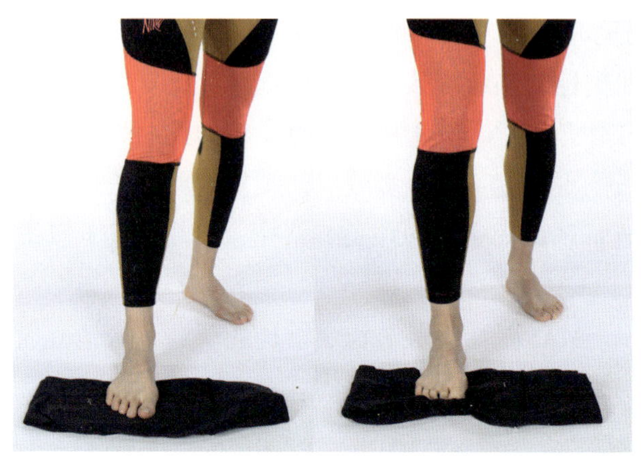

图 15-17　脚趾抓毛巾训练

图 15-18　单腿稳定性训练

图 15-19　不稳定平面上的平衡训练

### 3. 护具

在踝关节扭伤后，借助“U”形石膏不仅可以对踝关节起到固定作用，而且对避免 FAI 的发生具有良好的效果。除此之外，在踝关节损伤后 6 个月内进行高风险运动时，需佩戴护具进行保护。

# 第五节　过劳性损伤的运动干预

**导读：**过劳性运动损伤是常见的损伤类型，与动作模式不正确、训练方法单一、局部过度使用等因素有关。通过纠正局部和整体的力学关系，加强周围肌肉力量，改善动作模式，可以起到很好的干预效果。当然，预防还是最为重要的方面。教练通过对常见过劳性损伤的了解，强调运动损伤预防的重要理念，减少过劳性损伤的发生。

## 一、肌腱病

肌腱是连接骨骼与肌肉的强韧的纤维结缔组织。肌腱病通常是指由于肌肉过度使用，反复强烈牵拉而引起肌腱胶原纤维退行性病变，除了累及肌腱本身，还可以累及腱鞘。以往诊断常用肌腱病，但事实上并非单一的炎症，大多数情况下，常合并受累肌腱胶原组织变性，因此现在通称为肌腱病。与运动相关的最常见的慢性疾病是跟腱病、髌腱病、股四头肌和腘绳肌腱病、肩袖肌腱病、肱骨外上髁炎（网球肘）等。其发生的核心原因是局部肌肉过度使用，反复强烈牵拉而引起肌腱、腱止点、腱鞘的慢性炎症。

由于肌肉过度使用，反复强烈牵拉而引起，是内源性和外源性因素相互作用的结果。内源性因素包括身体相关因素如对线不良、肌肉力量差等。外源性因素包括训练错误、装备和技术差、场地改变等。外在因素的相互作用也可能导致肌腱病的发生。

## （一）临床表现

临场表现为病变部位疼痛、压痛，功能障碍，炎症反应。在反复牵拉活动时疼痛加重，亦可出现静息疼痛。肌腱或腱鞘炎性水肿，导致病变部位疼痛与功能障碍。根据发生部位不同，临床表现有所不同。

关节或关节附近的触痛，出现麻木或刺痛，伴有关节僵硬，限制了受累关节的运动。偶尔关节轻微肿胀，持续疼痛，肌腱从原来的损伤复发后持续疼痛或很久以后再发。疼痛 7~10 天无好转，疼痛很严重并伴有肿胀，可能有肌腱断裂，需立即进行治疗，避免转变为慢性肌腱炎，或合并其他疾病如滑囊炎，腕关节综合征或静脉炎。

**肱骨内上髁炎（高尔夫球肘、棒球肘）：**附着于肱骨内上髁的肌腱病症，由于反复负重屈腕或旋转手腕引起。前臂旋前（手掌朝上），握拳屈腕，对抗阻力，此时触诊肘内侧以及肱骨内上髁部位有压痛。

**肱骨外上髁炎（网球肘）：**附着于肱骨外上髁的肌腱病症，由反复伸腕或旋转手腕引起。由反复抬肩过头引起。前臂旋后（手掌朝下），前臂保持不动，伸腕关节对抗阻，触诊肱骨外上髁部位的压痛。

**肩袖肌腱病（游泳者肩、网球肩、投手肩）：**一组控制肩部运动的肌腱的炎症，包括冈上肌、冈下肌、小圆肌、肩胛下肌。冈上肌腱病表现为屈肘 90°，向前旋转肩关节 30°，在对抗阻下，外展肩关节至大拇指向下，可以感受到肌腱疼痛或无力。冈下肌腱病和小圆肌腱病表现为屈肘 90°，对抗阻下外旋肱骨，可以感受到肌腱疼痛。肩胛下肌腱病表现为屈肘 90°，对抗阻下内旋肱骨，可以感受到肌腱疼痛。

**髌腱病：**常见于连接髌骨与胫骨的部位，由于过量的奔跑、跳跃引起。触诊髌骨下方的髌腱疼痛，运动后加重。

**跟腱病：**足跟后侧上方，由于过量的下坡跑、跳跃，或其他引起腓肠肌拉力的运动引起。用手指挤压跟腱时疼痛，跑跳动作疼痛加重。

**肱二头肌腱病：**连接肱二头肌和肩部之间的部位，由于劳损引起。肩关节屈曲时肱二头肌长头肌腱沟内疼痛。（图 15–20）

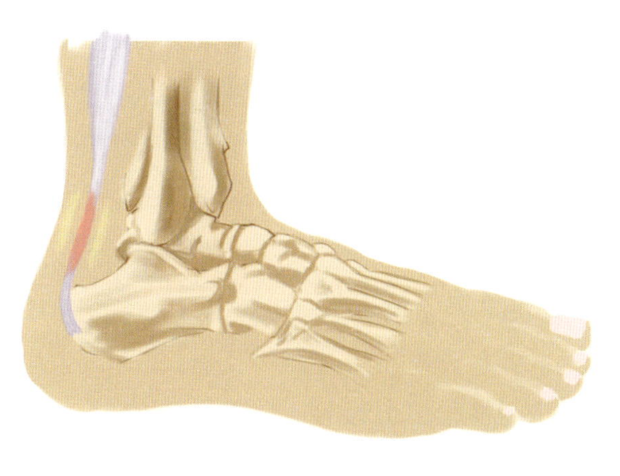

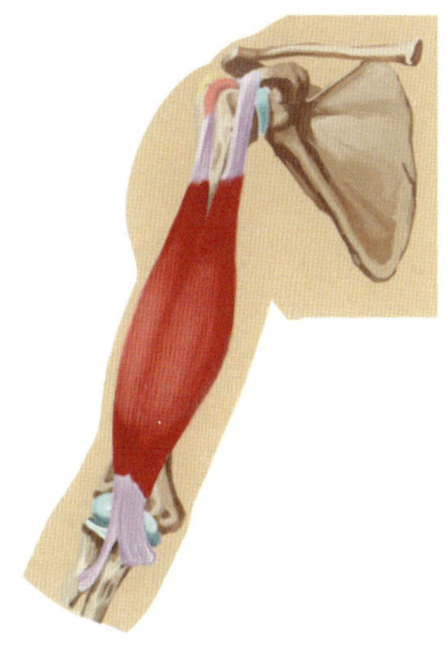

图 15–20 跟腱炎与肱二头肌腱病

**桡骨茎突腱鞘炎：**手腕拇指侧的肌腱病症，由于反复活动手和腕引起。握拳将拇指置于四指内，检查者向小指方向弯曲腕关节，出现疼痛为阳性。

### （二）运动干预治疗

除了冰敷、理疗等缓解症状的治疗方法之外，在运动干预过程中，达到以下目的的治疗策略对肌腱病的恢复也是至关重要的。

- 减少对于局部肌肉和关节的使用：既不鼓励患者继续运动，也不鼓励患者完全休息，应该在不加重症状的前提下正常生活和适当活动。但是大强度的运动是应该停止或减量的，以便给局部组织提供休息和愈合的时间。
- 纠正局部的力学结构和错误的发力方式。如肱二头肌长头肌腱病可能与盂肱关节的对位不良有关，跟腱炎可能与跑动时臀肌无力、小腿三头肌过度蹬地有关。如果能对这些原因进行针对性地训练，不仅可以减轻肌腱病的症状，还可以长久地预防肌腱病的复发。
- 加强局部肌肉力量，特别是离心力量。

## 二、滑囊炎

滑膜囊简称滑囊，是由疏松结缔组织构成的封闭小囊，囊内有少许滑液。位于皮下、筋膜、肌肉、肌腱、韧带和骨骼之间，起减轻局部摩擦作用。

滑囊炎是滑囊的急、慢性炎症，根据其病因和性质，可分为创伤性滑囊炎、化脓性滑囊炎、结核性滑囊炎、类风湿性滑囊炎、痛风性滑囊炎、化学性滑囊炎等。

运动导致的滑囊炎可分为急性滑囊炎和慢性滑囊炎。急性滑囊炎通常是直接暴力或过度运动后发生，如髌前滑囊炎。慢性滑囊炎主要是关节活动过多，负荷力量过大致使滑囊劳损发生，如尺骨鹰嘴滑囊炎、长跑运动员的股骨大转子滑囊炎。（图 15–21）

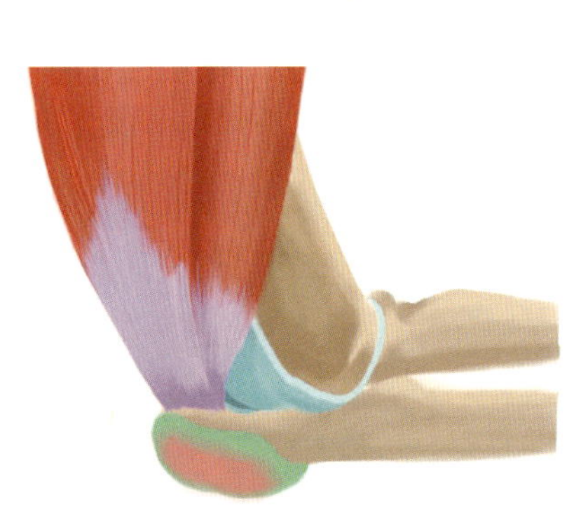
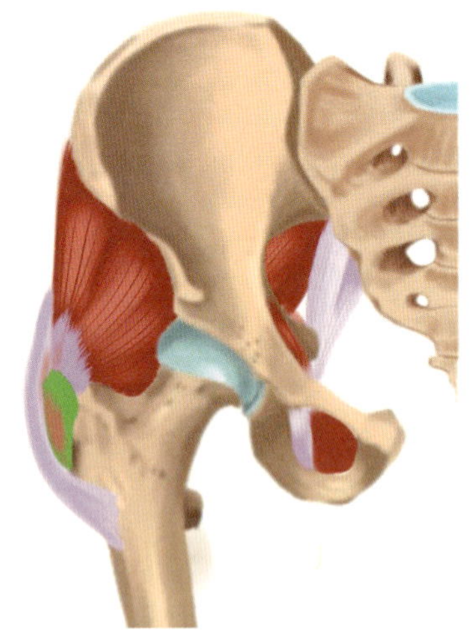

图 15–21　尺骨鹰嘴滑囊炎和股骨大转子滑囊炎

### （一）主要症状

往往出现与动作体位有关的疼痛。出现肿胀，主要是由滑液增多引起的，局部会有压痛。

**疼痛：**与动作体位有关的疼痛，特别是压迫和刺激滑囊时，疼痛加重。急性期在关节屈伸、旋转用力时疼痛加重，慢性期在某一技术动作时出现疼痛，运动后疼痛加重，休息后减轻。可能伴随局部压痛。

**肿胀：**由滑液增多引起，在身体浅表部位的滑囊肿胀后容易被发现，在身体深层的滑囊需要肿胀特别大时才可能被发现。

### （二）治疗策略

滑囊炎与肌腱病都是组织的炎症，在发病机理上有一定的相似之处，在治疗策略和方法上也有相似之处，如消炎消肿、减少活动、纠正力学结构、加强力量等。

不同之处在于，滑囊是一个纯被动的软组织结构，其炎症的发生与周围其他组织的压迫和刺激密不可分，减少外界的刺激，特别是肌肉及肌腱的压迫，是重要的治疗方式。因此，纠正力学结构、及时充分放松肌肉是重要的治疗和预防方法。

## 三、末端病

末端病是肌腱－骨连接处的末端区域由于长期慢性的反复牵拉导致末端区结构发生损伤，从而产生一系列病理变化的疾病，是运动损伤中常见的慢性疾病，好发于运动人群。发病部位常见于四肢关节，例如网球肘、跳跃膝、跟腱末端病等，这些都属于末端病的范畴。

末端区的结构分为主要结构和附属结构两部分。主要结构包括肌腱、纤维软骨区、潮线、钙化软骨区和骨 5 个部分；附属结构主要包括腱围、滑囊、滑膜、脂肪垫及止点下软骨或软骨垫等部分。主要结构在人体每个部位基本一致，附属结构则根据末端区所处部位和受力的不同而有比较大的差异。

造成末端病发生的两个主要因素：一个是末端区结构的应力性代偿，另一个是末端区局部微循环障碍产生的各种活性因子对末端结构的破坏。这两个因素不是独立存在的，在末端病的发病过程中互相作用互相影响，贯穿着整个发病过程。

### （一）主要症状

疼痛是末端病的主要症状，但是与其他损伤引起的疼痛的主要区别是痛点在末端区域。在检查中可能会发现，压痛最明显的部位不一定是患者主诉的疼痛部位，但是末端区域的某点的剧痛，伴随着相应肌肉的发力而疼痛加重。严重患者可能会看到局部轻微肿胀。

### （二）康复训练

在针对末端病的治疗中，超声波和冲击波是最常用的两种理疗方法。在此基础上进行运动训练也是必不可少的。

离心训练是治疗末端病的一种有效手段，尤其是治疗髌腱末端病，是通过渐进性的离心训练来减轻肌腱末端病症状的治疗方法。具体的训练方案较多，一般采取 25° 斜面上进行缓慢的离心下蹲的运动方式。研究表明，离心训练能够减轻末端区的疼痛，并且可以刺激局部胶原蛋白的合成，增加肌腱的质量。离心训练可以促进血管中生长抑制因子的生成，从而抑制了新血管的生成，减少了肌腱的变性，最终使肌腱结构得以增强。

及时放松相应的肌肉，减少对末端区域的牵拉，也是非常重要的。

# 第六节　慢性骨骼疾病

**导读：**慢性骨骼疾病种类很多，本节主要介绍较为常见的骨质疏松和骨性关节炎，均为中老年人高发的慢性骨骼疾病。适当的运动对预防骨质疏松、保持软骨健康有重要作用。

## 一、骨质疏松

### （一）定义

骨质疏松是指由增龄、衰老或医学原因引起的因骨量丢失，导致骨显微结构改变、骨脆性增加、骨折危险频度增大，进而引起的相关临床综合征。

骨质疏松包括以下三个方面：①骨量减少，包括骨矿物质和其基质等比例的减少；②骨微结构退变，由于骨组织吸收和形成失衡等原因所致，表现为骨小梁结构破坏、变细和断裂；③骨的脆性增高，骨力学强度下降，骨折危险性增加，对载荷承受力降低而易于发生微细骨折或完全骨折，可悄然发生腰椎压迫性骨折，或在不大的外力下发生桡骨远端、股骨近端和肱骨上端骨折。

### （二）分类

骨质疏松可以分为原发性和继发性两大类。

原发性骨质疏松占全部患者的85%~90%，又可以细分为绝经后骨质疏松（I型，PMOP）和老年性骨质疏松（II型）。其发生与年龄、性别、绝经、体形、体重、种族、遗传、环境、缺乏日光照射、缺乏运动等多种因素有关，其中运动是影响骨量的重要因素，运动对骨强度的影响比重（40%）远远超过了与骨代谢相关激素、钙及维生素D等对骨强度的影响比重（3%~10%）。

继发性骨质疏松占10%~15%，是由某些疾病或药物因素引起的骨质疏松，不属于运动干预治疗的适应证。

### （三）主要功能障碍

骨质疏松的表现可以总结为骨痛、驼背及变矮、骨折三个方面。

**骨痛：**58%的骨质疏松患者会发生疼痛。疼痛的位置不固定，疼痛性质为胀痛、酸痛、持续性疼痛及冷、痒痛等。由于骨转换过快，骨吸收增加，骨小梁破坏、消失、断裂产生微骨折，引起全身骨痛，以腰背痛最多见，占70%~80%。缓解疼痛是治疗骨质疏松的主要目的之一。

**驼背、变矮：**身高变矮5~20cm。由于骨质疏松引起椎体压缩性骨折，脊柱后侧凸出，人体变矮又驼背。驼背压迫呼吸系统，可引起呼吸困难。

**骨折：**骨折是骨质疏松最严重的后果之一，防治骨折是骨质疏松治疗的最终目的之一。骨质疏松患者发生骨折的概率为20%左右，由跌倒导致的椎体压缩性骨折、髋部骨折、桡骨骨折是最常见的骨折。其发生与骨密度、性别、年龄、既往跌跤史、骨折史、全身衰弱、肌力差、平衡功能障碍等多种因素有关。

### （四）骨密度定量诊断

骨密度是诊断骨质疏松的金标准。骨密度（BMD）值同正常同性别年轻人的骨密度值比较（T值），能反映骨折的绝对危险性。

国际标准差（SD）法可以判断峰值骨量下降的程度：>–1SD为正常，–1~–2.5SD为骨量减小，<–2.5SD为骨质疏松。

### （五）基本原则

· 预防骨折发生。

· 药物治疗、运动治疗、饮食调理三大措施综合应用，在任何情况下，对任何病人都不能过分强调某一治疗措施而排斥另外的治疗措施。

· 早期预防和早期治疗。

### （六）运动干预策略

在骨质疏松的治疗方法中，运动疗法是一种基本有效的方法。每天花60min来参加体育锻炼和体力活动是预防骨质疏松的最好最经济的措施。

对老年患者，体力活动和锻炼的重点应放在耐受力和平衡能力上，强度以中度为宜，不一定要求有氧运动，以减少摔倒和骨折风险为宜。

运动可分为全身性运动和针对性运动（某肌群）。针对PMOP患者背部疼痛可加强背部肌群锻炼。可用弹力绳或1~2kg小哑铃做上举、外展、扩胸，以及双手握沙袋从颈后上举过头，提高腰背肌力量，如平衡功能障碍可改为坐位下进行。

### （七）其他治疗

#### 1. 纠正不良生活习惯和行为偏差

**戒烟：**男女吸烟均增加骨质疏松发生率。绝经后妇女和低体重者吸烟更具危险性。有研究表明，吸烟者平均BMD较非吸烟者低1SD。其中以髋部BMD的降低量最明显。

**防止不运动和过度运动：**女性过度运动可出现运动相关性女性生殖功能紊乱，多指女运动员三联征，即节食、闭经和骨质疏松，尤其是需要瘦身和瘦体形的运动如体操、芭蕾、跳水等。这些运动员可出现青春期延迟、黄体功能不全、月经稀少等症状。

#### 2. 补充蛋白质改善营养状态

老年人蛋白质摄入不足导致营养不良，蛋白营养不良常伴有骨脆性增加，同时也是肌肉功能减退的病因。发生骨折后骨折难愈合，预后差，死亡率高。

#### 3. 补钙及维生素D

不论何种骨质疏松均应适量补充钙剂。补充钙剂对老年性和绝经后骨质疏松尤为重要。这是因为：①老年人食欲下降，钙摄入量减少；②老年人肠钙吸收率下降；③活性维生素$D_3$生成减少。一般每日钙摄入量应>1000mg。补钙时必须补充维生素$D_3$，而维生素$D_3$的补充甚至比钙更重要。另外阳光下运动可促进钙吸收，防止骨丢失。

#### 4. 药物治疗

钙剂只能保证骨骼矿化，骨质疏松的防治是综合性的，尤其是PMOP骨代谢转换率增高，应针对骨吸收骨丢失选择不同药物治疗：①抑制破骨细胞（降钙素、雌激素、二磷酸盐制剂等）；②促进成骨细胞（氟制剂等）；③作用于骨矿化（活性维生素$D_3$、钙剂等）。

#### 5. 骨折预防

**避免外伤：**常见的外伤多由跌倒、砸伤、挤压、车祸等引起。老年性骨质疏松患者最常见的骨折是股骨胫骨折，多由跌倒所致。

**避免过于负重：**负重在这里有两种含义，既包括搬动较重的物体，也包括体重过重。减肥是避免骨骼过于负重的重要措施。

**去除危险因素：**导致跌倒易于发生的危险因素包括老年人服用镇静催眠剂，不适当降压药物所致直立性低血压，眩晕，视力和视野障碍，帕金森病及阿尔茨海默病（老年性痴呆）等。

**居住及日常活动：**居室要求宽敞明亮、行动方便，生活用具尽量简洁、安全。活动中除防跌倒以外，还需防绊、防颠、防碰。

## 二、膝骨性关节炎（KOA）

### （一）概述及发病原因

骨关节炎是一种常见的慢性退行性骨关节病，在全身各个关节中都可能发生，膝关节发病率最高，又称增生性膝关节炎、老年性膝关节炎。以老年人最常见，女性多于男性。

骨关节炎的基本病理学过程包括关节软骨被破坏后软骨下骨的增生和重建，故膝骨性关节炎不仅是关节软骨疾病，更是一种累及骨、滑膜以及关节周围的韧带和肌群的疾病。目前，膝骨性关节炎的病因尚不清楚，可能与年龄、性别、职业、肥胖、炎症、创伤和遗传因素等有关。从病理学方面看，膝骨性关节炎的发病是以关节面软骨退变为中心，逐步累及整个膝关节，包括软骨下骨质、韧带、关节囊、滑膜以及关节周围的肌肉组织等，导致关节逐渐变得畸形和被破坏，最终发生膝关节的解剖结构异常和功能障碍。（图 15–22）

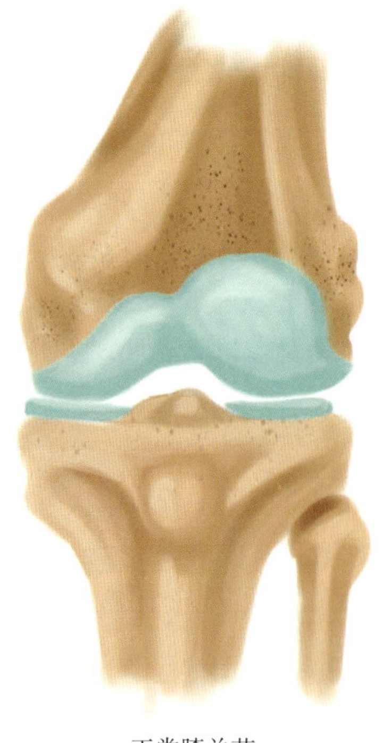

正常膝关节

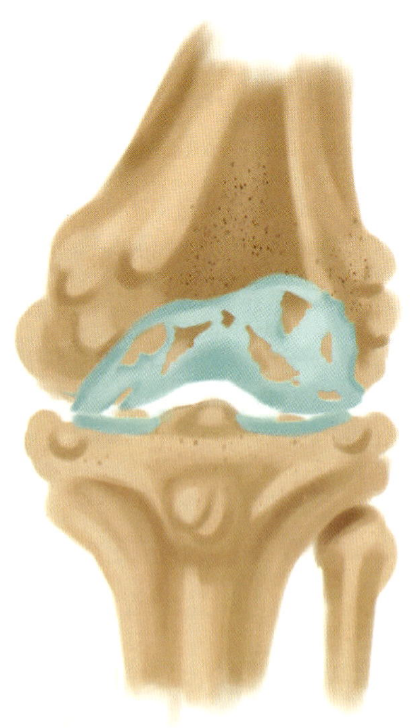

膝骨性关节炎

图 15–22　膝骨性关节炎

### （二）临床表现

膝骨性关节炎（KOA）的临床表现呈渐进性加重，初期症状较轻，无影像学变化，多表现为活动后疼痛，休息后缓解，不容易引起患者的重视。随着时间延长和骨性结构损伤加重，症状逐渐加重，并具有较高的临床表现一致性。常见的症状包括：

**疼痛：**疼痛是膝骨性关节炎的主要症状，这种疼痛在活动时加重，休息时减轻，病情严重时疼痛经休息也不能缓解。这种疼痛并不伴有发热等症状，但是膝关节周围有时可有皮肤温度增高情况。在劳累或外伤后疼痛症状可加重。

**肿胀：**膝关节肿胀是膝骨性关节炎急性发作的临床症状，主要是由关节内滑膜炎性刺激导致分泌滑液增多，膝关节积液引起周围软组织水肿所致。膝关节肿胀可伴随疼痛症状存在，但也有一部分患者表现出疼痛而不伴有肿胀现象。值得注意的是，如果患者出现膝关节肿胀疼痛，伴有周围皮肤发红、皮肤温度增高，以及有恶寒发热等情况时，应当注意是否有合并化脓性关节炎的可能性，及时到医院就诊。

**畸形：**膝关节畸形一般出现在膝骨性关节炎晚期，主要表现为内翻或者外翻畸形，由于病人在屈膝时候感觉舒适，长期维持这种姿势，常会伴有屈曲畸形的存在。

**功能障碍：**膝骨性关节炎在早期时候关节屈伸活动常无明显受限，主要表现为膝关节前方疼痛或者走路时出现打软腿现象。膝骨性关节炎晚期可有活动范围减小，膝关节活动时疼痛并伴有骨擦音现象。

### （三）治疗方法

膝骨性关节炎治疗的主要目标是减轻或控制疼痛、防止病残和提高患者的日常活动能力。膝骨性关节炎的康复治疗主要是指非手术治疗，即药物治疗、物理治疗、辅助器具和中医药治疗等多种方法的联合应用，并已被许多相关临床指南推荐为膝骨性关节炎的核心治疗内容。

运动疗法已广泛用于膝骨性关节炎患者的住院治疗及在社区的康复治疗，主要包括肌力训练、有氧运动和水中运动疗法等，能有效地提高膝骨性关节炎患者的独立生活能力及其生活质量，并延缓至需外科干预的时间。膝骨性关节炎患者的患肢肌力较健康者显著减弱。随着病程延长，还可能导致双下肢肌力的下降，原因主要是关节疼痛及其活动受限等因素引起的膝关节屈、伸肌的废用性萎缩。等长练习是锻炼膝关节屈、伸肌的有效方法，其特点是双下肢同时训练。进行以股四头肌为主的等长练习不会增加关节的负担，反而可减轻关节面的磨损，改善肌力，同时避免患者因长时间静坐产生的疼痛，预防关节挛缩。坚持等长、等张练习能有效缓解膝骨性关节炎患者膝关节的疼痛，增强关节稳定性，改善关节功能，远期效果优于透明质酸钠治疗。

肥胖和一些不良生活习惯也是膝骨性关节炎康复治疗中不可忽视的重要因素。因此，应嘱咐膝骨性关节炎患者在日常生活中进行适当的运动（但须避免进行膝关节负荷较大的运动），同时要合理膳食，控制体重，减少站立和步行时间，注意关节保暖。

# 第十六章　运动损伤预防与处理

## 第一节　运动损伤概述

**导读：**“生命在于运动”，运动能塑造强健的身体，增强抵抗疾病的能力。然而，运动也应该是科学的、有限度的、有选择的，如果运动的方式方法不得当，运动的量和强度把握不好，也容易造成各种各样的运动损伤。所以，运动是把“双刃剑”，教练需要了解常见的运动损伤及其发病规律，根据客户的个体情况，选择合适的运动方式和运动强度，以免造成不必要的损伤，保护客户的训练安全，帮助客户得到最佳的训练效果。

### 一、运动损伤的特点

运动损伤是运动中由于外部或内部的力量或暴力造成的身体损伤或持续的创伤。随着生物力学、电生理、功能性核磁等新技术、新方法的应用，学者对运动损伤发生的原因和特点、预防方法和效果，已经形成了许多共识。运动损伤的特点主要有：

**慢性伤多，小损伤多，复杂伤多，复发率高：**许多的运动损伤都以疼痛为主要表现，在临床检查和影像学检查中并无阳性发现，随着运动锻炼时间和次数的增加而加重，休息后好转，运动后加重，不影响生活，但是影响运动。

**与训练有密切关系，改变不良的训练习惯是治疗的关键：**运动训练不当，包括强度过大、方法不合理、单一部位过度训练、恢复不充分等，都是造成运动损伤的原因，合理安排运动训练，注重各方面能力的全面发展，是预防和治疗运动损伤的关键。

**普通人群发病率在逐渐增加，专业运动员发病率有所下降：**随着大众健康意识的增加，运动锻炼的人群越来越多，但是缺乏运动损伤防护的知识，容易出现各种慢性损伤。而专业运动员因为运动医学知识的普及、康复治疗保障团队的完善而得到很好的治疗，运动损伤的发生率有所下降。

**康复治疗和功能恢复的目标较高：**运动损伤不仅要达到解剖学的恢复，即没有炎症、肿胀、疼痛，还要达到机能的恢复，包括关节活动范围、肌肉力量、肌肉协调性、力学模式等多个方面。

## 二、运动损伤的原因

运动损伤通常是多方面原因共同作用的结果。导致运动损伤的原因总体上可以分为外因和内因两大类。

### （一）运动损伤的外因

与运动相关的外部因素，主要包括：

**训练不当：**训练不当是导致运动损伤的主要原因。常见的原因有训练强度过大、训练时间和频率安排不合理、运动后恢复不足（不进行牵拉放松）、局部训练过于密集、客户对训练技术掌握不足等多个方面。因此，在分析运动损伤时，需要从训练的多个方面逐一分析，才可能得到有意义的结论并进行改进。

**机械力的作用：**人体中能够引起损伤的机械力包括牵拉力、挤压力、剪切力、摩擦力等，这些意外的力作用于身体上，会引起局部损伤。如过度的肌肉收缩会引起肌肉拉伤，长期慢性的牵拉会导致末端病，软组织受到过度的挤压会引起挫伤，剪切力会引发骨折，过度的摩擦力会导致肌腱炎、滑囊炎等。人体中的机械力是很常见的，但是运动损伤往往有多方面的因素，比如形态结构异常、肌肉无力或过紧、关节对位不良、力线不良等。从这个角度来看，如果想避免意外的机械力对身体的作用，教练需要全面分析人体的关节位置、力学结构、稳定性、肌肉功能等，才能得到全面的结论。

**环境因素：**环境因素往往是造成意外伤害的主要原因，包括物理环境和气候环境等多个方面。如环境的温度和湿度是否合适，地面的硬度、防滑性能如何，器械有无损坏或松动等。

### （二）运动损伤的内因

与运动相关的内部因素，主要包括：

**年龄：**不同年龄的人，身体的发育水平和运动能力不同，对训练的适应能力也不同。儿童少年还处于生长发育期，训练安排要符合人体的生长发育规律。青年人和中年人的身体功能相对稳定，训练效果也较好，规律训练时需要预防慢性损伤。老年人的身体功能已经在逐渐下降，对运动的耐受能力下降，心血管疾病的风险增加，应根据个体能力选择适当的运动强度和运动量。

**性别：**女性除了平衡稳定能力、关节活动范围和抗寒能力强于男性之外，在心肺耐力、肌肉力量和爆发力等多个方面，都弱于男性。在安排训练时，男女的性别差异是安排个性化训练方案时需要考虑的因素。

**体能水平：**运动损伤常发生于偶然进行大强度运动锻炼的人群，“周末英雄”（weekend hero）运动损伤的发生率高于规律运动的人群。基本的体能水平来自日积月累的训练，体能水平越高，发生运动损伤的概率越低。

**心理因素：**运动时的精神状态和心理状态不佳，出现中枢性或周围性运动疲劳，也会大大增加运动损伤的风险。因此，运动参与者应该在精神状态较好的时候进行运动，特别是在参加激烈运动和对抗性运动时，预防各种意外发生的急性损伤。

## 三、运动损伤分类

运动损伤有多种分类方法，不同的分类方法之间略有重叠，在安排训练方案时，需要考虑到损伤的部位、病程、组织、严重程度等多方面的因素，才能确定其能否开始训练，可以或不能进行哪些训练。

### （一）按损伤部位可以分为软组织损伤和骨损伤

软组织损伤包括皮肤、骨骼肌及肌腱、神经、血管、韧带、关节囊、滑囊等损伤。不同软组织的修复速度和愈合方式不同，伤后的结果也有较大的区别。皮肤、骨骼肌的血供较为丰富，愈合速度较快，但是容易形成瘢痕愈合。韧带、关节囊可以愈合，但是在固定之后容易短缩，进而影响关节功能。神经的恢复速度最慢，治疗周期最长，甚至会造成永久的障碍。

骨损伤包括骨折、软骨损伤、儿童少年的骨骺损伤等。骨组织是可再生的组织，所以大部分的骨折都是可以愈合的，但是生长速度很慢，愈合周期较长，容易引起肌肉废用性萎缩、关节活动受限等问题。软骨损伤的愈合能力欠佳，软骨的缺失或磨损可能会引发关节疼痛和积液，影响关节的功能，因此是需要注意保护的组织。

### （二）按病程可以分为急性损伤、亚急性损伤和慢性损伤

急性损伤是突然发生的损伤，伤后 3 天之内为急性期。急性损伤可以由外力引起，如突然的打击、与另外的队员或机械碰撞，也可以是由内力引起，如韧带拉伤和肌肉拉伤。

3 天至 2 周以内为亚急性期。急性损伤发生后，伤员应积极治疗，避免转变为慢性损伤。

慢性损伤为损伤时间超过 2 周的损伤。急性损伤处理不当所导致陈旧性损伤，如治疗不及时、伤病未愈过早开始训练等。局部过度负荷、多次微细损伤积累而成的劳损称为过劳性损伤，也是慢性损伤发生的主要原因。过劳性损伤重在预防。

### （三）按运动能力丧失程度可以分为轻度损伤、中度损伤、重度损伤

轻度损伤是最常见的运动损伤，伤后不丧失活动能力可以继续进行练习，如轻微的关节扭伤、肌肉拉伤等。但是需要注意的是轻伤后引起的疼痛会导致技术动作变形，增加再次损伤的风险，如轻微的踝关节扭伤会引起踝关节不稳，进而增加再次扭伤的风险。因此，轻伤也是应该积极治疗的。在运动过程中，“轻伤不下火线”是不值得鼓励的。

中度损伤是受伤短时间内（一般 1~2 个月），不能按计划进行锻炼，而需要治疗和暂时停止患部练习或减少患部活动，如严重的肌肉、肌腱拉伤等。在这一时期，完全的被动休息是不利于受伤组织恢复的，并会引起整体身体功能的下降。因此，在专业人员的指导下进行安全范围的主动活动，更有利于身体功能的康复，帮助患者早日重返运动场。

重度损伤是损伤后较长时间不能参加练习和比赛，如各部位的骨折、关节脱位、肌腱完全断裂等，有时需要外科手术治疗重建患者的结构。重度损伤发生率远低于轻度损伤，但是一旦发生，对患者造成严重的影响，并有遗留后遗症的风险，甚至会因此告别运动场。因此，重伤患者的现场急救处理、正规治疗、积极康复都是保障最大功能恢复的重要措施。

### （四）按运动技术与训练的关系可以分为运动技术伤和非运动技术伤

运动技术伤的发生与运动技术有密切的关系，如练习深蹲时，如果技术动作不正确，容易出现腰椎扭伤和膝关节疼痛。非运动技术伤多为意外损伤。

### （五）按伤后皮肤黏膜的完整性可以分为开放性损伤和闭合性损伤

开放性损伤（open injury）是指受伤部位的内部组织（如肌肉、骨头等）与外界相通的损伤，简言之就是皮肤、黏膜破损，有外出血的损伤，包括肌肉或骨外露，如擦伤、切伤、刺伤、开放性骨折等。开放性损伤的伤口多有污染，如处理不及时或不当，易发生感染，影响愈合和功能恢复，因此，及时地

清创、消毒、就医处理是非常重要的。

闭合性损伤是当人体受钝力打击或挫压等伤害时，受伤部位的皮肤仍保持其完整性的损伤，常见的类型有挫伤、扭伤、爆震伤、挤压伤等。虽然闭合性损伤没有与外界相通的伤口，但这并不表示损伤不严重。如闭合性骨折大量内出血引起的低血容量性休克，也是非常紧急且严重的损伤。

## 第二节　开放性软组织损伤的处理

**导读：**开放性损伤发生后，第一时间的急救与处理是至关重要的。教练需要掌握常见开放性损伤处理的原则与方法，能够对有需要的客户进行第一时间的救治。

### 一、处理原则

皮肤损伤多为开放性损伤，是由于外力作用于身体软组织，破坏了皮肤的完整性。

伤后的及时处理可以帮助修复损伤的组织器官，恢复正常的生理功能。

开放性软组织损伤，若未伤及血管和神经，通常不会威胁生命。在急救时，现场第一目击者需要先判断和处理危及生命的问题和其他紧急问题，再处理伤口。基本处理方法包括止血、清创、消毒、修复组织器官和制动等。

### 二、常见的开放性软组织损伤

**擦伤：**擦伤是皮肤表面受粗糙物摩擦所引起的损伤，表现为皮肤的表皮层损伤、脱落，真皮层亦可能受损，有小出血点和组织液渗出。伤口无感染则易于干燥结痂而愈；伤口有感染，则局部可发生化脓、有分泌物。（图 16–1）

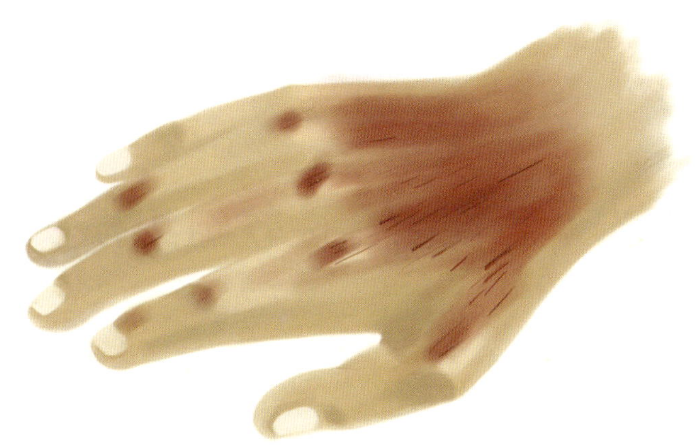

图 16–1　擦伤

**裂伤：**裂伤是人体遭受钝性暴力的打击引起的皮肤和皮下软组织撕裂性损伤。表现为伤口边缘不整齐，组织损伤广泛，常有不同程度的污染和出血。

**刺伤：**刺伤是尖锐长细物刺入人体所致的皮肤、皮下及深部组织器官的损伤。表现为伤口小，创道深，创底常有污染。

**切伤：**切伤是锐器切入皮肤所致的皮肤及皮下等组织的损伤。表现为伤口边缘整齐多呈直线，出血较多，但周围组织损伤较轻。深的切伤可切断大血管、神经、肌腱等组织。（图 16–2）

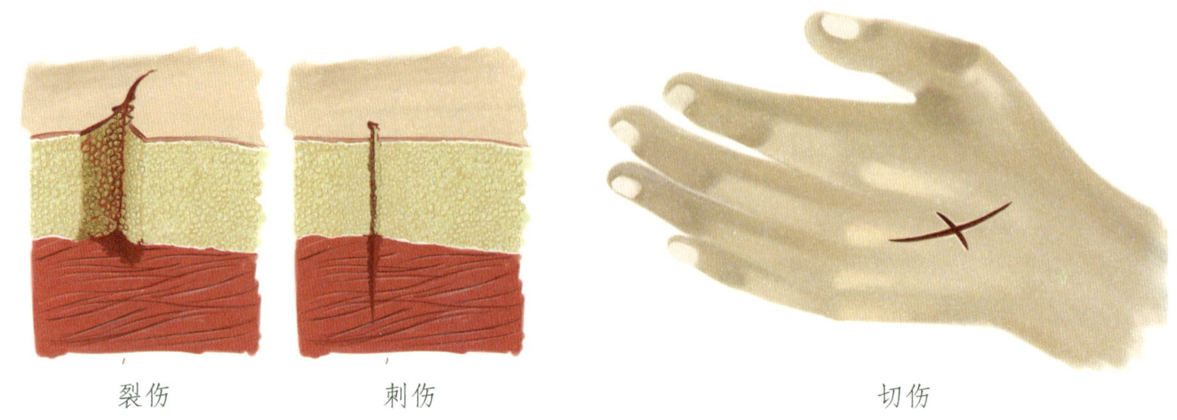


图 16–2　裂伤、刺伤与切伤

## 三、开放性损伤的处理

### （一）创口浅、面积小、干净的伤口处理

先用生理盐水清洗后，再外涂 2% 的碘酊、百多邦莫匹罗星软膏或喷雾剂消毒。擦伤通常无须包扎让其暴露在空气中即可。关节部位的擦伤，一般不用裸露治疗，否则容易干裂而影响运动，可用消炎软膏涂抹后包扎。裂伤、刺伤、切伤等伤口在消毒、止血后，用创可贴或无菌纱布覆盖。保持创面清洁干燥，创面愈合后即可恢复。

### （二）创口深、面积大、不洁的伤口处理

创口内的异物需要清理干净，创口才能愈合，否则会增加创口不愈合和感染的风险。建议及时就医处理。医生会用生理盐水或自来水冲洗创口，清除污物和异物，然后用双氧水消毒，清除坏死组织，并彻底止血，最后用无菌敷料覆盖，必要时在局部麻醉下缝合创口。每日或隔日换药。口服或注射抗生素以预防感染。遵医嘱注射破伤风抗毒血清（T.A.T），预防破伤风感染。

# 第三节　急性闭合性软组织损伤的处理

**导读：**急性闭合性软组织损伤是常见的一大类损伤。在伤后第一时间进行急救处理，可以为后续的功能恢复提供良好的前提。教练需要掌握这类损伤的处理原则与方法，以便能及时判断伤情，做出正确的处理。

## 一、急性闭合性软组织损伤概述

急性闭合性软组织损伤是运动损伤中常见的一大类损伤，主要包括三个方面：急性损伤、闭合性损伤、软组织损伤。

急性损伤是指一次暴力导致的突然损伤，伤员一般可清楚地描述受伤的时间、地点、部位和动作等

特征。闭合性损伤是指损伤部位的皮肤保持完整性，没有破损的损伤，因此，感染的风险很小，但是内部出血严重，仍然会引起严重的功能障碍。软组织损伤是指除骨组织以外的肌肉、肌腱、韧带、关节囊、血管、神经的损伤。

### （一）分类

急性肌肉、肌腱损伤包括肌肉挫伤、肌肉拉伤、肌腱撕裂 / 断裂等。

韧带和关节囊损伤主要包括各种扭伤后导致的韧带撕裂 / 断裂及关节囊损伤。由于损伤发生在关节部位，为了使组织愈合会采用制动和固定的措施，容易引起关节活动受限。

### （二）伤后表现

急性损伤后，局部组织出现炎症反应，可以表现为红、肿、热、痛和功能障碍。由于炎症因子的刺激，局部组织的血流量加大而出现皮肤发红发热。局部毛细血管断裂，组织细胞发生充血，组织液渗出，会迅速发生肿胀。由于渗出物中含有大量的炎性物质，加上肿胀的压迫，作用于末梢神经，引发疼痛。局部功能障碍，可以表现为活动时疼痛和活动范围受限，不能负重或发力，肌肉不能收缩或被拉长等。（图 16–3）

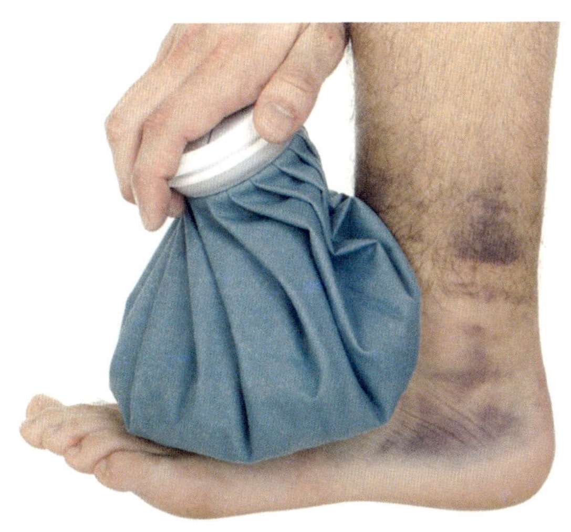

图 16–3　急性闭合性软组织损伤后的表现

## 二、急性闭合性软组织损伤的处理原则

根据组织愈合和恢复的进展，急性闭合性软组织损伤的恢复分为三个时期，不同时期的处理方法和目的有较大区别。

### （一）早期处理原则和方法

伤后早期通常是指伤后 24~48h 以内，此时期的特征是组织损伤，引发出血、渗出、疼痛、功能障碍等，属于症状比较明显且严重的时期。

进行处理时应遵循 POLICE 原则，即保护（Protection）、最适负荷（Optimal Loading）、冷疗（Ice）、加压包扎（Compression）、抬高患肢（Elevation）。

**保护：**在急性闭合性软组织运动损伤后的一段时间内，应尽量减少损伤部位的负荷。但应对损伤后的制动时间进行限定，避免固定过久引起的关节活动受限。

**最适负荷：**有研究表明，机械力学负荷刺激与软组织的愈合密切相关。适当的负荷能促进细胞的反应和组织结构的重塑。应根据受伤的具体情况、受伤程度和性质来确定最适负荷，包括负荷的性质、时间、强度等。

**冷疗：**冷疗具有减低疼痛、抑制炎症反应、收缩血管以减少水肿等作用，最好在急性伤害出现后的1h内开始进行。不同冷疗物有不同的冷疗时间：冰袋15~20min、冰按摩10~15min、冷喷30s内（距离伤处20cm以上，可重复5~10次）。禁止热疗。

**加压包扎：**一般采用绷带环绕住受伤处，以达到收缩血管，缓解急性出血的功效。加压包扎能促使渗出物挤散至周围正常组织中，扩大了接触面积有利于吸收，可以减少关节粘连及软骨变性等病理变化的发生。禁止按摩。

**抬高患肢：**将患肢抬高约30°，可以促进患肢血液回流，减少炎性出血和渗出。（图16-4）

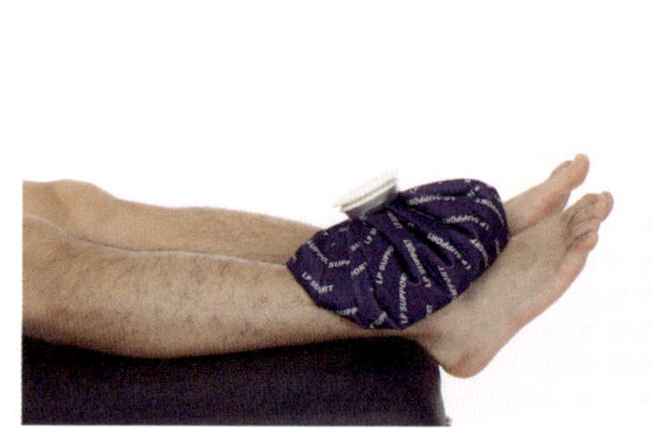

冷疗（Ice）

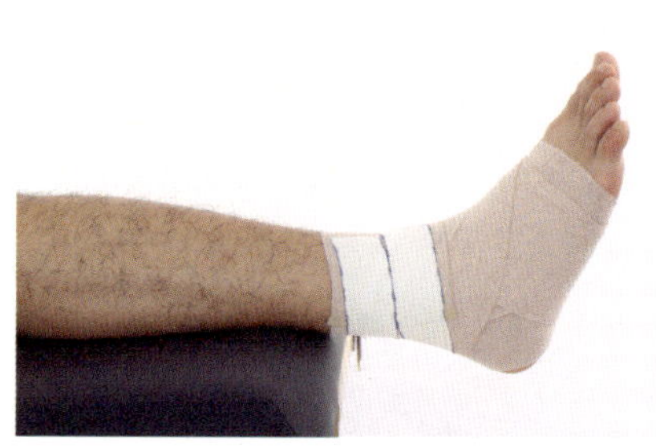

加压包扎（Compression）

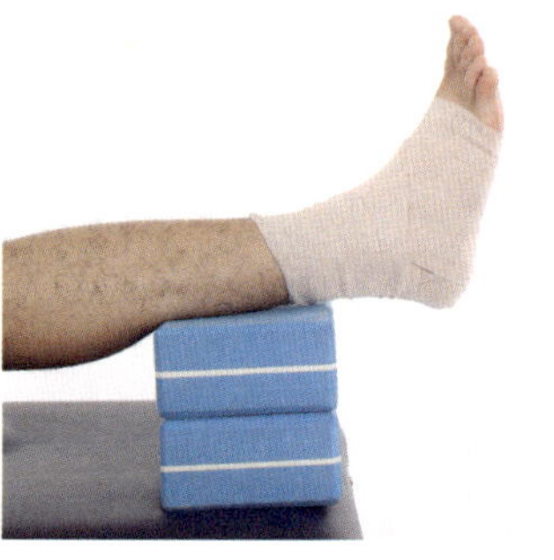

抬高患肢（Elevation）

**图16-4　急性闭合性软组织损伤的急救与处理**

### （二）中期处理原则和方法

中期通常是指24~48h以后至症状基本消失的一段时间，持续几天至十几天。此时期的特点是局部出血停止，但仍有瘀血肿胀，肉芽组织和瘢痕正在形成，是身体自我修复的一段时间。

此时期的治疗重点是改善血液和淋巴循环，加速肿胀消除和组织修复。可以进行超声波、超短波、微波、中频电疗等理疗，促进局部消肿。也可以进行轻柔的按摩和关节在无痛范围内的主动活动，加速功能的恢复。还应该注意整个受伤肢体的功能障碍，防止临近部位的肌肉萎缩。

### （三）后期处理原则和方法

后期通常是指症状基本消失至功能完全恢复的一段时间，持续数周到数月不等，与损伤的类型和程度有关，也与前期、中期的治疗密切相关。没有症状不等于功能完全恢复，肌肉力量、关节稳定性、神经肌肉的控制和协调性仍需要进一步提高。

处理原则和方法主要是积极的功能锻炼，以增强和恢复肌肉、关节功能，为重返运动场做好身体功能的准备。

在保证正常的关节活动范围和肌肉力量的基础上，进一步增加关节稳定性和控制能力，训练正确的动作模式，加强协调性和灵敏性训练，强化心肺功能。

# 第四节　急性骨折的急救与处理

**导读**：骨折是运动损伤里较为严重的一类损伤，骨组织的愈合时间长，恢复慢，同时存在关节活动受限、肌肉萎缩、运动能力下降等多种风险。当急性骨折发生时，教练需要快速判断伤情，有无大出血和生命危险，必要时进行临时固定，然后就医处理。

## 一、骨折的概念及分类

### （一）概念

骨折是指由于外伤或病理等原因导致骨质部分或完全断裂的一种损伤，是运动损伤中相对严重的，特别是四肢及脊柱部位的骨折。除骨折造成的局部损伤外，还可能引起周围软组织的损伤，继发血管和神经的损伤可能比骨折本身更加严重。所以伤后正确的急救处理对伤后的恢复非常重要。

骨折发生时，常会出现明显的症状，除了疼痛、肿胀和功能障碍这些常见的症状之外，还有一些骨折特有的症状。严重的骨折是容易被发现的，而一些细小的骨折则容易漏诊和误诊。

判断骨折发生的症状主要包括：

**功能障碍**：患者的受伤处功能会出现障碍，骨折之后肢体会丧失部分或者是全部活动的功能。骨折的障碍程度较其他软组织损伤更为严重。

**肿胀**：伤处的局部会有肿胀、青紫以及瘀斑的症状，而且肢体肿胀是呈环形的，骨折后的肿胀也比软组织损伤的肿胀更为严重。

**疼痛**：骨折后骨组织的毛细血管断裂，严重的出血和渗出会引起剧烈疼痛，有可能是患者有生以来经历过最疼痛的事件之一。

**反常活动**：也称为假关节，在没有关节的部位会出现反常的活动，是骨折特有的征象之一。

**骨擦音或骨擦感**：在肢体活动的时候，骨折的断端会有相互摩擦的声音，触摸局部还可能会有摩擦感。骨擦音或骨擦感是可遇而不可求的征象。

**畸形**：在骨折发生之后，受伤的肢体就会出现短缩以及旋转等畸形。

患者一旦出现反常活动、骨擦音或骨擦感、畸形等骨折特有的征象，或疼痛、肿胀剧烈，现场人员应警惕骨折的发生。在正确的临时固定后，尽快送医处理。

### （二）骨折的愈合过程

骨组织是人体可再生的组织，经历一段时间，骨折断端会有新生的骨痂联接，直至骨痂完全重建成正常的骨组织，愈合过程则彻底结束，需要经历几个月至两年的时间。

#### 1. 血肿形成

骨折时除骨组织被破坏外，也一定伴有附近软组织的损伤或撕裂。骨组织和骨髓都富含血管，骨折后常伴有大量出血，填充在骨折的两断端及其周围组织间，形成血肿。一般在数小时内血肿发生血液凝固。和其他组织的创伤一样，此时在骨折局部还可见轻度中性粒细胞浸润。

#### 2. 纤维性骨痂形成

在骨折后的 2~3 天，从骨内膜及骨外膜增生的成纤维细胞及新生毛细血管侵入血肿，血肿开始机化。

这些成纤维细胞实质上多数是成软骨细胞及成骨细胞的前身。上述增生的组织逐渐融合，填充并桥接了骨折的断端，继而发生纤维化形成纤维性骨痂，或称暂时性骨痂（provisional callus），肉眼上骨折局部呈梭形肿胀。约经过 1 周，上述增生的肉芽组织及纤维组织部分可进一步分化，形成透明软骨。透明软骨的形成一般多见于骨外膜的骨痂区，而少见于骨髓内骨痂区，可能与前者血液供应较缺乏有关。此外，也与骨折断端的活动度及承受应力过大有关。但当骨痂内有过多的软骨形成时会延缓骨折的愈合时间。

### 3. 骨性骨痂形成

骨折愈合过程的进一步发展，是成骨细胞产生新生骨质逐渐取代上述纤维性骨痂。开始形成的骨质为类骨组织，以后发生钙盐沉着，形成编织骨（woven bone），即骨性骨痂。纤维性骨痂内的软骨组织，和骨发育时的软骨化骨一样，发生钙盐沉着而演变为骨组织，参与骨性骨痂的形成。此时所形成的编织骨，由于其结构不够致密，骨小梁排列比较紊乱，故仍达不到正常功能需要。

### 4. 骨痂改建或再塑

上述骨痂建成后，骨折的断端仅被幼稚的、排列不规则的编织骨连接起来。为了符合人体生理要求而具有更牢固的结构和功能，编织骨进一步改建成为成熟的板层骨，皮质骨和髓腔的正常关系也重新恢复。改建是在破骨细胞的骨质吸收及成骨细胞新骨质形成的协调作用下进行的，即骨折骨所承受应力最大部位有更多的新骨形成，而机械性功能不需要的骨质则被吸收，这样就使骨折处上下两断端按原来的关系再连接起来，髓腔也再通。在一般情况下，经过上述步骤，骨折部恢复到与原来骨组织一样的结构，达到完全愈合。（图 16–5）

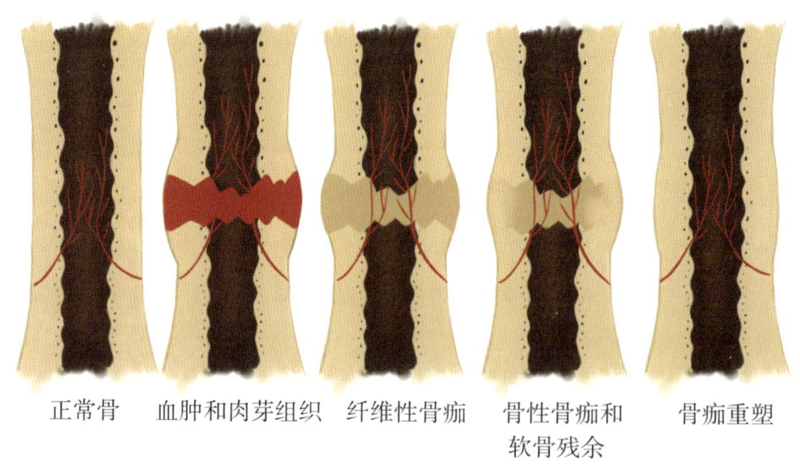


图 16–5　骨折的愈合过程

## （三）引起骨折的原因

### 1. 直接暴力

直接暴力是运动损伤中骨折的常见原因之一，是直接作用于骨骼，导致骨折的力。直接暴力使得骨折发生时，其受伤部位周围存在不同程度的软组织损伤。如摔倒时手部撑地，导致手舟骨骨折。

### 2. 间接暴力

间接暴力会通过纵向传导、杠杆作用或扭转作用导致骨骼的远处发生骨折。如摔倒时手部撑地，手和地面的作用力沿上肢向上传导，可能会导致锁骨骨折。

### 3. 积累性劳损

也称为应力性骨折，是骨骼的过度使用损伤。目前通常将应力性骨折分为两类：

**疲劳性骨折：**由于过多循环性应力作用于结构正常的骨骼上引起。

**机能不全骨折：**由正常或生理性应力作用于结构缺陷的骨骼上引起。

应力性骨折属于慢性骨折，在有长时间局部负荷运动史的患者身上，按照软组织损伤治疗效果不佳时，才会怀疑出现骨折的情况。

### 4. 骨质疏松

骨质疏松患者的骨脆性增加，弹性减小，在受到外力时比较容易发生骨折。这种情况常见于老年人，特别是老年女性。儿童、青年人和中年人较少发生。

## （四）骨折的分类

骨折有多种分类方法，骨折的类型不同，治疗方法上也有较大的区别。医生会根据骨折的类型和严重程度，决定接下来的治疗措施。（图 16–6）

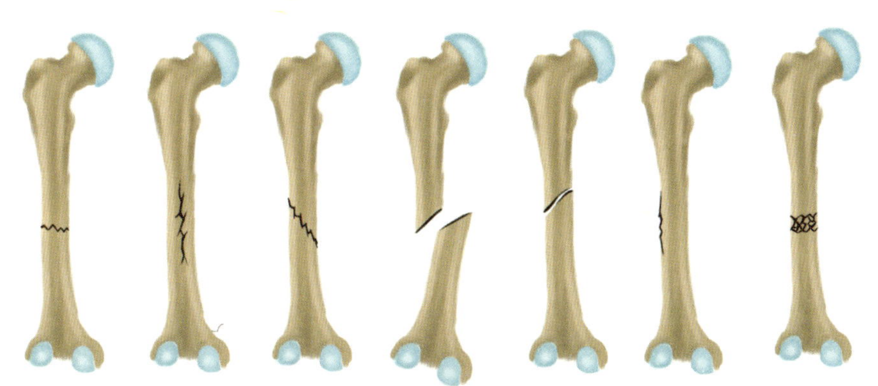


图 16–6　骨折的类型

### 1. 根据骨折是否和外界相通划分

**开放性骨折：**骨折附近的皮肤和黏膜破裂，骨折处与外界相通。耻骨骨折引起的膀胱或尿道破裂，尾骨骨折引起的直肠破裂，均为开放性骨折。因与外界相通，此类骨折处受到污染。

**闭合性骨折：**骨折处皮肤或黏膜完整，不与外界相通。此类骨折没有污染。

### 2. 根据骨折的程度划分

**完全性骨折：**骨的完整性或连续性全部中断，管状骨骨折后形成远、近两个或两个以上的骨折段。横形、斜形、螺旋形及粉碎性骨折均属完全性骨折。如果有错位，多数完全性骨折需要通过手术固定，恢复骨的力学结构。

**不完全性骨折：**骨的完整性或连续性仅有部分中断，如颅骨、肩胛骨及长骨的裂缝骨折，儿童的青枝骨折等均属不完全性骨折。这类骨折通常保守固定的恢复效果也较好。

### 3. 根据骨折的形态划分

**横形、斜形及螺旋形骨折：**多发生在骨干部，与骨折时外力的方向有很大关系。

**粉碎性骨折：**骨碎裂成两块以上，称粉碎性骨折。骨折线呈“T”形或“Y”形，或呈更复杂的形态，通常需要手术固定。

**压缩骨折**：松质骨因压缩而变形，如椎骨和跟骨。

**星状骨折**：多因暴力直接着力于骨面所致，如颅骨及髌骨可发生星状骨折。

**凹陷骨折**：颅骨因外力使之发生部分凹陷。

**嵌入骨折**：发生在长管骨干骺端皮质骨和松质骨交界处。骨折后，皮质骨嵌插入松质骨内，可发生在股骨颈和肱骨外科颈等处。

**裂纹骨折**：如长骨干或颅骨伤后可有骨折线，但未通过全部骨质。

**青枝骨折**：多发生在儿童，骨质部分断裂，骨膜及部分骨质未断。

**骨骺分离**：通过骨骺的骨折，骨骺的断面可带有数量不等的骨组织，是骨折的一种，为生长发育期的儿童少年特有的骨折类型。

4. 根据解剖部位划分

根据解剖部位可以分为多种类型，如脊柱的椎体骨折、椎弓骨折，长骨的骨干骨折、骨骺分离，关节内骨折，撕脱骨折等。

5. 根据骨折前骨组织是否正常划分

**外伤性骨折**：骨结构正常，因暴力引起的骨折。

**病理性骨折**：在发生骨折以前，骨本身即已存在着影响其结构坚固性的内在因素，不同于一般的外伤性骨折。这些内在因素使骨结构变得薄弱，在不足以引起正常骨骼发生骨折的轻微外力作用下，即可造成骨折。

6. 根据骨折稳定程度划分

**稳定性骨折**：骨折复位后经适当的外固定不易发生再移位者称稳定性骨折，如裂缝骨折、青枝骨折、嵌插骨折、长骨横形骨折等。

**不稳定性骨折**：骨折复位后易于发生再移位者称不稳定性骨折，如斜形骨折、螺旋形骨折、粉碎性骨折。股骨干骨折既是横形骨折，因受肌肉强大的牵拉力，不能保持良好对应，也属不稳定性骨折。

7. 根据骨折后的时间划分

**新鲜骨折**：即急性骨折，新发生的骨折尚未充分地纤维连接，还可能进行复位者，即2~3周以内的骨折。

**陈旧性骨折**：伤后三周以上的骨折，三周的时限并非恒定，时间越久，治疗难度越大。

## 二、急性骨折的处理

一旦发生急性骨折，应采取正确的临时固定措施，尽快送医院挂急诊，X线检查可确认是否有骨折和组织受伤，以确定接下来的治疗措施。受伤现场的临时固定是对伤处加以保护和固定，使伤员在运送过程中不因搬动、颠簸而造成骨折断端刺伤血管、神经，免遭额外损伤，减轻伤员痛苦。

1. 止血

要注意伤口和全身状况，如伤口出血，应先止血，后包扎固定。

2. 加垫

为使固定稳当和防止突出部位的皮肤磨损，在骨突处要用棉花或布块等软物垫好，要使夹板等固定材料不直接接触皮肤。

3. 不要乱动骨折的部位

为防止骨折断端刺伤神经、血管，在固定时不应随意搬动；外露的断骨不能送回伤口内，以免增加污染。

### 4. 固定、捆绑的松紧要适度

固定过松容易滑脱，过紧会影响血液循环。固定时应外露指（趾）尖，以便观察血流情况，如发现指（趾）尖苍白或青紫时，可能是固定包扎过紧，应放松重新包扎固定。（图 16–7）

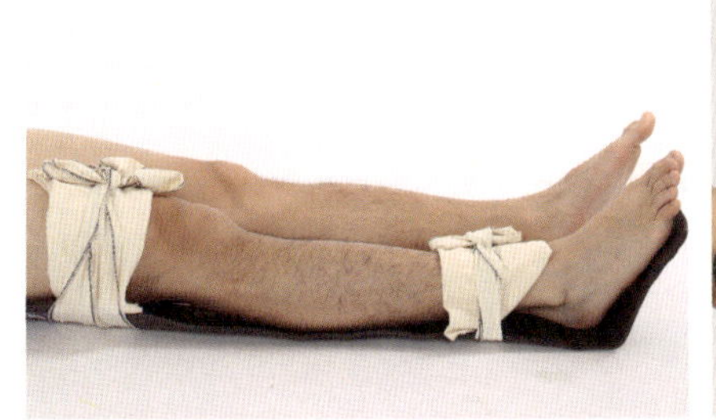
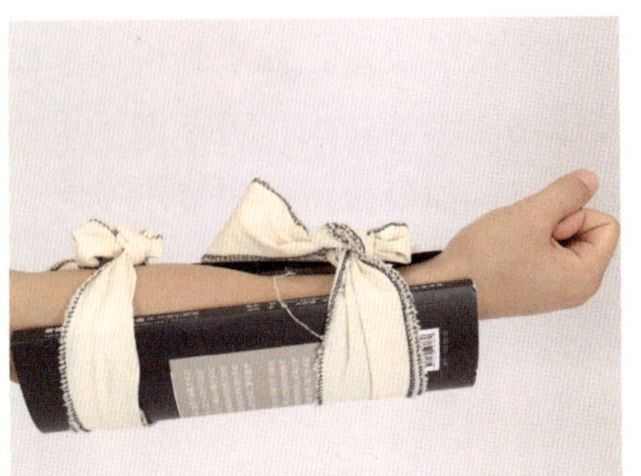
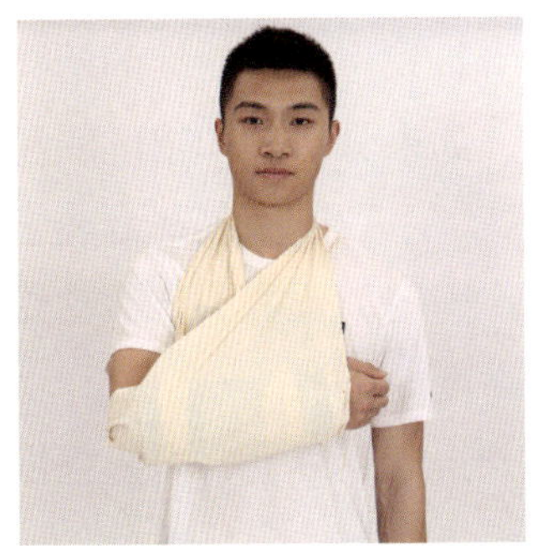

图 16–7　四肢骨折的临时固定

### 5. 脊柱骨折的固定方法

脊柱骨折抢救过程中，最重要的是防止脊柱弯曲和扭转，不得用软担架和徒手搬运。如有脑脊液流出的开放性骨折，应先加压包扎。固定时，由 4~6 人用手分别扶托伤员的头、肩、背、臀、下肢，动作一致将伤员抬到硬木板上。颈椎骨折时，伤员应仰卧，尽快给伤员上颈托，无颈托时可用沙袋或衣服填塞头、颈部两侧，防止头左右摇晃，再用布条固定。胸椎骨折时应平卧，腰椎骨折时应俯卧于硬木板上，用衣服等垫塞颈、腰部，用布条将伤员固定在木板上搬运。（图 16–8）

正确方法

错误方法

错误方法

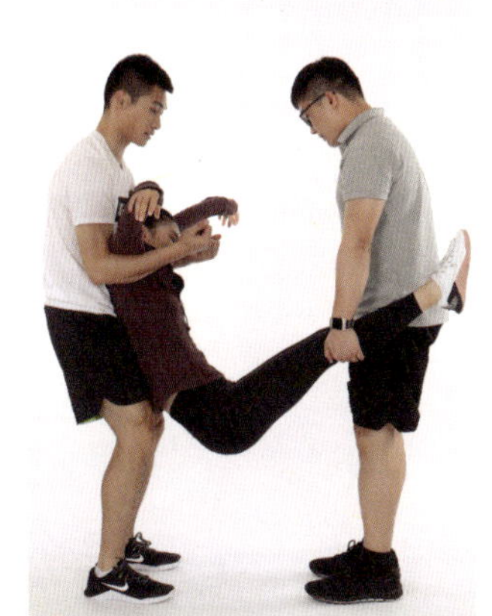

错误方法

错误方法

图 16–8　脊柱骨折的急救与搬运方法

## 三、骨折后的康复

骨折是运动损伤中发生率较高、危险程度较大的严重损伤之一，骨折后的治疗和康复周期很长，严重影响运动训练，甚至会断送运动人群的运动生涯。

骨折发生后，后续的治疗措施由骨科医生决定，如果骨折局部稳定、没有明显错位，可以考虑保守固定，如果骨折断端错位明显、对肢体功能影响较大，可考虑手术切开实施内固定。但无论采取哪种治疗措施，术后的康复都是非常重要的环节。如果骨折后康复不及时，受伤肢体制动后会引起废用性肌肉萎缩，固定部位的关节活动受限，进而影响肢体功能，甚至会造成永久的残疾。因此，应给予骨折后的康复高度的重视。

骨折后康复通常需要根据患者的骨折类型、有无并发损伤、治疗方式、年龄、身体状况等方面综合考虑。

骨折后早期的康复训练通常由骨科医师及专科护理人员实施指导，需要根据骨折的严重程度及部位制订康复训练计划，主要问题是软组织肿胀、切口部位疼痛、肢体及关节的活动受到限制。其康复措施：①淋巴引流配合抬高患肢，消除肿胀；②骨折部位远端关节的运动，如上肢骨折可行手指的握拳活动，下肢骨折可进行足趾背伸屈趾活动，尽可能多次活动；③固定肢体的肌肉，进行等长收缩，每次15~20min，尽可能多次收缩。以上方法可促进肢体的静脉及淋巴回流，减少肌肉间的粘连，消除肿胀，预防肌肉废用性萎缩。

术后第2~3周，手术创伤疼痛已缓解，对于坚强内固定骨折稳定的患者，开始练习关节活动，此阶段关节内及关节外软组织尚未形成粘连，从小范围开始逐渐增大，同时配合CPM机活动关节，防止关节粘连及挛缩，可较快地恢复功能。如为保守固定，则需要视骨折愈合情况决定关节活动开始的时间。

四肢骨折初步愈合且基本稳定后，进入中期康复训练。这个阶段是骨折康复的关键期，有人称为康复“蜜月期”，康复锻炼的方法由康复师指导。主要包括逐步增加肌力锻炼，在肌力的控制下增加关节活动范围。由于骨折初步愈合，用力屈曲关节或被动屈伸关节应慎重，切记不可使用暴力。伤后3个月以内是骨折术后康复的“黄金期”，同样是加强肌肉力量的锻炼和增加关节活动度的关键期。令人遗憾的是，由于多方面的原因大多数患者都回家休养，得不到专业医师及康复师的指导，自己又缺乏这方面的常识，功能恢复不尽人意，错过了康复的“黄金期”，最终遗留不可逆的后遗症。

伤后3~6个月，骨折已愈合，极少数骨折不愈合除外，则可以进行晚期康复训练。主要是增强肌力，克服挛缩，增加关节活动度，并可以视骨折愈合情况开始专项训练。

## 四、骨折预防

适度的运动一方面可以强化骨骼强度，另一方面也可以保持肌力和良好的平衡感，减少跌倒发生的机会，这也是骨折的预防方法之一。但在运动中要注意安全，规范比赛规则，必要时配戴适当的护具，预防骨折发生。

# 第五节　常见运动性疾病及其处理

**导读：**运动性疾病是指在体育锻炼、训练或比赛中出现的体内紊乱现象或功能异常。它广泛存在于体育运动中，多发生在体育锻炼基础差、身体素质状况不良、运动比赛经验不足等情况下，由方法不当的运动和过量运动引起，如过度紧张类的胃肠功能紊乱、腹痛、昏厥、脑血管痉挛，过度训练引起的运动能力下降、食欲不振、失眠、消瘦，以及运动性的贫血、低血糖、血尿等。运动性疾病在运动锻炼过程中时有发生。教练需要对运动性疾病的发生机制、症状表现和处理方法有所了解，才能及时正确判断伤情，给予及时正确的处理。

## 一、运动性晕厥

### （一）概念及原因

运动性昏厥是指在运动中或运动后由于脑部一过性血供不足或血液中化学物质的变化引起突发性、短暂性意识丧失、肌张力消失并伴跌倒的现象。晕厥只是一个表现，是多种因素引起的结果，并不是出现的意识丧失和跌倒的原因。因此，运动锻炼者一旦发生晕厥，现场人员必须迅速判断伤情，做出正确的处理。

在运动中，发生运动性晕厥的常见原因包括以下几个方面：

1. 血管减压性晕厥

血管减压性晕厥又称“迷走反射性晕厥”或“单纯性晕厥”，其发病率占各类晕厥的首位。情绪波动、精神刺激或竞赛伤痛等因素可通过迷走神经反射诱发短暂的血管扩张，使回心血量及心输出量减少、血压下降、脑供血不足，进而发生晕厥。通常见于年龄较轻或比赛经验不足的运动人群，以女性多见。运动者在伤病恢复期、过度疲劳以及停训后突然参加高强度的训练或比赛时易发生此类晕厥。前驱症状包括眩晕、出汗、恶心、面色苍白、肢体发软等，上述症状持续数十秒至数分钟后出现晕厥，数秒至数十秒后可自行苏醒。体检无器质性疾病，无后遗症状。

2. 重力休克性晕厥

当运动者进行以下肢为主的运动时，下肢肌肉耗氧增加、毛细血管扩张。如果剧烈运动后骤停，大量血液淤积在下肢血管中，脑供血不足，引发晕厥，多见于跑动较多的运动项目。前驱症状包括头昏眼花、无力、恶心、面色苍白、四肢发冷，严重者可晕倒。

3. 低血糖性晕厥

低血糖性晕厥是运动性晕厥中较常见的类型，多见于长距离运动项目。有低血糖病史者运动时易诱发低血糖。前驱症状包括饥饿感、无力、出汗、头晕、心动过速、神志恍惚等，补充葡萄糖后意识可迅速恢复。

4. 心源性晕厥

由各种心脏病导致的每搏心输出量减少、脑缺氧，继而出现晕厥，是比较危险但又十分常见的一类晕厥。当晕厥发生时，现场人员需要首先排除心源性晕厥，再对伤员进行急救处理。因为心源性晕厥可能会伴随心脏骤停，严重威胁伤员生命安全，是最为严重、紧急的运动意外。

### 5. 脑源性晕厥

在运动时脑部血管发生一过性广泛缺血而出现的晕厥，见于患有脑血管先天畸形、动脉粥样硬化、高血压和颈椎病的人群。发作时多伴有头痛、眩晕、呕吐，有时出现失语、轻偏瘫和视力减退等症状。

### 6. 中暑性昏厥

运动时体内产热较多，而由于外界环境温度高，人体体温调节能力下降，导致体温升高和多器官功能障碍，尤其是中枢神经系统功能障碍。此外，大量出汗脱水、体内水、电解质失衡以及血容量减少，也可导致晕厥。该病多在高温、高湿环境下进行长时间运动时发生。运动参与者在夏季进行训练和比赛时易出现头昏、头痛、胸闷、口渴、恶心、呕吐、心动过速和肌肉痉挛等症状，此时如未采取降温措施，可出现晕厥甚至死亡。

## （二）急救处理

对晕厥患者应针对不同病因采取积极治疗。运动中一旦出现晕厥的前期症状，应在他人帮助下，慢跑或慢走一段距离，然后平卧片刻待身体逐渐恢复。

晕厥者采取仰卧、下肢抬高位以增加脑血流量，同时松解衣领及裤带，将头转向一侧。必要时给予吸氧，并指压或针刺人中、涌泉、合谷等穴位或嗅氨水。血管减压性晕厥、重力休克性晕厥、中暑性晕厥者，接受上述治疗后一般均可缓解。（图 16–9）

在一般处理的基础上，针对病因治疗才可以缓解症状。低血糖性晕厥应尽快补充糖，以葡萄糖等小分子糖类最佳，几分钟之内可以缓解症状，含糖饮料、小糖块、小面包等均可。心源性和脑源性晕厥，仍在保持呼吸通畅的基础上，尽快送医院处理。中暑性晕厥时，需将患者迅速移至阴凉通风处， 给予物理降温。

图 16–9　运动性晕厥的处理

## （三）预防措施

- 坚持科学系统的训练原则，避免过度疲劳、过度紧张等状况。
- 运动参与者应定期进行体格检查，尤其在重大比赛和高强度训练前，依据个人能力参加相应强度的训练，不能冒险参加超过个人能力的训练和比赛。
- 注意运动时的环境，避免在夏季高温、高湿或无风条件下进行长时间训练及比赛。
- 切勿空腹运动，适当补充饮食。运动过程中，注意及时补充糖、盐和水分，长时间长距离运动更需特别注意。
- 运动前做好充分的准备活动。疾跑后不要骤停，应继续慢跑一段并做深呼吸。

· 对有晕厥史的运动者应全面查明原因，避免再次晕厥。

· 所有的运动参与者都应具有预防和简单处理运动中发生晕厥的知识和能力。

## 二、肌肉痉挛

肌肉痉挛（俗称抽筋），是由于肌肉发生不自主的强直收缩而引起肌肉僵硬、酸胀、疼痛，经常会发生在大腿、小腿、腰背腹或足部，从事短跑、长跑、跳跃、越野跑、马拉松等项目的运动员中发生较多。

### （一）肌肉痉挛的主要原因

#### 1. 寒冷刺激

在寒冷环境中从事剧烈运动或比赛时，若未做准备活动或准备活动做得不充分，以及运动、比赛间歇时身体保暖不好，肌肉受到寒冷的刺激后，使其神经肌肉收缩，兴奋性增高，且运动中大量的乳酸堆积，引起肌肉痉挛。

#### 2. 大量排汗，导致电解质丢失过多

在高温环境下从事长时间的剧烈运动或比赛时机体大量出汗后，机体不仅丧失大量的水分，还不同程度地丧失电解质（如钠、钾、镁、钙等）、糖类、腺体分泌物、水溶性维生素等，最终使体内水盐代谢失调，引起周围循环衰竭致使神经肌肉兴奋性增高而发生肌肉痉挛。

#### 3. 肌肉连续收缩过快，强度过大

不少项目要求局部肌肉持续长时间地进行单调的重复动作（如快速跑跳中下肢肌群反复做屈伸、蹬踏起跳等），肌肉过快地连续收缩，且放松时间又短，以致收缩与放松不能协调进行，极易造成肌肉组织出现肌张力减弱、弹性减退、僵硬，继而引起痉挛。

### （二）急救处理

对于因受凉而引起的肌肉痉挛，平时除了加强体能锻炼，提高运动者机体的耐寒能力外，在运动训练或比赛中还应做好充分的准备活动，并注意身体的保暖，避免消极性休息。一旦发生肌肉痉挛，及时牵拉痉挛肌肉，使之缓解。

对于因大量排汗，造成体内水盐代谢失调的肌肉痉挛者，应及时补充富含电解质及维生素（尤其是维生素 B、维生素 C）的运动性饮料。在炎热的盛夏，每次运动前给运动者服用糖衣盐片，预防缺乏电解质所引起的肌肉痉挛。近年来，国外一些运动医学专家运用冷按摩（用冰按摩）来治疗局部及全身肌肉痉挛效果显著。这主要是因为冷按摩使神经传导能力明显下降，神经沿感觉纤维传导的速度减慢，引起肌张力下降，从而减少反射性的肌肉痉挛。运动者在大强度训练课后，采用高温盆浴、冰按摩、下肢热水浸泡、电振动按摩、松弛练习等方法，消除神经及肌肉的过度疲劳，预防全身及局部肌肉痉挛。

### （三）预防措施

冬季运动要注意保暖，提高身体对寒冷的适应能力。运动前充分做好准备活动，对容易发生痉挛的肌肉适当按摩。疲劳时不要进行剧烈运动。夏季运动出汗过多时，要及时补充水、盐和维生素 B1。游泳下水前，应用冷水淋湿全身，使机体对冷水的刺激有所适应；水温较低时，游泳时间不宜过长。

## 三、运动性腹痛

运动性腹痛是指由运动引起或诱发的腹部疼痛。此病症多发生在运动过程中或结束时，严重时常使运动者被迫中止运动。运动性腹痛多见于中长跑、竞走及长距离自行车等运动项目中。

### （一）发病机理

运动性腹痛的根本发病机理是运动参与者身体的机能、素质、平日运动锻炼及饮食卫生习惯与所从事的运动项目、运动负荷、运动强度的不适应。

其发病机理主要是人体在剧烈运动中，由于对运动负荷的不适应，而表现出的一种不良应激反应，具体表现为心血管系统的血液动力学障碍、呼吸肌痉挛、胃肠道局部血循环障碍与饮食刺激等。另外还有腹腔内外疾患的病理性因素。

#### 1. 心血管系统血液动力学障碍

如果运动参与者平日体育锻炼基础较差，运动前又未认真做好准备活动，在剧烈运动中，心血管系统的机能水平就难以适应运动的负荷和强度，心脏搏动不充分或无力，影响了心腔内血液的排空和静脉血液的回流入心，致使下腔静脉压力上升，使肝脾静脉回流受阻，血液淤积在肝脾内，增大了肝脾的张力，使其被膜上的神经受到牵扯产生疼痛。

#### 2. 呼吸肌痉挛

运动参与者在运动或比赛中情绪高度紧张时，未掌握好或注意不到呼吸节律及动作的协调，以致呼吸肌活动紊乱，呼吸急促而浅，呼吸肌舒缩不协调，过于频繁紧张地收缩，致使呼吸肌疲劳，发生痉挛或细微的损伤。

#### 3. 胃肠道局部血循环障碍与饮食刺激

剧烈运动和情绪紧张使交感神经占优势，胃肠道局部血循环发生障碍，循环血量减少，致使胃肠道缺血缺氧，胃壁、肠壁和肠系膜上的神经受到牵扯，致使胃肠道平滑肌发生痉挛，从而引起疼痛。此外饭后过早参加运动，运动前喝得过多、吃得过饱或吃了难消化的食物、空腹锻炼等胃肠受机械牵引也容易引起胃肠道痉挛。

### （二）急救处理

发生运动性腹痛时，应降低运动强度，减慢速度，及时调整呼吸节奏，加深呼吸。如进行球类运动，可以暂时换下场休息。用手按压疼痛部位并弯腰跑一段距离，做几次深呼吸。如果上述处理疼痛未减轻或消失，应该立刻停止运动，口服阿托品、十滴水，并饮用少量的热盐水。若腹部疼痛仍然没有好转，应及时将伤员送到医院做进一步的检查。

### （三）预防措施

- 遵守科学训练原则，循序渐进地增加运动量，加强身体锻炼，提高心肺机能。
- 合理安排饮食，运动前不宜进食、饮水过多，进餐后休息 1.5~2h 方可进行运动。
- 运动前准备活动要充分，运动中要注意呼吸节奏，中长跑时要合理分配速度。
- 女运动员在月经期间，一般不宜参加比赛，运动量的安排要适当减少。

## 四、运动性低血糖

运动性低血糖是指在运动中或运动后由于血糖降低导致头晕、恶心、呕吐、冷汗等不适的现象，严重者可能出现休克或者死亡，常见于长跑、马拉松、长距离滑雪、滑冰和自行车等项目，以女性多见。

低血糖的症状包括头昏眼花、思维混乱、疲劳、饥饿、头痛、发抖、易激动、心跳过速、脸色苍白及出冷汗等。经常发作的病例一般见于糖尿病患者，严重者可能出现昏迷。而判断低血糖发作的方式是在进食或饮用含糖饮料后，症状消失。

发生低血糖的主要原因是空腹和大强度长时间运动后，很容易导致肝糖原储备不足，如果不及时补充糖分，在运动过程中体内糖分大量消耗，就会导致体内糖原大量缺失，如此在剧烈运动后就会造成血糖降低，最终引发运动性低血糖。运动过程中由于中枢神经系统调节血糖已经出现了问题，所以会造成胰岛素分泌增加，如此情况下也会诱发运动性低血糖。马拉松长跑、长时间骑行、长时间滑雪也会增加运动性低血糖的发病率。

### （一）急救处理

运动过程中的低血糖不是突发的，通常是逐渐发生的。如果突然感到自己心跳有力、加快，有种莫名的焦虑，身体颤抖，或者突然出汗增多，就可能出现了低血糖。

此时应立刻停止运动，并立即补充适量果汁、牛奶、葡萄干、葡萄糖片等快速起效的饮料和食物，以升高血糖。碳水化合物不宜太多，最好是15g，可任选以下一种饮食：半杯果汁、两勺葡萄干、一杯牛奶、3片5g装的葡萄糖片。如果在15min之内，上述症状未能改善，或者测出的血糖值仍然很低，就应该以5~10min为间隔重复补充15g碳水化合物，然后再吃些面包等食物，防止低血糖再次发作。如果效果仍然不明显，就应该及时就医。

### （二）预防措施

尽可能于饭后1~2h内参加运动，这时人体内血糖较高，不易发生低血糖。

糖尿病患者避免在胰岛素或口服降糖药作用最强时运动。例如在短效胰岛素注射后1h左右不宜参加运动，因为运动增加血糖消耗，增强降糖效果，易发生低血糖。需注射胰岛素者尽量不选大腿等部位活动剧烈的运动，因为运动时注射部位血液循环加快，胰岛素吸收加快，易诱发低血糖。

不要空腹运动，有清晨锻炼习惯的人，在运动前或运动中适当补充糖分，大运动量的活动结束后，进食量要适当增加。

## 五、运动性休克

运动性休克是在特定的运动环境中，因受到各种不利因素的侵袭，迅速出现的循环系统及其他系统功能急剧下降的一种病理生理状态，多见于体育锻炼较少的人，突然参加大强度运动时容易发生。

### （一）发病机理

运动参与者对于运动前进行准备活动、控制情绪，运动中控制调整呼吸节奏、跑速以及运动后放松等缺乏经验，增加了运动性休克发生的概率。运动性休克早期，常常感到呼吸困难、胸闷、头晕、心率急增、肌肉酸软无力、动作迟缓不协调，甚至想停止运动。运动性休克中期，即在运动结束的一段时间内，可出现烦躁不安、焦虑或激动、皮肤苍白、口唇和甲床略带青紫、肢体湿冷，恶心呕吐、心跳加快等症状，此时脉搏尚有力。

由于在运动过程中，下肢部位的静脉扩张，静脉血管容量明显增加。下肢静脉远离心脏，其血液回心的力量主要靠肌肉收缩时对血管壁的挤压作用和吸气时胸腔产生的负压作用。在赛跑后立即站立不动，致使下肢的毛细血管和静脉失去肌肉收缩时产生的挤压作用，血液淤积于下肢扩张的静脉和毛细血管里，同时呼吸急、浅，减少了胸内负压，阻碍静脉回流，使回心血流量大幅度下降。此时全身有效血循环量急剧减少，心脏回血量及排出量骤减，导致人体各重要脏器血流灌注量不足，组织缺血、缺氧，机体发生了严重的代谢紊乱，发生不同严重程度的运动性休克现象。

### （二）处理与预防措施

当运动参与者出现休克早期症状时，应立即搀扶，尽可能让其继续行走，使下肢肌肉收缩，促使血液回流，使症状消失。倘若出现中度休克时如无能力行走或已经昏倒，应将患者平卧，头部放低，两下肢抬高，或由同伴抬其双下肢，由小腿向大腿做按摩或揉搓，以使血液尽早回流入心。必要时可给予血管收缩药，如麻黄素或肾上腺素皮下注射。如呼吸停止应做人工呼吸或皮下注射呼吸中枢兴奋剂，也可给予 50% 葡萄糖静脉注射等抗休克处理。病情较重者，经现场急救后，立即送医院抢救。

预防运动性休克应加强体育锻炼。运动前了解运动参与者的精神状况和身体状况，充分做好准备活动。运动结束后应继续慢跑，做好整理和放松。在比赛的现场应有医务人员。

## 六、运动性中暑

### （一）概念及发病原理

运动性中暑是近年来提出的运动性疾病之一。它是指肌肉运动时产生的热超过身体能散发的热而造成运动者体内的过热状态。多见于年轻的体育锻炼者、战士、马拉松跑者、超级马拉松跑者、铁人三项运动员等。

中暑通常可分为热射病、日射病和热痉挛三种。

1. 热射病

热射病是发生在高热环境中的一种急性疾病。当外界温度在 35℃以上，尤其超过了皮肤温度时（32℃ ~34℃），由传导和辐射而散热的方式受到障碍，此时散热仅靠蒸发来实现。蒸发的快慢与空气的湿度及流动速度有直接关系，在空气湿度和温度相对高的条件下，空气又不流动，仅有的蒸发散热方式也大受影响。这时如果运动量很大，体内产热较多，热量积累的结果是体温明显升高，有时可升至 41℃ ~42℃，从而影响生理活动，加上高温环境下体内水盐代谢失调，故而引起热射病。热射病的症状轻重不等，轻者仅呈虚弱状态，重者有高热和虚脱。一般发病急，体温上升，脉搏及呼吸加快，重者可引起昏迷，体温高达 41℃以上，脉搏极快，而呼吸短促，最重者可因心力衰竭或呼吸衰竭而致死。

2. 日射病

日射病是因日光直接照射头部引起的机体的强烈反应。其表现为呼吸和周围循环衰竭，体温升高可能不明显，出现头痛、头晕、眼花、兴奋性增高，重者可昏睡。检查时脉搏细而频速、血压降低等。

3. 热痉挛

运动出汗使氯化钠丧失过多，引起肌肉兴奋性增高，发生肌肉疼痛和痉挛者，称为热痉挛。轻型热痉挛只是对称性肌肉抽搐，重者大肌肉群也发生痉挛，并呈阵发性。负荷较重的肢体肌肉最易发生痉挛。

### （二）临床症状

运动性中暑多见于年轻锻炼者、战士、马拉松跑者和其他运动者。运动性中暑与经典中暑不同之处是骤然发生居多。早期中暑主要有三组症状：高热（直肠温度可大于 41℃）；中枢神经系统障碍；皮肤发热、干燥或呈粉红色，这与血液循环有关。具备上述三组症状则诊断较易。

应该指出的是：中暑者在虚脱当时测定直肠温度都高于 39.5℃，而送到急诊室后温度可能已下降。因此这时测得的低温度与中暑的诊断是不矛盾的。总结中暑临床症状的出现率为：昏迷占 100%，精神错乱和 / 或激动占 100%，抽搐占 72%，呕吐占 71%，直肠温度高达 41℃占 55%，腹泻占 44%，低血压（收缩压低于 90mmHg）占 35%，皮肤干燥占 26%。

### （三）急救处理

场地急救要保持呼吸道畅通（必要时气管内插管），测量血压、脉搏、直肠温度，点滴输液，严重者要及时送往医院抢救。

热衰竭和热痉挛患者应转移到通风阴凉处休息。热痉挛患者口服凉盐水或含盐饮料，服用十滴水或藿香正气水，可迅速好转，有循环衰竭者可静脉补给生理盐水或氯化钾。物理降温，用4℃ –11℃凉水摩擦皮肤扩张加速血液循环，加用风扇吹风，在头部、腋窝、腹股沟放置冰袋以降温。

### （四）预防措施

夏天炎热季节时要安排好训练时间，避免在一天中最热时间进行。每训练 50min 后至少休息 10min，饭后要有必要的休息，保证充足的睡眠，并进行常规的身体功能监测。

安排好炎热天气训练、比赛时的营养和饮水，注意适当增加食物中蛋白质的供给量，设法提高运动者的食欲，额外增加维生素（$B_1$、$B_2$、C）的补充量等。组织合理的水盐供应，主要是强调运动者宜采取少量多次饮水的原则，禁止一次暴饮，训练或比赛后氯化钠的供给量应该增加，供应可通过电解质饮料、盐片或菜汤等方式。

对过去有过运动性中暑者进行正确评估，因为运动性中暑后恢复的速率因人而异。大多数患运动性中暑者在两个月内已全部恢复正常，个别者可持续半年左右恢复，当中暑造成严重肝损害后，完全恢复需要 1 年时间。

# 第六节　运动损伤的预防措施

**导读：**运动损伤重在预防，特别是未伤先防。在每天的训练中，教练和客户均认真对待，可以大大减少运动损伤的发生率，对慢性损伤的预防有重要的作用。

## 一、肌肉伸展放松

柔韧性是身体素质的一个重要方面，柔韧性的好坏可以用关节活动度来衡量，柔韧性好、关节活动范围的适度增加可以减少肌肉损伤的发生率、严重程度和持续时间。伸展练习是发展柔韧性的有效手段，可以改善肌肉的性状和功能，从而提高关节活动。

运动参与者在运动前后进行适当的肌肉伸展，有利于提高运动水平和预防运动损伤的发生。根据动作的特征可将牵拉技术分为静态伸展、动态伸展、易化伸展等。具体的牵拉放松方式详见第六章。

## 二、运动护具

### （一）概念与作用

运动护具是保护运动中的人们免受伤害的一种工具。运动中，相应关节、肌肉、韧带容易因为反复且频繁的延展与挤压发生损伤，且运动时瞬间的挥击、拉伸动作也会使强度不足的肌腱等软组织发生拉伤或扭伤的情况。护具可以通过限制某一关节的活动度、协助相应的肌肉收缩并减缓可能的过度拉扯、吸收冲击力量等，达到防护的目的。因此，运动参与者在运动时可以针对不同的运动项目选择必要的护具，来预防运动损伤或保护已受伤的部位。

护具的设计结合了生物力学和运动人体科学的知识原理，能够矫正错误姿势、减少关节活动、分散过度压力、避免再次伤害。从相关专利技术的发展历程来看，运动护具始终朝着舒适、灵活、更符合人体运动学的方向发展。随着体育运动的快速发展和科技水平的提高，运动护具已趋向于针对单一项目的特别需要来进行设计，兼具了美观、功能性与舒适性且经济实惠，运动参与者可以多次使用、自己穿戴并调整，使运动变得更舒适、更安全。

## （二）护具的种类

运动护具按照佩戴部位一般可分为护头、护肩、护手、护肘、护腕、护腰、护腿、护膝、护踝、组合运动护具和其他运动护具。另外，根据运动护具的功能特性和适用运动及对象，还可将其分为初级护具、进阶护具、高级护具和极限护具。运动护具的种类很多，要针对不同的运动项目选择必要的护具，对容易受伤的部位进行有效保护。

### 1. 初级护具

初级防护主要用于预防保护，适合一般大众使用。此类护具具有轻、透、软、弹的特点，佩戴时感觉舒适，多为针织式护具，使用医疗级剪裁，对皮肤的刺激最小，具有较高的弹性和包裹性，适宜的保温功能一定程度上有利于血液循环，适用于所有运动对象及运动项目。（图 16–10）

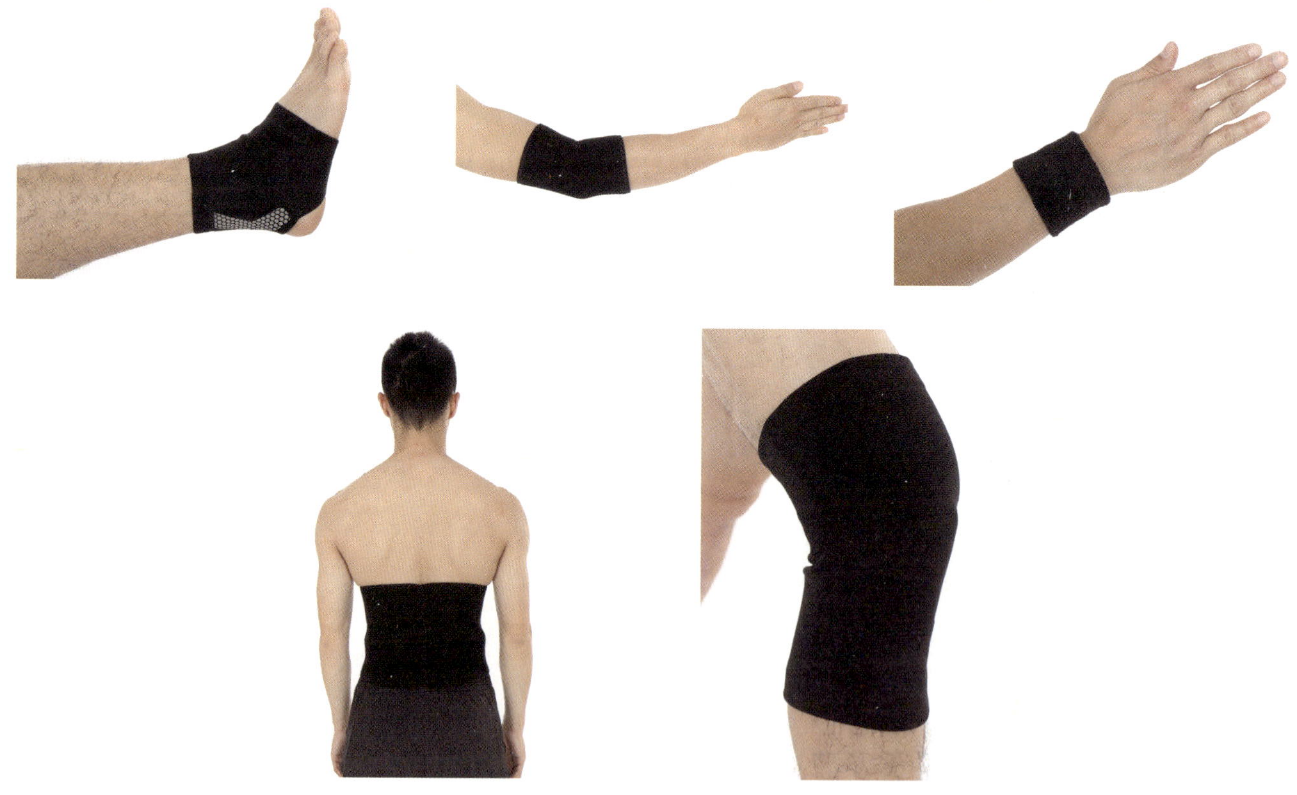

图 16–10　初级护具

### 2. 进阶护具

进阶护具大多使用氯丁橡胶材质，包覆性和束缚力较初级护具级别具有一定的提升，弹性较初级护具低，除了具备初级护具大多数特点外，同时还具有缓解肌肉疲劳的功能，适用于所有运动对象及运动项目，不仅能预防或减轻损伤，还能起到辅助治疗作用，如韧带扭伤、肌腱拉伤等。（图 16–11）

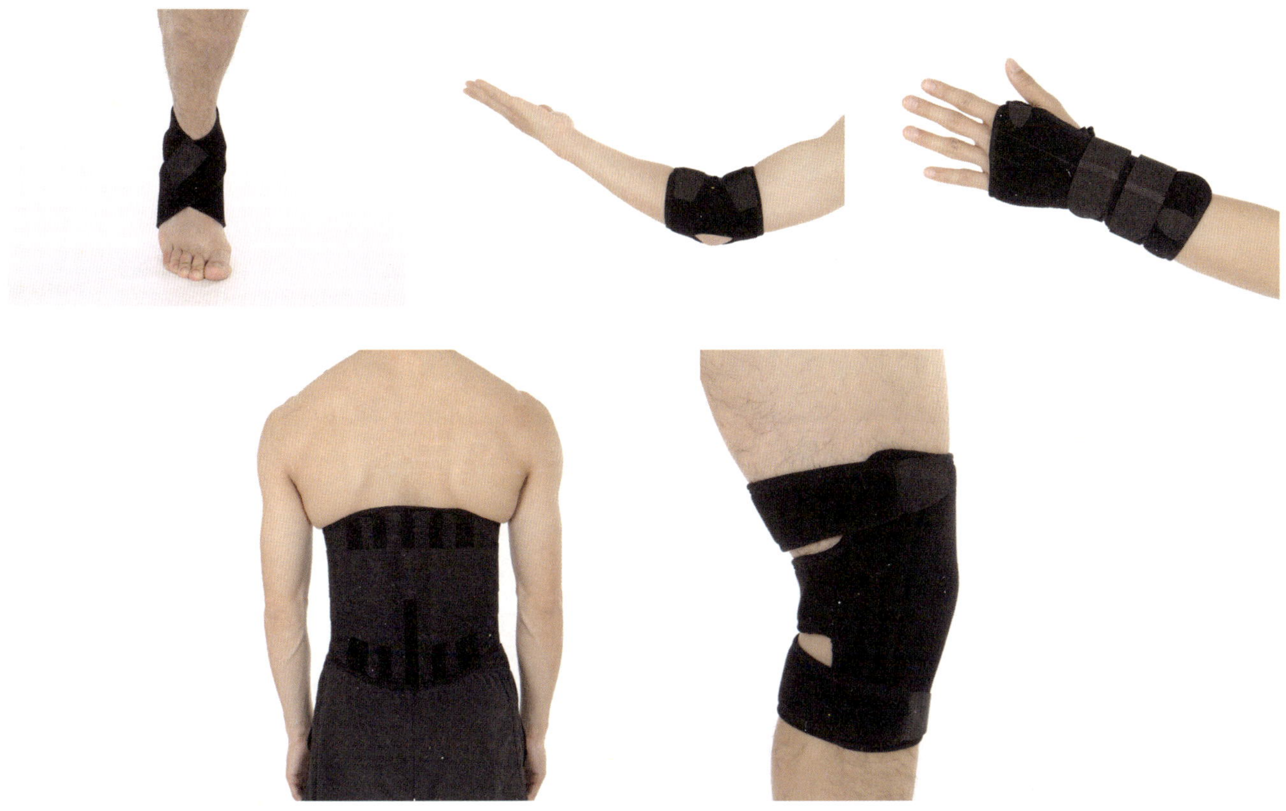

图 16-11 进阶护具

### 3. 高级护具和极限护具

高级护具和极限护具通常会使用坚固的支撑材料，将不同的部位包裹在其中，能够对于受伤的关节形成强有力的保护，起到固定关节、避免二次伤害的作用。由于这类护具对关节的限制过于强大，不适合在运动场上使用，仅限于严重损伤后的固定和防护，使用范围较进阶护具小很多。（图 16-12）

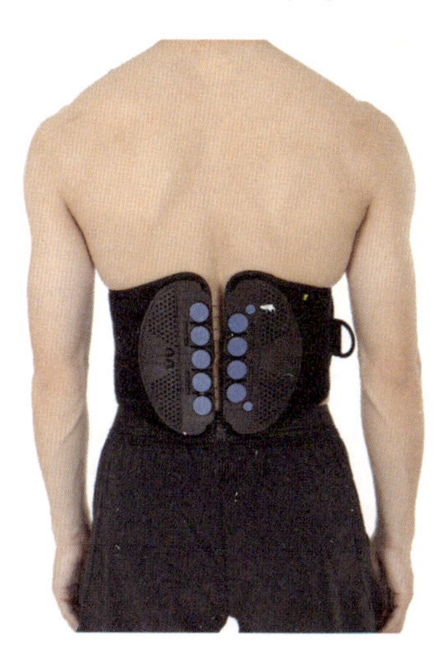
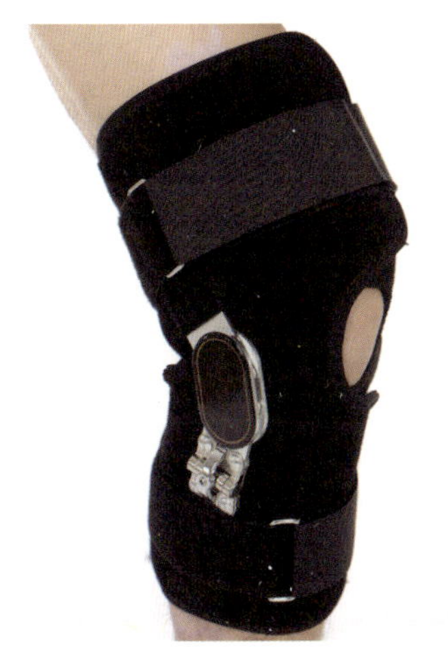
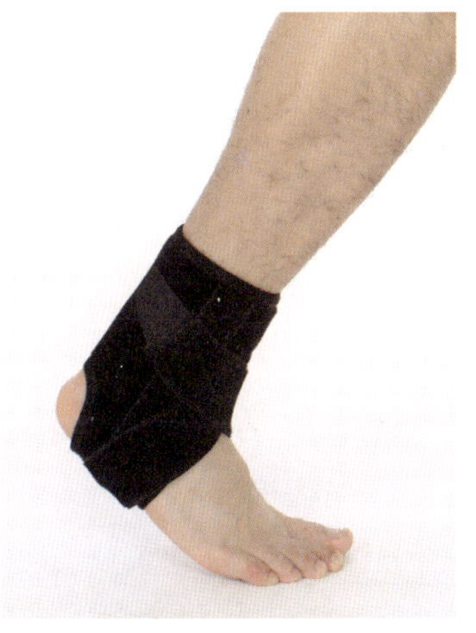

图 16-12 高级护具与极限护具

## （三）常用的护具

运动护具虽然种类很多，不同种类的护具适用于不同的运动种类，它们所起的作用也大不相同，但在进行运动和训练时，不是在每一项运动中都得带全，要针对不同的运动项目选择必要的护具，对容易受伤的部位进行有效的保护即可。无论是什么种类的运动护具，它们必须适合运动者佩戴并能有效地起到防护作用，同时这些运动护具一定不能影响到正常的运动。

**护腰**：腰是人体的中间环节，当大负荷力量训练时，需要通过腰这个中枢来传递，当腰部力量不够或动作不正确时就会受伤。使用护腰能有效地支撑、固定腰部，能有效地防止腰部扭伤。

**护膝**：护膝是最常使用的护具之一，各种球类运动、举重等进行大负荷运动的人也常常使用。使用护膝能较好地固定关节，减轻运动中关节的碰撞和磨损，同时还可以防止运动中摔伤时对表皮的损伤。

**护腕**：多为排球、篮球、羽毛球等球类运动者和上肢力量训练人群所采用。护腕可以有效地限制手腕部位的过度屈伸，稳定腕关节在中立位，减少手腕所受到的冲击力，保护手腕。

**护踝**：使用护踝可以对踝关节起固定保护作用，防止踝关节扭伤，还能对跟腱起防止过度拉长的作用。对踝关节损伤的运动者来说，它还能有效地减少关节活动的范围，减轻疼痛，加快恢复。

### （四）护具的选择

根据运动参与者的运动种类、运动习惯和损伤类型，选择适合自己的运动护具，而没有必要机械性地选择运动护具，更没有必要面面俱到。选择运动护具还要看重材质、尺寸规格，运动护具必须适合自己穿戴。当个体的身体情况发生变化后，需要根据实际情况及时更换护具。运动护具只是损伤防护的一个方面，通过积极的训练提高自身的功能，才是预防运动损伤的根本措施。

## 三、运动贴扎

### （一）概念及作用

运动贴扎是指借助无弹性和有弹性的材料来保护运动者的受伤部位或保护运动者免于受伤的方法。

**使用贴扎的目的：**

- 限制过度或异常的动作，以支撑和保护不稳定关节。
- 促进肢体或关节的本体感觉反馈。运动时，贴扎可以增进伤处本体感觉的反馈，使运动者下意识地提早收缩关节周围的肌肉而控制其不稳定现象。
- 压迫及限制动作，以支撑及保护肌肉、肌腱等软组织。
- 固定和保护关节及周围软组织，通常材料包括垫片、敷料、夹板等。

贴扎可以减少受伤的概率，缓解疼痛症状，但没有治疗作用。无论贴布或者护具多么有效，它们仍然不能代替运动的功能。经常性贴扎而缺乏运动治疗是绝对不够的。因此，损伤的预防当以自身身体素质强化为主，在必要的情况下选择合适的贴扎加以保护。一些保护性的护具和护垫通常是用来限制活动、保护伤处或分散伤处可能会承受的压力，贴布和绷带就是将这些器材固定在伤处的工具。

### （二）常用贴扎材料及用途

#### 1. 无弹性的贴布

无弹性的白贴单侧有胶，可被撕断，通常是可透气的，其长度为 15yd（约 13.7m），宽度有 1in（1in=2.54cm）、1.5in 及 2in 三种主要选择，是应用最广泛的材料，使用时可以根据贴扎部位或损伤预防目的来选择贴布尺寸。

白贴可以提供关节足够的支撑以实现对关节动作的限制。例如：无弹性的白贴贴扎踝关节时，可以预防踝关节过度内翻而导致的踝扭伤。尽管白贴可以提供很好的支撑保护，但还是有不易使用的缺点。因其无弹性，所以在对身体凹凸不平的部位贴扎时易产生褶皱，因此需要花费大量时间来学习如何使用这些贴布，使它们能顺畅平整且有效地保护被贴部位。（图 16–13）

图 16–13 白贴

使用白贴做踝关节保护性闭锁式编篮贴扎法的步骤与方法如下：

**摆位：**将踝关节摆在 90° 中立位并维持至贴扎结束。

**锚点：**在腓肠肌肌腹下缘做两道固定上锚点贴扎。在足部中端（尽量靠近踝关节）处做一道固定下锚点贴扎，不可太紧；如遇较敏感者，可忽略此道贴扎。（图 16–14）

**马镫：**做马镫贴扎时，若是内翻性扭伤，应由内向外拉；若是外翻性扭伤，则应由外向内拉。马镫的上缘齐上锚点的上缘撕开。可先贴中间的一条马镫，并通过内外踝，再根据脚的大小，分别在前方和后方贴两条马镫，并保持三条马镫平行。（图 16–15）

**马蹄：**做水平式的马蹄贴扎时，原则上应由内向外拉。马镫和马蹄贴扎垂直交叉于内外踝处。反复进行马镫和马蹄贴扎，做三次交叉的组合，形成编篮状。（图 16–16、图 16–17）

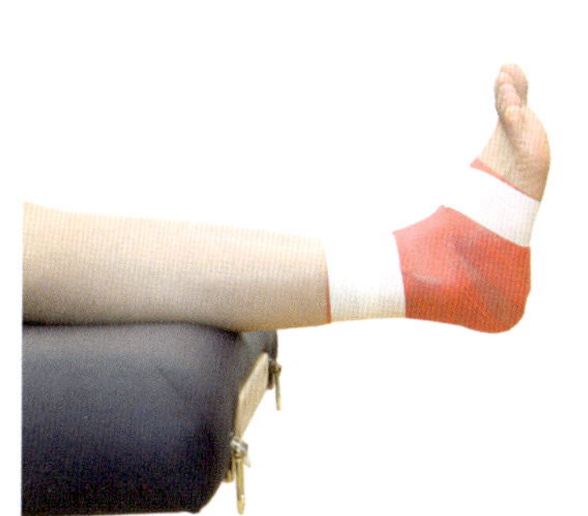

图 16–14 上下锚点

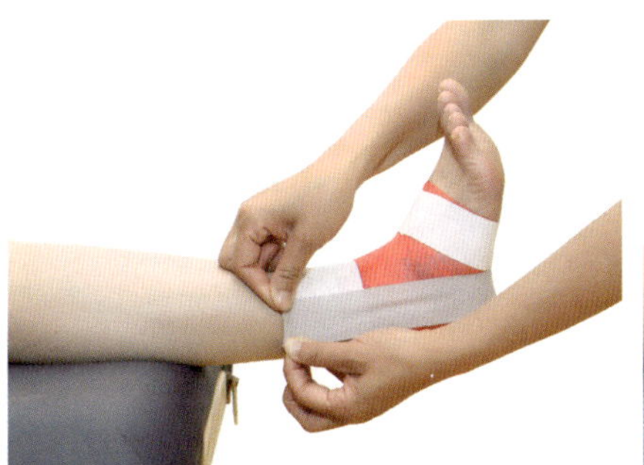

图 16–15 由内向外的马镫

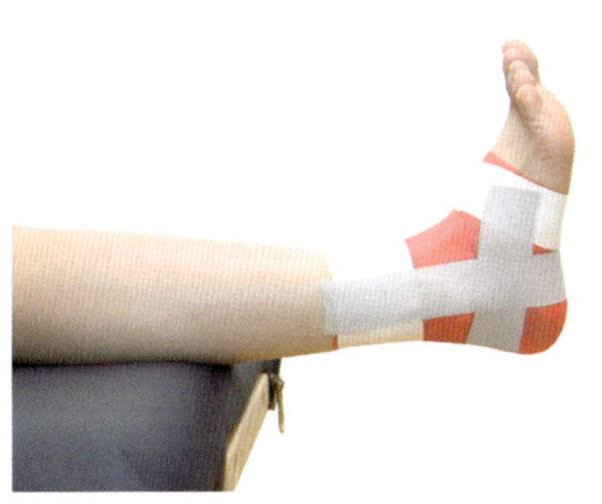

图 16–16 马蹄

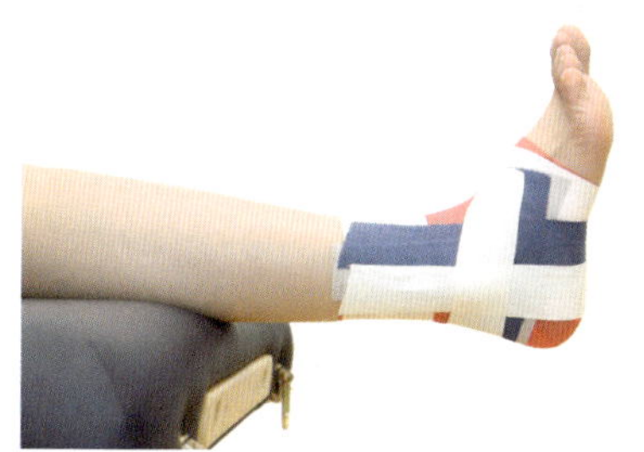

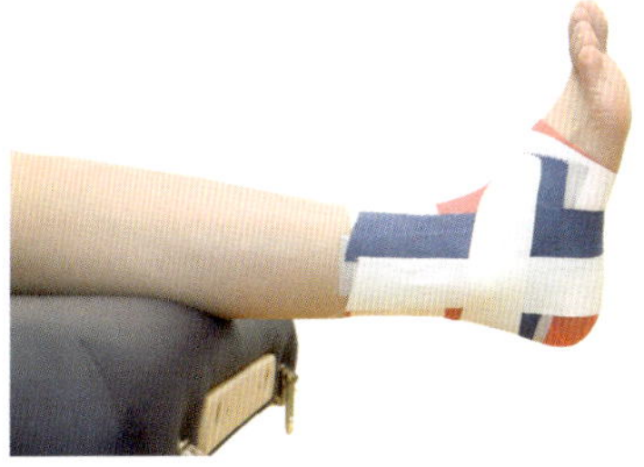

图 16–17 三条马镫与三条马蹄交叉编篮

**“8”字**：分别在小腿踝关节高度和足底打圈，在足背前方交叉，形成“8”字，以限制踝趾屈。（图16–18）

**锁跟**：做双侧连续锁跟贴扎，分别经过外踝、跟腱止点，环绕足跟后回到跟腱止点再至内踝。具体顺序为：外踝→跟腱腱止点→锁内踝→足底→足外侧→足背→内踝→跟腱腱止点→锁外踝→足底→足内侧→足背。分别在跟腱、足底和足背形成三次交叉。要求：①三次交叉尽量做到内外对称；②内外侧锁跟与足底成45°夹角，留1~2cm的脚跟。

**关窗**：以环形贴扎覆盖所有空缺，整个贴扎完成。

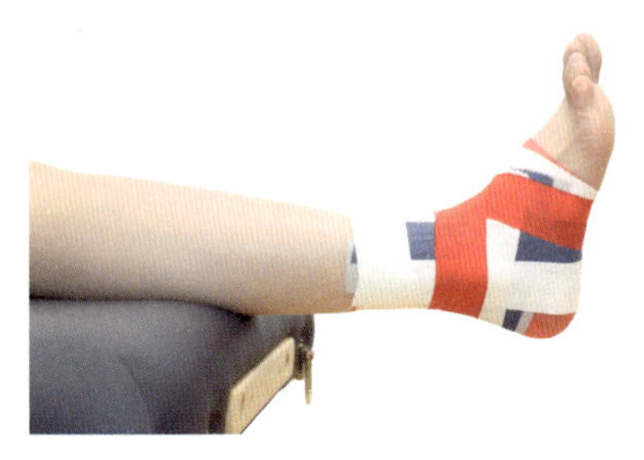
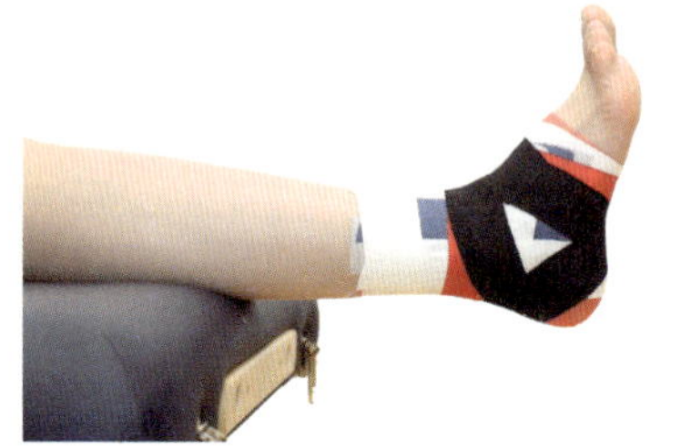

图16–18　双侧锁跟与“8”字

## 2. 弹性贴布及弹性绷带

当被支撑保护的身体部位需要较大活动时可利用有弹性的贴布（重弹贴布、轻弹贴布或弹性绷带）进行贴扎。目前，常用的重弹贴布宽度有2in或3in，轻弹贴布有1in、2in、3in，弹性绷带有2in、3in、4in或6in等不同的宽度，可符合不同部位的需求。例如：当需要用环绕的方式来保护腿后肌肉时，使用3in或4in弹性贴布能使肌肉正常收缩而不会限制血液循环。（图16–19、图16–20）

图16–19　不同宽度的重弹贴布　　　　图16–20　不同宽度的轻弹贴布

下面以膝关节外侧副韧带损伤为例，介绍弹性贴布的贴扎步骤和方法：

**摆位**：受试者站立位，用毛巾之类的物品垫高患侧的脚跟，健侧腿在后，患侧腿脚趾朝前，膝微屈，承担体重。

**锚点**：在膝关节上下方相同的距离各做两道固定锚点贴扎，可位于大腿中下1/3处和小腿中上1/3处。可使用白贴或重弹贴布打锚点，两条贴布之间重叠1/3~1/2。

**米字形贴扎**：比量适当的长度，使重弹贴布可以覆盖上锚点的上缘和下锚点的下缘。用三条重弹贴布做交叉式贴扎，呈“米”字形，三条贴布的交叉点位于外侧副韧带损伤处。可以根据需要，在膝关节内侧用重弹贴布做交叉式贴扎（做内外侧交叉式贴扎时要注意把髌骨空出来）。

**覆盖：**使用轻弹贴布或弹性绷带包扎固定。（图 16–21）

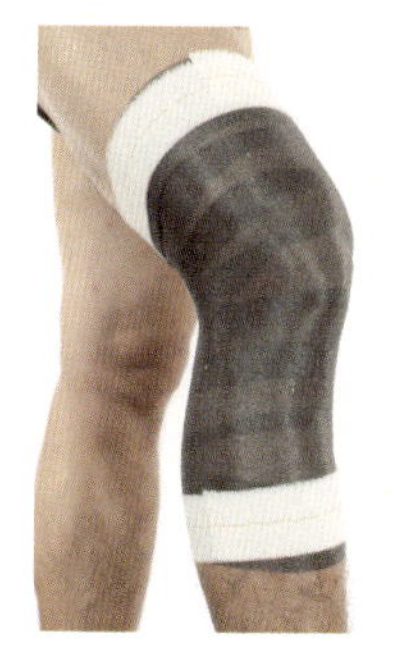

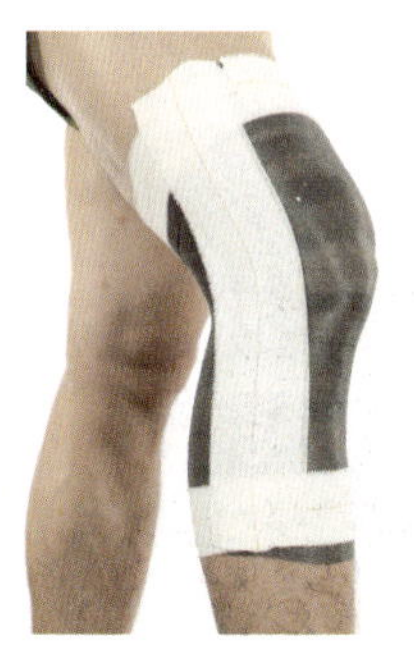

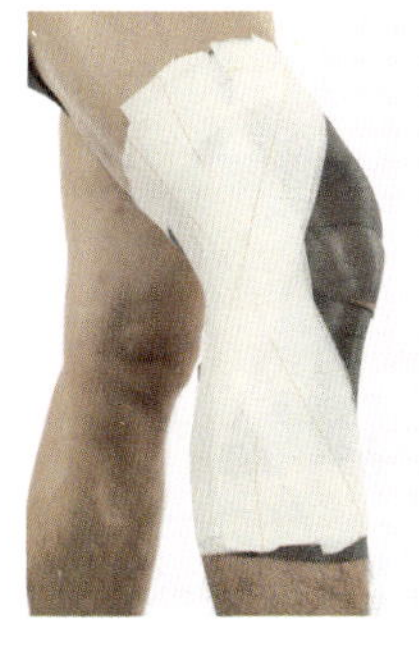

膝外侧交叉式贴扎

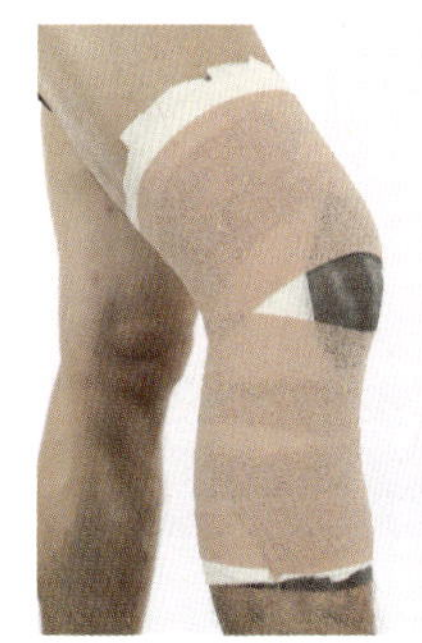

覆盖

**图 16–21 膝关节损伤的贴扎方法**

弹性绷带也是常用的防护材料，与重弹和轻弹贴布不同的是，弹性绷带可以反复使用。其中两种情况下最为常用。在急性损伤时，利用弹性绷带包扎来提供压迫力量是很有效的处理方式，通过压迫（通常配合冰敷处理）可以有效地控制由软组织损伤引起的肿胀。在使用其他材料贴扎固定后，可以使用弹性绷带做固定，起到覆盖的作用。

**图 16–22 弹性绷带**

在利用白贴做完踝关节扭伤的包扎后，可以使用弹性绷带进行加压包扎，以提供更多的压迫。具体包扎步骤如下：

**包扎开始：**把绷带的一端放在脚踝上，从外部沿着脚缠绕绷带，不要从内部绕，以便绷带缠绕的位置和方向正确。

**环形包扎三圈：**一只手把绷带的一端压在脚踝上，另一只手把绷带从外部绕在脚上，从前方到脚跟缠绕三圈，每圈都使绷带相互重叠一半。

**“8”字包扎：**绕着脚包裹三圈以后，把绷带提起绕过脚背再回到脚踝。然后绕到脚跟，绕过脚背、脚底再回到脚踝。

**固定绷带：**用金属扣子把绷带的末端固定好。如果绷带最后带有黏合剂，也可以用黏合剂来固定。（图 16–23）

注意：绷带应该牢固，但不能包扎得太紧否则会阻断血液从脚到脚趾的流动。要确保包扎均匀没有膨胀或隆起。如果需要则重新包扎一次。

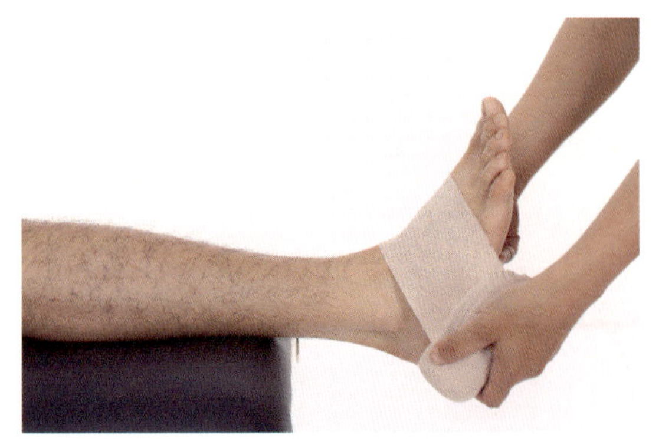

包扎起始

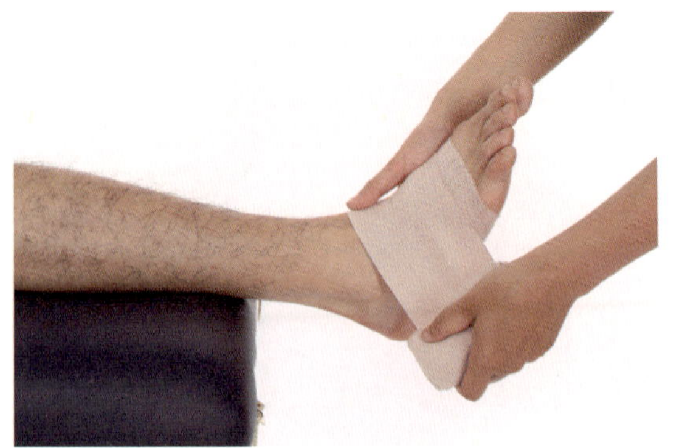

环形包扎三圈

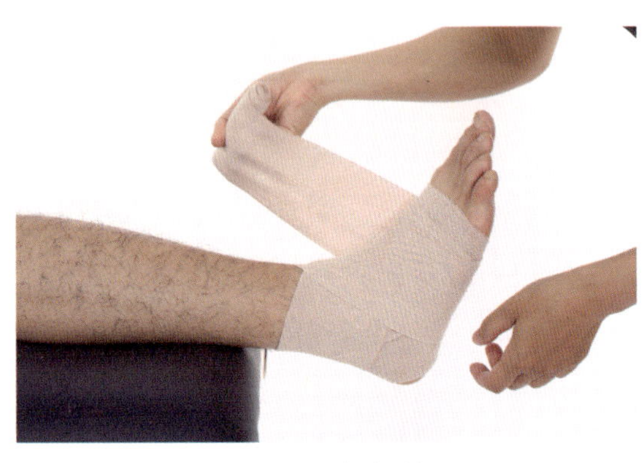

“8”字包扎

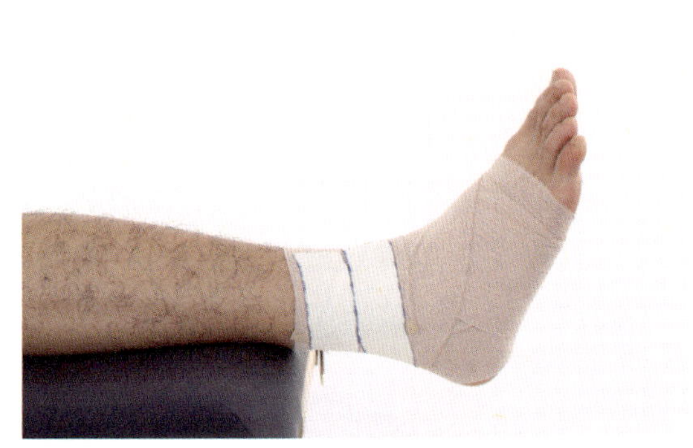

固定绷带

图 16-23 踝关节损伤的加压包扎

利用弹性绷带做膝关节包扎固定的方法如下：

**起始固定：**选择 4in 或 6in 弹性绷带，在膝关节上方由内向外环绕两圈。

**向下斜绕：**将弹性绷带拉向斜下方，下缘贴近髌骨外上方。绕过腘窝后方后，上缘贴近髌骨内下方。

**下方固定：**在小腿上环绕一圈。

**向上斜绕：**将弹性绷带拉向斜上方，上缘贴近髌骨外下方。绕过腘窝后方后，下缘贴近髌骨内上方。

**最终固定：**在上方固定两圈，固定结束。（图 16-24）

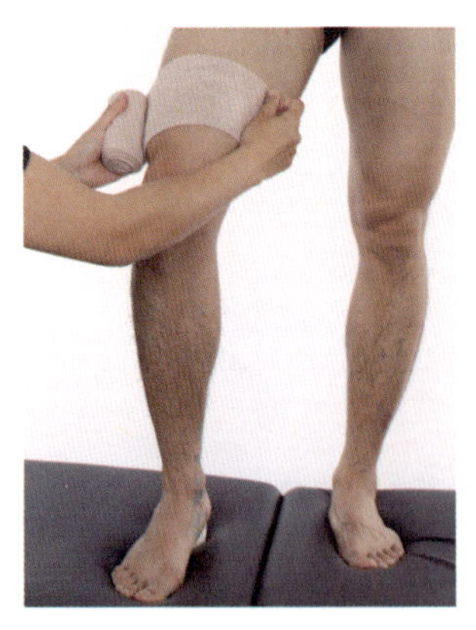

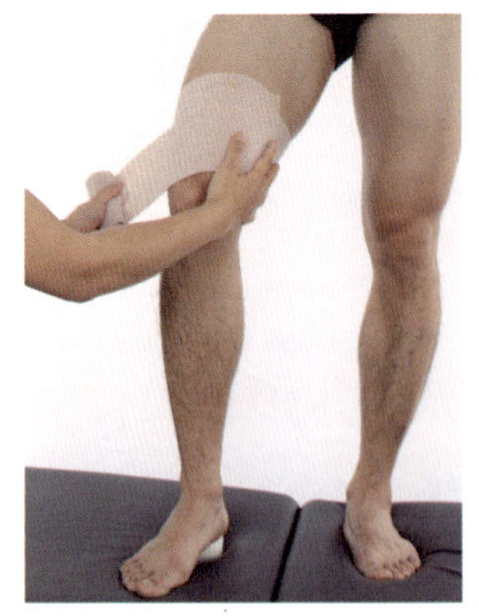

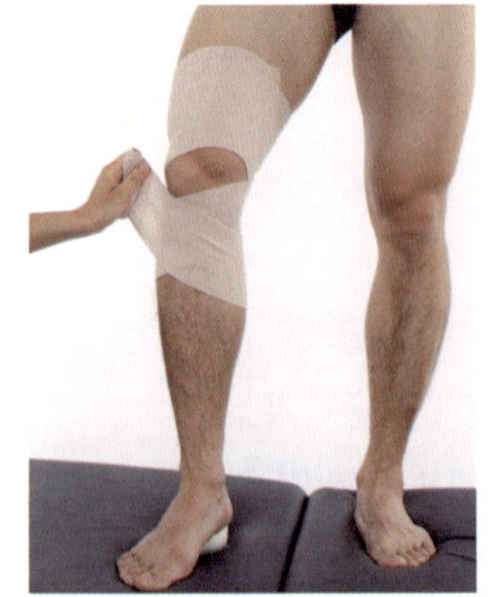

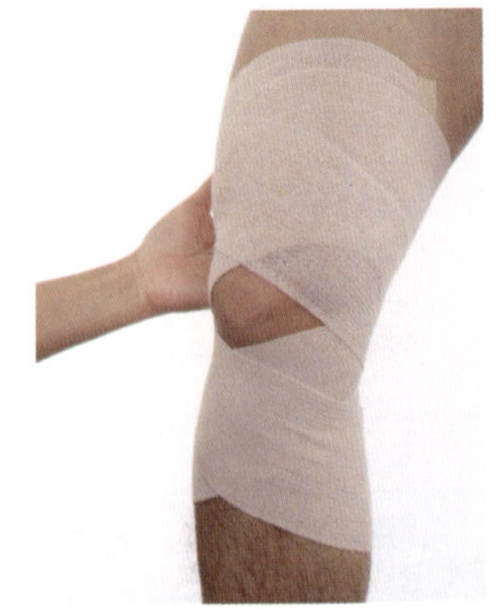

图 16-24 膝关节的包扎固定

### 3. 其他辅助材料

使用白贴、重弹贴布、轻弹贴布和弹性绷带时，常配合使用其他工具。例如：对需要长时间包扎或皮肤易过敏的人可使用皮肤膜来减少贴布对皮肤的刺激，助黏剂可以增加皮肤膜在皮肤上的牢固性，去

黏剂帮助去除皮肤膜；防磨贴布可以防止皮肤擦伤；蕾丝垫也可以保护皮肤，减少水泡的发生；护垫用来做伤后的处理，保护水泡不受压。（图 16–25）

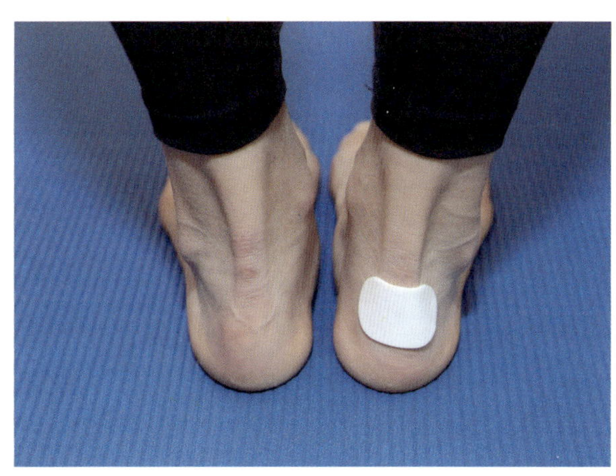

图 16–25 皮肤膜与防磨贴布

### 4. 肌内效贴布

肌内效贴技术是软组织贴扎技术的一种。肌内效贴有着良好的弹性，利用其自身的弹性回缩力，可沿神经肌肉走向应用于身体各个部位，且不影响关节活动范围，不仅能满足运动过程中的灵活性和舒适性，还可以通过不同拉力、方向和贴布与软组织的交互作用起到支持、激活和放松组织的作用。

肌内效贴属于有弹性的贴布，不同的张力起到不同的贴扎作用。当贴扎目的不同时，贴布的张力也不同。（表 16–1）

表 16–1 肌内效贴的张力与作用

| 名 称 | 拉力或张力（占最大可拉伸拉力的百分比） | 应 用 举 例 |
|---|---|---|
| 无拉力 | 0% ~5% | 起点和止点的贴扎 |
| 自然拉力（去纸拉力） | 10% ~15% | 促进淋巴回流和血液循环 |
| 轻度拉力 | 15% ~25% | 防止肌肉疲劳，改善组织间隙。 |
| 中度拉力 | 25% ~35% | 帮助肌肉恢复功能 |
| 重度拉力 | 50% ~75% | 肌肉功能、筋膜、关节矫正等 |
| 极限拉力 | 75% ~100% | 关节、韧带矫正 |

（1）肌内效贴的原理

· 拉起皮肤，扩大皮下间隙。

· 对肌肉、韧带、关节等组织起支撑和稳定的作用。

· 弹力回缩作用对肌肉、筋膜、韧带、关节的正向调整。

· 实现对皮肤表面力学机械刺激。

· 调节贴扎部位温度。

· 贴扎部位表面压力变化对机体产生良性刺激。

（2）肌内效贴的功能和作用

促进肌肉恢复正常功能（放松肌肉），增加淋巴回流和促进血液循环，缓解和调控疼痛，纠正错位的关节，帮助肌肉发挥正常功能（促进肌肉），辅助和调节肌腱、韧带，调整筋膜、恢复筋膜正常功能，增加机体表面感知觉和本体感觉，心理治疗及安慰作用。

（3）肌内效贴的适用范围

肌内效贴的适用范围很广，主要包括肌肉失衡导致的病症、姿态不正确导致的病症、血液循环和淋巴回流问题，韧带、肌腱和关节损伤，筋膜粘连或结节形成、错误的运动姿势、神经支配不良等问题。

（4）肌内效贴的组成部分

通常肌内效贴分成起点、中央和止点三个部分，不同贴扎目的时，张力、长度、方向和位置的要求也有所不同。

①起点

位置：不同贴扎选取不同位置，绝对不能覆盖损伤组织。

长度：低张力贴扎预留 3~5cm，高张力贴扎时占整条贴布长度的 1/3（1/3 原则）。

张力及方向：无张力，朝向目标组织的方向。

要领：不碰胶面，不牵拉力量，不覆盖损伤组织，反复摩擦激活胶面。

②中央

位置：原则是沿着肌肉走向贴扎，不同贴扎目的决定着不同贴扎位置。

长度：依据目标组织的不同长度选择不同长度的贴布，通常要覆盖目标组织。高张力贴扎时要符合 1/3 原则。

张力及方向：根据贴扎的目的选择适当的张力和方向。

要领：明确位置和方向，控制好拉力，反复摩擦激活胶面。

③止点

位置、长度、张力及方向与起点的要求一样。

（5）摆位

贴扎时肢体摆位是影响贴扎效果极其关键的因素，能否正确摆位是区分专业和非专业的差别所在。

肢体摆放于伸展位，在贴扎时容易产生褶皱，比较容易达到消除水肿、放松组织、增加代谢的效果。肢体摆放于正常位置，有利于达到对局部组织的支持效果。肢体摆放于软组织缩短位，有利于矫正关节。

（6）肌内效贴的备形

肌内效贴有着专业的贴扎原则，需要根据贴扎目的按照一定的形状和方向使用不同拉力贴于特定的起止部位。

不同的贴扎形状和方向有着不同的作用，主要分为 I 形、Y 形、X 形和 O 形和爪形。（图 16–26）

· I 形支持和放松肌肉，亦能提高肌肉能力表现。

· Y 形可以调整肌肉张力，适合放松紧绷的肌肉。

· X 形可以促进固定端的血液循环，适合部位止痛。

· O 形可以固定及保护，应用于骨折或软组织损伤。

· 爪形可以将组织液导引进最近的淋巴结，常用于消肿。

一般从肌肉的起点（近端）贴向止点（远端）是对该肌肉的促进，而反向则是对该肌肉放松的贴扎方法。

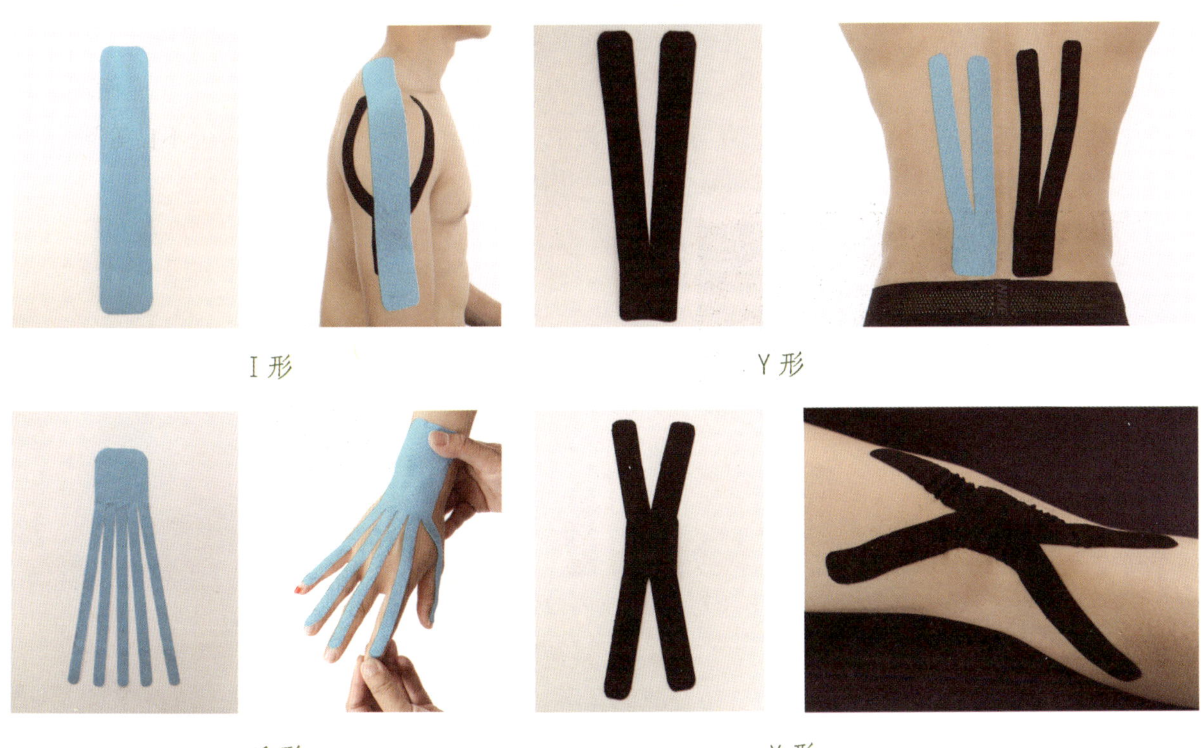

I 形　　Y 形

爪形　　X 形

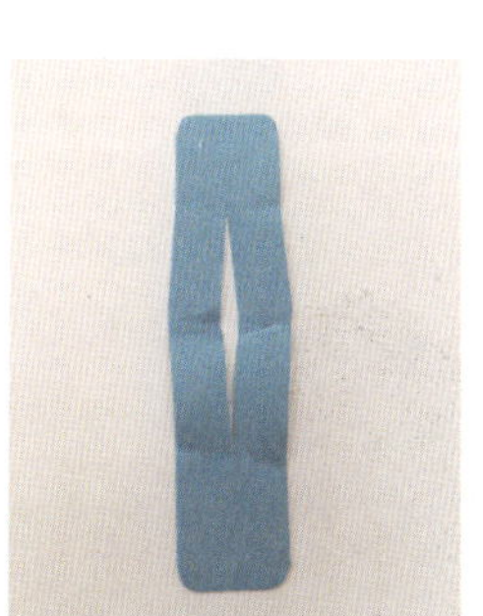

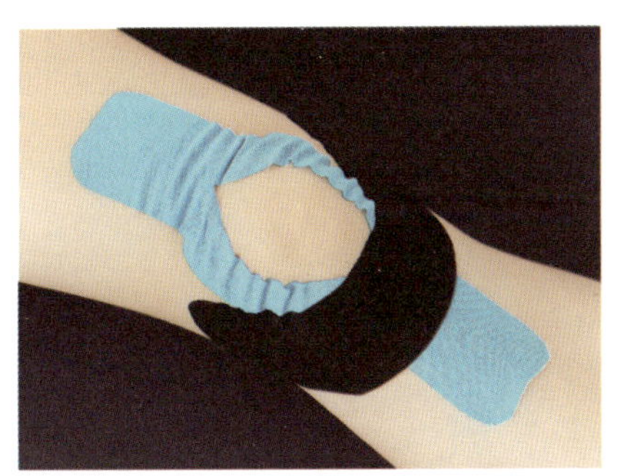

O 形

**图 16-26 肌内效贴常用贴法**

（7）基本贴扎技术

肌内效贴的基本贴扎技术可以分为软组织贴扎技术和矫正贴扎技术。软组织贴扎又可以分为淋巴贴扎、放松肌肉贴扎、促进肌肉贴扎。矫正贴扎技术可以分为生物力学矫正、筋膜矫正、间隙矫正、韧带 / 肌腱矫正、功能矫正等。

①淋巴贴扎

目的：增加皮肤与肌肉之间的间隙，促进淋巴及血液循环，减少引起疼痛的刺激物质（瘀血、积液、渗出物等），恢复组织内稳态，促进组织重建。

备形：I 形、Y 形、X 形、爪形、O 形、网格形等都可用于淋巴贴扎。

摆位：使皮肤及皮下组织处于最大伸展位。

方向：向心性贴扎。

起点和止点的贴扎：由于是低张力贴扎，起点的长度可以是 3~5cm。依据需要，起点可以贴扎在近端淋巴结上、近端无瘀血或水肿区域、其他无瘀血或水肿区域等位置，采用无拉力贴扎，方向指向瘀血或水肿区域。两个以上起点可以呈犄角式贴扎，以便形成交叉覆盖。止点为爪形贴布每一分支的末端，应该超出瘀血或水肿区域，无拉力贴扎。

中央的贴扎：采用 5%~20% 拉力贴扎，方向以起点为中心向瘀血或水肿区域呈爪形贴扎，两条爪形贴布在目标区域形成网状交叉。操作时需将每条分支逐一贴扎在需要的位置上。（图 16–27）

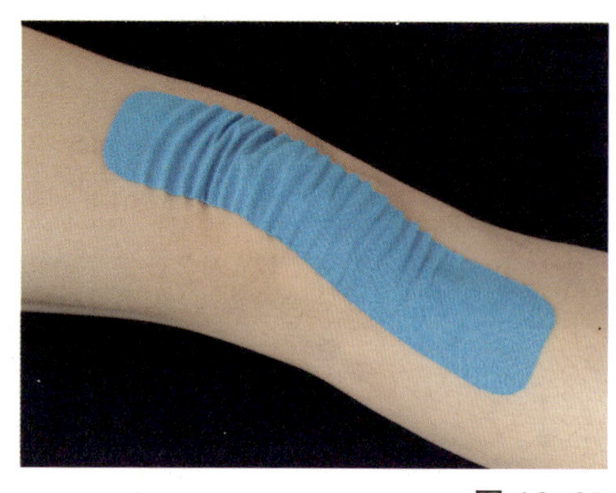

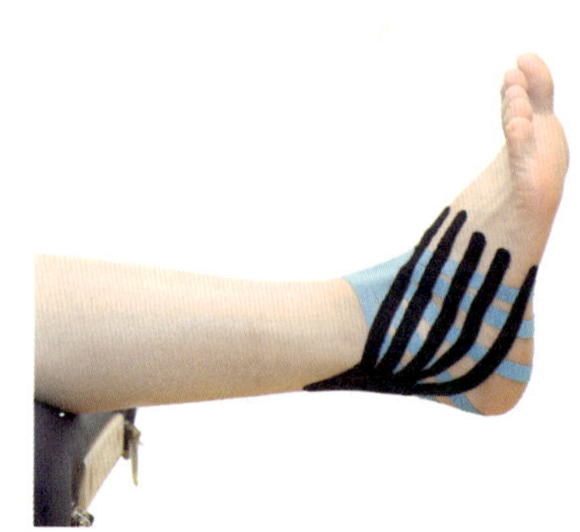

图 16–27　淋巴肌内效贴扎

②放松肌肉贴扎

目的：放松肌肉，缓解肌肉疼痛和疲劳，防止肌肉痉挛。

备形：I 形、Y 形、X 形或爪形。

摆位：最大范围拉伸肌肉。

方向：远端贴向近端，沿着肌肉走行方向。

拉力：轻度拉力，即 15%~25%拉力。（图 16–28）

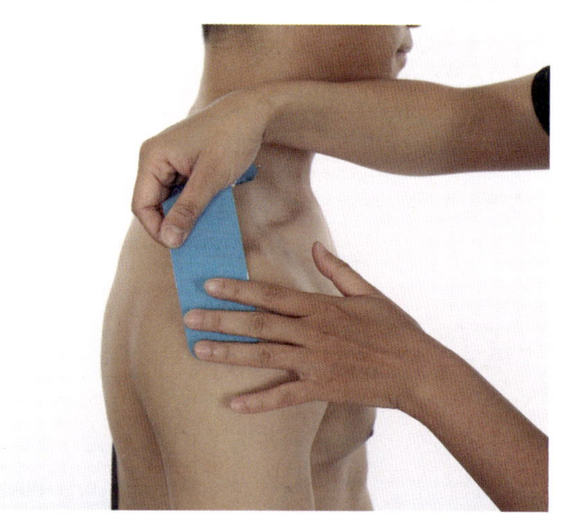

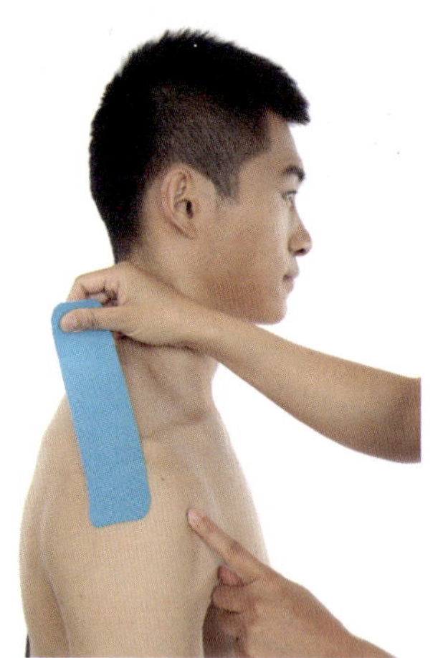

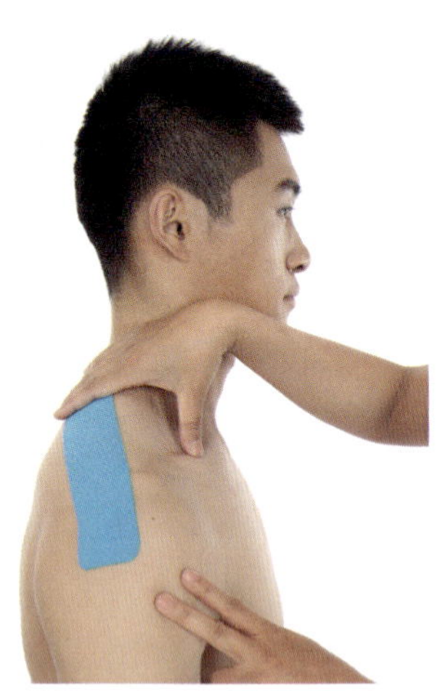

图 16–28　放松肌肉肌内效贴扎

③促进肌肉贴扎

目的：通过激发肌肉感受器、刺激机体自身调节功能或者利用肌内效贴回缩力帮助肌肉发挥其收缩的功能，能起到恢复运动表现、促进肌肉康复的作用。

备形：I 形、Y 形、X 形或爪形。

摆位：拉伸位、功能位或放松位。

方向：近端贴向远端，沿着肌肉走行方向。

拉力：轻度或中度拉力，即 15%~35%拉力。（图 16–29）

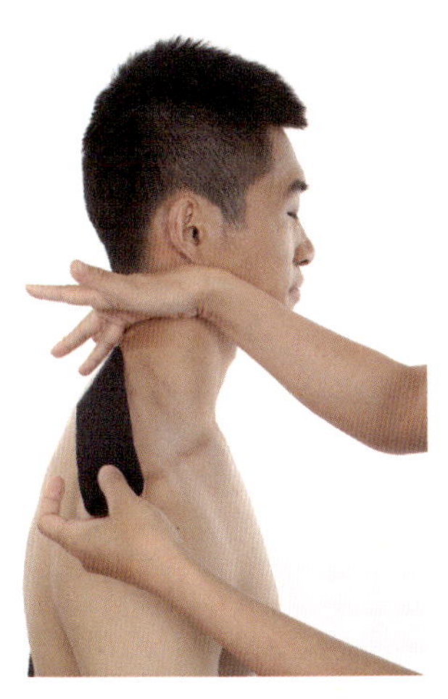
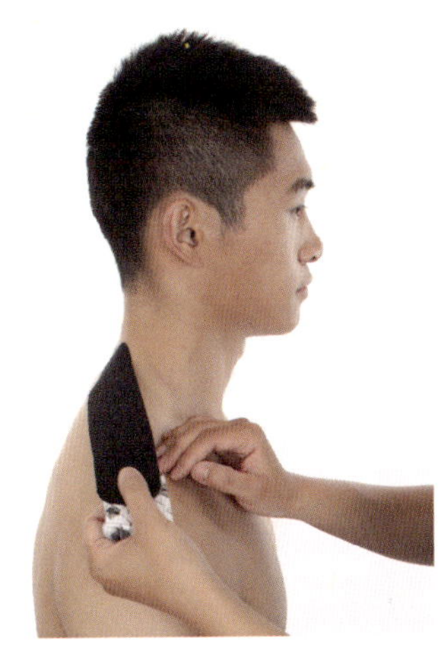
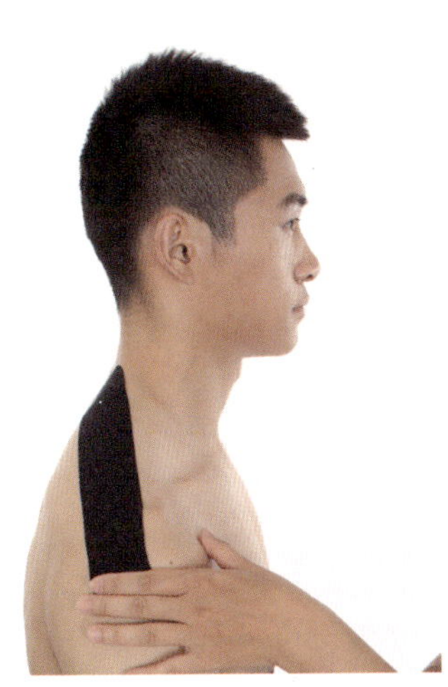

图 16–29　促进肌肉肌内效贴扎

④生物力学矫正

备形：I 形、Y 形。

摆位：特殊摆位，不同部位有不同的要求。

起点和止点的贴扎：由于属于高张力贴扎，遵循 1/3 法则，起点和止点各占 1/3 贴布总长度，贴扎时均采用无拉力贴扎。

中央的贴扎：采用 50%~75% 拉力，方向上与矫正方向一致。贴扎时要使贴布对组织产生下压力，即利用肌内效贴的张力及回缩力对组织产生向内下的压力，刺激深层组织的机械感受器使组织产生相应的位移。（图 16–30）

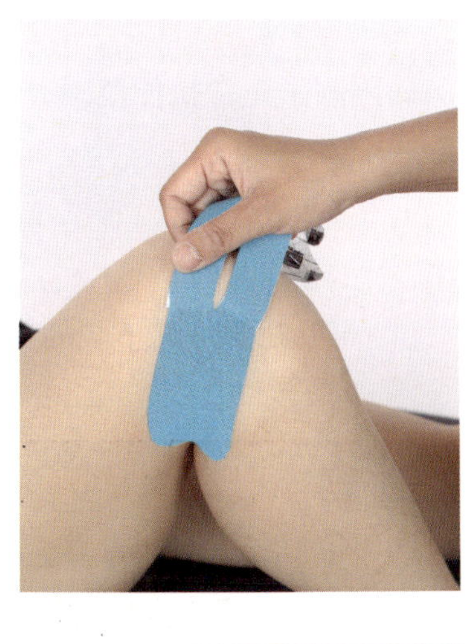
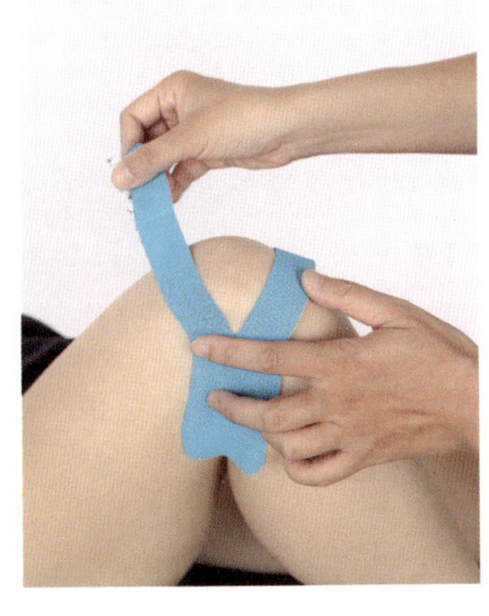
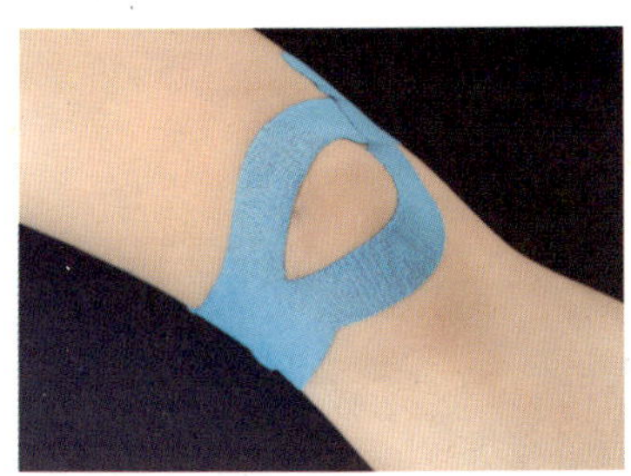
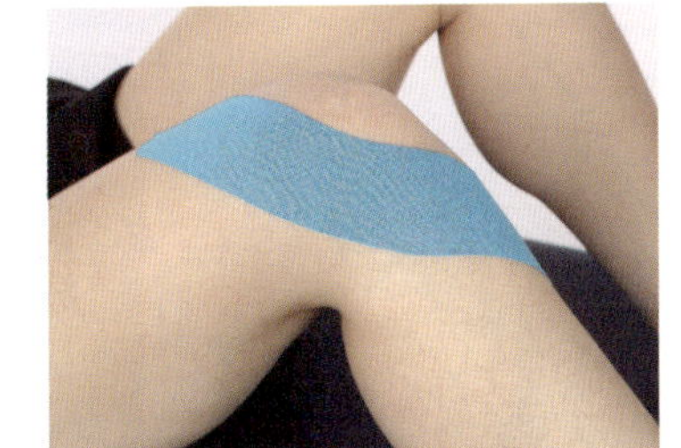
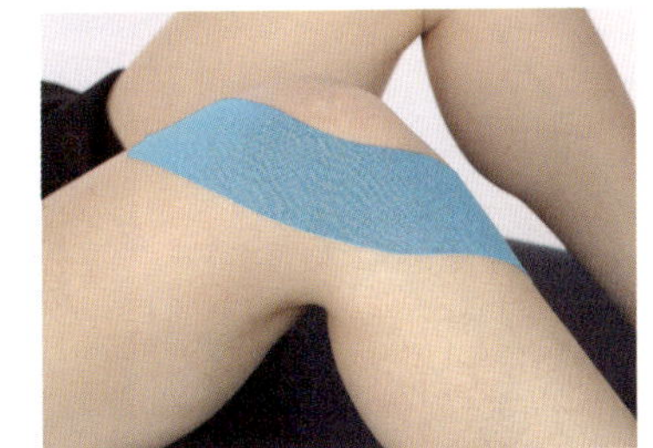
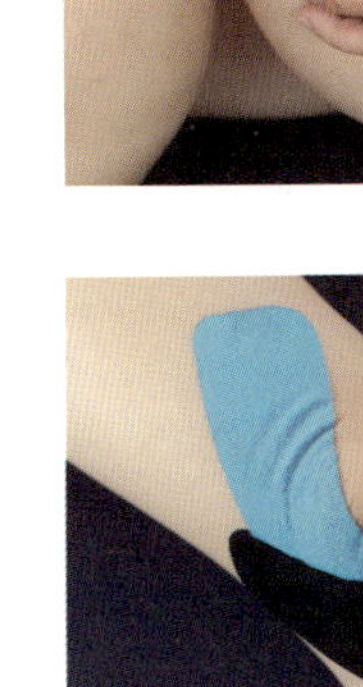

图 16–30　生物力学矫正肌内效贴扎

⑤筋膜矫正

备形：I 形、Y 形。

摆位：无特殊要求，放松位贴扎比较多用。

起点和止点的贴扎：由于属于高张力贴扎，遵循 1/3 法则，起点和止点各占 1/3 贴布总长度，贴扎时均采用无拉力贴扎。

中央的贴扎：采用 10%~50% 拉力。其中浅筋膜 10%~25% 拉力；深筋膜 25%~50% 拉力。中央贴扎时采用“错动贴扎”，既要“左右晃动”改变方向，又要“忽长忽短”以不同张力贴扎。要求随着“错动”的同时用按住贴布的手缓慢滑动（滑动的目的是确保贴布不被牵拉）将中央粘贴紧密。（图 16–31）

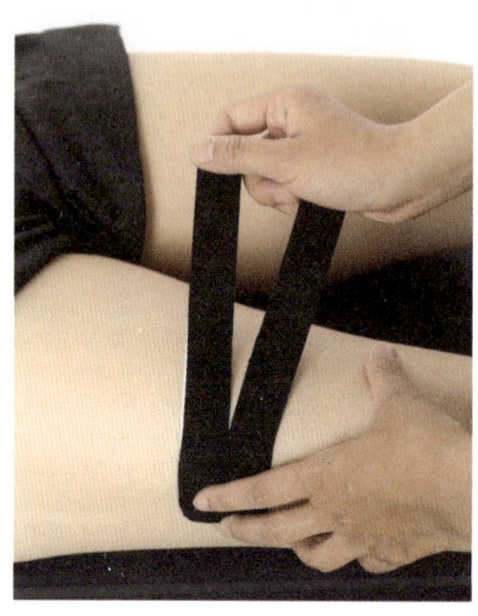
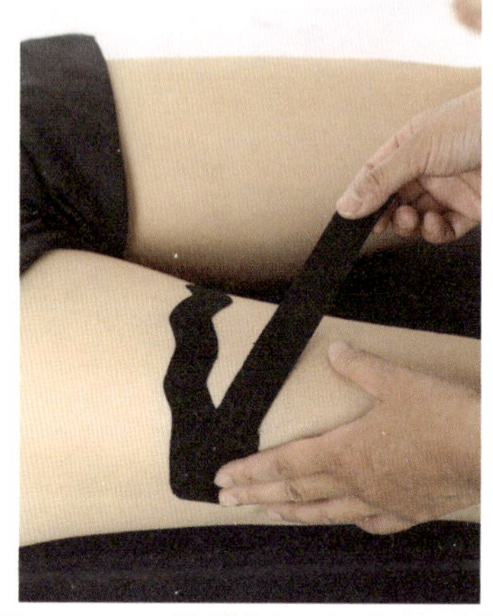
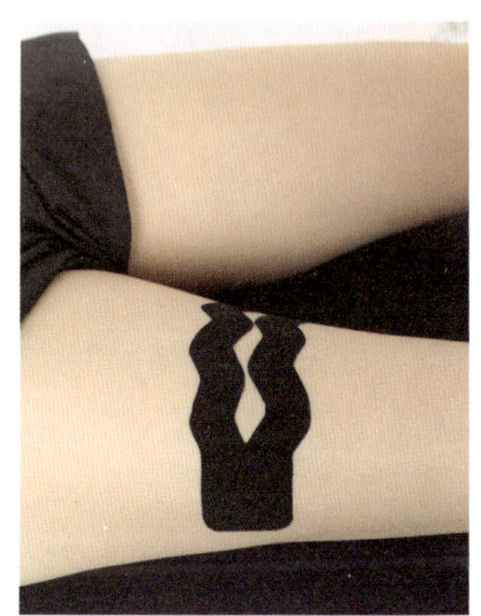

图 16–31　筋膜矫正肌内效贴扎

⑥间隙矫正

备形：I 形、X 形、中空形、中裂形、灯笼形及网状贴布等。

摆位：间隙矫正要求组织在拉伸位贴扎，如果局部组织因为疼痛肿胀而限制了正常拉伸范围，则应该保证在力所能及的最大拉伸范围下贴扎。

起点和止点的贴扎：间隙矫正采取无起点、双止点贴扎，回缩方向指向贴布的中间，由于属于高张力贴扎，应遵循 1/3 法则，双止点各占 1/3 贴布总长度，贴扎时均采用无拉力贴扎。

中央的贴扎：由于不同形状的贴布可以发挥不同作用，因此，不同形状的贴布贴扎时采用不同的张力。（图 16–32）

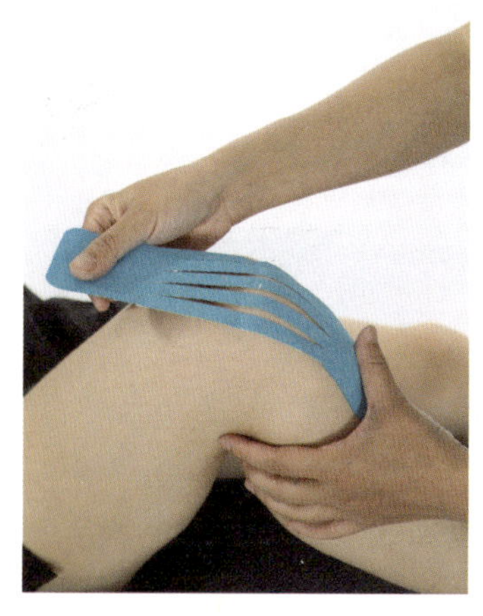
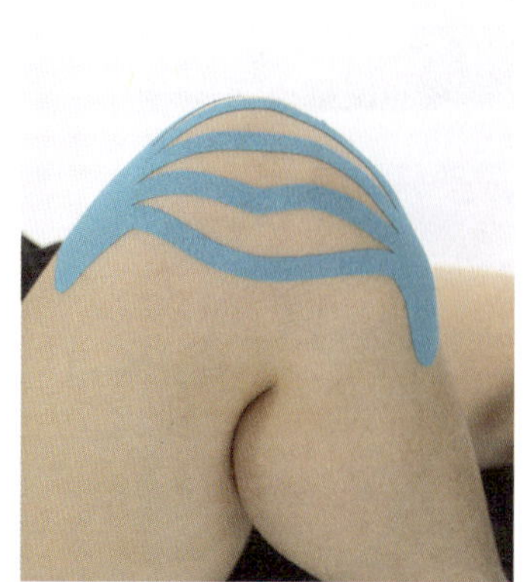
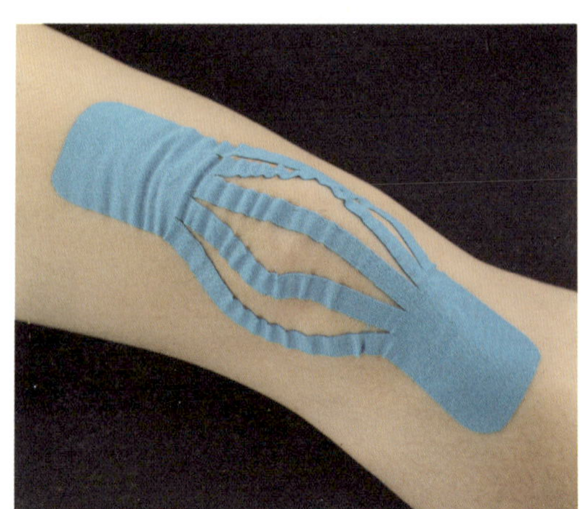

图 16–32　间隙矫正肌内效贴扎

⑦韧带矫正

备形：I 形。

摆位：韧带矫正通常以近似关节功能位贴扎，如膝关节以屈曲 20° 贴扎。

起点和止点的贴扎：由于属于高张力贴扎，遵循 1/3 法则，起点和止点各占 1/3 贴布总长度，贴扎时均采用无拉力贴扎。起点可根据操作者判断，既可选择远端，也可选择近端。习惯上选择远端作为贴扎起点，由远及近，贴布的张力可限制韧带的活动，同时使皮肤和韧带产生一种短缩的效果。

中央的贴扎：以 75%~100% 拉力沿着韧带走行方向覆盖韧带贴扎。贴扎后，要保证仍然可以全范围活动关节。（图 16–33）

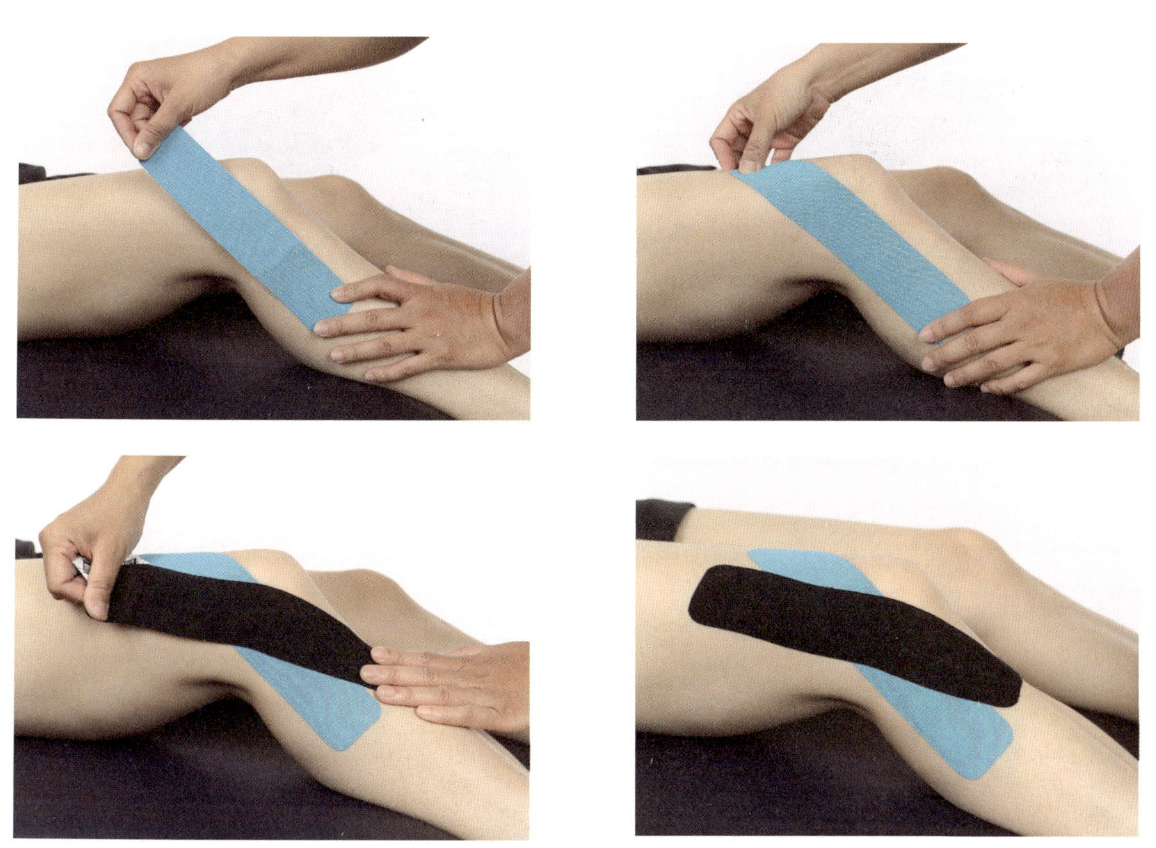

图 16–33　韧带矫正肌内效贴扎

⑧肌腱矫正

备形：I 形、Y 形。

摆位：肌腱矫正多采用伸展位贴扎。

起点和止点的贴扎：由于属于高张力贴扎，遵循 1/3 法则。起点通常在肌腱的起止点的外侧（外侧是相对于肌腱的方向而言），不覆盖肌腱及肌腱的起止点，贴扎时往往可以借助明显的骨性标志进行稳固的粘贴。

中央的贴扎：由于中央所覆盖的组织有肌腱的附着点、肌腱、肌腱与肌肉交汇处、肌肉等的渐进性变化，因而贴扎的张力要有不同的变化。继起点之后，以 15%~25% 拉力贴扎肌腱的起止点，以 50%~75% 拉力沿着肌腱走行方向覆盖肌腱贴扎，过肌腱与肌肉交汇处后用放松肌肉贴扎法贴扎，即 15%~25% 拉力，贴扎至终点。在整个贴扎过程中用滑动的手法边贴扎边抚平贴布，以保持贴布每一阶段所理想的张力。（图 16–34）

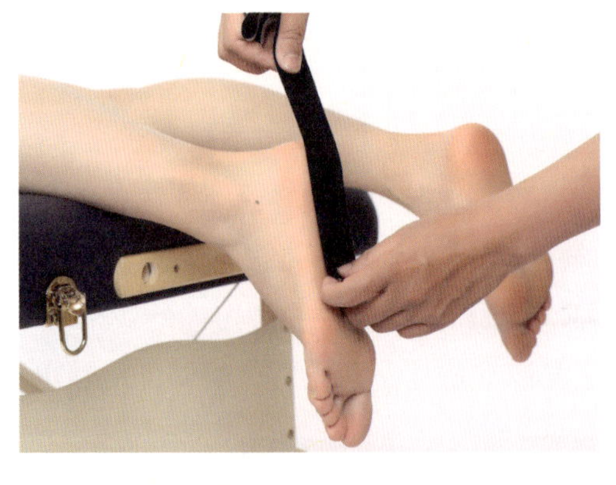
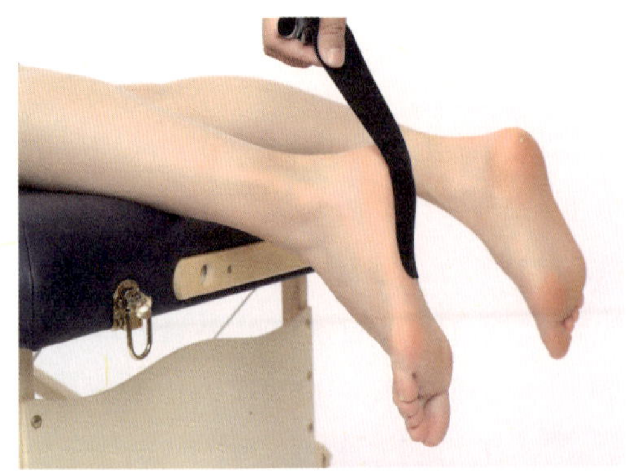
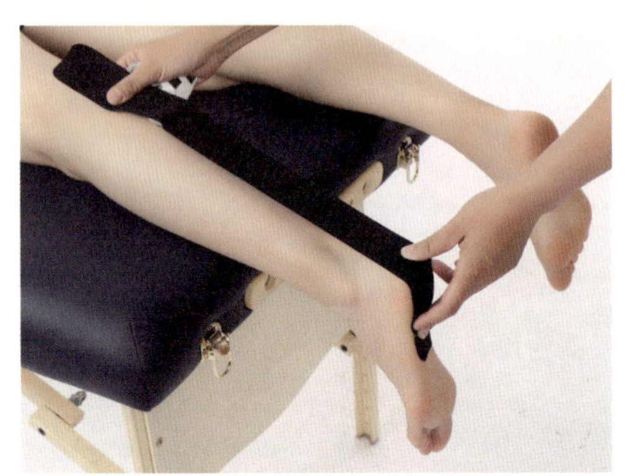
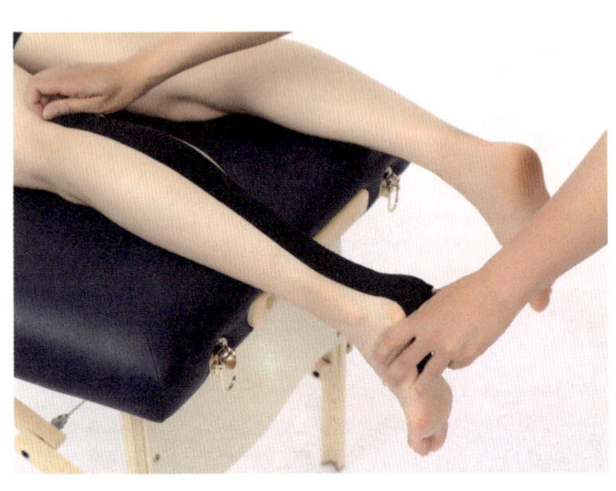

图 16-34　肌腱矫正肌内效贴扎

⑨功能矫正

备形：I 形。

摆位：贴扎目的不同摆位不一样。当辅助屈肌收缩或伸肌收缩时，关节应处于功能位的角度附近贴扎。限制屈肌收缩或伸肌收缩时，关节处于过伸或过屈位贴扎。

起点和止点的贴扎：由于属于高张力贴扎，起点和止点遵循 1/3 法则。起点贴扎通常有两种方法。一是起点要选择在目标关节的近端贴扎，止点是贴布跨过关节后在远端贴扎，这样产生回缩力的方向是从远端向近端。二是用双起点贴扎，分别在关节的远端和近端选择起点，然后再贴扎中央部分，此方法没有止点。

中央部分的贴扎：由于需要确保关节有一定的活动范围，因而贴布的张力应该保持在 50% 以上，但不能太大，否者会限制关节的正常活动范围。贴布的方向与关节矢状位一致，并由近端贴向远端。如果选择双起点贴扎，首先设计好贴布的长度和 50% 拉力，当贴扎完起点后，贴布的外形就像被搭起的一个桥梁或帐篷一样，然后下压贴布，通过手的滑动抚平。（图 16-35）

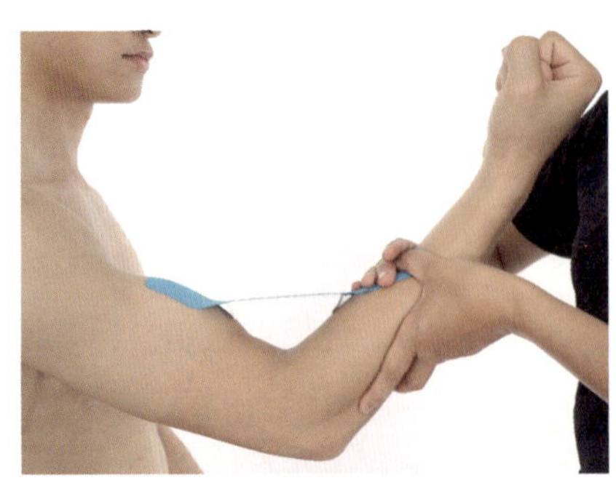
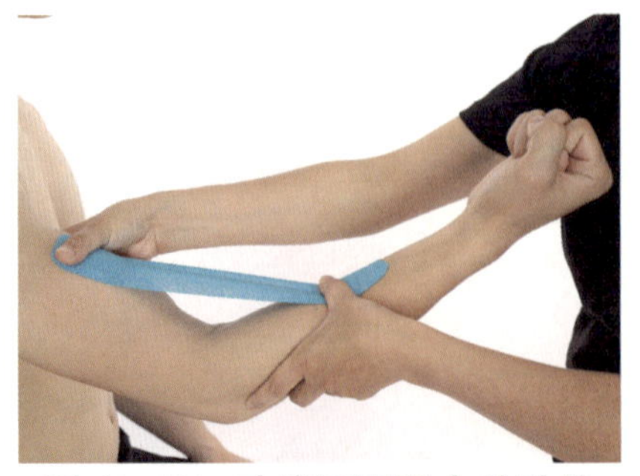
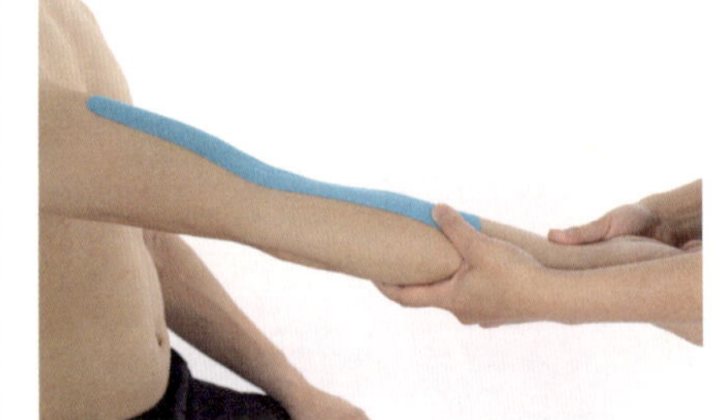

图 16-35　功能矫正肌内效贴扎

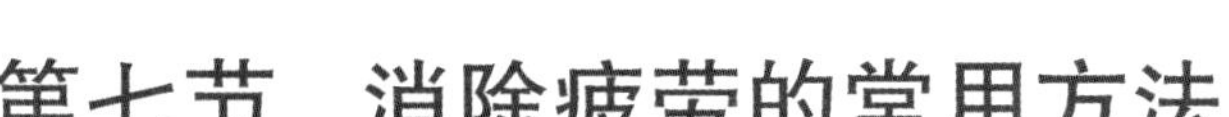

# 第七节 消除疲劳的常用方法

**导读：**运动锻炼必然会引起身体的疲劳。积极地消除疲劳可以促进身体功能的恢复，为下一次的训练奠定良好的基础。在锻炼后，教练应指导客户进行积极地恢复，特别是在大强度、大运动量锻炼后。

## 一、整理活动

整理活动是消除疲劳，促进体力恢复的一种良好方法。剧烈运动后进行整理活动，可使心血管系统、呼吸系统仍保持在较高水平（心率约 110 次 / 分），有利于偿还运动时所欠的氧债。整理活动使肌肉放松，可避免由于局部循环障碍而影响代谢过程。

整理活动应包括慢跑、游戏、呼吸体操及各肌群的伸展练习。通过整理活动，神经系统由交感神经兴奋向副交感神经兴奋过度，运动器官功能抑制，消化器官功能增强。运动后做伸展练习可消除肌肉痉挛，改善肌肉血液循环，减轻肌肉酸痛和僵硬程度，消除局部疲劳，对预防运动损伤发生也有良好作用。

## 二、睡眠

睡眠是消除疲劳、恢复体力的好方式。睡眠时大脑皮层的兴奋性降低，体内分解代谢处于最低水平，而合成代谢水平则相对较高，有利于体内能量的蓄积。

成年人在平时训练期间，每天应有 8~9h 的睡眠。在大运动量和比赛期间，睡眠时间应适当延长，青少年运动者的睡眠时间，应比成年运动者长，必须保证每天有 10h 睡眠。如果上、下午都安排训练，中午应有适当时间午睡（1.5~2h）。

## 三、温水浴

训练后进行温水淋浴是最简单易行的消除疲劳方法。温水浴可促进全身的血液循环，调节血流，加强新陈代谢，有利于机体内营养物质的运输和疲劳物质的排除。水温为 42℃ ±2℃为宜。时间为 10~15min，勿超过 20min。训练结束半小时后，还可进行冷热水浴，冷水温为 15℃，热水温为 40℃，冷水淋浴 1min，热水淋浴 2 min，交替 3 次。

## 四、桑拿浴

桑拿浴又名“热空气浴”或“芬兰式蒸气浴”，是在特制的小木屋内用电炉加热空气，造成一个高温干燥的环境。除有镇静、使肌肉关节组织充血作用外，还可促使大量排汗。摔跤、举重等运动员常用于赛前减重。

进行桑拿浴的方法：① 在 54℃ ~71℃环境中，停留 10~20min；②在 100℃ ~120℃环境中，停留 5~7min，反复 4~5 次，每次间隔时间用冷水淋浴 10~15s，或用温水淋浴 2. 5~3min。结束后在更衣室内休息 5~7min。

## 五、按摩

按摩是消除疲劳的重要手段，其中人工按摩是最受运动人群欢迎的消除疲劳手段，但因人力所限，不能满足需要，现已发展各种代替人工按摩的方法，如：

**机械按摩：**如按摩椅、带式按摩机、按摩床、滚轮放松器及小型按摩器械等。

**水力按摩：**如脉冲水力按摩机。

**气压按摩：**如气压按摩衣、气压按摩裤、足部气压按摩器、高低压舱、负压舱等。

## 六、营养

运动中各种营养物质消耗增加，运动后及时补充营养，有助于消除疲劳，恢复体力。糖、维生素 C、维生素 B1 、水等，均应得到足够的补充。

# 第十七章 运动营养学

## 第一节 七大营养素概述

**导读：**了解七大营养素的功能是学习营养学的基础，是理解食物营养价值的前提。对于七大营养素的相关知识教练不需要完全掌握，只要达到了解的程度即可。

### 一、蛋白质

#### （一）蛋白质的组成

蛋白质是自然界中的一大类有机物质，其含有碳、氢、氧、氮及硫等元素，其中所含的氮元素是人体所需氮元素的唯一来源。氨基酸是组成蛋白质的基本单位。

#### （二）蛋白质的分类

蛋白质的分类方法较多，其中按所含氨基酸的种类及数量，可将蛋白质分为完全蛋白质、半完全蛋白质和不完全蛋白质。

**完全蛋白质：**所含必需氨基酸种类齐全，数量充足，比例适当。

**半完全蛋白质：**所含必需氨基酸种类齐全，但有的氨基酸数量不足，比例不适当。

**不完全蛋白质：**所含必需氨基酸种类不齐全。

#### （三）蛋白质的生理功能

**构成和修复组织：**蛋白质是构成机体组织、器官的重要成分。

**调节生理机能：**蛋白质是构成多种重要生理活性物质的成分，参与调节生理功能。

**供给能量：**蛋白质是人体的能量来源之一，1g 蛋白质能够提供 4kcal（千卡）能量，蛋白质的供能作用可由碳水化合物和脂肪代替，因此供给能量是蛋白质的次要功能。

## （四）氨基酸的分类与命名

氨基酸是组成蛋白质的基本单位，是分子中具有氨基和羧基的一类含有复合官能团的化合物。根据其能否在体内合成及合成速度是否够快可以分为必需氨基酸、非必需氨基酸和条件必需氨基酸三类。

**必需氨基酸：**不能在体内合成或合成速度不够快的氨基酸，必须通过食物提供。

**非必需氨基酸：**能在体内合成的氨基酸

**条件必需氨基酸：**合成氨基酸中用其他氨基酸作为碳的前体，合成最高速度有限并受发育和病理生理因素限制的氨基酸。（表 17–1）

表 17–1　氨基酸的分类

| 必需氨基酸 | 非必需氨基酸 | 条件必需氨基酸 |
|---|---|---|
| 异亮氨酸<br>亮氨酸<br>赖氨酸<br>蛋氨酸（甲硫氨酸）<br>苯丙氨酸<br>苏氨酸<br>色氨酸<br>缬氨酸<br>组氨酸（婴儿） | 冬氨酸<br>谷氨酸<br>天门冬酰胺<br>甘氨酸<br>脯氨酸<br>丝氨酸<br>精氨酸<br>丙氨酸<br>胱氨酸 | 半胱氨酸<br>酪氨酸<br>精氨酸 |

## （五）蛋白质的消化、吸收

**蛋白质的消化场所：**胃、小肠。

**蛋白质的吸收场所：**小肠（吸收蛋白质分解成的氨基酸和寡肽）。

## （六）蛋白质的营养评价

生物价是反映食物蛋白质消化吸收后，被机体利用程度的一项指标。生物价越高，说明蛋白质被机体利用率越高，即蛋白质的营养价值越高，最高值为 100。（表 17–2）

表 17–2　常见食物蛋白质的生物价

| 蛋白质 | 生物价 | 蛋白质 | 生物价 | 蛋白质 | 生物价 |
|---|---|---|---|---|---|
| 鸡蛋蛋白质 | 94 | 大米 | 77 | 小米 | 57 |
| 鸡蛋白 | 83 | 小麦 | 67 | 玉米 | 60 |
| 鸡蛋黄 | 96 | 生大豆 | 57 | 白菜 | 76 |
| 脱脂牛奶 | 85 | 熟大豆 | 64 | 红薯 | 72 |
| 鱼 | 83 | 扁豆 | 72 | 马铃薯 | 67 |
| 牛肉 | 76 | 蚕豆 | 58 | 花生 | 59 |
| 猪肉 | 74 | 白面粉 | 52 | | |

## （七）蛋白质的互补作用

两种或两种以上食物蛋白质混合食用，其中所含有的必需氨基酸取长补短，相互补充，达到较好的比例，从而提高蛋白质利用率的作用，称为蛋白质互补作用。蛋白质互补作用的原理要求我们的饮食搭配的种类越多越好，以提高蛋白质的互补作用。

### （八）蛋白质的膳食参考摄入量（表 17-3）

表 17-3 中国营养学会 2000 年修订的蛋白质推荐摄入量

| 体力活动水平 | 男性 | 女性 |
|---|---|---|
| 轻体力活动水平 | 75 g/d | 60 g/d |
| 中体力活动水平 | 80 g/d | 70 g/d |
| 重体力活动水平 | 90 g/d | 80 g/d |

### （九）蛋白质的食物来源

蛋白质的食物来源可以分为两大类，分别为植物性蛋白质和动物性蛋白质。含蛋白质较为丰富的食物包括豆类、蛋类、肉类等。

## 二、脂类

### （一）脂类的组成及分类

脂类是人体必需的一类营养素，是人体的重要成分。脂类包括脂肪和类脂两大类，脂肪又称甘油三酯，日常所食用的动、植物油都属于脂肪；类脂包括磷脂和固醇类两大类，常见的包括卵磷脂、胆固醇等。

### （二）脂类的生理功能

**供给能量：**1g 脂肪在体内氧化可产能 9kcal（千卡）。

**构成身体成分：**脂类，特别是磷脂和胆固醇，是所有生物膜的重要组成部分。

**供给必需脂肪酸：**必需脂肪酸与细胞的结构和功能密切相关。

### （三）脂类的消化、吸收

小肠是脂类消化及吸收的主要场所。

### （四）脂肪酸的分类与命名

脂肪酸是构成脂类的主要成分，根据脂肪酸的结构不同可将脂肪酸分为饱和脂肪酸和不饱和脂肪酸。不饱和脂肪酸又可分为多不饱和脂肪酸及单不饱和脂肪酸两类。在多不饱和脂肪酸中根据人体能否合成可以分为必需脂肪酸和非必需脂肪酸两类。人体的必需脂肪酸包括亚油酸和 α－亚麻酸。

### （五）胆固醇

胆固醇是机体内主要的固醇物质。它既是细胞膜的重要组分，又是类固醇激素、维生素 D 及胆汁酸的前体。

### （六）脂类的参考摄入量

2000 年中国营养学会提出成人脂肪适宜摄入量为每日总能量的 20%~30%。

### （七）脂类的食物来源

食用油、动物性食物及坚果类食物是脂肪的主要来源。

## 三、碳水化合物

### （一）碳水化合物的组成

碳水化合物也称糖类，是由碳、氢、氧三种元素组成的一大类化合物，其中氢氧的比例为 2 ∶ 1，与水的氢氧比例相同，所以起名为碳水化合物，可以用通式 Cn（$H_2O$）n 表示。

### （二）碳水化合物的分类

根据碳水化合物的化学结构，可将其分为单糖、双糖、寡糖（低聚糖）和多糖四大类。（表 17–4）

**单糖**：碳水化合物最简单的结构单位，只含有 1 个糖分子。

**双糖**：由两个单糖缩合而成。

**寡糖**：也称低聚糖，由 3~10 个单糖构成的一类小分子糖。

**多糖**：10 个以上单糖组成的大分子糖称为多糖。

表 17–4　碳水化合物分类

| 类别 | 分子数量 | 典型代表 |
|---|---|---|
| 单糖 | 1 个 | 葡萄糖、果糖、半乳糖、核糖和脱氧核糖、糖醇 |
| 双糖 | 2 个 | 蔗糖、乳糖、麦芽糖 |
| 寡糖（低聚糖） | 3~10 个 | 棉子糖、水苏糖 |
| 多糖 | >10 个 | 糖原、淀粉 |

### （三）碳水化合物的生理功能

**供给和储存能量**：碳水化合物是人类获取能量的最经济和最主要来源，1g 糖能产生 4kcal（千卡）热量。

**构成组织的重要生命物质**：每个细胞都含有碳水化合物，其含量为 2%~10%。

**节约蛋白质**：摄入足够量的碳水化合物时能预防体内或膳食蛋白质消耗。

### （四）碳水化合物的消化、吸收

**消化场所**：口腔、胃、小肠、结肠。

**吸收场所**：小肠。

### （五）碳水化合物的参考摄入量

2000 年制订的《中国居民膳食营养素参考摄入量》中的碳水化合物适宜摄入量占总能量的 55%~65%。对碳水化合物的来源也做出要求，即应包括复合碳水化合物淀粉、不消化的抗性淀粉（在小肠中不能被酶分解，但在人的肠胃道结肠中可以与挥发性脂肪酸起发酵反应的一类淀粉结构，马铃薯、香蕉、大米都含有此类物质）、非淀粉多糖和低聚糖等碳水化合物，限制纯能量食物如白糖或糖果等的摄入量，提倡摄入营养素或能量密度高的食物。

### （六）碳水化合物的食物来源

谷类、薯类食物是淀粉的主要来源；蔗糖、糖果、甜食是单糖和双糖的主要来源。

## 四、矿物质

在矿物质中，人体含量大于体重的 0.01% 的各种元素，称为常量元素，包括钙、磷、钾、钠、硫、氯、镁等 7 种；含量小于体重 0.01% 的各种元素称为微量元素。根据微量元素的生物学作用分为人体必需微量元素、人体可能必需的微量元素、具有潜在的毒性但在低剂量时可能具有人体必需功能的微量元素。其中人体必需微量元素共有 8 种，包括铁、锌、碘、硒、铜、钼、铬、钴。

### （一）钙元素概述

**生理功能**：构成机体的骨骼和牙齿，维持神经肌肉正常兴奋性，促进体内某些酶的活性，参与凝血、激素分泌、维持体液酸碱平衡及细胞正常生理功能。

**缺乏危害：** 儿童生长发育缓慢，骨软化，骨变形，严重缺乏导致佝偻病。老年人易患骨质疏松。缺钙易患龋齿，影响牙齿质量。

**过量危害：** 增加肾结石的危险性。奶碱综合征是指因长期进食大量牛奶或钙剂，并服用大量可吸收的碱剂引起的高钙血症、碱中毒及不同程度的肾功能损害等一组临床症候群，表现为高钙血症、可逆或不可逆的肾损伤、软组织转移性钙化、昏迷等。影响铁元素吸收及降低锌元素的生物利用率。

**食物来源：** 小虾皮、海带、豆类、芝麻酱、绿叶蔬菜。

### （二）铁元素概述

**生理功能：** 参与体内氧的运送和组织呼吸过程。催化 β－胡萝卜素转化为维生素 A。参与胶原的合成，并促进抗体的产生，增强机体免疫力。

**缺乏危害：** 引发缺铁性贫血。降低机体免疫力。引起心理活动和智力发育的损害以及行为改变。

**过量危害：** 急性铁中毒表现为呕吐和血性腹泻。慢性铁中毒表现为血色素沉着症，肝、胰、心脏和关节等组织器官纤维化。

**食物来源：** 动物肝脏和全血，肉类和鱼类，绿叶蔬菜、花生、黑木耳等。

### （三）锌元素概述

**生理功能：** 金属酶的组成成分或酶的激活剂。促进生长发育。促进机体免疫功能；加速创伤愈合。促进维生素 A 代谢。改善味觉，促进食欲。

**缺乏危害：** 食欲减退或异食癖。皮肤干燥粗糙、脱发、伤口难愈合。儿童生长发育迟缓；青少年性成熟推迟。成人性功能减退、精子数减少、胎儿畸形。

**过量危害：** 干扰铜、铁等其他微量元素吸收和利用。损害免疫功能。锌中毒，引起腹痛、腹泻、恶心、呕吐等临床症状。

**食物来源：** 贝壳类海产品、红色肉类及动物内脏均是锌的良好来源。蛋类、豆类、谷类胚芽等也含锌丰富。

### （四）硒元素概述

**生理功能：** 保护细胞膜及组织免受损伤，维持细胞正常生理功能。保护心血管和心肌健康。解毒。促进生长、改善视觉、抗肿瘤。

**缺乏危害：** 导致克山病和大骨节病。

**过量危害：** 慢性硒中毒表现为头发或指甲脱落，皮肤损伤，神经系统异常等

**食物来源：** 海产品和动物内脏是硒的良好食物来源。

## 五、维生素

### （一）维生素的分类

维生素是维持机体正常代谢和生理功能所必需的一类微量的低分子有机化合物。根据维生素的溶解性可将其分为脂溶性维生素和水溶性维生素两类。其中脂溶性维生素（不溶于水而溶于脂肪及有机溶剂的维生素）包含维生素 A、D、E、K，水溶性维生素（溶于水的维生素）包含维生素 B 族、维生素 C 等。

### （二）维生素 A（视黄醇）

**生理功能：** 维持正常视觉，维持上皮的正常生长和分化，促进生长发育，防癌，维持机体正常免

疫功能，改善铁吸收和铁运转。

**缺乏危害：**导致夜盲症及干眼病；食欲减退，易感染；免疫功能低下，儿童生长发育缓慢。

**过量危害：**急性中毒表现为恶心、呕吐、眩晕、视觉模糊、嗜睡等，慢性中毒表现为头痛、脱发、肝脏肿大、肌肉僵硬、皮肤干燥瘙痒等。

**食物来源：**动物肝脏、鱼肝油、鱼卵、奶制品、胡萝卜、菠菜、芒果等。

### （三）维生素 D（钙化醇）

**生理功能：**促进小肠对钙、磷的吸收，调节钙、磷代谢，促进钙、磷在骨骼中的沉积。

**缺乏危害：**对婴儿引起佝偻病；对成人，尤其是孕妇、乳母及老人发生骨质软化症和骨质疏松；肌肉痉挛、小腿抽筋、惊厥。

**过量危害：**食欲不振、体重减轻、恶心、呕吐、腹泻、头痛、多尿、烦渴、发热；动脉、心肌、肺、肾、气管等组织器官转移性钙化和肾结石。

**食物来源：**深海鱼、动物肝脏、蛋黄等食物以及鱼肝油等。日晒也是获得维生素 D 的好途径。

### （四）维生素 E（生育酚）

**生理功能：**抗氧化功能，进而可以抗动脉硬化，抗癌，改善免疫功能；促进蛋白质更新合成，预防衰老。

**缺乏危害：**溶血性贫血，视网膜退变，肌无力，神经退行性病变，增加动脉粥样硬化、恶性肿瘤、白内障及其他退行性疾病的危险性。

**过量危害：**过量容易导致中毒，可能的表现有肌无力、视力模糊、复视、恶心、腹泻等。

**食物来源：**植物油、麦胚、坚果、种子类、豆类。

### （五）维生素 K（叶绿醌）

**生理功能：**调节凝血蛋白合成等。

**缺乏危害：**引起低凝血酶原血症，凝血缺陷和出血。

**过量危害：**婴儿溶血性贫血等。

**食物来源：**菠菜、甘蓝菜中含量较丰富。

### （六）维生素 $B_1$（硫胺素）

**生理功能：**维持神经、肌肉特别是心肌的正常生理功能，维持正常食欲、胃肠蠕动和消化液分泌。

**缺乏危害：**引起脚气病，早期表现为体弱、疲乏、烦躁、健忘、消化不良或便秘以及运动能力下降。

**过量危害：**过量情况较为少见，可能出现头疼、惊厥、心律失常等症状。

**食物来源：**谷类是主要来源，杂粮、豆类、干酵母、干果类、动物内脏、蛋类、瘦猪肉都含有较多维生素 B1。

### （七）维生素 $B_2$（核黄素）

**生理功能：**参与体内生物氧化和能量代谢、维生素 $B_6$ 和尼克酸的代谢、体内氧化防御系统和药物的代谢。

**缺乏危害：**咽喉炎、口角炎、角膜血管增生、白内障、阴囊炎、阴道炎。

**过量危害：**在肠道吸收有限，通常无中毒或过量担忧。

**食物来源：**动物内脏、蛋黄、奶类中含量丰富，菠菜、韭菜、油菜及豆类也含有较多维生素 $B_2$。

### （八）维生素 $B_6$（吡哆醇）

**生理功能：** 作为许多酶的辅酶参与代谢，促进免疫功能，维持神经系统功能，降低心血管疾病危险因素。

**缺乏危害：** 虚弱、失眠、周围神经病、唇干裂，脂溢性皮炎、癫痫样惊厥、忧郁和精神错乱，损害血小板功能和凝血机制。

**过量危害：** 感觉神经异常。

**食物来源：** 肉类、全谷类、蔬菜和坚果中含量较高。

### （九）维生素 $B_{12}$（氰钴胺素）

**生理功能：** 作为辅酶发挥生理作用，参与体内生化反应。

**缺乏危害：** 巨幼红细胞贫血，高同型半胱氨酸血症。

**过量危害：** 未见不良反应。

**食物来源：** 肉类、动物内脏、鱼类、贝壳类及蛋类。

### （十）维生素 C（抗坏血酸）

**生理功能：** 抗氧化，清除自由基；提高运动能力，减轻疲劳；防治心血管疾病。

**缺乏危害：** 坏血病，主要症状为牙龈肿胀出血、鼻出血等；骨钙化异常，伤口愈合缓慢。

**过量危害：** 恶心、腹部痉挛、腹泻、铁吸收过度。

**食物来源：** 新鲜水果或绿叶蔬菜。

## 六、水

### （一）水的生理功能

促进生化反应，参与物质代谢；物质运输；调节体温；润滑作用。

### （二）水平衡

正常情况下，各种途径排除的水量基本恒定，约为 2500mL，要维持体内水平衡，必须不断补充水分。

### （三）需要量

中国营养学会在 2007 年发布的《中国居民膳食指南》中指出，在温和条件下从事轻体力活动的成人每天至少饮用 1200mL 水（约 6 杯水）。

### （四）运动性脱水及其影响

运动性脱水是指由于运动而引起的体内水分和电解质丢失过多。（表 17–5）

表 17–5 脱水程度与症状

| 脱水程度 | 脱水部位 | 脱水量 / 体重 | 症 状 | 体力下降 |
|---|---|---|---|---|
| 轻度 | 细胞外液 | 2% | 口渴、尿量减少 | 10%~15% |
| 中度 | 细胞内外相等 | 4% | 严重口渴、心率加快、体温升高、疲劳加重 | 10%~30% |
| 重度 | 细胞内失水增多 | 6%~10% | 心率加快、呼吸加快、恶心、食欲丧失、精神活动减弱、发生幻觉、全身乏力，无尿 | 严重威胁健康，意识丧失，昏迷，甚至死亡 |

### （五）运动过程中合理补水

补水原则：积极主动。（表 17–6）

表 17–6 运动过程中的补水方式与补水量

| 运动过程 | 补水方法 |
|---|---|
| 运动前 | 运动前 2h 摄入 400~500mL 水 |
| 运动中 | 每隔 15~20min 补充 200~300mL 水或运动饮料 |
| 运动后 | 少量多次补充 |

## 七、膳食纤维

### （一）膳食纤维的概定义、分类及功能

**定义：**至今尚无定论，目前较为一致的定义为“非淀粉多糖”，即膳食纤维的主要成分是非淀粉多糖，主要来自植物细胞壁。

**分类：**用不同 pH 值溶液将膳食纤维分成两类，即可溶性膳食纤维、不溶性膳食纤维。

- 可溶性膳食纤维：在特定的 pH 溶液中可溶解。
- 不溶性膳食纤维：在特定的 pH 溶液中不溶解。

**常见的膳食纤维：**纤维素、半纤维素、果胶、抗性淀粉等。

**膳食纤维的功能：**

- 增加排便量，缓解便秘。
- 增加胃内填充物，延缓胃排空，预防肥胖。
- 降低血糖、胆固醇。

### （二）膳食纤维的适宜摄入量

中国营养学会推荐的膳食纤维摄入量为低能量膳食（1800kcal）25g/d，中等能量膳食（2400kcal）30g/d，高能量膳食（2800kcal）35g/d。

### （三）膳食纤维的来源

主要来源是谷类，同时水果、蔬菜、豆类等也含有膳食纤维。

# 第二节　常见食物的营养价值

**导读：**了解常见食物的营养价值是为进一步理解并掌握合理膳食的相关知识奠定理论基础，此部分教练也无须全部掌握，只要能够了解各类食物所含的主要营养成分即可。

## 一、谷类的主要营养成分

谷类食品主要包括小麦、稻米、玉米、小米、高粱等，其中以稻米和小麦为主。我国居民膳食中 50%~70% 的能量、40%~70% 的蛋白质和 60% 以上的维生素 B1，主要来源于谷类食品。

## 二、豆类的主要营养成分

豆类分为大豆类（黄豆、黑豆和青豆）和其他豆类（包括豌豆、蚕豆、绿豆、小豆等），是我国居民膳食中优质蛋白质的重要来源。

## 三、蔬菜的主要营养成分

蔬菜按其结构及可食部分不同，可分为叶菜类、根茎类、瓜茄类和鲜豆类，所含的营养成分因其种类不同，差异较大。

蔬菜是人体维生素和矿物质的主要来源。蔬菜还含有较多的膳食纤维，能刺激胃肠蠕动和消化液分泌。蔬菜在体内的最终代谢产物呈碱性，故称“碱性食品”，对维持体内的酸碱平衡起重要作用。（图 17–1）

图 17–1 谷物、豆制品、蔬菜

## 四、水果的主要营养成分

水果类可分为鲜果、干果、坚果和野果。水果与蔬菜一样，主要是提供维生素和矿物质。水果也属碱性食物。

## 五、畜禽肉的主要营养成分

畜禽肉是指畜类和禽类的肉。前者指猪、牛、羊、兔、马、驴等牲畜的肌肉及其制品；后者包括鸡、鸭、鹅等的肌肉及其制品。畜禽肉的营养价值较高，饱腹作用强，是人体优质蛋白质、脂类、脂溶性维生素、维生素 B 族和矿物质的主要来源。

## 六、蛋类及制品的主要营养成分

蛋类包括鸡蛋、鸭蛋、鹅蛋、鹌鹑蛋等，以及由其加工制成的咸蛋、松花蛋等。蛋类的营养素含量不仅丰富，而且质量也很好。与畜禽肉一样，蛋类也是人体优质蛋白质、脂类、脂溶性维生素和矿物质的主要来源。（图 17–2）

图 17–2 水果、畜禽肉、蛋类

## 七、水产类主要营养成分

在种类繁多的海洋动物资源中，可供人类食用且具有食用价值的主要有鱼类、鲸类、甲壳类、软体类和海龟类。这些丰富的海洋资源是高生物价蛋白质、脂肪和脂溶性维生素的来源。

## 八、乳类及其制品的主要营养成分

奶类是一种营养成分齐全、组成比例适宜、易消化吸收、营养价值高的天然食品，能满足初生婴儿迅速生长发育的全部需要。奶类食品中以牛奶食用最普遍，除牛奶外还有羊奶、马奶。奶类食品主要提供优质蛋白质、维生素 A、核黄素和钙。（图 17–3）

图 17–3 水产类及乳类

# 第三节 合理营养

**导读**：合理营养是教练为客户提供科学的膳食建议所必须掌握的知识，《中国居民膳食指南》中的内容是本部分的核心，作为从事健康促进的专业人员，教练需要理解并完全掌握此部分的知识，以便在客户询问有关营养方面问题的时候，能够给予科学的解答。

## 一、合理膳食的概念

合理膳食也称平衡膳食或健康膳食，是指能达到合理营养要求，促进人体健康、预防疾病的膳食。合理膳食为机体提供种类齐全、数量充足、比例合理的能量和各种营养素。

## 二、合理膳食的构成和要求

### （一）膳食平衡

满足人体所需的能量与营养，具体要求如下。

**能量平衡**：食物供给的能量要与机体消耗的能量平衡。

**蛋白质、脂肪和碳水化合物的比例**：三大营养素供能比例分别为蛋白质 10%~15%，脂肪 20%~30%，碳水化合物 55%~65%。

**氨基酸的比例**：8 种（不含组氨酸，此为婴儿必需氨基酸）必需氨基酸的种类齐全，氨基酸比值符合氨基酸模式。

**钙磷比例：**我国成人膳食中钙磷比例应为 1 ∶ 1

**其他营养素的比例：**各种营养素在体内代谢过程中，相互促进，相互抑制，因此要注意各营养素之间的平衡。

**适量的膳食纤维：**缺乏和过量的摄入膳食纤维都对人体产生不良影响，应保持适量的膳食纤维。

### （二）合理的膳食制度

**餐次和间隔：**按照我国居民的生活习惯，通常认为一日三餐，两餐间隔 4~6h 较合理。

**能量的分配：**一般三餐适宜的能量分配比例为 3 ∶ 4 ∶ 3。

### （三）食物的适口性

需要选择科学的烹调加工方式，既保证一定的口味，又要尽量减少营养素的损失。

### （四）良好的饮食习惯

进食要定时定量，不挑食，不偏食，不暴饮暴食，进食时要细嚼慢咽。

### （五）食物清洁卫生

提供的食品应是新鲜、无毒、无污染和对身体无害的，加入的食品添加剂也应符合卫生要求。

# 第四节　体重控制的营养学原理及方法

**导读：**通过饮食与运动相配合，可以对身体成分改善起到事半功倍的效果。教练需要熟练掌握减轻及增加体重的营养原理及方法，并能将其与运动指导有机结合，以帮助客户实现理想的身体成分改善效果。

## 一、能量平衡

机体消耗的能量必须由食物供应，使机体能量消耗与能量摄入趋于相等，营养学上称为能量平衡。能量平衡并不是要求一个人每天的能量消耗与能量摄入都必须相等，而是要求成人在 5~7 天内的能量消耗与能量摄入趋于相等。

**能量平衡与体重：**机体长时间处于消耗量大于摄入量的情况下，体重减轻，身体消瘦；机体长时间处于消耗量小于摄入量的情况下，脂肪积累，引发超重及肥胖。

**能量平衡的应用：**正常情况下需要维持能量平衡，但如果人们因为特殊目的，例如因为超重需要减肥或体重过轻需要增重，可以打破能量平衡，以此达到改善身体成分的目标。

## 二、人体能量的来源与消耗

### 1. 人体能量的来源

食物中的碳水化合物、脂肪和蛋白质是人体能量的主要来源。

**碳水化合物：** 4kcal/g。

**脂肪：** 9kcal/g。

**蛋白质：** 4kcal/g。

**酒精：** 7kcal/g（酒精的热量较高，但经常被人忽略，减肥者必须控制酒精的摄入）。

### 2. 人体能量的消耗

对于一般成人，人体能量消耗的主要途径包括基础代谢、体力活动和食物特殊动力作用三个方面。

**基础代谢：** 占每日总能量消耗的 60%~75%。

**体力活动：** 占每日总能量消耗的 15%~30%。

**食物特殊动力作用：** 为基础代谢的 10%（进食混合食物情况下）。

### 3. 人体总能量消耗的估算方法

要达到能量平衡就必须要知道人体每日的能量消耗情况，通常估算能量消耗使用的方法是要因加算法。具体计算公式如下：

**人体的热量需求（能量消耗）=BMR × PAL**

BMR：basal metabolic rate，基础代谢率。男性 BMR= 体重（kg）× 24h × 1kcal/kg/h；女性 BMR= 体重（kg）× 24h × 0.95kcal/kg/h。

PAL：体力活动水平，通常将体力活动水平划分为轻、中、重三级。

表 17-7　体力活动水平与能量消耗

| 活动强度 | 职业工作时间分配 | 工作内容举例 | PAL | |
|---|---|---|---|---|
| | | | 男 | 女 |
| 轻 | 75% 时间坐或站立<br>25% 时间站着活动 | 办公室工作、修理电器、售货、酒店服务、讲课 | 1.56 | 1.55 |
| 中 | 40% 时间坐或站立<br>60% 时间特殊职业活动 | 学生日常活动、电工安装、车床操作 | 1.78 | 1.64 |
| 重 | 25% 时间坐或站立<br>75% 时间特殊职业活动 | 炼钢、跳舞、体育运动、装卸 | 2.1 | 1.82 |

## 三、减轻体重的营养学原理及方法

**原理：** 使热量负平衡，使机体摄入的热量小于机体消耗的热量。

**热量负平衡获取的方法：** 减少热量摄入 + 增加体力活动输出。

**减重目标：** 从安全和效果考虑，每周减重应控制在 0.5~1kg。

**每周热量亏损：** 3500~7000kcal（1kg 脂肪相当于 7000kcal）。

**每日热量摄入：**

- 女性 1000~1200kcal/d，男性 1200~1600kcal/d（此种方法少用）。
- 推荐比平常膳食低 300~500kcal，避免极低热量饮食（800kcal/d）。

**运动方法：** 抗阻训练 + 心肺耐力训练。

**减轻体重的膳食控制原则：**

- 建议三大营养素的供能比例为蛋白质 15%、脂肪 20%、碳水化合物 65%。
- 选择优质蛋白质，如奶、鱼、蛋清和瘦肉等。
- 限制脂肪，尤其是动物性脂肪。
- 限制含糖零食，例如糖果、蜜饯、甜点、蔗糖、麦芽糖等。
- 限制食盐，饮食尽量清淡。

- 限制动物内脏的摄入。
- 烹调方法应以蒸、煮、烤、烧为主，少用煎、炸、炒等方法。

### 四、增加体重的营养学原理及方法

**原理：**使热量正平衡，使机体摄入的热量大于机体消耗的热量；同时还需配合力量训练。

**热量正平衡获取的方法：**增加热量摄入。

**增重目标：**从增重质量上考虑，建议每周小于 1kg。

**每周热量盈余：**3500~7000kcal（增重 0.5~1kg）。

**每日热量摄入：**比每日热量需求高 500~1000kcal。

**运动方法：**抗阻训练为主，有氧运动为辅。

**增加体重的膳食控制原则：**

- 蛋白质摄入量应达到总能量的 10%~15%，即 1.5g/kg 体重。
- 避免蛋白质的过度摄入。
- 优质蛋白质应占总蛋白质摄入量的 1/3 以上。提倡增加植物性蛋白比例，可采用谷类主食和豆类主食混合食用。

### 五、体重控制的常见医学问题

- 快速减轻体重容易导致体脂、组织蛋白质、矿物质及维生素丢失。
- 长期严格控制饮食容易导致营养不良，激素代谢异常和月经紊乱。
- 长期严格控制饮食容易增大精神压力及引发便秘。

## 第五节　常见运动营养补充剂

**导读：**教练需要了解运动营养补充剂的相关知识，尤其是常见运动营养补充剂的功能，以便在客户询问时能够做出正确的功效介绍。

运动营养补充剂（sports supplement）是专门供运动参与者使用，由可加到膳食中的一些物质（如维生素、矿物质、氨基酸、活菌及其代谢产物、中草药及其提取物等）制成的一类有特定功能的食品。

常见运动营养补充剂主要有以下几种：

**乳清蛋白：**生物学价值高，具有吸收迅速、完全和吸收率高等特点，是补充蛋白质的理想来源。

**谷氨酰胺：**维持肠道结构和功能，与免疫系统有关，具有抗分解代谢作用，有助于蛋白质合成，促进胰岛素分泌刺激剂，升高体内肌酸水平。

**支链氨基酸：**降低中枢神经疲劳。

**肉碱：**加强游离脂肪酸转移，促进其穿过细胞线粒体；促进脂肪氧化。

**肌酸：**增强短时间、高强度、反复运动时的运动能力。

# 第六节　兴奋剂

**导读：**兴奋剂不仅在竞技运动领域被使用，在健身领域也逐渐被人采用，尤其是蛋白质同化制剂被很多健美爱好者所使用。教练应了解兴奋剂的相关知识，尤其是其存在的巨大危害，以便能够杜绝兴奋剂在大众人群中的流行。

兴奋剂不单指那些起兴奋作用的药物，而是对所有禁用药物的统称。

《国际奥委会医务条例》把兴奋剂分为禁用物质、禁用手段和限制使用药物三大类。

兴奋剂的种类繁多，此节仅对经常被大众人群所使用的兴奋剂的功能及危害进行介绍。

## 一、麻黄素

麻黄素属拟交感胺类刺激剂。

**功能：**增加心率、血压和肌肉血流量，扩张呼吸道，增加肺通气量，暂时性提高体能，消除不安，提高爆发力。

**危害：**导致过度兴奋与焦虑，影响判断力。心率和血压快速上升可能导致脱水、脑溢血及心脏病发作。

## 二、蛋白质同化制剂（合成类固醇）

常见蛋白质同化制剂（合成类固醇）包括甲基睾酮、大力补、康力龙、克伦特罗等。

**功能：**促进蛋白质合成，减少蛋白质分解，使肌肉发达。

**危害：**

- 生殖系统功能紊乱，女性出现男性化特征，男性出现睾丸缩小、精子生成及功能障碍。
- 损害肝脏，增加心血管系统疾病风险。
- 心理与行为异常，出现易怒、暴力倾向等躁狂症行为，以及神经系统障碍和失眠等。

# 第七节　膳食调查及建议方法简介

**导读：**教练不是营养师，但却经常会被客户问及有关营养方面的问题，同时在协助客户进行身体成分控制过程中也会涉及部分营养学问题，掌握科学的膳食调查及建议方法是提高训练效果，避免纠纷的有效手段。

## 一、膳食调查目的与方法简介

### （一）膳食调查

通过某种方法了解调查对象每人每日主副食摄入量，利用食物成分表（或特定的计算机软件）计算出每人每日能量和各种营养素的摄入量，然后与供给量标准进行比较，以此评价是否能够满足人体需要。

### （二）膳食调查的分类

常用的调查方法有记账法、称重法、询问法、化学分析法等，可任选一种或两种方法合并使用。此处仅针对询问法进行介绍。

### （三）询问法

又称“24小时回顾法”，询问并记录调查对象在一天24h内各种主副食的摄入情况，一般调查4~7天，然后计算平均每日能量和营养素的摄入量并与供给量标准进行比较。询问法操作简单因此推荐教练在为客户进行膳食调查时使用。

## 二、膳食调查结果评价

膳食调查结果评价可按照合理膳食的五个要求来进行评价，但是由于询问法具有结果不准确的特性，同时结合教练的职业定位，教练员在日常对客户进行膳食评价时主要的评价内容应为定性的评价而非进行定量的评价，具体评价内容包括：

### （一）客户的食物结构

如果一天膳食中包括五大类食物，且食物品种达到15种以上，可以认为膳食结构合理；如果包括四大类食物，且食物品种达到10种以上，可以认为膳食结构比较合理；如果只包括2~3大类食物，且食物品种在10种以下，可认为膳食结构单调，不合理。

### （二）客户的餐次结构

一日三餐，两餐之间间隔4~6h，早、中、晚餐的热量比例接近3 ∶ 4 ∶ 3可认为餐次结构合理。

### （三）客户的饮食习惯

进食定时定量，不挑食、不偏食、不暴饮暴食，进食时细嚼慢咽，懂得选择健康的食物及烹饪方法等。

## 三、膳食建议方法

由于教练的职业定位是进行安全的健身指导工作，因此不建议给客户开具食谱，以免引发不必要的纠纷，但教练可以在日常训练过程中传递给客户（尤其是对于身体成分控制要求比较高的客户）一些正确的合理膳食知识，具体内容包括：合理的膳食结构，合理的餐次结构，合理的膳食习惯等内容，这些知识均可从《中国居民膳食指南》中获得，该书的附件还提供了膳食调查及建议的相关实用工具，教练可做参考。

## 总　结

本章分别介绍了七大营养素基本知识、常见食物的营养价值、合理营养、体重控制、运动营养补充剂、兴奋剂及膳食调查与建议等七部分内容。了解七大营养素的主要功能及食物来源，是理解食物营养价值的前提。了解常见食物所含的主要营养物质又为学习合理膳食奠定理论基础。掌握《中国居民膳食指南》是教练为客户提供正确的营养建议的前提。掌握减重及增重的营养学原理及方法并将其与运动指导有机结合，将使客户获得更好的体重控制训练效果。了解常见运动营养补充剂的功能是正确进行产品介绍的前提，而了解兴奋剂的危害则是阻止其在健身领域进一步流行的先决条件。掌握膳食调查及建议方法是教练提高训练效果、避免纠纷的有效手段。

附件 8

# 膳食建议报告

客户姓名：________________　　年龄：______　　性别：______

## 基础数据

| 体重（kg） | | 基础代谢（kcal） | |
|---|---|---|---|
| 体力活动水平 | | 热量需求（kcal） | |
| 目标体重（kg） | | 热量控制建议（kcal） | |

## 膳食习惯改进建议

| 项目 | 存在问题 | 改进建议 |
|---|---|---|
| **食物构成** | 当前食物种类数量：_____种<br>缺乏：______________ | 目标：______种<br>增加：______________ |
| | 食品种类数量：______种<br>缺乏：______________ | 目标：______种<br>增加：______________ |
| **餐次结构** | 餐次问题：______________<br>______________ | 建议：______________<br>______________ |
| **膳食习惯** | 现存问题： | 建议： |
| | 现存问题： | 建议： |
| | 现存问题： | 建议： |
| | 现存问题： | 建议： |
| | 现存问题： | 建议： |
| | 现存问题： | 建议： |
| | 现存问题： | 建议： |
| | 现存问题： | 建议： |
| | 现存问题： | 建议： |
| | 现存问题： | 建议： |

## 食物选择参考建议

| 餐次 | 食物种类 | 份数 |
|---|---|---|
| **早餐** | 谷薯组 | |
| | 蔬果组 | |
| | 肉蛋组 | |
| | 供能组 | |
| | | |
| **午餐** | 谷薯组 | |
| | 蔬果组 | |
| | 肉蛋组 | |
| | 供能组 | |

| 餐次 | 食物种类 | 份数 |
|---|---|---|
| **晚餐** | 谷薯组 | |
| | 蔬果组 | |
| | 肉蛋组 | |
| | 供能组 | |
| | | |
| **加餐** | 谷薯组 | |
| | 蔬果组 | |
| | 肉蛋组 | |
| | 供能组 | |

附件 9

# 食物选择参考表

| 各类食品交换份营养价值 | | | | | | | |
|---|---|---|---|---|---|---|---|
| 组别 | 类别 | 每份重量（g） | 能量（kcal） | 蛋白质（g） | 脂肪（g） | 糖类（g） | 主要营养素 |
| 谷薯组 | 谷薯类 | 25 | 90 | 2.0 | — | 20 | 糖类、膳食纤维 |
| 蔬果组 | 蔬菜类 | 500 | 90 | 5.0 | — | 17 | 矿物质、维生素、膳食纤维 |
| | 水果类 | 200 | 90 | 1.0 | — | 21 | |
| 肉蛋组 | 大豆类 | 25 | 90 | 9.0 | 4.0 | 4.0 | 蛋白质 |
| | 奶类 | 160 | 90 | 5.0 | 5.0 | 6.0 | |
| | 肉蛋类 | 50 | 90 | 9.0 | 6.0 | — | |
| 供能组 | 硬果类 | 16 | 90 | 4.0 | 7.0 | 2.0 | 脂肪 |
| | 油脂类 | 10 | 90 | — | 10.0 | — | |
| | 纯糖类 | 20 | 90 | — | — | 20.0 | 糖类 |

| 等值谷薯类食品交换表 | | |
|---|---|---|
| 分类 | 重量（g） | 食品 |
| 糕点 | 20 | 饼干、蛋糕、江米条、麻花、桃酥 |
| 面 | 25 | 大米、面粉、干挂面 |
| 面食 | 35 | 馒头、面包、花卷、窝头、烧饼、烙饼、切面 |
| 鲜品 | 100 | 马铃薯、红薯、白薯、鲜玉米 |
| | 200 | 鲜玉米（带棒心） |

| 等值蔬菜类食品交换表 | | |
|---|---|---|
| 分类 | 重量（g） | 食品 |
| 叶茎类 | 500 | 大（小）白菜、圆白菜、菠菜、韭菜、茼蒿、芹菜、生菜、莴笋（叶）、苋菜 |
| 苔花类 | 500 | 油菜（苔）、花菜（白、绿色）、绿豆芽 |
| 瓜茄类 | 500 | 西葫芦、西红柿、冬瓜、苦瓜、黄瓜、丝瓜、青椒、南瓜、茄子 |
| 菌藻类 | 500 | 鲜蘑菇、湿海带、水发木耳 |
| 根茎类 | 500 | 白萝卜、茭白、竹笋 |
| 鲜豆类 | 300 | 豇豆、豆角、四季豆、豇豆苗 |
| | 75 | 毛豆、蚕豆（均为可食部） |
| 其他 | 200 | 胡萝卜 |
| | 150 | 藕 |
| | 100 | 芋头、慈菇 |

| 等值水果类食品交换表 | |
|---|---|
| 重量（g） | 食品 |
| 500 | 西瓜、芒果、梨 |
| 250 | 橙、柑、橘、柚、李子、苹果、桃、枇杷、葡萄、猕猴桃、草莓、菠萝、杏、柿子 |
| 150 | 香蕉、山楂、荔枝 |
| 100 | 鲜枣 |

| 等值大豆类食品交换表 | | 等值奶类食品交换表 | |
|---|---|---|---|
| 重量（g） | 食品 | 重量（g） | 食品 |
| 20 | 腐竹 | 20 | 全脂奶粉、低脂奶粉 |
| 25 | 大豆（粉） | 25 | 脱脂奶粉、奶酪 |
| 50 | 豆腐丝、豆腐干、油豆腐 | 160 | 牛奶、羊奶、酸奶 |
| 100 | 豆腐 | | |
| 150 | 嫩豆腐 | | |
| 250 | 豆浆 | | |

| 等值肉蛋类食品交换表 | | |
|---|---|---|
| 分类 | 重量（g） | 食品 |
| 畜肉类 | 20 | 香肠、熟火腿、熟腊肉、卤猪杂 |
| | 25 | 肥、瘦猪肉 |
| | 35 | 火腿肠、小红肠、叉烧肉、午餐肉、熟酱牛肉、大肉肠 |
| | 50 | 瘦猪肉、瘦牛肉、瘦羊肉、带骨排骨 |
| | 100 | 兔肉 |
| 禽肉类 | 100 | 鸡肉 |
| | 50 | 鹅肉、鸭肉 |
| 蛋类 | 60 | 鸡蛋、鸭蛋、松花蛋、鹌鹑蛋（6个带壳） |
| 鱼虾类 | 150 | 草鱼、带鱼、鲫鱼、鲢鱼、基围虾、鳝鱼、泥鳅、大黄鱼、对虾、河虾、蟹、水浸鱿鱼、鲜贝 |
| | 350 | 水浸海参 |

| 等值供能类食品交换表 | |
|---|---|
| 重量（g） | 食品 |
| 10 | 各种植物油 |
| 15 | 核桃仁、花生仁（干、炒，30粒）、南瓜子、葵花子、西瓜子、松子、杏仁、黑芝麻、芝麻酱 |
| 20 | 白糖、红糖 |

# 主编简介

## 卢玮

- 运动康复学博士，康复医生，中级康复治疗师
- 就职于北京体育大学运动康复教研室
- 主要从事运动损伤的康复治疗与预防、慢性疾病运动与营养干预等教学与研究工作
- 中国残疾人联合会康复委员会适应性体育分会常务秘书长
- 北京康复医学会运动损伤分会秘书长
- 参与撰写《功能康复训练》《运动康复技术》《中医康复疗法双语指南》《易化牵引术》《健身需要知道的449个问题》等专业教材及科普读物

## 陈亮

- 健身教练国家职业资格培训师、高级考评员
- 健身教练国家职业资格十佳培训师
- 健身教练国家职业资格优秀考评员
- “山东省技术能手”称号